U0901026

2024

JIASHAN NIANJIAN

嘉善县档案馆（县史志研究室） 编

中国文史出版社

图书在版编目（CIP）数据

嘉善年鉴. 2024 / 嘉善县档案馆（县史志研究室）编. 北京 : 中国文史出版社, 2024. 12. -- ISBN 978-7-5205-5112-0

Ⅰ. Z525.54

中国国家版本馆CIP数据核字第2024ZT4255号

责任编辑：张春霞

出版发行：中国文史出版社
社　　址：北京市海淀区西八里庄69号院　邮编：100142
电　　话：010-81136606　81136602　81136603（发行部）
传　　真：010-81136655
装帧设计：杭州美迪图文设计有限公司
印　　装：嘉兴华源印刷厂印刷
经　　销：全国新华书店
开　　本：889mm×1194mm　1/16
印　　张：29
字　　数：818千字
版　　次：2024年12月北京第1版
印　　次：2024年12月第1次印刷
定　　价：180.00元

《嘉善年鉴（2024）》编审委员会

主　任　张锡锋

副主任　赵亚锋　楼向辉　余华君　滕少波　许建嘉

成　员　县委办、县人大办、县府办、县政协办、县委编办、县委推进办、县档案馆（县史志研究室）、县传媒中心、县发改局、县经信局、县教育局、县科技局、县民政局、县司法局、县财政局、县人力社保局、县自然资源规划局、县建设局、县交通局、县水利局、县农业农村局、县商务局、县文旅体局、县卫生健康局、县市场监管局、县统计局、示范区管委会办公室、嘉善生态环境分局、县总工会、团县委、县妇联主要领导，县纪委县监委、县委组织部、县委宣传部、县委统战部、县公安局常务领导

《嘉善年鉴》编辑室

主　　编　夏　盛　宋了了

常务副主编　钱家兴

副 主 编　陆志荣　林丽冬　沈路婧

编　　辑　葛　琦　钟乃光　钱育范　金雪根

编　　务　苏丽华　张懿春

◇嘉善新城（沈海铭）

维加

◇西塘夜景（县建设局）

嘉善县行政区划图

江苏省
上海市
嘉善县
西塘镇
陶庄镇
天凝镇
干窑镇
姚庄镇
大云镇
魏塘街道
罗星街道
惠民街道
嘉善经济技术开发区管理委员会
图例
长三角生态绿色一体化发展规划区区位图
编制单位：嘉善县自然资源和规划局
浙江省测绘科学技术研究院
地图审核号：浙嘉S（2023）11号
统一书号：125530·403
2023年8月第1版、2023年8月第1次印刷
基础地理底图资料由浙江省自然资源厅提供
本图界线不作划界依据

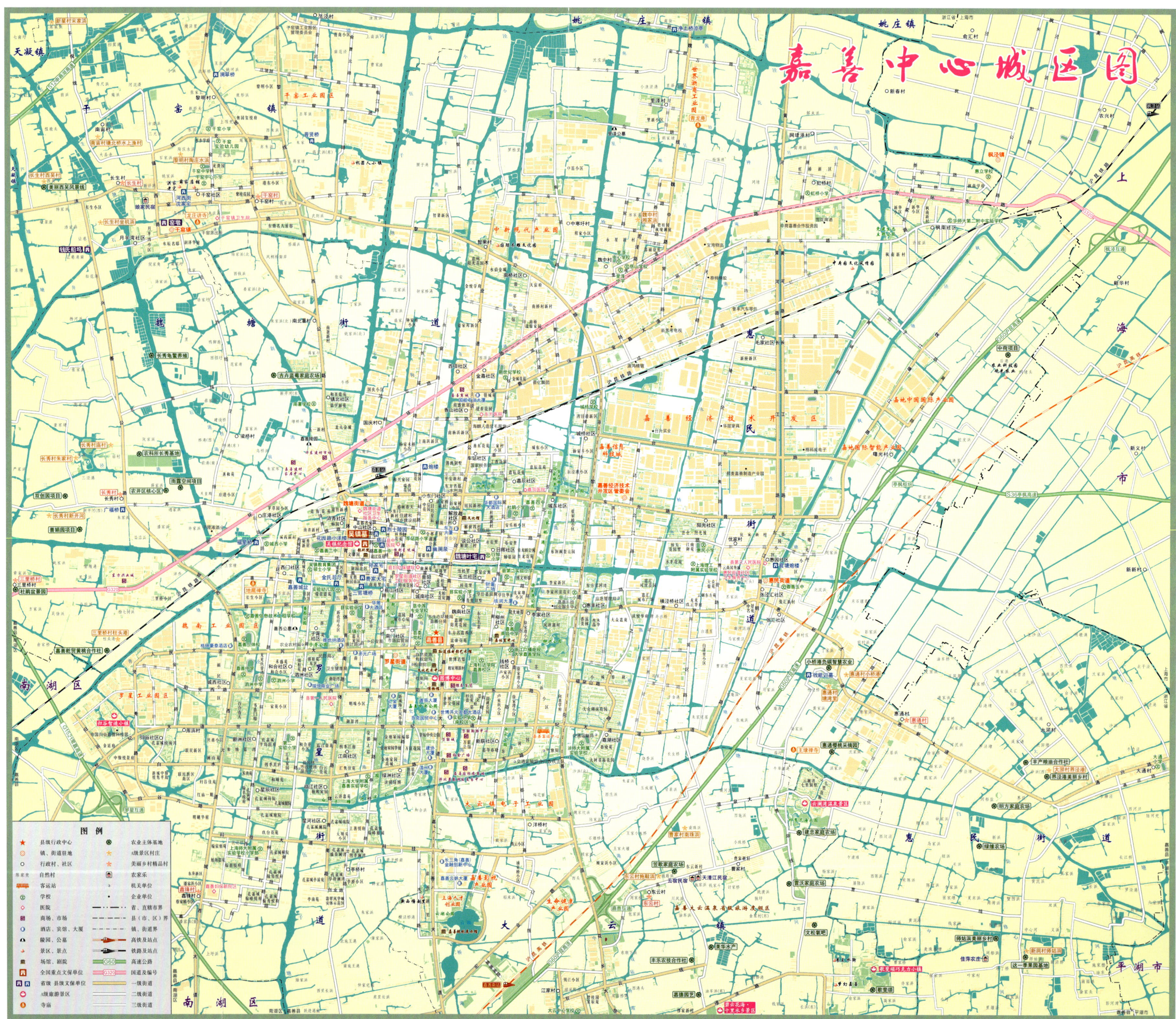

嘉善中心城区图
天凝镇
干窑镇
姚庄镇
魏塘街道
惠民街道
罗星街道
大云镇
南湖区
上海市
平湖市
嘉善经济技术开发区
图例
县级行政中心
镇、街道驻地
行政村、社区
陈家兜
自然村
客运站
学校
医院
商场、市场
酒店、宾馆、大厦
陵园、公墓
景区、景点
场馆、剧院
全国重点文保单位
省级 县级文保单位
A级旅游景区
寺庙
农业主体基地
A级景区村庄
美丽乡村精品村
农家乐
机关单位
企业单位
省、直辖市界
县（市、区）界
镇、街道界
高铁及站点
铁路及站点
G60
高速公路
G320
国道及编号
一级街道
二级街道
三级街道

◇1月10日，嘉兴市推进嘉善县域高质量发展示范点建设大会在嘉善举行（县委推进办）

◇1月9日，中共嘉善县委十五届四次全体（扩大）会议暨县域高质量发展示范点建设动员大会举行
（县委推进办）

◇浙江姚庄经济开发区全貌（姚庄镇）

◇11月27日，邱曙光名校长工作室、“惠惠+家”家庭教育工作室在嘉善揭牌成立（盛伟峰）

◇4月，嘉善县获批设立国家知识产权局商标业务嘉善受理窗口（县市场监管局）

◇11月，千岛湖供配水工程进入试通水运行阶段（县水务集团）

◇伍子塘文化绿廊（南城河——白水塘段）（县城投集团）

◇嘉善县“公园·水岸·善城”城市新区风貌样板区获评浙江省2023年第一批“新时代富春山居图样板区”（时 宇）

◇4月，善贤苑安置房交房（县城投集团）

◇新修成的横港公园（张 祎）

◇1月16日，非遗年货节·江南年味——2023长三角非遗嘉年华系列活动在嘉善县开幕（县文旅体局）

◇5月10日，天凝镇村BA决赛现场（顾梅森）

◇5月20日，2023中国10公里精英赛（嘉善大云）开跑（大云镇）

◇6月17日，2023嘉善县龙舟比赛在陶庄镇举办（陶庄镇）

◇8月22日，县民政局举办“七夕嘉礼 永结善缘”汉服集体婚礼（县民政局）

◇9月13日，嘉善县组织参加2023年一体化示范区全国高校巡回引才活动暨哈尔滨高校合作启动仪式（徐 超）

◇11月3日，举办嘉善县第43届中小学生“三好杯”田径运动会（吴鸣蕾）

◇11月4日，第十一届西塘汉服文化周开幕式举行（西塘镇）

◇12月28日，嘉善县沈照琴（右三）在第八届浙江省道德模范先进事迹发布活动上被授予“孝老爱亲模范”（县委宣传部）

◇嘉善技师学院（筹）项目工程（马俊康）

◇1月22日，县公安局魏塘派出所社区民警在南桥新村“平安哨”平安小院举办的网格恳谈会上向社区居民宣传反诈知识（魏塘街道）

◇4月20日，浙江省嘉兴市、上海市青浦区、江苏省苏州市、浙江省嘉善县共同在嘉善县陶庄镇汾湖水上运动中心举行2023年长三角（青、苏、嘉）水上突发事件应急演练（县交通局）

◇8月8日，嘉善县举行“护航亚运 平安有我”深化夏夜巡查宣防启动仪式（县公安局）

◇8月17日，县人武部军训教官队为嘉善高级中学学生进行军训（彭晓涛）

◇9月1日，县公安局罗星派出所到辖区学校开展反诈宣传活动（县公安局）

◇2月4日，魏塘街道举办元宵节非遗市集（魏塘街道）

◇6月11日，2023年罗星街道第五届市民文化艺术节在中央公园开幕（罗星街道）

◇6月底，嘉善首批“只要点一次”乡村共富小屋启用（嘉善邮管局）

◇7月7日，2023嘉善经开喜力啤酒音乐节活动在喜力啤酒嘉善工厂举行（县经济技术开发区）

◇10月14日，干窑镇在范东村举办田间课堂社科研学活动（干窑镇）

◇10月20日，天凝镇洪溪村举办“百桌席、千人宴”活动（顾梅森）

◇12月24日，姚庄镇居民参加锦绣共富积分集中兑换活动（姚庄镇）

◇大云镇小微产业园内部（大云镇）

◇12月30日，罗星街道社区卫生服务中心新院正式启用（罗星街道）

◇陶庄镇汾南村美丽宜居示范村春景（许　峰）

◇嘉善县经济技术开发区中荷数字农业科创示范中心项目（县乡村振兴局）

◇天凝镇一事一议财政奖补共富乡村试点项目——牛桥头市集夜景（县财政局）

◇干窑镇南宙村（干窑镇）

凡　例

一、《嘉善年鉴》以马克思列宁主义、毛泽东思想、邓小平理论、“三个代表”重要思想、科学发展观、习近平新时代中国特色社会主义思想为指导，坚持辩证唯物主义和历史唯物主义的立场、观点和方法。

二、《嘉善年鉴》是中共嘉善县委员会、嘉善县人民政府主办，由嘉善县档案馆（县史志研究室）组织编纂的年度综合性、资料性文献。编辑出版《嘉善年鉴》，旨在全面、客观、详实记载上一年度嘉善县行政区域内政治、经济、文化、社会和生态等方面的基本面貌，为各级领导决策和管理提供信息和情报，为国内外人士了解、研究、宣传嘉善服务，为全县经济社会高质量发展服务。

三、《嘉善年鉴（2024）》，记载时限为2023年1月1日至2023年12月31日，部分内容作简要的历史回溯和适当延伸，以求内容完整。

四、本年鉴采用分类编辑法。全书分类目、篇目、分目、条目4个层次，即类目下设篇目、篇目下设分目、分目下设条目，以条目作为记述的主要形式。为方便检索，类目标题单页设置，篇目标题用1号隶体字通栏，分目标题用3号小标宋，条目标题用5号黑体字加方头括号“【】”表示。

五、本年鉴分设8个类目，即为概况、政治建设、经济建设、文化建设、社会建设、生态文明建设、街道镇、附录。概况类设5个篇目：特载、专题、专记、大事记、嘉善概貌；政治建设类设7个篇目：中共嘉善县委、嘉善县人民代表大会、嘉善县人民政府、政协嘉善县委员会、民主党派工商联、群众团体、军事民防；经济建设类设13个篇目：农业、工业、国内贸易、开放型经济及区域合作、经济园区、科学技术、金融业、财政税务、交通运输邮政、信息业、旅游业、建筑和房地产业、经济管理与监督；文化建设类设4个篇目：精神文明建设、教育、文化体育、传媒；社会建设类设6个篇目：治安司法、城乡建设管理、卫生健康、人力资源与社会保障、民政、社会事务；生态文明建设类设4个篇目：环境水文与气侯、自然资源管理、水利、环境保护；街道、镇类设2个篇目：街道、镇；附录类设4个篇目：国民经济统计资料、文件选编、名录、文论珍闻。年鉴前有目录，后有索引。

六、本年鉴在坚持内容安排的稳定性、连续性的基础上，注重突出年度特色和地方特色，注重实用性和可读性，配有以存史、宣传为主要目的的彩色插页照片，以生动反映嘉善县各方面的情况。照片说明未注明年份的，均为2023年。

七、本年鉴采用的文稿，由嘉善县级机关各部门、各有关单位和所辖镇（街道）落实专人撰写或提供，并经撰稿和供稿单位领导审核。撰稿人或供稿人姓名加圆括号“（）”列在条目后面右下方。书中各种数据均经有关部门、单位核实确认，综合性数据均以嘉善县统计公报公布资料为依据。

八、本年鉴有双重检索系统，书前目录有中文详细目录和英文要目；书后有汉语拼音音序索引。采用主体分析索引的方法，按主题词首字汉语拼音字母排列，使用方法详见索引说明。

九、本年鉴的编纂、出版工作，得到全县各有关部门、单位、镇（街道）和社会各界人士的关心、帮助和支持，广大撰稿人员付出辛勤的劳动，在此谨表示感谢！由于编辑水平有限，不当之处敬请批评指正。

目　录

概　况

特　载

专　题

专　记

大 事 记

嘉善概貌

政治建设

中共嘉善县委

嘉善县人民代表大会

嘉善县人民政府

政协嘉善县委员会

民主党派　工商联

群众团体

军事民防

经济建设

农　业

工　业

国内贸易

开放型经济及区域合作

经济园区

科学技术

金融业

财政　税务

交通　运输　邮政

信　息　业

旅游业

建筑和房地产业

经济管理与监督

文化建设

精神文明建设

教　育

文化　体育

传　媒

社会建设

治安司法

城乡建设管理

卫生健康

人力资源与社会保障

民　政

社会事务

生态文明建设

环境水文与气候

自然资源管理

水　利

环境保护

街道、镇

街　　道

镇

附　录

国民经济统计资料

文件选编

名　录

文论珍闻

索　引

Contents

Overview

Important Notes

Features

Special Materials

Chronicle of Events

General Views of Jiashan

Political Development

CPC Committee of Jiashan County

People's Congress of Jiashan County

People's Government of Jiashan County

CPPCC Committee of Jiashan County

Democratic Parties, Federation of Industry and Commerce

Mass Organizations

Military Affairs and Civil Defense

Economic Development

Agriculture

Industry

Domestic Trade

Open Economy and Regional Cooperation

Economic Parks

Science and Technology

Financial Industry

Finance and Taxation

Traffic, Transportation and Postal Service

Information Industry

Tourism Industry

Building and Real Estate Industries

Economic Management and Supervision

Cultural Development

Ethical and Cultural Progress

Education

Culture and Sports

Media

Social Development

Public Security and Judiciary

Management of Urban and Rural Construction

Hygiene and Health

Human Resources and Social Security

Civil Administration

Social Affairs

Ecological Civilization Development

Environment, Hydrology and Climate

Management of Natural Resources

Water Conservancy

Environment Protection

Streets and Towns

Streets

Towns

Appendices

National Economic Statistics

Selected Documents

Directory

Articles and Tidbits

Indexes

概况

深入学习贯彻习近平总书记考察浙江重要讲话精神 在全省“勇当先行者、谱写新篇章”中开创新局面、干出新精彩

——在县委十五届六次全体(扩大)会议暨十七届县政府第二次全体(扩大)会议上的报告

市委常委、县委书记　江海洋

(2024年1月3日)

同志们:

这次县委全会的主要任务是:坚持以习近平新时代中国特色社会主义思想为指导,全面学习贯彻党的二十大、中央经济工作会议和习近平总书记考察浙江重要讲话精神,深入落实省委、市委要求,总结2023年工作,研究部署2024年工作,进一步动员全县上下感恩奋进、排难而进,坚定扛起“展示窗”“试验田”“桥头堡”新使命,持续推动“八八战略”走深走实,在全省“勇当先行者、谱写新篇章”中开创新局面、干出新精彩。

下面,我代表县委常委会,讲四方面内容:

一、充分肯定发展成绩,持续坚定踔厉奋发的信心决心

2023年,全县上下以“三个年”行动为抓手,攻坚奋进“七个大突破”,经济运行实现高开稳走,预计全年GDP增长6%以上,规上工业增加值增长7%左右,服务业增加值增长6%左右。制造业高质量发展综合评价列全省第4,创新指数列全省第6,跻身全国县域高质量发展百强县30强,共同富裕示范区建设等4项工作获省政府督查激励,实现五鼎“大满贯”,“双示范”两个新三年建设取得良好开局。

(一)聚力“学思想、强党性”,主题教育扎实推进。县委常委会坚持5个“始终带头”、6个“示范在前”,全面实施“感恩奋进、四敢争先”4+2行动,系统开展“持正确政绩观、建为民新业绩”等4个专项行动,引领全县上下循迹溯源学思想促践行。抓深做实调查研究,县处级领导牵头开展专题调研和分组开展“县域高质量发展突围破局”外出学习调研,形成重点课题37个、正反面剖析案例8个。深入推进检视整改,县处级领导领衔攻坚问题41个,带动镇(街道)、村(社区)跟进整改问题858个。主题教育相关做法获中央《党建要报》、中央主题教育官网刊发和央视《新闻联播》点赞,得到省委书记易炼红和省委常委、组织部长王成等省领导批示肯定。

(二)聚力“拼经济、快突破”,发展质效稳步提升。聚焦省委三个“一号工程”、省政府“十项重大工程”,强力推进“三个年”行动,集中力量打造工业强县升级版。招大引强成效突出,组建4个产业链招商专班和10个驻点招商分局，签约剑桥科技、商米科技、合盛超容锂电等优质项目126个，总投资705亿元，达产产值超1700亿元，实际利用外资超4.8亿美元，其中总投资超百亿项目2个，百亿产值项目9个，均列全市第一。新增国家级专精特新“小巨人”企业4家、省级“专精特新”中小企业97家，携手青浦、吴江成立全国首个跨省域高新区，1—11月高新技术产业增加值占比86%，列全省第4。重大项目扎实推进，沪昆铁路嘉善段高架改造、沪杭高速公路嘉善联络线正式获批，合量科技、兰钧二期三期等重大项目加速建设，富涌电子纸等19个重大产业项目建成投产，项目投资增速12%左右。迭代“178(易企办)”投资项目全生命周期服务，落地全省首个海关特殊监管区域外保税维修业务，建成综保B区跨境电商“9610”海关监管场站，高效精准落实惠企政策，营商环境指数列全省第4。示范区国土空间总体规划、先行启动区国土空间总体规划、水乡客厅国土空间详细规划、祥符荡创新中心控制性详细规划正式获批。启动祥符荡创新中心新三年行动计划，重点科创平台高效运作，已集聚合作院士22人、科研人员超800人，实现联合组建全国重点实验室、创新成果转化验证中心、5N级超纯铁技术、自主培育“鲲鹏行动”计划人才等一批嘉善历史上科创领域零的突破，浙大智慧绿洲与日善电脑等共建11所联合研究机构，累计签订科创合同超7000万元。新引进青年博士123人，增长132%，均列全市第一。

(三)聚力“优服务、促共富”，民生福祉优质均衡。有序推进新城建设和老城复兴，加快建设“三高四铁”、梅花坊老城客厅等重点项目，长三角(嘉善)金融创新中心结顶，引进中铁上海设计院等打造上海设计中心嘉善副中心。扎实推进乡村振兴，缪家村成为全国学习运用“千万工程”经验现场推进会浙北线考察首站，嘉善中荷数字农业科创示范中心建成开园，连续4年获评全省新时代美丽乡村工作优胜县，以全省第一的成绩列入国家级乡村振兴示范县创建名单。建成上海大学附属嘉善实验学校，浙大二院嘉兴医院被列入国家区域医疗中心，健康浙江考核蝉联全省第一，长三角零工市场列入首批省级示范性零工市场培育点，“七优享”重大项目综合排名和公共服务均衡可及指数列全省第一。实施生态环境整治提升“六大行动”，率先在全省发布首个平原河网生态系统GEP核算技术规范，首夺“大禹鼎”银鼎，创成省三星级“无废城市”。文旅经济强劲复苏，1—11月全域旅游人次1356.8万，增长72.8%，列全省第一。

(四)聚力“防风险、守底线”，社会大局和谐稳定。持续开展安全生产隐患大排查大整治、“打非治违”百日攻坚等专项行动，腾退高耗低效企业353家，腾出低效用地3646.9亩，生产安全事故起数下降25%。优化“警格+网格”融合治理，打造117个警网融合工作站，常态化开展“五湖四海一‘嘉’人”主题活动，治安警情数、出租房火警数分别下降9%、42.9%，圆满完成平安护航亚运等各项任务。健全“县级领导包案化解”机制，48件省市交办信访积案动态清零。突出防范和化解债务工作，兜牢“三保”底线。

(五)聚力“抓队伍、固根基”，党的建设更加有力。组织开展“六问六破”主题大讨论、“四敢争先”实践活动，评选担当作为好干部15人、示范尖兵42人，为26名党员干部容错减责或澄清正名，查处诬告陷害2人，进一步树牢敢担当重实干的鲜明导向。创成“红色根脉强基”示范镇1个、示范村(社区)11个，缪家、和合等村(社区)示范效应凸显，《以“6S”标准打造两新组织品质党建品牌》获评全国基层党建创新优秀案例。始终坚持严的基调，一体推进“三不腐”，党纪政务立案141件，处分127人。打响“理响嘉善”宣讲品牌，入选省农村文化礼堂社会化运行试点，意识形态领域态势持续向上向好。全力支持人大、政府、政协和监委、法院、检察院依法履行职能，严格履行党管武装责任，持续巩固扩大爱国统一战线，群团组织功能不断增强。

在肯定成绩的同时，也要清醒看到存在的问题和短板，主要表现在：经济稳增长基础还不够牢固，房地产市场乏力，外贸出口持续承压，科创人才支撑还不够强，资金、土地等要素制约较为严峻；城市品质能级不够突出，教育、医疗等优质公共服务供给还不够充足；风险防范化解还需加力，系统安全、本质安全、全面安全的基础还需进一步夯实；党员干部作风能力、担当精神仍需进一步提升。这些问题，有的是宏观经济形势导致的，有的是嘉善作为先发地区率先碰到的，有的是我们工作不足造成的。站在嘉善“双示范”两个新三年建设的关键期，要切实解决这些问题，核心还是要牢牢把握高质量发展这一硬道理，以安全发展、高质量发展、可持续发展来不断破解前进道路上的各种艰难险阻。

二、学深悟透习近平总书记考察浙江重要讲话精神，全面扛起感恩奋进的使命担当

2023年9月，习近平总书记亲临浙江考察并发表重要讲话，为浙江改革发展把脉定向、指路引航，在浙江发展史上具有里程碑意义、标志性意义。我们必须深刻领悟习近平总书记考察浙江重要讲话的丰富内涵、精髓要义和实践要求，不断从中汲取“干在实处、走在前列、勇立潮头”的精神力量，接续奋斗“第一站”，砥砺奋进“双示范”，坚定不移沿着总书记指引的方向奋勇前进。

（一）增强紧跟核心、看齐追随的政治忠诚，进一步扛起先行示范的战略使命。总书记赋予浙江“中国式现代化的先行者”新定位、“奋力谱写中国式现代化浙江新篇章”新使命，这既是对浙江发展成绩的肯定勉励、发展重点的精准点题，更是对浙江发展定位的更高期待、更大期许。作为总书记曾经的基层联系点，嘉善肩负着“双示范”两大战略，省委又赋予嘉善“展示窗”“试验田”“桥头堡”新使命。我们要从总书记赋予浙江的新定位新使命中进一步找准嘉善发展的方位和方向，坚定先行示范的目标追求，涵养绝对忠诚的政治品格，切实将“两个确立”“两个维护”内化于心、外化于行，在推进中国式现代化中奋力谱写嘉善精彩篇章。

（二）增强感恩奋进、接续奋斗的政治定力，进一步找准先行示范的坐标路径。总书记指出，“浙江之所以有成效，就是以‘八八战略’为统领，一张蓝图绘到底、一以贯之二十年”，并进一步明晰了“浙江干什么、浙江怎么干”的目标方向和任务举措，深刻揭示了“何以是浙江、何以浙江能”的深层逻辑和基因密码。总书记要求嘉善做好转变发展方式、主动接轨上海、统筹城乡发展“三篇文章”，并亲自关心指导嘉善启动三轮示范点建设，从“三区一园”到“四区一园”再到“五个先行区”，始终保持目标一致性和工作连续性。我们要牢记嘱托，将总书记重要讲话精神贯彻落实到“双示范”建设的全过程各方面，接续做好“三篇文章”，全面奋进“七个大突破”，一步一个脚印把总书记擘画的宏伟蓝图变为美好现实。

（三）增强砥砺前行、勇立潮头的政治担当，进一步彰显先行示范的实干作为。总书记从“在以科技创新塑造发展新优势上走在前列，在推动共同富裕中先行示范，在深化改革、扩大开放上续写新篇，在建设中华民族现代文明上积极探索”四个方面，为浙江发展精准点题，既给我们部署“过河”的任务，又指导解决“船和桥”的问题。当前，浙江发展进入爬坡过坎的关键期，嘉善也迎来了“双示范”两个新三年建设的关键期，2024年能不能干出显示度、辨识度，直接决定了2025年示范点三周年、示范区六周年的大考成绩。我们要进一步深学细悟总书记重要讲话精神，在“勇当先行者、谱写新篇章”中争当先行示范的领头羊，探索打造更多可复制可推广的“嘉善经验”“嘉善模式”，努力为全市全省乃至全国发展大局作出更多嘉善贡献。

三、把总书记重要讲话精神转化为干事创业强大动力，充分展现接续奋斗的示范作为

2024年是嘉善新一轮示范点建设和一体化示范区新三年建设承上启下的关键之年，做好新一年的工作，意义重大、影响深远。全县上下必须进一步把总书记重要讲话精神转化为干事创业的强大动力，以更高站位、更宽视野、更实举措，推动嘉善“双示范”建设不断取得新成效。2024年的工作思路是：以习近平新时代中国特色社会主义思想为指导，全面贯彻党的二十大精神、中央经济工作会议精神以及省市决策部署，完整、准确、全面贯彻新发展理念，紧扣“展示窗”“试验田”“桥头堡”新使命新定位，深化全面接轨上海“第一站”首位战略，纵深推进“三个年”行动、“七个大突破”，凝心聚力、精准发力、齐心协力，推动经济运行稳开高走、量质齐升，以嘉善的“稳”“进”“立”，开创新局面、干出新精彩，努力为全市全省大局多作贡献。

2024年主要预期目标是：GDP增长6%以上，规上工业增加值增长8%以上，服务业增加值增长5%左右，固定资产投资增长6%左右，实际利用外资5亿美元，城乡居民收入增速与经济增长同步。这些目标的确定，既充分考虑了全县经济发展的实际情况，又立足“双示范”建设要求，体现嘉善全方位作示范的责任担当。全县上下要保持昂扬的斗志、坚定的信心、拼搏的状态，抓住一切有利时机，利用一切有利条件，看准了就抓紧干，能多干就多干一些，努力以自身工作的确定性应对形势变化的不确定性。

具体在6个领域开创新局面、干出新精彩。

（一）加快培育新质生产力，以科技创新塑造发展新动能。坚持把打造工业强县升级版摆在突出位置，狠抓创新驱动，持续推进国家创新型县建设，全力打造科创产业联动发展先行区。要加速动能转换。做大做强浙大智慧绿洲、复旦研究院、祥符实验室、上大研究院等科创载体，引导企业与高校院所、科创载体更大范围合作，组建一批立足嘉善产业高质量发展的创新联合体，实施“科创祥符”攻关计划，带动主导产业蓬勃发展。引育更多高层次、复合型创新创业人才，加强职业教育建设，打造一批高素质产业工人队伍。瞄准元宇宙、人工智能等前瞻性未来产业，卡位布局未来产业“新赛道”，全力培育产业创新发展的新高地。要深入招大引强。紧扣主导产业发展方向，紧盯世界500强、龙头和产业链关键环节企业，进一步打好以商引商、资本招商等组合拳，强化平台园区招商主体责任，继续做大做强市场化招商，争取吸引更多优质龙头大项目、产业链好项目落户嘉善，力争招引总投资超百亿项目1个、产值超百亿项目6个。要做强产业集群。持续壮大通讯电子、新能源和集成电路等产业集群，以龙头企业为牵引，做强放大“链主”企业功能，培育更多腰部骨干企业，逐步形成热带雨林式的产业链生态，全力提升产业链引领能力。全速推进合量科技、剑桥科技、兰钧锂电池等重大产业项目建设。建立优质企业梯度培育库，构建大企业引领、中小企业筑基、微型企业开拓的培育体系。加快传统产业提质提效，分行业制定出台转型升级细化方案，推动传统产业向智能化、数字化、绿色化的高端迈进。要大力发展现代服务业，加强新业态新模式培育，构筑与制造业相适应的优质高效服务业体系。

（二）加快提升区域协同力，以项目联动构建一体新机制。贯彻落实深入推进长三角一体化发展座谈会精神，在重点领域重点区域实现更大突破，推动一体化向更深层次更宽领域拓展。要持续深化首位战略。始终把全面接轨上海“第一站”作为首位战略，进一步提升首位意识，大力拓展科创、产业、民生等各领域合作，全方位链接长三角优质资源发展嘉善。全力攻坚“三高四铁”项目，确保平黎公路干窑段、丁栅至天凝改建拓宽工程建成通车，力争全年完成投资40亿元以上，加快把区位优势通过大干交通转变为发展胜势。要攻坚建设重点区域。大力实施“五新跃祥符”行动，坚持“品质至上”理念，加快推进水乡客厅、长三角智慧绿洲一期、竹小汇金融岛等重点项目建设，努力打造更多精品工程、标杆工程，推动祥符荡创新中心大干新三年、引领示范区。大力发展总部经济，积极招引生命健康、人工智能等领域创新浓度高、成长性强的优质项目，深化张江合作园区规划和建设，做大祥符荡优质项目和高端资源“蓄水池”。要协同创新体制机制。加强规划、土地、项目建设的跨区域协同和有机衔接，深化推进“示范区高频事项跨省通办和使用”等一体化制度创新，进一步迭代“区域协同万事通”，深入推进“五统一”区域协同体系建设，加快从区域项目协同走向区域一体化制度创新。

（三）加快释放改革牵引力，以增值服务提升竞争新优势。大力实施营商环境优化提升“一号改革工程”，合力攻坚省市县各项重大改革任务，推动全面深化改革提质扩面。要全力打造改革成果。深入推进、迭代完善一批重大改革，协同打造数字经济创新发展试验区、以县城为重要载体的城镇化建设、农村综合性改革、低碳试点县、跨省域高新区、15分钟公共服务圈等标志性成果。高水平承办首届全国县域高质量发展现场会，集中展示一批县域高质量发展成果。要全力打造最优营商环境。以政务服务增值化改革为牵引，持续优化营商环境，统筹推进营商“五大环境”与增值化改革“五个一”重点任务，营商环境无感监测继续保持在全省第一梯队。优化县镇一体企业综合服务中心建设，完善“易企办”企业综合服务应用，谋划打造“一类事”“一企一码”等服务场景，推动更多惠企政策直达快享。要全力提升“两个健康”水平。支持民营企业参与重大工程和科技创新领域，深入推进品质善商和青蓝接力工程，加大“杰出善商”培育力度，全力构建“亲清”政商关系。深化“综合查一次”服务监管模式，推进包容审慎监管。加快北交所长三角服务基地建成并运营，搭建企业上市一站式服务平台。

（四）加快统筹城乡融合力，以优质均衡打造共富新样板。坚持量力而行、尽力而为，找准重点、突破难点，持续巩固发挥城乡均衡发展的优势。要统筹推进城市建设。对标打造“江南韵、文化味、现代化的中等城市”，积极稳妥推进新城建设和老城复兴，加大重点项目征迁攻坚力度，基本建成长三角（嘉善）金融创新中心等项目，启用新政务服务中心，加速建设梅花坊老城客厅，开工建设万象汇等项目，并全面提升物业管理水平。要深入推进乡村振兴。深化国家农村综合性改革试点和乡村振兴示范县创建，大力实施农业“双强”行动，做大做强农业经济开发区，加快建设高标准农田，深层次推动乡村“土特产”传承与发展行动。统筹推进“千万工程”，开展全域秀美深化行动，积极探索村庄经营新模式。要抓实民生服务保障。深入推进“地嘉人善”民生优享工程，建成县妇幼保健院、区域急诊医学中心、县120急救中心，开工建设浙大二院嘉兴医院；加快建设11所学校，建成嘉善技师学院、嘉善新城中心学校、嘉善四中实验学校；积极推动大云颐养综合体建设和城市养老综合体改造。

*（五）加快做强文旅吸引力，以丰富业态展现窗口新形象。*要推动“善文化”大发展大繁荣，打造具有嘉善特色和独特魅力的文化强县。要提升县域文化软实力。加快推进新时代“善文化”建设，深化“浙江有礼·积善之嘉”县域文明新实践，持续推进“善行天下——袁了凡”全国巡展、中国西塘汉服文化周等系列活动，举办纪念顾锡东诞辰100周年系列活动，打造更多具有嘉善辨识度的文化标志性成果。全面压紧压实意识形态工作主体责任，打造清朗网络空间。要打通“两山”转化新通道。高标准推进省生态环境保护督察反馈问题整改销号。深入推进“碧水绕善”和“守底线一号工程”行动，加快推进蓉溪净水厂、示范区生态水网等重大项目建设，县控断面Ⅲ类及以上水质比例继续保持100%。要深化文旅产业大融合。加快推进西塘古镇、大云、美丽乡村等优质旅游资源整合，大力培育研学旅游、夜间经济、农事体验等新模式，进一步擦亮“北西塘、南大云”全域旅游品牌。全力冲刺大云国家级旅游度假区创建，积极招引和建设标志性文旅产业项目。

*（六）加快锻造平安驾驭力，以高效治理营造和谐新环境。*时刻绷紧安全这根弦，持续保持高压态势，要牢牢守住“两个绝不能再发生”的底线。要打好维稳安保攻坚战。全面加强各类风险隐患排摸，持续健全风险闭环防控体系，重点攻坚一批长期困扰全县安全稳定的同类案事件，坚决下好风险防范先手棋。深入推进信访工作法治化，做优做实初信初访等工作，常态落实领导干部下访接访、信访值班接待、包案等制度，推动积案化解清零。要打好平安建设深化战。开展“平安之星耀善城”主题活动，加强“平安共同体”建设，深化“平安嘉善”考核晾晒机制。牢固树立“守底线、保平安”的责任意识，压实四方责任，确保问题隐患及时整改，切实将风险消除在萌芽阶段。要打好县域善治提升战。加速推动新时代“枫桥经验”本土化融合，深化“五基”建设三年行动，迭代升级“三治融合”“警网融合”“指挥融合”，提升“五湖四海一‘嘉’人”“善阿姨”等特色项目，持续擦亮“县域善治”工作品牌。健全完善网格工作体系，强化网格员“守底线”主责主业。持续推进“民声一键办”“数字城管”“大综合一体化”等工作，紧盯群众“急难愁盼”，努力破解基层治理难点、堵点、痛点。

四、在加强党的建设中强化实干实效导向，持续提升团结奋战的拼搏状态

要全面落实新时代党的建设总要求，以自我革命精神纵深推进全面从严治党，为“勇当先行者、谱写新篇章”提供坚强保障。

*（一）坚持为民造福，牢固树立正确政绩观。*以习近平总书记关于树立和践行正确政绩观重要论述为指引，引导全县党员干部坚持按客观规律办事，准确把握“变”与“不变”、“显绩”与“潜绩”、“敢担当”与“守规矩”、“均等化”与“优质化”的关系，进一步提高科学决策的执政本领。党政机关要习惯过“紧日子”，树牢求真务实的实干导向，坚持人民至上，抓住群众关心关注的突出问题，破解发展难事，办好民生实事。树立更加鲜明的正确政绩观考评导向，完善综合考核评价体系，健全落实“季度红旗奖”交流比拼机制，以新气象、新作为推动高质量发展取得新成效。

*（二）坚持学思践悟，持续深化主题教育。*抓好主题教育成果转化，健全“以学铸魂、以学增智、以学正风、以学促干”“循迹溯源学思想促践行”等长效机制，围绕调研破难、为民办事等好经验好做法，着力打造一批利全局、管长远、惠民生的制度成果，持续深化运用习近平新时代中国特色社会

主义思想武装头脑、指导实践、推动发展。大力推进基层党建争先攀高专项行动，深入实施“百千万”工程，积极争创“红色根脉强基”示范县，力争创成示范镇（街道）1个以上、示范村（社区）11个以上。

（三）坚持敢闯敢为，建强堪当重任队伍。严格树立“四个坚持、八个不”选贤任能导向，全力打造堪当“双示范”建设重任的“六型”干部队伍。聚焦事业发展所需，建立优进拙退、持续流动的“一把手”储备库。持续深化“善接未来”成才工程，常态搭建交流展示平台，推动优秀年轻干部活力涌流。结合全县中心工作，常态化开展招商引资、科产联动、建设规划等方面专业化培训，培养出更多善于攻坚、敢于突破的业务骨干。贯通落实省委“1＋3”激励担当政策体系，打好综合考核、容错纠错、能上能下等组合拳，营造敢担当、善作为的干事氛围。持续完善大统战工作格局，广泛团结社会各界力量，打造青年发展型县域，为“双示范”建设凝聚强大合力。

（四）坚持勤廉为本，营造风清气正生态。严明政治纪律和政治规矩，精准化开展政治监督。开展“一把手”监督“六大”行动，不断提升“一把手”监督质效。重拳纠治“四风”顽疾，强化监督检查，持续释放长管长严、越往后越严的强烈信号。一体推进“三不腐”，始终保持高压态势，强化关口前移，坚决阻断由风及腐的演化链条。进一步深化政治巡察，持续推动县委巡察工作高质量发展。落实“三个区分开来”，常态化做好澄清正名，严厉惩处诬告陷害行为，营造风清气正政治生态。

同志们，越是伟大的事业，越是充满挑战，越需要知责担责、知难克难。让我们更加紧密地团结在以习近平同志为核心的党中央周围，深入学习贯彻习近平总书记考察浙江重要讲话精神，始终保持“越是艰险越向前”的昂扬斗志，坚定信心、锐意进取，踔厉奋发、勇毅前行，在服务中国式现代化建设大局中彰显嘉善担当、展现嘉善风采！

名词解释：

“三个年”行动：指全县三级干部大会提出的2023年工作三大载体，即招商大突破年、项目大攻坚年、营商大提优年行动。

“七个大突破”：指推动千亿GDP大突破、千亿产业大突破、千亿园区大突破、千亿招商大突破、千亿企业大突破、千亿投资大突破、千万游客大突破。

五鼎“大满贯”：指实现大禹鼎、平安鼎、科技创新创新鼎、浙江制造天工鼎、神农鼎等五鼎“大满贯”。

五个“始终带头”、六个“示范在前”：五个“带头”指始终带头高举思想旗帜凝心铸魂、始终带头永葆政治忠诚锤炼党性、始终带头胸怀“国之大者”实干担当、始终带头践行党的宗旨为民造福、始终带头恪守公仆本色勤政廉政；六个“示范在前”是指学深悟透示范在前、深入调研示范在前、担当实干示范在前、检视整改示范在前、为民办事示范在前、从严律己示范在前。

“感恩奋进、四敢争先”4＋2行动：指实施“双示范”新三年建设攻坚行动、“三个年”攻坚行动、共同富裕先行示范攻坚行动、县域社会治理现代化攻坚行动、领衔攻坚整改整治专项行动、基层党建争先攀高专项行动。

“三高四铁”：“三高”是指沪杭高速公路嘉善联络线、嘉善大道快速路、兴善大道快速路；“四铁”是指通苏嘉甬铁路、沪昆铁路嘉善段高架改造工程、嘉兴至枫南市域铁路、嘉善至西塘市域铁路。

生态环境整治提升“六大行动”：指实施废旧金属回收行业整治提升行动、植绒印染行业整治提升行动、钮扣行业整治提升行动、码头规范化管理整治提升行动、废旧商品回收行业整治提升行动、建筑垃圾非法倾倒和垃圾填埋场整治提升行动。

“五统一”区域协同体系：指建立以“统一用户体系”为核心，“统一数据共享、统一智能共享、统一应用发布、统一安全防护”相结合的“五统一”数字化跨省协同体系，统筹推进示范区两区一县多跨应用系统集约建设、互联互通、协同联动。

增值化改革“五个一”重点任务：“一中心”即企业综合服务中心，“一平台”即线上企业综合服务平台，“一个码”即电子营业执照“企业码”，“一清单”即涉企服务事项清单，“一类事”即涉企服务“一类事”场景。

“五基”建设三年行动：指基础设施、基层底座、基本能力、基层智治、基层力量等“五基”建设三年行动。

“一把手”监督“六大”行动：指紧盯思想认识、明责履职、行权用权、作风建设、亲清关系、家风家教等六个方面，开展专项行动。

政府工作报告

——在嘉善县第十七届人民代表大会第三次会议上

嘉善县人民政府县长　张锡锋

（2024年2月4日）

一、2023年主要工作回顾

2023年是贯彻党的二十大精神的开局之年，也是新一轮示范点和新三年示范区建设的起步之年。面对新起点新挑战，我们坚持以习近平新时代中国特色社会主义思想为指导，全面贯彻党的二十大精神、习近平总书记考察浙江重要讲话精神，认真落实省委、省政府三个"一号工程""十项重大工程"等决策部署，在县委的坚强领导下，在县人大、县政协的监督支持下，全面实施招商大突破年、项目大攻坚年、营商大提优年"三个年"行动，全力以赴拼经济、促发展，各项工作取得明显成效。地区生产总值908.1亿元，增长7.0%；规上工业增加值增长7.5%；实际利用外资4.86亿美元；财政总收入146.7亿元，增长6.2%；一般公共预算收入84.7亿元，增长5.3%；社会消费品零售总额增长8.7%；城乡居民人均可支配收入分别增长5.7%、6.3%。

这一年，我们在牢记嘱托中续写新篇。站在"八八战略"实施20周年的历史节点，我们始终坚持创新破难、改革破题、开放破局，"三篇文章"的成色越来越鲜明，腾换并举、攀高升级，新兴产业占比突破六成；坚定不移接轨上海，基础设施互联互通水平持续提升，融沪效应越发凸显；在城乡融合发展中推动共同富裕建设，城乡收入比缩小至1.53∶1，继续全省领先。这一年，我们在应对挑战中奋勇争先。外部环境纷繁复杂，区域竞争千帆竞发，我们立足实际、讲求实效，全面统筹各方面政府工作，实现"五鼎"大满贯，全省仅3家。共同富裕示范区建设、数字化改革、碳达峰碳中和、工业稳增长等4项工作获省政府督查激励，数量列全省第三、全市第一。两次夺得市"互学互比互赛"红旗奖。这一年，我们在为民服务中彰显作为。我们牢固树立和践行正确的政绩观，用为民办实事成果检验主题教育成效。坚持政府过"紧日子"，将一般公共预算支出的80%左右用于民生。高质量完成省市县三级82项民生实事，就业、教育、医疗、养老、住房等社会事业全面进步。自觉接受人大依法监督和政协民主监督，认真办理人大代表建议178件、政协委员提案179件，过程满意率、结果满意率均实现100%。

具体来说，主要做了以下工作。

（一）勇扛战略使命，示范带动力持续增强

示范点建设开启新征程。围绕"11020"推进体系，落实创新举措、重点项目、展示窗口"三张清单"，加快打造GDP千亿县、"浙北粮仓"核心区等10张金名片，工业"低产田"改造、基层"一支队伍管执法"等14条示范点建设经验即将全国推广。加强与省级部门的协同联动，省统一战线召开助推嘉善"双示范"建设推进会，9家省级部门助力政策密集出台。汇聚省级金融资源，倾斜支持县域高质量发展示范点建设，授信金额超1500亿元。

示范区建设取得新实效。全国首个跨省域国土空间规划示范区国土空间总体规划，以及先行启动区国土空间规划、水乡客厅国土空间详细规划、祥符荡创新中心控制性详细规划正式获批。高效运作浙大、复旦、祥符、上大等科创载体，集聚科研人员超900人，硕博比超90%。浙大长三角智慧绿洲参与组建现代中药创制全国重点实验室，实现自主培育"鲲鹏行动"计划人才零的突破，浙大工程师学院嘉善分院完成首批41名硕士生招生。嘉善复旦研究院获批省博士后工作站。举办长三角·嘉善祥符荡创新中心（张江）推介会，签约总投资350亿元的24个项目。协同上海市青浦区办好示范区建设四周年工作现场会，水乡客厅标志性建筑方厅水院正式开工。

（二）聚焦创新深化，项目驱动力加速迸发

科创动能强劲。以全省第一的成绩列入国家创新型县建设名单，连续3年夺得省“科技创新鼎”，全省仅4家。全国首个跨省域高新技术产业开发区正式揭牌成立。发布“科技新政3.0版”，全社会R&D经费支出占比达到4%，创新指数列全省第六，入选2023“科创中国”省级试点县。持续推进科技企业“双倍增”行动，新认定国家高新技术企业130家，连续6年列全市第一，全县规上工业高新技术产业增加值占比达到87.2%、列全市第一。出台“人才新政3.0版”，培育国家万人计划专家3人、创历史最好成绩，引进青年博士129人，增长130%，均列全市第一。新增大学生1.5万人。

产业集聚加速。制造业高质量发展综合评价列全省第四、全市第一，夺得全省首批“天工鼎”，入围全省制造业高质量发展结对促共富示范县创建名单。加快打造“134”先进制造业集群体系，网络通信产业入选“浙江制造”省级特色产业集群核心区，数字经济产业集群规模突破千亿。新增国家级专精特新“小巨人”企业4家，省级专精特新中小企业97家、列全市第一。深入推进制造业“两化”改造，实现规上企业数字化1.0改造、重点用能企业绿色化改造全覆盖，入选全省中小企业数字化改造试点县创建名单。

项目推进有力。实施项目大攻坚年行动，全力推进“365”重大项目计划，完成固定资产投资397.3亿元，分别获省、市投资“赛马”激励。9个项目列入2023年需中央加大建设用地保障力度的国家重大项目清单，获国家保障计划指标5550亩。争取省重点建设项目21个、省重大产业项目3个、省“千项万亿”项目18个，落地省市县长工程4个，数量均为全市最多。获地方政府专项债券资金63.3亿元、中央预算内补助资金6.1亿元，均列全市第一。省“千项万亿”工程投资完成率158.3%。新开工亿元以上产业项目58个，新竣工亿元以上产业项目66个。

（三）深化改革攻坚，发展牵引力接续释放

改革工作亮点纷呈。联动推进省市16项重大改革攻坚行动、县级10项牵一发动全身重大改革，新获批“院前急救一件事”等省级以上改革试点65个。预防接种“一件事”改革成果全国推广应用，“县域高质量发展体制机制创新”等3项改革获评全省改革突破奖。协同推进示范区一体化制度创新，发出长三角首张跨省“证照联办通取”营业执照及许可证，示范区执法跨域协作应用获评全省“大综合一体化”行政执法改革“最佳实践”。

营商环境持续优化。实施营商大提优年行动，获评2022城市营商环境创新县（市），“无感监测”营商指数列全省前十。全面承接省“8＋4”政策体系，系统集成“1＋5＋N”惠企政策体系，为企业减负34.2亿元、兑付惠企资金5亿元。“区域协同万事通”“民声一键办”改革经验入选全省营商环境优化“最佳实践案例”。创新“178”政务服务体系，推动办理环节从11个压缩至5个，为533个产业项目提供代办服务。深入实施“千名干部助千企”行动，选派1005名干部组团服务企业，解决问题1904个。

大力支持民营经济。入选全省开展新时代“两个健康”先行示范县建设名单。鼓励民营企业、民营企业家坚守实业、做强主业、创新发展，民间项目投资增长19.9%。北交所长三角服务基地建成并试运营，搭建企业上市一站式服务平台，新增上市企业1家、挂牌企业5家。实施小微金融服务能力提升工程，新增小微企业贷款200亿元，余额增长27.8%。全力构建“亲”“清”政商关系，深入推进品质善商和青蓝接力工程，授予10位民营企业家“杰出善商”荣誉称号。个体工商户发展状况监测省级试点稳步推进，新增市场经营主体1.2万家，增长8.7%，增速列全市第一。

（四）坚持开放提升，区域吸引力日益扩大

招商引资取得突破。实施招商大突破年行动，建立产业项目落地共享、集中资源集中财力招大引强等机制，获评全省十佳招大引强县（市、区）。高水平举办善洽会，承办全省“十链百场万企”新能源产业专场等活动。组建网络通信电子、锂电池等4个产业链招商专班，上海、欧洲等10个驻点招商分局，招引上下游核心企业32家。签约锂电池生产、光模块制造等优质产业项目126个，总投资705亿元。新设立超2亿美元QFLP试点基金1支，累计落地试点基金5支，总规模18.3亿美元。

消费出口复苏向好。入选全省首批新型消费城市建设试点。

充分发挥消费券撬动作用，发放消费券4000万元，拉动消费超12亿元，举办首届啤酒龙虾节、第二届汽车博览会等主题活动。开展“千企百团”拓市场行动，助力489家次企业出海抢订单。入选全省首批数字贸易示范区，系全市唯一。落地全省首个海关特殊监管区域外保税维修业务。新增外贸出口实绩企业213家，省级内外贸一体化“领跑者”企业8家，列全市第一。聚焦现代服务业，新引进投资超亿元或营收超10亿元服务业项目23个，服务业增加值增长7.7%，列全市第二。

文旅发展深度融合。举办袁了凡诞辰490周年、第七届中国嘉善·善文化节、第五届江南民歌节等活动，“善文化”人文品牌入选全省共同富裕精神富有最佳案例。推动大云旅游度假区列入国家级旅游度假区培育名单，歌斐颂巧克力小镇获评国家工业旅游示范基地，全省首个古镇立法《嘉兴市西塘古镇保护条例》批准实施，第十一届中国西塘汉服文化周活动成功举办。全县共接待游客1310万人次，增长81.2%。成功举办中国排球超级联赛、“村BA”篮球赛等活动，推动学校体育设施向社会开放，营造全民健身浓厚氛围。

（五）加强城乡统筹，县域承载力稳步提升

城市品质持续改善。以县城为重要载体的城镇化建设列入省级试点。长三角金融创新中心主体封顶，善城中心、梅花坊城市客厅二期开工建设。打造上海国际设计中心嘉善副中心，签约引进北京市政总院、中铁上海设计院等项目。新（改）建公园6个，新增城市绿道4.8公里，15公里绕城绿道环线基本建成。2个社区成功创建省级引领型未来社区，12个社区入选省级未来社区创建名单。“公园·水岸·善城”风貌样板区获评“新时代富春山居图样板区”。

交通建设全面提速。攻坚“三高四铁”重大交通项目建设，完成征迁3541户，均达到组卷报批要求。沪杭高速公路嘉善联络线项目获批，嘉善大道快速路、兴善大道快速路先开段推进顺利。通苏嘉甬铁路、嘉兴至枫南市域铁路、嘉善至西塘市域铁路控制性节点开工。沪昆铁路嘉善段高架改造工程可研、初设正式获批，系全国同类型项目首个成功案例。嘉兴至嘉善三通道正式通车，解放东路东延、坛珑路等加快建设，新（改）建农村道路56.4公里。成功创建全国城乡交通运输一体化示范县，交通强省考核列全省前三。

乡村振兴不断深化。以全省第一的成绩入选2023年国家乡村振兴示范县创建名单，夺得全省首批“神农鼎”。实施农业“双强”行动，粮食总产量14.5万吨，新建成高标准农田3.6万亩，恢复耕地功能5500亩。引进千万元以上农业项目17个，其中亿元以上项目6个，14个项目列入省级农业重大项目库，建成现代农业小微产业园4个。深入实施“千万工程”，推进全域秀美三年行动计划，创建省级未来乡村4个、和美乡村特色精品村5个，缪家村列入全国学习“千万工程”经验现场会考察点。深入推进第五轮“强村计划”，村均集体经济经常性收入突破480万元，集体经济年经营性收入100万元以上行政村实现全覆盖。

生态环境稳步向好。首夺“大禹鼎”银鼎，获评全省幸福河湖建设试点优秀单位。东部区域水生态修复、北部湖荡整治项目竣工，中心河拓浚及河湖连通工程等项目加快推进，市控以上断面Ⅱ类水占比42.9%，列全市第一。天凝镇、大云镇入选全省首批污水零直排建设标杆镇。空气质量稳定保持国家二级标准。入选省级减污降碳协同创新城市试点建设名单，获评省三星级“无废城市”，与生态环境部土壤中心共建长三角“双碳”创新中心。制定并发布全省首个平原河网地区县域生态系统生产总值核算技术规范，完成全市首笔碳普惠交易。大力实施突出生态环境问题大排查、大整治、大提升“六大行动”，持续擦亮生态底色。

（六）聚力共同富裕，民生保障力不断强化

社会保障日益完善。“扩中”“提低”改革持续推进，新增城镇就业3.5万人，帮扶再就业1.1万人，新增高技能人才6523人、列全市第一。嘉善长三角零工市场成为全省首批省级示范零工市场，实现平台就业5.1万人次。基本医疗保险户籍人员参保率99.8%，长期护理保险参保人数51.5万人，困难人员资助参保率100%。加快推进国家级养老服务业标准化示范项目，10家居家养老服务照料中心改造提升，3家基层健康颐养中心和3家智慧养老院建成投用，新增养老床位900张。银福苑入选全省首批共同富裕实践观察点。

公共服务普惠共享。全国学前教育普及普惠县创建通过省级督导评估，列入全省首批教育领域数字化改革实验区。嘉善技师学院、新城中心学校等 12 所学校加快建设，上海大学附属嘉善实验学校投用，嘉善四中实验学校建成，扩容学位 4680 个。连续两年健康浙江考核列全省县(市、区)第一，创成全国医养结合示范县。浙大二院嘉兴医院入选国家区域医疗中心建设名单。县一院三期，县三院三期，魏塘街道、罗星街道社区卫生服务中心建成投用，新增床位 800 张。县妇幼保健院、区域急诊医学中心、120 急救中心主体完工。新增托育机构 23 家，实现镇(街道)公建托育机构全覆盖。

平安建设常抓不懈。高质量完成平安护航亚运等各项任务。坚持和发展好新时代"枫桥经验"，迭代升级警网融合 2.0 版，基层治理能力持续提升。打好反诈人民战争，电信诈骗发案率下降 5.7%，实现五连降，案损金额下降 15.6%。推进交通安全大会战，交通事故死亡人数下降 10%。提升食品药品数字化监管水平，守护"舌尖上的安全"。大力开展安全生产隐患大排查大整治、"打非治违"百日攻坚等专项行动，生产安全事故起数下降 25%、死亡人数下降 22.2%，火警起数下降 13.8%、死亡人数下降 100%，创成"无违建"示范县。成功应对"7·16"史上最强特大暴雨，实现人员零伤亡。

过去一年，山海协作、对口支援、民族宗教、外事侨台、双拥共建、退役军人事务、国防动员、档案史志、气象等工作取得新的成效，工会、青少年、妇女儿童、老龄、慈善、残疾人等事业取得了新的进步。

各位代表，唯其艰难，方显勇毅。过去一年，各项工作承压奋进，成绩得来殊为不易，每一步都离不开上级和县委的正确领导，离不开县人大、县政协的监督支持，离不开广大干部群众的砥砺奋斗。在此，我代表县人民政府，向全县人民，向全体人大代表、政协委员和离退休老同志，向各民主党派、工商联、人民团体和各界人士，向驻善武警官兵和消防救援队伍，向所有关心、支持嘉善发展的海内外朋友，表示衷心的感谢和崇高的敬意！

各位代表，在肯定成绩的同时，我们也清醒地看到，仍存在的一些问题和短板。主要表现在：受宏观环境影响，部分企业生产经营面临挑战，经济发展保持高期望、高基数上的持续高增长压力越来越大；城市能级品质提升还不够明显，高水平公共服务供给与人民群众的期盼还有差距；生态环境、社会治理等领域还存在一些薄弱环节；一些政府工作人员担当意识、攻坚能力不够强，政府系统作风效能仍需持续优化。对此，我们将坚持问题导向，认真加以解决。

二、2024 年主要工作

2024 年是"十四五"规划实施的攻坚之年，也是嘉善新一轮示范点和新三年示范区建设的关键之年。新的一年，面对纷繁复杂的形势，我们必须危中寻机、以进促稳。关键是保持战略定力，下好先手棋、打好主动仗，充分发挥嘉善经济潜力足、韧性强、各方支持多的优势，奋力招大引强、抓好项目攻坚、优化营商环境，以工作的确定性应对大环境的不确定性，切实推进县域高质量发展。新的一年，站在"双示范"窗口期，我们必须顺势而为、乘势而上。首届全国县域高质量发展现场会即将在嘉善召开，示范区建设也将迎来五年大考，我们必须牢牢把握"双示范"这一战略性、历史性机遇，勇扛使命、勇闯新路，为全国县域高质量发展提供嘉善经验。新的一年，锚定跨越发展总目标，我们必须接续奋斗、实干争先。去年我们地区生产总值突破 900 亿元，2024 年必须牢牢锁定 GDP 千亿跨越目标，不断提升创新、产业、城市综合能级，全力做好保障安全这一基础性工作，众志成城拼经济、一心一意搞建设，推动嘉善综合实力跨越赶超。

今年政府工作的总体要求是：以习近平新时代中国特色社会主义思想为指导，全面贯彻党的二十大精神、中央经济工作会议精神以及省市决策部署，完整、准确、全面贯彻新发展理念，紧扣"展示窗""试验田""桥头堡"新使命新定位，深化全面接轨上海"第一站"首位战略，纵深推进"三个年"行动、"七个大突破"，凝心聚力、精准发力、齐心协力，推动经济运行稳开高走、量质齐升，以嘉善的"稳""进""立"，开创新局面、干出新精彩，努力为全市全省大局多作贡献。

建议 2024 年全县经济社会发展主要预期目标是：地区生产总值增长 6%以上；一般公共预算收入增长 5%；规上工业增加值增长 8%以上；固定资产投资增长 6%；实际利用外资达到 5 亿美元；社会消费品零售总额增

长 6%;进出口平稳增长;城乡居民人均可支配收入稳步增长;完成上级下达的能源和环境指标计划目标。为实现上述目标,在稳步推进各项工作任务基础上,今年着重抓好七个方面工作。

(一)以坚实步伐推进"双示范"建设

强化先行探路使命。围绕示范点《建设方案》目标任务,高质量做好示范点建设中期评估工作,系统评估示范点建设实践成效。持续深化"11020"体系,高质量落实 2024 年度省级示范任务清单,形成一批制度成果,争取国家层面发文推广。精心筹备首届全国县域高质量发展现场会。积极推动成立县域高质量发展研究中心,加快形成嘉善县域高质量发展示范点建设年度蓝皮书、高质量发展模式等一批理论成果。

谋划引领示范新篇。贯彻落实《长三角生态绿色一体化发展示范区建设三年行动计划》,加强一体化示范区规划、土地、项目建设的跨区域协同和有机衔接,携手青浦、吴江全面建设跨省域高新技术产业开发区。聚焦祥符荡创新中心建设,实施"五新跃祥符"行动,推动长三角智慧绿洲一期等 13 个重点项目开工建设。持续建强科创载体,启用数慧云巷新空间,推动浙大长三角智慧绿洲争创省级重点实验室,嘉善复旦研究院、祥符实验室争创省级新型研发机构,集聚高层次人才超 1000 人。加快浙大工程师学院嘉善分院实体化运作。

发挥改革牵引作用。紧盯数字经济治理、区域协调发展、城乡融合发展等改革领域,积极争取具有重大影响力的试点任务。深化国家区块链创新应用试点、"15 分钟公共服务圈"试点、"大综合一体化"行政执法改革等省级以上重大改革试点任务,全力推动"双示范"改革经验的总结推广,持续擦亮嘉善改革金名片。积极探索示范区小微企业贷款利率统一制度等,用心谋划一批一体化制度创新,推动更多改革成果"一地创新、三地共享"。

(二)以暖心服务打造最优营商环境

深入落实"两个毫不动摇"。始终把民营企业和民营企业家当作自己人,全面贯彻落实省"民营经济 32 条",大力支持民营企业发展。强化产业基金支持,专项基金投向民间投资项目比重不低于 70%。加大金融支持,确保小微企业贷款增速高于各项贷款增速。向民营企业推介重大工程、重点产业链供应链等三张项目清单,依法依规吸引民间资本参与建设。发挥北交所长三角服务基地作用,搭建创新型企业和"专精特新"企业上市绿色通道,新增上市、挂牌企业 5 家。持续激发市场活力,新增市场主体 1 万家以上。

持续优化涉企服务。加快打造长三角营商环境最优县,营商环境无感监测继续保持全省第一梯队。启用新政务服务中心,推动政务服务增值化改革,深化"178"政务服务体系,迭代升级投资项目全生命周期服务平台,谋划打造"一类事""一企一码"等服务应用。推动更多惠企政策直达快享,全年为企业减负 20 亿元以上。深化"融资畅通"工程,优化金融服务,力争全年新增贷款 380 亿元以上,制造业贷款余额占比 20%以上。用好"综合查一次"服务监管模式,切实提升执法检查规范性、精准性,推进包容审慎监管,持续发挥涉企"免罚轻罚"两张清单作用。

厚植招商兴业沃土。继续实施招商大突破年行动,深化产业链招商,坚持"链主""链属"协同发力,提升产业链黏性,吸引上下游企业主动集聚。坚持"服务好现有企业就是最好的招商",进一步鼓励和引导在善企业再投资、再发展,力争新培育产值百亿元企业 1 家、50 亿元企业 2 家。重塑驻点招商格局,招引总投资超百亿元项目 1 个以上、产值超百亿元项目 6 个以上。深化海关特殊监管区域外保税维修业务,积极申请全球全品类区域外保税维修业务。

(三)以科产联动塑造集群发展优势

放大科创幂数效应。加快建设国家创新型县,力争全社会 R&D 经费支出占比超 4%。深入推进科技企业"双倍增"计划,新增省科技"小巨人"企业 2 家以上、国家高新技术企业 60 家以上、省科技型中小企业 100 家以上,全县规上工业高新技术产业增加值占比保持 80%以上。发展新质生产力,实施产业链、创新链"双链"融合专项行动,推动创新载体与本地企业开展科技合作 50 项以上。实施"科创祥符"攻关计划,力争科技项目列入省"尖兵""领雁"计划 5 项以上。加大引才力度,引进硕博士 600 人以上、大学生 1.5 万人以上。

大力推进新型工业化。全力打造"134"先进制造业集群体系,全速推进 11 个重大产业项目,积极争取“浙江制造”省级特色产业集群核心区协同区财政专项激励。数字经济核心产业制造业增加值增长10%以上。加速国开区冲刺千亿园区。加强梯度培育，新增省级隐形冠军企业1家以上、国家级专精特新“小巨人”企业10家以上、省级“专精特新”中小企业40家以上。加快传统产业转型升级，实施制造业“两化”改造项目100个以上，拉动先进制造业投资60亿元以上。

加快发展现代服务业。持续推进省级新型消费城市试点建设，促进消费升级和潜力释放。做强楼宇经济，培育税收超亿元楼宇5幢以上。加快中国电信长三角算力中心、阿里巴巴智能计算基地建设。全面落实服务业高质量发展30条，大力发展科技服务、创意设计、人力资源、科创金融等生产型服务业，引进投资超亿元或营收超10亿元项目30个以上。举办汽车博览会、西塘汉服文化周等系列活动，加快大云国家级旅游度假区创建，打造“北西塘、南大云”全域旅游格局。

(四)以互联互通构建综合交通体系

加速建设“三高四铁”。全面完成重点项目征迁任务，完成年度投资40亿元以上。推动沪杭高速公路嘉善联络线开工建设；嘉善大道快速路先开段主体建成完工，加快推进公铁共线段建设；兴善大道快速路先开段主体建成完工，开工建设涉铁段、320国道至湾里段。沪昆铁路嘉善段高架改造工程开工建设，同步实施嘉兴至枫南市域铁路；通苏嘉甬铁路、嘉善至西塘市域铁路全面开工。

全面完善路网结构。高质量推进全省首批交通强国建设试点县创建工作。打造现代化交通网络，推动平黎公路干窑段等骨干道路建成通车。谋划打通沪昆铁路嘉善段高架改造工程沿线城市道路，畅通内循环。持续推进杭申线三级航道改造工程(嘉善段)。巩固“四好农村路”全国示范县创建成果，新(改)建农村公路47公里。

不断建强公共交通。完善公交服务网络体系，优化公交线路10条以上，推动公共自行车布点向乡镇进一步延伸。推进公共停车场建设，新增公共停车泊位数800个以上。完成城市道路节点提升改造3个以上，开展校园周边专项治堵行动，提升道路通行效率和重点时段通畅程度。延续县境内高速公路部分小客车免费通行等惠民政策。

(五)以建管并重提升城市功能品质

打造城市标志项目。由南及北布局，以一批标志性项目为支点，撑起嘉善城市骨架，全面提升综合配套。南部重点打造高铁新城CBD，通过建设长三角金融创新中心、云帆大厦、万象汇等标志性项目，更加突显金融、政务服务、商业等功能。中部通过梅花坊城市客厅、嘉善技师学院、嘉善站等标志性项目，强化老城、教育、交通枢纽等功能。北部高质量建设浙大长三角智慧绿洲、祥符荡生态工程、浙大二院嘉兴医院等标志性项目，做强科创、生态、医疗等功能。

深化全域有机更新。实施城市有机更新，重点攻坚8个扫尾清零地块，完成征迁500亩以上，竣工在建安置房1.5万套。实施工业园区有机更新，深化“腾笼换鸟、凤凰涅槃”行动，鼓励有条件、有意愿的企业通过零地技改等方式转型升级、创新发展。实施城镇有机更新，探索推广“房票”等安置方式，优化全域土地整治模式，新增集聚农户1500户、竣工公寓房60万平方米。全年供地5000亩以上。

擦亮文明城市底色。常态化推进文明城市、文明村镇、文明单位等群众性精神文明系列创建活动。以“绣花功夫”推进城市精细化管理，加强养护保洁、物业管理、垃圾分类等工作，试点推进温暖家城市服务向无物业小区延伸，全面提升物业服务水平。加快贯通“白水塘—伍子塘—嘉善塘—丁诸航道”环城绿道。大力推进未来社区建设，16个列入省级未来社区创建名单的社区全面开工建设，创成省级未来社区4个以上。

(六)以“千万工程”引领乡村全面振兴

做实强村富民文章。推进全国乡村振兴示范县建设，持续深化全国农村综合性改革试点。守牢耕地保护红线，保障粮食安全。打造“浙北粮仓”核心区，推动永久基本农田基本实现高标准农田全覆盖。引进千万元以上农业项目10个以上，建成现代农业小微产业园2个以上。持续实施“强村富民”计划，创新实践“强村公司”等新型村集体经营模式，村均集体经济经常性收入达到500万元以上，农村居民人均可支配收入达到5.3万元。

绘好全域秀美画卷。深入实施“千万工程”，持续保持农村人居环境秀美村覆盖率100%。加快新时代和美乡村以及美丽宜居示范村建设，提升“水韵嘉善”美丽乡村品牌影响力，创建省级未来乡村3个、和美乡村特色精品村5个，市级和美乡村示范片区1个。持续推进沉香江小橘乐园、鑫锋音乐村等品牌村庄建设，培育江南水乡特色美丽经济业态，拓宽“美丽经济”转化路径，实现乡村休闲旅游总产值突破10亿元。

提升生态治理水平。加快全域幸福河湖建设，推进伍子塘流域综合整治等项目，开工建设蓉溪净水厂。加强生态修复，完成“碧水绕善”项目12个。县控以上断面Ⅲ类及以上水质比例持续保持100%。空气质量持续保持国家二级标准。系统推进区域减污降碳工作，争创省四星级“无废城市”。深化省级低碳试点县建设，大力推进新能源汽车等推广应用。深入推进突出生态环境问题大排查大整治大提升“六大行动”，一抓到底整治提升重点行业和区域性突出问题。

（七）以民生优享回应群众美好期盼

不断健全保障体系。加快高质量就业体系建设，新增城镇就业2万人以上，新增高技能人才2800人以上。持续做大零工市场，实现平台新增就业2万人次以上。强化社会保险精准扩面，深化社会救助体系建设。聚焦“一老一小”，推进公办养老机构改革，实现基层健康颐养中心全覆盖。打造“15分钟托育服务圈”，新建社区托育机构5家以上，新增托位200个。加快推进全国青年发展型县域试点、儿童友好城市建设。

加强优质服务供给。争创全国义务教育优质均衡发展县，加快推进荷池小学、兴贤幼儿园等9所学校建设，启用嘉善新城中心学校、嘉善四中实验学校，探索高中集团化办学模式，持续提升教育质量。推动嘉善技师学院正式开学，新招录学生1200人，持续培养高技能实战型人才。开工建设浙大二院嘉兴医院，加快推进嘉兴大学附属嘉善医院建设，建成县妇幼保健院、区域急诊医学中心、嘉善县120急救中心。

繁荣发展文体事业。加快推进新时代“善文化”建设，办好“善文化”节、“善行天下——袁了凡”全国巡展、纪念顾锡东诞辰100周年等系列活动，不断提升“善文化”影响力。推动文化产业发展，推进社科强县建设。加快提升改造一批大型体育场馆设施，高质量筹备全市第十一届运动会。新建一批百姓健身房、社区多功能运动场，推动人均体育场地面积达到3.1平方米。

夯实平安稳定基础。深化“警网融合”建设，持续优化基层治理方式。常态化抓好交通安全、出租房整治、食药安全、反诈等工作，守牢平安底线。深化基层应急消防治理体系建设，加快推进省综合减灾示范社区提升工程试点建设，提升基层应急救灾能力。开展安全生产治本攻坚三年行动，全年生产安全事故起数、死亡人数、火灾起数比前三年平均数均下降20%以上，坚决遏制较大及以上安全事故发生。

各位代表，民之所呼就是政之所向，县政府一向高度重视民生实事项目，前期我们经过认真研究和广泛征求意见，向本次大会提交了12件民生实事候选项目，请各位代表审议并票决。对大会确定的项目，我们将细化目标任务、定期公布进度、接受群众监督，全力以赴办好每一项，让群众有实实在在的获得感、幸福感、安全感！

三、加强政府自身建设

各位代表，千钧重任唯担当。我们将全面贯彻落实习近平新时代中国特色社会主义思想，始终坚持为民奉献、为发展尽责，驰而不息打造“五型”人民满意政府，着力锻造堪当“双示范”建设重任的高素质过硬队伍。

不折不扣讲政治。始终把党的领导摆在首位，自觉把“两个确立”“两个维护”落实到行动上，不断提高政治判断力、政治领悟力、政治执行力。以强烈的政治自觉，坚决执行上级和县委重大决策部署。强化大局意识、团队意识、协作意识、补位意识，凝聚一条心、拧成一股绳，形成政府系统强大工作合力。

敢打敢拼勇担当。大力弘扬“坚韧不拔、敬业争先”的嘉善精神，压实责任担当、强化比学赶超，确保各项工作横向有进位、纵向上台阶、创新当示范。积极发扬“啃硬骨头”“拔硬钉子”的斗争精神，更好地运用创新思维和办法应对前进道路上的困难挑战。

善作善成强落实。把“说到做到”“勇争一流”作为政府工作重要标准，凡事先作“应不应该办”的价值判断，不简单作“可不可以办”的技术判断，穷尽一切办法，努力实现既定目标，以工作提标提速换取发展提质提效。时刻牢记“人民政府为人民”，常态化开展“大走访大调研大服务大解题”活动，加强调查研究，切实解决群众和企业的急难愁盼。

依法依规存敬畏。纵深推进法治政府建设，严格执行重大行政决策法定程序，依法接受人大监督和代表评议，主动接受政协民主监督和社会各界监督。坚持政府带头过“紧日子”，严控论坛、节庆活动，精简压缩政府采购服务项目。牢记“两个永远在路上”，落实全面从严治党主体责任和“一岗双责”，驰而不息纠治“四风”，持续巩固风清气正的政治生态。

各位代表，汇力磅礴，方得勇进。让我们更加紧密地团结在以习近平同志为核心的党中央周围，坚持以习近平新时代中国特色社会主义思想为指导，在县委的坚强领导下，团结拼搏、锐意进取，在奋进中国式现代化新征程中勇当先行者、谱写新篇章！

嘉善县域高质量发展示范点建设

中共嘉兴市委　嘉兴市人民政府
关于全力支持嘉善县域高质量发展示范点建设的若干意见

各县(市、区)委、县(市、区)人民政府,市级机关各部门,市直属各单位:

为全面落实国家发展改革委印发的《新发展阶段浙江嘉善县域高质量发展示范点建设方案》、中共浙江省委、浙江省人民政府《关于支持嘉善县域高质量发展示范点建设的若干意见》,努力将嘉善建设成为全国县域高质量发展的典范,现提出如下若干意见。

一、创新融合发展新模式,建设科创产业联动发展先行区

(一)支持建设高水平创新平台。支持浙江大学长三角智慧绿洲创新中心、嘉善复旦研究院、上海大学(浙江)高端装备基础件材料研究院、祥符实验室等重大创新载体创建省级科研平台。支持嘉善智能传感、氢能源、高端装备等行业领域建设省级企业研究院和省重点企业研究院。支持共建长三角生态绿色一体化发展示范区(以下简称一体化示范区)跨省域高新技术产业开发区。(市科技局)

(二)支持开展关键核心技术攻关。鼓励嘉善创新载体在市科技局网站"揭榜挂帅"专区发布成果需求榜单,支持浙江大学长三角智慧绿洲创新中心、嘉善复旦研究院、上海大学(浙江)高端装备基础件材料研究院、祥符实验室等重大创新载体针对全市企业核心技术需求榜单开展揭榜,促进科技成果转化。支持申报省"尖兵""领雁"计划项目。(市科技局)支持建设科技成果转化基地。(市科技局、市市场监管局,排序第一为牵头单位,下同)

(三)支持建设长三角先进制造业基地。支持嘉善经济技术开发区建设浙江省高能级战略平台。(市发展改革委)支持打造全国性的集成电路先进制造业基地。(市经信局、市发展改革委)支持培育"专精特新"企业,打造长三角(嘉兴)专精特新企业服务基地嘉善中心。(市经信局)鼓励进入区域性股权市场规范培育,深入推进国家产融合作试点城市建设。(市经信局、市金融办)做大做强生命健康、新能源(新材料)等新兴产业,支持探索制造业"腾笼换鸟"新路径,在打造制造业强市中发挥示范作用。(市经信局)

(四)支持创建省级数字经济创新发展试验区。推动实施数字经济"一号发展工程",争取国家数字经济政策先行先试,推动网络通信、集成电路等省级特色产业集群培育。推动企业智改数转,加速制造业数字化转型。支持参与全省数字经济系统产业大脑建设和省级未来工厂试点,打造平台带动产业链上下游企业数

字化转型样板，探索制定工业互联网数据标准和安全标准。（市经信局）

（五）支持打造具有全国影响力的服务业示范平台。支持建设省现代服务业创新发展区，打造服务业重大平台。（市发展改革委）支持培育省文旅产业融合试验区，指导推动省级夜间文旅消费集聚区建设。（市商务局、市文化广电旅游局）保护推广西塘汉服文化周品牌，推动相关产业链发展。支持嘉善图书馆、文化馆、博物馆三馆融合发展创新实践基地建设。（市文化广电旅游局）

二、推动以人为本的新型城镇化，建设城乡融合发展先行区

（六）支持开展乡村振兴示范创建。支持深化农村综合性改革试点试验、省高质量发展建设共同富裕示范区试点、省级乡村振兴集成创新示范建设、省级新时代乡村集成改革试点。（市农业农村局、市发展改革委、市财政局）支持在国家统一部署下，探索农村集体经营性建设用地入市改革，推进以集体经济为核心的强村富民乡村集成改革，建立农业标准地制度创新体系。（市农业农村局、市自然资源和规划局、市发展改革委）支持探索区域协同的毗邻振兴机制，深化乡村振兴县镇村三级实体运营机制。（市农业农村局）

（七）支持创建全国城乡交通运输一体化示范县。支持争创客货邮融合发展星级样板县和交通运输部交邮融合农村物流服务品牌。（市交通运输局、市邮政管理局）优先支持高水平市域公交一体化和省际毗邻公交一体化建设。更大力度支持农村公路提档升级。（市交通运输局、市自然资源和规划局）

（八）支持建设“浙北粮仓”核心区。支持以种业为中心发展粮食全产业链。（市农业农村局）支持推进优质稻米生产加工技术标准化研究，引导规模种粮主体标准化生产，提高品牌稻米种植标准化水平。（市农业农村局、市市场监管局、市科技局）推动嘉兴职业技术学院帮助嘉善中等职业学校建设涉农专业。（市教育局）

（九）探索农业农村现代化。指导嘉善统筹构建乡村产业发展、乡村建设和乡村治理一体设计推进机制。（市农业农村局、市发展改革委）探索农村一、二、三产业融合发展用地新模式，率先探索新模式下农业、生态空间管控单元划分方法及传导机制，优先保障乡村振兴项目建设用地。（市农业农村局、市自然资源和规划局）推广嘉善“飞田抱团”强村富民发展模式，支持创建一批未来乡村，打造跨省域美丽乡村风景线。（市农业农村局）支持申报国家级、省级农村产业融合发展示范园试点，支持开展以县城为重要载体的新型城镇化建设。（市发展改革委）支持农业转移人口市民化和城乡一体普惠工程建设。（市农业农村局、市发展改革委、市公安局）

三、坚持绿色发展理念，建设生态优势转化先行区

（十）加强绿色低碳建设。发展数字经济等低碳新兴产业，加大装备制造等传统行业转型升级。（市经信局）支持氢燃料电池汽车示范应用，推动氢能与燃料电池领域研发、制造与应用融合发展，打造长三角区域氢能与燃料电池产业基地，指导出台县级氢能产业发展政策，支持推广氢燃料电池公交车和厢式货车上线运营。（市发展改革委、市经信局）优化加氢站布局，鼓励在货车非限行区域统筹规划和建设。（市发展改革委、市建设局）探索制定氢燃料货运车辆加氢补贴政策，探索发展氢燃料汽车运营平台。（市经信局）支持全域“区域环评＋环境标准”改革向省级以下园区扩面，支持国家级“无废城市”、低零碳镇（村）试点、减污降碳协同创新区建设和生物多样性保护工作。（市生态环境局、市建设局）

（十一）推动全域生态环境整治提升。支持嘉善协同上海青浦、江苏吴江探索联合河湖长制，建立跨界河湖联合协作机制，实现共建共管。（市水利局、市生态环境局）指导加快嘉善蓉溪净水厂、水生态修复等省重大项目建设。（市生态环境局、市自然资源和规划局）加快太浦河后续（浙江段）、嘉兴市中心河拓浚及河湖连通、嘉兴市北部湖荡整治及河湖连通等工程项目前期和建设，建设高标准饮用水互备互通互济保障工程，支持全域幸福河湖建设。支持嘉善水利陈列馆申报省级、国家级水情教育基地。（市水利局）妥善解决重点建设项目排污权指标缺口。（市生态环境局）

（十二）支持探索生态产品价值实现机制。支持建立适合平原水乡地区的生态系统生产总值（GEP）核算技术规范，开展县域GEP核算。支持探索生态产品价值核算结果在财政转移支付、金融信贷等方面应用。在农村闲置资源盘活、保水渔业、生态制造、全域旅游、生态产品品牌构建等方面探索生态产品价值转化路径。(市发展改革委、市生态环境局、市金融办、市统计局、人行嘉兴市中心支行、嘉兴银保监分局)

四、构建县域全面开放新格局,建设高水平开放合作先行区

(十三)支持完善跨区域重大基础设施。优化轨道交通网络体系规划,推动通苏嘉甬高铁、嘉兴至枫南、嘉善至西塘市域铁路等建设。支持嘉善与上海开通区间通勤列车。(市发展改革委)协调推进全国一体化算力网络长三角国家枢纽节点建设,推动重点区域5G网络全覆盖。(市经信局)推进阿里巴巴长三角智能计算基地、中国电信长三角国家枢纽嘉兴算力中心建设。(市发展改革委)

(十四)支持参与营商环境同城化建设。支持开展国家区块链创新应用试点,打造"区域协同万事通"重大应用场景。(市发展改革委、市政务数据办)完善社会公共信用体系,建立维权服务平台、权益补偿机制等。推进行业信用分级分类监管和服务,规范个人诚信信息共享使用,建立健全个人守信联合激励和失信联合惩戒机制,加快推进一体化示范区公共信用领域一体化制度创新。(市发展改革委)支持争取设立国家知识产权局商标业务嘉善受理窗口。(市市场监管局)支持开展数据要素市场化配置改革、营商环境"无感监测"等优化营商环境建设相关试点。(市发展改革委)

(十五)支持提升社会治理协同水平。支持嘉善与青浦、吴江率先开展跨区域"双随机、一公开"联合监管。(市市场监管局)支持创建全国守法普法示范县。(市司法局)深化跨省毗邻区域执法标准一体化,统一案卷质量标准,建立证据互认、案件移送等机制。推动建立青吴嘉执法协作联动机制,上线长三角执法数字化平台应用。推进镇(街道)"一支队伍管执法"和"大综合一体化"行政执法监管数字应用。(市综合执法局、市委编办、市司法局)

(十六)支持提升开放合作平台能级。指导创建国家级外贸转型升级基地,开展出口名牌申报认定。(市商务局)指导推动嘉兴综合保税区B区做大做强,优先复制推广自贸区政策,适时拓展发展空间,推动开展区外保税维修探索及数字化监管创新。(嘉兴海关、市商务局)指导推进中荷(嘉善)、中德大云国际产业合作园建设,深入开展外商投资股权投资企业试点,优先引入优质外资产业项目,打造县域高质量外资集聚地。(市商务局、市金融办)

五、率先打造县域共同富裕新典范,建设社会共治共享先行区

(十七)建设新时代"善文化"。支持打造以"善文化"为核心的县域人文品牌,深化"善文化"理论体系研究,支持嘉善深入推进文化基层解码工程,打造之江文化长廊连接沪苏的核心板块,巩固全国文明城市创建成果,提升新时代文明实践中心。(市委宣传部)支持引进和培育一批高成长型文化企业、高层次文化人才,实施一批文化产业重点项目,支持建设省重点文化产业园区、文化创意街区。(市委宣传部、市文化广电旅游局、市发展改革委)支持文艺精品创作,扩大"善文化"影响力。(市文化广电旅游局)

(十八)支持深化教育改革创新。支持创建全国义务教育优质均衡县、全国学前教育普及普惠县。参照"县中崛起"行动计划,支持深化"中本一体化"培养工作,支持嘉善技师学院建设。支持智慧教育一体化平台建设,指导推进"人工智能+教育"建设。支持承办一体化示范区"课博会",打造优质教育成果展示平台。支持深化与上海青浦、江苏吴江合作办学,选派优秀校长、骨干教师到长三角知名学校培养培训。(市教育局)支持深化人事制度改革,完善职称自主评聘改革。(市教育局、市人力社保局)

(十九)推进健康嘉善建设。全面扶持县域龙头学科建设,将市级重点学科带头人下沉到嘉善,推动评聘高级职称医务人员赴嘉善县级医院驻点工作。深化嘉善第一医院与浙大二院的合作。支持培育1～2个市级以上重点学科,助推省级县域龙头学科培养。持续开展市、县疾控中心科研合作。(市卫生健康委)

(二十)优化劳动力服务体系。畅通外来务工人员就业求职渠道,支持探索灵活就业人员权益保障政策举措,放开灵活就业人员在就业地参加企业职工基本养老保险的户籍限制。(市人力社保局)支持建设共同富裕高质量就业社区(村),争取省就业补助资金支持。(市人力社保局、市民政局)支持智慧医保、业务经办和长护险定点机构互认等深度融合。(市医保局)支持开展共同富裕"扩中""提低"重点群体"精准画像"基础数据库建设。(市统计局)

六、优化示范点建设要素供给，强化落实各项保障措施

（二十一）支持率先探索改革创新试点。支持集中落实、系统集成党的十八大以来党中央明确的全面深化改革地方试点举措，支持在嘉兴市承担的省级及以上重大改革试点上率先探索、重点突破。市县联动争取新的国家级和省级试点落地嘉善。支持在数字化改革应用场景建设上先行先试，率先在全市推广。（市委改革办）

（二十二）支持打造人才高地。将嘉善高层次人才引进纳入嘉兴市高层次人才专项“编制池”，给予优先轮候权限。（市委组织部、市委编办）支持申报嘉兴市科技特派员驿站。（市科技局）支持开展人才发展体制机制改革，支持符合条件人才申报“鲲鹏行动”等人才项目，在申报省高层次人才特殊支持计划时予以指标单列，并做好后续服务。（市委组织部、市人力社保局）指导构建协同高效体制机制，更大力度支持统筹盘活各类编制资源。（市委编办）对紧缺急需、专业性强的公务员职位采用聘任制，实行协议年薪、一职一薪。（市委组织部）探索建立国际职业资格证书认可清单制度，对具有行业国际影响力的国外职业资格证书，按照规定享受相应职业技能等级证书同等待遇。健全技能人才薪酬分配制度，提高技能人才待遇。（市人力社保局、市总工会）支持建设国家双创示范基地，完善创新创业政策体系。（市发展改革委、市人力社保局）

（二十三）加大财政支持力度。做大做强县级产业投资基金，在省、市、县共同出资产业基金支持嘉善时，在现行政策范围内加大市级要素保障力度。对落地嘉善的涉及财税改革、乡村振兴、城乡融合等方面的国家试点项目，积极争取中央、省财政支持。对列入财政预算内投资项目库的交通、水利等跨区域重大基础设施项目，按照中央、省财政相关政策要求予以支持。按照“钱随人走”制度改革方案，完善以人为核心的基本公共服务领域转移支付制度，资金的分配与常住人口因素紧密挂钩，支持探索一体化示范区跨区域财税分享机制。指导嘉善积极向上争取政府债券工作。（市财政局）支持引荐市级有关投资平台进行股权投资，支持市级国有基金公司参与嘉善的交通、水利等基础设施项目建设和“基金＋股权＋项目”招商活动。（市国资委、市财政局）

（二十四）加大投融资支持力度。支持市县国资共同出资参与建设长三角投资有限公司，引导各级资金以及优质建设资源共同参与示范点开发建设。（市国资委）协调金融机构加大对嘉善项目建设融资支持力度。（市金融办、人行嘉兴市中心支行）支持开展科创金融改革，依法依规鼓励股债联动业务创新，加大政府产业基金对科创企业支持力度。（市金融办、人行嘉兴市中心支行、嘉兴银保监分局、市财政局）指导嘉善深化长三角科创企业上市培育中心和“科创助力板”建设，支持北京证券交易所长三角服务基地落户嘉善。（市金融办）依法依规促进县级银行创新绿色信贷资产证券化产品，推动绿色债务融资工具和绿色金融债券增量扩面。（市金融办、人行嘉兴市中心支行、嘉兴银保监分局、市财政局）对接国家绿色发展基金，支持嘉善县域生态绿色高质量发展。（市财政局）

（二十五）强化土地要素统筹利用。支持申报自然资源部跨乡镇土地综合整治试点，支持嘉善土地综合整治项目评选省级精品工程，支持开展农用地整治、村庄整治、低效工业用地和城镇低效用地整治、生态保护修复等。（市自然资源和规划局）允许在高标准农田建设、农田林网建设和生态修复中探索耕地“进出平衡”，开展耕地质量等级评定，促进评价体系优化。（市自然资源和规划局、市农业农村局）提高保障重大项目能力，支持符合条件的国家重大建设项目按规定申请国家、省级统筹补充耕地指标，对符合使用市级统筹补充耕地指标条件的重点项目给予有力支持，支持嘉善申请市域外补充耕地指标。支持在国土空间规划层面开展兼容性用地结合探索，推动水利设施用地与水乡旅游娱乐康体用地复合联合开发。（市自然资源和规划局、市水利局）

（二十六）建立推进落实机制。将嘉善列入市委书记联系点，市委常委会每年听取示范点建设情况汇报，全程指导好示范点建设。（市委办公室、市长三角发展办）强化嘉善“双示范”建设工作机制，定期听取指导嘉善示范点工作，市级部门加强指导，选派优秀干部赴嘉善挂职，将各单位推动示范点建设和改革情况纳入工作考评。（市长三角发展办、市委组织部）配合省级层面建立县域高质量发展研究机制。（市委政研室）支持嘉善建立县域高质量发展研究中心，加大哲学社会科学课题规划立项支持，加强县域高质量发展理论研究。（市委宣传部、市委政研室）支持嘉善县域高质量发展示范经验纳入干部教育培训，跟踪开展嘉善县域高质量发展示范经验的案例及现场教学项目开发和调查研究。（市委党校）

嘉善县域高质量发展示范点建设 2023 年示范任务清单

表 1　　嘉善县域高质量发展示范点建设 2023 年示范任务清单

序号	名　称	创　新　举　措	责任单位	指导单位
一、科创产业联动发展先行区				
1	创新高新技术企业全流程管理服务体系	1.全流程培育服务。实施高新技术企业“培苗”工程，形成“储备一批、培育一批、推荐一批、认定一批”的可持续发展模式。 2.创新管理评价。将全县高新技术企业按一定比例分为创新示范（蓝色）、稳定成长（绿色）、督促提升（黄色）三类，开展高企“蓝绿黄”三色评价。 3.数字化动态监管。优化升级“企业研发项目信息管理系统”数字化平台，加强“企业研发项目信息管理系统”与税务电子系统间数据共享，实时监测企业研发活动情况。 4.科技服务支撑。开展核心技术攻关、揭榜挂帅，推动全县高端创新载体为企业提供研发支撑。	嘉善县科技局	省科技厅，嘉兴市科技局、市税务局
2	创新县域“基金＋股权＋项目”招商模式	1.实施产业基金市场化运营。改革基金运作模式，成立县国投公司，实现产业基金从地方财政管理转变为市场化主体管理，健全产业基金管理机制和制度。 2.创新基金招商模式。瞄准数字经济、生命健康、新能源、新材料等新兴产业，加强与知名投资机构开展合作，发挥股权投资集聚资本和带动项目作用，吸引股权机构及优质项目集聚嘉善，形成产业集群。 3.完善产业基金投资闭环管理。做好投前、投中、投后管理，投前做好审核、调查和方案制度，投中做好规范投资协议和出资，投后做好协议落实和项目风险排查与跟踪。	嘉善县财政局（县国资监管办）、县国投集团	省财政厅，省国资委，嘉兴市财政局、市国资委
二、城乡融合发展先行区				
3	构建现代农业小微产业园建设模式	1.统一规划建设。编制现代农业发展规划，规划建设茄子、草莓等现代农业产业园，由镇级平台公司统一建设标准化基础设施和配套设施，促进农业产业化规模化发展。 2.统一管理。由镇村集体乡村振兴公司进行统一管理，提升园区综合生产能力和水平。 3.统一服务。统一种子种苗农资供应、机械化生产、生产技术、市场信息咨询等产前产中产后的全过程社会化服务。 4.统一品牌。打造培育小微产业园品牌，整合农产品区域公用品牌、企业品牌、特色优势农产品品牌。 5.统一销售。以园区整体形象开展与周边销售大市场的对接，促进农民增收致富。	嘉善县农业农村局	省农业农村厅、嘉兴市农业农村局

续表1

序号	名　称	创　新　举　措	责任单位	指导单位
4	建立农田退水“零直排”治理模式	1. 科学编制建设规划。以优化水环境为导向，有效统筹工程措施和生态措施，结合土地构成、水体分布和原有基建，合理确定“零直排”建设目标、技术路线、项目安排，根据不同土地性质和标准选择农田退水“零直排”技术方案。 2. 全面提升配套工程。聚力源头减量防控，大力实施化肥农药减量增效行动，不断改善农田基础设施，全面建设数字化稻田综合管理系统，推进稻田精准灌溉。 3. 规范管理设施设备。坚持建管并重，严格统一招投标、专业化监理工程建设，定期检查或委托第三方抽检治理设施，全程监控退水治理流程。	嘉善县农业农村局	省农业农村厅、嘉兴市农业农村局
5	构建县镇村三级联动社会治理机制	1. 全面深化基层社会治理“一张网”建设，强化“一网智治”，完善县镇村社会治理中心信息互联互通。 2. 持续推进基层治理“四平台”迭代升级，进一步融合镇(街道)综合信息指挥平台和“大综合一体化”指挥平台。 3. 不断完善“四治融合”治理体系建设，做实做细一站式基层治理和服务，规范全科网格队伍，各网格按“1＋3＋X”模式配齐配全网格管理队伍。	嘉善县委政法委	省委政法委、嘉兴市委政法委
三、生态优势转化先行区				
6	推动县域固废“零填埋”	1. 合理布局固体废物利用处置设施。加强规范管理和技术创新，推动固废处置资源化、无害化，固废源头减量。 2. 构建建筑垃圾等城乡固废处置体系。根据减量化、无害化、资源化原则，完善提升垃圾焚烧处理能力体系。 3. 提高固体废物数字化监管水平。信息化监管工业固废产生、运输、处置全过程，运用5G技术实现生活垃圾分类智能化管理。 4. 推动塑料废弃物再生利用产业发展。加大塑料废弃物回收再利用，大力推广可循环绿色包装应用，发展塑料循环经济。	嘉善生态环境分局	省生态环境厅、省建设厅，省农业农村厅，嘉兴市生态环境局、市农业农村局、市建设局、市发展改革委、市商务局、市邮政管理局、市市场监督管理局、市经信局
7	创新县域工业绿色化改造转型路径	1. 完善绿色制造体系。推行绿色设计，建设绿色低碳工业园区、工厂，推动重点企业创建绿色工厂、绿色产品、绿色供应链。 2. 推动园区绿色改造。推进园区空间布局、产业循环链接、资源高效利用、节能降碳和污染集中治理等循环化改造。 3. 加快企业节能改造。推进企业实施清洁能源应用和储能技术改造，推广应用节能减碳先进适用技术和高效节能设备。 4. 发展壮大氢能产业。推进全县氢燃料电池汽车产业资源整合，重点打造燃料电池电堆、关键核心部件、动力系统集成等核心装备制造一示范应用的产业链条。 5. 建设数字化园企管理平台。在重点用能企业推广能源管理中心建设，推动用能设备上云上平台。	嘉善县经信局	省经信厅，嘉兴市经信局

续表 1

序号	名　称	创　新　举　措	责任单位	指导单位
8	建立平原水乡地区生态系统生产总值(GEP)核算应用机制	1. 制定核算技术规范。探索在省 GEP 标准的基础上增加水资源价值量和人居环境生态价值,将环境治理改善带来的生态价值红利纳入指标体系中,形成富有平原水乡生态特点的生态产品清单,并在此基础上完善县级、镇级指标体系和核算方法。 2. 依据技术规范开展核算。开展"1+9+10"进行核算,"1"指嘉善县,"9"指 9 个镇(街道),"10"指 10 个湖荡。 3. 探索核算成果应用。探索将 GEP 核算纳入考核体系,推动 GEP 核算应用到绿色信贷等资源要素配置。	嘉善县发改局、嘉善生态环境分局	省发展改革委、省生态环境厅,嘉兴市发展改革委、市生态环境局
9	创新全民所有自然资源资产清查工作机制	1. 汇集实物量。严把质量关,加强基础资料收集,整合自然资源、水利、林业等多部门数据资料,理清各资源的实物量数据,确保全民所有自然资源清查数据的准确性。 2. 构建数据库。加强源头质控,做好项目全程保障。严格项目组织实施、质量控制,统筹全民所有自然资源资产管理工作,依据技术标准建立全民所有自然资源资产管理数据库。 3. 算好经济账。开展全民所有土地、森林、矿产资源资产经济价值核算,分类编制价值核算方法,形成全县全民所有自然资源资产管理一张图。	嘉善县自然资源规划局	省自然资源厅,嘉兴市自然资源规划局
四、高水平开放合作先行区				
10	"三集一协同"打造科创飞地	1. 集聚高新产业,招引优质项目落地。借力创新中心在沪区位及资源优势,搭建对外发展交流公共平台,招引优质产业项目落地嘉善。 2. 集聚创新人才,吸引高端人才入驻。通过创新中心向县内输送一批高端人才,联动县域内各科创平台,构建海内外高端人才的"集聚中心"。 3. 集聚创新资源,导入科技创新资源。与国内外知名机构平台建立长期战略合作关系,筹办高端项目路演、行业高峰论坛等活动,打造创新中心企业服务活动品牌,主动导入在沪优质资源。 4. 推动产业链、创新链跨区域协同发展。构建跨区域创新孵化与产业化网络,强化技术研发、人才引育、成果转化、产业联动,推动跨区域价值链、企业链、供需链和空间链优化配置,增强跨区域产业发展合力,提升产业核心竞争力。	嘉善县科技局	省科技厅,嘉兴市科技局
11	创新外商投资类企业集聚发展机制	1. 建立会商审核机制。制定试点管理办法,理顺县镇两级分级审核机制,建立联席审核机制,精简行政审批流程,推动试点基金备案审批、企业注册登记一站式办理。针对境外投资者,允许采取提供翻译件情形下的申请资料容缺机制。 2. 完善便利化服务机制。积极争取省级主管部门支持,放宽对试点基金管理人注册地政策限制,鼓励优质异地基金管理企业在嘉善设立 QFLP 试点基金。QFLP 试点享受资金进出实行余额管理、简化投资收益资金汇出手续以及资金使用范围更广等便利化政策。 3. 建立风险防范机制。加强对 QFLP 试点基金事中、事后监管,QFLP 基金项目落地流程,规范 QFLP 企业登记和经营行为,利用监管科技手段完善风险预警检测、化解处置工作机制。	嘉善县金融办	省商务厅、省地方金融监管局、人行杭州中心支行(省外汇管理局),嘉兴市金融办、市商务局、市税务局、市市场监督管理局、人行嘉兴市中心支行(外汇管理局嘉兴市中心支局)

续表 1

序号	名　称	创　新　举　措	责任单位	指导单位
12	创新企业全生命周期“一件事”便利化服务	1. 落实代办服务制度。对重点工程项目“一对一”定制帮办方案，帮助企业协调解决审批相关问题。 2. 推行“标准地＋承诺制”。明确“标准地”出让指标，在企业“拿地即开工”联审联办中，全面应用告知“承诺制”。 3. 推进“多审合一、多证合一”。打通项目准入、项目供地、规划许可、建筑许可等环节，打造一次申请、提前服务、内部流转、集中出件的审批服务模式。 4. 推动项目竣工联合验收。全面推行一般企业投资建设项目竣工联合验收，实行一窗受理、一次告知、一次审查，加速项目竣工投产。	嘉善县政务数据办、县发改局	省发展改革委，嘉兴市政务数据办、市发展改革委
五、社会共治共享先行区				
13	“智慧教育一体化”促进县域教育管理现代化	1. 建设一体化基础平台。实施体系化接入管理，开放不同数据接口，集成一体化使用管理环境。 2. 建设“教育大数据＋关键教育场景”系统。构建“备、教、练、评、研”一体化精准教学新格局。 3. 建设可视化教育驾驶舱。建设教育大数据中心，动态化集成校园管理、师生动态等四大类型数据，助力教育高效决策分析。 4. 构建教育大数据标准体系。聚焦教育督导评价，打造大数据支撑下的教育评价新策略。	嘉善县教育局	省教育厅、嘉兴市教育局
14	打造县镇村一体化急救体系	1. 推进县镇村急救资源系统化配置。加强县镇村急救投入保障，依托县镇医院创新急救模式，科学统一规划配置急救设施设备、急救点，配强院前专业化队伍建设，全域建立独立型院前急救体系。 2. 推进县镇村急救体系信息化建设。以数字化改革为抓手，重塑急救流程，建立高效的急救网络体系，缩短急救反应时间，提高急救医疗救治能力，缩小城乡差距。 3. 推进县镇村急救队伍规范化培训。以人才队伍建设作为推动体系发展的关键环节，科学谋划院前急救体系人才队伍发展，促进院前急救体系持续发展。 4. 推进县镇村急救服务标准化管理。创新工作机制，统一规划管理基层卫生、院前急救、县级医院医疗救治能力，形成县镇村一体化协同急救体系。	嘉善县卫健局	省卫生健康委、嘉兴市卫生健康委
15	创新数字化康养联合体模式	1. 推进老年群体数据共享。依托“善养嘉”智慧养老平台，多跨共享公安、卫健、医保等 16 个部门数据字段，构建老年人“数字画像”，精准掌握老年人康复需求。 2. 强化规范服务。按照“有设施、有器材、有队伍、有标准、有数据”的要求，高标准建设康养联合体，与医疗康复机构签订康养服务协议，由专业康复师为机构内外老年人提供专业康复服务。 3. 完善线上服务。在“浙里办”平台搭建“康养数字地图”，动态展示县域内康养服务设施，了解康复项目与收费标准，方便居家老年人就近申请流动康养上门服务。 4. 加强队伍保障。完善养老服务专业人员激励政策，大力培育和引进专业康复人才，实施康复服务数字化监管，扩大康复服务覆盖面，提高服务质量。	嘉善县民政局	省民政厅、嘉兴市民政局

续表1

序号	名　称	创　新　举　措	责任单位	指导单位
16	构建全闭环的行政执法体系	1.加强综合执法办机构建设,配齐配强人员力量,增强统筹协调行政执法能力。 2.创新执法监管“一件事”,建立健全监管与执法协同机制,提升县镇间、部门间多跨融合集成度。 3.建设跨区域执法协同数字化应用平台,发挥跨省执法协同效能,开展跨部门、跨区域、跨层级行政执法。 4.组织开展乡镇(街道)综合行政执法实施情况评估,动态调整乡镇(街道)综合行政执法事项清单,提升基层行政执法水平,确保执法事项放得下、接得住、管得好、有监督。	嘉善县综合执法指导办	省综合执法办、嘉兴市综合执法局
17	建立“三协”行政执法争议协调新模式	1.创新“协商补位、协调归位、协同到位”三协治理新模式。创新行政争议协调机制,实施多跨性执法事项“先行协商管理、扎口协调解决、跟进协同问效”的全周期闭环管理。 2.数字赋能优化线上协调机制。建设行政执法协调综合应用,实现线上线下联动协调。建设示范区执法司法协作应用,实现长三角多方数据共享、信息互通、疑难会商等,提升跨域执法司法一体化协同质效。 3.探索长三角行政执法监督协作机制。建立跨区域行政执法协同机制,全面加强区域行政执法统筹协作、互联互通,实现行政执法标准与行政处置裁量基准双统一,实现在更高层次、更高水平推进行政执法协作。	嘉善县司法局	省司法厅、嘉兴市司法局
18	创新“零工市场”促就业工作机制	1.创新构建线上平台。打造嘉善县零工市场线上平台,实现微信小程序、便民就业码、PC端等“一平台多渠道”运行模式。 2.精准实施试点工作。以西塘镇为试点,打造镇“零工驿站”。 3.全面搭建线下市场。依托“1+N”零工市场体系,对平台运营实行事前、事中、事后风险防控。 4.健全权益维护机制。加强零工市场与乡镇矛调中心紧密协作,探索实施灵活就业人员职业伤害保险,维护灵活就业人员合法权益。	嘉善县人力社保局	省人力社保厅、嘉兴市人力社保局
19	构建矛盾纠纷全周期闭环管控机制	1.实施风险事件“全量抓取”。自动导入打架斗殴等5大类43小类风险事件,通过网格化管理,实现纠纷风险底数全透明、全掌握。 2.实行矛盾风险三级评定。建立矛盾风险“低中高”三级评定机制,将当事人信息与重点人员库、110取证平台、执法平台、12345、捕风眼等数据碰撞,科学评级支撑矛盾分级分类处置。 3.建立矛盾纠纷管控体系。依托“一张清单压实、四项机制保障”机制,推动矛盾纠纷在村社网格清单化销号式管控。	嘉善县公安局	省公安厅、嘉兴市公安局

中共嘉善县委办公室　嘉善县人民政府办公室关于打造高质量发展十张金名片的通知

各镇、开发区(街道)党委、人民政府(办事处),县级机关有关部门和直属有关单位:

为贯彻落实《新发展阶段浙江嘉善县域高质量发展示范点建设方案》和浙江省推进嘉善县域高质量发展示范点建设大会要求,扎实推进县域高质量发展,加快打造具有嘉善特色的高质量发展成果,形成具有普遍示范意义的经验模式,经研究,决定用3年时间,重点打造十张金名片,努力建设有显示度、标识度、影响度的示范点,成为县域经济社会发展的典范。

一、指导思想

高举习近平新时代中国特色社会主义思想伟大旗帜,坚持完整、准确、全面贯彻新发展理念,坚持以人民为中心的发展思想,坚持高质量发展为根本、示范为导向,坚持工作实践与理论建设同步推进,立足于解决问题,着眼于形成示范,找准关键性领域、谋划突破性抓手、打造标志性成果、创造普遍性经验,推动高质量发展从宏观理念转化为中观集成、微观落地的行动举措,精准有力、务实有效推进示范点建设。

二、基本原则

突出发展需求。把握县域高质量发展的紧迫难题和共性问题,把握牵一发而动全身的关键领域环节,谋划建设带动性强、支撑性强、系统性强的标志性成果,撬动县域经济、政治、社会、文化、生态各领域高质量发展。

强调思想内涵。围绕县域创新、协调、绿色、开放、共享发展,聚焦中央对县域发展特别重视强调的科技创新、粮食安全、水生态、基层治理、发展成果全民共享、文化建设等,系统设计,集成推进,做到总书记有号令、党中央有部署,嘉善见行动、有实效、出经验,全面展示习近平新时代中国特色社会主义思想在县域的实践伟力和真理力量。

体现标志意义。牢牢把握为全国县域高质量发展提供示范的要求,在现实工作基础上,高标准打造硬核成果,用2～3年努力,争取取得令人瞩目、让人信服的实效,并且经得起理论推敲、制度推演、实地展示,具有标杆性、引领性、示范性。

三、主要内容

(一)实现GDP千亿县,打造县域经济高质量发展金名片

标志性成果建设目标:贯彻落实习近平总书记坚定不移推动经济高质量发展要求,系统谋划实施高质量发展组合拳,推动经济规模、质量双提升,在建设期内达到GDP千亿元,实现经济总量快速赶超、经济密度领先全国。

理论研究目标:研究“以最小县域面积、最少资源消耗求得最大产出”的小县高质量大发展路径,形成“县域经济高质量发展的嘉善模式”。

(二)建设祥符荡科创绿谷,打造县域科技与产业联动发展金名片

标志性成果建设目标:准确理解落实习近平总书记关于科技创新要求,把握县域科技创新特征和长三角一体化发展机遇,着力构建“基础研究在沪杭、孵化产业化在嘉善”的协同创新体系,在建设期内初步建成以浙大长三角智慧绿洲、张江(祥符荡)创新合作示范园区为核心的祥符荡创新中心,推动县域科创与产业联动发展,初步具备县域创新发展新增长极、长三角未来产业策源地功能。

理论研究目标:研究产学研深度融合发展路径,形成“县域科技与产业联动发展的嘉善模式”。

(三)建设浙北粮仓“核心区”,打造农业现代化金名片

标志性成果建设目标:准确理解落实习近平总书记关于粮食安全、种子安全、现代农业发展思想,胸怀“国之大者”,以陶庄镇、天凝镇、西塘镇为重点,连片建设水稻制种试验—规模种植—加工销售全产业链,打造高标准农田规模+良种品质+农业科技+优质生态+现代经营机制+农文旅融合发展全场景,建成技术与品牌辐射长三角的浙北粮仓“核心区”。

理论研究目标:研究以粮食全产业链绿色发展为代表的农业现代化新路径,形成“农业现代化的嘉善模式”。

（四）建设城乡全面融合示范片区，打造城乡全面融合发展金名片

标志性成果建设目标：准确理解落实习近平总书记关于新型工农城乡关系的论述，突出以人为核心的新型城镇化和以高质量为导向的乡村全面振兴双轮驱动发展道路，以姚庄城乡一体化发展示范片区为重点，深入开展新时代乡村集成改革，推动“地田房”要素全域集成配置，迭代“飞地抱团”强村模式，探索“小微飞创”“持股飞田”创新模式，深化乡村振兴“专项资金＋发展基金”投入机制，创设强村公司多跨实体运营体系，实现一、二、三产业融合发展、城镇有机更新、乡村全域秀美、城乡基础设施和公共服务提升、城乡要素双向流动、城乡居民权益平等，打造美丽城镇和未来乡村融合呼应的新时代诗画江南。

理论研究目标：研究农业农村与城镇同步现代化、农民就地现代化发展路径，形成“城乡全面融合发展的嘉善模式”。

（五）建设县域规划治理体系，打造县域规划治理现代化金名片

标志性成果建设目标：准确理解落实习近平总书记“规划科学是最大效益，规划失误是最大浪费，规划折腾是最大忌讳”思想，建立县域规划治理体系，推动理念、机制、决策、管控等方面系统性创新，实现从规划研究、制定、实施、管控全过程规范管理，科学规划、配置空间资源，保障和促进县域高质量发展。

理论研究目标：研究县域规划治理系统化、制度化、法定化操作路径，形成“县域规划治理现代化的嘉善模式”。

（六）建设全域江南水乡公园，打造江南水乡生态文明金名片

标志性成果建设目标：准确理解落实习近平总书记“两山理念”和统筹水安全、水资源、水环境、水生态、水景观治理要求，发挥自然资源禀赋优势，推进县域河、湖、岸、路、林、田、村系统治理和建设，依托水道、绿道、骑行道、村道贯通串连水景田园、休闲健身、文化旅游，打造成全域可达共享的绿色普惠公共产品，建设“以水为魂、以文为心、以桥为韵、以绿为底、以路为脉、以田为景”的公园式现代江南水乡，近期建成县城环城水系、祥符荡、红旗塘等重点区块、廊道水乡公园，远期形成五横三纵二环 N 圆的全域江南水乡公园，实现中国水乡看江南、江南水乡看嘉善。

理论研究目标：研究生态与经济社会文化融合发展的绿色发展路径，形成“江南水乡生态文明的嘉善模式”。

（七）建设接轨上海“第一站”，打造大都市毗邻县与大都市协同发展金名片

标志性成果建设目标：准确理解、深化落实习近平总书记对嘉善接轨上海批示精神，紧盯上海及长三角地区发展新动向，放大与青浦吴江共建一体化示范区的政治优势，对标“上海第六新城”提升城市协同发展水平，加强与上海市区、浦东新区、临港新片区、虹桥国际开放枢纽接轨，加快推进北部新城、东部新城、高铁新城建设，完善产业合作布局、城市基础设施提升、公共服务政策接轨等体制机制，获得上海更多实质性资源外溢、功能辐射，从地理区位的第一站跃升为功能协同的“第一站”。

理论研究目标：研究长三角一体化背景下接轨上海新路径，形成“大都市毗邻县与大都市协同发展的嘉善模式”。

（八）实现橄榄型社会结构，打造县域共同富裕金名片

标志性成果建设目标：准确理解落实习近平总书记关于共同富裕系列论述，聚焦扩大中等收入群体规模，着力实施“扩中”“提低”行动，针对不同收入群体精准施策促进增收，优化收入分配结构，力争城乡居民收入倍差缩小到 1.55 左右，中等收入群体比例达到 82%（家庭年可支配收入 10 万～50 万元群体比例），实现中等收入群体规模扩大、内部结构优化。

理论研究目标：研究县域高质量发展推动共同富裕之路，形成“共同富裕的嘉善模式”。

（九）建设基层治理系统，打造基层善治金名片

标志性成果建设目标：准确理解落实习近平总书记关于抓好基层治理现代化这项基础性工作的重要论述，以基层治理体系和治理能力现代化为目标，坚持以清单化、闭环式提高发现问题、除险保安守底线的能力和水平，建设集成数据流、决策流、业务流、管理流的基层治理系统，对“141”基层治理体制机制、组织架构、方式流程、手段工具进行全方位系统重塑，打造高效协同、整体智治的基层治理体系。

理论研究目标：研究基层治理从“事”向“制”、从“治”到“智”

转轨的操作路径，形成“县域善治的嘉善模式”。

（十）建设新时代“善文化”，打造县域精神富有金名片

标志性成果建设目标：准确理解落实习近平总书记关于社会主义文化建设的重要论述，弘扬优秀传统文化，解码文化基因，推进“浙江有礼 积善之嘉”县域文明新实践，建设城乡一体的“10分钟品质文化生活圈”，构建以“善文化”为核心的县域人文品牌，打造以“善源、善政、善育、善风、善行、善商、善居”为主要内容的“善文化”体系，建设具有显著价值引领力、区域辐射力、文明创建带动力的人文品牌高地，依靠文化推动人的现代化。

理论研究目标：研究“以文化人”有效路径，形成“新时代精神富有的嘉善模式”。

四、工作要求

（一）加强组织领导。打造高质量发展金名片，是落实嘉善县域高质量发展示范点建设的重要抓手，落实情况决定示范点建设显示度。每张金名片由县分管领导领衔，组建工作专班，落实牵头单位、责任单位，细化制定三年行动方案，明确概念内涵、建设目标、计划步骤、支撑项目、展示区域，建立持续推进的工作机制，确保三年出形象、出数据、出实效。县委建立示范点建设指挥部，统筹推进、定期督查十张金名片建设，实行人大政协领导联挂制度，定人定项全程指导。金名片建设情况列入部门、镇（街道）年度工作目标责任制考核，纳入各责任单位班子、个人年度实绩考评。

（二）实践与理论同步推进。打造高质量发展金名片，形成示范经验、模式，需要实践与理论互动，理论指导实践，实践丰富理论，推动形成若干县域高质量发展的“嘉善模式”，并为全国县域高质量发展理论体系研究提供支撑。对每张金名片建设，聘请各领域权威智库专家团队进行跟踪研究、指导，根据建设成效和研究评估意见，适时总结提炼，通过内部刊物、论坛研讨、理论书籍等各种媒介加强传播，争取形成10个左右有影响力的“嘉善模式”。

（三）明确示范标准。打造高质量发展金名片，初心在于实现高质量发展，使命在于形成示范经验模式，要在现有工作基础上进行迭代升级，以形成“四个成果”为目标扎实推进，系统形成“来了可听、听了可看、看了可学、学了有用、用之有理”的嘉善样本，充分发挥示范点对全国县域高质量发展的示范功能。要形成实践成果，拿出创新做法、指标数据、公众满意度、项目形象等发展实效，形成全国范围内首屈一指、让人信服的标志性成就；要形成制度成果，拿出符合高质量发展的具体政策、规章制度、建设导则等，形成可供复制推广的操作手册；要形成理论成果，拿出高端智库和专家的研究成果，形成有说服力的理论依据；要形成展示成果，拿出有深厚内涵的实地实景实物，使高质量发展可看可感。

重要会议

1月9日，嘉善县委十五届四次全体（扩大）会议暨县域高质量发展示范点建设动员大会召开。

1月10日，嘉兴市推进嘉善县域高质量发展示范点建设大会在嘉善举行。嘉兴市委书记陈伟出席会议并讲话，嘉兴市委副书记、市长李军主持会议。

1月31日，嘉善县三级干部大会暨招商大突破年、项目大攻坚年、营商大提优年动员推进会召开。

3月13日，嘉善“双示范”专项组第八次会议在杭州召开。省发改委党组书记、主任孟刚主持会议。

3月24日，示范点建设指挥部第一次会议暨十张金名片工作推进会召开。

3月30日，示范点建设指挥部第二次会议暨2023年度示范任务工作推进会召开。

4月3日，深入实施“八八战略”强力推进创新深化改革攻坚开放提升领导小组第一次会议召开。

4月23日，营商环境优化提升专题会召开，专题研究营商环境优化提升“一号改革工程”推进工作。

5月4日，全面深化改革委员会第十一次会议召开。

5月4日，推进营商环境优化提升“一号改革工程”暨营商大提优年会议召开。

5月11日，县域高质量发展

示范点建设指挥部会议召开，研究推进“11020”重点工作。

5月13日，浙江省统一战线助推嘉善“双示范”建设推进会在嘉善召开。会议总结展示全省统一战线十年助推“双示范”建设成绩，部署落实新一轮助推任务。浙江省委常委、统战部部长邱启文讲话。浙江省人大常委会副主任吴晶，浙江省政协副主席陈小平、蔡秀军、成岳冲等出席。市委书记陈伟致辞。

5月14日，市委常委、县委书记江海洋主持召开嘉善县委常委会扩大会议，传达学习省统一战线助推嘉善“双示范”建设推进会精神，研究嘉善县贯彻落实意见。

6月29日，嘉善“双示范”建设协调推进会召开。会议由市委、市政府副秘书长，市长三角发展办主任杨克建主持。

8月17日，县域高质量发展示范点建设指挥部会议召开。

重大活动

7月3—7日，县委组织部、县委推进办、县委党校联合举办嘉善县科级领导干部学习贯彻党的二十大精神专题研讨班暨嘉善县域高质量发展示范点建设培训班，全县镇（街道）和县级有关部门（单位）的46名分管领导参加。

8月11日，嘉善县举办第一期改革攻坚和营商环境优化提升“一号改革工程”实务培训，县级有关部门和直属有关单位分管负责人以及县营商环境优化提升“一号改革工程”专班成员参加。

9月5日，嘉善县举办第二期改革攻坚和营商环境优化提升“一号改革工程”实务培训，县级有关部门经办人以及县营商环境优化提升“一号改革工程”专班成员参加。

11月15日，县委改革办组织开展政务服务增值化改革工作业务培训，“五个一”改革任务牵头单位、县级有关部门、各镇（街道）及相关产业平台负责人参加培训会。

11月29日，县委改革办协同县政务数据办、县发改局、县经信局等开展政务服务增值化改革工作业务培训，县级有关部门相关负责人参加培训会。

领导视察

1月18日，嘉兴市委市政府副秘书长、市长三办主任杨克建带队市发改委、自然资源规划局、商务局、文化广电旅游局、嘉兴海关等相关部门负责人到嘉善开展“双示范”专题调研。

1月29日，省委书记易炼红到嘉善调研指导，先后到长三角生态绿色一体化发展示范区（嘉善）企业交流服务基地、祥符荡科创绿谷研发总部、立讯智造（浙江）有限公司、大云镇缪家村等地，了解示范区嘉善片区规划建设、绿色创新发展和党建引领发展等情况。

4月15日，国家发展改革委地区司长三角一处处长袁淏带队到嘉善调研指导示范点建设。

4月27—28日，国家发展改革委地区司长三角一处处长袁淏到嘉善调研指导示范点建设，实地考察姚庄镇盛家湾、西塘镇综合执法中队、干窑镇范东村、县兰钧新能源等地。

5月13日，省委统战部主题教育调研组到嘉善开展“循迹溯源学思想”专题调研。

5月16—17日，省发改所副所长吴可人带队到嘉善调研，帮助总结示范点建设经验做法。

6月6日，省发改所副所长吴可人带队到嘉善调研，帮助总结示范点建设经验做法。

6月6日，市委改革办副主任陈焕到嘉善调研改革攻坚和营商环境优化提升“一号改革工程”推进情况。

7月11日，省委改革办督察处副处长傅克到嘉善调研传统制造业转型升级有关情况。

7月17日，省发展改革委副主任、一级巡视员陈海涛到嘉善调研“双示范”建设，实地了解共同富裕、平台建设、科技创新等工作开展情况。

9月14—15日，省委政研室综合处处长刘晓清到嘉善调研指导“双示范”建设并召开座谈会。

9月20日，市委改革办常务副主任王亮到嘉善调研改革工作，实地考察干窑镇范东村、县营商律政联合体祥符荡分中心、嘉善长三角零工市场等地。

12月13日，市委改革办副主任陈焕带队到嘉善开展政务服务增值化改革调研督帮活动，实地考察县木业家具(智能家居)产业创新服务综合体，并召开工作座谈会。

长三角生态绿色一体化发展示范区建设

长三角生态绿色一体化发展示范区
水乡客厅总规划师制度实施方案(试行)

水乡客厅是上海市、江苏省、浙江省共同打造的体现示范区生态绿色理念的功能样板区，是长三角生态绿色一体化发展示范区“核心中的核心”，是长三角一体化共商、共建、共治、共享、共赢的制度创新试验田。为推进《长三角生态绿色一体化发展示范区国土空间总体规划(2021—2035年)》实施，保障水乡客厅开发建设品质，实现一张蓝图干到底，特制定本实施方案。

一、指导思想

以习近平新时代中国特色社会主义思想为指导，认真贯彻落实党的二十大和习近平总书记关于城市规划建设的重要批示、指示精神，协同推进示范区国土空间总体规划实施。展现示范区“共商、共建、共治、共享、共赢”的跨区域独有特质，突出水乡客厅在落实新发展理念、构建新发展格局中的重要节点作用。助推水乡客厅建设成为生态绿色高质量发展的实践地、跨界融合创新引领的展示区、世界级水乡人居典范的引领区。

二、主要目标

围绕生态绿色、高质量、一体化发展要求，构建和实施水乡客厅总规划师制度，为水乡客厅开发建设提供科学、高效的专业技术咨询服务，为政府管理部门提供决策技术辅助。打通规划落地的“最后一公里”，更好地推进国土空间总体规划落地，促进水乡客厅更高品质的规划建设。

三、总规划师选聘原则

水乡客厅总规划师应由具有行业影响力并兼具学术水准和行政协调能力的领军人物领衔，组织建筑、景观、交通、水利、市政等多学科、多专业技术人员，整合形成总规划师团队。优先选聘由“两院”院士领衔的技术团队作为水乡客厅总规划师团队。

结合水乡客厅跨省域的独特性，经青浦区、吴江区、嘉善县人民政府协商同意，明确以一体化示范区执委会为主体，通过政府采购方式确定水乡客厅总规划师团队。

四、工作形式及内容

水乡客厅总规划师工作职责范围为水乡客厅全域，工作内容主要包括技术审查和技术咨询两个方面等。总规划师应以书面形式提交技术意见，提交书面意见时应签名或加盖印章。

(一)技术审查。包括：①详细规划修编、修改方案审查；②建设项目选址报告审查，对建设用地规划条件制定提出优化意见；③建设项目建筑设计方案审查，并按照城市设计要求对建筑形态、风格、材质、色彩、亮化设计等方面提出优化意见。

(二)技术咨询。①经示范区执委会及两区一县政府同意，根据水乡客厅规划建设实际需要，组织开展相关深化研究，包括但不限于重大项目选址论证、重点地块方案设计征集等内容；②协助开展相关业务研讨、技术讲解和培训。

五、考核机制

总规划师及团队成员的所有技术审查、技术咨询服务行为均须符合国家相关法律、法规，并应秉承公正、客观、专业的精神，为水乡客厅规划建设提供技术支撑和决策辅助。总规划师要保持与示范区规划委员会办公室的联系，不定期开展工作对接和会议沟通。示范区执委会会同两区一县根据购买服务约定对总规划师行为实施监管，对工作成效进行年度履约评价及考核，考核结果作为续聘的重要依据。

六、保障措施

(一)统一思想认识。要充分认识总规划师制度对水乡客厅开发建设的重要意义，高度重视总规划师制度的落实。各相关单位要根据工作职责，主动对接，严格执行总规划师工作制度。

(二)加强工作保障。两区一县相关部门及属地政府要为总规划师依法依规履职创造条件，将总规划师技术审查合理嵌入现有审批流程。及时总结制度实施过程中的经验，不断完善总规划师制度，形成可复制、可推广的制度成果。

（三）加强经费保障。由示范区执委会将总规划师团队的购买服务费用纳入年度预算，予以保障。具体费用根据政府采购结果确定，并在服务合同中约定。

本方案自印发之日起试行。

2023年嘉善县长三角生态绿色一体化发展建设工作总结

2023年，嘉善县在省、市全力支持下，聚焦“展示窗、试验田、桥头堡”新使命新任务，只争朝夕、勇于担当，奋力推动示范区嘉善片区“新三年”建设开局稳健、提速增效。全年GDP增速持续保持浙江省领先，一季度列浙江省第1、半年度列浙江省第2，前三季度增长9.2%，列浙江省第6，实现五鼎“大满贯”。高质量推进市年度任务；列入两个“无差别”破难清单事项10个，占全市40%，全年完成9个，完成率90%；积极配合巡视整改工作，建章立制2个，助力全市巡查整改高分通过。一体化工作成果显著，相关经验做法获得上级领导批示肯定，包括国家部委领导2次、省领导1次、市领导3次（打造开放协同创新县域新模式获科技部副司长叶玉江批示肯定；全省首个海关特殊监管区域外保税维修业务工作获省长王浩、书记陈伟批示肯定；深耕一体化示范区“试验田”四周年经验总结获市委副书记、政法委书记帅燮琅批示肯定），并获省推动长三角一体化发展国家战略实施成绩突出集体称号。

（一）聚焦“一体化”，深层次打通合作壁垒。聚焦“八个一体化”，携手青浦、吴江共同推进建立跨省域高新区一体化管理体制机制等24项一体化制度创新改革，中新嘉善现代产业园、浙大智慧绿洲等11项创新案例列入执委会年度一体化制度创新成果。推动跨域审批实现新突破。协同创新探索示范区跨域项目一体化审批新模式，一体审批方厅水院工程设计方案，实现“三份材料三个章”到“一份材料一个章”的变革性突破。方厅水院项目于5月24日实现顺利开工。充分利用示范区战略优势，积极对接联动萧山机场、浦东机场，探索跨域转关出口业务。2023年建成9610个跨境电商监管场站，并通过海关验收、投入使用；6月28日，首单转关出口成功。推动跨域合作实现新突破。参加贯彻落实深入推进长三角一体化发展座谈会精神 高水平建设长三角生态绿色一体化发展示范区工作推进会、开发者大会、嘉洽会、联合招商会、善洽会等交流活动5个。据不完全统计，仅在这5个活动上，嘉善签约项目就达到76个。此外，在开发者大会上正式揭牌成立全国首个跨省域高新区。推动跨域协同实现新突破。“区域协同万事通”跨域改革实现数字无界打破行政边界，相关做法获国办职转办肯定，并在国办电子政务办《电子政务工作简报》刊发；《以“数据无界”消弭行政边界 嘉善县破题跨域症结落实长三角一体化》报告获国家发改委主任郑栅洁批示肯定。特别是基于“五统一”的区域协同智能中心建设取得实质性新突破，执委会以及青吴嘉三地政务系统统一用户认证工作实现破冰。推动跨域服务实现新突破。联合青浦、吴江开通定点零售药店跨省医保直接结算服务，示范区的872家定点零售药店正式上线该服务，嘉善县103家定点零售药店已率先实现全覆盖。与此同时，推动县域一体实现新突破。谋划制订“143”工作机制，“1”为示范区建设破难机制，“4”为重大改革、重大项目、重大平台、重大政策四大工作推进机制，“3”为一导则（示范区精品考察路线申报导则）、两办法（一体化发展创新案例评选办法及亮点项目评选办法）。通过机制建设，征集示范区创新案例59个、亮点项目49个，推动形成全县齐抓共推示范区建设的良好氛围。

（二）聚焦“显示度”，高水平推进项目建设。一是重大项目建设取得新进展。30个年度重大项目顺利推进，特别是沪昆铁路嘉善段高架改造工程，历时5年取得重大突破，成功获批可研、初设，为全省唯一、速度最快。二是重大平台建设取得新进展。方厅水院（嘉善片区）一期于8月7日批准供地，并于9月实施开工。浙大智慧绿洲完成首批41名研究生招生，联合创建中药创制国家重点实验室。复旦研究院正式开园，获批省博士后工作站。中新嘉善现代产业园全年完成投资14亿元，新签约新建剑桥科技光电子产业化基地项目等产业项目16个，计划总投资超223.3亿元，新建年产8GW光伏组件生产项目等10个重大产业项目完成投资22亿元。三是要素资源争取取得新进展。2023年重大项目用地保障项目争取数量、省重点建设项目争取数量均列为全市第1(6个项目列入建设用地保障国家重大项目清单，项目数量、用地规模、新增建设用地面积均为全市第1;21个项目列入2023年省重点建设，数量全市第1)。3个项目成功争取中央预算内投资1.3亿元，列全市第1，领跑示范区。8个项目成功争取先行启动区专项资金8.08亿元，领跑示范区。

(三)聚焦“生态美”，系统性擦亮生态底色。一是生态指标持续向好。持续开展生态环境整治攻坚战，17个县控及以上断面水质全部达到或优于Ⅲ类水，达标率继续保持100%，其中Ⅱ类水断面5个，占比提升到29.4%，数量和占比均为全市第一。成功创成省三星级“无废城市”。二是生态联保持续深化。以省委生态环境督察整改为契机，全力实施生态环境整治提升“六大行动”。联合青浦、吴江出台《长三角生态绿色一体化发展示范区联合河湖长制工作规范》，印发实施水利和供排水两个专项规划，共建“蓝色珠链”。开展跨域渣土偷倒整治专项行动，共查处案件37起，扣押船只52艘。“示范区执法跨域协作应用”获评全省“大综合一体化”行政执法改革最佳实践。“构建长三角跨域执法司法一体化协同新模式”获评省改革突破奖。三是绿色转化持续升级。在全省率先发布以平原河网地区生态系统为基础的核算技术规范《县域生态系统生产总值(GEP)核算技术规范平原河网地区》，发放全市首笔500万元的“GEP生态价值贷”。深入推进碳达峰碳中和工作，腾退“高耗低效”企业267家，列全省低碳试点县建设评估第1，碳达峰碳中和获省政府督查激励。

长三角生态绿色一体化发展示范区大事记

1月1日　《长三角生态绿色一体化发展示范区共建共享公共服务项目清单(第三批)》正式施行。第三批清单共12项，涵盖卫生健康、教育、文体旅、政务服务等四大领域。

同日　“携手长三角 法治助共富”主题普法活动暨全省市场监管系统宪法宣传月启动仪式在嘉善县举行。浙江省网商协会与嘉善县人民政府签署《关于嘉善平台经济高质量发展的合作协议》，沪苏浙皖三省一市市场监管部门通过视频形式签订长三角市场监管法治合作备忘录。嘉善县安全教育互动体验馆“法治市监”宣传教育基地被授予省级公民法治素养观测点称号。

1月3日　嘉善县浙江大学长三角智慧绿洲创新中心和上海大学(浙江)高端装备基础件材料研究院等2家单位拟认定为2022年度省级新型研发机构，实现全县省级新型研发机构培育零的突破。

1月上旬　嘉善县祥符荡清水工程、西塘古镇、姚庄绿色共富示范带、竹小汇零碳科创聚落一期项目等4个典型案例(应用场景)入选《长三角生态绿色一体化发展示范区生态环境一体化保护典型案例》。

1月29日　省委书记易炼红到嘉善县调研指导，先后到长三角生态绿色一体化发展示范区(嘉善)企业交流服务基地、祥符荡科创绿谷研发总部、立讯智造(浙江)有限公司、大云镇缪家村等地，了解示范区嘉善片区规划建设、绿色创新发展和党建引领发展等情况。

同日　《嘉善县打造“区域协同万事通”构建青吴嘉一体化政务服务新模式》获评2022年度浙江省优化营商环境十大“最佳实践案例”。

2月3日　浙江省政协副主席王昌荣到嘉善调研。

2月7日　浙江省委常委、统战部部长邱启文一行调研示范区先行启动区嘉善片区。

2月8日　省生态环境厅党组书记、厅长郎文荣到嘉善开展“大走访大调研大服务大解题”活动。

2月14日　嘉善县与生态环境部土壤中心签订共建长三角双碳创新中心战略合作协议。

2月20日　苏州市吴江区委书记李铭率吴江区党政代表团

到嘉善县考察一体化示范区嘉善片区建设情况。

2月21日　浙江省发展规划研究院党组书记、院长周华富调研嘉善祥符荡创新中心。

同日　上海市举行长三角生态绿色一体化发展示范区国土空间总体规划新闻发布会，介绍《长三角生态绿色一体化发展示范区国土空间总体规划（2021—2035年）》有关情况。该规划是全国首部跨行政区国土空间规划。

3月7日　浙江大学长三角智慧绿洲创新中心新一批未来实验室启动仪式在西塘镇祥符荡科创绿谷举行。

3月10日　上海市发改委副主任、长三角区域合作办公室常务副主任阮青，长三角生态绿色一体化发展示范区执行委员会副主任、浙江省发展改革委副主任陈建忠一行到嘉善县调研浙江大学长三角智慧绿洲创新中心。

3月18日　上海市委书记陈吉宁，市委副书记、市长龚正率领上海市党政代表团到一体化示范区嘉善片区考察。

3月24日　首届长三角共富共美生活节暨2023中国·姚庄桃花节在姚庄镇北鹤村开幕，一体化示范区先行启动区5镇签约成立共富联盟。

3月31日　推进《长三角生态绿色一体化发展示范区国土空间总体规划（2021—2035年）》实施专题研讨会在嘉善县举行。

4月10日　由上海市金山区委书记、区人大常委会主任刘健，金山区委副书记、区长李泽龙率领的金山区党政代表团到嘉善考察一体化示范区嘉善片区建设情况。

4月12日　2023年长三角生态绿色一体化发展示范区联合招商引资对接会在长三角一体化示范区（上海）金融产业园举行，是示范区首次开展联合招商。

同日　省司法厅党委书记、厅长王中毅到嘉善调研司法行政及“大综合一体化”行政执法改革工作。

4月15日　国家发改委地区司长三角一处处长袁淏带队到嘉善县调研指导示范点建设。

4月21日　长三角研究型大学联盟基础研究协同工作座谈会在嘉善县召开。

4月21—23日　由清华大学、北京大学、中国人民大学、北京师范大学等相关单位联合主办，浙江清华长三角研究院和嘉善县相关单位共同承办的第八届中国传媒公信力论坛暨首届长三角科学传播与创新发展研讨会在嘉善县举行。

5月5日　上海市统计局局长宋彬一行调研祥符荡科创绿谷。

5月20日　由上海市体育局、青浦区人民政府、吴江区人民政府、嘉善县人民政府主办的2023环意RIDE LIKE A PRO长三角公开赛开幕。嘉善涉及赛事为公路赛，主要途经西塘和姚庄，赛道路程约12.2公里，占全部赛程的13.86%。

同日　国内A1级品牌赛事——2023中国10公里精英赛长三角首站在大云镇开跑。

5月21日　2023祥符创新论坛——转化医学产业高峰论坛在嘉善县举办。

5月24日　长三角生态绿色一体化发展示范区水乡客厅国土空间详细规划发布，这是全国首个跨省域国土空间详细规划。规划范围以长三角原点为中心，包括上海市青浦区金泽镇、江苏省苏州市吴江区黎里镇、浙江省嘉兴市嘉善县西塘镇和姚庄镇4个镇各一部分，总面积约35.8平方公里。

同日　长三角生态绿色一体化发展示范区水乡客厅·方厅水院正式开工。

5月26日　“江南美韵·博古论今”博士（后）学术沙龙活动暨长三角示范区博士后工作联盟成立仪式在长三角生态绿色一体化示范区（嘉善）企业交流服务基地举行。

6月2日　2023长三角·嘉善现代服务业（上海）推介会在沪举行，主题为“沿链融合、创新发展”。18个服务业重点项目现场签约落户嘉善，总投资近40亿元。

同日　青吴嘉三地政协围绕“聚焦生态绿色，携手共同富裕”主题在嘉善县开展联合调研。

6月6日　浙江省绿色认证先行示范区建设启动会暨长三角绿色认证先行区建设推进会在嘉善县召开。青浦、吴江、嘉善共同签署《青吴嘉共同推进长三角绿色认证先行区合作框架协议》，并发布2023年度长三角绿色认证先行区绿色认证主题活动。

同日　第五届长三角一体化发展高层论坛在安徽合肥举行，嘉善县与安徽芜湖、上海青浦、江苏吴江以及长三角生态绿色一体化发展示范区执委会五方签订合作共建全国一体化算力网络长三角国家枢纽节点协议。

6月16日　致公党省委会到嘉善开展主题教育“循迹溯源学思想促践行”现场活动，以主题教育、医卫结对、农业帮扶等方式，助推嘉善“双示范”建设。

6月25日　上海市交通委员会、江苏省交通运输厅、浙江省交通运输厅联合印发《长三角生态绿色一体化发展示范区综合交通专项规划(2021—2035)》。

6月28日　上海市人大常委会副主任宗明到嘉善实地调研示范区嘉善片区重大科创平台建设、共同富裕发展等情况。

7月15日　第一届长三角未来食品前沿技术论坛在嘉善县举行。

7月中旬　嘉善县3个项目被纳入国家发改委重大区域发展战略建设专项(长三角一体化发展方向)2023年中央预算内投资计划，获中央预算内投资1.3亿元。

7月30日　长三角生态绿色一体化发展示范区开发者联盟全体成员会议在上海青浦召开。嘉善县“中新嘉善现代产业园”和“浙大智慧绿洲”等两个项目入选服务示范区十大优秀案例。

7月31日　2023年长三角生态绿色一体化发展示范区开发者大会暨全链接大会在国家会展中心(上海)召开。全国首个跨省域高新技术产业开发区——长三角生态绿色一体化发展示范区跨省域高新技术产业开发区揭牌成立。嘉善县发布高质量发展“四张清单”(政府需求清单、企业能力清单、企业协同需求清单、中高端紧缺人才需求清单)。

8月16日　长三角研究型大学联盟理事会会议暨校地合作平台建设交流会在长三角生态绿色一体化发展示范区(嘉善)企业交流服务基地举行。

8月17日　浙江省侨联党组书记、主席庄莉萍带队，省属高校统战部负责人、省侨联特聘专家委员会专家代表一行20多人到嘉善调研浙大未来健康实验室、嘉善复旦研究院、一体化示范区(嘉善)企业交流服务基地。

8月20日　祥符创新论坛第二期——BT－IT：学科交叉推动产业创新会议在长三角生态绿色一体化发展示范区(嘉善)企业交流服务基地举行。

8月21日　浙江大学长三角智慧绿洲创新中心·陶庄镇人民政府战略合作签约仪式在陶庄镇举行。

8月24日　嘉善县浙江大学长三角智慧绿洲创新中心共获批国家自然科学基金15项，其中优秀青年科学基金项目1项、面上项目5项、青年科学基金项目9项，其中全职人员获批4项。

9月7日　长三角三省一市政协联合调研组就“推动长三角地区自贸试验区合作发展”到嘉善调研。江苏省政协副主席张乐夫、浙江省政协副主席陈小平、安徽省政协副主席周喜安、上海市政协有关负责人率队参加。

9月12日　由嘉善示范区管委会和浙江大学长三角智慧绿洲创新中心共同发起的联合推进产业发展行动正式启动，浙大智慧绿洲·日善数字孪生联合研究中心同步揭牌。

10月8日　嘉兴市委副书记、市长李军到嘉善县开展深度融入长三角一体化发展课题调研。

10月17日　生态环境部土壤司副司长钟斌一行调研祥符荡创新中心。

10月18日　中共浙江省委机构编制委员会办公室副主任朱荣辉、事业单位登记管理局局长朱青松、事业单位登记管理局副局长楼丹丹一行调研嘉善县祥符荡创新中心。

10月19日　长三角“三省一市”财政厅(局)长联席会议在嘉善县召开，并举办长三角区域财政电子票据共享启动仪式和长三角区域政府采购一体化发展五年行动计划签署仪式。

10月25日　“创赢未来”第二届长三角G60科创走廊科技与产业创新大赛决赛在嘉善县举行。

10月31日　中国工程院院士、现代中药创制全国重点实验室主任、浙江大学长三角智慧绿洲创新中心领域科学家张伯礼，中国工程院院士、全国人大常委会委员、九三学社中央副主席丛斌等到嘉善县祥符荡创新中心调研。

10月下旬　沪苏浙两省一市人民政府联合发布《长三角生态绿色一体化发展示范区先行启动区国土空间总体规划(2021—2035年)》。此规划包括上海市青浦区朱家角镇和金泽镇、江苏省苏州市吴江区黎里镇、浙江省嘉兴市嘉善县西塘镇和姚庄镇全域，约660平方公里。

11月13日　长三角生态绿色一体化发展示范区立法专题会在嘉善县召开。

11月14日　浙江省司法厅二级巡视员程东瑞带队一行到嘉善专题调研长三角一体化示范区立法工作，并主持召开座谈会。

11月27日　长三角示范区法院2023年司法一体化工作会议在嘉善县召开。三地法院联合发布第四届长三角示范区法院

“十大民事典型案例”“十大优化法治化营商环境典型案例”“十大执行典型案例”并进行解读。

12月5日　嘉善县召开祥符荡创新中心新三年建设动员大会，并发布《长三角生态绿色一体化发展示范区嘉善祥符荡创新中心建设三年行动计划（2023—2025年）》。

12月14日　长三角住房公积金一体化战略合作实施三周年研讨会暨长三角住房公积金一体化成果展在嘉善县举办，发布《长三角住房公积金一体化新发展阶段倡议书》。

12月19日　嘉善县《三治合一打造长三角首个生态绿色治理新模式》入选全国城乡环境卫生清理整治优秀案例。

12月20日　长三角生态绿色一体化发展示范区单体屋顶容量最大的分布式光伏项目在西塘镇投入使用。该项目采用合同能源管理模式，由中国华能集团旗下全资子公司华能（嘉善）新能源开发有限公司投资建设，总装机容量29.95兆瓦，投资超1.04亿元。每年可发绿色零碳电力3206.1万千瓦时，可节约标准煤9666.4吨。

12月下旬　《长三角生态绿色一体化发展示范区先行启动区祥符荡创新中心控制性详细规划》通过示范区规划委员会专题审议，并由示范区执委会、嘉善县人民政府正式批复。

学习贯彻习近平新时代中国特色社会主义思想主题教育

嘉善县扎实开展第二批学习贯彻习近平新时代中国特色社会主义思想主题教育，紧紧围绕“学思想、强党性、重实践、建新功”总要求，一体推进理论学习、调查研究、推动发展、检视整改和建章立制，实现1918个基层党组织和2.8万余名党员全覆盖。在中央主题教育总结会议上，蔡奇肯定了浙江嘉善传承运用习近平总书记4次到嘉善视察指导留下的宝贵财富。中央主题教育简报、《党建要报》和省委主题教育简报刊发4篇次，获得省委书记易炼红等省市领导批示3次。嘉善县在中央主题教育办调研组召开的“八八战略”实施20周年座谈会、全省“持正确政绩观、建为民新业绩”专项行动工作调度会上作交流发言。主题教育相关工作得到央视《新闻联播》点赞，在中央主题教育官网刊登3篇，获央媒、省媒报道11篇。嘉善县入选国家级乡村振兴示范县创建名单，大云镇缪家村被列入全国学习运用“千万工程”经验现场推进会考察点，“6S”两新党建品牌获评第六届全国基层党建创新优秀案例。

一、谋定后动、示范引领，在部署推进上快行动作表率

组建工作专班，时刻关注跟进、学习研究上级对主题教育的各项部署要求，谋实谋深全县主题教育《实施方案》和县委常委会深入开展主题教育《工作方案》。召开全县主题教育动员部署会和工作培训会，明确主题教育的目标任务、时间节点和推进举措。同步指导镇(街道)、县级部门(单位)及下属各基层党组织召开工作会议，全面完成动员部署。县委书记代表县委常委会作出五个“始终带头”、六个“示范在前”集体承诺，带动各镇(街道)、各部门(单位)抓深抓实主题教育，形成“一级带着一级干、一级做给一级看”的良好氛围。

二、循迹溯源、感恩奋进，在理论武装上学真理悟伟力

举办专题读书班4期，开展主题研讨交流11次，依托县委理论学习中心组举行“双示范”大讲堂2场，开展循迹溯源系列学习等。打造缪家村、县老年公寓等“循迹溯源”点10个，县处级党员领导干部带头讲专题党课35场次，选聘优秀讲师119名，开展支部书记讲党课活动2100余次，“嘉善先锋”公众号推送“主题教育有声书”113期，推动党的创新理论在基层落地生根。各党支部依托“三会一课”、主题党日等开展理论学习6894次，参与党员9.4万余人次。针对高龄党员、两新组织党员和流动党员等群体，建立“上门送学、片区送学、定向送学”的“三个送学”机制。

三、求真务实、下沉一线，在调查研究上下功夫优作风

县处级领导干部领衔调研课题37个，县处级领导班子开展典型案例调研，确定正面案例4个、反面案例4个。围绕“县域高质量发展突围破局”，县领导带队分组赴13个先进地区开展比较式学习调研。践行“四下基层”，县处级领导干部采取“四不两直”方式开展走访调研，累计调研141次，现场发现并解决实际问题389个；带头下基层开展信访接访254批350人次，化解信访积案35件。专题召开主题教育调研成果交流会，制定调研成果转化清单4份。落实闭环推进举措，形成高质量调研成果72个，转化为重大改革措施12项。开展“树正确政绩观、建为民新业绩”、青年干部“明德守法、完善自我”、加强和改进流动党员管理、“夯实基层、服务基层、关爱基层”等4大专项行动，凝聚推动高质量发展的磅礴力量。

四、胸怀大局、实干争先，在推动发展上聚合力抓突破

接续开展正确政绩观专题讨论324场次，推动主题教育与中心工作紧密结合、深度融合。县处级领导班子成员领办发展难题19个、民生实事24件。各村（社区）对照换届“五年发展规划”开展“回头看”，同步推进“我为群众办实事”项目412个。大力推进“红色根脉强基工程”，实施基层党建争先攀高专项行动。打造基层党建示范点51个，累计建成“共富工坊”108家。开展“大排查大整治大提升”百日攻坚，整转完成31个后进党组织。深化“进村社、入网格”，推进“大走访大调研大服务大解题”，走访群众12.3万余户，帮助解决问题4112件、收集建议5209条，办好办实一批群众“急难愁盼”的身边事。

五、直面问题、破难攻坚，在整改整治上求实效固长效

健全多渠道破难问题收集机制，推动县处级领导班子和领导干部梳理形成破难问题41个，带动各部门（单位）承接落实、各镇（街道）领衔推进破难问题127个。以清单化管理、项目化推进、销号式整改，有效助推镇（街道）、村（社区）联动整改问题946个。统筹推进“点上改”与“面上治”、“当下改”与“长久立”，对主题教育中积累的经验做法，及时以制度形式固定下来，持续巩固深化主题教育成果。坚持以严的基调正风肃纪，围绕专项整治、上下联动、“四风”等问题开展明察暗访，查处一批违规吃喝、指尖上的形式主义等“四风问题”。

六、精准发力、统筹推进，在组织领导上抓落实强责任

县委定期听取主题教育推进情况，3次召开领导小组会议，掌握整体进度、铺排推动工作。积极抓好向上对接联络和对下工作指导，下发分级分类指导工作指引等文件，用好“3类15张”清单，开展3轮全覆盖联络指导，全面掌握9个镇（街道）和61家县级部门（单位）的工作情况。严格落实“一学三查六机制”10项举措，全面审核各单位主题教育工作方案、学习计划和“自选动作”，严防形式主义和“低级红”“高级黑”，牢牢守住工作底线。

（管　清）

嘉善县2023年大事记

一　月

1日　《长三角生态绿色一体化发展示范区共建共享公共服务项目清单(第三批)》正式施行。第三批清单共12项,涵盖卫生健康、教育、文体旅、政务服务等四大领域。

同日　"携手长三角 法治助共富"主题普法活动暨全省市场监管系统宪法宣传月启动仪式在嘉善县举行。浙江省网商协会与嘉善县人民政府签署《关于嘉善平台经济高质量发展的合作协议》,沪苏浙皖三省一市市场监管部门通过视频形式签订长三角市场监管法治合作备忘录。嘉善县安全教育互动体验馆"法治市监"宣传教育基地被授予省级公民法治素养观测点称号。

3日　嘉善县浙江大学长三角智慧绿洲创新中心和上海大学(浙江)高端装备基础件材料研究院等2家单位拟认定为2022年度省级新型研发机构,实现全县省级新型研发机构培育零的突破。

4日　县人大常委会与"一府一委两院"联席会议召开,县人大常委会、县政府、县监委、县法院、县检察院分别就2022年工作情况和2023年工作安排作交流。

同日　嘉善县城北农贸市场、西塘农贸市场等获批浙江省第三批"五化"改造商品市场验收名单。

5日　省委社建委专职副主任孙哲君到嘉善县就共同富裕、经济高质量发展、产教融合等工作推进情况进行调研。

6日　县政府与县政协联席会议召开,通报2022年县政府、县政协主要工作情况,交流2023年工作思路。

同日　全县安全生产和消防安全工作会议召开。

9日　县委十五届四次全体(扩大)会议暨县域高质量发展示范点建设动员大会举行。出席全会的县委委员28名、县委候补委员6名。

同日　县十七届人大常委会召开第8次会议。会议听取和审议关于2022年国民经济和社会发展计划执行情况和2023年国民经济和社会发展计划;关于2022年度民生实事项目完成情况和2023年度安排情况的报告、新增总投资3000万元及以上政府性重大投资项目的情况报告;关于2022年财政预算执行情况和2023年财政预算(草案)的报告;听取关于县十七届人大二次会议筹备工作情况、关于补选县十七届人大出缺代表的议案、关于召开县十七届人大二次会议的议案。

同日　县政协召开第十五届委员会常务委员会第六次会议。会议集中学习中共嘉善县委十五届四次全体(扩大)会议暨县域高质量发展示范点建设动员大会会议精神,并审议通过有关人事事项;审议县政协十五届二次会议有关安排事项;审议常委会工作报告、提案工作报告、2023年县政协工作要点和协商议题。

同日　嘉善县11个项目入选浙江省扩大有效投资“千项万亿”工程，涉及交通、水利、教育等多个领域，总投资558.3亿元。

10日　嘉兴市推进嘉善县域高质量发展示范点建设大会在嘉善县举行。

同日　西塘镇人民调解委员会老鲁调解工作室被评为省级金牌人民调解工作室。

上旬　天凝镇被评为浙江省AAA级景区镇，干窑镇长生村、罗星街道鑫锋村等被评为浙江省AAA级景区村庄。至此，全县共有省AAAA级景区镇2家、省AAA级景区镇3家、省A级景区村庄74个。

上旬　嘉善县被评为浙江省第二批特色产业(水产)农业“机器换人”高质量发展先行县。

上旬　嘉善县农星植保专业合作社的“蛙蛙响”牌软香粒大米获“2022浙江好稻米”评比金奖，嘉善县丰产粮油展业合作社的“湖墩大米”获优质奖，获奖品种均为“浙禾香2号”。

上旬　嘉善县祥符荡清水工程、西塘古镇、姚庄绿色共富示范带、竹小汇零碳科创聚落一期项目等4个典型案例(应用场景)入选《长三角生态绿色一体化发展示范区生态环境一体化保护典型案例》。

11日　县科技局选送的《“浙里加计扣除”应用实现企业科技政策智享直达》获评2022年度嘉兴市优化营商环境十佳案例。

12日　县长张锡锋主持召开十七届县政府第18次常务会议。

同日　全县服务业稳增长工作推进会召开。

13日　省科技厅公布2022年度浙江省科技领军企业、科技小巨人企业名单。嘉善县的立讯智造(浙江)有限公司入选省级科技领军企业，新思考电机有限公司、爱德曼氢能源装备有限公司等入选省级科技小巨人企业。

14日　“善行天下——袁了凡”全国巡展首站在嘉善博物馆举行，展览云集浙江嘉善、天津宝坻、江苏吴江等地保存的袁了凡相关文物史料，以及天津博物馆收藏的名人真迹，包括文徵明《吴中胜概图》卷、沈周《灞桥风雪图》轴、王阳明《行书诗卷》等3件国宝级藏品。

16日　嘉善县召开勇当“展示窗、试验田、桥头堡”奋进“双示范”新征程大学习大讨论大担当活动启动推进会。

同日　嘉善县的杜鹃花造型艺术和蠡壳窗制作技艺入选浙江省第六批省级非物质文化遗产代表性项目名单。

同日　县第三人民医院三期医疗综合楼启用。该项目共12层，建筑面积2万余平方米，总投资2.67亿元，设置床位420张，包括门(急)诊、医学康复中心、心理咨询(睡眠)中心、远程会诊中心等。

17日　嘉善县召开民营企业家座谈会。市委常委、县委书记江海洋出席会议并讲话。

17日　嘉善县立讯智造(浙江)有限公司、梦天家居集团股份有限公司、浙江福莱新材料股份有限公司、浙江百康光学股份有限公司等入选浙江省第二批制造业“云上企业”名单。

18日　“我在嘉善过大年”(上海)主题推广活动暨嘉善县文旅消费品牌创建行动启动仪式在上海市南京路外滩中央广场举行。

19日　嘉善企业浙江精勇精锻机械有限公司的偏心轴式一级传动高速精密温热模锻机及浙江田中精机股份有限公司的直流无刷电机智能装配检测生产线入选2022年度浙江省首台(套)装备名单，全县累计19项。

20日　浙江百康光学股份有限公司、浙江田中精机股份有限公司、乾大新材料有限公司等39家嘉善企业入选2022年度第二批浙江省“专精特新”中小企业名单，入选数量列全市第一。

同日　嘉善县第一人民医院两个项目获批2023年第一批国家级继续教育项目，实现在国家级医学继续教育项目上零的突破。

中旬　嘉善县成为全省第二批“肥药两制”(购买肥药实名制、使用肥药定额制)改革综合试点县。

中旬　西塘镇金明村、地甸村，姚庄镇武长村，天凝镇联谊村，魏塘街道三里桥村、长秀村、里泽村，罗星街道星河社区、玉兰社区、柳洲社区，惠民街道新润村等11个村(社区)入选2022年度省级民主法治村(社区)名单。

24日　市委常委、副市长齐力到嘉善县督查春节期间旅游领域安全生产工作。

28日　嘉善县获2022年嘉兴市县(市、区)工作目标责任制考核一等奖。

同日　兰钧新能源二期项目签约落户嘉善，总投资19.2亿元。

29日　省委书记易炼红到嘉善县调研指导，先后到长三角生态绿色一体化发展示范区(嘉善)企业交流服务基地、祥符荡科创绿谷研发总部、立讯智造(浙江)有限公司、大云镇缪家村等地,了解示范区嘉善片区规划建设、绿色创新发展和党建引领发展等情况。

31 日 嘉善县三级干部大会暨招商大突破年、项目大攻坚年、营商大提优年动员推进会召开。

同日 省商务厅厅长韩杰一行到嘉善县调研“两稳一促”工作开展情况。

同日 2023 年嘉善县新春首场人才交流大会在县人力资源市场举办。全县 83 家企业推出岗位 2550 个,达成初步就业意向 891 人。

下旬 浙江首个海关特殊监管区域外保税维修业务在嘉善县落地,立讯智造(浙江)有限公司在海关特殊监管区域外以保税方式开展智能手表的自产出口产品维修业务。

下旬 《嘉善县打造县镇村一体化急救网》案例入选浙江省综合医改 2022 年度“十佳典型案例”。

下旬 嘉善高新技术产业园区被认定为首批省级高新区。

二 月

1 日 嘉善县召开 2022 年度党委(党组)书记抓基层党建、人才、乡村振兴和生态环境工作述职评议会。

2 日 市委书记陈伟到嘉善县走访调研传统制造业转型升级、现代农业发展、强村富民改革和文化遗产保护等情况。

3 日 省政协副主席王昌荣到嘉善县调研,先后考察西塘镇政协民生议事堂、浙江大学未来食品实验室、嘉善力通信息科技股份有限公司等地。

同日 中国农业银行浙江省分行与县政府签订嘉善县域高质量发展示范点建设战略合作协议,将为嘉善“双示范”两个“新三年”建设提供 500 亿元以上的综合意向性融资。

同日 嘉善县召开全域有机更新部署推进会暨全县公路水运项目征迁动员大会。

6 日 县委召开党外人士新春座谈会。

同日 以“就业富民·乐业嘉善”为主题的嘉善长三角零工市场启动仪式暨 2023 年春季大型人才交流会在嘉善长三角零工市场举行。

同日 嘉善县 2023 年度农业重大项目集中签约暨雨露空间生鲜水果智慧冷链物流项目开工仪式在魏塘街道农业经济开发区举行。8 个农业重大项目签约,总投资 10.3 亿元。雨露空间生鲜水果智慧冷链物流项目总投资 3 亿元,位于魏塘街道长秀村,用地约 50 亩,计划 2025 年投入使用。

7 日 中国人民政治协商会议嘉善县第十五届委员会第二次会议开幕。顾新宇代表政协嘉善县第十五届委员会常务委员会作工作报告。俞泓刚作县政协十五届一次会议以来提案工作情况的报告。

7 日至 8 日 省委常委、统战部长邱启文到嘉善县开展调研。

8 日 嘉善县第十七届人民代表大会第二次会议开幕。县长张锡锋向大会作政府工作报告。大会书面审查《嘉善县 2022 年国民经济和社会发展计划执行情况及 2023 年国民经济和社会发展计划草案的报告》《嘉善县 2022 年财政预算执行情况和 2023 年财政预算草案的报告》《嘉善县 2022 年度环境状况和环境保护目标完成情况的报告》和《2022 年政府民生实事项目完成情况及 2023 年政府民生实事候选项目形成情况的报告》。

同日 国家发改委高技司副司长孙伟到嘉善县调研,沪苏浙两省一市发改部门相关负责人参加调研。调研组实地考察阿里巴巴长三角智能计算数据基地项目建设现场,并召开“东数西算”国家算力枢纽工作现场推进会。

同日 省生态环境厅党组书记、厅长郎文荣到嘉善县开展“大走访大调研大服务大解题”活动。

9 日 中国人民政治协商会议嘉善县第十五届委员会第二次会议闭幕。会议通过《中国人民政治协商会议嘉善县第十五届委员会提案委员会关于十五届二次会议提案审查情况的报告》《中国人民政治协商会议嘉善县第十五届委员会第二次会议决议》等。

同日 县十七届人大二次会议举行第二次全体会议,听取县人大常委会工作报告、县法院工作报告、县检察院工作报告等,表决有关事项。大会共收到议案建议 180 件。

同日 省委网信办副主任许晴一行到嘉善县开展“大走访大调研大服务大解题”活动。

10 日 嘉善县第十七届人民代表大会第二次会议闭幕。会议表决通过《嘉善县人民代表大会议事规则》《关于嘉善县人民政府工作报告的决议》《关于嘉善县2022年国民经济和社会发展计划执行情况及2023年国民经济和社会发展计划的决议》《关于嘉善县2022年财政预算执行情况和2023年财政预算的决议》《关于嘉善县人民代表大会常务委员会工作报告的决议》《关于嘉善县人民法院工作报告的决议》《关于嘉善县人民检察院工作报告的决议》《关于嘉善县2022年度环境状况和环境保护目标完成情况报告的决议》等。

上旬　嘉善县获评2022年度全省全面深化改革考评优秀，蝉联"四连优"。

上旬　嘉善县9个品牌入选2022年度"嘉兴市出口名牌"，其中新增5个、复核4个。

11日　国家应急管理部风险监测和综合减灾司司长陈胜到嘉善县调研防灾减灾工作。

13日　县纪委十五届三次全体(扩大)会议召开。

同日　嘉善县召开"强基础、优服务、保平安"行动部署会暨网格工作推进大会。

同日　嘉善县康复医院、嘉善县残疾人托养服务中心成立。

14日　嘉善县与生态环境部土壤中心签订共建长三角双碳创新中心战略合作协议。

同日　《嘉善县打造"区域协同万事通"构建青吴嘉一体化政务服务新模式》获评2022年度浙江省优化营商环境十大最佳实践案例。

同日　嘉善声光电子有限公司、浙江高裕家居科技股份有限公司入选浙江省第四批内外贸一体化"领跑者"企业培育名单。

15日　嘉善县57个项目入选嘉兴市"551X"重大项目2023年实施计划项目表(第一批)，总投资1078亿元，年度计划投资121亿元，其中续建项目40个，总投资677亿元，新建项目17个，总投资401亿元，项目入选数量全市第一。全市共安排标志性项目24个，其中嘉善县的沪杭高速嘉善联络线、长三角生态绿色一体化发展示范区生态水网工程、嘉善技师学院筹建工程等5个项目入选。

17日　2023年中国·嘉善城市推介大会暨嘉善国际投资贸易洽谈会举办。"善洽会"签约项目67个，总投资近900亿元，其中投资超百亿项目2个。会上发布《嘉善县域高质量示范点展望》、《浙大智慧绿洲发展规划》和来自嘉善企业的10款工业新产品；揭牌成立浙江大学长三角智慧绿洲创新中心——创新成果转化验证中心、张江产业工程院张江创新学院嘉善(祥符荡)分院、嘉善复旦研究院芯片设计与测试研发中心、特殊钢冶金与制备国家重点实验室嘉善产业化创新中心等4个创新载体；表彰第四届杰出善商。

同日　嘉善县公安工作会议召开。

同日　嘉善县第十七届人民政府专家咨询委员会成立暨第一次全体会议召开。

同日　浙江大学医学院附属第二医院区域影像平台嘉善分中心在县第一人民医院揭牌成立，是浙大二院区域影像平台(中心)在嘉兴的第一家分中心，也是全省基层医院中第一个浙大二院协作医院分中心。

20日　苏州市吴江区委书记李铭率吴江区党政代表团到嘉善县考察，实地走访了解一体化示范区嘉善片区建设情况。

21日　上海市举行长三角生态绿色一体化发展示范区国土空间总体规划新闻发布会，介绍《长三角生态绿色一体化发展示范区国土空间总体规划(2021—2035年)》有关情况。该规划是全国首部跨行政区国土空间规划。

同日　省发展规划研究院与县政府签订战略合作协议，助力嘉善"双示范"建设。

同日　省委、省政府举行2023年第一季度全省扩大有效投资重大项目集中开工活动。嘉善县参加项目4个，数量列全市第一；总投资56.9亿元，2023年年度计划投资12亿元。

22日　嘉善县召开全国文明城市创建工作部署会。

同日　中国共产主义青年团嘉善县第二十三次代表大会开幕。

同日　市委常委、常务副市长朱苗一行到嘉善技师学院(筹)开展"大走访大调研大服务大解题"活动。

24日　大云镇缪家村党委书记、村委会主任陆荣杰当选第十四届全国人民代表大会代表。

28日　云顶新耀医药科技有限公司位于嘉善的全球生产基地项目暨mRNA产业化基地启动。

下旬　省商务厅公布全省第四批内外贸一体化"领跑者"企业培育名单，嘉善县的嘉善声光电子有限公司、浙江高裕家居科技股份有限公司等入选，全县累计培育6家。

三 月

2日 嘉善县举行“招商大突破年”动员大会暨“双招双引”驻点招商出征仪式。

3日 兰钧新能源三期项目签约落户县开发区，项目总投资110亿元，其中固定资产投资约80亿元。

同日 中国银行浙江省分行与嘉善县人民政府签订金融支持嘉善县域高质量发展示范点建设战略合作协议，将在3年内为嘉善提供不低于500亿元的新增意向融资支持。

同日 县公安局出入境管理大队被全国妇联授予“全国巾帼文明岗”荣誉称号。

7日 国家开发银行浙江省分行与嘉善县人民政府签订深化“双示范”建设奋力争当县域高质量发展典范战略合作协议，计划累计提供600亿元以上资金支持嘉善县重大项目建设。

同日 浙江大学长三角智慧绿洲创新中心新一批未来实验室启动仪式在西塘镇祥符荡科创绿谷举行。

8日 嘉善县召开项目大攻坚年行动启动仪式暨扩大有效投资“千项万亿”工程推进大会，部署项目大攻坚年行动目标任务。

同日 嘉善县项目大攻坚年行动启动仪式暨善城中心项目开工活动举行，善城中心等90个项目开工。

10日 国务院办公厅电子政务办公室《电子政务工作简报(政务数据共享工作专刊)》2023年第2期首篇刊发《浙江省嘉善县搭建跨省域区块链平台 有效破解长三角一体化示范区数据共享难题》的经验做法。

13日 嘉善“双示范”专项组第八次会议在杭州召开，省发改委党组书记、主任孟刚主持会议。

同日 嘉善县被确定为浙江省教育领域数字化改革实验区。

14日 嘉善县7个项目被列入2023年浙江省重大外资项目推进计划，总投资24.86亿美元，年度计划投资6170万美元，列入项目数为全市第一。

15日 县委召开全县领导干部会议，传达学习全国“两会”精神，研究嘉善县贯彻落实工作。

同日 示范区执委会联合上海市及示范区两区一县卫健和医保部门共同召开示范区“信用+医疗”专题推进会，启动示范区跨区域“信用+医疗”数字化应用服务场景。长三角(上海)智慧互联网医院、苏州吴江永鼎医院及嘉善县第一人民医院等为首批落地试点医院。

16日 嘉善县知识产权局揭牌，由嘉善县市场监督管理局增挂县知识产权局牌子。

17日 全县政法工作会议暨信访工作会议召开。

18日 上海市党政代表团考察嘉善县长三角生态绿色一体化发展示范区发展情况。

20日 祥符实验室BT-IT与交叉科学发展研讨会在嘉善县举行。

同日 《嘉善县打造长三角一体化“青吴嘉”执法司法跨域协作应用》入选全省“大综合一体化”行政执法改革最佳实践名单。

23日 县委召开议军会暨镇(街道)党委书记党管武装工作述职会。

同日 市人大常委会主任高玲慧到嘉善县调研指导工作。

24日 嘉善县召开县域高质量发展示范点建设指挥部第一次会议暨十张金名片工作推进会。

同日 嘉善县召开“两化”改造暨工业园区有机更新现场推进会。

同日 首届长三角共富共美生活节暨2023中国·姚庄桃花节在姚庄镇北鹤村开幕，一体化示范区先行启动区5镇签约成立共富联盟。

25日 全球电子纸协会年会暨嘉善电子纸产业链招商推介会举行。广东平板显示促进会与嘉善县人民政府签订电子纸产业园共建协议；由嘉善地方国资平台、行业龙头企业、战略投资人等共同发起，总规模20亿元的电子纸产业高质量发展基金签约落地；绿色商显和柔性电子纸两个电子纸产业链项目签约落户西塘镇。

27日 嘉善县召开经济形势调度会。

同日 DKE东方科脉总部基地竣工投产仪式在西塘镇举行，该项目于2021年5月开工，总投资10.04亿元，将建设成为全球最大的电子纸生产基地。

28日 嘉善深化新发展阶段“双示范”建设争当共同富裕先行典范领导小组会议暨工作推进会召开。

同日 中央农办专职副主任、农业农村部党组成员吴宏耀率调研组到嘉善县调研。

29日 嘉善大云国家级旅游度假区创建启航仪式暨文旅产业推介会在上海举行。

30日 中国建设银行浙江

省分行与嘉善县人民政府签订战略合作协议。协议规定建行浙江省分行将在3年内通过综合金融服务累计提供500亿元以上意向性融资，服务嘉善县域高质量发展。

同日　嘉善县召开县域高质量发展示范点建设指挥部第二次会议暨年度示范任务工作推进会。

同日　“百善同归 善行天下”纪念袁了凡诞辰490周年系列活动暨“善行天下——袁了凡”全国巡展启动仪式在县博物馆举行，近100名专家学者参加活动。

31日　嘉善县自主创作的首部红色主旋律电影《南湖女儿》在嘉兴市党群服务中心举行首映仪式。

同日　推进《长三角生态绿色一体化发展示范区国土空间总体规划（2021—2035年）》实施专题研讨会在嘉善县举行。

同日　浙江亿力机电股份有限公司感应电机车间获评2023年浙江省工人先锋号。

下旬　姚庄镇横港村、陶庄镇汾南村、陶庄镇汾湖村、天凝镇镇东村等4村入选全省第三批未来乡村创建名单。

四　月

1日　嘉善县发布全国首个县级“污水零直排区”建设蓝皮书。

2日　“祥符YOU你·博创未来”嘉善百名博士引才专项行动暨第八届“梦想中国·智汇嘉善”创新创业大赛启动，面向全球招引100名青年硕博士，征集高层次人才创业项目。

3日　嘉善县深入实施“八八战略”强力推进创新深化改革攻坚开放提升领导小组召开第一次会议。

同日　嘉善县召开服务业高质量发展大会暨“提质增效工程”动员部署会。会上签约服务业项目12个，总投资超11亿元。

同日　嘉善县入选“2022城市营商环境创新县（市）”名单。

4日　嘉兴市基层党建工作重点任务推进会暨抓党建促乡村振兴现场会在嘉善县召开。

6日　Link－in2023“构画元宇宙新奇点”科创生态链接会在嘉善国际创新中心（上海）举行，“嘉善元宇宙科创试验场”启用，嘉善海外投资者联盟揭牌。

同日　国家知识产权局批准设立国家知识产权局商标业务嘉善受理窗口，这是嘉兴市唯一县级商标业务受理窗口。

7日　市委常委、县委书记江海洋率队赴上海市松江区学习考察G60科创走廊、“松江枢纽”等建设情况。

8日　2023年浙江省第七届杜鹃文化节暨中国·嘉善第十七届杜鹃花展开幕。

9日　上海市欧美同学会支持示范区建设合作共建大会在祥符荡举行。上海市欧美同学会集成电路分会会员之家揭牌成立。

10日　上海市金山区委书记、区人大常委会主任刘健，金山区委副书记、区长李泽龙率金山区党政代表团到嘉善县考察，走访了解一体化示范区嘉善片区建设情况。

上旬　嘉善县“群众获得感幸福感安全感认同感监测评价指数”进入全省前30位，居全市第一。

上旬　嘉善县在全省23个低碳试点县中以全省第一名的成绩获评优秀等次。

上旬　嘉善县28个村入选2022年度“浙江省善治（示范）村”认定名单，累计86个。

11日　2023年浙江省“十链百场万企”系列活动启动暨新能源产业重大投产项目对接合作大会在嘉善县举行。

12日　嘉善县环保联合会制定的《县域生态系统生产总值（GEP）核算技术规范平原河网地区》（T/JSXHBLHH001—2023）成为浙江省第一个以平原河网地区生态系统为基础的核算技术规范，也是长三角生态绿色一体化发展示范区内首个县域核算技术规范。

同日　2023年长三角生态绿色一体化发展示范区联合招商引资对接会在长三角一体化示范区（上海）金融产业园举行，是示范区首次开展联合招商。

13日　省人大常委会副主任刘忻一行到嘉善县调研农业“双强”行动。

同日　市委常委、县委书记江海洋带队赴新疆阿克苏地区沙雅县考察对口支援工作，慰问援疆干部人才。

同日　县长张锡锋主持召开十七届县政府第22次常务会议暨嘉善县体系化推进“十项重大工程”工作部署会。

15日　国家发改委地区司长三角一处处长袁淏带队到嘉善县调研指导示范点建设。

18日　嘉善县召开“六问六破·干部敢为”汇报交流会，集中交流“六问六破”主题大讨论推动嘉善跨越发展、总量赶超的阶段性成效。

19日 四川省攀枝花市委书记张正红率考察团到嘉善县考察共同富裕工作。

同日 嘉善县召开推进“地瓜经济”提能升级“一号开放工程”动员大会暨招商大突破年推进会。

20日 追寻“习近平浙江足迹”——嘉善县“乡村振兴、共富惠农”专题论坛在干窑镇举行。会上发布打造浙北粮仓“核心区”金名片方案，成立浙北粮仓“核心区”智库。

中旬 剑桥科技光电子产业基地项目签约落户中新嘉善现代产业园。市委常委、县委书记江海洋出席签约仪式。

21日 县委农村工作会议召开。

同日 长三角研究型大学联盟基础研究协同工作座谈会在嘉善县召开。

同日 海宁市委书记曹国良，海宁市委副书记、市长许红莲率党政代表团到嘉善县考察。

21日至23日 由清华大学、北京大学、中国人民大学、北京师范大学相关单位联合主办，浙江清华长三角研究院和嘉善县相关单位共同承办的第八届中国传媒公信力论坛暨首届长三角科学传播与创新发展研讨会在嘉善县举行。

24日 嘉善县召开庆祝“五一”国际劳动节暨工会助力营商环境优化提升“一号改革工程”工作推进会。大会表彰2022年度嘉善县“工人先锋号”、2023年度嘉善县高技能人才创新工作室、2023年嘉善工匠、第十四批嘉善县职业技能带头人、2023年“最美嘉善人·杰出职工”等一批先进，发布《嘉善县工会助力营商环境优化提升“一号改革工程”十项措施》。

同日 嘉善县劳动模范和工匠联合会成立大会暨第一届第一次会员代表大会举行。全县有劳模、工匠总数超300人，其中全国劳模4人，省部级劳模34人，全国五一奖章获得者6人，省五一奖章获得者5人，浙江工匠10人。嘉善县劳动模范和工匠联合会主要由已获得县级及以上劳模、工匠称号，并保持荣誉的集体和个人组成。首批会员193名。

25日 全省深入实施“八八战略”强力推进创新深化改革攻坚开放提升工作例会暨全省综合考核推进会召开。市委常委、县委书记江海洋在嘉善县分会场作《打造营商环境最优县 加快县域高质量跨越式发展》交流发言。

27日 嘉兴市召开深入实施“八八战略”强力推进创新深化改革攻坚开放提升工作动员部署会暨一季度经济社会形势分析会，嘉善县获市第一季度“互学互比互赛”红旗奖杯。

同日 两岸（嘉兴）数字产业论坛在嘉善县举行，台湾电机电子工业同业公会理事长李诗钦等来自两岸多地的企业家参加。

同日 广东省清远市委副书记翟雪梅一行到嘉善县考察调研城乡融合发展、县域经济高质量发展经验做法。

27日至28日 国家发改委地区司长三角一处处长袁淏到嘉善县调研指导示范点建设。

下旬 嘉善县强村富民提质升级工程项目、大云镇高效设施果蔬产业示范基地项目、天凝镇火星农业示范项目等14个项目被列入浙江省2023年农业农村重大项目实施计划名单，计划总投资24.5亿元，项目数和投资额均列全市第一。

五　月

4日 副省长胡伟到嘉善县调研生态环境工作，先后调研长三角生态绿色一体化发展示范区（嘉善）企业交流服务基地、南祥符荡生态栈道、竹小汇零碳科创聚落等地。

同日 嘉善县召开推进营商环境优化提升“一号改革工程”暨营商大提优年会议。

6日 嘉善县入选省城镇化建设试点名单。

同日 嘉善县获批“浙里食安”第一批试点示范县，承接食品安全监管体系试点项目，为全市唯一的试点项目承接县。

9日 省民政厅党组书记、厅长沈铭权率队到嘉善县开展主题教育课题调研。

同日 嘉兴市社科之家建设现场会在长三角一体化示范区（嘉善）企业交流服务基地召开。

同日 “港澳青年看祖国”香港青年长三角科创考察团到嘉善县考察，来自港澳各界约120名青年代表参加。

同日 国家优质特色农产品认证评价农业标准化区域服务与推广平台在中国归谷嘉善科技园启用。

10日 全国政协自主调研组围绕“发挥港澳委员‘双重积极作用’，更好融入服务国家发展大局”主题在嘉善县调研。

同日 嘉善县召开建设平安嘉善工作会议。

同日　全县党建工作会议召开。

同日　全市镇(街道)村志编纂工作现场会在大云镇举行。

同日　全省首家以“知识产权保护”为主题的联勤警务站——嘉善县知识产权保护联勤警务站在祥符荡揭牌成立。

10日至11日　浙江日报报业集团党委书记、社长姜军一行到嘉善县调研。

上旬　嘉善县中医医院被确定为三级乙等中医医院,成为全县第二家三级医院。

11日　嘉善县召开数字经济创新提质“一号发展工程”暨制造业高质量发展推进大会。

12日　长三角·嘉善祥符荡创新中心(张江)推介会在上海张江科学会堂举行。现场签约项目24个,总投资近350亿元。

同日　陶庄镇汾湖村尤家港抗战纪念馆入选2023年浙江省乡村博物馆。

13日　浙江省统一战线助推嘉善“双示范”建设推进会在嘉善县召开。

同日　省委统战部主题教育调研组到嘉善县开展“循迹溯源学思想”专题调研。

15日　由浙江大学长三角智慧绿洲创新中心组织的“与诺奖获得者共话共同富裕——儿童发展促进共同富裕”研讨会在嘉善县举行。

同日　全县嵌入式党性教育工作部署会在县委党校举行。

16日　市政协主席陈利众带队到嘉善县开展“委员联系界别群众”专题调研。

18日　嘉善县被省委、省政府授予浙江省制造业领域最高荣誉——“浙江制造天工鼎”,并作为全省唯一的县(市、区)代表在全省加快建设全球先进制造业基地大会上作交流发言。

同日　嘉善县举行庆祝第三十三次“全国助残日”表彰活动暨长三角一体化示范区“助残共富”行动启动仪式。

同日　“聚归成谷,再启新程”中国归谷嘉善科技园科技人才大会在罗星街道召开。浙江大学科技园未来创新园归谷园区项目启动。

同日　嘉善县入选浙江省首批幸福河湖建设试点优秀单位名单。

20日　由上海市体育局、青浦区人民政府、吴江区人民政府、嘉善县人民政府主办的2023环意RIDE LIKE A PRO长三角公开赛开幕。嘉善涉及赛事为公路赛,主要途经西塘和姚庄,赛道路程约12.2公里,占全部赛程的13.86%。

同日　国内A1级品牌赛事——2023中国10公里精英赛长三角首站在大云镇开跑。

21日　2023祥符创新论坛——转化医学产业高峰论坛在嘉善县举办。

22日　嘉善县知识产权保护和发展大会召开。国家知识产权局商标业务嘉善受理窗口在会上揭牌。

23日　由法国、德国、日本、塞尔维亚、越南、马来西亚等10余个国家(地区)驻沪领事、商(协)会驻沪和驻浙机构代表、海外联络处代表、企业家代表组成的国际经贸代表团到嘉善县考察。

同日　由《人民日报》、新华社、中央广播电视总台等13家中央媒体的40余名记者组成的中央媒体“高质量发展调研行”主题采访活动走进嘉善。

同日　全国总工会书记处书记、党组成员邹震率队到嘉善县调研。

同日　嘉善县召开清廉嘉善建设现场推进会。

24日　长三角生态绿色一体化发展示范区水乡客厅国土空间详细规划发布,这是全国首个跨省域国土空间详细规划。规划范围以长三角原点为中心,包括上海市青浦区金泽镇、江苏省苏州市吴江区黎里镇、浙江省嘉兴市嘉善县西塘镇和姚庄镇4个镇各一部分,总面积约35.8平方公里。

同日　长三角生态绿色一体化发展示范区水乡客厅·方厅水院正式开工。

26日　东阳市委书记楼琅坚率党政代表团到嘉善县考察。

同日　“江南美韵·博古论今”博士(后)学术沙龙活动暨长三角示范区博士后工作联盟成立仪式在长三角生态绿色一体化示范区(嘉善)企业交流服务基地举行。

同日　国家建筑工程技术研究中心轨道交通绿色低碳与智慧化研究中心技术委员会成立大会暨轨道交通绿色低碳与智慧化学术论坛在嘉善县召开。

27日　“打卡亚运 万人万步 绿道健走e起潮”浙江省第五届“绿道健走大赛”嘉善站活动暨长三角(嘉善)生态绿色风情旅游线绿道启用仪式在西塘镇举行。

同日　嘉善县首届全民阅读图书巡展在万联恒太城举办,活动持续至6月5日。

29日 嘉善县获评“浙江省十佳招大引强县(市、区)”,为全市唯一。

30日 农工党浙江省委会助推嘉善“双示范”建设推进活动在陶庄镇举行,浙江省农业科学院支部与陶庄镇签订“长三角陶庄智种产业示范园”共建协议。

31日 嘉善县疾病预防控制局挂牌成立。

下旬 嘉善县被授予实施乡村振兴战略“神农鼎”,嘉善县连续4年获得该荣誉。

下旬 嘉善县大云度假区旅游驿站入选省一级旅游驿站,大云度假区彩虹驿站、姚庄镇武长驿站等入选省三级旅游驿站。

六　月

1日 国家文物局副局长顾玉才到嘉善调研。

同日 全县安全生产工作会议召开。

2日 省科协到嘉善开展“循迹溯源学思想促践行”嘉善行活动。

同日 2023长三角·嘉善现代服务业(上海)推介会在沪举行,主题为“沿链融合、创新发展”。18个服务业重点项目现场签约落户嘉善,总投资近40亿元。

同日 民盟上海市委会企业家联谊会到嘉善经济技术开发区考察,并举行沪浙民盟企业家助力嘉善“双示范”座谈会。

同日 “奋进双示范 唱响幸福歌”2023第五届江南民歌节——长三角田山歌展演在西塘镇举行,“长三角音乐艺术院校田山歌创作基地”揭牌。

同日 青吴嘉三地政协围绕“聚焦生态绿色,携手共同富裕”主题在嘉善县开展联合调研。

2日至3日 四川省乐山市沙湾区区委书记徐岳泉率沙湾区党政代表团到嘉善县考察。

3日 2023浙江省足球超级联赛在嘉善县体育场开幕。

5日 嘉善县留学人员和家属联谊会第四次会员代表大会举行,选举产生县留联会第四届理事会。

同日 嘉善县德鸿碳纤维复合材料高新技术研究开发中心等33家研发中心获得嘉兴市高新技术研究开发中心认定,累计211家。

6日 浙江省绿色认证先行示范区建设启动会暨长三角绿色认证先行区建设推进会在嘉善县召开。青浦、吴江、嘉善共同签署《青吴嘉共同推进长三角绿色认证先行区合作框架协议》,并发布2023年度长三角绿色认证先行区绿色认证主题活动。

同日 第五届长三角一体化发展高层论坛在安徽合肥举行,嘉善县与安徽芜湖、上海青浦、江苏吴江以及长三角生态绿色一体化发展示范区执委会五方签订合作共建全国一体化算力网络长三角国家枢纽节点协议。

同日 2023年浙江省建筑施工安全标准化现场观摩会暨智慧建造交流会在嘉善县长三角(嘉善)金融创新中心项目举行。

同日 省政协常委、副秘书长(兼),民革省委会专职副主委刘净非到嘉善县开展“深化‘千万工程’、建设美丽乡村情况”主题调研。

9日 嘉善县党外知识分子联谊会国企分会成立大会暨第一届会员大会举行,会议选举产生第一届理事会。

同日 罗星街道江南社区、天凝镇天凝社区入选首批浙江省现代社区。

上旬 嘉善县获省“科技创新鼎”,连续3年获得该项荣誉。

上旬 习近平外交思想研究中心与学习时报社联合调研组到嘉善县调研,考察示范区嘉善片区建设情况。

上旬 嘉善县交通共富指数为91.7,在全省86个县(市、区)中排名第十。

13日 嘉兴市“大综合一体化”行政执法改革攻坚暨行政执法类公务员分类管理推进会在嘉善县举行。

同日 嘉善县《强基固本 迭代升级 精心擘画县域高质量发展示范点健康蓝图》入选2022年度全国健康县区建设优秀案例。

15日 生态环境部信息中心党委书记、主任赵世新到嘉善县调研指导生态环境信息化工作。

同日 嘉善县入选县(市、区)级浙江省第三批减污降碳协同试点,雪花啤酒生产废水资源化利用项目、诚达药业股份有限公司减污降碳项目入选浙江省第二批标杆项目名单。

16日 致公党省委会到嘉善县开展主题教育“循迹溯源学思想促践行”现场活动,以主题教育、医卫结对、农业帮扶等方式助推嘉善“双示范”建设。

同日 2023嘉善县首届跨境出海论坛暨跨境电商资源对接大会举行,嘉善县跨境电商产业联盟成立,嘉善县9610监管场站揭牌。

同日 嘉善县张天方研究会成立大会举行，审议通过研究会《章程》和《选举办法》，选举产生第一届理事会。

17日 全县重点项目征迁暨涉安违建整治工作推进会召开。

20日 嘉善县数字安防与网络通信产业集群入选第二批“浙江制造”升级特色产业集群核心区创建对象。

中旬 嘉善县的浙江中固企业服务有限公司入选2023年度嘉兴市服务业领军型企业。

中旬 嘉善县银福苑颐养中心入选全省首批共同富裕实践观察点。

22日 2023嘉兴端午民俗文化节“五芳斋杯”龙舟竞渡和踏白船表演赛在嘉兴西南湖举办。陶庄蓝舰龙舟队获得龙舟竞渡400米直道竞速赛第一名，连续四年蝉联龙舟赛桂冠；姚庄渔民村踏白船队夺得踏白船表演赛第一，实现十四连冠。

25日 由县委、县政府主办的“心有大我 丹心报国——纪念顾功叙诞辰115周年”展览启动仪式在县博物馆举行。

同日 上海市交通委员会、江苏省交通运输厅、浙江省交通运输厅联合印发《长三角生态绿色一体化发展示范区综合交通专项规划(2021—2035)》。

26日 嘉兴市第五次全国经济普查市级综合试点在嘉善县启动。试点区域为魏塘街道，普查时间为2023年6月27日至6月30日。

同日 示范区四周年党建成果主题展暨“金色冲锋号·携手向未来”2023年度行动发布主题活动在上海市青浦区金泽镇举行。

27日 省妇联党组书记、主席何杏仁到嘉善县开展“巾帼感恩行、奋进新征程”循迹溯源现场学习活动。

28日 上海市人大常委会副主任宗明到嘉善县实地调研示范区嘉善片区重大科创平台建设、共同富裕发展情况。

同日 嘉善浙农耘粮油未来农场入选浙江省智慧农业十大模式典型案例。

29日 中新嘉善现代产业园重大产业项目集中开工仪式暨浙江合量科技有限公司项目开工奠基仪式举行，浙江合量科技有限公司项目、广楚科技项目等7个项目集中开工，计划总投资超39亿元。

同日 嘉善县获评美丽浙江十大样板地(县级单位)，嘉善县陶庄镇获评美丽浙江十大样板地(乡镇)。

同日 浙江省首个区外保税维修业务首批维修产品出货仪式在姚庄镇举行。

同日 以“党建红引领生态绿 碧水清润泽示范区”为主题的省、市、县生态环境部门水条线“循迹溯源学思想促践行”活动在嘉善县举行。

30日 嘉善县2人获浙江省担当作为好支书荣誉称号；大云镇获评“红色根脉”强基示范乡镇(街道)；全县11个村(社区)获评“红色根脉”强基示范村(社区)。

同日 嘉善县的兰钧新能源科技有限公司被列入2023年“未来工厂”试点企业名单。

下旬 嘉善县获评浙江省2022年度农场客货邮融合发展四星级样板县。

下旬 长三角(嘉善)生态绿色风情旅游线提升工程(省级绿道2号线嘉善段)、西塘镇祥符荡环湖绿道入选第四届嘉兴市最美生态绿道。

七 月

1日 省能源局局长陈衡治一行到嘉善县调研氢能产业发展及推广应用工作。

同日 嘉善县的“云镜·清廉村居智慧评价系统”入选浙江省村社智治十大模式优秀数字化应用名单。

4日 第八届“梦想中国·智汇嘉善”创新创业大赛数字经济领域决赛在上海虹桥世界中心举办。

同日 嘉善县翰鸿立博时尚展示科技产业园入选全省第十一批小微企业园名单，全县累计16家，总占地面积2200亩，建筑面积152万平方米，入驻企业近900家。

7日 “之江同心·开明促共富”民进浙江省委会结对魏塘街道助推嘉善“双示范”建设活动在魏塘街道两创中心举行。浙江民进博士团中新嘉善现代产业园产学研合作基地揭牌。

8日 2023年长三角传统武术邀请赛在嘉善县举行。

上旬 浙江善农现代农业科技发展有限公司入选2023年度第一批浙江省农创客示范基地目录。

上旬 长三角生态绿色一体化发展示范区(嘉善)企业交流服务基地获2023巴黎设计奖公共景观、绿色建筑两个类别大奖。

12日 安徽省委书记韩俊，省委副书记、省长王清宪率安徽省党政代表团到嘉善县调研。

同日 “‘益’起低碳‘绿’动嘉兴”低碳体验行活动暨2023年嘉兴市节能宣传月和低碳日启动仪式在嘉善县举行。

13日 大云数字文旅创新发展区入选第三批省现代服务业创新发展区名单。

14日 嘉善县举行新居民和谐促进会第三届会员大会暨换届大会，选举产生县新居民和谐促进会第三届理事会组成成员。

同日 嘉善县嘉兴永励精密钢管有限公司等4家企业入选浙江省第五批专精特新“小巨人”企业名单。

15日 第一届长三角未来食品前沿技术论坛在嘉善县举行。

16日 全县6个镇(街道)降下特大暴雨，最大小时雨强为罗星街道的141.1毫米，是嘉善县有气象记录以来短时降雨强度最大的一次特大暴雨，嘉善国家气象站1小时、3小时、12小时累计雨量均远超历史极值。

16日至19日 2023年浙江省青少年赛艇锦标赛在汾湖水上运动中心举行。

18日 长三角(嘉善)金融创新中心项目举行封顶仪式，该项目4个单体建筑全部完成封顶。

同日 中国人事科学研究院副院长李志更到嘉善县调研博士后工作站建设工作。

19日 浙江豪声电子科技股份有限公司(简称：豪声电子。股票代码：838701)在北交所上市，成为嘉善县首家北交所上市企业，全县A股上市企业累计10家。

20日 嘉善县3个项目被纳入国家发改委重大区域发展战略建设专项(长三角一体化发展方向)2023年中央预算内投资计划，获中央预算内投资1.3亿元。

21日 江苏省溧阳市委书记叶明华率党政代表团到嘉善县考察。

同日 安徽省人民政府副秘书长、省政府督查室主任、一级巡视员汪春明率调研组到嘉善县考察“五鼎”(平安鼎、大禹鼎、科技创新鼎、天工鼎、神农鼎)创建工作。

同日 嘉兴市清廉工程建设现场推进会在长三角(嘉善)金融创新中心项目现场举行。

25日 省发改委发布《关于2023年二季度投资“赛马”激励地区的通报》，嘉善县作为嘉兴市唯一上榜的县(市、区)获通报激励。

同日 嘉善县“聚力一体化，打造‘祥符荡创新中心’科创IP——探索张江合作新模式，为地瓜经济提质赋能”案例入选全省首批“地瓜经济”提能升级“一号开放工程”最佳实践案例。

26日 嘉善县召开“礼堂走心——农村种文化”行动暨农村文化礼堂社会化运行试点现场推进会。

30日 长三角生态绿色一体化发展示范区开发者联盟全体成员会议在上海青浦召开。嘉善县“中新嘉善现代产业园”和“浙大智慧绿洲”两个项目入选服务示范区十大优秀案例。

31日 2023年长三角生态绿色一体化发展示范区开发者大会暨全链接大会在国家会展中心(上海)召开。全国首个跨省域高新技术产业开发区——长三角生态绿色一体化发展示范区跨省域高新技术产业开发区揭牌成立。嘉善县发布高质量发展“四张清单”(政府需求清单、企业能力清单、企业协同需求清单、中高端紧缺人才需求清单)。

同日 嘉善县获全市“互学互比互赛”红旗奖杯。

下旬 嘉善县“一体化‘城镇圈’党建联建”案例入选第一批党建联建省级典型案例。

下旬 嘉善县列全国百强县名单第20位。

下旬 上半年，全县地区生产总值(GDP)434.92亿元，同比增长11.0%，增速列全市第二。其中，第一产业增加值10.08亿元，同比增长1.4%；第二产业增加值251.38亿元，同比增长12.2%；第三产业增加值173.46亿元，同比增长10.0%。

八　月

1日 嘉善县召开2023年党政军双拥工作座谈会。

同日 嘉善县入选2023年度全省第一批百万家庭奔富行动示范县创建名单，系全市唯一。

2日 全县服务业“提质增效”工程暨服务业招商工作推进会召开。

3日 县委十五届五次全体(扩大)会议暨半年度主体工作例会召开。

4日 “之江同心·海归浙里”——“才链全球”2023海外知名高校学联主席、校友会负责人浙江行活动走进嘉善县。

7日 桐乡市委书记于会游，桐乡市委副书记、市长王坚率党政代表团到嘉善县考察。

8日 嘉善县被授予2022

年度“五水共治”工作优秀市县“大禹鼎”银鼎。

同日　嘉善县在浙江省2022年度全域“无废城市”建设评估中达到三星级标准，被授予“清源杯”。

同日　“护航亚运 平安有我”启动深化夏夜巡查宣防行动。

上旬　嘉善县的大云未来社区、嘉辰未来社区、天凝社区、月半湾社区等入选浙江省第三批城镇社区“一老一小”服务场景名单。

上旬　全国首个县镇村一体化急诊急救体系三级师资库在嘉善县启动。

11日　嘉善县第五届全民文化艺术节开幕式暨嘉善县广场舞（排舞）大赛举行。

同日　姚庄镇获评2023年浙江省健康乡镇样板。

14日　省总工会党组书记、副主席吕志良率队到嘉善县调研。

15日　嘉善县集成电路协会成立大会举行，选举产生嘉善县集成电路协会第一届理事会成员和监事长。协会首届会员单位共36家，涵盖芯片设计、制造、封测等集成电路全产业链领域。

同日　2023年嘉善县全国生态日系列宣传活动启动仪式暨盛家湾生物多样性体验地揭牌仪式在姚庄镇盛家湾举行。嘉善县生态系统生产总值（GEP）核算成果、嘉善县低碳地图数字化平台、水生态质量指示生物评价体系等生态文明成果在现场发布。

同日　2023全国五人制足球青少年锦标赛女子U17组在嘉善县开赛，来自广东、山东、浙江等地的8支女子足球队的150名运动员参赛。

同日　西塘镇华联中心社区公寓房三期城中村改造项目获全市首个农村住房工程领域钱江杯（优质工程）项目。

16日　市委书记陈伟在嘉善县调研基层党组织建设及重点工程征迁工作。

同日　丽水市委副书记、市长吴舜泽率党政代表团到嘉善县调研考察。

同日　嘉善复旦研究院举行开园仪式。国家集成电路创新中心浙江分中心、国家集成电路产教融合创新平台嘉善基地、工信部集成电路产业人才基地、嘉善县集成电路协会四大平台在仪式上揭牌成立。

同日　长三角研究型大学联盟理事会会议暨校地合作平台建设交流会在长三角生态绿色一体化发展示范区（嘉善）企业交流服务基地举行。

同日　中国电信长三角国家枢纽嘉兴算力中心项目正式开工。该项目位于中新嘉善现代产业园，总投资超50亿元。

同日　新一轮“长风计划”签约仪式暨嘉兴市院企银企双向对接会嘉善复旦研究院专场在嘉善举行。

17日　市委常委、县委书记江海洋率嘉善县党政代表团赴绍兴市上虞区、越城区学习考察。

同日　江苏省常州市委常委、武进区委书记乔俊杰率武进区党政代表团到嘉善县考察。

同日　省侨联党组书记、主席庄莉萍带领省属高校统战部负责人、省侨联特聘专家委员会专家代表到嘉善县参观考察，并召开省侨联助推嘉善“双示范”建设专题座谈会。

18日　市政协主席陈利众到嘉善县开展学习贯彻省委十五届三次全会和市委九届三次全会精神主题活动暨集中走访委员活动。

同日　2023年县委书记大讲堂暨浙江大学“黄土地计划”嘉善实践团结业仪式举行。2023年是浙江大学“黄土地计划”连续第5年走进嘉善，累计有117名浙大学子到嘉善县开展暑期社会实践活动。

同日　全省国家区域医疗中心工作专题会在一体化示范区（嘉善）企业交流服务基地召开。

同日　嘉善县慈善总会第五次会员大会召开，选举产生县慈善总会新一届理事会领导班子。

20日　祥符创新论坛第二期——BT－IT：学科交叉推动产业创新会议在长三角生态绿色一体化发展示范区（嘉善）企业交流服务基地举行。

中旬　省委省政府正式印发《关于支持嘉善县域高质量发展示范点建设的若干意见》。

21日　浙江大学长三角智慧绿洲创新中心·陶庄镇人民政府战略合作签约仪式在陶庄镇举行。

同日　嘉善血防纪念馆、姚窑文化记忆馆等入选2023年浙江省第二批乡村博物馆名单。

21日至22日　省发展规划研究院宏观经济研究所所长、高级工程师汤欢带队到嘉善县开展“嘉善县创新乡村产业强村富民运营新机制”省级共富试点中期评估工作。

23日　缙云县委书记王正飞率党政代表团到嘉善县考察。

24日　市人大常委会主任

高玲慧带队到嘉善县开展《浙江省民营企业发展促进条例》《浙江省促进中小微企业发展条例》执法检查。

同日 嘉善县浙江大学长三角智慧绿洲创新中心共获批国家自然科学基金15项，其中优秀青年科学基金项目1项、面上项目5项、青年科学基金项目9项，其中全职人员获批4项。

同日 嘉善县科学技术局获评浙江省科技特派员工作先进集体。

25日 长三角生态绿色一体化发展示范区佛教书画篆刻展在嘉善县龙庄讲寺开幕。

同日 生态环境部土壤中心长三角双碳创新中心试验田在姚庄镇揭牌。试验田被命名为生态环境部土壤中心健康土壤研究试验田、生态环境部土壤中心节水抗旱稻甲烷减排试验田和生态环境部土壤中心农田温室气体检测技术装备测试基地。

29日 市委常委、县委书记江海洋率嘉善县代表团赴四川阿坝州九寨沟县考察交流，对接东西部协作和对口支援工作。

同日 嘉善县被纳入2023年国家乡村振兴示范县创建公示名单。

30日 《嘉善率先迭代零工市场服务模式 推动降本增效惠民生》《嘉善率先构建医保助企惠民服务新机制 助力营商环境持续优化》等入选2023年浙江省第二批营商环境“微改革”项目名单。

同日 浙江长盛滑动轴承股份有限公司“改性聚酰亚胺耐磨层的三层复合自润滑滑动轴承及其制作方法”项目获第一届浙江省知识产权奖专利奖发明专利二等奖；浙江田中精机股份有限公司“空心线圈绕线设备”项目获专利奖发明专利三等奖；梦天家居集团股份有限公司“梦天”商标获商标奖三等奖。

31日 市委常委、统战部长李小平在西塘镇人大代表联络站开展主题活动。

同日 西塘镇人民调解委员会“胥塘睦理”区域调解品牌被市司法局、市人民调解协会授予嘉兴市“十佳调解品牌”荣誉称号。

同日 嘉善未来幸福水乡共富风貌游线入选浙江省2023年度第一批共富风貌游线名单。

下旬 嘉善县3个项目（实施类）入选2023年浙江省重大产业项目名单，涉及省奖励用地指标199.3亩，项目数居全市第一。

下旬 嘉善县名列全省2022年健康浙江建设考核结果县域第一，成为省内唯一连续两年夺魁的县（市、区）。

九　月

1日 嘉善县召开服务业专题会议。

4日 嘉善县举行第二届“同善共富”慈善之夜晚会。活动现场通报2022年度嘉善县慈善奖、爱心奖，表彰善企业、善团队、善老兵、善长者、善天使，并发布2022年慈善账单。

同日 姚庄镇入选第三批全国乡村治理示范村镇公示名单。

5日 九寨沟县委书记李为仁率党政代表团到嘉善县党政互访、考察学习。

同日 “浙里石榴红·同心迎亚运”嘉善县铸牢中华民族共同体意识宣传月在大云镇启动。缪家村史馆、嘉善县血防纪念馆被授予“嘉兴市铸牢中华民族共同体意识教育基地”称号。

6日 嘉善县召开突出生态环境问题大排查大整治大提升“六大行动”部署推进会。

7日 长三角三省一市政协联合调研组就“推动长三角地区自贸试验区合作发展”到嘉善县调研。

同日 嘉善县召开庆祝第39个教师节表彰大会。

同日 县委副书记、县长张锡锋率嘉善县党政代表团赴丽水市庆元县开展山海协作交流。签署《嘉善县—庆元县2023年度山海协作工程合作协议》。

同日 嘉善三思光电技术有限公司和日善电脑配件（嘉善）有限公司入选2023年度省级工业互联网平台创建名单。

8日 市人大常委会主任高玲慧率调研组到嘉善县开展进基层单元联系代表选民活动。

同日 嘉善圆梦归谷特色产业风貌样板区入选浙江省2023年度第二批城乡风貌样板区名单。

9日 2023浙江省新型建筑工业化发展交流会暨省住建厅科技委新型建筑工业化专业委员会四届二次会议在嘉善县举行。

10日 杭州第十九届亚运会火炬在嘉兴传递，天凝镇洪溪村第一书记陈俐勤、国网嘉善县供电公司恒创集团嘉善分部副主任李飞伟、嘉善高级中学教师孙元菁、浙江省域蓝天救援协调中心主任黄学清、县文旅体局党委委员王忠伟、县公安局案审大队大队长宋柳丰等6位火炬手代表嘉善参加。

同日　“喜迎亚运盛会 弘扬红船精神 倡导健康生活”2023年嘉善县“全民健康生活方式宣传月”启动暨“万步有约”健走激励大赛总结表彰仪式在大云镇十里水乡景区举行。

12日　全县学习贯彻习近平新时代中国特色社会主义思想主题教育动员部署会召开。

同日　由嘉善示范区管委会和浙江大学长三角智慧绿洲创新中心共同发起的联合推进产业发展行动正式启动，浙大智慧绿洲·日善数字孪生联合研究中心同步揭牌。

13日　全国人大常委会办公厅研究室二局副局长陈星言一行到嘉善县调研。

同日　安徽省滁州市凤阳县委书记朱林率党政代表团到嘉善县考察。

15日　河南省开封市委常委、兰考县委书记陈维忠率党政代表团到嘉善县考察。

同日　2023浙江嘉善干窑镇推介大会暨干窑投资贸易洽谈会在上海举行，吸引海内外近200名客商参加。

20日　嘉善县入选第一批浙江省新型消费城市建设试点名单。

同日　西塘古镇汉服市集和大众广场后备箱市集入选100个全省首批重点培育文旅市集。

中旬　嘉善县位列中国县域高质量发展百强县第30位。

21日　“星耀南湖·长三角精英峰会”子活动“智创未来”新一代网络通信产业聚才建圈强链对接会在嘉善县举办。

同日　民建浙江省委会联合长三角民建企业家联盟、上海市金融工委走进嘉善县，举行之江同心·经济圆桌论坛暨长三角民建青年企业家助力嘉善“双示范”活动。

同日　浙江省、江苏省、安徽省以及上海市政协组成的三省一市政协联合调研组到嘉善县考察。

25日　嘉善县歌斐颂巧克力小镇入选国家工业旅游示范基地公示名单。

26日　全县学习贯彻习近平新时代中国特色社会主义思想主题教育专题党课暨县委党校2023年秋季开学典礼举行。

同日　嘉善县伍子塘、汾湖等入选首批浙江省重要水利工程遗产资源名录。

27日　县委召开全县领导干部会议，传达学习习近平总书记在浙江考察时的重要讲话精神和全省、全市领导干部会议精神，部署嘉善县学习宣传贯彻落实工作。

28日　市委书记陈伟到嘉善县下访接访并督导平安护航亚运会、节日安全生产和市场保供工作。

同日　2022年嘉善县西塘镇东娄片区高标准农田建设项目入选浙江省高标准农田建设最佳实践案例名单，该项目建设面积1680亩，总投资2760万元，亩均投入1.6万元，县级配套资金投入占比70%以上。

同日　嘉善县的浙江嘉诚动能科技股份有限公司、爱德曼氢能源装备有限公司等获评2023年度省级工业设计中心。至此，全县累计有省级工业设计中心4家。

29日　2023嘉善县第二届汽车博览会在西塘越里文化创意街区开幕。县内外汽车企业50多家参加此次汽车博览会，汇聚车型600余款。

十　月

9日　盛威安全设备（浙江）有限公司、浙江奇忠控制设备有限公司、嘉善华瑞赛晶电气设备有限公司等7家企业入选“2023年度第二批市级绿色工厂”公示名单。

上旬　示范区嘉善片区祥符荡创新中心的“科创绿谷·梦里水乡”城市设计获评第八届新加坡规划师学会奖“最佳规划奖（500～5000公顷级别）”铜奖。

上旬　嘉善县汾湖泵站、姚庄圩区、虹桥圩区等3个水利工程入选第一批市级水利工程标准化管理精品工程。

12日　全国学习运用“千万工程”经验现场推进会与会代表考察大云镇缪家村。

13日　全省警源治理暨非警务事项协同处置工作现场会与会人员到嘉善实地参观干窑派出所、万洋基层治理联动工作站等观摩点。

同日　嘉善县少工委九届四次全委（扩大）会议在嘉善县实验小学南校区举行。

16日　全省台商大讲堂在嘉善县举行。

同日　市人大常委会党组书记、主任高玲慧率队到嘉善县开展“追寻足迹学思想、感恩奋进建新功”现场学习暨专题党课。

17日　嘉兴市种业振兴行动成果展暨嘉兴市“看禾选稻”活动在长三角陶庄智种产业示范园

举行。嘉善县启动“种业强市区域示范点”行动，发布《陶庄创建“种业强市示范点”行动计划》，举行共推共建“种业强市区域示范点”合作签约仪式。

同日 嘉善县的立讯智造（浙江）有限公司入选2023年省绿色低碳工厂名单。

18日 省自然资源厅党组书记陈龙带队到嘉善县调研土地综合整治和耕地保护情况。

19日 长三角“三省一市”财政厅（局）长联席会议在嘉善县召开，并举办长三角区域财政电子票据共享启动仪式和长三角区域政府采购一体化发展五年行动计划签署仪式。

同日 嘉兴市各民主党派市委会联合社会服务暨嘉善县统一战线“善行四季”社会服务活动在西塘镇举行。

同日 全县“铁拳治欠”根治欠薪专项行动动员部署会召开。活动至2024年2月5日结束。

20日 2023可持续城市排水国际会议在嘉善县举行。200多名相关领域的国内外知名专家学者参加。

同日 嘉善县6个镇入选2023年全国综合实力千强镇榜单，其中，姚庄镇排名279位、西塘镇474位、天凝镇670位、大云镇671位、陶庄镇830位、干窑镇858位。

21日 嘉善县在2023长三角自驾游产业发展大会上获“长三角自驾游示范目的地”称号。

23日 嘉善县完成减污降碳协同县级、园区、项目三级试点和低（零）碳县级、乡镇（街道）、村（社区）三级试点全覆盖。

25日 “创赢未来”第二届长三角G60科创走廊科技与产业创新大赛决赛在嘉善县举行。

同日 嘉善县7家企业入选2023年浙江省制造业单项冠军培育企业名单。

25日 嘉善县社会科学界联合会获评“2023年度全国社科组织先进单位”。

26日 兰钧新能源63GWh锂离子电池和研究院项目开工，项目总投资超135亿元，包括兰钧新能源二期、三期项目。仪式上，嘉善县与青山集团签署战略合作协议。

同日 市委书记陈伟到嘉善县调研基层党组织建设及“和美乡村”建设工作。

27日 全国电子预防接种证建设和应用试点工作启动会暨电子预防接种证试点培训班在嘉善县召开。

同日 上海市集成电路行业协会2023年度会长会议在嘉善县举行，40多家成员单位代表参会。

同日 商业物联网独角兽企业商米科技第二总部项目签约落户嘉善县，这是全县首个“产、投、研”三方联动落地的项目，计划总投资20亿元。

28日 嘉善大云国旅创建重点项目开工仪式暨文旅产业项目签约仪式在大云镇曹家村举行。8个文旅产业项目签约落地，6个项目开工。

同日 总投资1.2亿美元的华辉煌光电项目签约落户嘉善经济技术开发区。

30日 嘉善县人民法院举行巡回人民法庭入驻国开区（惠民街道）揭牌仪式。

31日 第一届未来中医药创新发展论坛在嘉善县举办。

同日 第四届“浙江商会周”启动仪式暨第四届长三角商协会资源对接会在嘉善县举行。

同日 嘉兴市第十八届中等职业学校技能节开幕式在嘉善县举行，设农机检修、工程测量、服装设计等64个竞赛项目，持续到12月上旬。

下旬 沪苏浙两省一市人民政府联合发布《长三角生态绿色一体化发展示范区先行启动区国土空间总体规划（2021—2035年）》。《规划》包括上海市青浦区朱家角镇和金泽镇，江苏省苏州市吴江区黎里镇，浙江省嘉兴市嘉善县西塘镇和姚庄镇全域，约660平方公里。

下旬 第十届中国原子层沉积会议（CALD2023）在嘉善县举办。

下旬 嘉善县天凝社区服务综合体入选2023年浙江省五星级社区服务综合体名单。

十一月

2日 农业农村部、中央宣传部、司法部公布第三批全国乡村治理示范乡镇名单，姚庄镇成为全市唯一入选乡镇。

3日 嘉善县的浙江长盛滑动轴承股份有限公司入选2023年度浙江省科技小巨人企业，全县累计培育省科技领军企业2家、省科技小巨人企业3家。

4日 嘉善县举办“千名书记、万名党员”进党校大轮训工作启动仪式暨党员示范培训班。

同日 第十一届中华民族服饰展演暨西塘汉服文化周开幕。

6日 “嘉善县以‘一站式’

平台打造长三角多维度知识产权生态圈”入选浙江省第一批知识产权强省建设典型案例。

同日　青浦区、吴江区、嘉善县联合制定的全国首个跨行政区域跨部门“双随机、一公开”联合监管团体标准在上海发布。

6日至8日　2023年长三角三省一市工业机器人虚拟仿真职工职业技能竞赛在嘉善县举行。

7日　长三角区域排污权有偿使用和交易试点工作专班会议在嘉善县举行。

7日至9日　由浙江清华长三角研究院、嘉善县人民政府主办的“祥符YOU你·与善同行”瑞士高层次人才嘉善行活动举行。

8日　县委统战工作会议召开。

同日　嘉善县举行儿童友好城市建设工作推进会。

9日　县委主题教育领导小组第二次(扩大)会议暨领导班子政治建设推进会召开。

10日　第七届中国嘉善·善文化节开幕式暨嘉善县第十届道德模范颁奖典礼在大云镇举行。

同日　嘉善县获2022年度浙江省“科技创新鼎”。

上旬　嘉善县“湖荡农旅·至善水乡”县域风貌区入选浙江省2024年度城乡风貌样板区试点建设名单。

上旬　嘉善技师学院筹建工程入选浙江省2023年第二批“红旗”项目名单。

11日　嘉善县2023年中国农民丰收节主场活动暨天凝镇第二届农旅文化节在天凝镇蒋村村举行。

13日　长三角生态绿色一体化发展示范区立法专题会在嘉善县召开。

同日　嘉善县的浙江长盛滑动轴承有限公司、浙江双飞无油轴承有限公司、浙江裕华木业有限公司等3家企业入选2023年国家知识产权示范企业名单，嘉善雪帕尔工具有限公司入选国家知识产权优势企业名单。

14日　嘉善县2家企业入选2023年度浙江省民营企业百强榜单，其中日善电脑配件(嘉善)有限公司列第55位，立讯智造(浙江)有限公司列第85位。

16日　嘉善县民营企业家座谈会召开。

同日　嘉善台湾同胞投资企业协会举行成立20周年庆典。

17日　青浦区、吴江区、嘉善县等三地人大常委会到西塘镇协同调研粮食全产业链建设。

18日　嘉善县位列2023年度全国综合实力百强县市第48名、全国绿色发展百强县市第23名、全国投资潜力百强县市第22名、全国科技创新百强县市第40名。

21日　嘉善县召开重点项目征迁工作推进会。

同日　河南省副省长李酌率考察团到嘉善县考察。

22日　第八届清华校友三创大赛文体科技与创意产业全球总决赛暨首届长三角科技传播与创新转化论坛在干窑镇举办。

同日　嘉兴市新的社会阶层人士统战工作交流会在罗星街道鑫锋村召开。

23日　嘉善县的浙江福莱新材料股份有限公司和浙江长盛滑动轴承股份有限公司等2家企业研究院入选2023年新认定省级重点企业研究院名单。

同日　国家发展改革委社会司副司长孙志诚到嘉善县调研国家区域医疗中心建设工作并召开座谈会。

25日　嘉善县被授予首批“浙江省数字贸易示范区”。

27日　省政协副主席、民盟省委会主委成岳冲率省市县三级民盟组织到嘉善经济技术开发区(惠民街道)专题调研民盟助力嘉善“双示范”建设工作，揭牌建立民盟助推嘉善“双示范”建设实践基地。

同日　浙江省旅外乡贤回归投资考察活动到嘉善县考察地方投资环境、参观特色产业、开展地方经贸推介活动等。

同日　嘉善县《开展重点人群结直肠癌筛查项目，建立三级肿瘤防治网络》案例被推荐为“2023健康中国创新实践案例”。

同日　长三角示范区法院2023年司法一体化工作会议在嘉善县召开。三地法院联合发布第四届长三角示范区法院“十大民事典型案例”“十大优化法治化营商环境典型案例”“十大执行典型案例”并进行解读。

28日　省委统战部副部长王利月率领由省知联会、省新联会共同组建的省党外知识分子助企上市专家服务团到嘉善县开展服务。

同日　由中国钢铁工业协会主办的核电用耐蚀螺纹钢研发应用工作推进会在嘉善县举行。

29日　嘉善县举行“政银企”融资对接活动，37个产融合作项目签约以及普惠金融集中授信，总金额124.43亿元。

同日　嘉善经济技术开发区建区30周年主题大会暨经济高

质量发展论坛举行。15个项目现场签约;国开区"三十佳"企业——"勇立潮头"突出贡献十佳企业、"守正创新"突出贡献十佳企业、"卓越发展"突出贡献十佳企业受到表彰。

同日 嘉善中荷数字农业科创示范中心在嘉善经济技术开发区开园,亚洲最大的全封闭智能立体育苗工厂正式投产。

30日 省应急管理厅党委书记、厅长许小月到嘉善县调研基层应急消防治理体系建设工作。

下旬 嘉善县入选全省创意农业试点县名单。

十二月

1日 县委副书记、县长张锡锋主持召开全县安全生产工作会议。

同日 2023中国创新设计大会暨好设计颁奖大会在嘉善县举行。

同日 嘉善县的浙江善农现代农业科技发展有限公司、魏塘秀美乡村农业发展有限公司等入选2023年浙江省数字农业工厂(基地)名单。

2日 魏塘街道社区卫生服务中心新院启用,总面积6.9万平方米,共设置医疗床位150张,是目前浙江省最大的社区卫生服务中心。

3日 复旦大学校友总会集成电路行业分会年度峰会在嘉善县召开。

5日 嘉善县召开祥符荡创新中心新三年建设动员大会,并发布《长三角生态绿色一体化发展示范区嘉善祥符荡创新中心建设三年行动计划(2023—2025年)》。

同日 省咨询委副主任王新海率调研组到嘉善县考察"善文化",就"弘扬中华优秀传统文化以'五个示范'为抓手推进基层平安建设研究"课题开展调研。

同日 第四届浙江省志愿服务项目大赛暨展示交流活动在嘉善县启幕。

同日 嘉善经济技术开发区凭借通信电子产业链入选2023年全省开发区产业链"链长制"示范试点单位。

6日 县政府与上海杉达学院在上海签订战略合作框架协议。

7日 市委书记陈伟到嘉善县调研明年工作谋划情况。

同日 嘉善大云—惠民"田蜜花海"县域风貌样板区入选浙江省2023年度第三批城乡风貌样板区名单。

同日 嘉善县有62家企业入选第二批浙江省"专精特新"中小企业名单。2023年,全县新增省级"专精特新"中小企业97家,累计176家,总量全市第1。

同日 嘉善县丰产粮油专业合作社生产的"湖墩大米"(上师大19号)和嘉善县农星植保专业合作社生产的"蛙蛙响"牌软香粒大米(浙禾香2号)获评"2023浙江好稻米"金奖。

7日至8日 江苏省常州市钟楼区委书记沈东率钟楼区党政代表团到嘉善县考察。

8日 2023年中国·陶庄第十三届了凡善文化节启动。

9日 嘉善县第一人民医院入围2023年度第一批次通过县域慢病管理中心评审的医院名单。

10日 嘉善县《"五善之治"社区治理新样本构建"县域善治"新格局》获评2023全国城乡社区高质量发展典型案例。

上旬 罗星街道章典史港、国开区(惠民街道)界泾港、大云镇罗家桥港等入选2023年嘉兴市"美丽河湖",全县累计创建市级"美丽河湖"36条。

12日 上海市青浦区—江苏省苏州市吴江区—浙江省嘉兴市嘉善县入选国家文化产业和旅游融合发展示范区建设名单。

同日 天凝镇入选浙江省文化强镇,姚庄镇姚庄村入选浙江省文化示范村,全县累计建成省文化强镇7个、文化示范村(社区)14个。

同日 嘉善县在"2023中国县域共同富裕指数前100名"中位列第6。

13日 县委主题教育调研成果交流会召开。

同日 嘉善县"红杜鹃"共富工坊入选第一批省级示范"共富工坊"名单。

同日 浙江长盛滑动轴承股份有限公司获2022年度嘉兴市市长质量奖,全县累计5家企业获得嘉兴市市长质量奖,1家企业获得嘉兴市市长质量奖"提名奖",1家企业获得嘉兴市市长质量奖"创新奖"。

14日 长三角住房公积金一体化战略合作实施三周年研讨会暨长三角住房公积金一体化成果展在嘉善县举办,发布《长三角住房公积金一体化新发展阶段倡议书》。

同日 嘉善县7家企业入选浙江省第三批制造业"云上企业"名单,全县累计13家。

同日 全市农村文化礼堂(新时代文明实践中心)建设现场

推进会暨文化特派员出征仪式在嘉善县举行。全市首批153名文化特派员受聘书上岗。

15日　县委召开务虚会，学习贯彻中央经济工作会议精神，落实习近平总书记在深入推进长三角一体化发展座谈会上的重要讲话和考察浙江重要讲话精神。

16日　嘉善县召开文物工作会议。

同日　青吴嘉统战联盟共享基地启用仪式暨三地“同舟论坛”在姚庄镇举行。

19日　嘉善县《三治合一打造长三角首个生态绿色治理新模式》入选全国城乡环境卫生清理整治优秀案例。

同日　西塘镇人民调解委员会获“全省优秀人民调解委员会”称号。

20日　“初心如虹·爱创未来”——嘉兴市女企业家协会2023年全体会员大会在嘉善县举行。

同日　长三角生态绿色一体化发展示范区单体屋顶容量最大的分布式光伏项目在西塘镇投入使用。该项目采用合同能源管理模式，由中国华能集团旗下全资子公司华能（嘉善）新能源开发有限公司投资建设，总装机容量29.95兆瓦，投资超1.04亿元。每年可发绿色零碳电力3206.1万千瓦时，可节约标准煤9666.4吨。

20日至21日　省委常委、政法委书记王成国到嘉善县宣讲中央和省委经济工作会议精神，围绕推进政法工作现代化、谋深谋实明年政法工作思路开展调研。

中旬　吴镇纪念馆入选第五批“浙江省华侨国际文化交流基地”。

中旬　嘉善县入选2024年度省级中小企业数字化改造财政专项激励试点县（市、区）。

中旬　嘉善县入选2023“科创中国”浙江省级试点县（市、区）。

22日　嘉善县召开“大综合一体化”行政执法改革现场推进会。

28日　省人大常委会副主任暨军民一行到嘉善县调研。

同日　干窑镇沈照琴获评第八届浙江省道德模范，成为全县首位省级道德模范。

29日　第八届“梦想中国·智汇嘉善”创新创业大赛总决赛颁奖典礼暨第四届“海聚英才”全球创新创业大赛示范区专场启动仪式举行。

同日　嘉善天凝篮球队夺得2023农行杯浙江省第二届乡村青年篮球争霸赛总决赛冠军。

30日　罗星街道社区卫生服务中心正式启用。该中心按二级乙等医院规模建设，建筑面积27848.6平方米，总投资4.4亿元，设置医疗用房12层，提供床位300张。

下旬　《长三角生态绿色一体化发展示范区先行启动区祥符荡创新中心控制性详细规划》通过示范区规划委员会专题审议，并由示范区执委会、嘉善县人民政府正式批复。

嘉善概貌

建置沿革

【概况】 嘉善县历史悠久，从境内大往圩、独圩、张安村等文化遗址出土的文物证实，早在6000多年前的马家浜文化时期，已有先民在沼泽开田、种植水稻和饲养牲畜。春秋时为吴、越接壤的槜李、长水之地，初属吴，后属越。战国时越被楚灭归于楚。秦初属长水县，秦始皇三十七年(前210)，始皇东巡过长水，改长水为由拳县，属会稽郡。东汉永建以后属吴郡。三国吴改由拳县为禾兴县，不久又改为嘉兴县，今嘉善地域为嘉兴县的一部分。隋代并省州县，废嘉兴县入吴县，属苏州。唐代复置嘉兴县，仍属苏州。五代吴越时，嘉兴县改属杭州，后又于其地置秀州。宋时于嘉兴县之魏塘镇置巡检司，元为魏塘务，明初改税课局，后又改巡检司。明宣德四年(1429)，巡抚、大理寺正卿胡概巡视江南后奏请划县，经准于翌年三月析嘉兴县思贤(半)、胥山(半)、迁善、麟瑞(半)、永安、奉贤6乡地域置嘉善县，定县治于魏塘。“因旧有迁善六乡，俗尚敦庞，少犯宪辟，故曰嘉善”。时辖6乡8都20区207里，属嘉兴府。清循明制。民国元年(1912)废府，嘉善属钱塘道。民国16年(1927)，废道，嘉善直属省辖。民国24年(1935)，全省设9个行政督察区，嘉善属第二行政督察区。民国26年(1937)11月被日军侵占。民国28年(1939)，嘉善属省第十行政督察区管辖。民国37年(1948)4月，属省第一行政督察区管辖。1949年5月11日，嘉善解放，隶属浙江省第一专员公署；11月，改属嘉兴专署。1958年11月21日，嘉善县建制撤销，并入嘉兴县。1961年4月9日，恢复县置。1983年8月，实行市辖县制，嘉善县隶属嘉兴市。

行政区划

【概况】 2023年，嘉善县辖3个街道、6个镇：魏塘街道、罗星街道、开发区(惠民街道)、西塘镇、姚庄镇、陶庄镇、干窑镇、天凝镇和大云镇。全县有104个村、70个社区。

【村、社区名单】

村104个

魏塘街道(11个)：国庆、南北暑、梁桥、长秀、三里桥、魏中、里泽、智果、中寒圩、网埭港、虹桥；

罗星街道(4个)：马家桥、亭桥、鑫锋、库浜；

惠民街道(7个)：曙光、惠通、大泖、大通、新润、枫南、优家；

西塘镇(18个)：荷池、沈道、邗上、翠南、华联、地甸、东汇、金明、茜墩、荻沼、钟葫、大舜、鸦鹊、红菱、下甸庙、新胜、礼庙、星建；

干窑镇(9个)：长丰、长生、南宙、新星、黎明、干窑、范泾、胡家埭、范东；

大云镇(6个)：曹家、缪家、东云、洋桥、江家、大云；

姚庄镇(18个)：展丰、南鹿、姚庄、展幸、横港、北鹤、武长、清凉、中联、界泾港、俞汇、俞北、金星、银水庙、沉香、北港、丁栅、渔民；

陶庄镇(9个)：陶中、陶庄、金湖、湖滨、汾玉、翔胜、汾湖、汾南、利生；

天凝镇(22个)：南星、戴西港、凝北、蒋村、天凝、东顺、东方红、凝南、洪南、洪溪、三发、马塔塘、联谊、洪福、镇东、麟溪、光明、新联、三店、翁村、欣杨、宏杨。

社区70个

魏塘街道(16个):日晖、谈公、解放、小东门、中山、浒弄、西门、嘉辰、城桥、城东、车站、庄港、西项、香山、镇北、南桥;

罗星街道(22个):玉兰、晋阳、南门、柳洲、子胥、李家、钱桥、魏南、和合、城西、城南、新联、江南、泗洲、瓶山、绿洲、新洲、星辰、星河、临江、归谷、新嘉;

惠民街道(10个):张泾汇、横泾桥、张汇、毛家、嘉湖、阳光、金嘉、惠丰、惠园、枫南;

西塘镇(6个):西园、西街、塘东、朝南埭、平川、下甸庙;

干窑镇(3个):干窑、月半湾、幸福;

大云镇(1个):大云;

姚庄镇(7个):姚庄、丁栅、俞汇、桃源新邨、学苑、锦绣、新景;

陶庄镇(2个):陶庄、汾湖;

天凝镇(3个):天凝、洪溪、杨庙。

土地与人口

【土地】 嘉善县,隶属浙江省嘉兴市。地处太湖流域杭嘉湖平原,东邻青浦区、金山区,南连平湖市、南湖区,西接秀洲区,北靠吴江区、青浦区,总面积506.88平方公里。

【人口】 至2023年11月末,全县户籍人口425214人,比上年同期增加3050人。其中:男性204340人,女性220874人,人口性别比为93(以女性为100)。全县户籍人口出生率4.87‰,人口死亡率9.79‰,人口自然增长率-4.93‰。全年迁入人口6963人,迁出人口1819人,人口机械增长率12.14‰。

国民经济和社会发展

【概况】 2023年,嘉善县全面贯彻中央、省市经济工作会议精神,认真落实省委省政府三个“一号工程”、“十项重大工程”等决策部署,主要经济指标取得“开门红、半年红、季季红”的良好成绩,GDP增速连续4个季度高于国家、省、市水平。下半年开始,全县经济“长板优势弱化、短板收窄乏力”等问题逐渐显现,经济形势呈现出“总体平稳、承压前行”的发展态势。全年全县实现地区生产总值908.11亿元,同比增长7.0%,增速列五县二区第3位,增速分别高于全省、全市平均1个、0.7个百分点。其中,第一产业实现增加值23.69亿元,同比增长3.4%,低于全市平均0.4个百分点;第二产业实现增加值516.48亿元,同比增长6.7%,增速列全市第5位,高于全市平均0.5个百分点;第三产业实现增加值367.95亿元,同比增长7.7%,增速列全市第2位,高于全市平均1.3个百分点。农业生产保持平稳。全年全县实现农林牧渔业总产值44.73亿元,同比增长3.5%,较前三季度提升0.5个百分点。工业动能稳中有增。全年全县实现工业增加值479.59亿元,同比增长6.6%,增速列全市第5位,高于全市0.5个百分点。全县实现规上工业增加值415.74亿元,同比增长7.5%,增速列全市第5位,低于全市0.1个百分点。工业用电量保持合理区间,全年工业用电50.96亿千瓦时,同比增长4.5%。服务业增势强劲。全年全县服务业增加值367.95亿元,同比增长7.7%,增速列全市第2位,高于全市平均1.3个百分点。服务业各基础行业稳步上升,财政工资福利支出29.94亿元,同比增长9.8%,增速列全市第2位。金融机构本外币贷款余额2323亿元,同比增长19.1%,增速列全市第1位。商品房销售面积57.05万平方米,同比增长8%,增速列全市第2位。投资后劲支撑不足。全年固定资产投资397.29亿元,同比下降5.2%,增速列全市第9位。其中,项目投资、工业投资、建安投资分别增长12.3%、5.9%、3.1%,增速分列全市第6、第5、第8位,第三产业投资下降11.4%,增速列全市第9位。消费市场复苏明显。全年实现限上批发业销售额、限上零售业销售额、限上住宿业营业额、限上餐饮业营业额分别增长10.0%、17.8%、6.9%、20.9%,增速分列全市第6、第1、第8、第4位。全年实现社会消费品零售总额289.61亿元,同比增长8.7%,增速列全市第4位。外资外贸一升一降。全年签约总投资超10亿元项目、超亿美元项目29个,列全市第一;实际利用外资4.86亿美元,同比增长3.5%,总额列全市第1位,增速列全市第3位。全年全县实现进出口、出口、进口额650.53亿元、445.73亿元、204.8亿元,同比下降13.47%、13.25%、13.94%,增速分列全市第9、第9、第7位。企业创新活力释放。全年全县规上工业研发费用实现69.62亿元，同比增长6.1%。规上工业研发费用占营业收入比重3.63%，居全市第3位，同比增长0.23个百分点。高新技术产业增加值占规上工业增加值比重87.16%。各项收入稳中有进。全年财政收入上升平稳，全县财政总收入146.67亿元，同比增长6.2%，增速列五县市第4位；一般公共预算收入84.75亿元，同比增长5.3%，增速列五县市第2位。其中，税收收入77.75亿元，同比增长3.6%，占一般公共预算收入的91.7%。居民收入持续提升，实现全体居民人均可支配收入65866元，同比增长5.8%，增速列五县二区第5位，其中城镇、农村居民人均可支配收入76921元、50183元，分别同比增长5.7%、6.3%，分列五县二区第2、第7位，城乡收入比1.53∶1。

【“双示范”建设】 示范区及先行启动区国土空间总体规划获批，祥符荡创新中心“1+1+1”规划体系总体形成，城市设计完成专家评审，获“第八届新加坡规划师学会颁奖大会”铜奖，编制实施祥符荡创新中心建设三年行动计划，方厅水院（一期）开工建设。浙大长三角智慧绿洲新落地未来城市、未来环境等2个实验室，参与组建现代中药创制全国重点实验室，获批省新型研发机构；嘉善复旦研究院获批省博士后工作站。举办长三角·嘉善祥符荡创新中心（张江）推介会。通苏嘉甬铁路、嘉兴至枫南市域铁路、嘉善至西塘市域铁路控制性节点开工。沪昆铁路嘉善段高架改造工程正式获批，是全国同类型项目首个成功案例。嘉善与青浦、吴江跨省入选“国家文化产业和旅游产业融合发展示范区”建设单位。

【实体经济发展】 贯彻落实民营经济中央“31条”、省“32条”及省“8+4”政策，获地方政府专项债券资金63.3亿元、中央预算内投资资金1.7亿元，均列全市第一；9个项目被列入2023年需中央加大建设用地保障力度的国家重大项目清单，争取省重点建设项目21个、省重大产业项目3个、省“千项万亿”项目18个，落地省市县长工程4个，数量均为全市最多。签约优质项目99个，其中产值超百亿元项目9个、超亿美元项目9个、超50亿元项目2个；新设立超2亿美元QFLP试点基金1支，累计落地试点基金5个、总规模18.3亿美元。开展“千企百团”拓市场行动，累计助力489家次企业出海抢订单。落地全省首个海关特殊监管区域外保税维修业务，入选全省首批数字贸易示范区、全市唯一。新增外贸出口实绩企业195家、跨境电商企业30家。开展“第二届汽车博览会”等系列活动，发放消费券4000万元，拉动消费12亿元。

【产业发展】 以全省第1的成绩列入国家创新型县建设名单，实现省“科技创新鼎”三连冠。年内，新认定高新技术企业130家，列全市第1。新认定省重点企业研究院2家、省企业研究院7家，均列全市第1；新认定省企业研发中心14家。新认定省科技“小巨人”企业1家，累计培育省科技领军企业2家、省科技“小巨人”企业3家。获全省首批“浙江制造天工鼎”，获省政府督查激励，网络通信产业入选第二批“浙江制造”省级特色产业集群核心区，新增国家级专精特新“小巨人”企业4家，省级专精特新中小企业97家。推进老旧园区腾退整治，腾退高耗低效企业403家，腾退土地4828亩。召开服务业高质量发展大会、招商推介会，全面实施服务业产业招商、稳定经营、动能培育、项目建设、提振消费五大攻坚行动。创建大云数字文旅省级现代服务业创新发展区，歌斐颂巧克力小镇以全省第1的成绩被命名为国家级工业旅游示范基地，大云温泉省级旅游度假区列入国家级旅游度假区培育名单。被列入全省首批新型消费城市建设试点，出台《推进文旅深度融合高质量发展奖补办法》。27个项目被列入嘉兴市2023年度服务业“百项千亿”重点项目，雨露空间生鲜水果智慧冷链物流、阿里巴巴长三角智能计算基地、金融创新中心、嘉善县历史街区改造（梅花坊）、善城中心等5个项目被列入省服务业重大项目计划。

【城镇化建设】 实施城市有机更新工程，启动火车站广场、二高东侧等有机更新项目53个，占地2296.04亩，房屋建筑面积83.59万平方米，竣工善贤苑等安置房1184套。实施城市功能提升工程，开工建设善城中心、梅花坊二期，长三角（嘉善）金融中心工程结顶。获评省级风貌样板区3个，其中，嘉善“公园·水岸·善城”城市新区风貌区被择优命名为“新时代富春山居图样板区”，嘉辰社区等3个社区成功创建省级未来社区，12个未来社区入选全省第七批未来社区创建名单。完成台升大道等道路新建改造约6.7公里，打通纬一路(嘉善大道—章典史港)等城市断头路3条。新建公共停车场3个，新增公共停车位869个。获国家乡村振兴示范县创建单位、实施乡村振兴战略“神农鼎”，创成缪家村、红菱村、长生村等3个省级未来乡村。实施农业“双强”行动，粮食总产量14.5万吨，新建改造高标准农田3.6万亩，恢复耕地功能5550亩。推动农业经济开发区、现代农业小微产业园建设，完成涉农投资7.26亿元，建成农业小微产业园4个。嘉善中荷农业数字科创示范中心开园，实现数字化叶菜类温室种植单体面积亚洲之最、拥有亚洲第一大全封闭智能立体育苗工厂、亚洲第一个采用农业垂直大数据算法等3个“亚洲之最”。

【生态环境建设】　首次获“大禹鼎”银鼎，获评全省三星级“无废城市”，被授予“清源杯”。县控以上地表水水质监测断面全部达到或优于Ⅲ类水质，交接断面考核结果为优秀，空气质量优良率88.2%。入选全省第三批减污降碳协同创新试点，完成第一批省级低碳镇、低碳村评估验收报告编制，天凝镇和大通村等9个村入选第三批省级低碳镇、低碳村。制定低碳试点县“五张清单”，全面推进分布式光伏开发建设，已建光伏装机规模168兆瓦，完成年度任务280%。实施“污水零直排”标杆园区暨“碧水绕园”建设三年行动计划，姚庄镇工业园区通过“污水零直排”标杆园区省级评估，天凝工业园区和大云工业园区启动“污水零直排区”标杆园区建设，陶庄、西塘、开发区(惠民)通过创建方案评审。生活垃圾无害化处置率持续保持100%，生活垃圾分类示范机关单位、国有企业覆盖面均为100%，完成城乡生活垃圾无害化处置29.59万吨。

【共同富裕建设】　全力促进高质量充分就业，新增城镇就业34836人，帮扶再就业1.1万人，新增高技能人才6523人、列全市第一。长三角零工市场被列为省级试点，通过线上平台实现就业5.1万余人次。完善养老服务体系，银福苑颐养中心入选全省首批共同富裕实践观察点，改造提升10家居家养老服务照料中心，建成3家健康颐养中心和3家智慧养老院。完善儿童友好体系，成立嘉善县托育综合服务中心，新增23家托育机构和39家照护驿站，实现镇(街道)公建托育机构全覆盖，每千人口托位数4.26个，普惠托位占比77.29%，5个项目入选嘉兴市儿童友好城市建设项目。入选全省首批教育领域数字化改革实验区，嘉善技师学院筹建工程、嘉善新城中学主体结顶，上海大学附属嘉善实验学校投入使用。浙大二院嘉兴医院获批国家区域医疗中心，县妇幼保健院工程、区域急诊医学中心、120急救中心等工程加快推进，建成启用县三院三期、魏塘街道社区卫生服务中心新院区、罗星街道社区卫生服务中心新院区。获“长三角自驾游示范目的地”称号，入选省级文化产业赋能乡村振兴试点，西塘镇入选2022年第三批浙江省戏曲之乡，新增52个“15分钟品质文化生活圈”，举办“村BA”篮球赛等活动。获批“浙里食安”首批试点示范县。

(任一冰)

乡村振兴

【概况】　2023年，嘉善县认真贯彻落实中央和省市一号文件精神，全力打造长三角乡村振兴高质量发展先行地。以全省首名的成绩被列入全国乡村振兴示范县创建名单，连续两年获省乡村振兴“神农鼎”，连续5年获得省市乡村振兴战略实绩考核“双优秀”。大云镇的缪家村“六金”模式获中央领导批示肯定，乡村现代化建设、城乡融合发展获副省长李岩益批示肯定。以县城为重要载体的城镇化建设被列入省级试点名单，“城乡提升工程”项目投资完成率位列全省第一并作全省典型发言。缪家村作为全国学习浙江“千万工程”经验现场会浙北线首站精彩亮相。全县农村居民人均可支配收入50183元，同比增长6.3%。低收入农户人均可支配收入28914元，增幅11.4%，城乡居民收入倍差缩小至1.53，村均经常性收入突破480万元。

【守牢稳粮保供底线】　浙北粮仓核心区建设被列为全县高质量发展金名片之一，出台实施方案，谋划项目76个，其中2023年项目28个，总投资6.2亿元。全县粮食播种面积32.55万亩，总产量14.53万吨，实现7年双连增。能繁母猪正常保有量2300头、年出栏生猪4.22万头。编制全域高标准农田建设专项行动方案，开展“百日攻坚”，全年实施高标准农田改造提升（新建）面积3.7万亩，其中高效节水灌溉面积2.24万亩。西塘镇东娄片区项目入选省高标农田建设最佳实践案例之一。推动种业致富工程，做强县级农科院所，设立长三角农业科创综合体秘书处，在陶庄镇和惠民街道大泖村打造长三角智种产业示范园和特色种业村，提升传统国有农场为种业特色农场，带动全县万亩种业试验方建设，制种总产量突破2800吨，达成年种业订单5290亩，亩均纯收入实现翻番。

【提升农业产业能级】 布局含4个省级服务中心和9个县级区域农事服务中心以及13个村级农事服务中心站点的“4＋9＋13”农事服务网格，形成“省级服务中心＋县级区域中心＋村级服务站点”三级网络。破解“谁来种田”难题，在干窑镇范东村试点，探索“窑望丰赢”模式，引导各村抱团共建，与县农发公司合作，开展农事综合服务，服务面积1.2万亩。在罗星街道试点，探索“三合”模式，开展镇域统一全程服务，辐射面积6000亩。推动农业经济开发区、现代农业小微产业园建设，农开区新增涉农投资7.9亿元，新建农业小微产业园4个。推动“一镇一事”工程重点项目9个，发布“土特产”传承与发展行动方案，姚庄黄桃、马家桥甜瓜、杨庙雪菜等入选省名优“土特产”百品榜名单。推进嘉善铪科中荷农业建设有限公司、魏塘双创园等投产生效，中荷铪科创造3个“亚洲之最”。启动惠民三生零碳绿谷、姚庄双碳创新中心等项目，全县2023年招引千万元以上农业项目17个，其中亿元以上项目6个。

【“千万工程”建设】 推进“城乡提升工程”，全县41个“城乡提升”项目实现100%开工，完成年度投资109.35亿元、投资完成率192%，位列全省县（市、区）第一。完成11个村庄规划编制，保障农业农村产业用地项目5个，面积91.6亩，占当年度新增建设用地指标7.36%。制定全域秀美三年行动方案，建设省级特色精品村5个、未来乡村4个、美丽宜居示范村4个，建成和美乡村示范片区1个、美丽庭院4193户。完成省级美丽河湖、水美乡镇创建和22.4公里中小河流治理。嘉善“千万工程”经验做法在《浙江日报》专刊刊登，连续4年获全省深化“千万工程”工作优胜县。持续优化县域数字农业大脑“善农云”平台，承接农村“三资”等3个应用落地，“浙农码”用码达到158万次，西塘镇3个“只要点一次”乡村共富小屋被认定为首批省级乡村数智生活馆，数量全市第一。率先在县一级建成城乡居民“同源同质同网同价”供水体系，城乡供水同质化率100%，建成10个省级气象防灾减灾标准化村，建设改造农村生活污水处理设施27个，新时代电气化村14个，新改建农村公路9.7公里。村级医疗卫生机构规范化建设率100%，基本医疗保险户籍人口参保率99.47%。成立15对义务教育共同体办学，农村一、二级幼儿园覆盖率80%。

【拓宽共富共享路径】 统筹乡村集成改革，深化以西塘镇为主要载体的国家级农村综合改革试点和以姚庄镇为主要载体的省级共同富裕试点。出台标准地实施方案和细则，认定农业标准地16500余亩。新增盘活闲置农房1030宗，开展宅基地有偿使用试点工作。农业“标准厂房”建设等4条经验被列入双示范经验推广最终后备名单。在全省首创“专项资金＋发展基金”双金模式，累计提超9亿元，该模式被列入全省乡村振兴最佳创新实践案例，并在全省发布推介。出台第五轮强村富民计划，做强做优“飞地抱团”，全县累计实施项目23个，村集体投资总额28.2亿元，累计分红6.2亿元。加强共富联合体建设，新增实施共富体项目3个，年收入200万元以上且经营性收入100万元以上的行政村占比100%。发布低收入农户“飞地抱团”实施方案，每年每户获取不低于450元的稳定收益，低收入农户可支配收入增幅居全市第一。

【提高文明善治水平】 实施“县乡一体、条抓块统”县域整体智治改革试点，推广“浙江解纷码”，“云镜”系统获评全省村社智治十大模式，姚庄镇获评全国乡村治理示范镇。发布全国首个“只要点一次”乡村共富小屋建设标准，新培育省级民主法治村（社区）9家、市级11家。建立健全红白理事会、村民议事会等村民自治组织，开展“厉行节俭”等各类主题活动300余场次。建成乡村博物馆3家，新增农村百姓健身房、健身广场10个。强化农村“三资”监管，开展村经济合作社领域突出问题专项治理，发现问题33件并全部完成整改。推进清廉村居建设，充分运用“云镜”系统开展清廉村居评价。

【加大支持保障力度】 坚持党建引领，实施“百县争创、千乡晋位、万村过硬”工程，创成“红色根脉”强基示范乡镇(街道)1个、村(社区)11个，联动推进市县镇三级基层党建示范点51个，培育优质党群创业共富项目54个，深化党建联建实践案例16个。出台“大三农”财政支持意见、农业农村高质量发展新一轮政策意见，2023年土地出让收入统筹用于农业农村资金占比9%；县财政安排一般公共预算农林水支出9.7673亿元，执行率100%；全县涉农贷款余额1816.18亿元，增速25.5%，列全市第一。培训农村实用人才479人、高素质农民120人、培育农创客285名。“嘉善稻米科技小院”“嘉善生猪科技小院”“嘉善小麦科技小院”获评国家级科技小院，为全国县级最多。 (凌　微)

人民生活

【概况】 2023年，全县常住居民人均可支配收入65866元，较上年增长5.8%。其中城镇常住居民人均可支配收入76921元，较上年增长5.7%；农村常住居民人均可支配收入50183元，较上年增长6.3%。城乡居民收入比为1.53∶1，统筹城乡水平在全省前列。

【全体居民收入】 全体常住居民人均可支配收入65866元，较上年增长5.8%。从收入来源看，四大类收入稳定增长。其中，工资性收入39985元，较上年增长5.9%，占60.7%；经营净收入12555元，较上年增长4.3%，占19.1%；财产净收入5287元，较上年增长6.0%，占8.0%；转移净收入7999元，较上年增长6.9%，占12.2%。

【城镇居民收入】 城镇常住居民人均可支配收入76921元，较上年增长5.7%。其中，工资性收入45198元，较上年增长5.8%，占58.8%；经营净收入12781元，较上年增长4.3%，占16.6%；财产净收入8017元，较上年增长5.7%，占10.4%；转移净收入10925元，较上年增长6.9%，占14.2%。

【农村居民收入】 农村常住居民人均可支配收入50183元，较上年增长6.3%。其中，工资性收入30614元，较上年增长6.5%，占比最大，超过六成；经营净收入12175元，较上年增长5.7%，占比24.3%；财产净收入3402元，较上年增长6.2%，占比6.8%；转移净收入3992元，较上年增长7.0%，占比8.0%。

【全体居民消费支出】 全体常住居民人均生活消费支出40244元，较上年增长9.1%。其中，食品烟酒占比27.4%；衣着占比5.6%；居住占比24.1%；生活用品及服务占比6.7%；交通通信占比17.7%；教育文化娱乐占比9.8%；医疗保健占比5.7%；其他用品和服务占比3.0%。

【城镇居民消费支出】 城镇常住居民人均生活消费支出47520元，较上年增长8.6%。其中，食品烟酒占比26.7%；衣着占比5.9%；居住占比25.2%；生活用品及服务占比6.8%；交通通信占比16.0%；教育文化娱乐占比11.8%；医疗保健占比5.0%；其他用品和服务占比2.6%。

【农村居民消费支出】 农村常住居民人均生活消费支出29924元，较上年增长10.9%。其中，食品烟酒占比29.4%，衣着占比5.8%；居住占比18.7%；生活用品及服务占比6.5%，交通通信占比19.0%；教育文化娱乐占比10.7%；医疗保健占比6.9%；其他用品和服务占比3.0%。

(沈瑾瑜)

政治建设

综　述

2023年，中共嘉善县委团结带领全县上下，以习近平新时代中国特色社会主义思想为指引，全面学习贯彻党的二十大和习近平总书记考察浙江重要讲话精神，深入落实中央和省委、市委决策部署，持续推动“八八战略”走深走实，坚定扛起“展示窗”“试验田”“桥头堡”新使命，以推动高质量发展为主旋律，以“三个年”行动为抓手，攻坚奋进“七个大突破”，经济运行实现高开稳走。全年实现生产总值908.1亿元，增长7%；规上工业增加值415.7亿元，增长7.5%；一般公共预算收入84.8亿元，增长5.3%；城乡居民人均可支配收入分别为76921元、50183元，分别增长5.7%、6.3%，制造业高质量发展综合评价列全省第4，创新指数列全省第6，跻身全国县域高质量发展百强县30强，4项工作获省政府督查激励，获浙江创新鼎、天工鼎、大禹鼎、平安鼎、神农鼎。

经济发展质效稳步提升。集中力量打造工业强县升级版。组建4个产业链招商专班和10个驻点招商分队，签约兰钧二期三期、剑桥科技、商米科技等制造业项目115个，总投资691亿元，实际利用外资超4.8亿美元，其中总投资超百亿项目2个、百亿产值项目9个、均列全市第1。新增国家级专精特新“小巨人”企业4家、省级专精特新中小企业97家，携手青浦、吴江成立全国首个跨省域高新区，高新技术产业增加值占比86%、列全省第4。推进重大项目，兰钧二期三期等重大项目加速建设，富涌电子纸等19个重大产业项目建成投产，项目投资增速12.3%。迭代“178”投资项目全生命周期服务，落地全省首个海关特殊监管区域外保税维修业务，建成综保B区跨境电商“9610”海关监管场站，高效精准落实惠企政策，营商环境指数列全省第4。启动祥符荡创新中心新三年建设，浙大智慧绿洲等重点科创平台高效运作，实现联合组建全国重点实验室、创新成果转化中心、5N级超纯铁技术、自主培育“鲲鹏行动”计划人才等一批零的突破。新引进青年博士123人，同比增长132%，人数和增速均列全市第1。

民生幸福指数持续攀升。有序推进新城建设和老城复兴，加快建设“三高四铁”、梅花坊老城客厅等重点项目，长三角（嘉善）金融创新中心结顶，引进中铁上海设计院等打造上海设计中心嘉善副中心。推进乡村振兴，缪家村成为全国学习运用“千万工程”经验现场推进会考察点，嘉善中荷数字农业科创示范中心建成开园，连续4年获评全省新时代美丽乡村工作优胜县。上海大学附属学校建成投用，浙大二院嘉兴医院被列入国家区域医疗中心，健康浙江考核蝉联全省第1，长三角零工市场被列入首批省级示范性零工市场培育点，“七优享”重大项目综合排名和公共服务均衡可及指数列全省第1。实施生态环境整治提升“六大行动”，率先在全省发布首个平原河网生态系统GEP核算技术规范，首次获“大禹鼎”银鼎，创成省三星级“无废城市”。文旅经济强劲复苏，全域旅游人次1310万，过夜游客人次751万，增速均位居全省前列。

社会和谐稳定。持续开展安全生产隐患大排查大整治、“打非治违”百日攻坚等专项行动，腾退高耗低效企业353家，腾出低效用地3646.9亩，生产安全事故起数下降25%。优化“警格+网格”融合治理，打造117个警网融合工作站，常态化开展“五湖四海一‘嘉’人”主题活动，治安警情数、出租房火警数分别下降9%、42.9%，圆满完成亚运安保等各项任务。健全“县级领导包案化解”机制，推动积案化解清零。突出防范和化解债务工作，兜牢“三保”底线。

队伍建设有力。组织开展“六问六破”主题大讨论、“四敢争先”实践活动，评选担当作为好干部15人、示范尖兵42人，为26名党员干部容错减责或澄清正名，查处诬告陷害2人。创成“红色根脉强基”示范镇1个、示范村(社区)11个，缪家、和合等村(社区)示范效应凸显，《以“6S”标准打造两新组织品质党建品牌》获评全国基层党建创新优秀案例。一体推进“三不腐”，党纪政务立案141件、处分127人。打响“理响嘉善”宣讲品牌，入选省农村文化礼堂社会化运行试点，意识形态领域态势持续向上向好。

(吴天一)

重要会议

【全县三级干部大会暨招商大突破年、项目大攻坚年、营商大提优年动员推进会】 1月31日召开，市委常委、县委书记江海洋作题为《坚定扛起“展示窗”“试验田”“桥头堡”新使命 奋力谱写中国式现代化嘉善精彩篇章》的重要讲话，县委副书记、县长张锡锋主持会议。

【全县“强基础、优服务、保平安”行动部署会暨网格工作推进大会】 2月13日召开，市委常委、县委书记江海洋在会上作重要讲话。会议以视频形式召开，各镇(街道)设分会场，县委副书记、县长张锡锋主持会议。

【嘉善县“招商大突破年”动员大会暨“双招双引”驻点招商出征仪式】 3月2日召开，市委常委、县委书记江海洋出席会议并讲话，县委副书记、县长张锡锋主持会议。会上，上海、苏州、北京、深圳、西安、武汉、欧洲共10个驻点招商分局接旗出征。魏塘街道(中新嘉善现代产业园)、县开发区(惠民街道)、西塘镇、姚庄镇等4个主平台分别与四大银行的浙江长三角一体化示范区支行签订金融机构支持招大引强、投贷联动合作协议。北京、上海等驻点招商分局与浙江坤鑫投资管理有限公司、上证国际金融集团有限公司等签订基金招商合作协议。长三角(嘉善)招商引才服务有限公司与德国OCO咨询公司、荷兰氢能源产业联盟、前日本驻大阪总领事等战略合作伙伴签订战略合作协议。

【嘉善县项目大攻坚年行动启动仪式暨扩大有效投资“千项万亿”工程推进大会】 3月8日召开，会议全面部署项目大攻坚年行动目标任务。县委副书记、县长张锡锋主持会议。

【嘉善县推进“地瓜经济”提能升级“一号开放工程”动员大会暨招商大突破年推进会】 4月19日召开，市委常委、县委书记江海洋在会上作重要讲话。县委副书记、县长张锡锋主持会议。

【嘉善县推进营商环境优化提升“一号改革工程”暨营商大提优年会议】 5月4日召开，市委常委、县委书记江海洋在会上作重要讲话，县委副书记、县长张锡锋主持会议。

【嘉善县数字经济创新提质“一号发展工程”暨制造业高质量发展推进大会】 5月11日召开，市委常委、县委书记江海洋在会上作重要讲话，县委副书记、县长张锡锋主持会议。

【县委十五届五次全体(扩大)会议暨半年度主体工作例会】 8月3日召开，会议由县委常委会主持，市委常委、县委书记江海洋代表县委常委会作题为《深入实施“八八战略” 接续做好“三篇文章” 在感恩奋进中推动“双示范”建设迈上新台阶》的报告。

【全县领导干部会议】 9月27日召开，会议传达学习习近平总书记在浙江考察时的重要讲话精神和全省、全市领导干部会议精神，部署嘉善县学习宣传贯彻落实工作。市委常委、县委书记江海洋主持会议，传达有关精神并讲话；县委副书记、县长张锡锋传达有关精神。

【祥符荡创新中心新三年建设动员大会】 12月5日召开，会议正式启动祥符荡创新中心新三年建设，并发布《长三角生态绿色一体化发展示范区嘉善祥符荡创新中心建设三年行动计划（2023—2025年）》。市委常委、县委书记、嘉善示范区党工委书记江海洋在会上作重要讲话，县委副书记、县长兼嘉善示范区党工委副书记、管委会主任张锡锋主持会议。

【县委务虚会议】 12月15日召开，市委常委、县委书记江海洋主持会议并作重要讲话，会议深入学习贯彻中央经济工作会议精神，认真落实习近平总书记在深入推进长三角一体化发展座谈会上的重要讲话和考察浙江重要讲话精神，谋划明年工作。

【县委十五届六次全体（扩大）会议暨十七届县政府第二次全体（扩大）会议】 2024年1月3日召开，会议由县委常委会主持，市委常委、县委书记江海洋代表县委常委会作题为《深入学习贯彻习近平总书记考察浙江重要讲话精神 在全省“勇当先行者、谱写新篇章”中开创新局面、干出新精彩》的报告。

【县委常委会会议】 1月8日，召开县委十五届31次常委会会议，听取县人大常委会、县政协关于县“两会”筹备工作情况汇报，审议《中共嘉善县委十五届四次全体（扩大）会议暨县域高质量发展示范点建设动员大会方案》、全会报告、《中共嘉善县委关于全面学习贯彻党的二十大精神 深化新发展阶段“双示范”建设 奋力打造县域高质量发展典范的决定》，审议嘉善县域高质量发展示范点建设五个文件，审议《县委常委会民主生活会建议方案》，审议《关于开展勇当“展示窗、试验田、桥头堡”奋进“双示范”新征程大学习大讨论大担当活动的实施方案》，研究有关干部人事事项，审议《关于推进慈善事业高质量发展 加快打造“同善共富”新样板的实施意见》，审议《关于2022年度法治政府建设情况报告》，审议《关于深入打好污染防治攻坚战的实施方案》，审议《各镇（街道）、部门（单位）2022年度落实全面从严治党主体责任情况的报告》。

1月17日，召开县委十五届32次常委会会议，听取关于嘉善大云温泉省级旅游度假区情况介绍及国家级旅游度假区创建情况汇报，审议《关于嘉善县2022年国民经济和社会发展计划执行情况及2023年国民经济和社会发展计划草案的报告》，听取关于嘉善县2022年政府民生实事项目完成情况及2023年政府民生实事候选项目形成情况的汇报，审议《关于嘉善县2022年财政预算执行情况和2023年财政预算草案的报告》，听取关于县属国企有关事项的报告，审议《关于加快推动工业强县升级版建设的若干意见》，听取县人大常委会、县政府、县政协常委会、县法院、县检察院等工作报告，听取县人大常委会党组、县政府党组、县政协党组、县法院党组、县检察院党组等关于2022年度履行全面从严治党主体责任情况汇报，审议县委常委会民主生活会班子对照检查材料，听取关于2022年度县委巡察综合情况、整改落实情况和年度工作汇报，研究县十七届人大二次会议、县政协十五届二次会议临时党委和人代会代表团、政协委员组临时党支部及组成人员情况，研究2022年度“嘉善县担当作为好干部”评选事项，研究有关干部人事事项，审议《示范区三周年建设先进个人行政奖励工作方案》，听取党建、群团、政法、维稳信访等工作汇报。

1月30日，召开县委十五届33次常委会会议，审议《全县三级干部大会暨招商大突破年、项目大攻坚年、营商大提优年动员推进会方案》，听取关于2022年度镇（街道）、部门（单位）工作目标责任制考核结果情况的汇报，听取关于2022年度县委、县政府表彰奖励、通报表扬项目评选结果情况的汇报，审议《县纪委十五届三次全会方案》，传达学习全国宣传部长会议精神，传达学习全省社会建设工作会议精神，听取关于给予示范区三周年建设工作先进个人行政奖励的汇报。

2月13日，召开县委十五届34次常委会会议，学习习近平总书记在二十届中共中央政治局第二次集体学习时的重要讲话精神，学习习近平总书记在学习贯彻党的二十大精神研讨班开班式上发表的重要讲话精神，学习习近平总书记给援中非中国医疗队队员的回信精神，研究县管领导班子和正职领导干部年度考核情况，研究有关干部人事事项，传达学习省纪委十五届二次全会精神、市纪委九届二次全会精神，传达学习全国组织部长会议精神。

3月3日，召开县委常委会扩大会议，传达学习习近平总书记在中共中央政治局第三次集体学习时的重要讲话精神、2月16日中央政治局常务委员会会议精神、市“两会”精神、市委书记陈伟在市“两会”闭幕式上的讲话精神，研究嘉善县贯彻落实意见。

4月21日，召开县委十五届37次常委会会议，学习3月30日中共中央政治局会议精神、习近平总书记在中央政治局第四次集体学习和学习贯彻习近平新时代中国特色社会主义思想主题教育工作会议上的重要讲话精神，学习中共中央办公厅印发的《关于在全党大兴调查研究的工作方案》和田家英和合调查，听取县商务局关于《集中财力集中资源招大引强的若干意见(试行)》起草情况的汇报，听取县商务局《关于建立并完善招商引资重大项目落地共享机制的实施办法(试行)》起草情况的汇报，听取大云镇、县文旅体局关于《嘉善大云旅游度假区创建国家级旅游度假区工作实施方案》《进一步支持嘉善大云旅游度假区建设发展的实施意见》起草情况的汇报，研究推进全县综合考核体系建设有关事项，研究2022年度县管副职领导干部年度考核情况，学习全省“扫黄打非”电视电话会议精神，审议《2023年县委理论学习中心组学习安排》，审议《嘉善县打造铸牢中华民族共同体意识先行县行动方案》，审议《嘉善县打造宗教中国化和宗教事务治理现代化先行县行动方案》，审议《嘉善县域高质量发展示范点建设指挥部工作规则》，审议《关于开展新时代司法所综合改革切实提升基层法治建设水平的实施意见》。

4月25日，召开县委十五届38次常委会会议，传达学习习近平总书记关于安全生产的重要论述和批示精神，以及省市安全生产相关会议精神。

5月10日，召开县委十五届39次常委会会议，学习中共中央印发的《中央党内法规制定工作规划纲要(2023—2027年)》，听取《关于调整和完善县与镇(街道)财政管理体制的通知》起草情况汇报，审议《关于学习贯彻习近平新时代中国特色社会主义思想主题教育“五个紧跟”的十项举措》和《关于县委常委会学习贯彻习近平新时代中国特色社会主义思想主题教育“五个表率”方案》，研究嘉善县事业单位工作人员及机关工勤基础绩效奖实施方案，研究有关干部人事事项，学习全省清廉浙江建设现场推进会精神，审议《关于落实市委对县委2022年度落实全面从严治党主体责任抽查情况反馈意见的整改方案》，听取《嘉善县国土空间总体规划(2021—2035年)》《先行启动区国土空间总体规划(2021—2035年)》编制情况说明汇报，审议《嘉善县“全域秀美”(中心城区)三年行动方案(2023—2025)》《嘉善县“全域秀美”(现代化美丽城镇建设)三年行动方案(2023—2025)》，审议《嘉善县全域秀美(和美乡村)三年行动方案(2023—2025年)》，审议《关于2023年高水平推进乡村全面振兴的实施意见》。

5月14日，召开县委常委会扩大会议，传达学习省统一战线助推嘉善“双示范”建设推进会精神，研究嘉善县贯彻落实推进会精神有关意见。

6月12日，召开县委十五届40次常委会会议，学习4月28日中共中央政治局会议精神和习近平总书记在二十届中共中央政治局第五次集体学习时发表的重要讲话精神，学习二十届中央财经委员会第一次会议精神和二十届中央审计委员会第一次会议精神，传达学习《领导干部报告个人有关事项规定》主要精神，审议有关案件，审议《2023年全县性督查检查考核计划》和《2023年县级部门(单位)督查检查考核事项备案清单》，审议《关于举办庆祝建党102周年系列活动的实施方案》。

7月17日，召开县委十五届41次常委会会议，学习习近平总书记在二十届中共中央政治局第六次集体学习时的重要讲话精神，学习习近平总书记在文化传承发展座谈会上的重要讲话精神，学习习近平总书记对省委关于浙江深入实施“八八战略”20周年情况报告的重要批示精神，传达学习习近平总书记对党的建设和组织工作作出的重要指示和全国组织工作会议精神，传达学习《中央纪委国家监委公开通报十起加重基层负担的形式主义、官僚主义典型问题》有关精神，通报近期有关案件情况，观看有关地区重大火灾事故警示教育片，传达学习《关于全面落实安全生产现场工作责任的指导意见》和《落实“隐患不排查、问题不整改就是事故”理念若干举措(试行)》文件精神，研究有关干部人事事项，审议《关于创建“绿水青山就是金山银山”实践创新基地建设生态优势转化先行区的意见》。

8月1日，召开县委常委会扩大会议，传达学习7月24日中共中央政治局会议精神、习近平总书记考察江苏和四川时的重要讲话精神、习近平总书记在全国生态环境保护大会上发表的重要讲话精神、习近平总书记在同团中央新一届领导班子集体谈话时的重要讲话精神、习近平总书记对网络安全和信息化工作作出的重要指示和全国网络安全和信息化工作会议精神等，传达学习《浙江省推进领导干部能上能下实施细则》《浙江省深化落实“三个区分开来”要求 健全容错纠错机制 激励干部担当作为实施办法》文件的主要精神，传达学习市委九届三次全体（扩大）会议精神，研究嘉善县贯彻落实意见。

8 月 1 日，召开县委十五届 42 次常委会会议，传达学习《浙江省生产安全事故责任认定规定（试行）》文件精神，汇报省安委办第一批需重点关注的安全生产问题和隐患清单，审议《县委十五届五次全体（扩大）会议暨半年度主体工作例会会议方案》和全会报告，审议《关于贯彻落实浙江省统一战线助推嘉善“双示范”建设推进会精神的实施意见》。

8 月 9 日，召开县委十五届 43 次常委会会议，传达学习全市清廉嘉兴现场推进会精神及听取相关牵头单位党委（党组）清廉单元建设工作情况汇报，听取《嘉善县综合考核办法（试行）》等制度文件起草情况的汇报，研究有关干部人事事项。

8 月 14 日，召开县委十五届 44 次常委会会议，学习习近平总书记在二十届中央政治局第七次集体学习时的重要讲话精神和习近平总书记对全军党的建设会议作出的重要指示精神，学习习近平总书记关于加强作风建设的重要论述精神，传达全省、全市党员干部违规吃喝问题专项整治相关要求，通报《关于市委对嘉善县委 2022 年度落实全面从严治党主体责任检查情况的反馈意见整改落实情况的报告》，听取 2023 年度县委领导班子其他成员履行“一岗双责”情况汇报。

9 月 4 日，召开县委十五届 45 次常委会会议，学习习近平总书记关于力戒形式主义、官僚主义的重要论述精神和中共中央办公厅印发的《关于深化拓展整治形式主义为基层减负工作的通知》、省委办公厅印发的《关于贯彻中办文件精神做好 2023 年我省整治形式主义为基层减负工作的通知》，学习专题纪实文章《汇聚磅礴力量 同心勇立潮头——习近平同志在浙江工作期间关于统战工作的探索与实践》，听取半年度嘉善县“七张问题清单”有关情况的汇报，听取关于《嘉善县突出生态环境问题大排查大整治大提升“六大行动”方案》起草情况汇报，传达学习全省各级人大常委会主任暑期读书会精神，传达学习 2023 年全省政协主席暑期读书会暨市、县（市、区）政协工作经验交流会精神，听取关于省、市档案工作会议精神及嘉善县贯彻建议的汇报，审议《关于完整准确全面贯彻新发展理念做好碳达峰碳中和工作的实施意见》。

9 月 11 日，召开县委十五届 46 次常委会会议，传达学习中央、全省学习贯彻习近平新时代中国特色社会主义思想主题教育第一批总结暨第二批部署会议精神及全市主题教育动员部署会议精神，听取关于全县深入开展学习贯彻习近平新时代中国特色社会主义思想主题教育总体安排建议及主题教育实施方案、县委常委会工作方案等文件起草情况的汇报，听取平安护航亚运维稳安保工作汇报，研究有关干部人事事项。

10 月 12 日，召开县委十五届 47 次常委会会议，学习习近平总书记考察浙江重要讲话精神，学习习近平总书记对新时代办公厅工作作出的重要指示精神，学习习近平总书记致第六届海峡两岸青年发展论坛贺信精神及省市有关会议精神，听取嘉善县第 3 号总河长令——《关于推动全域建设幸福河湖的令》有关情况汇报，学习全国、省、市巡视巡察会议精神，听取《中共嘉善县委关于认真学习宣传贯彻习近平总书记考察浙江重要讲话精神的通知》起草情况的汇报，听取嘉善县 2023 年前三季度涉恐形势分析及反恐工作情况的汇报。

11 月 3 日，召开县委十五届 48 次常委会会议，学习习近平总书记在二十届中共中央政治局第八次集体学习时的重要讲话精神，学习习近平总书记在进一步推动长江经济带高质量发展座谈会上的重要讲话精神，学习习近平总书记对宣传思想文化工作作出的重要指示精神，传达全国宣传思想文化工作会议精神，研究 2023 年度“嘉善县担当作为好干部”人选，学习《关于当前我市意识形态领域形势的通报》，学习《浙江省平安建设条例》，审议《嘉善县“实现橄榄型社会结构，打造县域共同富裕金名片”行动方案（2023—2025 年）》。

12 月 1 日，召开县委十五届 50 次常委会会议，学习中央金融工作会议精神，学习习近平总书记在二十届中共中央政治局第九次集体学习时的重要讲话精神，学习习近平总书记在2023年世界互联网大会乌镇峰会开幕式上的视频致辞精神，传达学习全省坚持和发展新时代“枫桥经验”大会精神，县委学习贯彻习近平新时代中国特色社会主义思想主题教育第三期读书班——围绕深入贯彻落实“八八战略”开展研讨交流，听取关于《嘉善县政务服务增值化改革工作实施方案》起草情况的汇报，听取关于《祥符荡创新中心建设三年行动计划（2023—2025年）》等5个方案起草情况的汇报，听取关于《〈嘉善县国民经济和社会发展第十四个五年规划和二〇三五年远景目标纲要〉实施情况中期评估》起草情况的汇报，听取关于嘉善县2023年度政府投资及国资投资项目计划调整情况的汇报，学习习近平总书记对山西吕梁永聚煤矿“11·16”重大火灾事故作出的重要批示精神和省委书记易炼红批示精神，传达全省基层应急消防治理体系建设现场会会议精神，研究全县安全生产形势，研究有关干部人事事项，学习全国纪检监察干部队伍教育整顿领导小组第4次（扩大）会议精神，学习全国干部教育培训工作会议精神和新修订的《干部教育培训工作条例》《全国干部教育培训规划（2023—2027年）》精神，审议《嘉善县关于加快推进以县城为重要载体的城镇化建设的实施意见》。

12月12日，召开县委常委会扩大会议暨县委理论学习中心组学习会，传达学习习近平总书记考察上海重要讲话精神和在深入推进长三角一体化发展座谈会上的重要讲话精神、贯彻落实深入推进长三角一体化发展座谈会精神高水平建设长三角生态绿色一体化发展示范区工作推进会精神以及嘉兴市委书记陈伟调研嘉善2024年工作思路时的讲话精神。

12月21日，召开县委十五届51次常委会会议，学习中央经济工作会议精神和省委经济工作会议精神，学习习近平总书记对低温雨雪冰冻灾害防范应对工作作出的重要指示精神和习近平总书记在北京、河北考察灾后恢复重建工作时的重要讲话精神，学习习近平总书记关于食品安全重要论述精神，学习习近平总书记致首届“良渚论坛”贺信精神，听取关于组建嘉善大云文旅发展有限公司有关情况的汇报，听取《中央巡视工作规划（2023—2027年）》主要内容及县巡察规划修订情况的汇报，听取全省对村（社区）巡察现场推进会和“1+4”制度文件主要精神及嘉善县贯彻落实意见建议的汇报，听取2023年度县委巡察综合情况、整改落实情况和年度工作情况的汇报，审议《关于当前我县意识形态领域形势的通报》，审议《嘉善建设县域高质量发展示范点打造“接轨上海第一站”行动方案（2023—2025年）》，审议《嘉善县优化生育政策促进人口长期均衡发展的十条措施》，听取嘉善县2023年度食品安全工作汇报。

12月29日，召开县委十五届52次常委会会议，学习习近平总书记对“三农”工作作出的重要指示精神和中央农村工作会议精神，传达学习市委九届四次全体（扩大）会议暨市委经济工作会议精神，传达学习全国人大“深入学习贯彻习近平总书记关于坚持和完善人民代表大会制度的重要思想交流会”精神，听取县人大常委会、县政协关于县“两会”筹备工作情况汇报，审议《县委十五届六次全体（扩大）会议方案》和全会报告，审议有关案件，研究有关干部人事事项，听取各镇（街道）、重点部门（单位）党委（党组）落实意识形态工作责任制情况报告。

（吴天一）

重要决策与活动

【勇当“展示窗、试验田、桥头堡”奋进“双示范”新征程大学习大讨论大担当活动】 1月启动至3月底前基本完成，其中涉及年度工作任务的，形成阶段性成果并贯穿全年始终。1月8日，县委办印发《关于开展勇当“展示窗、试验田、桥头堡”奋进“双示范”新征程大学习大讨论大担当活动的实施方案》，1月16日召开启动推进会。主要目的是深入学习贯彻党的二十大精神和习近平总书记对嘉善的重要指示批示精神，聚焦省委十五届二次全会和全省推进嘉善县域高质量发展示范点建设大会部署要求，紧扣省委书记易炼红提出的选贤任能“四个坚持、八个不”要求和对嘉善提出的“展示窗”“试验田”“桥头堡”新使命新定位，打造堪当“双示范”建设重任的干部队伍，提升干部眼界格局、胆识魄力和担当精神，提高认识问题的洞见力、分析问题的穿透力、解决问题的驾驭力，以干部敢为、地方敢闯带动企业敢干、群众敢首创，以干部思想上的大解放推动事业大发展，聚全县之力开展好招商大突破年、项目大攻坚年、营商大提优年"三个年"行动，加快打造一批具有"双示范"辨识度显示度的标志性成果，推动嘉善跨越发展、总量赶超。主要包含开展"十百千"大学习大宣讲、"六问六破"主题大讨论、"作示范、勇争先"承诺践诺、"增信心、抓招引、推项目"开门红服务攻坚行动、"敢为敢闯、互比互拼"擂台赛等子活动。

【安全生产"大宣传、大培训、大演练"】 1月29日，县委办、县府办印发实施方案，"三大"行动贯穿全年。主要目的是深刻吸取"9·3""4·21"等各类安全生产、火灾事故教训，进一步提升全民安全素质，增强全民应对突发事故处置、抵御火灾能力，通过全面开展安全知识宣传、安全教育培训、各类事故应急演练等，实现单位参与宣传率100%、群众安全知识知晓率100%、群众应急演练参与率100%，预防和减少各类事故发生，特别是遏制群死群伤事故的发生，切实保障人民群众生命财产安全，为全力以赴推进嘉善"双示范"建设提供有力的安全保障。

【"守好红色根脉、筑梦共富未来"——《南湖女儿》首映仪式】 3月31日在嘉兴市党群服务中心举行。电影《南湖女儿》以天凝镇洪溪村为原型，讲述村党组书记带领村两委班子团结一心、真抓实干，坚持用文化凝聚民心，将南湖边一个落后的村庄建设成为"全国最美乡村"的故事。市委常委、县委书记江海洋出席首映仪式并致辞。

【浙江省统一战线助推嘉善"双示范"建设推进会】 5月13日在嘉善举行，会议总结展示全省统一战线十年助推"双示范"建设成绩，部署落实新一轮助推任务。省委常委、统战部部长邱启文讲话。省人大常委会副主任吴晶，省政协副主席陈小平、蔡秀军、成岳冲等出席。市委书记陈伟致辞，市委常委、县委书记江海洋在会上发言。会上，全省统一战线为嘉善推荐的17个项目集中签约，涉及经济、教育、医疗、农技、康养等领域，包括3个校地合作、2支产业基金；8个民主党派省委会、省侨联与嘉善县9个镇（街道）开展新一轮结对共建，建立省统一战线助推嘉善"双示范"建设实践基地，将围绕乡村产业规划、特色文化培育、技术人才培训等开展工作。

【嘉善县突出生态环境问题大排查大整治大提升"六大行动"】 9月启动，主要针对废旧金属回收、植绒印染、纽扣、码头、废旧商品回收、建筑垃圾和垃圾填埋场等6个方面的整治重点，持续1～2年时间开展大排查大整治大提升，努力解决全县突出生态环境问题，并形成生态环境风险管控和排查治理长效常态机制。9月4日，县委办、县府办印发实施方案。9月6日，召开部署推进会，市委常委、县委书记江海洋在会上作重要讲话。

【开展学习贯彻习近平新时代中国特色社会主义思想主题教育】 见"学习贯彻习近平新时代中国特色社会主义思想主题教育"专记。 （吴天一）

办公室工作

【概况】 2023年，县委办充分发挥参谋辅政、统筹协调、服务保障等主要职能，全力提升"三服务"水平。

【综合调研】 围绕中心谋大事、谋要事、谋实事，为县委决策部署积极建言献策，当好"参谋部""智囊团"。牵头抓好"三个年"行动、"七个大突破"等县委中心工作的统筹谋划，组织县发改局、县经信局、县商务局等部门，围绕打造工业强县升级版、一体化示范区建设等重点项目，协调推进课题研究。立足"以文辅政"，严把文稿质量关，通过组织研讨、培训等方式，不断提高文稿写作能力，全年完成各类文稿300余篇、100多万字，编辑《嘉善通讯》6期。

【秘书信息】 更新完善重大事项请示报告制度，梳理县委"三重一大"事项清单，并统筹安排副厅及以上重要人员接待618批1170人次，各类会议300余场次，其中县委书记专题会议15次，县委常委会22次。加强规范管理，提高文件办理质量，全年制发文件200余件，处理上级公文3000余件，每周汇总县委书记、副书记，县人大主任，县政协主席一周活动安排，做好县委常委会议题收集整理等工作。健全信息工作制度，完善信息工作体系，全年刊发工作交流、专报、近日要情、业务通讯等刊物40余期，处理紧急信息150余条，上报各类信息600余篇，被省级及以上录用50余篇，市委录用近50篇，获省市县领导批示30余条(次)。

【督考法治】 协调推进全县规范性文件备案审查工作,向市委报备规范性文件23件,审查下级备案文件21件,做到有件必备、有备必审、有错必纠。健全完善"七张问题清单"闭环管理机制,发现问题2096个,推送问题757个,推动解决省级问题18个,市级问题65个。做好县级部门综合考核工作,健全完善"比学赶超"的赛马机制,全面做好考核评估工作,组织开展"三个年"行动比拼竞赛活动;在市级"红旗奖"评选中2次获奖。做好来信来访办理,全年处理群众来信20余件,办结率100%。落实领导指示批示闭环管理,全年办理县委书记、副书记批示779件,到期740件,办结735件,到期办结率99.3%,办理省委、市委领导批示78件,办结77件。

【机要保密】 严格落实"两个确保"要求,提升密码服务保障能力,强化监督检查,对全县56家单位1992台互联网计算机进行技术检查,回收销毁文件资料30余吨,硬盘1362个。持续推进信创替代工作,浙江沧田智能信息科技有限公司的《全栈自研、全国产打印解决方案》入选"省信创示范清单"。

【档案监督管理】 推进档案工作高质量发展,县档案馆获全省档案工作成绩突出集体(嘉兴县市区唯一),数字化转型示范区创建试点工作通过验收。

【对台服务交流】 持续深化对台经贸合作和涉台服务,在"浙江·台湾周"嘉兴专场签约台资项目3个,总投资2.6亿美元;通过台协联络站化解涉台矛盾21起,通过"台融码"帮助台胞子女入学网上审批46人。 (吴天一)

县委重要议事协调机构工作

【县委全面深化改革委员会】 2023年,县委全面深化改革委员会围绕省市改革工作部署,以政务服务增值化改革为牵引,统筹推进营商环境优化提升"一号改革工程"。数字化改革等4项工作获省政府督查激励。"县域高质量发展体制机制创新"等3项改革获评全省改革突破奖。以数字化推动一体化改革经验获国务院总理李强、副总理丁薛祥等批示肯定,相关经验在中区办《区域协调协调发展工作简报》,全国《优化营商环境简报》《电子政务工作简报》刊登。保税区外维修国家级试点等15项改革经验获省委书记易炼红、省长王浩等省领导批示肯定,打造营商环境最优县等18项改革经验在省级以上会议交流。"区域协同万事通""民声一键办"等改革经验入选全省营商环境优化"最佳实践案例","零工市场"和"医保新机制"2个项目入选全省营商环境"微改革"项目库。"院前急救一件事"成为全市唯一入选全省群众天天有感"微改革"试点项目,新增省级以上试点项目65项。5月4日,召开县委全面深化委员会第十一次会议,审议《中共嘉善县委全面深化改革委员会2023年工作要点》《关于强力推进改革攻坚 加快打造全面深化改革先行区的意见》《中共嘉善县委全面深化改革委员会2022年工作总结报告》,研究部署2023年改革攻坚推进工作。

【县委全面依法治县委员会】 2023年,县委全面依法治县委员会全面落实中央和省市法治建设决策部署,推进法治嘉善建设。嘉善县成为全市唯一一个连续5年获得法治嘉兴(法治政府)建设考核优秀的县(市、区),并以全省第二的成绩成为创建首批全国守法普法示范县的候选单位。8月22日,县委全面依法治县委员会召开第五次会议,主要审议《2023年法治嘉善建设工作要点》等文件,研究部署法治嘉善建设主要任务。

【县委国家安全委员会】 2023年,县委国家安全委员会以习近平总书记关于总体国家安全观的重要论述为指导,严格贯彻落实中央、省市委国安委工作部署,坚持把政治安全放在首位,深入开展风险防控、信息报送以及国家安全宣传教育工作,进一步推动国家安全责任制落到实处,全力维护各领域国家安全。

【县委网络安全和信息化委员会】 2023年,县委网络安全和信息化委员会围绕中心,服务大局,推进正面宣传、舆情管控、网络治理、网络安全、互联网行业党建等各方面工作。8月31日,召开县委网络安全和信息化委员会第五次全体会议,主要内容传达习近平总书记关于网络安全和信息化工作的重要指示以及上级有关会议精神，讨论审议有关文件，研究部署下一阶段工作。市委常委、县委书记、县委网信委主任江海洋主持并讲话。

【县委财经委员会】 2023年，县委财经委员会围绕全县中心工作开展和经济发展各项目标任务落实，正确履行加强全县财经领域重大工作的顶层谋划、统筹协调和督促推进等职责，充分发挥职能作用，积极推动全县经济社会高质量发展。1月3日，召开县委财经委员会第五次全体（扩大）会议，听取和审议2022年全县财政预算执行情况及2023年预算收支安排、债务管理、县属国企运行、“3＋4”重大项目建设资金保障，以及防疫资金统筹保障等相关工作情况汇报。

【县委外事工作委员会】 2023年，县委外事工作委员会围绕县委、县政府中心工作，贯彻落实长三角一体化示范区嘉善片区建设政策精神，立足于外事服务国家总体外交和地方经济社会发展，发挥外事优势，扛起外事担当，发挥外事资源，努力在服务国家总体外交、服务地方经济社会发展上积极作为，推动对外工作不断开创新局面。

【县委机构编制委员会】 2023年，县委机构编制委员会认真贯彻落实习近平总书记重要讲话精神和《中国共产党机构编制工作条例》以及中央、省委、市委编委会议精神和重大决策部署，坚持党对机构编制工作的集中统一领导，把握新时代机构编制工作的目标方向和根本任务。5月10日，县委机构编制委员会召开会议。传达学习中央编委文件、全省编办主任会议精神，专题汇报全县建立县级高层次人才“编制池”有关情况，审议相关文件等。

【县委审计委员会】 2023年，县委审计委员会坚持以习近平新时代中国特色社会主义思想为指导，全面贯彻落实党的二十大精神、上级审计委员会会议精神及全省审计工作会议精神，统筹谋划全县审计工作，为嘉善“双示范”建设保驾护航。5月4日，召开县委审计委员会第四次会议，主要内容是讨论审议并通过《中共嘉善县委审计委员会2022年工作总结及2023年工作思路（送审稿）》，并研究部署相关工作。

【县委教育工作领导小组】 2023年，县委教育工作领导小组围绕立德树人根本任务，正确履行领导小组职责，充分发挥牵头抓总作用，统筹协调全县涉及教育工作的重大事项和重要工作。通过国家学前教育普及普惠县创建省级督导评估，获评首批省教育领域数字化改革等省级实验区2个，承办省市活动10场，2项工作在国家级推进会上作经验交流，“放学接送系统”被市三部门联合发文推广，浙江省副省长、公安厅厅长杨青玖到嘉善现场调研并肯定。年内，县委教育工作领导小组召开会议3次。

【县委农村工作领导小组（县乡村振兴领导小组）】 2023年，县委农村工作领导小组（县乡村振兴领导小组）围绕年度目标任务，充分发挥统筹协调作用，以全省第一的成绩被列入国家乡村振兴示范县创建名单，连续5年蝉联省市乡村振兴考核优秀，连续两年被授予“神农鼎”（嘉兴唯一），《浙江省嘉善县缪家村“六金”促农增收》经验素材获中央领导批示肯定。年内，县委农村工作领导小组（县乡村振兴领导小组）召开工作例会4次。

【县委社会工作委员会】 2023年，县委社会工作委员会聚焦“双示范”建设，准确把握共同富裕和现代化建设中的新要求，实施社会组织“双孵化，双提升”工程，创新打造“红社益嘉·同善共富”社会组织党建品牌。社会组织党建工作经验在全省社会组织党的工作培训班上作交流发言。完成全省慈善数字化试点工作，“同善汇”数字慈善平台率先上线浙里办应用，慈善工作在省市会议作经验交流，相关做法获市委常委、县委书记江海洋批示肯定。慈善信托中榜全省共同富裕领域堵点难点问题“揭榜挂帅”。成立全省首个社区发展基金会实践与研究基地，“社区发展基金会”“手工帮扶驿站”“同善公益集市”等经验做法获《人民日报》《新华每日电讯》《中国社区报》等主流媒体刊登。成功创建省级示范型社会组织党群服务中心1个、五星级社工站2家、品牌社会组织2个、社会组织领军人物2名。

【县委全面融入长三角一体化发展委员会】 2023年，县委全面融入长三角一体化发展委员会围绕“一体化、高质量、生态绿色”三个关键词，正确履行推动实施全面融入长三角一体化发展首位战略职责，充分发挥推进示范区嘉善片区发展的重大改革、重大项目、重大平台和重大政策的统筹协调作用，圆满完成一体化制度创新、重大项目建设、生态共保联治等工作，“区域协同万事通”跨域改革获国家发改委主任郑栅洁批示肯定，并获国务院总理李强、副总理丁薛祥圈阅。

【县委巡察工作领导小组】 2023年，县委巡察工作领导小组坚决贯彻落实巡视巡察决策部署，统筹推进全县巡察各项工作，全年开展3轮常规巡察工作，探索构建巡察监督与人大监督协作“543”体系，相关经验得到省人大常委会党组书记、副主任陈金彪2次批示肯定。年内，嘉善县委巡察工作领导小组召开会议5次。 （吴天一）

纪检监察

【概况】 2023年，县纪委县监委持续推进纪检监察工作“高质高效、谋实谋新、赋智赋能”三年活动，推进党风廉政建设和反腐败工作，各项工作取得新成效，为嘉善奋进“双示范”提供坚强保障。省委常委、省纪委书记、省监委主任傅明先到嘉善调研长三角一体化工作给予肯定，巡察监督与人大监督联动协作机制获省人大常委会党组书记、副主任陈金彪2次批示肯定。成功举办青吴嘉2023年长三角一体化纪检监察工作协作会议。由县纪委县监委牵头上报的《创建“善城护送”体系，破解非急救转运市场混乱无序难题》入选省委主题教育整改整治典型案例。田家英和合调查展室获评全省清廉建设成绩突出单位，嘉善县第二实验小学获评第二批浙江省清廉学校建设示范校。“清来长三角”区域文化廉盟获评首届浙江省廉洁文化建设“十大提名案例”。

【强化政治监督】 推动政治监督具体化常态化，制订《2023年政治监督工作实施方案》，先后开展监督521次，发现问题318个，党纪政务处分31人。开展长三角一体化示范区嘉善片区建设专项监督，开展监督52次，发现问题25个，推动整改24个。

【一体推进“三不腐”】 全年处置问题线索522件，查办党纪政务案件141件，其中县管干部案件15件。结案130件，处分127人，移送司法机关5人。运用“四种形态”处置450人次，其中第一、第二种形态处置424人次，占比94.3%。

【持续纠治“四风”】 全年查处违反中央八项规定精神问题35起，提醒教育帮助和处理42人，其中查处享乐主义、奢靡之风问题25起27人，给予党纪政务处分27人。开展监督检查263次，下发正风肃纪告知书72份。查处酒驾醉驾问题党纪政务处分24起24人，通报曝光典型案件4起。开展指尖上的形式主义专项整治，削减取消应用18个，整合兼并4个，优化提升1个，删减率91.7%。

【深化纪律教育】 在全市先行先试开展嵌入式党性教育工作，串联“清廉蓉溪”等3条廉洁文化教育路线，提升形成“三溪环厅”红色廉政特色线路。开展廉政教育月活动，落实“六个一”教育套餐，组织63名新任县管领导干部进行集体廉政谈话，建成启用“示范区清廉客厅”。加强区域廉洁文化共建，“清来长三角”示范区文化廉盟品牌工作获评浙江省首届廉洁文化建设“十大提名案例”在藕花洲杯省级廉洁故事比赛中获评优秀组织奖。

【整治群众身边不正之风和腐败问题】 围绕12个项目“小切口”开展漠视侵害群众利益问题专项治理，持续纠治生态环保、食品药品、执法司法、消费购物等领域的腐败和不正之风，全年查处腐败和作风问题74个，批评教育帮助和处理101人，其中给予党纪政务处分19人，推动部门（单位）整改问题164个，健全完善制度11项。

【提升巡察质效】 启动3轮巡察，对16家部门、3个乡镇、30家村（社区）党组织开展常规巡察；根据省、市巡视巡察工作部署安排，对县水利局、县农业农村局等开展乡村振兴领域巡审联动专项监督，对县应急管理局开展安全生产领域专项监督，对县发改局、县财政局等开展交叉巡察，发现问题2029个，提交专题报告16篇，提出意见建议108条，移交问题线索99条，挽回各类损失1558万元。

【数字化监督应用】 构建“公职人员违规经商办企业”“职业技能补贴违规发放”等监督模型，产生红色预警问题信息30余条。探索开发示范区渣土联合监管系统，构建一站式智能搜索平台等五大功能模块赋能一体化监督，累计归集共享渣土领域单位（车辆）数据 2185 条、处罚案件 31 条、行政许可 1545 条、“黑名单” 29 条。

【检举控告工作】 全年受理检举控告 75 件，坚持严管与厚爱并重，澄清正名 26 件 22 人、8 家单位，澄清率 66.67%，位列全市前列。惩治诬告陷害行为，查处诬告陷害 2 起 2 人，位列全市第一。对 31 名受处理处分年轻干部开展重点回访，其中 10 人在回访后得到提拔使用。

【清廉嘉善建设】 印发《监督推动清廉单元建设高质量发展》规范，持续深化迭代“9＋N”清廉单元推进体系，新拓展公安、社会组织、财政、市场监管、医保、开发区（园区）、生态环保、税务、服务大厅等 9 个清廉单元。推动出台清廉单元动态管理办法，通过召开现场推进会、健全“七个一”创建要求等方式推动示范标杆建设经验共享、信息互通。

【自身建设】 一体推进主题教育和纪检监察干部队伍教育整顿，开展学习教育、检视整治和巩固提升各项工作。创新实施年轻干部带培导师“双结对制”，建立青浦、吴江、嘉善三地纪检监察系统“共学互鉴”机制，建立联培联训师资库。稳步完成 130 名监察官首次确定等级工作。制定出台进一步加强内部监督的十项举措、年轻干部“八小时外”监督约束办法等规章制度，不断健全严管体系。（俞　琳）

组织工作

【概况】 2023 年，全县组织工作坚持围绕服务发展大局，统筹推进干部队伍、基层党建、人才工作和自身建设等工作，为全面推进嘉善“双示范”建设提供组织保证。全年提拔或进一步使用干部 86 人，其中“90 后”干部 15 人。全年招录新录用公务员 79 人，其中选调生 5 人。

【培养年轻干部】 出台《嘉善县优秀年轻干部“善接未来”成才工程实施办法》，打造五大工程 15 项举措建设高素质专业化年轻干部队伍。全年提拔 35 岁以下中层干部 171 人，其中中层正职 63 人；提拔 30 岁以下中层干部 65 人，其中中层正职 16 人。开展优秀年轻干部跨单位竞争性上岗、比选竞岗，择优比选提拔使用 35 岁以下中层干部 18 人，其中 30 岁以下中层正职干部 7 人。

【提升干部赋能】 创设“‘嘉’有课堂”专业化能力提升系列培训，利用现有干部教育培训资源，开展专业能力培训 80 余场次，专题调训 2500 余人次。持续开发完善长三角生态绿色一体化发展示范区（嘉善）、嘉善县缪家村、田家英和合调查展室等 3 个特色教学项目，均入选浙江省现场教学示范点。分批次将新录用公务员安排到信访接待、中心工作、重要专班等一线开展实践锻炼，选派干部人才赴新疆沙雅、四川九寨沟及浙江丽水庆元开展对口帮扶。抽调优秀干部参与重点项目征迁、驻点招商、安全生产等中心工作，选派年轻干部赴国家部委及省级部门学习锻炼。

【健全综合考核体系】 推进综合考核体系建设，建立全县“1＋3＋3”综合考核制度体系，推动考人与考事相结合，开展全县综合考核半年评估，强化日常监测。组建 13 个综合考核组，实地走访开展年终综合考核工作，考准考实干部实绩。修订完善《嘉善县公务员平时考核实施细则》，牵头指导各机关单位完善细化平时考核实施方案。

【健全干部监督体系】 制定出台《年轻干部“八小时外”监督约束办法》和《领导干部“八小时外”监督管理办法》，推动干部“八小时内”管理与“八小时外”监督融合贯通。结合县委巡察，对 21 家县级单位开展选人用人专项检查，完成 21 个巡视巡察反馈共性问题的整改销号，开展干部因私出国（境）管理有关问题专项整治。建立组织部门与县级单位“周一夜谈”机制，全年开展夜谈 7 期，谈话 51 人。开展容错纠错激励担当专项行动，对商务等分领域细化制定可容、不可容清单，形成容错纠错典型案例 4 个。

【关心关爱干部】 推进嘉善县干部心理健康“向日葵行动”，发布“向阳小屋”线上应用，组织开展“5·25 我爱我”干部心理健康关爱月系列活动，全县三级平台开展活动近 85 场次，4200 余人次干部参与。选树表彰先进典型，评选 2023 年度“嘉善县担当作为好干部”15 名以及“担当作为示范尖兵”42 名。用足用好公务员奖励正向激励手段，对 525 名考核优秀公务员进行嘉奖，129 名连续三年考核优秀公务员被给予三等功，组织开展 5 批次 123 人优秀公务员休假疗养。

【开展主题教育】 深入开展学习贯彻习近平新时代中国特色社会主义思想主题教育，一体推进理论学习、调查研究、推动发展、检视整改和建章立制，打造缪家村、县老年公寓等“循迹溯源”点 10 个，实现 1918 个基层党组织和 2.8 万余名党员全覆盖。在中央主题教育总结会议上，蔡奇肯定浙江嘉善传承运用习近平总书记四次到嘉善视察指导留下的宝贵财富，开展“循迹溯源、感悟思想、感恩奋进”系列现场学习，《党建要报》刊发嘉善县扎实做好第二批主题教育准备工作，央视《新闻联播》点赞嘉善县坚持问题导向扎实推进主题教育，中央主题教育简报刊发嘉善“三新”群体开展主题教育做法。

【促进乡村振兴】 年内，创成“红色根脉”强基示范乡镇（街道）1 个，村（社区）11 个，联动推进缪家村、江南社区等市县镇三级基层党建示范点 51 个，缪家村成为全国学习运用“千万工程”经验现场推进会考察点，缪家村党建赋能和美乡村建设被《党建要报》刊发，缪家村“六金”促农增收经验获中央领导刘国中批示。举办村社书记能力提升班、“领雁示范”研训班等，组织开展跟班实训；抓实抓好村社干部学历提升工程，推动 101 名村社“两委”班子进行学历提升，动态配备主职后备人才 347 人。陆荣杰当选全国人大代表，梅其伟、陈芳琳等 8 名书记被评为省、市担当作为好支书。发挥党建联建机制作用，培育优质党群创业共富项目 54 个，深化党建联建实践案例 16 个，一体化“城镇圈”党建联建案例入选党建联建省级典型案例。缪家村教育实训基地、和合社区实践教学点分别入选浙江省村（社区）干部教育实训基地名单和省村（社区）干部基层实践教学点。

【现代社区建设】 系统推进 2023 年全县现代社区建设“七大改革”“十五大行动”“十五件惠民好事”。深化全省养老服务爱心卡试点工作，完成开卡 12.8 万人，活跃使用 1.1 万人，基本实现全县 60 周岁以上失能失智和高龄老年人全覆盖。社区基金会全覆盖工作在全省慈善工作推进会上作经验交流。创新网格智治“四色管理预警机制”，深化“警格网格”融合。成立物业行业党委，完善社区、业委会、物业企业三方协同机制，党组织实现应建尽建。获评全省深化“千万工程”建设新时代美丽乡村工作优胜县，被列入全省“农业标准地改革”省级试点县。江南社区、天凝社区等成功创建“省级现代社区”。常态化推进党群服务中心互学互比互赛机制，探索项目化运行党群服务中心。10 个党群服务中心获评省级示范。

【两新组织党建】 开展第七轮两新组织双覆盖“集中攻坚”行动，新建两新组织党组织 31 家。“红杜鹃”共富工坊获评浙江省首批示范共富工坊，雪菜“共富工坊”入选全省首批百家电商直播式“共富工坊”典型案例，吾巧女红“共富工坊”获评首批省级“巾帼共富工坊”。新建凯鸿物流、诚达药业、大众商圈等两新党建示范点，成立快递行业党委，建成嘉善首个快递行业党群服务中心。深化上市公司“6S”党建 20 条标准，《以“6S”标准打造两新组织品质党建品牌》入围第六届全国基层党建创新典型案例。召开长三角一体化示范区交通运输行业党委服务联盟成立仪式暨“五心聚善”行业党建品牌发布会，凯鸿物流有限公司党支部入选全省交通运输行业党建示范点，大云镇商会党群服务中心入选全省第四批社会组织党群服务中心示范点，《倾力打造“320 国道服务长廊”》入选全省交通运输行业党建工作典型案例汇编。建成“幸福‘邮’我”红色爱心银行，推出红色骑兵志愿服务积分制度。

【行业系统党建】 开展“双建争先”示范培育集体和“清廉机关”单元创建工作，入选市“双建争先”示范集体 2 家、市争创“建设清廉机关 创建模范机关”先进基层党组织 5 家。深化机关服务品牌创建，打造 85 个机关服务品牌，实现全覆盖。规范机关党组织隶属关系，10 个系统党委的机关党组织和非独立法人单位成立的党组织整建制转移到县委机关工委。推进国企党建归口管理工作，相关经验信息在《浙江国资信息》刊发，并在全省财政系统全面从严治党工作会议上作交流。深化“一院一品”“一支部一品牌”，打造以“善医先锋”品牌为核心、“急救先锋”“爱在善医”等 16 个子品牌的卫健党建品牌集群。建立中共嘉善县委教育工作委员会，构建县委教育工委工作机制。实施“铸魂育人·育才兴善”行动，举办“红船善育·一校一品”五维展示论坛，加快推进城乡德育一班一品、课间德育管理等工作，组织开展“四个十”系列活动，充分挖掘红色根脉资源。

【推进党员教育管理】 聚焦“基层党建工作不够规范”问题，开展基层党建工作“大排查大整治大提升”百日攻坚行动；创新开展基层党建“飞行抽检”工作，累计实施11轮，覆盖1118个基层党组织。严格落实新发展党员入党材料“四级审查”机制，规范发展党员程序。完成全县全部18681册无人事及人事代理党员档案移交工作。总结推广嘉善县流动党员核查纳管“四步安家法”，为4000余名流动党员找到党组织。会同青浦、吴江建立党建联建机制，发布《示范区先行启动区流动党员联合管理服务指引(试行)》。开展在职党员“两地报到、双岗服务”工作，动员超万名在职党员到居住地社区报到参与基层治理。

【举办系列人才活动】 创新开展“祥符YOU你·博创未来”嘉善百名博士专项行动，全年引进129名以上青年博士企事业单位开展技术攻关。举办第八届“梦想中国·智汇嘉善”创新创业大赛，吸引美国、英国、新加坡、日本等16个国家和地区近300个团队(个人)参赛。举办新一代网络通信“聚才建圈强链”产才融合活动，成立首个集成电路产业人才创新共同体和嘉善县新一代网络通信产才联盟，推动创新链产业链人才链资金链深度融合。

【加强人才队伍建设】 年内，入选浙江省顶尖人才计划专家1人，实现自主培育顶尖人才零突破。开展百名博士专项引才行动，全年新增青年博士129人，新建博士后工作站8家，新进站博士后58名，在站博士88名，总量及增幅均创历史新高。浙大智慧绿洲、上善院、复旦研究院、祥符实验室等四大科研平台均入选省级新型研发机构，集聚科研人员超800人。

【人才体制机制改革】 创新设立嘉善县祥符英才创新发展院，首期给予高层次人才周转编制20个。推动浙江大学工程师学院长三角基地运作，首批41名工程硕士研究生入学。嘉善复旦研究院与嘉善技师学院(筹)合作共建集成电路培训基地，推动工业与信息化重点领域产业人才基地运作。

【营造人才生态】 制定出台《嘉善县人才服务体系建设三年行动方案(2023—2025年)》，聘请一批窗口服务专员、联企服务专员、联院所服务专员、人才科创专员等政府服务“四员”，延伸人才服务触角。成立青年硕博联谊会，启用祥符英才之家和开发区人才之家，全县人才服务活动和服务人次同比增长260%。推动首席人力资源官提质扩面，制定出台首席人力资源官队伍建设管理办法2.0版，完善评价激励机制。

(陶春辉)

宣传工作

【概况】 2023年，全县宣传思想文化战线守正创新、担当作为、稳进提质，推动全县宣传思想文化工作在整体中实现重点突破，各项工作有声有色、成效明显，为“双示范”建设提供坚强思想保证、强大精神力量、有利文化条件。

【理论武装】 坚持举旗定向，抓好思想理论建设。把学习贯彻习近平新时代中国特色社会主义思想作为首要政治任务，县委主要领导带头开展习近平总书记考察浙江重要讲话精神宣讲，县委理论学习中心组组长在《学习时报》刊发《地嘉人善江南韵》等署名文章2篇。严格落实“第一议题”、理论学习中心组学习、“双示范”大讲堂等制度，围绕习近平总书记考察浙江重要讲话精神、习近平总书记对宣传思想文化工作重要指示精神、全国宣传思想文化工作会议精神、“千万工程”“浦江经验”等主题，累计举办专题学习会37次，其中交流研讨8次。打造“理响嘉善·爱学习”青年学习品牌，建成一批青年学习驿站，举办善青论坛、青年干部讲座等专题活动，代表嘉兴参加全省“‘八八战略’在身边”宣讲大赛并获二等奖，青年理论宣讲工作获省委常委、宣传部部长赵承，市委常委、宣传部部长张东和批示肯定。推进社科之家建设，出台全省首个县级社科之家建设标准，社科工作全市第一，获省对县考核优秀。举办“乡村振兴、共富惠农”“青年发展型省份建设”等循迹溯源系列论坛。

【把好主流舆论】 唱响主流声音,服务中心大局。聚焦"双示范"建设,围绕"八八战略"实施20周年、共同富裕、主题教育等重大主题,推出中央媒体报道370余篇(条),其中5次亮相央视《新闻联播》,8次登上《人民日报》头版、12次刊入《新华每日电讯》。举办中央媒体"高质量发展调研行"、示范区亮点项目、摄影采风等活动,做好"善洽会"、祥符荡创新中心张江推介会等20余场重大活动的宣推工作,承接杭州亚运会"梦里水乡"城市采访线3批次100余位媒体记者。深化媒体融合发展,在县级媒体开设《奋进"双示范"新征程》《善观》等专题专栏,in嘉善客户端、嘉善发布微信公众号、地嘉人善抖音号等三大平台用户数增长16万,嘉善发布篇均阅读量首次突破10000。"浙江宣传"微信公众号录用数位列五县两区第二。融媒指数争先攀高至第一梯队,走在全省前列,获市委常委、县委书记江海洋批示肯定。

【推动文化事业发展】 聚焦创优攀峰,提升文化惠民实效。举办第七届中国嘉善·善文化节,连续3年发布善文化指数,《建设新时代"善文化" 打造县域精神富有金名片三年行动方案》被列入全县高质量发展十张金名片。推进"礼堂走心——农村种文化"行动,探索分类实施全委托、单位结对、名师驻堂等多种运行模式,健全礼堂文化激励、队伍培育、晾晒评比等管理机制,打造"礼堂周末嘉""幸福市集""农民夜校"等品牌,农村文化礼堂"建管用育"全面提质增效。制订《嘉善县新时代文艺精品创作攀登计划(2023—2025年)》,谋划实施文艺精品创作重点项目16个,嘉善宣卷《老羊和小羊》获得第三届"浙江曲艺奖"文学奖,《天使在人间》获评2021—2022年度中国好故事,电影《南湖女儿》公映,纪录片《顾锡东》开机拍摄。牵头抓好廉洁文化建设,助力涵养求真务实、团结奋斗的时代新风。入选全省农村文化礼堂社会化运行试点县,"礼堂走心——农村种文化"工作在浙江省农村文化礼堂建设推进会、嘉兴市"精神富有·润心在嘉"十大标志性项目"十心行动"现场推进会上作经验交流,长三角一体化"护苗联盟"入选全省首批特色"护苗"工作品牌;"扫黄打非"进基层示范点经验在全省会议上作经验交流。

【提升城市文明品质】 深化价值引领,擦亮全域文明底色。实施"好人善城"市级揭榜挂帅项目,举行嘉善县第十届道德模范颁奖典礼,树立"德者有得、好人好报"价值导向。在全市首家发布"嘉禾有信·至诚至善"诚信文化品牌,助力营商环境持续优化。实施2023年度十大文明提升行动,地摊规范管理得到中央文明办领导肯定,完成全国文明城市年度复评,市级及以上文明村镇比例达到50%以上。统筹推动文化礼堂和文明实践阵地"一体联动",全年开展移风易俗、"我们的节日"等各类文明实践活动7800余场次。联合青嘉吴开展长三角一体化青少年文明实践行活动,选树县级"新时代好少年"75人、市级"新时代好少年"6人。《以善文化人文品牌建设 推进精神富有》入选省委宣传部2023年共同富裕精神富有最佳案例;以"善文化"推动公民道德建设工作获省委宣传部副部长、省文明办主任俞慧敏批示肯定;"积善之嘉"新时代文明实践品牌入选全省首批"浙江有礼"金名片。全年上榜省市道德模范、身边好人等先进典型17例19人,总量位居全市前列,干窑镇沈照琴入选第八届省道德模范"孝老爱亲模范"称号,实现嘉善县省级道德模范"零的突破";陈俐勤、金亚娟等7名先进典型、行业代表参与亚运会和亚残运会火炬传递;外卖小哥周家其、最美接警员朱琳等凡人善举温暖人心,全网累计点赞破亿人次。

【压实意识形态工作体系】 树牢底线思维,确保意识形态安全。圆满完成杭州亚运会、世界互联网大会乌镇峰会等重大活动期间安全保障工作。稳妥做好西塘景区"5·1"门票、"7·16"特大暴雨、"校园掌掴事件"等突发网络舆情风险处置工作,有效应对320国道拓宽绿化带、开发区锦博学府入学问题等负面采访报道10余起,维护和谐稳定社会环境。深化"善e网安"平台建设,推进县级网络安全应急指挥中心运行,建立网络执法工作机制,实施网络铁军锻造行动,常态开展"之江净网""清朗"等系列网络生态治理行动,针对自媒体账号乱象等开展网络生态专项整治行动,网络空间更加清朗,网络安全综合指挥平台建设工作获省委网信办主任张才方批示肯定。夯实"扫黄打非"基础,成功查办嘉善县"4·7"侵犯著作权案和抖音店铺“云海引擎”侵犯著作权案。全面落实意识形态工作责任制，密切关注本地涉意识形态重点领域情况，开展县委巡察意识形态专项检查、宣传文化领域意识形态风险排查整治、主题展览专项检查等。（张文燕）

统一战线工作

【概况】 2023年，嘉善县把推进统战工作与开展主题教育结合起来，持续聚焦“共建双示范、同心助共富”工作主线，聚力“展示窗”“试验田”“桥头堡”新使命，创新集智、锐意进取，奋力在服务中心大局中发挥统一战线强大法宝作用。

【强化思想政治引领】 开展学习贯彻习近平新时代中国特色社会主义思想主题教育，持续深化“寻迹溯源学思想促践行”。组织各民主党派、无党派人士开展“凝心铸魂强根基、团结奋进新征程”主题教育，开展“追寻红色足迹、凝聚发展力量”民营企业家理想信念教育、“新阶层·心向党”等主题活动。推进各民族思想领航行动，推进宗教领域“五个一”红色教育和“三爱”主题教育实践活动，深化留学人员共话“四个自信”主题教育。深化“同舟论坛”建设，聚焦县域高质量发展示范点、示范区新三年建设、长三角乡村振兴高质量发展先行地建设、未来交通路网等主题，开展专题辅导。连续11年在省社院举办党外年轻干部培训班，举办全县统战干部能力提升班，推动统战课堂走进全县村（社区）党组织书记研训班，推动宗教工作纳入全县干部教育培训内容。开展统一战线奋进“双示范”新征程大学习大讨论大担当活动，实施统战干部能力提升行动，深化统一战线“同心同廉”工程，推动统战队伍“四敢争先”；组织民营企业家开展教育培训，发布民营企业“助力双示范、践行三个年”倡议书。强化“统战＋宣传”工作机制，在主流媒体宣传统一战线“同心共建双示范”好故事，全年在国家级、省级媒体宣传统战工作200多篇次。

【助推“双示范”建设】 全方位承接省市助推资源，县委常委会召开扩大会议，部署落实省统一战线助推嘉善“双示范”建设推进会精神，县委县政府制定贯彻实施意见，调动全县各部门清单化推进助推项目。成立省助推大会项目专班，引进葫芦蚂蚁鑫锋音乐村等产业合作项目10个，牵线天杭实验学校与惠民小学结对、省级名医工作站等民生合作项目12个，签订党派乡镇结对、产教合作等共建协议24个，省市县三级统一战线联动下乡开展各类服务20多批次、服务群众6000多人次。多维度推进全县统一战线同心工程，开展“之江同心·善行四季”社会服务活动，完善统一战线社会服务专家库，在县“两馆”建立“善阅生活·同心课堂”，省市县统一战线联动开展喜迎亚运文艺汇演、农村教育烛光行动、“开明·同心共富”文艺演出和义诊、法律、农技、文教等志愿服务50多批次，服务群众8000多人次。组织新生代企业家赴九寨沟并捐助青少年发展援助金4万元，组织企业家赴庆元对接产业服务山区26县跨越式发展，发动3800名企业家参与万企兴万村、山海协作、助力共富等活动，累计出资1500多万元。推进青吴嘉统战联盟协作共建，连续5年累计发布青吴嘉“六大同心项目”100多项，成立青吴嘉“侨创联盟”，串联青吴嘉统战共享基地，构建青吴嘉“统情地图”，发布青吴嘉统战阵地“云”矩阵。联合学习习近平总书记在深入推进长三角一体化发展座谈会上的重要讲话精神，举办长三角一体化建设主题“同舟讲坛”、重点调研课题成果交流会，集智聚力长三角一体化高质量发展。联合青浦、吴江举办长三角民建企业家助力嘉善“双示范”活动、“民进健康医疗进社区”、青吴嘉三地基督教中国化研讨会、百名企业家徒步行、华侨华人高层次人才创新创业峰会等活动26批次，推进长三角交流合作。

【提升履职效能】 聚焦省委“三个一号工程”和县委“三个年”行动，成立各民主党派、无党派人士青年调研团，开展城乡统筹先行区建设专题民主协商。支持各民主党派、知联会中的人大代表、政协委员在各级“两会”平台提交建议（议案）、提案200多件，获评优秀提案16件次，获评“最美嘉兴人”等荣誉77人次。持续培养推进干部梯队，实施党外年轻干部素质提升工程，深化党外干部培养“双走访”“双反馈”机制，建立党外干部成长档案，加强党外科级领导干部、中层干部后备人才的挖掘培养，2名党外干部提拔为正科级领导，1名党外干部提拔为副科级领导，新增储备党外优秀人才24名。持续加强参政党自身建设，引导支持各党派加强组织标准化规范化建设，加强内部监督。推进党派之家、社会服务基地建设，新建农工党长秀村社会服务基地，支持九三学社嘉兴市委会综合五支社在嘉善归谷成立社员之家。

【推进民宗领域治理现代化】 全域深化“石榴红”品牌，成立嘉善民族团结进步促进会，新培育“之江同心·石榴红”家园7个、驿站8个、工作室5个、志愿服务队3个、宣讲团2个，魏中村“一核两带四共”民族和融互嵌模式在全省民宗系统交流。提质民族团结“六进”工作，设立民族民俗文化阵地，举办“浙里石榴红 同心迎亚运”铸牢中华民族共同体意识宣传月活动，举办“中华民族一家亲 同心共建双示范”摄影大赛。新创建省级民族团结进步教育基地2处、省级民族团结进步创建重点培育单位1处。提升宗教事务治理现代化水平，推进全县宗教及民间信仰场所管理规范化制度化建设，推动嘉善“文化兴寺”“一寺一品”创建工作，开展“之江问道”系列活动，指导古药师禅寺宗教中国化场所创建，举办“共绘同心圆 携手迎亚运”长三角生态绿色一体化发展示范区佛教界书画篆刻展，承办市县佛教教职人员轮训和全市讲经交流会。加强宗教领域风险全程化防控，全年召开全县民宗领域除险保安工作会议6次，完成全部27处宗教场所消防安全标准化验收，查处1起假僧案件。深化“十百千万”普法工程，指导天凝教堂、大云禅寺等场所创建省级普法基地。深化“三员＋警员＋消防安全员”连心服务，创建平安场所相关做法获《浙江民族与宗教》刊载。

【助力民营经济】 服务民营企业提能，组织民营企业家赴清华大学培训，推进2023—2025“青蓝接力”培育工程，新认定4家民营经济人士理想信念教育基地，3位企业家获评嘉兴市新时代中国特色社会主义事业优秀建设者，1名企业家获评“最美新锐禾商”。以基层商协会为抓手，链接3800多家会员企业参与万企兴万村，助力山区26县跨越式发展，公益慈善事业捐助超1500万元。助力营商环境提优，抓好人文环境建设，涉台营商环境优化机制获评全市最佳创新案例；举办“亲清直通企呼我应”银税专场活动，累计播出“亲清直播间”15期，县工商联获评全国工商联民营企业劳动关系监测调查工作示范单位和全省上规模民营企业调研先进单位，嘉善县被列入省深化新时代“两个健康”先行示范县创建名单。促进商会发展提质，成立县汽车零部件行业协会，连续11年召开嘉善县民营企业家座谈会，推动基层商会党组织参与共富工坊建设，西塘镇商会推动“吾巧”女工巧手工坊助力60多农户户均增收3300元，获评首批省级“巾帼共富工坊”；出台“清廉民营企业”建设工作实施方案，创建县级清廉民企200家，形成富通、福莱新材料等典型企业。

【推进党外知识分子和新的社会阶层人士统战工作】 拓展知联会工作领域，成立全市首家县知联会国企分会，从县属企业新吸纳优秀人才30名；新发展年轻县知联会会员17名；在鑫锋村建立“知联同心·共富同行”社会服务基地，发挥优势助力乡村发展。完善新的社会阶层人士阵地矩阵，新建2个镇级新联会，推进镇街、重点领域新联会组织全覆盖，建成社会组织从业人员实践创新基地，拓展形成全县“1＋12＋X”阵地矩阵；深化新联会联盟轮值制度，建立基地创新导师机制，创设“新公益”暑期课堂，发布“之江同心·寻美嘉善”主题9条精品线路，承办全市新的社会阶层人士统战工作研讨会。

【嘉有善贤】 擦亮“嘉有善贤”品牌。规范乡贤参事会运行和参事议事机制，出台新乡贤助力社会矛盾调处化解工作指导意见，完善“善贤和事”机制，打造“9＋N”乡贤矛盾调解室，创设“乡贤宣讲团”，形成“五步走”调解法，乡贤助力基层善治“贤调”模式和“四门”工作法获《情系中华》刊发推广。“善贤善谋”促发展，协助筹办嘉兴人大会，举办新春联谊会、“在外乡贤中秋联谊会”、节假日返乡等活动，邀请知名乡贤与县委县政府主要领导面对面交流建言。在杭州新设“善青驿站”，“善贤驿站”凝聚新乡贤反哺家乡做法获评嘉善县十大“示范点创新奖”。开展新一轮“双百行动”，招引新乡贤助共富项目12个，引领新乡贤参与家乡建设600余人次；开展善贤义诊服务30多次、服务群众1万余人，乡贤捐赠400万元建设农村家宴中心获百姓称赞，“嘉有善贤”助农增收做法获国家发改委就业司肯定。

【凝聚海内外人心】 擦亮“党建带侨建”品牌，打造“党建带侨建”缪家村示范点样板，5家“侨胞之家”获评浙江省“星级侨胞之家”，与上海市欧美同学会党组开展联组学习，举办“凝聚侨力量 共品侨书香”侨界主题读书活动、“祥符同心 示范先行”高层次统战人士座谈交流会等活动10余场。纵深推进“海智赋能”行动，在祥符荡创新中心揭牌成立“上海市欧美同学会集成电路分会会员之家”，举办“走进示范区 共富新征程”上海市欧美同学会支持示范区建设合作共建大会等活动，促成5个人才投资项目达成合作意向；承办省侨联“2023高层次留学回国人才暑期为国服务志愿团”走进嘉善活动，成立“浙江省高层次留学回国人才为国服务志愿团嘉善工作站”，征集专题建言40余条，达成合作意向11项。扩面提质开展港澳台统战工作，与结对姊妹学校香港救世军田家炳小学开展互动活动，“港澳青年看祖国”香港青年长三角科技创新考察团到嘉善考察。实施“暖心助侨”工程，举办侨法“四进”活动，举办“浙里有爱·四海迎春”新春慰侨活动、“侨心向党 喜迎亚运”为侨服务月、侨界中秋联谊活动等暖侨活动。开展“助企开门红·侨企大走访”系列活动，走访侨企32家、协调解决诉求18条。实施“海燕云集结”项目，为暑期回国海外留学人员量身定制实践岗位20个。（徐亚雅）

机构编制

【概况】 2023年，嘉善县机构编制工作以习近平新时代中国特色社会主义思想为指导，贯彻落实《中国共产党机构编制工作条例》和县委编委会议精神，紧扣“展示窗”“试验田”“桥头堡”新使命新定位，有序推进机构改革各项任务，持续优化机构职责和编制资源配置，推动机构编制工作高质量发展，为“双示范”建设提供强有力的体制机制保障，被评为2023年度嘉善县域高质量发展示范点建设先进集体。

【推进机构改革】 深入学习领会新一轮机构改革有关文件精神以及党和国家机构改革方案，拟定嘉善县机构改革方案，经县委编委会及县委常委会审议通过后，按程序上报嘉兴市委。

【优化示范区管委会机构职能】 在示范区管委会综合协调局增挂办公室牌子，在政策法规局增挂规划建设局牌子，将县长三角一体化发展中心更名为县长三角一体化发展招商服务中心并挂县长三角一体化发展中心牌子，增核股级中层职数3名。

【助力人才强县建设】 在全市率先出台《高层次人才专项事业编制使用管理办法》，建立高层次人才专项“编制池”，核定编制20名。设立嘉善县高层次人才服务中心，加挂嘉善县祥符英才创新发展院牌子，统筹开展人才服务管理工作。全年核准高层次紧缺人才用编28名，占事业单位招聘用编总数的32%。土壤中心嘉善双碳研究院登记为事业单位法人，打造双碳领域先进技术应用标杆。支持浙江大学长三角智慧绿洲创新中心增加“检验检测及服务”业务内容，通过省市监局资质认定证书。

【服务民生事业发展】 突出教育领域，核准教师用编188名。建立公办中小学事业编制周转池，核定周转编制272名。助力嘉善技师学院筹建工作，核定报备员额43名。创新公办幼儿园人员编制管理方式，制定《嘉善县公办幼儿园教职工总量管理办法》。突出医疗卫生领域，核准卫生系统用编249名，编外用工控制数210名。完成疾控体系改革，在县卫生健康局加挂县疾病预防控制局牌子，重新组建县疾病预防控制中心，机构规格升级为副科级，下设10个内设机构，核定事业编制88名。支持县域急救体系建设，核准县急救站用编9名，编外11名，县中心血库用编1名，编外2名，“打造县镇村一体化急救体系”获全市一季度营商环境优化提升最佳实践案例。突出社会服务领域，在县退役军人事务局增设双拥科并增加股级职数，在县文旅体局增设文物科。

【机构编制日常管理】 规范机关事业单位人员编制、中层职数、编外用工管理使用。核准机关事业单位使用编制714名（行政及参公113名、事业601名）。核准股级用职201件，编外用工40件。做好人员出入编信息更新及数据库维护工作，办理人员出入编1722人次。优化精简县级工作专班，撤销42个，精简率34%，推动行政资源集约、优化、高效。

【事业单位日常管理】 完成315家事业单位年度公开报告工作，

公开合格率 100%。事业单位设立登记 5 家、变更登记 94 家、注销登记 22 家，法人证书到期补换领 28 家。做好中文域名缴费以及法人浙里看应用配置、推广工作。

【综合行政执法改革】 在全市率先建立党委政府“双牵头”工作机制。推动县级部门 435 名编制下沉，占执法队伍编制总数的 62.1%。在县文化市场行政执法队增设西塘分队，增加中层职数(正股级)1 名。常态化督促协调 39 家县级部门及时认领新增、调整的监管事项，认领监管事项 9940 项，认领率 100%，考核结果位全市前列。

【加强《条例》贯彻落实】 向市委编委报告 2022 年度嘉善县机构编制重要事项报告。主要领导在县委党校主体班等培训班上宣讲 2 次，举办全县机构编制业务培训班，专题授课 4 次。对县公安局等 7 家单位开展专项评估，重点开展中小学教职工编制绩效评估，完成问题整改 2 项，长期坚持 4 项，形成制度性成果 1 项。加强监督检查力度，结合县委巡察选人用人专项检查及领导干部经济责任审计，对 19 家部门(单位)开展检查，发现问题 4 项，整改 4 项。全省首家创新出台《建立健全登记设立事业单位登记管理工作“四项制度”》，对 8 家事业单位法人开展“双随机、一公开”监管抽查，发现问题 5 项，整改 5 项，压实举办单位职责。 (陈　旭)

全面深化改革

【概况】 2023 年，嘉善县认真贯彻落实省市改革工作部署，以政务服务增值化改革为牵引，统筹推进营商环境优化提升“一号改革工程”，持续赋能“双示范”建设。数字化改革等 4 项工作获省政府督查激励。“县域高质量发展体制机制创新”等 3 项改革获评全省改革突破奖。以数字化推动一体化改革经验获国务院总理李强、副总理丁薛祥批示肯定，相关经验在中区办《区域协调协调发展工作简报》、全国《优化营商环境简报》《电子政务工作简报》刊登。区外保税维修国家级试点等 15 项改革经验获省委书记易炼红、省长王浩等省领导批示肯定，打造营商环境最优县等 18 项改革经验在省级以上会议交流。新增省级以上试点项目 65 项，“区域协同万事通”“民声一键办”改革经验入选全省营商环境优化“最佳实践案例”，“零工市场”和“医保新机制”等 2 个项目入选全省营商环境“微改革”项目库。

【完善改革顶层设计】 搭建工作体系。组建由县领导领衔的县改革攻坚专题组、营商环境优化提升“一号改革工程”专班、政务服务增值化改革工作专班。召开县委改革委第十一次会议、全县推进营商环境优化提升“一号改革工程”暨营商大提优年会议、县政务服务增值化改革推进会，部署改革推进工作。谋划改革蓝图。编制打造全面深化改革先行区意见，制定 2023 年改革工作要点，联动推进营商环境优化提升“一号改革工程”、省市 16 项重大改革攻坚行动、县级 10 项牵一发动全身重大改革。制定实施营商环境优化提升“一号改革工程”实施方案，落实“五大环境”共 153 项省级任务，承接省级 12 项专项行动，推进县级 30 项年度重点任务。编制政务服务增值化改革工作实施方案，推进 40 项年度改革任务。健全攻坚机制。围绕改革“谋划部署、组织实施、迭代提升”三大重点环节，建立全链条改革落实闭环机制。健全县领导领衔、清单式推进、专班化攻坚“三大机制”，深耕改革“责任田”。

【聚焦聚力重点领域】 全面实施“一号改革工程”。全面承接省级专项行动，推动“五大环境”优化提升。“无感监测”营商指数位列全省第 4，营商环境事项一次性化解率全省第 1，“大综合一体化”行政执法改革指数位列全省第 12。“优化营商环境‘三体系’”经验入选省委组织部推进“创改开”实施三个“一号工程”第一批典型案例。“零工市场”等 6 项改革案例入选全市营商环境创新案例，“迭代升级‘综合查一次’”等 2 项入选全市“微改革”项目库。优化涉企政务服务，创新“178”政务服务体系，做实“一站式”服务，为 533 个产业项目提供代办服务。迭代跨区商事登记便利化新模式，发出首张跨省“证照联办通取”营业执照及许可证。提升营商环境法治化水平，推动重点产业合规专项行动，率先在高新技术企业领域编制行政合规指导清单。率先迭代“综合查一次”，减少扰企 2090 次，跨部门联合监管率 46.3%。推进市场环境优化，全年新增市场经营主体 1.2 万家、同比增长 8.7%，增速列全市第一。获批国家知识产权局商标业务嘉善受理窗口及全省首个县级知识产权质押融资登记服务窗口，完成质押融资28.67亿元。增强经济生态支撑能力，数字安防与网络通信产业集群成功入选省级特色产业集群核心区创建名单。嘉善长三角零工市场投入使用，建成全省首家线上工资支付和即时投保平台。员工录用“一类事”列入“一类事”省级指导目录先行先试清单。打造“亲商重商”人文环境，建立“善台同行”多跨协同服务机制，被列入“两个健康”先行县省级试点。攻坚突破政务服务增值化改革。按照全省政务服务增值化改革部署要求，优化服务运行机制。构建“1+9+X”涉企服务体系。成立县企业综合服务中心，实体化运行。全县9个镇（街道）设置企服专窗，国开区、中新产业园、干窑万洋工业社区等平台园区，建立“1+9+X”涉企服务矩阵。打造“易企办”线上服务平台。在县政府门户网站及“浙里办”专区上线“易企办”企服平台，创新推出“虚拟窗口e企办”远程视频帮办服务。升级“惠企直通车”平台，优化政策匹配和定向推送。推广下载“企业码”，市场经营主体下载率87.97%。聚力推动关键领域重点改革。落实省市16项重大改革攻坚行动，推进县级10项牵一发动全身重大改革。“院前急救一件事”成为全市唯一入选全省群众天天有感“微改革”试点项目，入选全省综合医改“十佳典型案例”。推进县域高质量发展示范点建设，积极争取国家发改委发文推广嘉善工业“低产田”改造等一批示范点经验做法。深化示范区一体化制度创新，累计形成136项一体化制度创新成果。健全重大项目大攻坚机制，全力推进“365”重大项目计划，完成固定资产投资397.3亿元，获省市投资“赛马”激励。健全招大引强“一盘棋”机制，创新实施招商引资重大项目落地共享机制，出台集中财力集中资源招大引强政策；获评“浙江省十佳招大引强县（市、区）”。深入推动“扩中提低”改革，零工市场累计实现就业近5.5万人次，促进增收超846.6万元；各类“共富工坊”带动人均月增收2872元；落地慈善信托“穿透开票”做法，“同善”信托成为全市首个千万级慈善信托和全省县域规模最大慈善信托。推进优享公共服务集成改革，全国学前教育普及普惠县创建通过省级督导评估，被列入全省首批教育领域数字化改革实验区，银福苑入选全省首批共同富裕实践观察点，创成全国医养结合示范县，预防接种“一件事”改革成果全国推广应用。深化强村富民集成改革，累计认定农业标准地1.65万亩，在大云镇曹家村、江家村两地启动宅基地有偿使用改革试点，缪家村被列入全国学习“千万工程”经验现场会考察点。深化基层智治体系建设，迭代升级警网融合2.0版，推进“平安共同体”建设。深化“大综合一体化”行政执法改革，创新“三立”模式推进执法协调监督国家级试点，获评全国法治政府建设示范市“十大标志性成果”，“‘三链一体’行政执法跨域协同”上榜全省“大综合一体化”行政执法改革“最佳实践”。推进“创新深化”集成改革，浙大智慧绿洲建成全市首个创新成果转化验证中心，科研设备仪器开放共享机制案例获评省“创新深化”改革清单第一批典型案例。

【加强宣传推广】 提升改革攻坚能力。举办4期营商环境优化提升“一号改革工程”和政务服务增值化实务培训会，开展法治化营商环境大讲堂等专题课程，提升干部改革能力。聘请首批10位营商环境体验官，开展营商观察体验活动，推动改革创新举措不断优化完善。加强经验总结推广。组织两期全县营商环境创新案例评比活动，评选出构建“178”政务服务体系等22项县级优秀案例，7项案例获评省市营商环境最佳实践案例。示范区一体化制度创新、智安街道建设经验等先后在《浙里改》刊发并上报中改办，“增值化服务‘筑巢引凤’助推小微企业高质量发展”等2项经验在省《改革研究参考》刊发，预防接种“一件事”改革等5项经验在省《竞跑者》刊登，“五统联动”养老模式等7项改革经验在市《弄潮儿》刊发。强化媒体宣传报道。“跨省通办”等一批改革经验做法获央视《新闻联播》、人民日报等省级以上主流媒体关注报道。联合宣传部门、镇街，加大改革典型案例宣传力度，发布“致企业家的一封信”，开展营商环境优化提升和政务服务增值化改革系列宣传15期，不断提升企业群众的改革知晓率和满意度。

（刘　伟）

老干部工作

【概况】 2023年，嘉善县老干部工作围绕县委、县政府的中心工作,以深入学习贯彻党的二十大精神为主线,为谱写中国式现代化嘉善精彩篇章贡献老干部力量。至年底全县有离休干部32人,其中本县25人,赴外地安置3人,易地安置嘉善1人,代管3人。县处级老领导39人。

【领导重视】 1月13日,县委副书记、县长张锡锋主持召开老干部座谈会,征求《政府工作报告》意见建议。2月7日,召开老干部迎春茶话会,江海洋、张锡锋、钱学勤、顾新宇等市县领导与老干部代表共话高质量发展成果、共展"双示范"建设图景。3月16日,市委组织部副部长、老干部局局长王国芬到嘉善调研老干部工作。9月8日,省委老干部局副局长卢群星到嘉善调研指导老年教育工作。

【老干部读书会】 11月23日,市委常委、县委书记江海洋出席2023年嘉善县老干部读书会,传达习近平总书记考察浙江重要讲话精神,并作全县经济社会形势报告。县委常委、组织部长俞益东主持,全县离休干部和曾担任副科级及以上领导的退休干部参加读书会。读书会还安排专题辅导、分组讨论、考察调研等活动内容。

【党支部规范化建设】 持续推进离退休干部党支部规范化建设,开展争创"五强"党支部、争当"五好"党员活动,全县规范化支部达标率100%,创省级"三强六好"示范党支部9家。开展好离退休干部党员主题教育,注重支部示范带动与全面推动相结合、网络助学与送学帮学相结合、为老服务与发挥作用相结合等"三个结合",组织开展学习活动,相关做法被县主题教育办录用。5家"老党员驿站"相继建成并投入使用。

【支部书记培训班】 6月9日,召开全县离退休干部党工委工作会议暨离退休干部党支部书记培训班,县委组织部副部长、老干部局局长、离退休干部党工委书记计建新出席会议并讲话,县离退休干部党工委成员单位有关领导、全县各离退休干部党支部隶属党组织分管领导,各离退休干部党支部书记参加。培训班邀请浙江省理论宣讲名师高福弟和县委党校高级讲师舒文娟,分别作《当前中美关系及其应对》《从入党誓词的变迁看中国共产党为什么能》等专题党课。

【作用发挥】 充分发挥老干部优势作用,每季度开展"走基层、看变化、守初心、促发展"活动,组织县处级老领导分别赴示范区嘉善片区助力"双示范"建设、赴农业农村局助力乡村振兴、赴县经信局助力企业纾困解难等主题调研活动。离退休干部党支部开展志愿服务,累计组织活动23次。组织老年大学参与捐款献爱心活动,动员老年大学学员到县一院、中医医院、姚氏门诊部(善心堂)、嘉善县博物馆和社区等地开展志愿活动。

【服务老干部】 开展"洁净暖巢"为老服务活动,联合县96345社会公共服务中心,为离休干部和县处级老领导开展清洗空调、油烟机和管道疏通、水电维修等服务234台次。10月18日,专门组织县第一人民医院老专家、名医为老干部进行神经内科、心内科、疼痛科等8个大类的重阳节义务会诊,服务600多人次。持续做好"四季慰问"常态服务,全年走访慰问离退休干部360多人次。为在善离退休干部购买意外保险68份。建立健全常态走访"一卡一簿"即"银龄关爱连心卡""家庭医生服务簿",家庭签约医生上门提供医疗服务48次。对全县5201名离退休干部开展心理健康调查,帮助老干部们预防和治疗各种心理问题。切实做好老干部临终关怀。

【老年大学管理】 9月,老年大学新校启用,开设54个班级,学员1237人。组织开展"课前十分钟"思政教育宣讲、思政大课堂、红色研学等活动,强化老年大学思想政治建设,思政教育课与专业课比例1∶1。10月17日和12月28日,邀请高福弟宣讲党的二十大精神和习近平新时代中国特色社会主义思想。组织红色研学活动2次。推进"云上老年大学"建设,发展"互联网+老年教育",《论语》精选、越剧、烹饪(佳肴十碗)等3门课程13节课入选浙江省云上老年大学课程库。

【老年教育资源整合】 坚持"五统一、五贯通",逐渐形成党委领导、政府统筹、部门协作、社会参与、普惠共享新格局。老年教育覆盖全县9个镇(街道)、104个行政村、70个社区居委会。至年底,全县有县级老年大学1所、县级老年大学分校2所、镇(街道)

老年学校9所、村(社区)老年学堂174所,在册学员19886人。与县教育局、县卫健局开展深入协作,探索建立村社老年学堂"3+N"课程模式,构建思想政治教育课、养身保健课、技艺类课等长学制班3门。挖掘本地优势资源,创建"一村一品"特色亮点,开发"N课程"。

【文体活动】 组织老干部开展各项文体活动。5月10日,举行"学习贯彻二十大,银辉助力新征程"嘉善老年大学第十七届趣味运动会,近800名老年学员参与。8月30日、9月15日,嘉善县委老干部局和县老年体协分别联合举办"全民迎亚运 银耀新时代"离退休干部、职工门球交流赛。9月8日,组织开展"全民迎亚运 银辉展风采"文艺演出。10月18—19日,举办"欢乐度重阳 银耀新时代"嘉善县第十九届老干部游园会,1900余位离退休干部参加。

【一体化交流发展】 举办"青吴嘉"三地党的二十大精神知识竞赛、长三角先行启动区离退休干部党支部工作联谊会,组织参与闵嘉青区域共同体第一次理事会会议暨"学习二十大银耀新时代"书画摄影展、长三角生态绿色一体化发展示范区离退休干部工作共同体成员单位工作商讨会。11月16日,"青吴嘉"三地老干部局联合开展"学思想强党性 同舟奋进谱新篇"离退休干部党员主题教育活动,发布青吴嘉"6+6+6"(6条党建研学线路、6个党建示范点位、6堂精品党课)合作项目。 (杨玉红)

县直机关党建

【概况】 2023年,县委直属机关工委紧扣机关党建"围绕中心、建设队伍、服务群众"核心任务,全面提高机关党建工作质量,为高水平打造新时代机关党建高地作出积极贡献。全年新建基层党组织1个,新发展党员22名,预备党员转正31人,转接组织关系1588人次。至年底,县直机关有直属单位63个、基层党组织255个,党员4092名。

【思想政治建设】 始终把政治建设摆在首位,按照中央和省市县委统一部署,开展习近平新时代中国特色社会主义思想主题教育。全面落实"第一议题"学习制度,开展部门党委(党组)中心组理论学习巡听旁听。组织机关党组织书记、党务干部以及1200余名科级以下党员干部进行专题培训。举办青吴嘉三地机关党建联学、青年干部"学习贯彻习近平总书记重要讲话精神""明德守法、完善自我"理论宣讲,开展"学习贯彻二十大、'四敢争先'走前列"主题征文、"守根铸魂"大学习以及全民阅读进机关等活动。

【基层组织建设】 全面理顺县级机关党组织隶属关系,10个系统党委的52个基层党组织、1260名党员完成整建制转入。创建青吴嘉机关党建品牌,举办青吴嘉机关党建品牌发布会,全面抓实"一机关一品牌"工作,7个品牌获评市级星级示范性机关服务品牌、2个品牌获评市级机关服务品牌。召开基层党组织书记述职、半年度机关党建推进会,抓好机关党建"飞行抽检"、《支部工作手册》互查互评、基层党组织换届、党员发展等经常性工作,推动机关党建全面进步整体提升。

【抓实双建工作】 制订《清廉机关单元、双建争先"五强+"评价指标》,召开"双建争先"先进基层党组织汇报评比会,10个基层党组织被评为县级机关争创"双建争先"先进基层党组织。组织县级机关部门开展"双建争先"示范培育集体和"清廉机关"单元创建工作,5个单位获评全市"双建"工作先进党组织、2个单位获评市级"双建争先"示范集体。开展反酒驾、反醉驾专题教育,会同县纪委监委,举办全县嵌入式党性教育启动仪式,开展第四届"清廉在身边"摄影比赛,全年审理县直机关违纪违法党员干部6人。

【助推中心工作】 聚焦营商环境优化提升"一号改革工程",在全县层面开展营商环境优化提升专项民主评议,在机关部门开展"深化机关效能建设助力营商环境优化提升"专题调研。按照"实事办好、好事办实"原则,指导全县机关部门与173个村(社区)、237家企业开展"四方党建联建"。坚持政治统领、党建引领,持续推进书记领办"党业融合"项目,深化"网格连心、组团服务""一编三定"等工作机制,推动机关党员干部自觉参与"三个年"行动。

【机关文化活动】 举办2023年嘉善县农村文化礼堂运动会、嘉善县社区运动会"迎亚运"系列赛,并组队参加羽毛球、乒乓球、足球、气排球等4个项目。突出“奋进双示范、跑出嘉速度”主题，组织400名机关干部参加“五湖四海一嘉人”全民健身万人徒步活动。举办机关工会主席、太极拳、书法、红十字救护员培训和县直机关羽毛球、乒乓球比赛，组织289名机关干部职工参加疗休养。结合春节、七一等重要时间节点，走访慰问县直机关困难党员、困难职工115人。（胡伟刚）

党校教育

【概况】 2023年，县委党校（县行政学校）紧扣“为党育才、为党献策”初心使命，围绕县委、县政府中心工作，结合实际，推进整体办学水平新提升、新发展、新突破。年内，创建成为全省首批“标杆引领类”县级党校，以高分成绩位列全省16强之一；作为全国10家县级党校代表之一，在中央党校县级党校校长培训班上，向中央党校校长陈希汇报嘉善党校的特色做法；作为全省3家县级党校代表之一，在全省全面从严治党能力培训教学提升工程工作会议上作典型发言；长三角生态绿色一体化发展示范区、缪家村、田家英和合调查展室等获评全省首批省级现场教学示范点。

【理论学习】 统筹推进主题教育工作。严格落实“第一议题”制度，通读研读党的二十大报告、《党章》、《习近平新时代中国特色社会主义思想专题摘编》，定期组织多形式的主题党日。开发更新主题教育宣讲课程45堂。开发“创新理论示范声”宣讲菜单，10名教师被聘为“善学讲堂”讲师、20堂好课程入选“善学讲堂”精品课程。组建主题长廊青年宣讲团队，优化主题党日进党校系列活动，并在县纪委、青吴嘉三地气象局等部门单位的主题党日活动中运用。撰写咨政报告，先后获市委书记陈伟，市委副书记、政法委书记帅燮琅，市委常委、县委书记江海洋，市委常委、组织部长颜海荣等市县领导的肯定性批示。

【干部教育】 全年举办主体班次14期、社会主义学校培训6期，培训学员1085名。市委常委、县委书记江海洋在秋季开学典礼讲授“第一课”，县委常委班子领导全部参与主体班次授课。开展学习贯彻党的二十大精神轮训，全县700多位县管科级领导干部分批进入党校参训。完成中组部全国村党组织书记和村委会主任视频培训班嘉善分课堂培训任务，全县112名村书记参加。2名教师分别获全市党校系统精品课比赛精品奖和优秀奖。全年开展基层宣讲272场，受众22000人次。与县纪委共同开展嵌入式党性教育，县委党校成为嘉善县嵌入式党性教育理论研究基地，与县直属机关工委联合办班，完成1200余名党员分批次进入党校培训，实现机关党员主题教育轮训全覆盖。

【科研咨政】 以服务“双示范”建设的过硬业绩，综合展示县域智库使命担当。在各类平台共立项课题19项，其中全省党校系统规划课题立项5项（列全市县市区党校第一），省委党校“党校初心”专项课题1项，环太湖课题立项1项，市社科联课题立项2项，市委党校课题立项3项，县社科联课题立项7项，完成委托课题5项。课题结题22项，其中省委党校课题结项7项，环太湖结项2项，市社科规划课题3项，市委党校课题4项，县社科联课题6项。先后在《解放日报》《嘉兴社科要报》《南湖论坛》等发表文章22篇，教师出版专著1本。文章获各类奖项19个，其中省级一等奖1项、二等奖1项。决策参阅全年获市县领导批示23次，其中获市领导批示6次，县党政主要领导批示6次。

【人才队伍】 将党风廉政教育和全面从严治党融入每一期培训班中，对封闭式培训班次实行24小时专人管理。落实“一把手”带头上党课、廉政教育课制度，主要领导和分管领导多次为教职工专题授课。先后选派2位班子成员参与县中心工作，并作为专班负责人推进重点工作。组织开展自主招聘，全年引进硕士研究生4名。接受县委组织部牵头的选人用人专项巡察工作。新提拔85后中层干部2名，新聘高级讲师1人，初定中级讲师1人，申报和转评中级讲师2人。新获评市级名师工作室1个，成为嘉兴市唯一一家拥有省市两级名师工作室的县级党校。新获评市级名师1名，成为嘉兴市党校系统市级名师最多的县级党校。（舒璐璐）

档　　案

【概况】 2023年，嘉善县在2022年度全省档案工作指数评价结果中列全省第一档、全市第一，四类专项评价中档案资源和工作创新两项列全省10强(包括设区市前3名在内);县档案馆获省"两办"全省档案工作成绩突出集体(嘉兴县市区唯一)。至年底,收到年报单位69家,全县有专职档案员55人、兼职档案员127人,室藏档案总数1380920卷,1945821件;有馆藏全宗220个,共计16.82万余卷、62.7万余件,底图7901张,照片档案2.87万余张,图书资料2.54万余册,寄存档案11.48万余卷。

【服务大局实施】 12月6日,通过省档案局组织专家组验收,成为全省首家通过验收的浙江省档案工作数字化转型示范区。承办全省档案数字化转型培训班。档案工作获省委副秘书长吴炳芳肯定,在全省各市档案馆工作交流会作书面交流,在全市档案工作会议上作交流发言。联合出版《太浦河工程建设史》,获全省优秀档案编研成果一等奖。

【档案改革创新】 重点实施"浙里数字档案"嘉善"档管家"应用建设,7月18日试运行。至年底,开通单位353家、用户总数710个;归集电子目录607.38万条、各类电子档案资源7291.84GB。归档接收县档案馆、县政务数据办和县市场监管局等3家单位电子公文,进一步巩固电子文件单套制归档。完成省档案馆档案数据资源归集共享提质扩面工作,数据上传开放共享15550件、婚姻57896件、学籍10167件、出生医学63240件等。向市档案馆上传目录数据归集婚姻档案58848条、知青档案1271条。

【档案业务指导】 做好档案收集整理业务培训,并对个别单位进行个性化指导;完成全县70家单位的档案事业年报;推进新冠肺炎疫情防控、"三类"档案的指导;指导做好文明城市创建档案、双碳、共富档案整理并移交进馆。全年完成整理双碳档案文书138件,962MB,数码照片248MB;共富档案文书599件,2.64GB,数码照片1.53GB。数改档案文书1464件,6.89GB,数码照片287MB。

【档案监督检查】 对66个部门、9个镇(街道)2022年的档案工作进行考核;协助完成2023年度档案督查检查考核申报和部门、镇(街道)半年度初步测评等工作。开展档案执法检查,涉及检查对象20家,对档案服务机构实地执法检查全覆盖,强化对档案中介公司的指导和监管。完成全省档案工作智能监管平台数据的梳理和上传。

【档案室达标创建】 召开档案业务建设评价及数字档案室建设培训会。完成25个县级部门、9个镇(街道)、55个村(社区)的档案室业务建设评价及20家单位示范数字档案室测评。

【实体档案资源建设】 接收县委、县政府等28家单位一文一件档案67769件,其中婚姻档案4418件、会计档案115卷、光盘档案47卷、印信64卷、奖状奖杯等实物233个、数码照片299张(共富、双碳)、照片93卷(4000多张)、字画2卷、录音3卷、录像45卷。完成县政协50幅书画的装裱工作。举办第四届"嘉善印象"纪实摄影大赛,完成第三届"嘉善印象"摄影大赛征稿作品归档(40盒,1753张)。征集各类信札、老照片、委任书、奖状等67份。接收胡鞍刚院士主编并亲笔签名图书6册。完成特种载体库房清点工作。

【档案利用服务】 全年完成大厅查档5368人次,调档37842卷873712件,出具证明15094份,复印27643页。远程办理299例,其中市平台27例,省平台269例,信件3例。与江苏联著开展AI档案开放初审约45万件。

【档案文化宣传】 开展"浙江档案·这20年"系列活动,拍摄"浙江档案·这20年"宣传片。做好馆藏精品全省宣传,20件镇馆之宝上报省档案馆。全省"红领巾走进档案馆"活动中"一本笔记本背后的红色故事——田家英和合调查"专题片参加省档案馆现场展示(嘉兴唯一),杨乐涵获省最佳讲解奖。会同县农业农村局主办"端稳粮食饭碗——嘉善农业发展历程展"。全年被《中国档案报》《浙江档案》等核心报(期)刊录用各2篇。《嘉兴日报·嘉善版》专版宣传《守护红色根脉 谱写兰台新篇——嘉善县档案史志工作高质量发展纪实》。全年编印《嘉善档案史志》4期,《嘉善记忆》2期,在"最嘉善"微信公众号上推送"嘉善档案史志"和"了凡善学"55期。 (卓颖颖)

党史工作

【概况】 2023年,嘉善县党史工作以"一突出、两跟进"为工作要求，重点聚焦征编研宣和红色资源保护利用，推动全县党史工作发展。1人入选首批“浙江省‘152’党史人才”青年骨干。

【出版《一张蓝图干到底——嘉善县域发展大事记（2003—2023）》】 该书于6月由浙江人民出版社出版发行。从“八八战略”入手，围绕“双示范”建设，收录2003年1月至2023年3月间嘉善县在经济建设、政治建设、文化建设、社会建设、生态文明建设和党的建设等方面的重大事件。全书收录文字49万字、照片16张。

【党史资政研究】 围绕“八八战略”在嘉善的践行，完成省、市专项研究课题。完成省委党史和文献研究室《一张蓝图绘到底——忠实践行“八八战略”全纪录》嘉善研究课题《深化“双示范”建设推进嘉善实现跨越发展》；完成嘉兴市专项研究课题《接轨大上海融入长三角》，梳理嘉善借“海”扬帆的经验启示，为全县实施“地瓜经济”提能升级“一号开放工程”提供历史借鉴。

【全县革命遗址和纪念场馆设施普查】 至年底，收到80个点位的普查资料。先后走访调研嘉善农运星火馆、魏塘陈云同志避居地遗址（现嘉善第二高级中学操场）、网埭港村农民暴动史料馆等地，推进田家英和合调查展室提升工程，并在10月完成正式开馆。

【党史宣传教育】 持续落实“党史七进”，组织史志宣讲员赴村、社区、企业、学校开展宣讲。赋能“春泥计划”，走进校园、社区，讲授《浅谈嘉善历史文化》。3月，在嘉善新世纪学校开展党史“点亮”思政课堂“红色种子”根植心田系列活动，设立红色书柜，为全校师生赠送地方特色书籍17种150册，并相继在浙江万正电子科技公司、魏塘街道智果村和全县4个“社科联之家”开设档案史志基层阅览点。 （周冰缘）

地方志工作

【概况】 2023年，嘉善县地方志工作以村志编修为重点，协调推进年鉴编纂、资料收集、方志宣教等各项工作，努力发挥“存史、资政、育人”作用。年内，嘉善县被列为全省村志编纂试点单位和数字方志运用全省首批单位，镇村志编修、地方志文化传播应用等工作得到省地方志办公室主任郑金月充分肯定，缪家村史馆建设得到《浙江宣传》公众号点赞。

【年鉴编纂】 编纂出版《嘉善年鉴（2023）》，全书70余万字，收集重点照片、镇（街道）和重要单位部门彩页及随文插图百余张，采用全书彩页印刷，由中华书局出版发行。完成《嘉兴年鉴（2023）》《浙江年鉴（2023）》《中国地方志年鉴》嘉善部分的初稿撰写和报送工作。

【志书编纂】 发布《新发展阶段嘉善县域乡村史志高质量发展三年（2023—2025）工作方案》，召开全县村志联络员会议，推进全县村志编修工作。5月10日，全市村志编纂工作现场会在嘉善召开，嘉善村志工作在会上作交流。至年底，全县118个村（社区）累计启动村志编修74部、占比62.7%，通过县级复审38部、出版20部，其中2023年完成县级复审14部，出版11部。继续做好《嘉善县政协志》《嘉善县佛教志》《嘉善法院志》《嘉善工会志》《嘉善县第一人民医院志（1998—2021）》编纂的指导工作。

【地情资料收集】 全年收录全县大事记640条、7.2万字。依托《申报》数据库开展民国嘉善史料收集工作，收集有关报道145篇4.6万字。

【方志宣教】 依托浙江数字方志一体化平台建立嘉善县数字方志馆，设地情概览、大事记、志鉴成果、影像浙江、人物、专题专栏等板块，全年上传数字方志成果38部。做好“学习强国·浙里有志”信息报送工作，全年报送12篇。

【古籍整理】 做好明正德《嘉善县志》点注出版工作。启动并完成清康熙《重修嘉善县志》点注8卷。 （沈路婧）

对台工作

【概况】 2023年，嘉善县按照中央、省、市台办和县委县政府工作要求，全力做好对台工作。

【加强对台经贸】 围绕全县产业布局，全力开展台资招引工作，7月在“浙江·台湾周”嘉兴专场签约台资项目3个，总投资2.6亿美元。深化善台优势产业合作，承办两岸（嘉兴）数字论坛，邀请台湾电电公会到嘉善参访，与中新产业园签订合作协议。至年底，嘉善新增台资企业19家、台资增资项目4个，总投资2.24亿美元，合同利用台资9083万美元，实到台资6044万美元。联合经信、科技等部门高效开展服务指导，推动台资企业实施技术创新和改造提升，加快建设企业研发中心、技术中心。至年底，全县台资企业有国家高新技术企业59家、省科技型中小企业38家，拥有省市县级各类研发中心41个。推动台资企业申报“专精特新”企业，全年培育省级专精特新中小企业6家，累计15家。

【优化涉台服务】 定期举办台资企业经济形势分析、税务知识讲座等活动3次，累计吸引100余家企业300余人次参加，帮助解决台资企业生产经营中碰到的热点难点问题。推动落实台企安全主体责任，创新开展台资企业服务月活动，召开“坚守底线 消除隐患”安全生产现场会和座谈会，30多家台资企业参加。对321家台资企业的生产经营状况和在善台胞信息进行摸底和梳理，全年完成实地走访、电话联络台企260余家，收集并解决各类问题60余个。建立涉台案件预通报制度，通过涉台合议庭和检察院驻台协联络站，主动介入涉台诉讼案件，全年县法院审理涉台案件16起，成功调解13起；县检察院处理5件涉台刑事案件，主导1家污染环境台企进行企业合规建设。

【台资企业党建】 抓好台资企业党组织建设，持续提升基层组织覆盖率，至年底，全县有台资企业党支部42家，其中单建党支部28家、联建党支部14家，台企党员243人。加强嘉善县“红色螺丝钉”台资企业党建联盟建设，累计发展晋亿实业、和新精冲等10家台资企业入盟；在晋亿实业创建标准化党建活动室。加强党建联建交流，全年开展党建联建金点子征集、会员代表大会、主题党日等活动3次，收集金点子16条。

【两岸(嘉善)青创基地】 10月16—17日，浙江省台商大讲堂活动和海峡两岸青年就业创业基地(示范点)建设工作推进会在嘉善举行，省内的台商代表、省市台办负责人、各市青创基地负责人等近100人参加。加强创业就业基地建设，帮助海峡两岸(嘉善)青年就业创业基地与上海麦可将文创园、吴江开发区台湾青年就业创业基地达成合作，会同县科技局科技创业服务中心及相关主体平台统筹做好海峡两岸青年(嘉善)就业创业基地提升工作。鼓励台青嘉善就业创业，与县科创中心对接，统筹做好海峡两岸青年(嘉善)就业创业基地提升工作，引导台湾青年入驻基地。

【优化“善台同行”】 完善“台融码”综合服务应用，4月“台融码”更名为“善台同行”，5月正式上架“浙里办”App和微信“浙里办”小程序，10月被列为嘉善县营商环境创新案例，获评为嘉兴市“微改革”创新案例，并得到省台办主任朱林森批示肯定。

【创建市级对台交流基地】 西塘镇成功创建嘉兴市对台交流示范点，并在古镇景区设立对台工作展示点，全年接待台湾基层交流团组23个578人次。以西塘汉服文化周为载体，打造具有“特色化、品牌化、个性化”的对台交流“嘉善模式”。2023年西塘汉服文化周期间，举办“汉服有礼 青上加亲”两岸青年汉服文化交流专场活动，吸引近百名台湾汉服文化爱好者参加。

【庆祝台协成立二十周年系列活动】 11月16日，召开嘉善台协第九届会员大会，完成台协换届。同日，举办嘉善台协成立二十周年庆典，邀请县台协会员和嘉宾300多人参加，表彰嘉善台协最具贡献企业、最美会员代表、最美台青代表等。整理、策划、编辑二十周年纪念刊物，集中展示嘉善台协20周年历程及辉煌成就；专题拍摄二十周年宣传片，创作嘉善台协会歌《尚好的所在》，在嘉善传媒中心IN嘉善栏目刊出6期《台商在嘉善》专题节目。

(李辉煌)

侨　务

【概况】 2023年，嘉善县认真学习贯彻上级侨务工作会议精神，坚持求真务实的工作作风，落实惠侨措施，广泛凝聚侨心、侨力、侨智，各项工作取得一定的成效。

【惠侨暖企】 年初，开展“助企开门红·侨企大走访”系列活动，走访侨企32家，梳理、汇总企业诉求18条，并协调相关责任部门予以跟进并解决。依托各镇(街道)和归谷、县经济技术开发区等园区，在全县范围内开展大排查活动，及时掌握侨港资企业基本情况，建档立卡，完善数据库，建立结对联挂制度。主动对接上级侨务部门，推荐县内侨企参与人才云聘会，帮助企业解决“招工难”和人才短缺的问题。

【“侨之爱”暖心工程】 举办侨法“四进”活动，广泛宣传贯彻涉侨法律法规，营造全社会尊重侨法、遵守侨法、维护侨法的良好氛围。依托省侨联法顾委嘉善工作站，妥善协调解决两起涉侨房屋纠纷。办理华侨子女中、高考加分事项3例，华侨子女入学事项4例。举办“浙里有爱·四海迎春”新春慰侨活动、“侨心向党 喜迎亚运”天凝镇为侨服务月、侨界中秋联谊活动等暖侨活动，惠及侨界群众200余人，营造“爱侨、护侨”的良好氛围。

【“海燕集结”行动】 承办“侨连沪嘉情 携手创未来”在沪嘉兴籍留学归国人员联谊活动，为嘉兴籍在沪海归人才提供互动交流、缔结友谊的平台，激励海归人才勇当家乡发展的热心参与者。举办“海燕集结·中华文化家乡行”研习活动，引领留学人员赓续文化基因、厚植文化自信。举办第二期留学生急救培训班，提升留学人员适应海外环境的生存技能。

【“云上”侨工作】 梳理涉侨核心业务，云端发布留学生回嘉公益行、中节能（嘉善）环保科技园等10多个优质的社会实践岗位，为留学人员提供志愿服务、实习的机会，推动“海燕云集结”品牌项目提质升级。录入“浙统云”涉侨人士数据库1400余条，“浙侨通”智慧侨联综合平台实现县镇两级侨联组织、涉侨重点阵地全覆盖，逐步实现以数字化改革推进数字侨联建设。（徐亚雅）

综　　述

2023年，嘉善县人大常委会在县委领导下，坚持以习近平新时代中国特色社会主义思想为指导，深入学习贯彻党的二十大、中央人大工作会议和习近平总书记考察浙江重要讲话精神，坚持党的领导、人民当家作主、依法治国有机统一，深入践行全过程人民民主，认真履行各项法定职责，为奋力谱写中国式现代化嘉善精彩篇章作出积极贡献。至2023年12月31日，县十七届人大常委会实有组成人员29人、县人大代表小组10个、县人大代表223人。全年召开常委会会议11次、主任会议23次，开展视察、执法检查5次，举办常委会集体学法4次，对县经信局、县司法局等2个部门进行工作评议。

重要会议

【县十七届人大二次会议】 2月8—10日，召开嘉善县第十七届人民代表大会第二次会议。会议听取和审议县十七届人大常委会工作报告、政府工作报告、县人民法院工作报告、县人民检察院工作报告，并通过各项决议。会议审查和批准《嘉善县2022年国民经济和社会发展计划执行情况报告及2023年国民经济和社会发展计划》和《嘉善县2022年财政预算执行情况报告和2023年财政预算》。审议《关于2022年度嘉善县环境状况和环境保护目标完成情况的报告》，并作出决议。审议《嘉善县人民代表大会法制（监察和司法）委员会工作报告》《嘉善县人民代表大会财政经济委员会工作报告》《嘉善县人民代表大会社会建设与民宗外侨委员会工作报告》。会议依法选举唐林章为嘉善县监察委员会主任，依法选举王跃飞为嘉善县第十七届人民代表大会常务委员会委员。会议票决产生嘉善县2023年政府民生实事项目，并对2022年政府民生实事项目完成情况进行满意度测评。会议期间，收到代表10人以上联名提出的议案4件，均转为重要代表建议、批评和意见，收到代表提出的建议、批评和意见176件。

【县十七届人大常委会会议】 1月9日，召开县十七届人大常委会第8次会议，听取和初审《关于2022年国民经济和社会发展计划执行情况和2023年国民经济和社会发展计划（草案）的报告》《关于2022年财政预算执行情况和2023年财政预算（草案）的报告》《关于我县2022年度民生实事项目完成情况和2023年度安排情况的报告》等，听取《关于县第十七届人大二次会议筹备情况的报告》，县人大各专门委员会工作报告和2022年度备案审查工作报告以书面形式提交会议审议。会议同意将嘉善县兴善公路（晋阳西路—浙苏省界段）、嘉善至象山公路嘉善段改建工程（嘉青昆快速路）等列入2023年政府投资项目新建计划。会议决定接受张冬强辞去嘉善县第十七届人民代表大会代表职务，接受盛琴琴辞去嘉善县监察委员会主任职务，任命唐林章为嘉善县监察委员会副主任，决定唐林章副主任为嘉善县监察委员会代理主任。2月3日，召开县十七届人大常委会第9次会议，初审县人大常委会工作报告和《嘉善县人民代表大会议事规则(修订草案)》。会议通过《嘉善县第十七届人民代表大会代表资格审查委员会关于补选嘉善县第十七届人民代表大会代表的代表资格审查报告》。会议决定任命楼向辉为嘉善人民政府副县长。3月10日,召开县十七届人大常委会第10次会议,会议决定接受陈立展辞去嘉善县第十七届人民代表大会代表职务。3月30日,召开县十七届人大常委会第11次会议,传达学习十四届全国人大一次会议精神,听取和审议《关于我县根治欠薪工作情况的报告》《关于我县根治欠薪工作情况的调研报告》《关于县人大常委会对县建设局依法行政和履行职责评议意见整改落实情况的报告》《关于县人大常委会对县应急管理局依法行政和履行职责评议意见整改落实情况的报告》《县人大常委会魏塘街道工作委员会2022年工作完成情况和2023年度工作计划的报告》《县人大常委会罗星街道工作委员会2022年工作完成情况和2023年度工作计划的报告》《县人大常委会惠民街道工作委员会2022年度工作完成情况和2023年度工作计划的报告》等。《关于嘉善县法治政府建设工作情况的报告》《关于嘉善县2022年街道办事处财政预算执行情况和2023年财政预算情况的报告》等以书面形式提交会议审议。会议通过《嘉善县人大常委会关于人大常委会魏塘、罗星、惠民街道工委工作报告的决议》《嘉善县人大常委会关于促进和保障县域高质量发展示范点建设的决定》《嘉善县人大常委会关于许可对县十七届人大代表王志康采取刑事强制措施的决定》《嘉善县人大常委会2023年工作要点》等。会议决定任命戚斌为嘉善县人民政府副县长。5月8日,召开县十七届人大常委会第12次会议,听取和审议《嘉善县国土空间总体规划(2021—2035年)编制情况的报告》《长三角生态绿色一体化发展示范区先行启动区国土空间总体规划(2021—2035年)编制情况的报告》《关于我县国土空间总体规划编制实施情况的调研报告》等。会议通过《嘉善县人大常委会关于同意〈嘉善县国土空间总体规划(2021—2035年)〉规划方案的决定》《嘉善县人大常委会关于同意〈长三角生态绿色一体化发展示范区先行启动区国土空间总体规划(2021—2035年)〉规划方案的决定》等。5月29日,召开县十七届人大常委会第13次会议,听取和审议《关于反电信网络诈骗工作情况的报告》《关于反电信网络诈骗工作情况的调研报告》《关于国投集团2022年度国有资产管理情况的报告》《关于2022年度全县国有资产及国投集团国有资产管理情况的调研报告》等。7月28日,召开县十七届人大常委会第15次会议,听取和审议《关于2023年上半年国民经济和社会发展计划执行情况的报告》《关于嘉善县2022年财政决算和2023年上半年财政预算执行情况的报告》《关于嘉善县2022年财政收支审计情况的报告》《关于我县创建国家农业现代化示范区情况的报告》《关于我县创建国家农业现代化示范区情况的调研报告》等。《关于嘉善县2023年度民生实事项目进展情况的报告》《2022年预算绩效评价情况报告》等以书面形式提交会议审议。会议通过《嘉善县人大常委会关于批准嘉善县2022年财政决算的决议》。会议决定任命暴龙为嘉善县人民政府副县长,决定免去邓春鹏的嘉善县人民政府副县长职务。9月25日,召开县十七届人大常委会第16次会议,听取和审议《关于嘉善县科技成果转化工作情况的报告》《关于我县科技成果转化工作情况的调研报告》《关于县经信局履行法定职责推进依法行政情况的报告》《关于县经信局依法行政和履行职责情况的调查报告》《关于县司法局履行法定职责推进依法行政情况的报告》《关于县司法局依法行政和履行职责情况的调查报告》《关于县十七届人大二次会议代表建议办理情况的报告》《关于县十七届人大二次会议代表建议、批评和意见办理情况的调查报告》《关于〈浙江省民营企业发展促进条例〉和〈浙江省促进中小微企业发展条例〉贯彻执行情况的报告》等。《关于检查〈浙江省民营企业发展促进条例〉和〈浙江省促进中小微企业发展条例〉贯彻实施情况的汇报》以书面形式提交会议审议。会议决定接受黄锡炎辞去嘉兴市第九届人民代表大会代表职务,决定接受王志刚、陈新颜等辞去嘉善县第十七届人民代表大会代表职务。12月6日,召开县十七届人大常委会第17次会议,听取和审议《关于〈嘉善县国民经济和社会发展第十四个五年规划和二〇三五年远景目标纲要〉中期实施情况报告》《关于长三角生态绿色一体化示范区(嘉善片区)发展规划和嘉善县“十四五”规划纲要实施情况中期评估的调研报告》

《关于2023年1—10月嘉善县生态环境状况和环境保护目标完成情况的报告》《关于我县2023年环境状况和环境保护目标完成情况的调研报告》《关于嘉善县2023年度政府投资项目计划执行情况和调整建议的报告》《关于2023年1—10月全县预算执行情况及全年财政预算调整的报告》《关于提请审议嘉善县2023年地方政府债务限额和新增地方政府债务预算调整草案的议案的说明》等。会议通过《嘉善县人大常委会关于同意嘉善县2023年政府投资项目计划调整的决定》《嘉善县人大常委会关于同意嘉善县2023年财政预算调整的决定》《嘉善县人大常委会关于批准嘉善县2023年地方政府债务限额和新增地方政府债务预算调整的决议》《嘉善县人大常委会关于废止〈嘉善县人民代表大会常务委员会授予"嘉善县荣誉市民"称号的办法〉的决定》等。会议决定接受曹惠明、高敏丽辞去嘉善县第十七届人民代表大会代表职务，作出补选嘉善县第十七届人大出缺代表的决定。会议决定任命王靖宇、朱利江等为嘉善县人民政府副县长，决定接受阮建松辞去嘉善县人民政府副县长职务。12月22日，召开县十七届人大常委会第18次会议，会议决定接受金琴龙辞去嘉兴市第九届人民代表大会代表职务，决定补选于军为嘉兴市第九届人民代表大会代表。

【县十七届人大常委会主任会议】 1月6日，召开县十七届人大常委会第14次主任会议，听取和讨论关于2022年国民经济和社会发展计划执行情况及2023年国民经济和社会发展计划(草案)的汇报、关于2023年度新增政府投资项目情况的汇报、关于2022年民生实事项目完成情况与2023年民生实事候选项目的汇报、关于2022年财政预算执行情况和2023年财政预算(草案)等的汇报。讨论关于县十七届人大二次会议筹备工作情况的报告、县人大专门委员会工作报告、2022年度备案审查工作报告及县十七届人大常委会第8次会议等有关事项。1月9日，召开县十七届人大常委会第15次主任会议，讨论有关人事事项；召开县十七届人大常委会第16次主任会议，讨论唐林章代理嘉善县监察委员会主任职务事项和补选嘉善县第十七届人大出缺代表事项。2月1日，召开县十七届人大常委会第17次主任会议，讨论关于补选县第十七届人民代表大会代表资格审查报告、《嘉善县人民代表大会议事规则(修订草案)》《嘉善县人民代表大会常务委员会工作报告》等。讨论县十七届人大二次会议有关事项及县十七届人大常委会第9次会议有关事项。3月10日，召开县十七届人大常委会第18次主任会议，讨论个别代表辞职情况及县十七届人大常委会第10次会议有关事项。3月22日，召开县十七届人大常委会第19次主任会议，听取和讨论部门工作评议意见整改落实情况的汇报、关于2023年街道财政预算的汇报、关于县人大魏塘、罗星、惠民街道工作委员会2022年度工作情况的汇报、关于根治欠薪工作情况的调研汇报、关于促进和保障县域高质量发展示范点建设的决定的说明。讨论关于法治政府建设情况的报告、县人大常委会2023年度工作要点及县十七届人大常委会第11次会议等有关事项。3月30日，召开县十七届人大常委会第20次主任会议，讨论个别代表有关事项。5月8日，召开县十七届人大常委会第21次主任会议，听取和讨论关于《嘉善县国土空间总体规划(2021—2035年)》和《长三角生态绿色一体化发展示范区先行启动区国土空间总体规划(2021—2035年)》编制情况等的汇报。5月22日，召开县十七届人大常委会第22次主任会议，听取和讨论关于2022年度全县国有资产及国投集团国有资产管理情况的调研汇报、关于全县反电信网络诈骗工作情况的调研汇报等。讨论县十七届人大常委会第13次会议有关事项。6月21日，召开县十七届人大常委会第23次主任会议，专题听取和讨论县政府关于教育基础设施建设情况的汇报。6月30日，召开县十七届人大常委会第24次主任会议，专题听取和讨论县政府关于"八五"法治宣传教育中期工作情况的汇报；召开县十七届人大常委会第25次主任会议，讨论有关人事事项及县十七届人大常委会第14次会议有关事项。7月24日，召开县十七届人大常委会第26次主任会议，听取和讨论关于2023年上半年国民经济和社会发展计划执行情况的汇报、关于嘉善县2022年财政决算和2023年上半年财政预算执行情况的汇报、关于嘉善县2022年财政收支审计情况的汇报、关于国家农业现代化示范区建设情况的调研汇报。

讨论备案审查相关制度文件、《浙江省民营企业发展促进条例》、《浙江省促进中小微企业发展条例》执行情况检查实施方案及县十七届人大常委会第15次会议等有关事项。7月27日，召开县十七届人大常委会第27次主任会议，讨论有关人事事项。8月18日，召开县十七届人大常委会第28次主任会议，专题听取和讨论县政府关于中心城区品质提升情况的汇报。9月18日，召开县十七届人大常委会第29次主任会议，专题听取和讨论县政府关于农产品流通体系建设情况的汇报。9月21日，召开县十七届人大常委会第30次主任会议，听取和讨论关于县经信局依法行政工作情况的调研汇报，关于县司法局依法行政工作情况的调研汇报，关于县科技成果转化工作情况的调研汇报，关于县十七届人大二次会议代表意见建议办理情况的调研汇报，关于《浙江省民营企业发展促进条例》《浙江省促进中小微企业发展条例》执法检查情况等的汇报。讨论《关于听取和审议"十四五"规划纲要实施情况中期评估报告的实施方案》、有关人事事项及县十七届人大常委会第16次会议等有关事项。10月30日，召开县十七届人大常委会第31次主任会议，专题听取和讨论县政府关于社会救助体系建设情况的汇报。11月27日，召开县十七届人大常委会第32次主任会议，听取和讨论关于嘉善县2023年度政府投资及国资投资项目计划执行情况和调整建议的汇报、关于2023年1—10月全县预算执行情况及全年财政预算调整的汇报、关于嘉善县2023年地方政府债务限额和新增地方政府债务预算调整的汇报、关于长三角生态绿色一体化示范区（嘉善片区）发展规划和嘉善县"十四五"规划纲要实施情况中期评估的调研汇报、关于2023年环境状况和环境保护目标完成情况的调研汇报、关于废止《嘉善县人民代表大会常务委员会授予"嘉善县荣誉市民"称号的办法》的说明等。讨论县十七届人大常委会第17次会议有关事项。12月5日，召开县十七届人大常委会第33次主任会议，讨论有关人事事项、《关于组织市人大代表向县人大常委会报告履职情况的工作方案》。12月6日，召开县十七届人大常委会第34次主任会议，讨论代表辞职事项；召开县十七届人大常委会第35次主任会议，讨论补选嘉善县第十七届人大出缺代表事项。12月22日，召开县十七届人大常委会第36次主任会议，讨论补选嘉兴市第九届人大代表有关事项。

【常委会学法辅导报告会】 全年，县人大常委会举行专题学法辅导报告会4次。3月31日，举办《保障农民工工资支付条例》辅导报告会。6月15日，举办《中华人民共和国地方各级人民代表大会和地方各级人民政府组织法》辅导报告会。9月20日，举办《中华人民共和国科学技术进步法》辅导报告会。10月19日，举办《浙江省生态环境保护条例》辅导报告会。

监督工作

【视察活动和执法检查】 全年，县人大常委会开展集体视察5次。4月20日，县人大常委会就《浙江省全民健身条例》贯彻执行情况开展执法检查。8月7日，县人大常委会就民生实事项目建设情况开展专题视察。8月23日，县人大常委会就《浙江省民营企业发展促进条例》《浙江省促进中小微企业发展条例》等贯彻执行情况开展执法检查。11月24日，县人大常委会就2023年度重大项目完成情况开展专题视察。12月18日，县人大常委会就嘉善高快干线路网建设情况开展专题视察。

【部门评议工作】 县十七届人大常委会根据年度工作安排对县经信局、县司法局进行工作评议。9月25日，县十七届人大常委会召开第16次会议，会议听取县经信局、县司法局关于履行法定职责、推进依法行政情况的报告，听取县人大常委会部门评议工作组关于县经信局、县司法局依法行政和履行职责情况的调查报告，县人大常委会组成人员对两个部门依法履职情况进行测评并提出评议意见。

【人大任命政府工作部门主要负责人述职评议工作】 1月19日，县人大常委会召开常委会任命的政府工作人员述职评议会，听取政府工作部门主要负责人述职报告。23名政府工作部门主要负责人就2022年履职情况作口头述职。

【审议半年度政府工作】 8月7—16日，县十七届人大常委会组织全体代表以代表小组为单位，按照审议工作的要求，对县政府2023年度上半年工作报告进行审议。8月28日，召开县人大代表审议上半年政府工作报告意见反馈会，各代表小组面对面向县政府领导作反馈。

代表工作

【基层单元建设】 完善基层单元"站室点网"体系架构，全年推动9个代表联络站出院下楼、规范运行，累计建成代表联络室68个、专业服务点4个。"站室点网"工作经验获中国人大网刊登。推进基层单元阵地建设体系化、活动开展常态化、运行管理制度化和特色工作品牌化，相关做法在全国人大办公厅《人大资讯》第41期《部分县级人大建好用好代表家站的做法》一文中刊登。

【代表主题活动】 出台《关于组织开展全县各级人大代表聚力三个"一号工程"，助推"双示范"建设系列活动的实施方案》，形成"工作清单""问题清单""建议清单""成果清单"等，有效发挥人大代表主体作用。《以代表建议办理为抓手 推动民生问题的解决》入选全省各级人大代表助力三个"一号工程"主题活动100个典型案例。

【代表培训活动】 4月23—27日，举办嘉善县人大代表和人大干部履职能力提升培训班。6月25—29日，举办县人大常委会组成人员、代表小组组长履职能力提升培训班，提升代表履职能力。

【代表定向调研暨"代表论坛"活动】 组织开展人大代表小组定向调研暨"代表论坛"活动。全县10个代表小组围绕农村社区居家养老服务、婴幼儿照护服务、基层网格化治理工作、传统产业转型提升等热点难点问题开展定向调研活动，形成调研报告10篇。11月15日，举办"代表论坛"活动。

代表议案建议

【县十七届人大二次会议代表议案、建议、批评和意见情况】 县十七届人大二次会议期间，大会收到代表10人以上联名提出的议案4件，均属对县政府及有关部门、单位工作的建议、批评和意见，故转为重要代表建议、批评和意见办理。收到代表提出的建议、批评和意见176件。其中，经济发展方面的29件，乡村振兴方面的28件，城市建设方面的14件，道路交通方面的20件，教育文化方面的19件，医疗卫生方面的16件，民生服务方面的20件，社会管理方面的13件，生态环境方面的8件，其他方面的9件。

【加强议案建议交办督办】 县人大常委会对180件议案建议进行梳理、分类、编号、登记，确定承办单位。3月23日，县人大、县政府、县政协联合召开代表议案建议、委员提案交办会议，对代表建议的办理工作进行具体部署。180件代表建议涉及办理单位40个，由政府部门主办的169件，占93.9%，由县委党群系统及其他单位办理的11件，占6.1%。持续深化"常委会领导领衔督办、工委分工督办、县镇联合督办、代表参与督办"机制。7月27日，首次召开重点建议办理工作情况汇报会，专题听取县政府重点建议办理情况汇报。 （周庆宇）

年度特色工作

【工作成果】 7月，嘉善县人大机关"嘉有吾善"机关服务品牌获评嘉兴市第十一批机关服务品牌；8月，县人大机关党建工作在全省人大机关党建工作座谈会上作书面交流；9月，县人大机关党总支被命名为嘉兴市争创"建设清廉机关 创建模范机关"先进基层党组织。12月，嘉善县人大机关作为全国唯一的县（市、区）人大机关受邀出席在北京人民大会堂举行的深入学习贯彻习近平总书记关于坚持和完善人民代表大会制度的重要思想交流会并作题为《循迹溯源学思想、接续奋斗促践行，推进新时代人大工作高质量发展》的发言，得到全国人大常委会有关领导的肯定。

【主题教育】 围绕"在学深悟透凝心铸魂上走在前作示范、在锤炼党性强化忠诚上走在前作示范、在实干担当促进发展上走在前作示范、在践行宗旨为民办事上走在前作示范、在廉洁奉公从严律已上走在前作示范"的目标要求，系统开展"循迹溯源学思想促践行""大走访大调研大服务大解题""树立和践行正确政绩观"等行动，一体推进理论学习、调查研究、推动发展、检视整改，全年组织开展集中学习16次，形成调研报告40余篇。

【助力"双示范"建设】 依法作出《关于促进和保障县域高质量发

展示范点建设的决定》。首次与青浦、吴江两地人大常委会同步表决，通过《长三角生态绿色一体化发展示范区先行启动区国土空间总体规划(2021—2035年)》，修编《嘉善县国土空间规划建设管理技术规定》。对“十四五”规划纲要实施情况中期评估报告和长三角生态绿色一体化示范区(嘉善片区)发展规划中期评估报告开展同步审议。聚焦科创产业联动发展先行区建设，就科技成果转化情况开展专题审议。配合市人大常委会就长三角一体化示范区(嘉善)水利工程建设工作开展专题视察。联合青浦、吴江两地人大，协同调研粮食全产业链、船舶污染防治等推进情况。嘉善人大助推示范区建设的有关做法在长三角地区三省一市人大办公厅(室)主任座谈会上作交流发言。

【创新工作】 创新探索“人大监督+巡察监督”模式，出台联动协作“五条”工作机制，相关工作2次获省人大常委会党组书记、副主任陈金彪批示肯定。深入践行全过程人民民主，不断拓展基层民主渠道、创新基层民主形式、丰富基层民主载体。嘉善人大以“四化同创”推进基层单元高质量运行的有关做法在全国人大常委会办公厅《人大资讯》第41期刊登，专报委员长、副委员长等领导。 (周庆宇)

综　　述

2023年是贯彻党的二十大精神的开局之年，也是新一轮示范点和新三年示范区建设的起步之年。2023年，嘉善县坚持以习近平新时代中国特色社会主义思想为指导，全面贯彻党的二十大精神、习近平总书记考察浙江重要讲话精神，认真落实省委、省政府三个“一号工程”“十项重大工程”等决策部署，在县委的领导下，在县人大、县政协的监督支持下，全面实施招商大突破年、项目大攻坚年、营商大提优年“三个年”行动，各项工作取得明显成效。全年实现地区生产总值908.1亿元，增长7.0%；规上工业增加值增长7.5%；实际利用外资4.86亿美元；财政总收入146.7亿元，增长6.2%；一般公共预算收入84.7亿元，增长5.3%；社会消费品零售总额增长8.7%；城乡居民人均可支配收入分别增长5.7%、6.3%。

示范点建设开启新征程。围绕“11020”推进体系，落实创新举措、重点项目、展示窗口“三张清单”，加快打造GDP千亿县、“浙北粮仓”核心区等10张金名片，工业“低产田”改造、基层“一支队伍管执法”等14条示范点建设经验即将全国推广。加强与省级部门的协同联动，省统一战线召开助推嘉善“双示范”建设推进会，9家省级部门助力政策密集出台。汇聚省级金融资源，倾斜支持县域高质量发展示范点建设，授信金额超1500亿元。

示范区建设取得新实效。全国首个跨省域国土空间规划示范区国土空间总体规划，以及先行启动区国土空间规划、水乡客厅国土空间详细规划、祥符荡创新中心控制性详细规划正式获批。高效运作浙大智慧绿洲、嘉善复旦研究院、上善院、祥符实验室等科创载体，集聚科研人员超900人，硕博比超90%。浙大长三角智慧绿洲参与组建现代中药创制全国重点实验室，实现自主培育“鲲鹏行动”计划人才零的突破，浙大工程师学院嘉善分院完成首批41名硕士生招生。嘉善复旦研究院获批省博士后工作站。举办长三角·嘉善祥符荡创新中心（张江）推介会，协同上海市青浦区举办示范区建设四周年工作现场会，水乡客厅标志性建筑方厅水院正式开工。

科创动能强劲。以全省第一的成绩列入国家创新型县建设名单，连续3年夺得省“科技创新鼎”，全省仅4家。全国首个跨省域高新技术产业开发区揭牌成立。发布“科技新政3.0版”，全社会R&D经费支出占比4%，创新指数列全省第六，入选2023“科创中国”省级试点县。持续推进科技企业“双倍增”行动，新认定国家高新技术企业130家，连续6年列全市第一，全县规上工业高新技术产业增加值占比87.2%、列全市第一。出台“人才新政3.0版”，培育国家万人计划专家3人，创历史最好成绩；引进青年博士129人，同比增长130%，人数和增幅均列全市第一。新增大学生1.5万人。

产业集聚加速。制造业高质量发展综合评价列全省第四、全市第一，夺得全省首批“天工鼎”，入围全省制造业高质量发展结对促共富示范县创建名单。加快打造“134”先进制造业集群体系，网络通信产业入选“浙江制造”省级特色产业集群核心区，数字经济产业集群规模突破千亿。新增国家级专精特新“小巨人”企业4家，省级专精特新中小企业97家、列全市第一。深入推进制造业“两化”改造，实现规上企业数字化1.0改造、重点用能企业绿色化改造全覆盖，入选全省中小企业数字化改造试点县创建名单。

项目推进有力。实施项目大攻坚年行动，全力推进“365”重大项目计划，完成固定资产投资397.3亿元，分别获省、市投资“赛马”激励。9个项目被列入2023年需中央加大建设用地保障力度的国家重大项目清单，获国家保障计划指标5550亩。争取省重点建设项目21个、省重大产业项目3个、省“千项万亿”项目18个，落地省市县长工程4个，数量均为全市最多。获地方政府专项债券资金63.3亿元、中央预算内补助资金6.1亿元，均列全市第一。省“千项万亿”工程投资完成率158.3%。新开工亿元以上产业项目58个，新竣工亿元以上产业项目66个。

改革工作亮点纷呈。联动推进省市16项重大改革攻坚行动、县级10项牵一发动全身重大改革，新获批“院前急救一件事”等省级以上改革试点65个。预防接种“一件事”改革成果获全国推广应用，“县域高质量发展体制机制创新”等3项改革获评全省改革突破奖。协同推进示范区一体化制度创新，发出长三角首张跨省“证照联办通取”营业执照及许可证，示范区执法跨域协作应用获评全省“大综合一体化”行政执法改革“最佳实践”。

营商环境持续优化。实施营商大提优年行动，获评2022城市营商环境创新县（市），“无感监测”营商指数列全省前十。全面承接省“8＋4”政策体系，系统集成“1＋5＋N”惠企政策体系，为企业减负34.2亿元、兑付惠企资金5亿元。“区域协同万事通”“民声一键办”改革经验入选全省营商环境优化“最佳实践案例”。创新“178”政务服务体系，推动办理环节从11个压缩至5个，为533个产业项目提供代办服务。深入实施“千名干部助千企”行动，选派1005名干部组团服务企业，解决问题1904个。

大力支持民营经济。入选全省开展新时代“两个健康”先行示范县建设名单。鼓励民营企业、民营企业家坚守实业、做强主业、创新发展，民间项目投资增长19.9%。北交所长三角服务基地建成并试运营，搭建企业上市一站式服务平台，新增上市企业1家、挂牌企业5家。实施小微金融服务能力提升工程，新增小微企业贷款200亿元，余额增长27.8%。全力构建“亲”“清”政商关系，深入推进品质善商和青蓝接力工程，授予10位民营企业家“杰出善商”荣誉称号。个体工商户发展状况监测省级试点稳步推进，新增市场经营主体1.2万家，同比增长8.7%，增速列全市第一。

招商引资取得突破。实施“招商大突破年”行动，建立产业项目落地共享、集中资源集中财力招大引强等机制，获评全省十佳招大引强县（市、区）。高水平举办“善洽会”，承办全省“十链百场万企”新能源产业专场等活动。组建网络通信电子、锂电池等4个产业链招商专班，上海、欧洲等10个驻点招商分局，招引上下游核心企业32家。签约锂电池生产、光模块制造等优质产业项目126个、总投资705亿元。新设立超2亿美元QFLP试点基金1支，累计落地试点基金5支、总规模18.3亿美元。

消费出口复苏向好。入选全省首批新型消费城市建设试点。充分发挥消费券撬动作用，发放消费券4000万元，拉动消费超12亿元，举办首届啤酒龙虾节、第二届汽车博览会等主题活动。开展“千企百团”拓市场行动，助力489家次企业出海抢订单。入选全省首批数字贸易示范区，全市唯一。落地全省首个海关特殊监管区域外保税维修业务。新增外贸出口实绩企业213家，省级内外贸一体化“领跑者”企业8家、列全市第一。聚焦现代服务业，新引进投资超亿元或营收超10亿元服务业项目23个，服务业增加值增长7.7%、列全市第2。

文旅发展深度融合。举办袁了凡诞辰490周年、第七届中国嘉善·善文化节、第五届江南民歌节等活动，“善文化”人文品牌入选全省共同富裕精神富有最佳案例。推动大云旅游度假区列入国家级旅游度假区培育名单，歌斐颂巧克力小镇获评国家工业旅游示范基地，全省首个古镇立法《嘉兴市西塘古镇保护条例》批准实施，第十一届中国西塘汉服文化周活动成功举办。全年接待游客1310万人次，同比增长81.2%。成功举办中国排球超级联赛、“村BA”篮球赛等活动，推动学校体育设施向社会开放，营造全民健身浓厚氛围。

城市品质持续改善。以县城为重要载体的城镇化建设被列入省级试点。长三角金融创新中心主体封顶，善城中心、梅花坊城市客厅二期等开工建设。打造上海国际设计中心嘉善副中心，签约引进北京市政总院、中铁上海设计院等项目。新（改）建公园6个，新增城市绿道4.8公里，15公里绕城绿道环线基本建成。2个社区成功创建省级引领型未来社区，12个社区入选省级未来社区创建名单。“公园·水岸·善城”风貌样板区获评“新时代富春山居图样板区”。

交通建设全面提速。攻坚“三高四铁”重大交通项目建设，完成征迁3541户，均达到组卷报批要求。沪杭高速公路嘉善联络线项目获批，嘉善大道快速路、兴善大道快速路先开段等推进顺利。通苏嘉甬铁路、嘉兴至枫南市域铁路、嘉善至西塘市域铁路等控制性节点开工。沪昆铁路嘉善段高架改造工程可研、初设正式获批，系全国同类型项目首个成功案例。嘉兴至嘉善三通道正式通车，解放东路东延、坛珑路等加快建设，新（改）建农村道路56.4公里。成功创建全国城乡交通运输一体化示范县，交通强省考核列全省前三。

乡村振兴不断深化。以全省第一的成绩入选2023年国家乡村振兴示范县创建名单，夺得全省首批“神农鼎”。实施农业“双强”行动，粮食总产量14.5万吨，新建成高标准农田3.6万亩，恢复耕地功能5500亩。引进千万元以上农业项目17个，其中亿元以上项目6个，14个项目被列入省级农业重大项目库，建成现代农业小微产业园4个。深入实施“千万工程”，推进全域秀美三年行动计划，创建省级未来乡村4个、和美乡村特色精品村5个，缪家村被列入全国学习“千万工程”经验现场会考察点。推进第五轮“强村计划”，村均集体经济经常性收入突破480万元，集体经济年经营性收入100万元以上行政村实现全覆盖。

生态环境稳步向好。首夺“大禹鼎”银鼎，获评全省幸福河湖建设试点优秀单位。东部区域水生态修复、北部湖荡整治等项目竣工，中心河拓浚及河湖连通工程等项目加快推进，市控以上断面Ⅱ类水占比42.9%、列全市第一。天凝镇、大云镇等入选全省首批污水零直排建设标杆镇。空气质量稳定保持国家二级标准。入选省级减污降碳协同创新城市试点建设名单，获评省三星级“无废城市”，与生态环境部土壤中心共建长三角“双碳”创新中心。制定并发布全省首个平原河网地区县域生态系统生产总值核算技术规范，完成全市首笔碳普惠交易。实施突出生态环境问题大排查大整治大提升“六大行动”，持续擦亮生态底色。

社会保障日益完善。“扩中”“提低”改革持续推进，新增城镇就业3.5万人，帮扶再就业1.1万人，新增高技能人才6523人、列全市第一。嘉善长三角零工市场成为全省首批省级示范零工市场，实现平台就业5.1万人次。基本医疗保险户籍人员参保率99.8%，长期护理保险参保人数51.5万人，困难人员资助参保率100%。加快推进国家级养老服务业标准化示范项目，10家居家养老服务照料中心改造提升，3家基层健康颐养中心和3家智慧养老院建成投用，新增养老床位900张。银福苑入选全省首批共同富裕实践观察点。

公共服务普惠共享。全国学前教育普及普惠县创建通过省级督导评估，列入全省首批教育领域数字化改革实验区。嘉善技师学院、新城中心学校等12所学校加快建设，上海大学附属嘉善实验学校投用，嘉善四中实验学校建成，扩容学位4680个。在健康浙江考核中，连续两年列全省县（市、区）第一，创成全国医养结合示范县。浙大二院嘉兴医院入选国家区域医疗中心建设名单。县一院三期，县三院三期，魏塘街道、罗星街道社区卫生服务中心等建成投用，新增床位800张。县妇幼保健院、区域急诊医学中心、120急救中心主体等完工。新增托育机构23家，实现镇（街道）公建托育机构全覆盖。

平安建设常抓不懈。完成平安护航亚运等各项任务。坚持和发展好新时代“枫桥经验”，迭代升级警网融合2.0版，基层治理能力持续提升。打好反诈人民战争，电信诈骗发案率下降5.7%、实现五连降，案损金额下降15.6%。推进交通安全大会战，交通事故死亡人数下降10%。提升食品药品数字化监管水平，守护“舌尖上的安全”。开展安全生产隐患大排查大整治、“打非治违”百日攻坚等专项行动，生产安全事故起数下降25%、死亡人数下降22.2%，火警起数下降13.8%、死亡人数下降100%，创成“无违建”示范县。成功应对

"7·16"嘉善有气象记录以来最强特大暴雨,无人员伤亡。

（王 鑫）

重要会议

【十七届县政府常务会议】 1月11日,召开十七届县政府第18次常务会议,研究审议《政府工作报告》《关于嘉善县2022年国民经济和社会发展计划执行情况及2023年国民经济和社会发展计划草案的报告》《关于〈示范区三周年建设先进个人行政奖励工作方案(建议稿)〉的汇报》《关于嘉善县2022年财政预算执行情况和2023年财政预算草案的报告》《关于全国中小企业股份转让系统有限责任公司、北京证券交易所服务基地合作共建协议》《关于嘉善县2022年度环境状况和环境保护目标完成情况的报告》等议题。1月29日,召开十七届县政府第19次常务会议,研究审议《关于〈给予示范区三周年建设工作先进个人行政奖励〉的汇报》《关于建立并完善招商引资重大项目落地共享机制的实施办法(试行)》《嘉善县2023年促消费活动方案》等议题,传达学习省市《贯彻落实中央八项规定实施细则的办法》、省委省政府关于扎实做好一季度经济社会发展工作的通知。3月2日,召开十七届县政府第20次常务会议,研究审议《工业和信息化部人才交流中心与嘉善县人民政府战略合作协议》《嘉善县贯彻〈浙江省推动经济高质量发展若干政策〉承接落实方案》《关于嘉善技师学院筹建工程变更的情况汇报》《关于〈嘉善县项目大攻坚年实施方案〉的情况说明》《关于进一步加强内部审计工作的实施意见》《关于嘉善县人民政府专家咨询委员会换届事项的汇报》《关于浙江省山海协作科创中心(嘉善)建设方案》等议题,传达全省安全生产工作视频会议精神并作工作部署,学习《浙江省数字经济促进条例》。3月20日,召开十七届县政府第21次常务会议,研究审议《嘉善县贯彻〈浙江省推动经济高质量发展若干政策〉承接落实方案》《关于第二批嘉善县乡村振兴专项资金项目情况的汇报》《关于集中财力集中资源招大引强的若干意见(试行)》《关于兰钧新能源项目三期的情况汇报》《关于提请县政府对火车站广场和原兽药厂及周边有机更新地块作出房屋征收决定的报告》《关于嘉善县人民政府2023年度重大行政决策事项目录的汇报》《关于支持共建全国股转系统北京证券交易所长三角一体化示范区服务基地合作协议》《关于健全完善特困人员救助供养制度的实施意见》等议题,学习《浙江省安全生产条例》。4月13日,召开十七届县政府第22次常务会议,研究审议《嘉善县体系化推进"十项重大工程"工作总体方案》及各项工程实施方案,《嘉善大云旅游度假区创建国家级旅游度假区工作实施方案》《关于进一步支持嘉善大云旅游度假区建设发展的实施意见》《嘉善县国土空间总体规划(2021—2035年)》《嘉善县国土空间规划建设管理技术规定》《关于调整县城区集体土地上房屋征收公寓房安置价格标准的补充通知》《关于开展新时代司法所综合改革切实提升基层法治建设水平的实施意见》《新建南通至宁波高速铁路嘉兴段嘉善县征地拆迁实施协议》《嘉善县事业单位工作人员及机关工勤基础绩效奖实施方案》《电力设施布局专项规划》《嘉善县建设浙北粮仓"核心区"打造农业现代化金名片实施方案》《嘉善县综合行政执法"三书一函"工作机制》等议题,学习习近平总书记关于调查研究的重要指示精神。5月6日,召开十七届县政府第23次常务会议,研究审议《长三角生态绿色一体化发展示范区先行启动区国土空间总体规划(2021—2035年)》《嘉善县全域秀美(和美乡村)三年行动方案(2023—2025年)》《嘉善县"全域秀美"(中心城区)三年行动实施方案(2023—2025)》《嘉善县"全域秀美"(现代化美丽城镇建设)三年行动实施方案(2023—2025)》《嘉善县既有住宅加装电梯实施方案》《关于调整社区居委会的情况汇报》《关于调整和完善县与镇(街道)财政管理体制的通知》《关于进一步做大做强嘉善县楼宇服务业的财政支持政策》《关于2023年度部分政府投资及国资投资项目新增和调整的情况说明》《新建南通至宁波高速铁路嘉善北站站房合作建设协议》《关于2023年规划编制计划的情况说明《关于2023年高水平推进乡村全面振兴的实施意见》《魏塘街道办事处关于"振升路"等十七条道路命名的请示》等议题,听取《关于全省安全生产和防汛工作电视电话会议精神及我县贯彻建议的汇报》,学习习近平总书记在广东考察时的重要讲话精神、习近平总书记关于统计工作的最新批示精神。6月7日,召开十七届县政府第24次常务会议，研究审议《关于重新公布征地区片综合地价的情况汇报》《关于开展2023年耕地功能恢复推进耕地“非农化”“非粮化”整治的实施意见》《关于嘉善县生态监测网络建设的情况汇报》《2023年度嘉善县“雪亮工程”建设方案》《中共嘉善县委 嘉善县人民政府关于创建“绿水青山就是金山银山”实践创新基地建设生态优势转化先行区的意见》等议题，传达学习习近平总书记考察河北省雄安新区时的重要讲话精神和习近平总书记在河北考察并主持召开深入推进京津冀协同发展座谈会时的重要讲话精神，传达学习省政府第12次常务会议关于省安全生产隐患大排查大整治工作的会议精神，通报长沙“4·29”特别重大自建房倒塌事故问责情况。7月4日，召开十七届县政府第25次常务会议，研究审议《关于建立工程渣土联合整治长效管理工作机制的汇报》及《关于建立工程渣土县域统筹管理工作机制的汇报》《关于2023年度部分政府投资及国资投资项目新增和调整的汇报》《关于嘉善县政府投资项目管理办法(修订版)的汇报》《关于阿里巴巴长三角智能计算基地项目投资补充协议的汇报》《关于落实省长三角公司相关扶持政策的汇报》《嘉善县房屋建筑和市政基础设施工程生产安全事故应急预案》《嘉善县食品安全事故应急预案》《大云镇关于“云新路”道路命名的请示》等议题，学习《浙江省全民健身条例》，传达“6·22”全国安全防范工作紧急视频会会议精神，通报各地安全事故，听取全县安全生产隐患大排查大整治行动开展情况。8月4日，召开十七届县政府第26次常务会议，研究审议《关于〈嘉善县创建交通强国试点县(绿色交通方向)实施方案(2023—2025年)〉的汇报》《省委生态环境保护督察发现问题整改工作汇报》《关于〈调整用地指标有偿使用费标准的通知〉的补充通知》《关于〈嘉善县水资源节约保护和利用规划(嘉善县水资源综合规划)〉的汇报》《关于与省驻德国(欧洲)商务代表处共建的汇报》《嘉善经济技术开发区化工集聚区控制性详细规划》《关于加快推进气象高质量发展的实施意见》等议题，学习《中华人民共和国体育法》，传达学习习近平总书记关于防汛防台相关指示批示精神及《浙江省生产安全事故责任认定规定(试行)》。9月1日，召开十七届县政府第27次常务会议，研究审议《关于〈禁止猎捕陆生野生动物的公告〉的有关事项汇报》《关于〈嘉善县突出生态环境问题大排查大整治大提升“六大行动”方案〉的情况汇报》《关于调整2022年度工业企业绩效综合评价部分指标的说明》《嘉善县人民政府关于科技创新推进县域经济高质量发展的若干意见》《关于云帆大厦建设成本服务费用预结算的情况汇报》《嘉善县碳达峰实施方案》《关于完整准确全面贯彻新发展理念做好碳达峰碳中和工作的实施意见》《关于提请县政府对工商银行浙江长三角示范区支行等五个有机更新地块作出房屋征收决定的报告》《嘉善县水资源节约保护和利用规划(嘉善县水资源综合规划)》《嘉善县水生态保护与修复规划》《嘉善县水生态保护与修复实施方案》等议题，传达学习习近平总书记近期重要指示、重要文章精神，听取《关于嘉善县创新深化改革攻坚开放提升综合晾晒指标上半年情况的汇报》。9月21日，召开十七届县政府第28次常务会议，研究审议《关于〈嘉善县安全生产委员会成员单位安全生产工作任务分工〉的情况说明》《关于〈促进集成电路产业发展的若干政策意见〉的情况说明》《关于2023年度部分政府投资及国资投资项目新增和调整的情况说明》《出具关于嘉善火车站地方配套市政设施委托中国铁路上海局集团有限公司管理运营的函的情况说明》《关于嘉善县境内高速公路继续实施部分小客车免费通行政策的情况说明》《关于〈嘉善县老城区有机更新专项规划〉报批的情况说明》《关于嘉善县生活垃圾焚烧飞灰外运处置项目申请采用竞争性谈判的情况说明》《嘉善县“实现橄榄型社会结构，打造县域共同富裕金名片”行动方案(2023—2025年)》《关于〈嘉善县管道燃气企业规模化改革实施方案〉的情况说明》《嘉善县全域幸福河湖建设规划》等议题，学习习近平总书记关于促进民营经济发展的重要论述精神。10月10日，召开十七届县政府第29次常务会议，研究审议《关于嘉善县2023年规划编制增补计划的情况说明》《嘉善县推进传统优势产业高质量发展实施方案(送审稿)》《关于提请确定西塘古镇保护管理机构的请示》等议题，学习习近平总书记关于教育的重要论述精神，传达学习李强总理浙江调研时的讲话精神，听取并部署县政府党组全面从严治党工作。11月14日，召开十七届县政府第30次常务会议，研究审议《关于嘉善县2023年度政府投资及国资投资项目计划调整的情况说明》《关于2023年嘉善—庆元—九寨沟“飞地”产业园固定投资收益返还的情况汇报》《关于〈嘉善县国民经济和社会发展第十四个五年规划和二〇三五年远景目标纲要〉实施情况中期评估的情况汇报》《关于增加被征地农民基本生活保障金的方案汇报》《关于〈嘉善县人民政府关于支持农业农村现代化建设若干财政政策意见〉的情况汇报》《关于加快推进“专精特新”中小企业高质量发展三年行动计划(2023—2025年)的情况汇报》《关于嘉善县2023年度拟统建信息化项目的情况汇报》《关于〈中华人民共和国噪声污染防治法〉部分条款监督管理部门职责分工的情况汇报》《关于与沪杭铁路客运专线股份有限公司签订〈新建南通至宁波高速铁路嘉善北站站房地方配套市政及地下空间同步实施工程建设框架协议〉的情况说明》《关于公布县政府及县政府办公室行政规范性文件清理结果的汇报》《关于2023年部门项目预算追加的汇报》《嘉善县绿色建筑专项规划(2022—2030年)》等议题,传达学习习近平总书记关于安全生产的重要论述精神及上级相关会议精神,学习《浙江省平安建设条例》。11月30日,召开十七届县政府第31次常务会议,研究审议《关于2022年度嘉善县工业企业绩效综合评价结果的情况汇报》《关于〈嘉善县贯彻落实省、市促进民营经济高质量发展举措任务清单〉的情况汇报》《第十七届嘉善县县长质量奖综合评审工作汇报》《关于〈长三角生态绿色一体化发展示范区嘉善片区生态环境保护和绿色发展规划(修编)〉的情况汇报》《关于〈祥符荡创新中心建设三年行动计划(2023—2025年)〉等五个方案的情况汇报》《嘉善县以县城为重要载体的城镇化建设五年行动计划》《嘉善县关于加快推进以县城为重要载体的城镇化建设的实施意见》《关于〈嘉善县人防建设专项规划(2020—2035)〉的情况汇报》等议题,学习习近平总书记调研浙江期间关于科技创新的指示精神,传达学习中央、省委关于进一步推动长江经济带高质量发展相关论述、会议精神,听取《2023年度食品安全工作汇报》。12月14日,召开十七届县政府第32次常务会议,研究审议《嘉善县标准创新贡献奖管理办法》的情况汇报、《嘉善县实现GDP千亿县打造县域经济高质量发展金名片实施方案》的情况汇报、关于加快建设基本养老服务体系的实施意见》的情况汇报、《长三角生态绿色一体化发展示范区嘉善片区生态环境保护和绿色发展规划(修编)》的情况汇报、《嘉善县推进全域旅游高质量发展奖补办法》的情况汇报、《关于组建嘉善大云文旅发展有限公司的情况汇报》、《关于加快生命健康产业高质量发展若干意见的情况汇报》、《关于落实支持庆元县制造业高质量发展促共富专项扶持资金的情况汇报》、《嘉善建设县域高质量发展示范点打造“接轨上海第一站”行动方案(2023—2025年)》、《嘉善县人防建设专项规划(2020—2035)》、《嘉善县优化生育政策促进人口长期均衡发展实施方案》等议题,传达学习中央经济工作会议精神,传达学习中央、省委关于进一步推动长江经济带高质量发展和深入推进长三角一体化发展等相关论述、会议精神,听取《2023年度食品安全工作汇报》。（王　鑫）

办公室工作

【概况】 2023年,县政府办公室坚持以习近平新时代中国特色社会主义思想为指导,深入学习贯彻党的二十大、中央经济工作会议和习近平总书记考察浙江重要讲话精神,聚焦高质量发展这一首要任务,奋力推进县委“三个年”行动计划,以打造新时代办公室工作先锋队伍为抓手,为“双示范”新三年开局贡献力量。

【政治建设】 突出抓好领导班子政治建设,严格落实民主集中制,发挥好领导班子整体功能和战斗堡垒作用。全年开展理论学习15次,党组书记上党课2次,组织“四敢争先”专题研讨会2次,每位中心组成员交流发言2次以上,撰写调研报告和学习体会28篇。

【廉政建设】 加大正风肃纪力度,签订“八小时外”行为规范承诺书,开展党员干部违规吃喝问题自查自纠和从事营利活动及兼职取酬自查自纠,未发现违规违纪问题。全年开展“会前说纪”8次,集中观看《永远吹冲锋号》警示教育片5次。

【队伍建设】 开办年轻干部“青春训练营”“善青学堂”,推荐参加优秀年轻干部比选竞岗、跨单位竞争性上岗、优秀年轻干部能力提升班等,促进年轻干部在赛与学过程中加快成长。全年开展中层干部选拔任用工作 2 次，累计调整、提拔中层干部职务 21 人。中层干部年龄结构及学历结构不断趋于优化，35 周岁以下占比 60.71%，全日制本科及以上学历占比 71.43%。

【统筹协调】 集中梳理县政府每周工作计划，确保各项日程安排有条不紊。牵头做好全市"互学互比互赛"现场会、重大产业项目集中开工仪式等重大活动保障工作，全年承办各类大型活动 20 余次。全年服务保障县政府常务会议 15 次，经济形势分析会议及专题汇报会等各类会议 150 余次。加强重点工作协调推动，围绕征迁资金通道、重大交通项目供地等工作，召开征迁工作协调会、推进会 80 余次，其中县政府主要领导参加的征迁工作推进会 11 次。协调解决丝绸路征迁项目安置资金保障等各类征迁方面难题 60 余个。牵头开展陶庄废钢市场整治和无证码头取缔工作，并推动开展全县面上的生态环境整治行动。牵头抓好公共服务"七优享"工程，其中"重大项目""老有康养"等 5 个领域考核列全市第一。

【督查督办】 抓好国务院"互联网+督查"问题线索交办和"重大督查清单"工作，慈善案例入选省级典型案例清单。4 项工作被列入省政府督查激励项目，入选数量列全省第三、全市第一。细化分解政府工作报告 100 项重点任务，实行红黄绿"三色预警"管理，每月印发通报督促落实。落实县长批示全流程跟踪办理，全年督办 478 件。

【为民办事】 全年督办人大代表建议 178 件、政协委员提案 179 件，省市县三级民生实事 82 项，推动省市民生实事综合完成率均超过 120%，西塘零工市场获评民生实事精品创建点。处理交办群众来信信访件 205 件，接听答复电话咨询（信访）30 余件，做到件件有交办、事事有落实。抓深网格安全隐患排查、抓实卫生整治，巩固提升文明城市创建成果。协调组织县政府主要领导现场办公 1 次，开展文明巡查 8 次，600 余人次参与。

【打造阳光政务】 优化信息公开平台建设，提高政府工作透明度。全年主动公开政府信息 2446 条。建立依申请公开规范化管理、以案释法等制度，提升各部门（单位）办理依申请公开事项的质量和效率。全年收到依申请公开件 299 件，办结 281 件。

【调查研究】 全年撰写调研参阅 18 期，获县委县政府领导批示 13 次。先后赴泰兴、启东等地开展调研，形成《发挥禀赋 转型求变 在高质量发展中全力实现突围破局》等专题报告，为领导决策提供参考。实地调研亏损规上企业，并形成调研报告获县主要领导批示。

【政务信息】 提高政务信息文稿质量，全年累计编发《嘉善政务信息（专报）》等刊物 365 期，上报信息获省政府办公厅采用 90 条、市政府办公室采用 162 条，得到省领导批示 7 条、市领导批示 19 条、县领导批示 86 条。

【公文交办】 全年累计下发各类会议通知 473 件，下发各类正式文件 387 件，收到各级公文 1.2 万余件，交办县政府领导批示 1546 件。本级网上来文做到当天交办，上级来文 2 天内交办，县领导批示即刻交办。文件办理实现 90%以上无纸化流转。

【对外交流合作】 做好出访团组审批工作，2023 年获批团组实际出访 20 批次 68 人次。其中 16 个经贸团组拜访企业（机构）95 家，签署协议 16 份，推进在谈项目 88 个；4 个参展团组 109 家参展企业获得订单 625 个，意向成交金额 3.54 亿元。19 批次 67 人次境外客商回访嘉善，就项目合作深入洽谈。全县接待包括法国、澳大利亚、韩国等 16 个国家的外宾来访 15 批次 95 人次，开展工业、服务业、教育等多领域交流。歌斐颂巧克力小镇、西塘景区和云澜湾温泉小镇等被正式授予首批市级国际人文交流基地称号。

【公务活动保障】 全年完成公务接待 481 批次、1.24 万人次，分别同比上升 52.2%、50.5%。完成上海市委书记陈吉宁、浙江省委书记易炼红以及省长王浩等高规格领导接待任务，获得省委办公厅充分肯定。重点参与保障长三角嘉善祥符荡创新中心推介会等重要会议 1268 场次、6.35 万人次。强化公务用车平台建设与有效运行，完善用车随访制度，确保公务车辆"安全、整洁、高效、节能"运行。2023 年中心内部车辆出车 2800 余次，安全行驶 29 万余公里。

【机关综合服务】 成立"膳委

会”，推动餐饮服务提能升级。线下结算设备从传统单一的实体卡支付，到“卡码脸”一体支付结算。开发运行行政中心食堂线上程序，推出“三减”窗口、“小份菜”窗口。实施行政中心食堂食材配送定点供应商公开招标。开展“暖心小事”服务，推出名医坐堂、自助洗车、多多快递驿站等。

（费亚建）

外　　事

【概况】 2023年，全县外事工作坚持以习近平新时代中国特色社会主义外交思想为指导，贯彻落实习近平总书记关于民间外交和民生外事的重要论述及长三角一体化示范区嘉善片区建设政策精神。围绕县委、县政府中心工作，立足于外事服务国家总体外交和地方经济社会发展，在服务国家总体外交、服务地方经济社会发展上积极作为，推动对外工作不断开创新局面。

【对外友好交流活动】 2月17日，2023中国·嘉善城市推介大会暨嘉善国际投资贸易洽谈会举行，荷兰驻沪总领馆副总领事康如幸（Sachi Claringbould）、韩国驻上海总领馆商务领事金根模、新加坡企业发展局华东区中国司副司长余镇安等出席活动。4月3日，香港中华基督青年会小学与县吴镇教育集团泗洲小学友好结对签约。4月19日，澳大利亚驻沪副总领事刘冰一行到嘉善考察，实地参观嘉兴综合保税区B区、一体化示范区展示馆及西塘景区等。5月23日，法国等10余个国家（地区）驻沪领事、商（协）会驻沪和驻浙机构代表、海外联络处代表、企业家代表等组成的国际经贸代表团到嘉善商讨县域开放发展。6月10日，县外办（友协）联合县出入境管理大队和县科技局，在县移民事务服务中心举办2023年外国人才在嘉善·端午民俗活动，27名在善外国籍务工人员和投资者参加。6月19日，省外事办和市政府联合主办，县政府承办的“签证官走进浙江—嘉兴”活动首站走进嘉善。委内瑞拉、智利、罗马尼亚、尼泊尔等15个国家的驻华大使馆及驻沪总领馆官员22人参加。6月28日，非洲国家友好城市减贫发展研修班一行赴浙大智慧绿洲创新中心（嘉善）进行调研。7月11日，“相聚嘉善，共创未来”全球包装行业交流考察活动在县经济技术开发区举办，近百位来自英国等15个国家的设备生产商及印刷包装企业的中方代表参与活动。9月20日，韩国益山市政府企划行政局长金完洙一行到西塘古镇考察。9月26日，法国布菲乐器（嘉善）有限公司举办开业典礼，法国驻沪总领事王度（Joan Yaladon）等法国政府及企业代表出席活动。10月3日，澳大利亚驻沪副总领事刘冰、商务官员朱清宇到嘉善，参加位于西塘镇良壤商业街东区CW店的开业典礼。10月20日，中国商飞集团主办，新仓1955创新学院、“三个百里”乡村振兴学院、缪家乡村振兴学院承办的“中国商飞‘一带一路’国家航空运营管理研修班”在嘉善县大云镇缪家村举行。来自喀麦隆等7个国家航空运输的22名管理骨干参加培训。10月29日，县吴镇教育集团泗洲小学与香港中华基督青年会小学再次开展两校友好交流活动。11月29日，荷兰农业、自然与食品质量部国际合作司代司长Marcel van Raaij出席铪科嘉善中荷农业数字科创中心开幕活动，参观并考察浙江中荷（嘉善）产业合作园农业装备服务中心及中荷农业数字科创中心。

【涉外领域“除险保安”】 2023年，会同相关部门构建联防联控网络，织密织牢涉外安全网。做好海外领事安全保护工作，多渠道多元化优化宣传资料，加强领保知识培训宣传，维护市民和企业在海外的合法权益。及时转发市领事工作群和境外企业服务工作群里关于海外公共安全事件的最新动态，增强涉外企业机构和公民海外风险预防意识、自我保护意识和主动维权意识。亚、残运会期间，积极传达并落实上级部门关于在嘉外国人管理工作协调机制会议暨杭州亚运会、亚残运会涉外安保工作部署会议精神，制定相关应急预案，全面护航亚、残运会顺利举办。6月20日，会同县禁毒办、县检察院等部门联合举办2023年国际禁毒日活动，开展涉毒风险防范宣传，发放宣传资料，普及“识毒拒毒防毒”知识，提高在善外籍人士识毒、防毒、拒毒的意识。利用出访团组行前教育契机，强化团组成员在外期间严格遵守党的政治纪律和政治规矩、分头出行和“防渗透、防策反、防窃密”等方面的监督管理。针对涉外安全领域的热点、难点问题，加强对出访人员及广大群众、“走出去”企业在有关政策和法律法规、规范性文件方面的普法宣讲，提升全民法治意识。2023 年，全县因公出国（境）团组 20 批/73 人次，其中招商引资团组 11 批/56 人次、参展团组 4 批/6 人次、国企团组 1 批/6 人次、参加省内双跨 3 批/3 人次（省双跨 1 批/1 人次、市双跨 2 批/2 人次）、公安专项办案团组 1 批/2 人次。

【优化营商环境】 打造良好营商和投资环境，深化"外事服务进企业"系列活动，开展 APEC 商务旅行卡推介等工作，重点服务好外商投资企业、外贸进出口企业、境外投资企业等，帮助企业对接政策信息、解决困难问题、挖掘客商资源。全年为县内企业办理 APEC 商务卡 65 张。为 13 家县内企业办结 22 批次，37 人次外国人邀请来华业务。

【营造良好对外舆论环境】 强化境外媒体采访管理工作，加强外国记者采访报道的正面引导和全程服务，掌握对外宣传话语主动权。坚持正确舆论导向，营造良好对外舆论环境。亚运会期间，积极传达并落实市外办关于亚运会外媒记者及涉外维稳安保专项工作部署会会议精神，并配合县委宣传部做好亚运会外媒城市采访线嘉善点位采访工作，制定相关工作预案及双语宣传手册，共同做好境外媒体现场采访答问口径把关和外籍记者的服务工作。

（马小华）

行政审批服务

【概况】 2023 年，嘉善县政务数据办以奋力打造"重要窗口"、高质量发展建设共同富裕示范区和长三角一体化建设为核心，全面深化"放管服"改革，优化营商环境，放大数字化改革赋能效应。全年政务服务办件总量 176.7 万件，"一网通办"率 98.82%。与国家信息中心合作课题《长三角一体化数智城市指标体系》经验成果获国家发改委主任郑栅洁批示肯定。"数字赋能长三角一体化"等经验在全国范围内发布 8 次，被央视国际频道、新华网等 50 余家媒体报道。创新探索"区块链＋政务服务"、推进预防接种"一件事"改革等 3 个特色做法入选省《竞跑者》。

【"178"政务服务体系】 创新打造"178"（易企办）政务服务体系。5 月，印发《嘉善县投资项目"178"（易企办）政务服务工作实施方案》，完善企业全生命周期服务机制。服务项目 533 个，涉及项目总额 355.34 亿元。开展"重大项目全代办、一般项目协同办、特例项目快速办"的"三办"工作机制，创新"县级＋属地＋部门首席"三级联办模式，联合服务指导项目 246 个。2023 年，县级代办重点项目 12 个，平均开工时长压缩至 60 天以内，提速超 50%，其中最快开工项目仅 34 天，实现势通科技项目"二天四证"、兰钧二期项目"四天四证"。

【政务服务增值化改革】 围绕"一中心""一平台"两项任务，做好增值服务文章，持续深化嘉善县"易企办"营商环境品牌。在县企业综合服务中心设置项目、政策、金融、人才、法治、科创、开放、诉求兜底等 8 大服务板块，形成"易企徕""易企融""易企行"等特色品牌，打造"一板块一品牌一阵地"的企业服务枢纽。建立"易企办"企业综合服务平台，推出"虚拟窗口 e 企办"服务和企业经营课程培训服务，设立"民营经济 32 条"专区、长三角一体化示范区政策专区。开发上线"易企呼"应用，实现涉企问题"发现－交办－办理－反馈"的全流程闭环。制订《"易企办"营商环境品牌深化实施方案》，形成企业综合服务中心"七个一"服务模式（即构建一个服务子品牌、一个服务窗口、一个特色场景、一套运作机制、一名首席服务专员、一支服务队伍、一本服务手册）。

【"区域协同万事通"改革】 依托区块链创新应用国家试点，深化区域协同智能中心建设，打造"五统一"数字协同能力（即统一用户体系、统一数据共享、统一智能共享、统一应用发布、统一安全防护）。制定《"区域协同万事通"2023 年度工作要点》，进一步迭代"区域协同万事通"改革任务，推进业务场景贯通融合，牵头水利、执法、司法等部门，打造治理侧场景集成应用。完成 13 个场景上架应用，累计服务群众企业 92.49 万次，跨域协同效能显著提升。2 月，"区域协同万事通"被评为"2022 年度浙江省优化营商环境最佳实践案例"。同月，《嘉善县打造"区域协同万事通"构建青吴嘉一体化政务服务新模式》在国家发展改革委营商环境工作专题座谈会上作经验交流。

【打造"清廉大厅"品牌】 全省首创"清廉大厅"建设，首创"清廉大厅"建设指标体系，出台《嘉善县政务服务管理办法》，聘请8名"政务服务行风监督员"，定期对县镇村三级政务服务进行明察暗访并建言献计，规范政务服务运行。2023年，办党支部获市争创"建设清廉机关 创建模范机关"先进基层党组织称号，县政务服务中心获全市清廉单元建设示范单位和全县清廉单元建设示范单元称号。

【政务服务向基层延伸】 推动高频政务服务事项向基层便民服务站所下沉延伸，梳理形成嘉善县镇(街道)办理政务服务事项350项、村代办便民服务事项103项。以选树村级便民服务站为示范点建设标杆，推动村级便民服务站所三化建设。11月，天凝便民服务中心被评为省级示范服务中心。同月，国办政务办主任杨钦峰到县政务服务中心调研指导，对县级政务服务平台建设表示充分肯定。

【深化"一件事一次办"】 创新本地特色"一件事"，推出二手房带押过户、企业合法合规证明、个人住宅划拨补办出让、涉企证照无感注销等特色"一件事"，预防接种"一件事"作为全省唯一试点，改革成果全国推广；医保就医"一件事"，实现就医零星报销线上一键申报，业务办理时间从18天压缩至最快1个工作日。

【深化"跨省通办"】 联合县市场监管局打造"证照联办通取"等一系列跨区商事登记便利化举措。6月，嘉善发出全省首张跨省"证照联办通取"营业执照及许可证。8月，《央视新闻直播间》播出区域协调发展新观察长三角区域系列报道嘉善县政务服务"一网通办"和"一窗通拍"相关做法。同时，与上海市青浦区、江苏省吴兴区联动推广长三角一体化示范区"远程虚拟窗口"服务模式，实现跨省异地全程网办，联动沪江浙皖4个省(市)，58个市级地区89个县级地区。 (赵朱晗)

法治政府建设

【概况】 2023年，嘉善县深入贯彻习近平新时代中国特色社会主义思想，坚持以习近平法治思想为指引，全面落实中央和省市法治建设决策部署，推进法治政府建设迈向更高水平。"行政执法跨域协同""工业社区网格化治理"获市营商环境优化提升"一号改革工程"创新案例，"示范区执法跨域协作应用"获评省"大综合一体化"行政执法改革"最佳实践"，《高新技术产业合规指引》入选省级重点产业合规指引目录，嘉善县成为全市唯一一个连续5年获得法治嘉兴(法治政府)建设考核优秀的县(市区)，是创建首批全国守法普法示范县候选单位。

【落实法治政府建设主体职责】 出台《法治工作重要决定和方案备案工作办法》等制度文件11份。落实主要负责人履行法治建设第一责任人职责，县政府主要领导对法治工作作出批示4次，县政府常务会议专题研究重大行政决策事项、行政执法、优化法治化营商环境等工作16次。推动领导干部年终述法与年终述职考核深度融合，实现县镇村三级述法全覆盖。配合各级人大开展立法调研，对16部省市法规立法事项组织座谈研讨，提交立法建议263条，相关经验在全省立法会议上作交流。

【法治督察考核】 开展2023年度法治嘉善(法治政府)建设考核评价，落实法治嘉善建设规划中期评估，法治建设五年规划指标完成率81.3%。开展习近平法治思想宣传贯彻、法治重点任务完成情况、法治化营商环境提升情况等专项督察5轮次，推动解决交通、食品安全等领域法治问题48个。开展道路交通安全和道路运输突出问题专项整治行动，排查整改不合理交通标识、标志和监控设备110余个。

【政治学习】 开展学习宣传贯彻习近平法治思想"八进"，邀请上海市法学会会长崔亚东在县委理论学习中心组专题讲授习近平法治思想。落实县政府常务会议第一议题学法制度，开展宪法、援助法等各类学法议题30次。各级党委(党组)专题学习习近平法治思想173场次，开展习近平法治思想入基层等学习宣传活动1500余场，受众20余万人。连续18年开展领导干部法律素质测试。

【重大行政决策规范化建设】 公布2023年度县政府重大行政决策事项目录，涉及《西塘历史文化名镇新一轮保护规划》等3个事项。全县9个镇(街道)25个部门均在门户网站公示重大行政决策通告，实现重大行政决策目录化管理全覆盖。开展《嘉善县境内高速公路实行客车差异化收费》等3项重大行政决策后评估工作，入选全省“2023年度重大行政决策源头治理专项行动揭榜挂帅项目清单”。

【行政规范性文件管理】 强化行政规范性文件制定和监督管理，2023年审查县政府常务会议议题144个，县政府行政规范性文件合法性审查21件，审查重大行政决策2件，审查合同19件，废止或宣布失效行政规范性文件42件。

【营造法治化营商环境】 全省首创营商律政联合体，创新推进重点产业合规体系建设，出台《高新技术产业合规指引》，指导65家准高新技术企业通过专家评审，帮助4家企业避免因轻微违法而被取消政府资金扶持的不良后果。开展企业合法合规证明“一件事”改革，形成企业合法合规证明部门清单和证明事项清单，涉及16个部门8大类事项。打造“证照联办通取”改革，发出首张跨省“证照联办通取”营业执照及许可证，2023年，全县“一网通办”率98.81%，超期受理率0.15%，评定分离改革试点工作经验在省市“评定分离”改革试点经验交流会上作交流。推进涉企证照无感注销“一件事”，形成46项后置审批事项的清单目录。加强反垄断和反不正当竞争执法，查处反不正当竞争案件7起、价格违法案件12起。推进“信用+商圈治理”省级试点，开展“屡禁不止、屡罚不改”严重违法失信行为治理，完成企业信用修复72家，嘉善县第一人民医院成为首批示范区跨区域“信用+医疗”落地试点医院。联合青浦、吴江发布示范区涉企轻微违法行为免罚提示清单，2023年示范区三地共办理免罚、轻罚案件2626件，涉及金额超8000万元。

【“大综合一体化”行政执法改革】 在全市率先建立党委政府“双牵头”领导工作运行机制，将赋权镇（街道）执法事项由862项调整到1064项。全面落实行政执法“三项制度”，高频事项裁量基准细化率100%。试点建立园区企业分级分类“四色管理”机制，前瞻形成“跨部门快查清单”。推进跨部门联合监管，协同发布首个跨区域“双随机”联合监管团体标准《长三角生态绿色一体化发展示范区“双随机、一公开”跨区域、跨部门联合监管工作规范》，全年实施双随机抽查10289户次，双随机检查占比73.23%，跨部门联合双随机监管率46.31%。

【行政争议预防化解】 持续发挥行政复议主渠道作用，2023年，全县行政复议案件总数与一审行政诉讼案件总数对比值200∶100，为历年最高，调解成功率61.03%。持续提升行政诉讼应诉质效，2023年行政诉讼案件129件，败诉率1.41%，行政机关负责人出庭应诉率100%。

【法治协同监督】 完成人大建议和政协提案办理工作，办理人大建议178件、政协提案179件，限时办复率100%。推进政府信息公开，2023年主动公开2635条，收到依申请公开件299件，完成办理281件。打造12345政务服务便民热线“秒接快办”全天候服务机制，群众满意率95.7%。出台《关于加强镇（街道）行政执法监督工作实施意见》，开展镇（街道）行政执法质效评议2次。对综合执法、生态环境等8个领域开展案卷评查工作3轮次，发现问题73个。推广示范区执法跨域协作，培育跨域执法优秀指导案例30个，相关工作入选县域高质量发展示范点经验清单，被示范区协同立法吸纳。

【司法所综合改革】 创新打造以基层法治化综合改革为核心，带动镇（街道）合法性审查、执法监督、共治融合“链式发展”的“一核带三链”模式。2023年各镇（街道）共完成合法性审查6020件，同比增长71.4%，镇村矛盾纠纷化解数同比增长56.9%，镇（街道）行政诉讼败诉率和社区矫正对象再犯罪率均为零。

【基层社会治理】 实施县域善治基础工程，健全“一中心四平台一网格”体系，持续推进“152”体系与“141”体系全面贯通。积极探索“警格+网格”联动共治，“工业社区网格化治理”获评全市营商环境三季度创新案例。打造“和合善治”县域调解品牌并发布全国首个区域调解品牌省级团体标准，成立县知识产权纠纷调委会，建立知识产权调解专家库。2023年开展各类排查4868次，化解矛盾纠纷7810件。魏塘街道城桥社区、罗星街道李家社区等15个村（社区）被评为第一批市级四治融合示范村（社区）；县民政局“五和议事”协商模式、姚庄镇“四头工作法”等13个事例入选《新时代“枫桥经验”暨“三治融合”嘉兴实践案例》。

【优化公共法律服务】 加强公共法律服务体系建设，县法律援助中心入选第一批省法律援助中心联系点，全年受理法律援助案件1479件，法律援助市域通办率100％。“1＋N”法律援助流动工作站参与处置群体性纠纷20起，涉及标的2582万余元。县公证处服务棚改、征迁、农房集聚等19次，公证“最多跑一次”率74.39％，全省通办公证事项88％。打造公民法治素养观测全闭环，培育“法律明白人”队伍4386人。深化基层民主法治建设，打造“桃源渔歌 最美香湖”等法治地标，新增省市级民主法治村（社区）20家，省级以上民主法治村社建成率42％。（顾梦婷）

综　述

2023年，政协嘉善县第十五届委员会由15个界别的230名委员组成，政协常务委员会实有组成人员39名。

政协嘉善县十五届委员会下设工作机构有政协办公室和6个专门委员会。6个专门委员会分别为提案委员会、委员工作委员会、经济与人口资源环境委员会、农业和农村委员会、教科卫体与文化文史学习委员会、社会法制与民宗港澳台侨委员会。

重要会议

【全体会议】 2月7—9日，召开中国人民政治协商会议嘉善县第十五届委员会第二次会议。会议听取和审议政协嘉善县第十五届委员会常务委员会工作报告；听取和审议政协嘉善县第十五届委员会常务委员会提案工作情况报告；列席嘉善县第十七届人民代表大会第二次会议，听取并讨论政府工作报告及其他有关报告；选举；审议通过政协嘉善县第十五届委员会第二次会议提案审查情况的报告；审议通过政协嘉善县第十五届委员会第二次会议决议。会议选举吴犇为政协嘉善县第十五届委员会常务委员。审议通过《中国人民政治协商会议嘉善县第十五届委员会提案委员会关于十五届二次会议提案审查情况的报告》和《中国人民政治协商会议嘉善县第十五届委员会第二次会议决议》。大会期间，收到以提案形式提交的意见建议212件。经提案委员会审查，立为提案的204件，作为社情民意或委员来信处理的8件。

【常委会会议】 全年召开县政协常委会会议8次，其中议政性常委会会议2次。1月9日，召开县政协第十五届委员会常务委员会第六次会议。会议学习中共嘉善县委十五届四次全体(扩大)会议暨县域高质量发展示范点建设动员大会会议精神；审议通过有关人事事项；审议县政协十五届二次会议有关安排事项；审议常委会工作报告、提案工作报告、2023年县政协工作要点和协商议题等。2月6日，召开县政协第十五届委员会常务委员会第七次会议。2月7日，召开县政协第十五届委员会常务委员会第八次会议，听取各组政协常委会工作报告、提案工作报告讨论情况汇报；审议大会选举办法(草案)；听取候选人建议名单及有关情况的说明；审议候选人建议名单。2月8日，召开县政协第十五届委员会常务委员会第九次会议，听取各组讨论政府4个报告等有关情况汇报；通过大会选举办法；确定候选人名单；通过总监票人、监票人名单。2月9日上午，召开县政协第十五届委员会常务委员会第十次会议，听取各组讨论“两院”报告等有关情况汇报；审议提案审查情况报告(草案)；审议县政协十五届二次会议决议(草案)。3月27日，召开县政协第十五届委员会常务委员会第十一次会议。会议学习传达习近平总书记在全国两会上的重要讲话精神和全国两会精神，学习《中国人民政治协商会议章程》，学习传达中共中央办公厅印发《关于在全党大兴调查研究的工作方案》；审议《政协嘉善县委员会关于贯彻中共嘉善县委十五届四次全会精神助力深化“双示范”建设 奋力争当县域高质量发展典范的决议》。围绕《政协嘉善县委员会关于贯彻中共嘉善县委十五届四次全会精神助力深化“双示范”建设 奋力争当县域高质量发展典范的决议》开展讨论；通过《政协嘉善县委员会关于贯彻中共嘉善县委十五届四次全会精神助力深化“双示范”建设 奋力争当县域高质量发展典范的决议》；部署“同心实干、担当有为”主题实践活动。6月29日，召开县政协第十五届委员会常务委员会第十二次会议，围绕“建设江南水乡公园”议题开展协商议政。县建设局汇报“建设江南水乡公园”基本情况。9月28日上午，县政协召开第十五届委员会常务委员会第十三次会议，专题协商“全方位打造接轨上海第一站”。

【主席会议】 全年，召开主席会议22次。1月5日，召开县政协第十五届委员会第20次主席会议，学习传达元旦春节期间正风肃纪工作有关要求；审议十五届二次全体会议有关事项；审议十五届二次全体会议大会发言有关材料；审议县政协十五届第六次常委会会议方案。1月9日，召开县政协第十五届委员会第21次主席会议，县委组织部、县委统战部通报有关人事事项；审议县政协活动组组长、副组长建议调整名单；审议关于调整政协嘉善县十五届委员会提案委员会成员的说明。1月17日，召开县政协主席会议，听取政府、发改、财政相关工作情况通报。2月8日，召开县政协第十五届委员会第22次主席会议，审议县政协十五届二次会议提案审查情况报告和决议。3月9日，召开县政协第十五届委员会第23次主席会议，学习习近平总书记在学习贯彻党的二十大精神研讨班开班式上的重要讲话精神，传达习近平总书记在二十届中共中央政治局第三次集体学习时的重要讲话精神，传达学习中共二十届二中全会精神，传达市政协九届二次会议精神，传达学习县纪委十五届三次全会精神；审议2023年嘉善县政协重点工作安排；审议2023年嘉善县政协重点工作挂图推进项目清单；审议政协嘉善县委员会关于贯彻中共嘉善县委十五届四次全会精神 助力深化“双示范”建设 奋力争当县域高质量发展典范的决议；审议政协嘉善县委员会关于开展“同心实干、担当有为”主题实践活动的实施方案；审议关于推进委员工作室建设的实施办法；审议主席会议成员集中走访看望委员安排；审议政协委员履职能力提升专题培训班方案；审议主席会议视察活动方案(祥符荡科创绿谷)；审议“后疫情下提振消费信心 增加市场消费活力”专题协商会工作方案；审议关于出版《未见沧桑——孙道临王文娟艺术珍藏》一书的有关事宜；审议2023年度派驻民主监督工作部署会方案。3月22日，召开县政协第十五届委员会第24次主席会议，审议政协嘉善县第十五届委员会常务委员会第十一次会议方案；审议政协嘉善县十五届二次会议重点提案；审议政协嘉善县十五届二次会议重要提案；审议2023年县政协议政性常委会议题方案。3月30日，召开县政协第十五届委员会第25次主席会议，围绕“祥符荡科创绿谷建设”开展专题视察。4月10日，召开县政协第十五届委员会第26次主席会议，审议2023年县政协党建工作要点；审议2023年县政协党风廉政建设和反腐败斗争工作要点；审议2023年县政协党组理论学习中心组学习计划；审议2023年度政协提案协商办理工作与政协协商监督平台一体化推进工作清单；审议2023年第一批委员工作室建设方案；研究主题书香政协年度工作计划安排；观看警示教育片；签订党风廉政建设责任书；部署县政协2023年党风廉政建设工作。5月8日，召开县政协第十五届委员会第27次主席会议，学习深入实施“八八战略”强力推进创新深化改革攻坚开放提升一论、二论、三论、四论和五论；审议社情民意信息相关文件《嘉善县政协反映社情民意信息考核奖励办法》《嘉善县政协加强社情民意信息办理与反馈工作制度(试行)》等；审议“提升戏剧大师顾锡东文化名人品牌影响力”协商议题工作方案；审议“出租房屋安全整治”专题协商会会议方案。5月29日，召开县政协第十五届委员会第28次主席会议，听取县自然资源规划局关于两个国控规划的通报；审议嘉善县政协委员综合能力提升专题研修班方案；审议县政协主席会议视察方案(推进城镇有机更新，打造共同富裕基本单元)。6月19日，召开县政协第十五届委员会第29次主席会议，学习传达省政协关于开展民生议事堂“助解急难愁盼，增进民生福祉”专题协商议事活动的通知精神和全市政协民生议事堂工作部署会精神；审议嘉善民生议事堂专题协商议事活动方案；听取各委办（室）关于联系镇（街道）2023年民生议事堂开展情况汇报；听取推进界别型委员工作室建设情况汇报；审议“建设江南水乡公园”议政性常委会会议方案；审议“打造高铁新城提升城市品质”书记与政协委员面对面专题协商会方案；审议“优化普惠性托育服务”专题协商会方案。6月19日，召开县政协第十五届委员会第30次主席会议，围绕“推进城镇有机更新，打造共同富裕基本单元”开展专题视察。7月17日，召开县政协第十五届委员会第31次主席会议，听取社情民意信息工作情况汇报；关于《编辑出版家吴道弘》一书相关费用情况的说明；审议《关于建立各镇（街道）民生议事堂临时党支部及李维佳等同志任职的通知》；审议“推进省级体育现代化县建设”主席会议视察活动方案；审议修订的2023年界别活动组、镇（街道）政协联络室考核办法和政协委员年度履职考核办法；审议“全方位打造接轨上海第一站”议政性常委会会议方案；审议“加快‘三高四铁’建设，拉开城市新框架”专题协商会工作方案。8月14日，召开县政协第十五届委员会第32次主席会议，围绕“推进省级体育现代化县建设”开展专题视察。8月25日上午，召开县政协第十五届委员会第33次主席会议，传达全省政协主席暑期读书会暨市、县（市、区）政协工作经验交流会精神；传达全市政协工作交流会精神；学习《关于在全县开展党员干部违规吃喝问题专项整治的实施方案》通知精神；审议第二批界别委员工作室建设方案；专题听取2023年上半年委员履职情况汇报。9月14日，召开县政协第十五届委员会第34次主席会议，听取县委组织部、县委统战部关于委员调整的建议；审议活动组组长、副组长以及委员组别调整建议；学习传达有关文件精神；审议《县政协学习贯彻习近平新时代中国特色社会主义思想主题教育领导小组及其办公室组成人员》；审议“浙北粮仓”核心区建设主席会议视察活动方案；审议第一届嘉善县“最美政协人”选树宣传活动方案。9月22日，召开县政协第十五届委员会第35次主席会议，围绕“我县‘浙北粮仓’核心区建设有关情况”开展专题视察。10月18日，召开县政协第十五届委员会第36次主席会议，学习习近平总书记对新时代办公厅工作作出的重要指示精神；传达学习全省政协反映社情民意信息工作座谈会暨信息工作培训会精神；传达学习县纪委有关情况通报；审议《提案质量分析评估标准（试行）》和《提案答复件质量（办文质量）分析评估标准（试行）》；审议《关于调整“双联”机制领导联系镇（街道）工作的通知》。11月1日，召开县政协主席会议，听取关于祥符荡创新中心建设三年行动计划有关工作汇报。12月4日，召开县政协第十五届委员会第37次主席会议，听取县发改局《关于〈嘉善县国民经济和社会发展第十四个五年规划和二〇三五年远景目标纲要〉实施情况中期评估》的汇报；学习传达《中共浙江省委关于进一步加强和改进人民政协民主监督工作的实施意见》文件精神；审议关于暂停委员履行职责的建议；听取最美政协人推荐情况汇报；审议《政协嘉善县委员会关于进一步推进政协委员联系界别群众工作的实施意见》；听取关于《嘉善文史》经费使用情况的汇报；听取关于2024年嘉善县各界人士新年茶话会有关情况的汇报。12月28日，召开县政协第十五届委员会第38次主席会议，学习传达中央金融工作会议精神，习近平总书记考察上海时的重要讲话精神和在深入推进长三角一体化发展座谈会上的重要讲话精神及高水平建设长三角生态绿色一体化发展示范区工作推进会精神，中央经济工作会议精神和省委经济工作会议精神；学习传达市政协主席读书会精神；听取各委办（室）2023年工作总结和2024年工作思路汇报；听取十五届政协三次会议筹备工作汇报；审议县政协第十五届委员会常务委员会第十四次会议方案。12月28日，召开县政协第十五届委员会第39次主席会议，审议最美政协人，先进活动组、联络室，优秀委员建议名单；审议优秀提案、提案承办先进单位建议名单；审议优秀派驻民主监督组、优秀派驻民主监督员、重视民主监督工作先进单位建议名单；审议五星级民生议事堂、示范性协商驿站建议名单；审议反映社情民意信息工作先进集体、先进个人建议名单；研究2024年度重点协商议题。

政协活动

【开展联动监督】 全年围绕“深化‘千万工程’建设美丽乡村”“迎亚运盛会助力全省三大提升行

动”“聚焦营商环境优化提升‘一号改革工程’”等主题，组织实施省市县三级政协联动专项集体民主监督6批次，发现问题27个，提出意见建议47条。围绕助力巩固提升安全生产隐患大排查大整治成果，开展市县两级政协联动专项集体民主监督，提出意见建议9条。加强“青嘉吴”三地政协联动，开展“聚焦生态绿色、携手共同富裕”调研监督。

【“请你来协商”平台建设】 着力构建完善“请你来协商”、镇（街道）民生议事堂、村（社区）协商驿站组成的政协协商体系建设，将“请你来协商”议题纳入2023年度协商计划（三办发文）。全年，开展“请你来协商”专题协商会6次，党政主要负责人出席“请你来协商”活动各1次，县委、县政府主要领导参加政协活动5次。9月18日，县委书记与政协委员“面对面”开展“打造高铁新城，提升城市品质”为主题的专题协商会。11月9日，县长与政协委员“面对面”开展“推动‘三高四铁’建设，拉开城市新框架”为主题的专题协商会。全年组织开展“请你来协商·民生议事堂”活动18场，有效助推优化公交线路、解决地下空间无信号等一批民生实事。9个镇（街道）“民生议事堂”临时党支部全覆盖。稳步推动基层平台建设迭代升级，新建成市级“十佳民生议事堂”2个、县级五星级民生议事堂7个、村（社区）示范性协商驿站20个。举办首届“嘉和善治”民生议事堂案例展示活动，在嘉兴市第三届民生议事堂案例展评活动中获最佳案例2个、优秀案例1个。深入推进民生议事堂“助解急难愁盼，增进民生福祉”专题协商议事活动，全年开展民生议事堂和协商驿站协商活动180场次，参加委员375人次，群众参与2560余人次。

【参政议政】 畅通建言资政、知情明政渠道，重视发挥好党派团体作用，各民主党派、工商联、知联会、人民团体提交的大会发言、集体提案、社情民意信息分别占总数的24.1%、36.4%、37.3%，意见建议得到充分反映和及时办理。举行“委员活动日”暨政情通报会，召开全县各民主党派、县工商联、无党派人士座谈会，举办全县各界人士新年茶话会。增进同党外知识分子、非公有制经济人士、新的社会阶层人士的沟通联络，做好政协民族宗教工作，加强与港澳台同胞和海外侨胞联系联谊，汇聚推动县域高质量发展的强大力量。

【领导视察调研】 2月3日，省政协副主席、党组副书记王昌荣到嘉善调研，实地考察祥符荡科创绿谷临时展示馆、西塘镇政协民生议事堂、浙江大学未来食品实验室等，召开政协社会和法制工作调研座谈会。3月22日，嘉兴市政协副主席徐勇到嘉善调研医卫人才引育工作，实地调研指导干窑镇卫生院、嘉善县第一人民医院放疗中心等，并进行座谈交流。5月10日，全国政协委员、港澳台侨委员会副主任仇鸿到嘉善就“发挥港澳委员‘双重积极作用’、更好融入服务国家发展大局”开展自主调研。5月16日，嘉兴市政协主席陈利众到嘉善县开展“委员联系界别群众”专题调研。6月6日，省政协常委、副秘书长（兼），民革浙江省委会专职副主委、一级巡视员刘净非率省政协民革监督组到嘉善，围绕“深化‘千万工程’、建设美丽乡村情况”开展调研监督。6月13日，省政协主席黄莉新到嘉善，围绕“完善人民政协民主监督制度机制”开展专题调研。9月7日，长三角地区政协在嘉善开展联合调研“推动长三角地区自贸试验区合作发展”，江苏省政协副主席张乐夫、浙江省政协副主席陈小平、安徽省政协副主席周喜安等参加。9月20日，嘉兴市政协主席陈利众到嘉善开展“追寻足迹学思想，感恩奋进建新功”现场学活动。9月21日，由上海市、江苏省、浙江省、安徽省政协组成的联动民主监督调研组到嘉善，围绕“推进长三角地区基本公共服务均等化建设”主题开展民主监督调研。10月11日，宁波市镇海区政协主席戴凌云到嘉善学习考察现代农业，实地调研铪科中荷循环农业科创示范中心并作交流。10月31日，市政协副主席盛全生到嘉善开展“一对一服务企业纾困解难”专项行动，走访嘉善天路达工贸有限公司、浙江豪声电子科技股份有限公司等地，并座谈交流。

政协党建

【思想政治建设】 及时传达学习中共中央和省、市、县委重要会议精神和重大决策部署，组织开展“六问六破”主题大讨论、“四敢争先”实践活动。落实“第一议题”制度，全年开展党组理论学习中心组学习12次，举办“政协讲堂”6期，召开习近平新时代中国特色社会主义思想学习座谈会15次。重视理论研究，形成调研报告25篇、理论成果19篇。

【政协讲堂】 全年举办政协讲堂6期，重点邀请县商务局、县建设局、县文化旅游体育局、县公安局、县科技商务区、县卫生健康局、县统计局、县发改局、县自然资源规划局、县交通局、县铁投集团等部门单位主要领导为委员和政协机关干部作关于全县商务工作及促消费工作、“建设江南水乡公园”“提升戏剧大师顾锡东文化名人品牌影响力”“出租房屋安全整治”“打造高铁新城，提升城市品质”“优化普惠性托育服务”、全县半年度经济形势分析、“全方位打造接轨上海第一站”“加快‘三高四铁’建设，拉开城市新框架”等情况介绍。

【党组织建设】 中共嘉善县委高度重视政协工作，县委常委会5次专门听取政协工作情况汇报，把政协工作列入党委总体布局。县政协党组全年向县委请示报告重大事项45次，专题听取党的建设、提案工作、委员工作、社情民意信息等专项工作汇报4次。认真落实县委交办的重要任务，主席会议成员牵头推进“双示范”建设、拆迁攻坚、产业链招商等重点工作。成立各镇(街道)民生议事堂临时党支部，进一步完善政协系统党的组织体系。全面落实从严治党主体责任，贯彻执行中央八项规定及其实施细则精神，开展党风廉政建设警示教育、意识形态工作和保密工作专题学习，支持派驻纪检监察组工作，营造风清气正的政治生态。

委组工作

【选派民主监督员】 围绕“院前急救一件事”改革、筑牢粮食“安全堤”、交通基建跨越式发展等重点工作，组织派驻民主监督组赴10个县级部门(单位)开展民主监督，积极协商建言，全年形成《民主监督建议书》10份，提出意见建议34条。对2022年度派驻民主监督工作开展“回头看”，推动派驻部门更好贯彻落实县委县政府工作部署。派驻民主监督工作的经验做法获《浙江政协信息》刊发，得到省市政协领导高度肯定，并在市政协工作会议上作交流发言。

【文史宣传】 出版《未见沧桑:孙道临　王文娟艺术人生珍藏》文史专辑，在2023上海书展暨“书香中国”上海周活动上举行新书发布仪式。开展文史资料进基层、进校园等“四进”活动，举办“弘扬善文化　书香润学堂”活动16场，参与学生2100多人次。在“IN嘉善”新媒体和嘉善广播电台展播《新编嘉善乡土风情诗365首》，累计阅读量662万次。打响“崇学善读·书香政协”品牌，评选最美委员书屋、最美阅读推广人。全年编辑《嘉善文史》4期，编发“政协之窗”“人民政协”栏目26期，在国家级媒体平台刊发稿件16篇次、省市级26篇次，获评2023年度全省政协联谊报宣传工作先进单位。

【委员服务管理】 开展委员培训。全年举办履职能力提升培训班2期、专题培训班3期。探索打造“和你来联系”工作品牌，新建11个界别型和车联民情、地方文化传承等2个集体型委员工作室，形成“11＋9＋2”委员工作室矩阵，全年开展学习交流112次、专题宣讲87场、公益服务136次，接待群众5072人次。发挥委员会客厅平台作用，围绕“助力科技型中小企业创新发展”“助力青年创业就业”等开展主题活动8次，参加委员和界别群众237人次，嘉善归谷智造政协委员会客厅晋升为省级四星级委员会客厅。

【联系走访委员】 落实主席会议成员走访委员机制，在3月和11月，开展集中走访看望委员活动。主席会议成员带队下基层开展走访联系、调研服务，走访委员全覆盖。

提案和社情民意

【十五届二次会议提案及办理】 县政协十五届二次会议期间，共收到以提案形式提交的意见建议212件，经审查立为提案204件，64家承办单位深入开展协商，积极采纳落实建议，全部按时完成办理答复，提案办理过程和办理结果整体满意率100%。修订完善提案工作条例，制定提高提案质量实施意见，出台提案办理和答复件质量分析评估标准等制度文件，不断提升提案工作全程高质量管理水平。开展提案办理落实情况“回头看”和“再协商”督查工作，不断提高提案成果转化率。积极探索政协提案协商办理与协商监督平台有机结合，统筹融合协商活动、民主监督与提案办理，推动提案工作提质增效。

【发挥社情民意直通车作用】 修订完善县政协反映社情民意信息考核评价办法，召开社情民意信息工作会议，开展专题培训，不断提高社情民意工作水平，架好党委政府与人民群众的“连心桥”。推动社情民意信息平台与基层治理综合信息平台相互贯通，打通委员走访听取、“码上商”转报、协商驿站征集等反映途径，健全委员反映社情民意信息交办与成果跟踪机制。全年收到社情民意信息885条，被全国政协录用信息3篇、省市政协录用信息192篇，获省市领导批示信息11篇，反映社情民意信息工作获市政协一等奖。

年度重点工作

【主题教育】 落实“感恩奋进、四敢争先”4+2行动，系统开展“循迹溯源学思想促践行”“大走访大调研大服务大解题”“持正确政绩观、建为民新业绩”等行动。抓好专题学习研讨、基层调研破难、问题整改整治，全年组织集中学习27次、宣讲专题党课12次、进行专题调研76次，形成调研报告6份，助解基层问题35个，健全完善服务委员、联系群众等一批长效机制。

【制度机制建设】 县政协常委会及时学习贯彻县委十五届四次全会精神，作出助力深化“双示范”建设、奋力争当县域高质量发展典范的决议。坚持县政府县政协联席会议制度，完善听取县纪委县监委、县法院、县检察院工作通报制度，健全听取提案办理和“建议案”、“协商纪要”办理落实情况制度。出台进一步推进政协委员联系界别群众工作的意见，制定委员工作室建设办法，完善委员履职考核评价机制，依托“数字政协”实现委员履职信息一库保存、实时评价。首次开展嘉善与庆元政协“山海协作”联合协商，创新建立镇（街道）民生议事堂联合协商机制，合力破解基层共性难题。

【深化“双联”机制】 全年开展“双联”活动45批次，参与委员439人次，收集各类意见建议1200余条。“双联”做法在全省政协主席暑期读书会上作交流发言，课题成果获市一等奖。完善基层协商平台评价机制，提升民生议事堂、委员工作室、社情民意信息联系点和协商驿站功能建设，评创五星级民生议事堂7个、示范性协商驿站20个，2个民生议事堂获嘉兴市“十佳民生议事堂”。

（许燕南）

中国国民党革命委员会嘉善县基层委员会

【概况】　2023年，中国国民党革命委员会嘉善县基层委员会(以下简称嘉善民革)履行职能，建言献策，为嘉善县"双示范"建设贡献力量。年内，获民革浙江省委会2023年度民革全省宣传思想工作先进集体、民革嘉兴市委会基层组织考核特等奖；党员陈龚获评2023年度嘉兴民革"十佳党员"。至年底，嘉善民革有党员28名，其中副处级领导1名、科级领导1名、人大代表5名(其中市人大代表2名、县人大常委会委员1名)、政协委员8名(其中市政协委员、县政协常委各1名)。

【自身建设】　开展"凝心铸魂强根基、团结奋进新征程"主题教育，筑牢思想基础。落实逢会必学制度，通过党员集中学习、参加县委统战部和上级民革组织培训、网上自学等方式，组织党员深入学习贯彻习近平新时代中国特色社会主义思想和中共二十大精神、省委市委重要会议精神以及统战理论、民革章程、各级民革重要会议精神。全年多次组织党员参加市委统战部、民革嘉兴市委会组织的主题征文、知识竞赛等活动，提升党员参与活动积极性。强化组织建设，全年吸纳1名新党员。

【参政议政】　2023年县"两会"期间，嘉善民革党员提交代表建议和政协提案18件，其中人大建议6件、联名建议2件、政协集体提案3件、个人提案6件、联名提案1件。副主委陈靖代表嘉善民革作政协大会发言《打造具有区域影响力的县域科技创新高地的建议》，获县委副书记、县长张锡锋批示；《加强第三方协作监管管理 提升基层治理规范化水平》和《关于加强外卖行业配送员交通行为管理的建议》被评为优秀提案；党员陈龚被评为优秀政协委员。修订《参政议政优秀成果和宣传信息奖励办法》，全年形成《关于推进企业合规建设，打造法治化营商环境的意见建议》等调研报告6篇，《关于进一步激活数据要素潜能助力营商环境优化提升的建议》获县委常委、副县长吴昊峥批示；《关于促进农民增收的建议》获县党外青年调研成果同心展评会优胜奖。加强社情民意信息工作，全年提交社情民意28篇，其中被各级政协和民革组织录用12篇。

【民主协商监督】　参加县委"建设城乡融合发展先行区，打造品质嘉善升级版"专题协商，围绕"银加善"区域公用品牌建设深入开展调研。做好对口联系部门民主监督，围绕推进监管执法标准化、优化法治营商环境主题，组织对县司法局开展民主监督，针对监管执法标准化提出意见建议，助力优化全县营商环境。党员中的人大代表和政协委员积极参与各自组织的民主监督，积极发挥自身作用。

【社会服务】　积极争取民革浙江省委会资源，成功推动浙江长征职业技术学院与姚庄镇开展校地合作项目。12月28日，开启"深化校地合作 助力产业发展"系列活动，"校地合作机电教研基地""校地合作电商教研基地"等揭牌。突出法律服务特色，全年开展法律援助 64 件，其中刑事援助 56 件、民事援助 8 件，受援人涉及未成年人、农民工、妇女等群体。加大法律宣传力度，开展各类公益法律讲座 10 场，受众 500 余人。与嘉善县科创中心联合开展法律助科创活动，累计为 50 多家企业提供免费法律咨询。做好嘉善民革党员突击队工作，党员黄学清带领民革党员和蓝天救援队参与 7 月特大暴雨救援工作。党员黄学清担任杭州亚运会火炬传递第 96 棒火炬手。党员戴维在四川省九寨沟县挂职期间获第十届“九寨身边好人”敬业奉献类称号。

【祖统联谊】 5 月，联合桐乡民革、嘉善台湾青年联谊会、桐乡市台商联谊会联合开展“奋斗新青年 · 融合新时代”两岸青年联谊活动。7 月，组织党员参加由民革浙江省委会举办的《之江同心 · 两岸一家亲》祖统沙龙。10 月，与民革嘉兴市委会联合开展祖统联谊活动，组织 15 位嘉善台胞台属代表，赴海宁盐官、嘉兴子城等地进行实地考察并开展交流联谊。加强涉台参政履职，就主委董铭勤领衔提交的《关于依托西塘汉服文化周，促进我市对台经济文化交流合作的建议》政协提案与市台办进行沟通交流。

（徐　雷）

中国民主同盟嘉善县基层委员会

【概况】 2023 年，中国民主同盟嘉善县基层委员会（以下简称嘉善民盟）下设 2 个总支，每个总支下设 4 个支部，共有盟员 150 名，其中具有高级职称 77 人，中级职称 51 人；来自教育界 62 人、经济界 27 人、卫生界 30 人、科技界 19 人、其他界别 12 人。在职盟员 94 人，退休盟员 56 人。盟员中有副县级干部 1 人、副科级干部 5 人，担任市人大代表 3 人、县人大代表 3 人，省政协委员 1 人、市政协委员 2 人、县政协委员 19 人。全年吸收新盟员 4 人。全年编印《嘉善盟讯》4 期，微信公号刊发 60 期，为盟员赠阅纸质《中央盟讯》《浙江民盟》《嘉兴盟讯》《群言》等期刊 1300 余份。

【民盟荣誉】 2023 年，嘉善民盟获民盟省委会 2021—2022 年度社会服务工作先进集体、民盟市委会“2022 年度盟务工作先进单位”“2022 年度思想政治建设工作优秀单位”“2023 年度盟务工作优秀单位”；盟员之家获民盟省委会 2023 年度“五星级盟员之家”。盟员包叶红被评为 2022—2023 年度省委会优秀盟员、社会服务工作先进个人、市基层委优秀盟员，《善盟善行 共富路上一起走——助农案例》被市委统战部评为最佳实践案例；邬雅燕被评为 2023 年浙江省社会救助工作成绩突出个人；李罕琼获评浙江省优秀科技特派员；应霄获评浙江省农业“双强”行动成绩突出个人；孙元菁被评为 2023 年嘉兴市教育领军人才，并担任杭州第 19 届亚运会火炬手；吴春媛被评为 2023 年嘉兴市优秀教师；翟英武被评为第十四批嘉兴市学科教学带头人。

【自身建设】 学习贯彻中共二十大精神、习近平总书记考察浙江重要讲话精神以及省委、市委、县委和民盟上级组织的各类重要会议精神，积极落实民盟嘉兴市委会“矢志不渝跟党走、携手奋进新时代”政治交接主题教育活动。在全市基层委中率先开展“凝心铸魂强根基、团结奋进新征程”主题教育活动，各支部召开各类学习会 30 余次，盟员参与人数 400 余人次。举办“3 · 19 建盟日”读书会活动。参加市民盟纪念“五一口号”发布 75 周年活动。参加县委统战部组织的全县统一战线“同舟论坛”。召开专题会议，学习传达贯彻中共二十大精神。与县第一人民医院、县中医医院、嘉善高级中学、嘉善新优加艺术培训有限公司等开展党盟联谊活动。

【参政议政】 盟员孙元菁在浙江省“两会”上提出的《关于提升和保障“县中教师”群体职业幸福感的建议》提案得到“中国新闻社”等多家媒体关注并报道。在嘉善县“两会”上，24 名盟员共提交集体提案 5 件、个人提案 19 件和人大建议 3 件，内容涉及教育、经济、民生等各个方面；盟员张卓代表嘉善民盟作题为《优化金融资源配置，赋能科技创新企业高质量发展》的大会发言；盟员应霄代表政协农业组作题为《创新“五良”模式 推动“浙北粮仓”迭代升级》的大会发言。实施专题民主监督，4 名盟员担任县气象局、县卫生健康局等单位特邀监督员，3 位盟员受聘为县检察院特约检察员和县法院特邀司法监督员等，组织 12 名盟员对县农业农村局的“现代农业开发区建设”连续 3

年进行党派民主监督。

【调查研究】　2023 年，嘉善民盟共提交《关于优化企业法制化营商环境的建议》等调研报告 8 篇，杭新江的《考察常州新能源产业后的感想和思考》获市委常委、县委书记江海洋批示。全年撰写社情民意 67 篇，上级盟组织录用 28 篇，县政协录用和转报部门 13 篇，市政协录用 10 篇，其中邬雅燕《关于基层建议开展残疾等级、残疾人证定期复评工作》社情民意被全国政协录用。邬雅燕《关于加强乡村道路路名标志设置的建议》、杭新江《关于培植体育产业发展体育经济的建议》、李志华《关于建议初高中联合办学一体化发展，助力高考质的飞跃》的社情民意获市委常委、县委书记江海洋批示肯定。盟员全年撰写各类信息 56 件，其中县统战部录用 15 件，盟市委网站录用 33 件，盟省委网站录用 3 件。

【社会服务】　利用 6 个“盟员之家”和 1 个盟员工作室开展各类社会公益活动。基层委“盟员之家”举办文化沙龙、经验交流、社情民意讨论等活动 10 余次，中教支部“盟员之家”组织开展文化艺术、留学知识等讲座 20 多场，“嘉善盟员之家”2023 年接待省内外统战人士 100 余人，“包叶红工作室”开创婴幼儿托育知识培训、线上助农销售地方农产品等新服务。教育总支开展高考志愿填报指导公益活动 3 场。盟员彭少华被聘任为嘉善县“营商体验官”。盟员石磊受邀作客 FM993《律师在线》节目为广大听众普法。孙元菁省名师网络工作室设立沙雅县实践基地，开展对口教育帮扶工作。开展消费帮扶助力乡村振兴，盟员包叶红助农销售总价值 17 万余元。基层委牵头组织浙江霸器智能装备有限公司向嘉善技师学院捐赠价值 300 多万元的 10 台各种型号的中走丝智能线切割机床。发动盟员捐款 1.6 万元助力钧儒小学爱心树林建设。盟员金月华向甘肃地震灾区捐赠价值约 15 万元的灾后重建物资。

（单学健）

中国民主建国会
嘉善县基层委员会

【概况】　2023 年，中国民主建国会嘉善县基层委员会（以下简称嘉善民建）在中共嘉善县委和民建嘉兴市委会的领导下，以习近平新时代中国特色社会主义思想为指导，聚焦聚力中心工作，主动担当、积极履职，全面加强自身建设，各项工作取得新成效。全年发展新会员 2 人，有会员 78 人，大专以上学历占 82.4%，中高级职称占 29.1%，有省人大代表 1 人、市人大代表 1 人、市政协委员 2 人；县人大代表 8 人、县政协委员 12 人。

【民建荣誉】　获评嘉兴市民建 2023 年度优秀基层组织、2023 年度宣传报道工作先进集体一等奖、2023 年度参政议政先进集体、2023 年社会服务工作优异成绩先进集体、2023 年度社情民意信息工作先进集体二等奖。会员俞善峰被评为 2023 年度浙江省民建社会服务先进个人、被浙江省民政厅授予“2023 年浙江省社会组织领军人物”；尤晓啸获评 2023 年度浙江省财政系统优秀信息员；支韫韬获评 2023 年“浙江省医师协会优秀医师”；会员企业浙江豪声电子科技股份有限公司敲钟上市，成为嘉善第 10 家上市企业。

【思想政治建设】　全年召开班子（扩大）会议 6 次，学习中共二十大精神、全国“两会”精神、习近平总书记关于做好新时代党的统一战线工作的重要思想等，召集会员集中观看《大道传薪民建篇》。与青浦民建区委二支部、民建青浦区委青工委等联合开展“凝心铸魂强根基，团结奋进新征程”主题教育活动暨两地民建携手助推长三角一体化发展共建调研。组织拍摄视频《信仰》，并获民建省委会 2023 年度优秀短视频评比优秀奖。参加省委会、市委会、县委统战部举办的专题培训，增强宣传队伍政治意识和业务能力。

【组织建设】　抓好班子建设、队伍建设、制度建设和骨干会员培养，专题部署主题教育，审议年度工作要点，研究年度调研课题和理论课题，推进“大走访大调研大服务大解题”专项行动。完善培养机制，增强会员活力，坚持主动发展意识，突出界别特色，严格遵循组织发展程序，坚持发展标准，做好代表性人士的会员发展工作。积极搭建会员成长平台，组织参加市委会新进会员培训班、嘉善县党外年轻干部培训班、民主党派参政议政专题研讨班等。

【社会服务】　走访会员企业 15 家，了解企业生产中遇到的问题并及时联系解决；形成《加快实施嘉兴智能制造创新驱动发展战略的建议》《统一战线助力共同富裕实践与探索》《提高储备效能，助推粮食安全》《关于加快推进中新新城产城融合发展的建议》等调研报告。做优“两个健康”社会服务品牌，走进会员企业开展普法宣传；举办“建华讲坛”，学习“企业经济犯罪法律风险与预防”“人才政策”；到县检察院参加检察开放日活动。到结对社会服务点举办以“关爱女性健康”为主题的知识讲座、义诊活动、免费乳腺健康筛查服务等，联合民建嘉兴市妇委会开展妇女节活动，开展“闻香识道”——中国传统香文化的讲座。组织青年会员参加2023年“五湖四海一嘉人”全民健身万人徒步活动，举办民建“正青春”社情民意沙龙1次。会员企业诚达药业股份有限公司向嘉善县第一人民医院、嘉兴市第二医院、嘉兴市秀洲区人民医院、浙江新安国际医院等捐赠左卡尼汀口服液10800支，价值34.02万元；会员徐瑞根捐资400万元在惠民街道曙光村建设邻里家宴中心；会员俞善峰捐资6.2万元用于扶贫助学；会员陆晓明向嘉善慈善总会捐款3万元；会员王凤明的“嘉善桂生社会公益基金会”累计捐助40多户困难家庭，捐款100余万元。

【参政议政】 参加中共嘉善县委民主协商会、政府工作报告意见征求会等会议5次；围绕“加快推进中新新城产城融合发展”调研课题提出意见建议；在“嘉善县建设全域幸福河 打造‘最江南的梦里水乡’”专题协商座谈会上作重点交流。《建设城乡融合发展先行区，打造品质嘉善升级版》协商建言报告、《进一步优化营商环境，激发民间投资活力的建议》等获市委常委、县委书记江海洋批示。全年向省、市、县“两会”提交建议提案26件，其中省人大代表建议2件、市人大代表建议1件、市政协委员提案2件，县“两会”提案建议21件，其中人大建议10件、政协集体提案2件、个人提案9件。大会发言《对标昆山，抢抓新一轮招商引资机遇，助力嘉善经济高质量发展》被列为1号重点提案；《持续做好人才引育留用工作，打造更优营商环境》集体提案被列为6号重点提案。积极参与民主监督，赴对口联系部门县商务局粮食收储有限公司开展专题民主监督，形成《提高粮食储备能力，守护粮食安全》专题监督报告。加强社情民意撰写，3篇社情民意被全国政协、民建中央、民建省委会、省市政协录用，3人获嘉兴市民建2023年度社情民意信息工作先进个人称号。

【“双示范”建设】 省市联动助推“双示范”，7月6日，省知联会副会长、省新型智库研究会会长徐伟金，民建省委会社会服务部部长钟红华到干窑镇开展调研。9月29日，省委会社会服务部部长钟红华、市委会专职副主委章纯到嘉善县召开助推“双示范”调研座谈会。9月6日，县委常委、副县长吴昊峥，市委会专职副主委章纯带队到浙江金融职业学院，就嘉善职业教育水平提升和共建合作进行交流，并签订共建协议。3月11日，民建上海金融工委副主委尤华带队到嘉善县开展沪嘉两地民建企业家交流活动。9月21日，“金融赋能、科创未来”长三角民建企业家助力嘉善“双示范”活动暨之江同心·经济圆桌论坛在嘉善县举行。活动报道《长三角民建青年企业家齐聚，助力嘉善“双示范”活动》《助力“双示范”民建出实招》在民建中央网站、浙江民建和市委统战部公众号、联谊报发表。 （杨　洁）

中国民主促进会嘉善县委员会

【概况】 2023年，中国民主促进会嘉善县委员会（以下简称民进嘉善县委会）下设教育一、二、三支部，医卫一、二支部，文化支部，综合支部，经济支部等8个支部。至年底，有会员143人，全年发展会员6人。会员中有市人大代表1人、市政协委员2人、县人大代表4人、县政协委员20人。年内，民进嘉善县委会获民进浙江省委会2023年度“优秀县级地方组织”荣誉称号。

【自身建设】 参加“重温‘五一口号’携手奋进新征程”主题征文活动，提交征文6篇。组织参观陈巳生历史资料陈列馆。观看多党合作主题话剧《马叙伦》。举办“凝心铸魂·正道前行”——嘉善·平湖·海盐民进开明画院书画摄影联展。编印《嘉善民进》会刊2期。“嘉善民进”公众号推送78期。选派44人次参加党外干部培训班。会员屠文贤获评民进浙江省委会2023年“优秀基层组织负责人”，会员蒋国强获评嘉兴市政协第一届“最美嘉兴人·最美政协人”，蒋国强、金晓燕获评第一届嘉善县“最美政协人”。举办第十一期暑期读书会。向退休老会员颁发“民进浙江省委会成立60周年纪念章”。组织举办欢乐跑、走进美丽乡村、金秋田野等活动。

【参政议政】 县“两会”期间，作《让“善”文化赋能乡村振兴》大会发言，23名代表委员提交4件集体提案、20件个人提案、7条人大建议，其中《传统文化转化赋能，助力乡村精神富有》获评2023年度县政协优秀提案，《关于加强公民个人信息保护的建议》等获评县人大2023年度优秀代表建议；顾叶斌等4人获评2023年度县优秀政协委员，杭璐东获评县人大2023年度代表履职优秀个人；《关于保护我县小城镇特色，延续乡愁记忆的建议》获市委常委、县委书记江海洋批示。报送社情民意信息106篇，《全面提升区域协同政务服务能力的建议》获市委常委、常务副市长朱苗批示；《关于我县集成电路产业链的几点思考》获县委副书记、县长张锡锋批示；2篇社情民意信息获省委会参政议政二等奖。县委会获县政协社情民意信息工作一等奖、市委会社情民意工作先进集体；3人获评市委会社情民意(信息)工作先进个人；3人获2023年度县政协社情民意信息工作一二三等奖。《嘉善文史》(2023年第4期)特辟蒋国强文化类社情民意信息48篇专辑。4人获评2023年度县政协优秀派驻民主监督员，形成《高品质建设未来社区，打造15分钟便民生活圈》民主监督报告。

【“双示范”建设】 争取省委会资源支持，民进省委会共建对象由三里桥村扩大到魏塘街道。省委会副主委陈忠、薛鸿翔等多次到嘉善县参加助推工作。浙江民进博士团祥符荡服务基地揭牌，举办“开明·同心共富”等论坛。浙江民进开明艺术团在魏塘街道魏中村举办“之江同心·开明促共富”文艺会演。浙江民进教育专家团“开明优学”计划首站走进嘉善中学，并牵线5位中国美院名师与嘉善中学老师结为师徒。浙江民进医卫专家团在魏塘街道社区卫生服务中心挂牌医卫专家工作站，并开展义诊活动。加强与上海民进组织合作，民进上海中医药大学委员会、民进金山区委会在魏塘街道社区卫生服务中心新院区联合举办大型义诊活动。

【社会服务】 全年，开展春联万家活动5场。连续9年结对和合社区。举办端午健康讲座进社区活动，重阳节走进福利养老服务中心。结对丁栅中心学校，爱心资助2名贫困学生。70余名会员参加“开明·善之爱”社会服务。捐助安龙县60个指夹式血氧仪。40余人次参加“同善星期六”慈善公益集市活动7期，善款捐至县慈善总会。“开明·善之爱”嘉善民进社会服务队获评2023年度“同善”公益团队。会员蒋国强带非遗作品开展活动100余场次，惠及4000多人次。

【会员风采】 周向阳《嘉禾八景影踪——周向阳摄影原作展》在嘉兴、嘉善展出。蒋国强“喜迎亚运”木雕拓画系列作品先后亮相浙江卫视、嘉兴电视台。丁慧煜创作的《素粿食盒》在第十一届中国(浙江)工艺美术精品博览会上获得金奖。戴旭锋创作的亚运歌曲《陌上飞歌》获评第三届新时代主题原创歌曲征集“十佳作品”。在2023年全县三级干部大会上，施正明获得嘉善县高质量发展成绩突出个人、重大项目推进工作成绩突出个人，樊帅获嘉善县平安建设成绩突出个人、信访工作成绩突出个人，沈红军获嘉善县平安建设成绩突出个人、城乡品质提升工作成绩突出个人，江万景获2022年度长三角生态绿色一体化发展示范区三周年嘉善片区重点工作推进先进个人。赵志宏赴阿克苏地区开展支教柔性援疆10天。赵复莲获第二十五届“语文报杯”中学生主题征文写作指导特等奖。何运东获浙江省医学会技能操作比赛二等奖。丁慧煜获评“嘉兴良匠”“嘉兴市技术能手”。赵志宏获评第七批嘉善县名师。陈美莺获评嘉善县名中医。沈燕获评嘉善卫生健康系统优秀医师。董志华所属企业嘉善拳王置业有限公司获评2022年度“慈善奖”，蒋国强获评2022年度“慈善工作先进个人”。蒋国强、丁慧煜获聘2023年度嘉善县全民艺术普及大使。屠文贤获县政务信息工作考核优秀个人。

(陈玉华)

中国农工民主党嘉善县基层委员会

【概况】 2023年，农工党嘉善县基层委员会(以下简称嘉善农工)立足党派特点和优势，强化自身队伍建设，积极履职尽责，在组织建设、参政议政、社会服务等方面积极作为，为嘉善“双示范”建设贡献农工力量。2023 年，嘉善农工获评农工党省委会“2023 年度社会服务工作先进基层组织”和农工党市委会“五星级基层组织”“2023 年度宣传工作先进集体”“2023 年度参政议政工作先进集体”等。副主委孙军获农工党省委会“2023 年度社会服务工作先进个人”、嘉兴市新时代中国特色社会主义事业优秀建设者等称号；党员王炳尧、王鑫、王群、陆江南获评农工党市委会“2023 年度优秀党员”。至年底，农工党嘉善县基层委员会有党员 82 人，其中新发展党员 4 人。党员中副处级领导 1 人（县人大常委会副主任、同为县人大代表）、市政协常委 1 人、市人大代表 1 人、市政协委员 1 人、县人大代表 3 人、县政协委员 17 人（其中县政协常委 2 人、2 人分别同为市人大代表、市政协委员）；党员中具有中高级职称 72 人。

【自身建设】 6 月，召开党员大会，选举王鑫为基层委员会委员；完善基层委机构设置，设立基层委办公室。健全党员学习培训制度，深化委员联系、新党员培养等机制，组织党派骨干力量 20 余人次参加省市农工专题培训班、统战条线党外干部能力提升班等专题培训。落实定期活动机制，提升党员交流和能力提升水平，开展妇女节、母亲节、重阳节活动，党员林惠艺在党派微信群创新开设线上普法课堂，累计发送普法内容 100 余条次。

【参政议政】 围绕全县经济社会发展大局，以及人民群众关注的热点和难点问题，积极建言献策、参政议政。市政协常委孙军、市人大代表陆雅燕、市政协委员张炜在市“两会”上分别提出《关于加快完善废旧物资回收网络的建议》《关于疫情后核酸采样小屋处置的建议》等 4 件提案建议，孙军提交的《关于加快推进农业小微产业园建设 推动农民共同富裕的建议》获评 2022 年度市级优秀代表建议。县“两会”期间，19 名代表、委员提交提案建议 19 件，其中集体提案 2 件，并在政协大会上作《建设 15 分钟亲水圈 打造江南水乡“金名片”》的专题发言，被列为重点提案。全年撰写社情民意 60 余篇，3 篇被《社情民意信息》专报录用，5 篇被市政协录用。孙建撰写的《加强我市铁路项目的谋划和建设、更高质量推动长三角城市群重要中心城市建设》直通车调研获市委书记陈伟、市长李军分别批示肯定；王鑫参与并执笔的《以知识产权强市建设为抓手、擦亮智造创新强市金名片》调研成果在市委专题协商座谈会上汇报，《优化营商环境助力嘉善集成电路产业发展》获县委常委、常务副县长楼向辉批示肯定；《抓住轨道交通建设契机提升嘉善城市能级的建议》在县委专题协商会上汇报并获充分肯定，代表嘉善县在青吴嘉统战联盟调研课题成果交流会上作典型发言。

【助力“双示范”】 5 月 30 日，农工党省委会在陶庄召开助推嘉善“双示范”建设推进系列活动，是全省各民主党派首个省、市、县联合活动，省中医院支部与陶庄卫生院、省农科院支部与陶庄镇政府分别签署共建协议。6 月 3 日，省委会专职副主委吴道涛参加葫芦蚂蚁音乐鑫锋村整村运营项目签约仪式，省委会同心助力服务团消费帮扶服务队与“葫芦蚂蚁 · 鑫锋村运营”项目结对共建。10 月 15 日，省委会常委、省水利厅计划处处长许江南到嘉善县，实地指导西塘绿谷片城镇排涝工程建设。11 月 18 日，嘉善农工与农工党浙江大学委员会签订《共建友好组织协议》以及《战略合作协议》。鑫锋音乐村、陶庄智种产业园、县一院农工名医工作站、陶庄卫生院名医工作站等 4 个项目列入省委会助推重点。启用“农小工促健康”长秀同心服务基地，每月派出医卫专家为当地群众提供医疗服务。

【社会服务】 全年累计组织各类健康义诊 10 余次、服务群众超 1000 人次。先后在大云洋桥村、魏塘魏中村、孙家桥港公园、魏塘鑫锋村、罗星晋阳社区等地开展健康义诊。11 月 15 日，省委会组织部二级调研员汪军带领农工党浙江省中医院支部 10 名专家赴嘉善县开展医疗健康服务能力提升助推活动，在县二院、陶庄卫生院开展“膏方文化节”义诊，并结合“世界慢阻肺日”进行健康宣教，服务患者近 200 人次。

（张　炜）

嘉善县党外知识分子联谊会

【概况】 嘉善县党外知识分子联谊会（以下简称县知联会）下设经济组、教育卫生组、新的社会阶层组、综合组等 4 个组，至年底，有会员 123 名。年内发展新会员

15 名,1 名会员加入共产党,8 名会员加入民主党派,6 名会员退会。会员中,担任市、县人大代表 24 人,市、县政协委员 27 人。成立国企分会。陶庄、干窑分会选举产生新会长。共创“知联阵地”、国企“知联之家”、西塘西园爱国教育基地。

【自身建设】　印制 2 本《学习资料》,组织纪念“五一口号”主题征文活动。举办“之江同心、爱国奋斗”宣讲会,组织党外知识分子赴青浦、吴江开展活动,举办、参加学习培训 10 余次,200 余人次参与。

【荣誉先进】　12 人获评县高质量发展成绩突出个人、平安建设成绩突出个人、示范区三周年嘉善片区重点工作推进先进个人。2 家会员企业、1 名会员获评省级“益心为公”优秀志愿者。30 余人获评代表履职优秀个人、优秀政协委员,优秀企业家、青年工匠、优秀教师等。

【参政议政】　代表委员提交建议、提案 39 条,《关于进一步规范政府向社会力量购买服务行为的建议》被确定为县政协十五届二次大会重要提案,《关于加强我县公共实训中心建设的建议》获评优秀提案。撰写报送社情民意信息 30 余条,《关于嘉善至西塘市域铁路设计方案局部改进优化的建议》获市、县领导批示,《文旅融合发展、奋力打造长三角文旅一体化发展样板地》在专题协商会上汇报。委员封华强赴重庆参加长江生态环境民主监督专题活动。组建“知政调研团”,《嘉善县粮功区“非粮化”治理的困境与对策研究》成为全县党外青年同心展评活动成果,《关于嘉善漆器历史文化与传承研究》入选嘉善县社科研究课题。举办社情民意主题沙龙,部分建议被建言“直通车”或《经济稳进提质专刊》采用。

【社会服务】　与上海大学知联会续签友好社团协议书、与东华大学知联会签订校地共建合作协议。举办“知联同心 共富同行”、送医下乡等活动。走访慰问结对困难户 2 户。多家会员企业入选“慈善奖”“爱心奖”,开发区分会与易久农业、大泖村签订结对共建协议。魏塘分会组织关爱特殊儿童公益活动,走访会员企业 20 余次。组建影像小组,记录珍贵影像资料。9 名知联会员担任检察机关“益心为公”志愿者。与罗星分会组织“中国历代绘画大系”成果展·嘉兴特展。积极参与联学联谊,与多地开展互动交流。建设“知政调研团”“知音合唱组”“知星羽毛球队”等活动团体。

（陈玉华）

嘉善县工商业联合会

【概况】　2023 年,嘉善县工商业联合会(总商会)围绕中心工作,发挥桥梁纽带和助手作用,全面服务“两个健康”,在助力嘉善县民营经济高质量发展中展现新作为。

【理想信念教育】　开展学习贯彻习近平新时代中国特色社会主义思想主题教育,围绕习近平总书记考察浙江、“八八战略”实施 20 周年等重要节点,推进“善商永远跟党走”思想引领行动。组织民营经济人士先后在遵义、重庆开展以“追寻红色足迹 凝聚发展力量”为主题的民营企业家理念信念教育培训,新认定 4 家民营经济人士理想信念教育基地,组织“善商大讲堂”3 期,开展“践行‘八八战略’·助力‘两个健康’”“循迹溯源学思想促践行”等主题活动。

【“善商”风采】　开展第四届“杰出善商”评比。组织推荐 3 位企业家获嘉兴市新时代中国特色社会主义事业优秀建设者称号,1 位企业家获“最美新锐禾商”称号。通过“善商之家”微信公众号发布“杰出善商”专题报道 10 期,通过各种媒体讲好善商故事,推出人物报道 30 余篇,营造尊企爱商的良好氛围。

【新生代企业家“青蓝接力”】　出台《做好新生代青年企业家“青蓝接力”培育工程 2023—2025 年工作的意见》,注重对新生代企业家的思想政治引领,举行北京高级研修班,开展“凝心聚力跟党走 守正创新勇争先”研学活动等。至年底,会员中有人大代表 8 名、政协委员 15 名,入选省新生代企业家联谊会理事 5 名,健全新生代企业家人才库。

【招商引商】　组建招商专班,通过省工商联、浙商总会、异地商会、乡贤等渠道,与省内外的龙头企业建立联系,先后拜访吉利集团、正泰集团、万向集团等知名企业。积极向上争取支持,在省工商联执委会上作嘉善专场推介,在全国工商联组织年轻一代民营经济人士理想信念教育示范培训期间，举办助推“双示范”嘉善推介会，协办第四届“浙江商会周”活动和长三角商协会资源对接会，开展浙商助力嘉善“双示范”建设活动。

【两个健康】 入选全省开展新时代“两个健康”先行示范县建设名单，成立领导小组，制定工作方案，配合实施营商环境优化提升“一号改革工程”市场环境、法治环境和人文环境部分，成立县工商联“营商环境优化提升”工作专班，制定工作方案。开展“四个走进”活动，带领企业家先后走进部门、银行、平台、重点企业，对接政策资源，助力企业发展。

【涉企服务】 深入贯彻落实《浙江省民营企业发展促进条例》《浙江省促进中小微企业发展条例》，推动促进民营企业健康发展基础性制度、长效机制和服务平台载体建设。常态化运行“商人纠纷商会解”矛盾调解机制，全年调解案件9起，涉案金额40万元。与县司法局、县总工会等合办《法荟示范区》节目，面向广大企业家及员工进行普法宣传。会同县检察院、县应急管理局等指导县管桩与水泥制品行业协会，制定管桩与水泥制品行业安全生产领域专项合规机制，推动行业规范化建设。

【亲清政商关系】 深化政企沟通协商机制，打响“亲清直通”品牌，完善清单化、规范化、制度化政商交往制度。建立党委政府与工商联联席会议机制，年内多次召开民营企业家座谈会，县四套班子主要领导与企业家面对面交流，促进政企“零距离”互动。扎实开展亲清直通暖企专项行动，联合县税务局举办“亲清直通企呼我应”银税专场活动，为小微企业提供税务和金融服务。

【清廉民企建设】 出台《关于推进“清廉民营企业”建设工作的实施方案》，制定“清廉民营企业”建设工作三年计划，建立清廉民营企业建设工作联席会议机制，组建工作专班。牵头建立全县清廉民企联盟，由各商会会长企业带头，工商联执委以上企业率先创建。至年底，全县有省级清廉民企示范企业1家（天洪铸造）、市级清廉民营企业规范化（标准化）建设标杆单位15家，工商联执委企业开展清廉民企建设工作覆盖率超过50%。

【参政议政】 县“两会”期间，企业家代表、委员累计提交建议、提案30余件，其中《加强“新生代”培育，服务“双示范”建设》被列为重点提案。省政协工商联界别开展“循迹溯源学思想促行动 推动民营经济高质量发展”嘉善行活动。组织政协工商联界别组委员参加能力素质提升班2期，开展魏塘街道“双联”活动暨民生议事堂5次，“请你来协商”界别约谈会1次。

【商协会建设】 制定出台《嘉善县基层商会工作考评办法》及其细则。成立嘉善县汽车零部件行业协会。嘉善县福建商会被评为全国“四好”商会，钮扣商会被评为省级“四好”商会，魏塘街道商会被评为市级“四好”商会，罗星街道商会和经济开发区（惠民街道）商会获评首批市级“共富示范商会”，大云镇商会被评为市级“清廉示范商会”。 （王　娟）

总 工 会

【概况】 2023年，县总工会围绕县域高质量发展示范点建设和“新一轮”示范区建设，在助力助推三个“一号工程”、共同富裕等领域发挥工会优势，彰显工会作为，各项工作取得显著成效。全国总工会赴浙江蹲点工作组进驻嘉善县蹲点调研并建立长期联络机制；省总工会出台支持嘉善县域高质量发展示范点建设政策文件；央视《新闻联播》播出嘉善县服务新就业形态劳动者活动；嘉善县总工会被全国总工会授予“工会财务会计工作先进单位”；县产改办（县总工会）被省委省政府授予“2022年新时代浙江产业工人队伍建设改革成绩突出集体”；县“职工服务中心”获评省职工服务中心赋能增效打造服务职工综合体试点。

【成果荣誉】 举办“守好红色根脉·班前十分钟”等活动432场次，县总工会1名干部获评全省工会“守好红色根脉·班前十分钟活动”十佳领讲员。获评“全国工会职工书屋示范点”2个，“省级职工书屋”1个。获评五一劳动奖章（状）、劳模等全国、省、市先进集体55个，先进个人100名；表彰县级先进集体93个，先进个人79名；开展劳模（工匠）宣讲“五进”活动20场次，劳动者风采线上展播11期。成立全市首个县域劳动模范和工匠联合会，创建高技能人才（劳模）创新工作室省级1家、市级2家、县级7家。

【基层组织建设】 全年新建工会组织60家，其中单独建会57家，联合工会或工会联合会3家（覆盖企业39家），新发展工会会员3271人；建会社会组织61家，发展会员1955人。持续完善职工思想引领、素质提升、权益维护等工作体系，全县“产改”工作取得重要阶段性成效。至年底，全县技能人才总量超13.42万人，高技能人才超4.4万人。县产改办（县总工会）作为唯一的县域单位在全省非公企业“产改”工作培训班上作交流发言；受邀在安徽省“产改”培训会上作经验介绍。

【全国总工会蹲点】 3月15日，全国总工会赴浙江蹲点工作组进驻嘉善县开展为期3个月的蹲点调研。其间，工作组围绕产业工人队伍建设改革、县级工会加强年、新就业形态工会工作等重点任务，累计走访调研企业事业单位110家，召开座谈会32场次，全面了解嘉善县域经济社会发展、企业生产经营、工会工作和职工队伍情况、存在困难和问题，指导推动工作。

【助力营商环境】 发布《嘉善县工会助力营商环境优化提升“一号改革工程”十项措施》并召开推进会。实行阶段性“缓减企业上缴工会经费和小微企业工会经费全额返还”举措，为企业缓减工会经费2239万元，小微企业返还工会经费896.5万元。

【技能竞赛】 聚焦夯实产业发展技能人才保障，全年累计举办县级技能竞赛16场，1087名职工取得（晋升）职业技能等级，6名职工在省级大赛上获奖。首次承办长三角三省一市工业机器人虚拟仿真职工职业技能竞赛。以省、市重点建设项目为主体广泛开展立功竞赛，兰钧生产项目入选省级示范项目。

【区域交流】 加强示范区工建共建，青吴嘉签署新一轮"工建共建"合作协议，发布重点合作项目清单，并先后举办示范区"数智服务"技能竞赛，"产改"工作能力班暨推进会等活动。强化嘉善与庆元、九寨沟对口支援，推动全县机关事业单位首次利用工会经费定向购买庆元、九寨沟农特产品522.03万元。举办庆元—嘉善山海协作疗休养推介会，推动全县机关事业、国企单位职工赴庆元、九寨沟等地疗休养1.64万人次。探索打造"直播＋助农＋公益"工会对口支援工作新模式，3场直播活动累计帮助九寨沟实现农特产品销售95万元。成立嘉善县劳动模范和工匠联合会爱心帮扶专项基金，开展对口支援地区结对帮扶40人次。

【新业态工作】 成立全市首家网络直播行业联合工会，全县累计新业态领域工会组织50家、会员12860人，其中2023年新建12家、新入会3606人。累计建成"户外劳动者服务驿站""一平米温暖爱心站点"等新就业形态劳动者服务阵地98个，获评"最美工会户外劳动者服务站点"国家级2个、省级3个。建立26支职工志愿服务队参与驿站日常服务，开展志愿服务活动100余场次；引入"金小悦"等公益合作伙伴30家进驻驿站开展专业服务；每月1日、15日在定点站点提供免费理发等服务，惠及职工2000余人次。

【和谐劳动关系】 建设"室—站—总站"三级劳动争议调处化解工作组织体系，构建"监督＋调处＋普法"合力工作机制，从严从实做好维护劳动领域政治安全、防范重大风险、化解劳资纠纷等各项工作。至年底，全县累计建成52个劳动争议调解工作站（室），建会规上企业实现"法律明白人"队伍全覆盖。全年推出"法荟示范区"法律云课堂节目15期。

【职工权益维护】 深化企业厂务公开民主管理，推进"快递企业民主管理试点"工作，选树典型案例20余个。抓实能级工资集体协商，开展"要约行动"推动503家建会规上企业开展协商，其中省市"产改"试点企业覆盖率100%，建会规上企业覆盖率62%，帮助6万职工实现技能增收。抓实企业安全生产和职工劳动保护，组织10余万职工开展安全生产事故隐患大排查大整治，举办"十万职工法律安全知识大培训"150余场次，发现、改善安全隐患1000余个；高温季为职工送去2300份清凉物资。

【职工生活品质提升】 立足惠就业，组织参与"春风行动"招聘会20多场次。在"公众号"推出镇（街道）线上专场招聘会，发布150多家企业招聘信息。开展电商直播等岗位再就业技能培训，惠及职工200余人。为360名职工申请"学历能力双提升"补助20余万元。立足惠健康，为3000人次职工办理医疗互助补助金300万元。立足惠生活，组织200余名一线职工开展免费疗休养。深化"缘起嘉工"交友品牌建设，为青年职工提供精准化交友服务。推动企业积极开办工会"爱心托班"，获评省级"爱心托班"1个。立足惠帮扶，走访慰问困难职工、新业态从业人员等393人次，发放慰问款物17.5万元。

【自身建设】 强化干部队伍建设，分层分类建设高素质工会干部队伍，相关做法被全国总工会"县级工会加强年"专项工作简报录用。加强年轻干部培养，选派1名年轻干部赴省总工会挂职锻炼，1名年轻干部赴九寨沟县挂职锻炼；开设"善工青年讲坛"，加强学习交流。深化干部作风建设，持续开展"大走访大调研大服务大解题"活动，累计走访企业620余家，走访职工3500人次，组织14名县总机关干部职工赴镇（街道）、开发区（园区）蹲点指导。强化基层干部管理，深入实施"职业化工会工作者"晋级管理，"非公企业工会主席"分级管理，举办专题培训班4期，培训基层工会干部500多名。持续深化财务经审、资产管理规范化建设，对县总工会本级2022年度经费收支预算执行情况、2023年度工会经费预算进行审查，对基层工会经费计拨审计进行监督，提高基层工会经费保障水平。

（顾灵秀）

共产主义青年团

【概况】 2023年，嘉善共青团聚力实施四大领跑示范工程，团结带领全县团员青年在扛起"展示窗""试验田""桥头堡"新使命中主动担当作为、先闯先试、建功立业。嘉善"青创农场"登上央视

《新闻联播》,提升婚恋交友服务水平做法登上《中国青年报》头版,5篇工作经验登上《中国共青团》杂志,青年发展型县域试点建设经验刊登在《中国共青团》杂志第22期封面。新承接团中央重点项目1个,承办省级活动5场,嘉善共青团在全市共青团工作年度考核评价中获优秀等次,县少工委连续7年获评市先进县级少工委,位居全市前列。

【加强思想政治引领】 面向广大团员和青年开展学习贯彻习近平新时代中国特色社会主义思想主题教育。统筹抓好"守根铸魂·明德守法"专题学习,举办各类主题学习活动73场,覆盖700余名青年干部。组织开展"循迹溯源学思想促践行"现场学习10次。依托"理响嘉善"青年宣讲团开展"善青论坛""团干部上讲台"等系列主题宣讲18场次。依托青年之家、共青团影厅等团属阵地,开展专题讨论41场、"学习新思想争做新青年"读书分享会9场。聚焦"双示范"建设、"三个年"行动等全县中心工作,系统开展"感恩奋进、青春建功"承诺践诺活动、"争先进、比业绩、做贡献"活动,选派16名青年干部到招商引资、征地拆迁等岗位压担锻炼,遴选10名优秀年轻干部参加示范区"青π"年轻干部争锋赛、嘉兴市"四法一规"宣讲比赛等活动。举办"学习二十大、永远跟党走、奋进新征程"五四主题团日活动暨"青春当歌 逐梦示范"嘉善青年职工歌手大赛,开展少先队"学党史、强信念、跟党走"学习教育活动300余场,举行"理响嘉善"红领巾宣讲员大赛,选树县级红领巾宣讲员55名、红领巾小记者50名,制作宣传视频316个。"青年大学习"累计参与青少年200万人次,"红领巾爱学习"实现少先队中队全覆盖,建强"青春嘉善"新媒体矩阵,打造"YOUNG"系列宣传栏目,关注数9.2万人。发挥青年之家、青年人才驿站、共青团影厅等团属阵地作用,举办学习沙龙、红色观影等活动100余场次。深化新时代"青马工程",举办农村、社会组织、少先队辅导员、企业四类"青马班",覆盖学员300余人,在全省"青马工程"开班式上作经验交流,聘请本土青马导师6名,建立魏塘长秀农创孵化园、一里谷省级青创农场、麒麟阁跨境电商基地、大云红领巾争章小镇等50个青马学员实训阵地。加强青年榜样选树,实施"青领计划",评选10名青春建功"招商大突破、项目大攻坚、营商大提优"行动担当好青年,推选6名青少年获评国家和省市级荣誉,其中阎炯获评全国优秀共青团干部、周家其获评全国勇士榜、杨奕灏获"全国优秀少先队员"称号。

【贯通党团队育人链条】 深化团教协作机制,累计联合县教育局等各部门出台党团队一体化建设、红领巾奖章、社会化工作、辅导员队伍建设等落实性文件12个。夯实全团带队责任,将少先队工作在乡镇团委考核比重提升到8.5%,各级团组织与学校联合开展少先队活动超60场,建立县级校外实践教育基地100个,聘请县级校外辅导员100名。全面推进三地少先队工作,联合青浦、吴江两地少工委签订《示范区少先队一体化共建书》,共同发布三条示范区少先队校外实践示范线路,启动三地少先队校外实践交流活动,首批覆盖100人次。升级打造"大云红领巾争章实践小镇"项目,建立魏慈瑛全国少先队名师工作室嘉善大云工作站,配套课程《沿着习爷爷足迹 寻访美丽新嘉善》入选全国优质校外少先队活动课,活动内容登上中央电视台《童心里的中国》节目。

【深化青年志愿服务】 招募600余名"善小青"大型赛会志愿者在全国学习运用"千万工程"经验现场推进会、第六届中国国际进口博览会等10余场重大赛会上累计开展志愿服务2500余小时,服务嘉宾2500余人次。3月召开嘉善县志愿服务联合会换届大会暨第三届第一次会员代表大会,建立全市首个县级志愿服务联合会,选举产生嘉善县志愿服务联合会第三届理事会理事17名,广泛开展社区治理、环境保护、垃圾分类等志愿服务活动。建立嘉善县志愿服务联合会专家人才库,首批聘任5位专家,并成立首个镇级志愿服务联合会——姚庄镇志愿服务联合会。发掘培育一批志愿服务项目,累计资助金额30万元,举办嘉善县第二届志愿服务创新项目大赛,择优推荐3个项目参加嘉兴市志愿服务项目大赛并获金银铜奖,"善电红细胞"获全省志愿服务项目大赛铜奖。

【助力青年就业创业】 运营"青年人才驿站"7家,累计为120余名毕业生提供免费入住求职服务。持续开展"嘉燕归巢""返家乡"社会实践活动,联合90家企事业单位，推出社会实践和就业岗位621个，打造"返家乡"社会实践基地3个，开展双选会、招聘会、直播带岗等活动4场，引进450余名高校学子，开展"看—写—唱—助—创""返家乡"五个一特色活动5场，覆盖大学生2200余人次。实施"嘉善·窗"大学生就业创业支持计划，与嘉善科创企业培育中心签订战略合作协议，与浙大控股集团团委签订《"青春助力科创"共建合作框架协议》，举办示范区大学生创意创业大赛、跨境电商创业创新大赛等各类青创比赛活动20场，联合清华大学、上海财经大学等7所高校实施"双百双进"项目，累计输送4000余名青年人才下乡服务。出台《关于嘉善县做好新生代青年企业家"青蓝接力"培育工程(2023—2025年)的实施意见》，举办"青创派"论坛4场，覆盖270名青年企业家。挖掘培育创业项目25个，培养青年创业导师25名、浙江青年创业导师1名，推选"一里共裕模式助力果蔬产业链综合产值最大化"项目在2023年"创青春"浙江省决赛中获银奖，90后青年新农人孙含获省"青牛奖"提名奖，获省长王浩肯定。

【助力共同富裕】 联合县农商银行持续开展青年助共富专项行动，累计提供青轻贷等创新创业贷款9782万元，提供创业保险1.1亿元，惠及创业青年265名。持续实施"雨露青禾·善耕乡村"行动，举办嘉兴市青禾集市2场，通过"线上直播带货+线下摆摊"的形式，带货吸引2万人次。打造长三角一体化示范区青年乡村振兴研习线路、长三角青年古镇行线路6条，桃源渔歌乐等9条非遗主题乡村振兴"青春路线"，助力打造江小橘、鑫锋村"数字音乐村"等受青年人群喜爱的乡村游网红打卡点20余个。深化嘉善县与九寨沟、庆元的青少年工作交流合作，赴九寨沟县开展对口支援工作，认领"青春圆梦微心愿"300余个，打造庆元青春帮共体山海协作行动升级版。实施"圆梦善成"助学计划新定向资助2名优秀学子，县新生代和青年企业家协会捐赠青少年发展援助金5万元，并资助嘉善县蓝天救援队成立县域内首支专业潜水队。承接2023年"小小石榴籽共筑中国梦"嘉沙青少年融情夏令营，举办"海燕集结·中华文化家乡行"等活动，建立留学归国青年和海外青年侨胞骨干库。

【推进青年发展型县域建设】 召开青年工作联席会议第五次全体(扩大)会议，成员单位扩面至49家，"打造青年发展型县域"写入县委全会报告和政府工作报告，"中小学生健康关爱项目"被列入2023年政府民生实事工程，市委常委、县委书记江海洋出席团代会并寄语"善遇青春，青春兴善"。联合出台青年专属政策5个，完成青年实事项目3个，通过试点中期评估，推进青年发展型县域建设工作经验在省级以上会议上交流发言2次。依托省青年发展研究中心示范区(嘉善)分中心，聘任14名专家学者为嘉善青年发展研究智囊团专家，并启动首届青年观察家田野调研活动，在全国率先突破性实现省级智库资源下沉。打造银泰—万联商圈、大众商业广场等青年发展型街区、"青想·嘉"服务综合体5个，"共青团影厅"6家，推动陈书缘、张艾嘉工作室入驻姚庄镇沉香共同富裕聚落——水乡SOHO。连续3年开展青少年工作课题研究，"青年发展型县域建设研究"立项省青少年工作研究课题。

【拓展青年服务】 深化"亲青恋·善有佳人"品牌，开辟"善有佳人"青春专线5条，与海盐县签订青年人才驿站—青春专线共建协议，成立青恋红线志愿者服务团，开展"亲青恋"活动15场，辐射长三角、高校科创青年800余名，大云镇旅游度假区获浙江省"亲青恋"活动基地，提升婚恋交友服务水平做法刊登《中国青年报》头版。成立青年硕博联谊会，举办青年集体婚礼，发布嘉善青年人才专属金融产品"青想卡"，常态化开展人才"面对面"、人才"欢乐跑"、亲子研学等活动，县青文联组织开展各类活动9场。结合文旅特色举办青年文化活动，开设"汉服集市""后备箱集市"等30余场青春集市，联合举办青歌赛、喜力音乐节、啤酒龙虾节、"村BA"等40余场青年多、流量大的文化活动。与浙江开放大学嘉善学院合作打造2家青年夜校，拓宽青年学历渠道，218人获评嘉兴市青年工匠，15人获评浙江省青年工匠。推动"家门口青少年宫"建设，累计建成"家门口青少年宫"7家，全年开展各类活动、课程1656场，服务青少年18912人次，开展假期托管等青年志愿服务活动，志愿服务时长1500小时，惠及青年职工家庭300余户。

【加强青少年权益保护】 依托“亲青帮”平台，动态掌握重点青少年群体底数，有效帮扶率达100%。深化“开学法治、心理第一课”等团属工作品牌，开展“三禁三防三自”“国家安全教育日”“全民健心日”等各类主题活动45场。组建“爱就开心”学长学姐帮帮团1支、校园心理健康守护员队伍2支，链接杭州青贤、专业心理医生、资深心理咨询师、学校心理老师等20余名专业人才资源，常态化开展“12355”阳光护航公益活动，推进“星辰大海”公益合唱团品牌项目，强化“12355”心理健康热线服务保障。

【共青团基层组织改革】 2月，召开共青团嘉善县第二十三次代表大会，选举产生第二十三届团县委委员会，委员35名、候补委员9名，选配团县委挂兼职副书记4名，团县委团干部配备率100%。承接全省共青团基层组织改革和建设“百日攻坚”行动专题培训班现场教学、嘉兴市基层组织改革和建设工作推进会，基层团建强基指数全市第一、全省第八。新建非公企业团组织175家，在姚庄镇沉香水乡SOHO建设新兴青年“筑梦空间”，开设“戏剧传承”“文学创作”等新兴青年活动。构建由镇(街道)团委、县属团组织、村(社区)团组织、青年企业和青年社会组织组建的五方团建联建机制，打通线上线下“青年之家”综合服务平台活动壁垒，聚焦嘉善青年特有“属性”打造小镇主理人等9个贯穿“一镇一品”“青年之家”品牌项目。

【从严治团】 基本完成新一轮县属团组织换届，开展新任团干部“开门一件事”活动，组织新任团组织书记跟班学习，开展“浙里清廉”廉洁教育工作。开展团委书记争先创优擂台赛、“团代表与人大代表、政协委员面对面”等系列活动15场，团代表联络站进站代表委员237名，形成团代表调研成果40篇、“我为青年做实事”案例28项、共青团优秀工作案例18个。实施“团干部青技能加油站”计划，开展团干部培训班和青技能加油站4期，覆盖学员300余人次。严格执行“第一议题”机制、重大事项请示报告制度，全年向县委请示报告14次，向团市委请示报告13次。 (陆懿范)

妇女联合会

【概况】 2023年，嘉善县妇联以习近平新时代中国特色社会主义思想为指导，深入学习贯彻党的二十大精神和习近平总书记重要指示精神，坚定不移深入实施“八八战略”，扛起“展示窗”“试验田”“桥头堡”新使命，带领全县妇女群众为“双示范”建设贡献巾帼力量。年内，县妇联获得省级荣誉2项，市级2项；省级交流发言9次，市级5次，获得县领导批示6次。两项工作分别在浙江省妇联简报和嘉兴信息上刊发。11家央媒组团采访县妇联工作，全年在市级以上主流媒体发布信息99篇。6月27日，省妇联“巾帼感恩行、奋进新征程”循迹溯源现场学习活动在嘉善县举办。

【筑牢理想信念】 启动“千名执委大宣讲”行动，举办宣讲教育活动799次，参与群众19364人次，在巾帼网格、妇女微家、和美庭院、企业车间持续兴起学习宣传贯彻党的二十大精神和中国妇女十三大精神热潮。举办“巾帼心向党 共富新时代”嘉善县纪念“三八”国际妇女节113周年活动。全县各级妇联累计举办三八纪念活动404场，参与妇女群众85019人次。评选表彰“善美女性”“最美家庭”等先进典型21批次，拍摄宣传片16部。开设“善美女声”访谈专栏，开展主题直播10期，辐射听众10万余人次。发挥妇联新媒体矩阵作用，微信公众号累积关注人数2.9万余人，平均单日阅读量超1000。2023年，公众号总阅读量12.6万余次，点赞4235次。

【助力共同富裕】 发布“共同富裕·巾帼十助”行动，建立“嘉善县巾帼创新创业服务联盟”，成立“金智惠民”巾帼创客空间并举办巾帼创客政策宣讲活动。联合金融系统发放巾帼贷、善丽贷137户15958万元，与建设银行共同设立女性培训基金100万元。各镇(街道)“巾帼共富学堂”建设全覆盖，举办巾帼共富学堂132期4445人次，带动女性就业297人。启动“巾帼梦想 科创未来”五项行动并成立女科技工作者联盟，命名嘉善县巾帼科技创新工作室14个。签订青吴嘉三地女企业家协会长三角一体化示范区巾帼共建共享友好协议，县妇联获长三角女大学生创业创新大赛优秀组织奖。以“三学三比”活动深化“和美庭院”品牌建设，重点指导和推进天凝镇和美庭院示范片区建设。培育巾帼共富工坊，全年新建巾帼共富工坊11个，培育市级巾帼共富工坊7家，其中3家被列入全省先进名单。推动巾帼文明岗创建活动提质扩面，开展“营商大提优·服务她代言”巾帼文明岗岗位助力行动，开展“关爱新群体·岗位建新功”主题关爱活动。县公安局出入境管理大队获评全国巾帼文明岗，3个岗位争创省级巾帼文明岗，7个岗位获评市级巾帼文明岗，11个岗位获评县级巾帼文明岗。

【深化家庭建设】 分层分类创建特色家庭，带动年轻人家庭、新业态就业家庭等广泛参与家风传承活动6000余次，全年寻找最美家庭153户，入选全国级1户，省级1户，市级5户。推进县域社区(村)家庭教育指导服务标准化建设试点工作，嘉善县妇联获全省优秀试点单位称号。开发“三生”系列家庭教育课程20节，拍摄家庭教育“微视频”12个。在全市首推家庭教育指导师专项职业能力培训及考试，181人获得职业能力证书；在教育系统启动教师全员培训三年行动计划，2023年完成首批培训教师1080名。家庭教育工作经验在全省交流4次，市级交流1次。举办“巾帼共美幸福‘嘉’”家庭建设月活动，结合传统节日与热点话题开展家风文明建设活动184场，参与家庭4万余户。贯通金嘉平三地家风传承精品路线并签订金嘉平家庭文明建设区域联盟合作协议。开展青吴嘉三地“清廉家风”学习交流活动；开展新型婚育文化建设调研，对《嘉善县优化生育政策促进人口长期均衡发展实施方案》开展政策规范性别平等咨询评估工作。

【着力妇儿维权】 强化部门协作，与公检法共同建立民事支持起诉协作配合工作机制，介入相关案件5宗。充分发挥共享法庭及律协妇联作用，发动基层妇联干部、执委参与线上线下普法宣传学习。深化纠纷调解，通过“和睦E家”“网格智治”等数据平台，及时掌握维权案例和调解案例，三级妇联及“网格和阿姨”及时跟进，全年跟踪服务矛盾纠纷1801件，出具婚调工作司法调解书887份。举办嘉善县“网格和阿姨”素质提升年启动仪式暨《妇女权益保障法》宣讲活动。举办嘉善县“巾帼网格 护航亚运”主题活动。推进阵地建设，建成省级三星级妇儿驿站2个，市级二星级妇儿驿站6个，县级一星级妇儿驿站36个。

【参与平安建设】 牵头平安家庭建设工作，开展“平安家庭百日行”活动，助力反诈、反恐、禁毒、消防安全进家庭。成立巾帼反诈讲师团，开展反诈技能比武，开展反诈宣传活动80余次。开展“巾帼网格 护航亚运”八大行动，亚残运会期间2536名“网格和阿姨”对21454户家庭进行走访巡查，解决问题478个。积极探索基层网格、警格、妇格“三格共建”，基层网格内调解纠纷364件，结案率达97.3%。“网格和阿姨”助力基层治理工作获市委常委、县委书记江海洋批示肯定。

【帮扶困难妇儿】 完成嘉善县妇儿发展十四五规划中期评估工作。围绕妇女儿童帮扶，募集爱心基金，开展5项公益服务，累计为714名困难妇女(儿童)提供帮扶950余次，金额超40万元。持续做好“善阿姨”巾帼志愿服务工作，全县开展各类巾帼志愿服务6892次，参与志愿者31450人次，服务群众126800人次。承办嘉兴市巾帼志愿服务先进典型发布仪式，“守护天使”志愿服务项目在全省巾帼志愿服务培训班上作经验交流。

【儿童友好城市建设】 发布儿童友好城市建设三年行动方案，建立县委县政府主要领导担任双组长的儿童友好城市建设工作领导小组，召开嘉善县儿童友好工作推进会。推动儿童友好项目建设，申报省级儿童友好乡村3个、社区1家，入选嘉兴市儿童友好示范单元14家。推动儿童参与，成立各级儿童观察团32个，其中2家入选嘉兴市首批“嘉里童话”十佳儿童观察团，累计开展活动73场。举办长三角妇建联盟儿童友好互动活动3场，建立跨区域儿童观察团1家，绘制跨区域研学路线地图1张。在全省“国家儿童友好城市”建设工作现场会上作经验交流。

【妇女组织建设】 建立网格妇女小组644个，吸纳网格妇女小组组员4082名，建立网格妇女微家361个，开展活动1146次，累计参与妇女群众20374人，通过各种方式走访妇女群众50843人，解决困难860个。举办“网格‘她’力量 巾帼助自治”嘉善县网格妇女小组年度表彰评选活动。嘉善县妇女力量参与基层社会治理被列为嘉兴市“三治融合”10周年县域社会治理创新项目，相关经验在全市妇联工作会议上作交流，相关工作专报获县领导批示3次。加强妇联执委履职能力，以读书会形式倡导终身学习理念。开展妇联社工培训活动。推荐9名妇女干部和妇女骨干参加省实用人才培训。举办主旋律影片《南湖女儿》观影活动并邀请电影人物原型陈俐勤作主题宣讲。全面开展“大走访大调研大服务大解题”活动，结合落实“四必访四必应”机制，走访妇女群众21053人次，走访企业154家，举办基层妇联干部座谈会5次。在嘉善县妇联微信公众号开设“执委风采”专栏，累计展示执委风采39篇，累计阅读量15000余次。

（张燕燕）

社会科学界联合会

【概况】 2023年，嘉善县社科联深入践行习近平文化思想，把学习宣传研究习近平新时代中国特色社会主义思想作为社科普及工作的首要政治任务，开展全方位、多形式、分众化的宣传普及。树立大科普理念，构建社科发展大格局，推动社科普及融入经济社会发展各领域，为嘉善“双示范”建设贡献力量。

【课题研究】 结合省市课题研究部署要求，聚焦“双示范”建设、共同富裕、地方历史人文等方面开展社科研究，其中《习近平新时代中国特色社会主义思想在嘉善的探索与实践研究》《中国式现代化的县域先行实践及比较研究——以浙江嘉善县域高质量发展示范点为例》等61篇入围嘉兴市社科课题研究，课题入围数量居全市各区县前列。《家庭亲密度对大学生自尊的影响：生命意义的中介作用》等4项成果分获嘉兴市第二十八届哲学社会科学优秀成果论文类一等奖1项、三等奖3项。《生态环境损害赔偿金跨域管理使用之探究——以长三角生态绿色一体化发展示范区为例》等9项课题获得市级课题立项，另有《数字乡村赋能高质量发展的现状及路径研究》等2项课题获得市级专项课题立项。

【社科宣传普及】 举办循迹溯源系列论坛，邀请国内知名专家学者、部门领导等围绕嘉善精神富有开展研讨互动、学术指导。开展“追寻习近平浙江足迹”——嘉善县“乡村振兴、共富惠农”专题论坛和“追寻习近平浙江足迹”——“青年发展型省份建设”研讨活动。开展循迹溯源——嘉善高质量发展校地合作研讨会。承办嘉兴市社科之家建设现场会，制定并印发全省首个县级社科之家建设标准。揭牌运行“凝杏有理”社科之家、长三角（西塘）社科之家、吴镇书画院社科之家、洪福印象社科之家、云上书仓社科之家、中节能社科之家、陶庄镇社科之家、香湖社科之家、“田家英和合调查展示”社科之家等9家社科之家，其中“凝杏有理”社科之家获评第二批省级社科之家。“凝杏有理”社科之家和香湖社科之家获得全市首批市级社科之家。嘉善县歌斐颂巧克力小镇、“凝杏有理”社科普及基地等2家单位被命名为第四批嘉兴市社会科学普及基地。制定《关于嘉善县2023年哲学社会科学普及周活动的方案》，指导各镇（街道）开展各类形式的社科普及活动20余次，受众超2000人次。全面开展各类社科普及活动200余场次，参与群众近4万人。

【深耕校地合作】 与省内外高校合作推进社科研究工作，在社科课题研究、社科要报撰写等方面引入中国社科院社会发展战略研究院、中国社会科学出版社、浙江财经大学、浙江工商大学、上海杉达学院等研究力量，以同步开展、同步奖励、同步落实的“三同步”课题研究工作机制，形成《“双碳”背景下打造长三角创新资源集聚高地——嘉善县》等多项研究成果。配合中国社会科学院社会发展战略研究院做好养老服务专项课题调研，课题成果《养老服务与共同富裕：以浙江为例》在《社会保障研究》2023年第4期发表。与4个社科专家团队开展《县域科技与产业联动发展路径研究——以嘉善县为例》《“千万工程”嘉善实践与启示》《新时代精神富有的嘉善实践》等3项课题合作。深化与省内高校的课题合作，其中嘉善社科研究成果《从“县级贫困村”到“全国示范村”的经验启示建议——嘉善县缪家村乡村现代化之路》被《浙江社科要报》2023年第22期刊登。嘉善宣讲工作经验信息《打造“理响嘉善”宣讲品牌 推动党的创新理论“声”入人心》被省委宣传部办公室《信息专报》33期录用。与浙商研究院聚焦提升营商环境开展课题合作。结合田家英和合调查展室资源，形成《从“田家英和合调查”看如何“以深化调查研究推动解决发展难题”》的社科要报。《“碳普惠”的构建逻辑及跨省域探索——以长三角生态绿色一体

化发展示范区为例》等5项课题获得2023年度浙江省党校系统社科联规划课题立项。（丁　艺）

科学技术协会

【概况】 2023年，省科协制定出台《关于支持嘉善县域高质量发展示范点建设的实施意见》，县科协2次在省科协相关会议上交流发言，获省市县领导批示5次，获嘉兴市科协系统成绩突出集体，在全市科协系统争先创优活动中被评为优秀单位，综合排名第一。

【高端智力集聚】 给予2022年度省级重点院士工作站芯元（浙江）科技有限公司补助资金100万元，完成2021年、2022年市级院士工作站绩效考核和新建专家工作站补助资金共240万元。青浦、吴江、嘉善联合成立长三角一体化示范区跨区域院士专家（科技工作者）服务中心，先后邀请56位两院院士、海外院士走进嘉善。全县累计建有省级重点院士工作站1家、省级院士工作站2家、市级院士工作站20家，柔性引进院士21名。开展2023年度嘉善县专家工作站评审认定暨院士合作项目申请，芯元（浙江）科技有限公司与姚振兴、朱日祥等两位院士在项目上进行持续性深度合作，祥符实验室与樊春海院士合作项目有序推进。

【“科创中国”建设】 入选“科创中国”省级试点县，围绕数字经济、生命健康、新能源（新材料）等主导产业和传统产业需求，与浙江大学长三角智慧绿洲创新中心、上海大学（浙江）高端装备基础件材料研究院合作举办“慧聚嘉里 智创未来”产业技术融合交流系列活动。邀请苏州中纺学面料产业研究院、中国纺织工程学会、乡村振兴学会联合体与县内企业或产业平台开展对接服务。拓展企业服务渠道，指导30余家企业入驻“科创中国”服务平台，发布企业技术需求、科技成果和活动资讯200余项。推荐优秀企业和个人，指导企业参加2023年“科创中国”系列榜单等征集遴选工作。爱德曼氢能源装备有限公司入选2022年“科创中国”先导技术榜，赋同量子科技（浙江）有限公司董事长尤立星入选《全球前2%顶尖科学家榜单》“年度影响力”榜单，浙江达普生物科技有限公司董事长许潇楠、中科慧居（浙江）科技集团有限公司董事长汤波入选2022年度“科创中国”青年创业榜单——长三角G60科创走廊U30。

【实施“海智计划”】 开展“千博助千企”行动，全年新增博士创新站8家，全县累计20家。加强海外科技工作者之家建设，中国归谷嘉善科技园入选全省首批“浙江海外科技工作者之家”试点名单，为嘉兴市唯一。与11家知名海外机构建立合作机制，常态化联系服务海外科技工作者108人。浙江达普生物科技有限公司周国辉博士受聘为2022年中国科协海智计划特聘专家。洛阳市科协、湖州南浔区科协先后到嘉善县考察调研海智工作情况。

【科普能力建设】 以打造15分钟科普圈为载体，全面推进城乡居民集聚区科普设施建设。全年完成“梦享科普”应用场景、线上线下同步的特色科普馆拍摄任务5个，获2023年基层科普行动计划中央资金支持30万元，更新科普宣传栏35个。申报市级科普教育基地4家，新建科普小馆3家。举办全国科普日系列活动41场次，居民参与各类科普活动3.7万余人次。

【服务乡村振兴】 与浙江农林大学、浙江大学农业技术推广中心、浙江大学动物科学学院等高校、县农科所、相关镇（街道）等合作共建助农惠农科技小院。嘉善稻米科技小院、小麦科技小院和生猪科技小院等入选国家级科技小院（全市共6家）。科技小院项目入选示范区第一批共同富裕试点项目，承办嘉兴市科技小院建设工作现场会，省科协科普部走访调研嘉善科技小院。

【长三角科普联动】 加快青吴嘉三地各级科协组织、科普场馆、科技工作者之间的联系交流与合作，推荐碧云花园、歌斐颂、民防馆、尚品农业、这一季果园等5家优秀基地入选2023年度“长三角生态绿色一体化发展示范区——科普护照”。联合举办2023年长三角少年儿童科普微童话创作实践活动，嘉善县获一等奖3个、二等奖14个、三等奖32个。组织全县7家学校师生参加长三角科技少年风采大赛，开展第五届长三角一体化“科普动起来”家庭创新制作大赛。青吴嘉“三地”科协联合发行科普护照3.7万册，征集科普微童话作品1.2万余份，播放《科普新说》栏目168期。

【特色科普专项活动】 组织科技活动周、全国科技工作者日等大型活动，联合县教育局等部门开展优秀科技辅导员和“科技之星”评选，打造院士科普工作站、校园小小科学院、村（社区）科普课堂、研学聚落等活动载体。持续开展“银龄跨越数字鸿沟”科普专项行动，帮助老年人解决在运用智能技术方面遇到的现实困难。邀请中科院科学家演讲团走进嘉善开展科普讲座。举办《浙江省科学技术普及条例》学习会和科技小院科普培训班。全县举办科普育苗进校园、中科院老科学家演讲团进校园、科普嘉善行等特色活动70场次，青少年参与“双减”活动1万余人次。开展科技志愿服务90场。新增“银龄跨越数字鸿沟”培训网点12个，全县累计开展老年人智能手机应用培训500余期，培训老年人4.8万余人次。

【服务科技工作者】 先后组织科协支部联建联学、青吴嘉三地科技工作者学习贯彻党的二十大精神、院士讲座等活动13场次，参与科技工作者600余人次。依托“科创人才桥”数字化服务平台，为科技人员提供精准服务。组织参加全市第三次科技工作者状况调查。建好用好科技工作者之家，团结凝聚更多科技工作者参政议政、建言献策。组织发动科技工作者、科技科协界别政协委员参加调研、考察。鼓励学会、企业科协开展决策咨询和建言献策活动。全年科协科技组委员提交提案8件，撰写社情民意16篇，收到科技工作者课题申报298项，其中80项课题获得立项，26项课题获奖。表彰优秀科技工作者，对2023年嘉善县“最美科技工作者”“最美科技工作者团队”“科普达人”进行表彰。组织开展优秀科技辅导员评选等本级人才托举工作，做好上级科协科技工作者各类先进奖项的举荐和推选。

【基层科协建设】 建强镇（街道）科协班子，鼓励和指导学会按章立会，指导做好网上年检申报，开展先进集体、先进学会工作者等评选表彰活动，支持、引导企业科协“走出去”，积极参加“黑科技助力乡村振兴”专题学术研讨会等系列活动，联合青浦、吴江科协开展企业科协工作推进会。鼓励高新技术企业、“专精特新”企业建立企业科协。全年新增企业科协16家，全县总计99家。打造“学习型、创新型、比拼型、服务型、崇廉型”团队，以“科协讲坛”为载体，定期组织党员干部轮流授课，全年组织“科协讲坛”讲座12期，开展党组理论中心组学习21次。履行全面从严治党主体责任，加强党风廉政建设。开展科普经费专项督查，推动科协“梦享科普”“科创人才桥”“院士之家”等科普专项行动、科普助力“双减”等重点工作落实到位，并严格监督专项资金使用。 （邹志才）

文学艺术界联合会

【概况】 2023年，县文联紧扣县委、县政府中心工作，坚持以文艺创作、文艺活动、文艺人才为重点，讴歌新时代，唱响主旋律，传递正能量，取得较好的社会效益。至年底，所属10个文艺协会（学会）有会员973名，其中国家级会员30名、省级会员131名、市级会员233名。50件文艺创作获得省部级以上奖项，其中3件作品在全国性赛事中获奖。在各级各类报纸、杂志发表，或在各类展览入展、入选的文艺创作超过300件。

【文艺精品创作】 印发《嘉善县新时代文艺精品创作攀登计划（2023—2025年）》，明确今后三年文艺精品创作的重点项目和一般项目。启动实施2023年度县级文艺精品工程重点扶持项目，15个项目被列入2023年度扶持名单。魏塘街道嘉善田歌合唱团在中国合唱大会暨全国青少年合唱展演上获得“一级团队（金奖）”证书。以天凝镇洪溪村为原型摄制的影片《南湖女儿》于3月31日正式上映。周向阳《大运河水簖》、江建平《桐乡双桥》等入选“运河中国影像大展”。陈志平创作、张艾嘉表演的嘉善宣卷《老羊和小羊》获第三届浙江曲艺奖文学奖。在浙江省第十二届故事会中，徐栋、陈志平、钟爱文、冯超群、梅春燕的作品均获优秀故事作品，张艾嘉获十佳故事员。蒋建欢获第四届“沈曾植奖”嘉兴市书法篆刻大展唯一的主奖。周向阳纪实摄影《嘉善——那年那事》获第十三届嘉兴市文学艺术南湖奖银奖，子仪纪实文学《陈梦家先生编年事辑》、张敏华组诗《尼洋河的夜晚》、屠夏岳纪实摄影《扫黑除恶——庭审进行时》获第十三届嘉兴市文学艺术南湖奖铜奖。嘉善诗群诗选《水的语言》，曹琦长篇小说《月河街》《进城》，张敏华诗集《风沙哑地抱着苇草》

《风遗落的谦卑》，陆勤方散文诗集《伍子塘边》，麦须诗集《温暖而荒凉》等一批文艺精品出版。朱个中篇小说《迷羊》刊发于《收获》2023 年第 1 期。

【艺术乡建】 2023 年，天凝镇洪溪村、罗星街道鑫锋村、陶庄镇汾南村、姚庄镇沉香村被命名为市级艺术村落，其中天凝镇洪溪村在市级考核中位列优秀。全省第一家村级诗歌民刊《分湖》诗刊发刊。结合陶庄镇汾湖诗歌村艺术乡建，首届长三角"汾湖诗会"在陶庄镇汾湖村举办，与会 15 位参会诗人创作的采风作品在《浙江诗人》2023 年第 6 期以专辑形式刊发。

【文艺交流发展】 2023 年，以长三角文艺一体化为方向的活动较为频繁。3 月 29 日，上海越剧院到嘉善开展区域文艺交流活动，并在大云镇云澜湾温泉景区挂牌"上海越剧院青年创作云澜湾基地"。4 月 27—28 日，江苏常熟市 20 余位画家到嘉善开展艺术交流活动。5 月 3 日，上海书画院参加积翠艺苑创作基地开办十周年书画展。6 月 3 日，上海市奉贤区书法家协会在吴镇书画院与嘉善书法家开展交流活动，并参观考察西塘古镇。9 月 14—15 日，嘉善与吴江联合举办迎亚运书法联展。10 月 12 日，上海青浦区文联与下属协会到嘉善进行交流活动，并考察大云镇缪家村美丽乡村建设和西塘镇文旅融合。

【重要文艺活动】 10 月 18 日，由县文联对接赴省文联专程汇报 2024 年顾锡东百年诞辰有关活动情况。11 月 14 日，在杭州举办纪念顾锡东诞辰百年系列活动发布会暨纪录片《顾锡东》开机仪式。4 月 22 日至 25 日，结合国家级开发区建区三十周年庆典，与新中国第一家创刊的国内知名诗歌刊物《星星》诗刊合作，开展以"最美中国 嘉善国开"为主题的工业化诗歌采风创作活动，所创作作品集中刊发在《星星·散文诗》。11 月 11 日，在西塘举办第七届"恋恋西塘"颁奖典礼，新华社新闻客户端报道点击量 103.7 万。5 月 22 日，"南湖锋彩"第十六届刻字展在吴镇书画院开展。11 月 3—5 日，与浙江省作家协会《江南》杂志社合作举办"第五届江南诗歌奖颁奖典礼暨首届江南诗歌笔会"，新华社新闻客户端报道点击量 58.7 万。11 月 5 日，"嘉禾八景影踪周向阳摄影原作展"在嘉兴文艺之家开展。11 月 17 日，举办第九届中国嘉善"孙道临杯"微电影大赛颁奖典礼。12 月 17 日，在嘉善县天凝镇洪溪体育馆举办上海越剧院文化走亲嘉善专场。12 月 20 日，首届吴镇故里嘉善美术作品综合展开幕。 （曹　琦）

残疾人联合会

【概况】 2023 年，嘉善县残联全面围绕实施推进"1610"工作体系，创新打造示范区"助残共富"联盟，着力推进残疾人十大共富民生实事领办项目和示范区残疾人十大共富项目，有效促进残疾人事业高质量全面发展。年内，残疾人家庭医生签约服务、东西部协作对口帮扶、社会化助残工作分别在省市会议上作经验交流。承办省、市残联专门协会班子能力素质提升班、嘉兴市第六届残疾人职业技能竞赛、嘉兴市残疾人乒乓球锦标赛、全市残联理事长会议等重要活动。《嘉善县锚定共富目标推动残疾人高质量就业》等多篇经验信息在省市残联简报、刊物刊发。"善翼助残"志愿服务项目被评为"浙江有礼·红船领航"市域文明新实践十优项目。金亚娟、陈斌、俞晓东等多名残疾人运动员、技能竞赛选手在国家、省市比赛竞赛中取得佳绩。残疾人外卖小哥周家其上榜中央政法委"见义勇为勇士榜"，获评"浙江好人""嘉兴好人"等荣誉。

【兜底保障】 全年残疾人事业投入资金 6076.72 万元，累计补助困难群众城乡居民社会养老保险、城乡居民基本医疗保险、职工基本养老、医疗保险 1073 万元，全县养老、医疗参保比例均为 100%。为全县所有持证残疾人投人身意外伤害综合保险 75 万元，投"大病无忧"商业补充医疗保险 126.54 万元，为全县残疾人乘坐公交"爱心卡"补助 62.77 万元。

【普惠民生】 为 210 人次实施贫困精神病住院医疗补助 15.5 万元，为 355 名贫困精神病人发放服用基本药物全额保障门诊卡等。给予因灾、因病造成经济暂时困难的 22 名残疾人临时救助金 2.04 万元。给予 8 名残疾人就业创业贷款贴息补助 0.95 万元。给予 9 名参加高校函授教育的残疾人学费补助 2.1 万元。

【残疾人之家】 制定出台《嘉善

县“残疾人之家”建设深化年行动方案》，新建残疾人之家2家，完成残疾人之家提档升级3家，安置精神、智力和重度肢体残疾人311名。9家供货企业与13家工疗型“残疾人之家”签订委托加工意向协议书，辅助性就业产品全年区域配送821批次，产值54.71万元，为残疾员工人均增加收入1836元。

【就业服务】 全国残疾人按比例就业情况联网认证审核安置企业370家，残疾人1693人。对符合超比例安置残疾人就业条件的25家单位，发放奖励资金52.85万元。举办残疾人专场招聘会5期，提供岗位426个，成立县级残疾人职业技能培训基地1家，全县新增残疾人就业135人。其中，省民生实事新增残疾人稳定就业36人。协调县中心血库单招单考事业编制残疾人1名。

【就业培训】 全年完成各类技能培训250人。举办嘉善县第五届残疾人职业技能竞赛及赛前培训，42名学员参加培训和竞赛。举办首届长三角生态绿色一体化发展示范区(青嘉吴)残疾人传统纽扣制作技艺(盘扣)项目培训班，27名学员参训。承办嘉兴市第六届残疾人职业技能竞赛，俞晓东、沈星、丁理、陈天铭、李晓红等选手分别获数据处理、文本处理、海报设计、CAD制图、中式面点项目第一名。

【推进特教】 推进特殊教育向学前、高中“两头”延伸，联合教育、财政、编办等部门，增加特殊教育教师编制4名和保育员临时用工4名，成立特殊教育学前部，2023年秋季开设学前班1个，全县残疾儿童少年入学率、入园率均为100%。至年底，全县有持证适龄残疾儿童少年261人，其中3～5周岁24人、6～14周岁176人、15～18周岁61人，学前教育、义务教育、高中阶段入学率分别为100%、100%、91%。县培智学校职高班毕业学生23人，实现就业16人。

【无障碍建设】 完成重要公共服务场所无障碍改造16个，魏塘街道嘉辰社区成功创建省级无障碍社区，高质量推进残疾人家庭无障碍改造80户，完成率100%。

【家庭医生】 召开“善翼365”残疾人家庭医生签约服务工作现场会，出台《嘉善县“善翼365”残疾人家庭医生签约服务实施方案》，建成“康复之家”5家，全县0～6周岁残疾儿童、精神残疾人和“三瘫一截”重度成年残疾人等人群签约服务率100%，其他残疾人签约服务率98%以上。

【精准康复】 落实省政府助残民生实事“康复救助孤独症儿童”项目，为18名符合康复条件、有康复意愿的孤独症儿童开展康复救助。完成残疾人基本康复服务14975人，残疾人基本康复服务率99.85%。为98名残疾儿童提供专业康复训练服务补贴252.92万元。为585名残疾人发放适配辅具补贴114.62万元，适配率100%。

【残疾人文化】 新增19名残疾人加入县级文艺协会(其中音乐家协会3人、舞蹈协会11人、民间艺术家协会1人、戏曲家协会2人、摄影家协会2人)。2名残疾人参加亚残运火炬传递和闭幕式演出。开展“元宵喜乐会·残健一家亲”“春天里·助残共富健康乡村行”系列活动，联合县图书馆举办“善翼书香”文化助残活动，联合县博物馆举办宋韵探博——残疾人爱心专场。组织残疾人文艺会演进农村(社区)巡演活动9场，开展送文化“五个一”工程，受益残疾人423人次，开展无障碍观影23场，观影残疾人1832人次。

【残疾人体育】 开展“你我一起，喜迎亚运”趣味运动会和“全国特奥日”室内运动会。组织嘉善县残疾人门球队参加青浦区第四届残疾人门球锦标赛暨长三角区域门球邀请赛，举办长三角一体化示范区残疾人乒乓球比赛，承办嘉兴市残疾人乒乓球锦标赛和首届残疾人乒乓球集训。组队参加浙江省第十一届残疾人运动会，坐式排球项目获铜牌，轮椅舞蹈获2枚铜牌，个人运动员夺得金牌5块、银牌3块、铜牌3块。选送2名聋人篮球运动员代表浙江省男子聋人队参加2022年全国残疾人三人制篮球邀请赛并获得冠军。选送1名肢残运动员代表浙江省参加“沙漠印象”第二届残障人轮椅挑战者大会获得2金、1铜和1个锐意拼搏奖，并随队获得团体总分第一名。

【社会化助残】 联合县传媒集团推出《善翼之声》人物访谈广播专栏，播出12期。开展残疾人事业好新闻评选活动，组织开展“全国爱耳日”宣传活动。全年举办“甜蜜工坊”残疾人非遗手工技艺培训等13个重点助残服务项目。县残联与农业银行浙江长三角一体化示范区支行开展结对共建，签订“助残共富”合作协议，向爱心助残企业、残疾人创业者专项授信，全年审核发放助残信贷1550万元。

【“善翼助残”服务品牌】 启动嘉善县“善翼助残”志愿服务深化提升年行动，形成以1个县级助残服务中心为总平台、9个镇（街道）残疾人之家为重点基地和以专业康复机构、社区康复示范站、特教学校、爱心企业等为服务站的“1＋9＋N”的“善翼助残”服务体系，建成各级“积善之嘉·善翼坊”53个，推出“甜蜜工坊”残疾人非遗手工技艺培训等志愿助残服务项目，组建善翼助残帮帮团，定期开展助农月月帮活动，帮助困难残疾人家庭销售甜瓜、蜜梨和葡萄等农产品6700斤。

【对口支援助残服务】 响应对口支援工作，与四川省九寨沟县残联开展对口协作，选派1名年轻中层干部到九寨沟县挂职帮扶。4月10日，嘉善县东西部对口协作帮扶经验做法在全省残联对口帮扶工作会议上代表嘉兴市作汇报交流。9月14日，携手爱心企业捐赠资金10万元为九寨沟残联开办“九善翼咖啡”项目，助力16名“重塑人生脊梁”项目的残疾人实现就业创业。9月27日，四川日报刊发《打造“善翼助残”对口支援新模式，让更多残疾人长期受益》；9月28日，对口支援工作经验《我县“三强化三持续”托起九寨沟县残疾人“稳稳的幸福”》得到县委常委、统战部部长都孝明批示肯定。

【助残服务数字化】 继续做好省、市残联“浙里助残”和“助残嘉”应用推广，帮助困难残疾人圆梦微心愿1596例。全面实施残疾人证“跨省通办”“全省通办”和全国残疾人按比例就业情况联网认证，搭建残疾人家庭医生签约数智化服务平台，通过“互联网＋”残疾人家庭医生签约智慧服务应用强化监督考核。（史璟璟）

归国华侨联合会

【概况】 2023年，嘉善县归国华侨联合会在县委、县政府的领导及省、市侨务部门的指导下，聚焦“共建双示范、同心助共富”工作主线，广泛凝聚侨心、侨力、侨智，团结动员广大归侨侨眷、海外侨胞和归国留学人员及家属，在服务中心大局中彰显侨务工作贡献度和辨识度。

【党建带侨建】 全面推行“四带五联”（推动党组织在思想上、组织上、队伍上、工作上带侨联组织，推行党侨组织组建联抓、机制联建、活动联办、教育联抓、考核联动）工作机制，推动基层侨联组织建设与党组织建设深度融合。打造“党建带侨建”缪家村示范样板，在新侨服务农业农村现代化上探索新途径。提升全县“侨之家”阵地建设水平，推进党侨阵地共建、活动联办、服务联动，5家“侨胞之家”获评2022年度省“星级侨胞之家”，4家“侨胞之家”获评2023年度省“星级侨胞之家”。完成县留联会换届工作。与上海市欧美同学会党组开展联组学习、联手调研，探讨推进精准服务新侨双创新举措。依托党侨阵地举办“凝聚侨力量 共品侨书香”侨界主题读书活动、“祥符同心示范先行”西塘镇高层次统战人士座谈交流会、全国侨代会精神学习会等活动10余场。

【侨智联动】 建立“嘉善籍海外高层次人才信息库”，为助推“双示范”建设储备侨智资源。深化与上海市欧美同学会在人才集聚、项目招引、活动举办等方面的合作。4月，举办“走进示范区 共富新征程”上海市欧美同学会支持示范区建设合作共建大会；6月，举办“海智同归梦工场 携手双创再出发”上海市欧美同学会创新创业嘉善基地五周年暨生物医药分会嘉善行活动，促成5个人才、投资项目达成合作意向。揭牌成立“上海市欧美同学会集成电路分会会员之家”，打造海归留学人员助力长三角一体化发展的“样板间”。8月，承办省侨联助推嘉善“双示范”建设暨“2023高层次留学回国人才暑期为国服务志愿团”走进嘉善活动，成立“浙江省高层次留学回国人才为国服务志愿团嘉善工作站”，征集建言献策40余条，达成初步合作意向11项。承办“之江同心·海归浙里”海归初创企业启航计划——省欧美同学会助推嘉善“双示范”建设活动、浙江省旅外乡贤回归投资考察活动、中国计量大学助推“双示范”活动、中国侨联委员培训班走进嘉善活动等侨界高规格活动，接待侨界高层次人才、知名侨商300余人。成立青吴嘉“侨创联盟”，整

合侨界优势资源，服务长三角新侨双创。（刘新叶）

台胞台属联谊会

【概况】 2023 年，嘉善县台胞台属联谊会（以下简称县台联）在市台联和县台办的领导下，深入贯彻党的二十大精神和中央对台工作方针，围绕地方经济社会发展大局，发挥桥梁纽带作用，为促进两岸交流合作、增进同胞亲情福祉作出积极贡献。

【加强自身建设】 深入学习贯彻党的二十大精神和习近平总书记关于对台工作的重要论述，组织台联理事专题学习习近平总书记致第六届海峡两岸青年发展论坛的贺信精神及省市有关会议精神。多次组织参加市台联活动和县委统战部“同舟论坛”，增进对两岸关系的正确认知。邀请上海社会科学院台湾研究中心主任、上海海峡两岸研究会副会长盛九元作主题为“经济高质量发展路径——二十大后的中国经济与投资机遇”的专题讲座。

【开展联络联谊】 组织各类交流活动，举办座谈会、联谊会等，邀请在善台胞台属和岛内同胞交流合作，增进了解和互信。邀请大陆新娘及其家属等 30 多人参加新春座谈会。接待上海普陀区台联来善学习交流，并就两地台联会如何建设“跨区域联动发展机制”进行主题研讨。组织台联理事赴丽水学习考察，与丽水龙泉、云和台联开展座谈交流。组织台联理事参加“走进嘉兴 两岸同行”台胞台属健康跑、两岸裹粽友谊赛、两岸摄影比赛等市级比赛，与县台协联合承办金秋健步行、两岸同胞共庆妇女节、台协成立二十周年庆典等活动，促进两岸同胞情感融合。

【对台宣传交流】 承办“诵两岸情·圆中国梦”中小学生经典诵读比赛，全县 46 所中小学 550 多名师生参加比赛，9 名台湾籍学生参加。承办“善爱一家亲”两地青少年普法夏令营活动，加深两岸学生对中华优秀传统文化的认知。

【服务台胞台属】 服务台胞台属，维护台胞台属的合法权益。妥善解决台属子女中考证件号不符、回善中考、赴台变更户籍、征地拆迁等诉求问题 10 余件。春节期间慰问台胞台属 40 余户，向台胞台属送上节日的祝福和慰问。支持台属创业，推荐台属个体工商户——嘉善福裕轩烘焙坊入选特色类“名特优新”个体工商户。

【积极参政议政】 5 名台界政协委员在县政协十五届三次全会期间，围绕县委、县政府的中心工作和社会经济建设中的热点、难点问题，撰写社情民意信息和集体提案。2023 年，台联界别共撰写社情民意信息 6 篇，其中《全力纾解台商“避险”情绪帮助台资企业走出“转移转产”怪圈》《半导体行业“抢人”大战持续演进，需关注台湾严防在美技术型台胞来陆就业》《加大规范汉字宣传使用力度，促进港澳台交流与祖国统一》等 3 篇社情民意信息被市级录用。

【加强岛内联系】 接待台联亲属到嘉善探亲访友，省、市、县相关领导出席，让在台亲属感受到家乡人的热情和温暖。春节期间，鼓励台联理事向岛内亲属送上新春祝福，加强沟通联系。

（于 瑾）

青年联合会

【概况】 2023 年，嘉善县青年联合会深入学习贯彻党的二十大精神，坚决落实县委县政府和上级青联决策部署，发挥青年爱国统一战线组织作用，扩覆盖强组织、树榜样强引领、融大局强担当、办实事强服务，为嘉善“双示范”建设凝聚最广泛青年统战生力军。

【做好青年统战工作】 全领域、全方面抓青年群体统战组织覆盖，筹备嘉善县青年联合会七届一次全体会议，新建非公企业团组织 175 家，两新组织团组织累计覆盖 2598 家，实现规上企业、各级园区全覆盖。县青联专设“社会服务和新兴领域界”界别组，吸收党外优秀青年 37 人加入省市县青联、青企组织。扩大青联组织社团基础，发挥青年社会组织联合会、青少年文联等 11 家青年社团作用，联系服务青年骨干、新兴领域青年、文艺工作者、青年企业家近 1000 人。依托在杭、京、沪青年统战组织凝聚青年才干 530 名。发挥榜样引领作用，省青联委员、嘉善中专教师裘浙东创建全省青联委员工作室，评选 10 名青春建功“招商大突破、项目大攻坚、营商大提优”行动担当好青年，组织青联委员开展走访慰问、助弱济困等“暖心‘浙’里”活动112人次。承接2023年“小小石榴籽 共筑中国梦”嘉沙青少年融情夏令营，举办“海燕集结·中华文化家乡行”等活动，建立留学归国青年和海外青年侨胞骨干库。

【引领青年建功立业】 实施“青春十回”助力乡村振兴，累计培育省级示范性青创农场3家，嘉善“青创农场”登上央视《新闻联播》。联合金融机构开展青年助共富专项行动，累计提供“青轻贷”“志愿贷”等创业保险1.3亿元，惠及创业青年265名。打造城市商圈型、人才公寓型、民宿酒店型青年人才驿站7家，为120余名到嘉善创业就业大学生提供一站式服务。累计打造123个“青春网格”，开展青年议事65次，破解社区治理难题26个，青联委员带领全县2700余名青年志愿者参与文明城市创建、助力“双减”等服务活动。持续实施“圆梦善成”助学计划新定向资助2名优秀学子，县新生代和青年企业家协会捐赠青少年发展援助金5万元，并资助嘉善县蓝天救援队成立县域内首支专业潜水队。强化青联委员深入青年、代表青年的职责，常态化开展人大代表、政协委员“面对面”活动，累计形成调研成果500余篇，推荐26名青联委员成为市县人大代表、政协委员。

【聚焦服务青年发展】 推动青联委员陈书缘、张艾嘉工作室入驻姚庄镇沉香共同富裕聚落—水乡SOHO，打造青年发展型街区2个、“青想·嘉”服务综合体5个、“共青团影厅”6家，承办全省青年发展研究论坛，青年工作连续4年登上《中国共青团》杂志封面、专版，并获中国青年报肯定。持续开展“嘉燕归巢”“黄土地计划”等暑期社会实践活动，来自清华、北大、浙大等高校大学生近2200人次到嘉善参与岗位实习和调研实践。联合蓝天救援、萤火虫等青年社会组织开展青少年安全公益、“三禁三防三自”活动45场。深化“亲青恋·善有佳人”品牌，开辟“善有佳人”青春专线5条，开展“亲青恋”活动15场，辐射长三角、高校科创青年800余名。成立青年硕博联谊会，举办青年集体婚礼，发布嘉善青年人才专属金融产品“青想卡”，常态化开展人才“面对面”、人才“欢乐跑”、研学等活动。

（陆懿范）

综　述

2023年，县人武部坚持以强军目标为统揽，扭住举旗铸魂首要任务，聚焦备战打仗实践落点，国防动员和后备力量建设取得明显进步。全年开展集中学习教育80余次，邀请各系统专业人员授课10余次，开展全县人武系统“大学习”活动。全年在《浙江征兵》微信公众号刊登征兵宣传报道稿件12篇。（肖　华）

国防教育

【重要会议】 3月23日，召开县委议军会暨镇(街道)党委书记党管武装工作述职会。会议由中共嘉兴市委常委、嘉善县委书记、县人武部第一书记江海洋主持。县委副书记、县长张锡锋，县委常委、县人武部政委朱兆友等参加。张锡锋传达学习习主席近期关于国防和军队建设重要指示精神。会上，西塘镇、姚庄镇和陶庄镇党委书记作党管武装工作述职，其他镇(街道)党委书记书面述职；江海洋围绕“进一步抓好全县党管武装和国防后备力量建设”作重要讲话。（吴　萍）

【缪家村民兵风采展厅建成投用】 12月底，大云镇缪家村民兵风采展厅建成投用，正式对外开放。展厅总面积约350平方米，分为“兴产业、聚人才、重文化、优生态、强组织”五大板块，展现缪家村坚持以基层党建引领社会治理创新，把民兵工作融入社会治理实践管理体系，将身体素质好、军事素质强、文化素质高、热爱基层工作的民兵编入村网格治理力量，发挥民兵“平时服务、急时应急、战时应战”作用。（倪　聪）

动员工作

【概况】 继续以大学生征兵为重点，完成全年兵员征集工作，其中大学生占90.5%，大学毕业生占66.3%。坚持廉洁征兵、阳光定兵，签订《廉洁征兵责任书》，全年未收到1例违纪举报。全年征兵“五率”考评继续位列全市第一方阵。1名专武干部获评全国征兵工作先进个人，罗星街道获评浙江省征兵工作先进单位。

【兵员征集】 上半年征兵于1月上旬启动，3月完成送兵。下半年征兵于7月上旬启动，9月完成送兵。

【廉洁征兵监督员制度】 县人武部在县、镇(街道)两级选聘廉洁征兵监督员35人，对征兵过程进行全方位监督，听取群众意见、参与跟踪检查、开展明察暗访等。（范一晨）

【基干民兵整组工作】 结合“十四五”民兵工作要求，完成基干民兵组织整顿工作，突出新兴领域和新质力量，其中党员占比35%、退伍军人占比54.7%，民兵工作全市排名第三。

【民兵点验】 4月26—30日，县人武部组织基干民兵分队分批拉动点验，采取集合点验、上门点验等方式进行，同时进行专业分队技能考核和基层规范化建设检查。4月25日下午，县人武部在民兵训练基地组织基干民兵集中点验，县应急连接受拉动点验。

（张　勇）

【嘉兴市基层规范化建设现场观摩推进会】 7月20日，嘉兴市基层规范化建设现场观摩推进会在嘉善召开，全市各镇（街道）武装部部长、副部长到天凝镇现场观摩基层武装部及民兵连规范化建设。（范一晨）

战备训练工作

【基干民兵军事训练】 3月下旬，县人武部组织基干民兵进行共同基础科目训练，组织10名教练员参加第二届“四会”教练员集训，2名教练员分别取得全市第二、第四。组织县应急连和专职教练员进行全市实弹射击安全操作科目演示和保障全市首长机关实弹射击考核，获得军分区首长的肯定。5月下旬，组织民兵连长（骨干）集训。7月下旬，组织专业分队开展专业训练。10月上旬，由武警第二机动总队组织县应急连开展挂钩训练。10月下旬，组织专业分队完成基地化训练和野外拉练。参加全市操舟机专业民兵、无人机支援保障排联训。

【学生军训】 加强军地协调对接、整合军地力量资源，8月下旬组织90名军训教官集中培训。年内，组织90名军训教官完成全县5所高中4150名学生的军训工作。

【安保备勤】 第六届中国国际进口博览会期间，配合保障省军区在姚庄高速路口安保警戒任务，组织基干民兵协助完成进博会安保备勤任务。（彭晓涛）

军民共建

【概况】 践行人民军队宗旨，维护军人军属权益，参加和支援全县经济社会建设，承担急难险重任务，支持全面推进乡村振兴，努力营造有利于军政军民团结的良好社会风尚，推动双拥工作高质量发展。

【结对帮扶】 2023年，县人武部与结对的魏塘街道里泽村、天凝镇洪溪村开展扶贫工作，投入资金15.6万元，实施扶贫项目2个。支持里泽村青年民兵之家建设，捐赠图书、报刊等；支持洪溪村辣妈宝贝文化馆建设。协调县退役军人事务局、魏塘街道、天凝镇等单位，为帮扶村重点优抚对象免费提供短疗及健康体检服务，为符合条件的优秀退役军人开展创业培训等。（沈中雷）

【拥军优属】 服务部队备战打仗，协助开展省军区无人机演练观摩保障工作；为海军广西舰“军事日”活动提供物资保障，收到部队来信感谢，获市委常委、县委书记江海洋批示肯定。弘扬拥军优属传统，县委主要领导主持召开党政军双拥工作座谈会，带队走访驻地部队。建军节前夕，举办“最美退役军人”发布仪式暨庆“八一”文艺会演；为现役军人家属上门送立功喜报6次。

（冯晶杰）

消　　防

【概况】 2023年，县消防救援大队指挥中心接警1391起，出动消防车3680辆次，出动人员21671人次，抢救被困人员160人，疏散人员61人，抢救财产价值11438.2万元，保护财产价值19820.6万元。全县接火警407起，火灾起数比上年下降9.35%。

【思想政治教育】 依托全县红色教育阵地，持续开展党的“二十大”精神学习、“牢记领袖训词，永做忠诚卫士”主题教育活动以及深入学习贯彻习近平中国特色社会主义思想主题教育，开展主题党日活动20余次。开展“建党102周年”“建团101周年”庆祝活动，着力推进区域党建共建，持续拓展长三角三地消防救援队伍党建联盟，建立全市首个消防救援大队“退役军人服务站”，组建退役军人志愿服务队。持续推进“善消”党建品牌提升，与第一人民医院、邮储银行签订党建共建协议，开展跨区域、跨部门、跨单位结对共建3次。

【队伍管理】 开展“学法明纪强党性遵规守纪创‘四零’”党纪法规学习月、“条令纲要学习月”活动、“扫雷除患”专项教育整顿等活动，大队主官开展党风廉政专题党课，累计开展警示教育20余场次。建立家属联络群，固化“单位＋家属”双向共管共查共教共育模式。结合安全“九无”创建活动，优化完善“三色”评估管理机制，细化工作措施，提升党风廉政建设实效。

【队伍建设】 全面深化全员岗位大练兵活动，通过龙虎榜展示、内部站点岗位练兵比武竞赛等形式，打牢队员基础能力素质，提升综合救援水平。在支队春季运动会中，获大队团体总分第二名、中心站总分第二名、小型站总分第二名；全省专职消防队技能竞赛中，县消防救援大队代表嘉兴支队参赛，获团体总分第二名。参加基层建设暨三地工会技能竞赛活动，1人获评总队“优秀共产党员”，罗星消防救援站党支部获评支队“先进基层党支部”；嘉善大队退役军人服务站党员志愿服务队在县级退役军人志愿服务队技能比武大赛获第一名，“大宣传、大培训、大演练”项目在嘉兴市“红船老兵·军耀南湖”第二届退役军人志愿服务项目大赛中获“优胜奖”。

【练兵实训】 深化全员岗位大练兵工作，落实“3＋1”组训模式，严格落实交接班和车场日等制度。完善个人训练档案，罗星、惠民两站之间、各个专职队之间“比学赶帮超”氛围浓厚，全年完成辖区1316只市政消火栓维护建档，10处天然水源标绘；熟悉重点单位和不放心场所319家，桌面推演45次，实战演练147家，完善修改数字化预案358家；完成微型消防站实战拉动演练914次，电话督导1491次，进一步夯实灭火救援基础工作。

【专职消防建设】 至年底，全县有消防专职队8支194人，车辆38辆(其中水罐车11辆、泡沫水罐车11辆、小皮卡6辆、抢险救援车8辆、云梯车1辆、32米高喷车1辆)。9个镇(街道)实现消防工作站全覆盖，配备专职防火监督员158名，兼职人员29名，兼职执法资格人员30名。提档升级乡镇消防队，推进建设“万人村”消防前哨站，协调县政府为10个“万人村”配备10辆消防车，实现24小时驻点执勤。各镇街新到消防救援车辆14辆，采购救援装备1000余件次800余万元，惠民街道惠通专职队、大云镇专职队营房新建完成并投入执勤。各镇街专职队推进“大培训大演练”工作，将演练培训深度融合，每周重点针对居住出租房聚集区开展消防逃生自救演练，培训400余场，培训人员超5万人。

【强化基层工作】 8月21日，大队下设公益一类事业单位“县消防安全和救援管理服务中心”挂牌成立，协助大队办公室、消安委办、宣传、法制审核等条线承担相应工作职责，并协助大队依法开展监督检查。出台《关于进一步规范镇(街道)消防监督闭环管理工作的通知》，创新消防工作站管理模式。按照“下延细分”原则，以300～500户为单元重新划分网格，全县网格增加至820个、微网格6814个，配齐配强“1＋3＋N”网格力量，有网格长820名、专职网格员836名、网格辅警585名、微网格长7311名，实现网格全覆盖，推动常态化开展消防安全隐患排查治理，实现对全县4.7万家生产经营单位全纳管。

【火灾防控】 2023年，大队共检查单位1235家，发现消防隐患1107处，整改1034处，下发责令限期改正通知书481份，下发行政处罚决定书214份，罚款314.4万元，下发临时查封决定书17份，责令“三停”单位30家，办理营业前消防安全检查190家，举报投诉核查130家，组织火灾原因调查120起。各镇(街道)全面开展委托执法工作，检查社会单位3.5万家次，发现隐患7.8万处，整改6.1万处，办理委托执法案件1015起，罚款97.2万元，其中简易程序793起，处罚金额4万元；一般程序222起，处罚金额93.2万元。

【专项整治】 先后开展居住出租房、高层建筑、人密场所、沿街店铺畅通“生命通道”、小微园区达标创建等系列消防安全排查整治工作。全县299个小区(4896幢)楼梯间应急照明、独立烟感、灭火器配备率99%；19974家3人以上出租房基本完成灭火器、煤气瓶、疏散指示标志、疏散楼梯、贴临充电桩、简易喷淋、独立烟感的安装；1226幢高层建筑消防设施整改率95%以上，消防车道划线全部完成；15909家(餐饮店5879家)全部排查完成，涉及餐饮行业的隐患全部整改完毕。

【消防宣传】 持续开展进企业、农村、学校等场所大培训大宣传大演练活动4182场次。建成完善消防科普教育基地1个、镇(街道)消防体验室9个、社区与农村消防体验点154个，并向全县居民免费开放。加强与嘉兴广播电台FM922、嘉善《新闻聚焦》等政务新媒体平台的合作，开设火灾隐患曝光栏目，共在市级媒体曝光8次、县级44次，曝光存在消防隐患单位93家。开展进商超、学校、企业、出租房、高层建筑等直播活动6场，联合部局开展“蓝浙浙走进夜市”直播活动，累计吸引全国100余万网友观看。联合县市场监管局在全县3000余个电梯间智能显示屏幕投放消防安全宣传视频；开展全民消防安全知识有奖竞赛活动，参与人数达3.8万余人，实现消防知识寓教于乐；开展基层“网格＋辅警”大培训，组织全县3300余名网格员、495个消防控制室、1200人开展消防安全知识培训，进一步提升参训人员的消防业务能力。

（苏　剑）

人民防空(国防动员)

【概况】 2023年，嘉善县积极适应国防动员体制机制改革，主动适应职能任务、体制机制、工作方式的变化，推进基层国防动员规范化建设试点建设，承办全省国防动员指挥信息保障工作会议及指挥车拉练活动，探索国防动员（人防）宣传教育模式，推动国防动员长三角区域一体化合作，为国防动员工作奠定坚实基础。

【基层国防动员规范化建设试点】 年初，启动基层国防动员规范化建设。制定《嘉善县基层国防动员规范化建设实施方案》。3月，完成开发区（惠民街道）国防动员工作站试点建设，5月底，完成姚庄镇国防动员工作站建设，并在全县9个镇街道全面铺开。9月底，9个镇街道国防动员工作站全部完成，至年底，全县174村（社区）全部完成。10月10日，全市基层国防动员规范化建设推进会在嘉善县召开。

【人防工程产权制度综合改革】 按照《嘉善县人民防空工程建设管理办法》《嘉善县人民政府办公室关于人防工程产权制度综合改革的实施意见》的要求，建立土地出让条件函询机制，确保土地出让（划拨）前将人防建设指标纳入土地出让条件。全年有47个地块按相关规定纳入人民防空工程建设指标，并按相关要求与建设项目签订人防工程监管三方协议。

【人防指挥部常态化建设】 5月12日，组织开展防空防灾警报试鸣，同时结合警报试鸣开展小东门社区人员疏散演练与国防动员（人防）宣传教育活动，警报试鸣鸣响率100％。7月14日，组织开展防空专业队战时掩蔽演练暨防空专业队工程试验验证工作，试验验证工作达到预期目的。调整人防专业队，落实人防专业队13支327人。依托现有公益紧急救援机构提升救援机构应急应战能力，与嘉善县蓝天救援队签订合作协议，并挂“人防应急救援专业队”牌。召开全县重要经济目标单位工作会议，嘉善天然气门站作防护工作交流，市国动办进行防护方案编写辅导。

【工程防护体系建设】 全年复核项目建设审批112个（其中易地建设审批97个，应建项目15个），97个易地建设项目依法征收人民防空工程易地建设费817.92万元及按规定免收人民防空工程易地建设费1089.45万元；15个应建项目设计建设人民防空工程面积7.95万平方米。全年完成22个项目的人民防空工程竣工验收及资料备案整理，建筑面积15.46万平方米。全年巡查、检查在建人民防空工程出动470人次，覆盖人民防空工程建筑面积28万平方米。《浙江省人民防空工程标识技术管理规定》实施后，有22个项目按照新规完成人防工程的标识标牌设置，人民防空工程建筑面积15.46万平方米。对违规使用人民防空工程等行为进行行政处罚，完成4起行政处罚。严格落实事中事后监管，完成全年“双随机、一公开”监管任务。

【国防动员宣教】 多部门多频次联合开展国防动员、防灾减灾宣传教育。积极发挥县民防教育体验馆窗口作用，全年共接待参观人员104批5690人次，其中学生参观研学2045人次。推进国防动员“五进”，结合基层国防动员规范化建设，在村级联络点设立国动宣教角；在学校建设国防动员宣教馆；举办全县国防动员培训会，为基层国动（人防、民防）宣传员队伍进行培训。在人民防空创立日，组织嘉善县吴镇教育集团吴镇小学的400多名学生到嘉善县民防教育体验馆进行研学活动。全年开展国防动员、人防宣教活动活动157场次，5万余人次参与。

【长三角一体化合作交流】 “9·18”前夕，赴上海市青浦区就联合演习及国动体制改革相关工作进行交流。11月23日，参加“青嘉吴”国防动员部门主题教育联组学习会，就国防动员体制改革以来主要工作进行交流。12月5—6日，上海市闵行区国动办到嘉善县就指挥通信、基层国防动员规范化建设、党建工作等进行互鉴互学。（唐丽春　黄建斌）

经济建设

综　述

2023年，嘉善县农业增加值25.8亿元，增速3.4%；农村居民人均可支配收入50183元，同比增长6.3%；村均集体经常性收入480万元，同比增长6.7%。

坚守耕地保护红线，夯实农业高质量发展基础。加强农田提质建设，全年实施高标准农田项目15个，新建及提升高标准农田面积3.7万亩，总投资27167.8万元；实施高标准农田建设工程质量保险管护试点。健全耕地质量监测网络，实施土壤监测和地力提升行动，开展国家级“三区四情”耕地质量综合监测点1个、省级耕地地力监测工作4个。

强化农业生产保供，确保农业“菜篮子”供应稳定。2023年粮食播种面积32.55万亩，总产量14.53万吨。其中，春粮播种面积11.61万亩，总产量3.33万吨；晚稻播种面积20.12万亩，总产量11.03万吨。油菜种植面积1.8万亩，总产量1825.7吨。蔬菜累计播种面积13.89万亩，总产量34.2万吨。水产养殖面积3.26万亩，水产品产量3.55万吨，渔业总产值10.08亿元，发展稻渔综合种养1.45万亩(不计入水产养殖总面积)。全年生猪出栏4.22万头，家禽出栏71.75万羽，羊、兔出栏6.86万只，肉类总产量4605吨、禽蛋产量2267吨。实施“土特产”传承与发展行动，姚庄黄桃、马家桥甜瓜入选省名优“土特产”百品榜名单和嘉兴市特色农产品“十大伴手礼”名单。

强化招商引资力度，推动农业高能级平台建设。推动“一镇一事”，推进中荷铪科、魏塘双创园等投产生效，启动大云孙桥溢佳、惠民生态绿谷、姚庄双碳创新试验等项目。坚持项目建设作为招商引资和产业发展的第一抓手，举办农业重大项目集中签约和开工仪式，2023年新签约千万元以上项目17个，总投资13.3亿元，其中亿元以上项目6个。推进农业经济开发区建设，2023年嘉善县农业经济开发区新增涉农投资7.9亿元，引进亿元项目3个，累计引进雨露空间智慧冷链物流等农业项目13个，完成各类涉农投资49.39亿元。结合区域农业发展特色优势，开展现代农业小微产业园建设，2023年建成现代农业小微产业园4个。

加强种业科技研发，大力实施农业“双强”行动。加强与农业企业、科研院所合作，建立新品种引种示范基地14个。深入实施“两进两回”行动，培育农村实用人才479人、高素质农民120人、农创客285人，发布2023年农业主导品种53个，主推技术35项，主推机具3大类。深入实施农业领域“机器换人”，引进推广农用北斗终端213台(套)、农用无人机305台(套)，建成“机器换人”示范镇5个、农机服务中心5个、全程机械化应用基地15个、农机创新研究试验基地3个，农作物耕种收综合机械化水平91.03%。2023年，实施省级农业“双强”重点项目2个，总投资745万元，同时按照“谋划一批、储备一批、实施一批”的项目滚动储备机制要求，进一步完善全县农业“双强”项目规划布局方案，共纳入项目17个。

加强数字平台建设，推动“三农”数字化改革。依托“云上嘉善”数据资源平台，搭建“1112＋N”数字体系框架，迭代升级县域数字农业大脑“善农云”系统。2023年，建成完善数字乡村数据仓1套、数字乡村1个、为农服务端1个，创设地理标志品牌保护、三农项目管理、产业数字化系统等多个县域公共应用系统。推进“三资”管理数字化改革，推进省农业农村厅农村集体“三资”管理服务第一批“先行先试”创建，全县118个涉农村（社区）、8.87万户农户、29.96万名社员的信息全部入库，完成各类审批51446条，处置各类预警256条。推进农业工厂和种养基地数字化改造，建成易久农业等数字农业产业基地40家、省级数字工厂5个，浙农科技有限公司被列入省级第二批“未来农场”主体名单。推动“肥药两制”数字化管理，依托农资管理和农产品质量安全监管两大平台，实现肥药“进—销—用—回”闭环管理，农资店实现全覆盖。

加强产品质量监管，严守农产品质量安全底线。2023年累计开展省、市、县三级抽检任务984批次，省级例行抽检合格率100％，快速检测1.16万批次。推进“一证一码”机制，全年累计打印合格证22.1万批次、424.06万张。开展绿色优质农产品认证，新增绿色食品8个，受理绿色食品新申报6个、续展10个，全县累计绿色优质农产品总数76个，其中无公害农产品39个、绿色食品34个、有机农产品1个、农产品地理标志2个，总认证面积13.05万亩。开展“绿剑”春夏秋三季集中执法暨农资打假、种子安全监管、农资安全生产等专项检查，全年出动执法人员3491人次，检查生产、经营主体（个体）619家次，办理行政处罚案件86件，结案84起，罚没款15.54万元，取缔私屠滥宰窝点1个。

深化“千万工程”建设，全力建设全域秀美大花园。推进“城乡提升”工程，实现全县41个“城乡提升”项目100％开工，完成年度投资109.35亿元，投资完成率192％，位列全省第一。编制《嘉善县全域秀美（和美乡村）三年行动方案（2023—2025年）》，以打造具有“江南韵、文化味、生态魂、水乡情”的全域秀美新图景为目标，年内建成虹桥村、蒋村村、马塔塘村、联谊村、曹家村等省级和美乡村特色精品村5个，鑫锋村、沉香村、横港村、镇东村等省级未来乡村4个，其中鑫锋村未来乡村经省级成效评价为优秀，创建“天凝时光·十分杏福”和美乡村示范片区。成立嘉善县村庄经营发展联盟，纵深推进美丽经济发展，兑现发展休闲观光农业、农家乐和民宿等新业态扶持资金22.5万元，建成“浙里田园”休闲农业与乡村旅游精品省级线路1条，累计培育二星级农家乐2家、三星级农家乐2家、四星级农家乐3家。

深化农村环境整治，推动农业生态绿色发展。深入实施农村人居环境整治提升行动，持续推进村容村貌、田园环境整治提升，实现农村人居环境秀美村全覆盖，农村生活垃圾分类准确率92％，104个村实行智慧化垃圾分类，农村生活垃圾分类处理收运体系综合提升占比100％，累计建成省高标准农村生活垃圾分类示范村19个。积极治理各类农业面源污染，主要农作物测土配方施肥面积31.01万亩次；推进秸秆“五化”利用，秸秆综合利用率97.41％；回收农药废弃包装物794.2万件，无害化处置122.7吨。推进农药定额制施用和统防统治服务，2023年签协服务组织21家，服务面积16.22万亩。推广绿色防控技术，创建县级绿色防控示范主体28家，实施面积3.28万亩，嘉善县丰产粮油专业合作社被评为第二批全国农作物病虫害绿色防控示范基地。新建氮磷生态拦截沟渠2条，全县规模水产养殖尾水治理完成率100％。

深化乡村集成改革，推动村集体经济提质增效。制定《嘉善县深化以集体经济为核心的强村富民乡村集成改革意见》，围绕“市场化改革＋集体经济”“标准地改革＋农业‘双强’”“宅基地改革＋乡村建设”“数字化改革＋强村富民”等4套组合拳，聚焦现代农业“小微飞创”模式、宅基地有偿使用、共富体增收模式、农业标准地改革等4项改革任务，制定出台《嘉善县农业标准地改革试点工作实施方案（2023—2025年）》和《嘉善县农业标准地改革实施细则（试行）》，被列入省级农业标准地试点，累计建成小微产业园10个、共富体项目6个，曹家村、江家村、缪家村等3个村开展宅基地有偿使用收费方案。做强做优“飞地抱团”，出台第五轮强村富民计划实施方案，累计实施强村抱团项目23个，115个村参与抱团项目建设，村投资总额28.2亿元。深化“一户一策一干部”帮扶机制和“1＋X”组团帮困机制，推进低收入农户综合性保险和低收入群体政策性医疗补充保险全覆盖，发布低收入农户“飞地抱团”实施方案，为低收入农户每年每户发放不低于450元的稳定收益。

表2　　2023年度嘉善县无公害农产品一览表

序号	主体名称	认证产品	产品商标	产品类别	年产量（吨）	年销售额（万元）	年销售量（吨）	产品证书编号	初次（复查换证）获证日期	产品证书到期日期	镇（街道）
1	嘉善汾湖观光果园	柑橘	汾湖滩	水果类	1680	393.8	—	WGH-ZJ01-2200878	2022/9/19	2025/9/18	陶庄
2	嘉善靓尚品果业专业合作社	蓝莓	—	水果类	326	2445	—	WGH-ZJ01-2200879	2022/9/19	2025/9/18	魏塘
3	嘉善县新润果蔬专业合作社	大白菜	—	蔬菜类	4300	3728	—	WGH-ZJ01-2200873	2022/9/19	2025/9/18	惠民
4	嘉善县新润果蔬专业合作社	黄瓜	—	蔬菜类	5625	3374	—	WGH-ZJ01-2200874	2022/9/19	2025/9/18	惠民
5	嘉善范东粮油果蔬专业合作社	稻谷	—	粮油类	2000	600	2000	WGH-ZJ01-2200248	2022/1/24	2025/1/23	干窑
6	嘉善县长浜南瓜专业合作社	南瓜	—	蔬菜类	1500	1000	1500	WGH-ZJ01-2200239	2022/1/24	2025/1/23	干窑
7	嘉善县大云果蔬花卉发展有限公司	茄子	—	蔬菜类	15000	7500	—	WGH-ZJ01-2200870	2022/9/19	2025/9/18	大云
8	嘉善星河葡萄专业合作社	葡萄	—	水果类	75	90	—	WGH-ZJ01-2200875	2022/9/19	2025/9/18	天凝
9	嘉善杨庙雪菜专业合作社	分蘖芥	—	蔬菜类	36000	2520	—	WGH-ZJ01-2200876	2022/9/19	2025/9/18	天凝
10	嘉善县丰产粮油专业合作社	大米	—	粮油类	3500	1750	—	WGH-ZJ01-2201075	2022/12/31	2025/12/30	惠民
11	嘉善县新润果蔬专业合作社	茄子	—	蔬菜类	7800	3120	—	WGH-ZJ01-2201076	2022/12/31	2025/12/30	惠民
12	嘉善县新润果蔬专业合作社	菜用大豆	—	蔬菜类	19500	5850	—	WGH-ZJ01-2201077	2022/12/31	2025/12/30	惠民
13	嘉善淞浩生态农业有限公司	樱桃	—	水果类	480	2560	320	WGH-ZJ01-2200246	2022/1/24	2025/1/23	魏塘
14	嘉善浩天果蔬专业合作社	厚皮甜瓜	—	水果类	500	450	500	WGH-ZJ01-2200245	2022/1/24	2025/1/23	天凝
15	嘉善自胜粮油专业合作社	稻谷	—	粮油类	600.3	75	600.3	WGH-ZJ01-2200247	2022/1/24	2025/1/23	罗星
16	嘉善县惠民街道农甜家庭农场	梨	—	水果类	50	40	—	WGH-ZJ01-2200237	2022/1/24	2025/1/23	惠民

续表 2

序号	主体名称	认证产品	产品商标	产品类别	年产量（吨）	年销售额（万元）	年销售量（吨）	产品证书编号	初次（复查换证）获证日期	产品证书到期日期	镇（街道）
17	嘉善县惠民街道农甜家庭农场	李子	—	水果类	15	20	—	WGH-ZJ01-2200236	2022/1/24	2025/1/23	惠民
18	嘉善县陶庄镇多多家庭农场	厚皮甜瓜	—	水果类	100	40	—	WGH-ZJ01-2200241	2022/1/24	2025/1/23	陶庄
19	嘉善县天凝镇唐家桥水果种植园	厚皮甜瓜	—	水果类	125	100	—	WGH-ZJ01-2200871	2022/9/19	2025/9/18	天凝
20	嘉善县小可爱果蔬专业合作社	厚皮甜瓜	—	水果类	100	80	—	WGH-ZJ01-2200872	2022/9/19	2025/9/18	天凝
21	嘉善东龙果蔬专业合作社	番茄	—	蔬菜类	400	120	—	WGH-ZJ01-2200869	2025/9/18	2025/9/18	干窑
22	嘉善永冠果蔬专业合作社	草莓	—	水果类	32	40	—	WGH-ZJ01-2200877	2022/9/19	2025/9/18	惠民
23	嘉善县天凝镇天洪果蔬专业合作社	葡萄	—	水果类	230	266	—	WGH-ZJ01-2100258	2021/2/9	2024/2/8	天凝
24	嘉善马家桥甜瓜专业合作社	厚皮甜瓜	—	水果类	7200	4320	—	WGH-ZJ01-2100259	2021/2/9	2024/2/8	罗星
25	嘉善县姚庄镇锦园家庭农场	桃	—	水果类	86	73.5	82	WGH-ZJ01-2100710	2021/8/12	2024/8/11	姚庄
26	嘉善煜泽果蔬专业合作社	柚	—	水果类	65	65	65	WGH-ZJ01-2100711	2021/8/12	2024/8/11	姚庄
27	嘉善县陶庄镇八海家庭农场	稻谷	—	粮油类	162	51	162	WGH-ZJ01-2200240	2022/1/24	2025/1/23	陶庄
28	嘉善县陶庄镇永高家庭农场	厚皮甜瓜	—	水果类	214	85	214	WGH-ZJ01-2200242	2022/1/24	2025/1/23	陶庄
29	嘉善县窑温果蔬专业合作社	哈密瓜	—	水果类	180	150	180	WGH-ZJ01-2200238	2022/1/24	2025/1/23	惠民
30	嘉善三联农机专业合作社	大米	—	粮油类	5100	2450	5100	WGH-ZJ01-2200233	2022/1/24	2025/1/23	魏塘
31	嘉善康绿农产品专业合作社	火龙果	—	水果类	110	220	110	WGH-ZJ01-2200244	2022/1/24	2025/1/23	惠民
32	嘉善西牛家庭农场	稻谷	—	粮油类	450	144	450	WGH-ZJ01-2200249	2022/1/24	2025/1/23	西塘
33	嘉善县陶庄镇金林家庭农场	稻谷	—	粮油类	173	51.9	173	WGH-ZJ01-2200243	2022/1/24	2025/1/23	陶庄

续表 2

序号	主体名称	认证产品	产品商标	产品类别	年产量（吨）	年销售额（万元）	年销售量（吨）	产品证书编　号	初　次（复查换证）获证日期	产品证书到期日期	镇（街道）
34	嘉善县天凝镇明东农业专业合作社	稻谷	—	粮油类	297	83	297	WGH-ZJ01-2200235	2022/1/24	2025/1/23	天凝
35	嘉善县南欣农业技术服务专业合作社	稻谷	—	粮油类	120	38.4	120	WGH-ZJ01-2200234	2022/1/24	2025/1/23	干窑
36	嘉善县惠民街道明方家庭农场	凡纳滨对虾（淡水养殖）	三润	淡水养殖	48.15	—	—	WGH-ZJ03-2200188	2021/12/29	2024/12/28	惠民
37	嘉善县惠民街道明方家庭农场	鳖	三润	淡水养殖	10.5	—	—	WGH-ZJ03-2200187	2021/12/29	2024/12/28	惠民
38	嘉善县西塘宏钢家庭农场	大口黑鲈	—	淡水养殖	35	—	—	WGH-ZJ03-2100270	2021/12/29	2024/12/28	西塘
39	嘉善县西塘宏钢家庭农场	沼虾	—	淡水养殖	16	—	—	WGH-ZJ03-2100269	2021/12/29	2024/12/28	西塘

表 3　　2023 年度嘉善县市级以上农业龙头企业一览表

序号	最高等级	镇、街道	企　业　名　称	所属行业（主营）	主要产品或产业
1	省　级（6）	魏塘街道	嘉善尚品农业科技有限公司	种植业	草莓、芦笋、火龙果、小番茄
2		魏塘街道	浙江恒兴饲料有限公司	饲料加工	饲料
3		西塘镇	浙江凌龙智尚科技股份有限公司	毛纺加工	纺织品
4		西塘镇	浙江嘉善黄酒股份有限公司	酿造加工	黄酒
5		姚庄镇	浙江粤海饲料有限公司	饲料加工	饲料
6		天凝镇	浙江景明果品有限公司	种植业	西域蜜瓜等各类水果
7	市　级（12）	魏塘街道	嘉善子陵滩酒业有限公司	酿造加工	黄酒
8		魏塘街道	浙江雨露空间果品有限公司	批发	水果
9		罗星街道	嘉善宏联食品有限公司	速冻食品加工	速冻虾、速冻蔬菜
10		罗星街道	嘉善县银禾农业发展有限公司	综合服务	各类农资
11		惠民街道	嘉善县新升阳食品有限公司	农产品加工	八宝饭、粽子等小吃糕点
12		姚庄镇	浙江明辉饲料有限公司	饲料加工	饲料
13		干窑镇	浙江嘉佑农业发展有限公司	种植业	大米
14		天凝镇	嘉善县东麟湖蔬菜厂	雪菜加工	雪菜、大头菜
15		天凝镇	嘉善江南食品有限公司	雪菜加工	雪菜、大头菜

续表 3

序号	最高等级	镇、街道	企 业 名 称	所属行业(主营)	主要产品或产业
16	市 级 (12)	天凝镇	浙江嘉善杨庙蔬菜厂	雪菜加工	雪菜、大头菜
17		天凝镇	浙江善农现代农业科技发展有限公司	种植业	油菜、大麦、小麦、大米
18		大云镇	嘉兴碧云花园有限公司	种植业	草莓、葡萄、杜鹃花

表 4　　2023 年度嘉善县绿色食品一览表

序号	认证主体名称	认证产品	产品类别	产品级别	年产量(吨)	年销售额(万元)	企业信息码	产品编号	证书到期日期	监测面积(公顷)	镇(街道)
1	嘉善县惠民蜜梨专业合作社	蜜梨	水果类	初级产品	4206	2526	GF330421081774	LB-18-20121116375A	2023/12/2	177	惠民
2	嘉善县洪家滩葡萄产业园	鲜食葡萄	水果类	初级产品	122	168	GF330421061693	LB-18-21121120647A	2024/12/27	6.8	天凝
3	嘉善县惠民蔬菜专业合作社	鲜食大豆	蔬菜类	初级产品	3480	950	GF330421070105	LB-07-22011102138A	2025/1/24	388.2	惠民
4	嘉善县范泾草莓专业合作社	范泾草莓	水果类	初级产品	1500	3200	GF330421070837	LB-15-22081113262A	2025/8/2	70.07	干窑
5	嘉善县丰乐农技服务专业合作社	缪家大米	粮油类	初级产品	175	350	GF330421131236	LB-03-19081109097A	2022/8/15	33.3	大云
6	嘉兴碧云花园有限公司	葡萄	水果类	初级产品	70	156	GF330421151004	LB-18-21091112924A	2024/8/31	7.8	大云
7	嘉善县利丰黄桃专业合作社	锦绣黄桃	水果类	初级产品	750	820	GF330421151231	LB-18-21101121025A	2024/10/25	33.3	姚庄
8	嘉善建忠家庭农场	鲜草莓	水果类	初级产品	15	50	GF330421180817	LB-15-21041120157A	2024/4/3	1	大云
9	嘉善金穗粮食专业合作社	陶箩大米	粮油类	初级产品	204	70	GF330421182503	LB-03-21101120738A	2024/10/11	40.67	陶庄
10	嘉善银淞生态农业有限公司	樱桃	水果类	初级产品	200	2000	GF330421191381	LB-18-22051113261A	2025/5/12	20	干窑
11	嘉善县丰产粮油专业合作社	湖墩大米	粮油类	初级产品	732	385	GF330421193114	LB-03-22101119802A	2025/10/29	145.87	惠民
12	嘉善县惠民街道农甜家庭农场	富仁李	水果类	初级产品	60	80	GF330421201548	LB-18-20061104389A	2023/6/27	5.33	惠民
13	嘉善县惠民街道农甜家庭农场	蜜梨	水果类	初级产品	50	40	GF330421201548	LB-18-20061104388A	2023/6/27	2.67	惠民
14	嘉兴易久农业科技有限责任公司	雷竹笋	蔬菜类	初级产品	160.5	224.7	GF330421190969	LB-23-21021101232A	2024/1/31	7.13	惠民

续表 4

序号	认证主体名称	认证产品	产品类别	产品级别	年产量（吨）	年销售额（万元）	企业信息码	产品编号	证书到期日期	监测面积（公顷）	镇（街道）
15	嘉兴易久农业科技有限责任公司	樱桃番茄	蔬菜类	初级产品	3	60	GF330421190969	LB-23-21021101233A	2024/1/31	1	惠民
16	嘉善马家桥甜瓜专业合作社	甜瓜	水果类	初级产品	7200	4320	GF330421210658	LB-15-21021101446A	2024/2/3	192.87	罗星
17	浙江嘉佑农业发展有限公司	嘉佑美米	粮油类	初级产品	1383.6	727	GF330421211520	LB-03-21041104142A	2024/4/21	253.34	干窑
18	嘉兴易久农业科技有限责任公司	柑橘	水果类	初级产品	195	390	GF330421190969	LB-18-21061107227A	2024/6/14	8.67	惠民
19	嘉善尚品农业科技有限公司	火龙果	水果类	初级产品	30	108	GF330421120971	LB-15-21061107552A	2024/6/21	2	魏塘
20	嘉善尚品农业科技有限公司	草莓	水果类	初级产品	60	40	GF330421120971	LB-15-21061107553A	2024/6/21	1.34	魏塘
21	嘉善县展丰黄桃专业合作社	锦绣黄桃	水果类	初级产品	150	150	GF330421212970	LB-18-21071108313A	2024/7/1	6.77	姚庄
22	嘉善红菱农机专业合作社	软香粒大米	粮油类	初级产品	287	205	GF330421213784	LB-03-21101112173A	2024/10/11	55.47	西塘
23	嘉善煜泽果蔬专业合作社	红心柚	水果类	初级产品	65	65	GF330421213786	LB-18-21101112175A	2024/10/11	7.27	姚庄
24	嘉善县农星植保专业合作社	大米	粮油类	初级产品	910	650	GF330421213870	LB-03-21101112422A	2024/10/14	174.73	西塘
25	浙江善农现代农业科技发展有限公司	江南珍鲜米	粮油类	初级产品	350	300	GF330421214290	LB-03-21111114053A	2024/11/15	66.67	天凝
26	嘉兴德光源现代农业科技有限公司	锦绣黄桃	水果类	初级产品	100	100	GF330421221398	LB-18-22041104317A	2025/4/26	7.26	姚庄
27	嘉善县姚庄乡村振兴开发建设有限公司	姚庄黄桃	水果类	初级产品	3719	4460	GF330421230992	LB-18-23031102201A	2026/2/28	167.4	姚庄
28	嘉善县乾贸黄桃专业合作社	黄桃	水果类	初级产品	1015	550	GF330421233353	LB-18-23061108189A	2026/5/31	45.08	魏塘
29	嘉善肖小弟农业服务有限公司	稻谷	粮油类	初级产品	293.415	66	GF330421235197	LB-23-23081113863A	2026/8/22	39.14	陶庄
30	嘉善县陶庄镇八海家庭农场	稻谷	粮油类	初级产品	439	101	GF330421234824	LB-23-23081112838A	2026/8/7	48.78	陶庄
31	嘉善建忠家庭农场	开昕大米	粮油类	初级产品	180	100	GF330421180817	LB-03-23071112279A	2026/7/25	34	大云
32	嘉善县姚庄北港乡村振兴开发建设有限责任公司	锦雪番茄	蔬菜类	初级产品	5137	3080	GF330421234481	LB-15-23071111532A	2026/7/16	68.49	姚庄

续表 4

序号	认证主体名称	认证产品	产品类别	产品级别	年产量（吨）	年销售额（万元）	企业信息码	产品编号	证书到期日期	监测面积（公顷）	镇（街道）
33	嘉善县姚庄界泾港乡村振兴开发建设有限责任公司	锦雪番茄	蔬菜类	初级产品	6100	3650	GF330421234521	LB-15-23071111743A	2026/7/17	81.33	姚庄
34	嘉善范东粮油果蔬专业合作社	大米	粮油类	初级产品	380	210	GF330421235917	LB-03-23101117171A	2026/10/18	296.33	干窑

表 5　　2023 年度嘉善县有机农产品一览表

序号	认证主体名称	认证产品	产品商标	产品类别	产品级别	年产量（吨）	年销售额（万元）	证书编号	证书到期日期	监测面积（公顷）	镇（街道）
1	嘉善县西塘镇智秋番薯藤有机生态农场有限公司	玫瑰花、姜黄等 42 种	良壤	种植业	初级产品	58.95	50	134OP2000198	2024/7/26	40.52	西塘

表 6　　2023 年度嘉善县地理标志农产品一览表

序　号	产品名称	产品类别	登记证书编号	授权企业数（家）
1	杨庙雪菜	蔬菜	AGI02541	4
2	姚庄黄桃	水果	AGI03134	6

种　植　业

【概况】 2023 年，全县粮食作物播种面积 32.55 万亩，减少 0.3 万亩，总产量 14.53 万吨。全年油菜种植面积 1.8 万亩，增加 0.3 万亩，总产量 1825.7 吨，增加 195.68 吨。全年蔬菜累计播种面积 13.89 万亩，同比减少 29.39%，总产量 34.2 万吨，同比减少 29.48%；瓜果累计播种面积 1.18 万亩，同比减少 20.8%，总产量 2.59 万吨，同比减少 20.1%；全年水果种植面积 1.49 万亩，同比下降 9.44%，总产量 2.73 万吨，同比增加 4.04%，总产值 1.58 亿元，同比增加 6.07%；花卉种植面积 5924.92 亩，同比增加 8.97%，总产量 1.29 亿枝（盆），同比增长 22.84%，总产值 3.58 亿元，同比增长 89.43%。

【试验示范与项目推广】 推进省级粮食绿色高产高效创建项目，建成水稻绿色高产千亩示范片 5 个、省级水稻高产攻关百亩方 1 个。创建嘉兴碧云花园有限公司和嘉善县姚庄北鹤乡村振兴开发建设有限责任公司（锦绣黄桃园）等省级优质农产品生产基地 2 个，浙江善农现代农业科技发展有限公司美丽粮园和嘉善县净水渔业种苗基地美丽渔场等市级“美丽农场”2 个。实施“水稻病虫害绿色防控集成技术整建制示范与推广”“草莓优新品种引选及高品质栽培技术集成示范”“番茄定额周年施肥技术研究与示范推广”“适合乡村美化的功能性植物筛选与应用示范”等省级产业技术团队项目 4 个。

【种苗新品种引进】 在陶庄镇金湖村建立省级水稻新品种展示示

范中心1个，引进高质高效水稻新品种50余个；在县农科所建立省级水稻、玉米新品系区试试验3组，引进新品192余个。围绕蔬菜高质量发展，分别与省农科院、宁波农科院等科研院所合作，建立蔬菜新品种引种示范基地10个，引进试种“浙樱粉1号”“嘉红100”“蜜露”等番茄新品种15个，“鲜脆1号”“翡翠绿宝”等甜瓜新品种20个，“兰芯”“嘉农1号”等西瓜新品种10个，“粉玉”“建德白露”等草莓新品种9个。

【浙北粮仓建设】 重点围绕全域高标农、种业芯片、主体培优、服务提升、米业品牌等五大示范工程，投资6.2亿元实施28个项目，涉及高标准农田建设项目15个，实施面积3.7万亩；“稻+”基地建设项目9个，实施面积0.72万亩；种业芯片建设项目4个，实施面积0.63万亩；主体培优和米业品牌各1个。相继建成陶庄镇长三角智种产业示范园、西塘现代智能全产业链、天凝镇浙粮善农现代农事服务中心、祥符荡万亩“金色大底板”等4个展示示范窗口，累计接待各级县内外领导参观考察53批1000余人次。

【绿色统防统治】 2023年，全县主要农作物病虫专业化统防统治面积16.22万亩，占全县主要农作物种植面积的48%。全年统防统治实施区病虫防治用药2次，病虫危害损失率控制在5%以下。全面推广应用以生态调控为主的绿色防控技术，年内建设县级绿色防控示范基地28个，面积3.28万亩，其中嘉善县丰产粮油专业合作社被评为第二批全国农作物病虫害绿色防控示范基地，西塘镇东汇村水稻病虫害绿色防控（农药定额制）示范区、魏塘街道梁桥村水稻病虫害绿色防控（农药定额制）示范区、大云镇曹家村果树病虫害绿色防控（农药定额制）示范区、魏塘街道智果村蔬菜病虫害绿色防控（农药定额制）示范区等被评为省级绿色防控示范区。

【提升耕地质量】 围绕“提升和合理施肥”两个中心，抓好“耕地地力提升、化肥减量增效、耕地安全利用、土壤普查”四项重点工作，保障耕地综合生产能力、生态环境和安全生产水平。提高耕地质量，种植绿肥紫云英136亩。开展土壤污染防治工作，落实农业“两区”农田重金属污染监测体系年度监测任务，抓好26个监测点工作，完成5621亩受污染耕地安全利用工作。实行耕地地力保护补贴，对承担耕地地力保护补贴的农户实行每亩136元的补助，2023年下拨嘉善县耕地地力保护补贴资金2706.11万元。开展第三次土壤普查，完成360个表层样采集。西塘镇东汇村水稻化肥减量增效（化肥定额制）示范方、罗星街道鑫锋村化肥减量增效（化肥定额制）示范方等被评为省级化肥减量增效（化肥定额制）示范方。

【小微产业园建设】 2023年，在惠民街道惠通村、大云镇缪家村、罗星街道鑫锋村、西塘镇地甸村等地建成4个小微产业园，总面积900亩。到年底，全县累计建成现代农业小微产业园10个，总面积约4500亩，涉及优质粮油、现代种业、绿色果蔬、生态水产等农业产业，完成总投资2.1亿元，减少插花田面积0.51万亩，归整连片种粮农田2.4万亩，集聚农业生产400余户，亩均效益同比面上增长15%以上。

【蔬菜瓜果种植】 2023年，全县蔬菜与瓜果的面积、产量和产值同比均有所下降，蔬菜累计播种面积13.89万亩，同比减少29.39%，总产量34.2万吨，同比减少29.48%；瓜果累计播种面积1.18万亩，同比减少20.8%，总产量2.59万吨，同比减少20.1%。举办全县蜜梨、黄桃、葡萄等精品评比活动，参加省精品葡萄评比、市柑橘擂台赛，嘉善县姚庄镇金丰家庭农场选送的“阳光玫瑰”葡萄获省精品葡萄评比优质奖，嘉善县青龙港果蔬专业合作社、嘉善星河葡萄专业合作社选送的“阳光玫瑰”葡萄获市葡萄擂台赛优质奖，嘉善县惠民街道云甜家庭农场选送的柑橘获市柑橘擂台赛银奖。

【生态循环农业】 持续推进整建制现代生态循环农业建设，有效减少各类农业面源污染，强化农业废弃物资源化利用，建立现代农业可持续发展长效机制。2023年主要农作物测土配方施肥面积31.01万亩次，推广病虫害统防统治面积16.22万亩。加强统防统治和绿色防控政策扶持力度，集成应用生物防控、理化诱控、生态调控和科学用药的绿色防控技术。持续推进秸秆“五化”综合利用，全县农作物秸秆综合利用率97.41%。全年回收农药废弃包装物 794.2 万件，无害化处置 122.7 吨。

养殖业

【概况】 2023 年，全县畜牧业生产总体平稳。生猪存栏 2.10 万头，同比下降 37.87%；家禽存栏 29.89 万羽、兔存栏 2.01 万只、羊存栏 3038 头，同比均持平。全年累计出栏生猪 4.22 万头，同比增长 20.23%；家禽出栏 71.75 万羽，同比持平；羊出栏 4171 头，同比下降 8.11%；兔出栏 6.44 万只，同比增长 4.89%。肉类总产量 4605 吨、禽蛋产量 2267 吨，同比分别增长 16.85%、下降 7.66%。全县水产养殖面积 3.26 万亩，同比增加 0.35 万亩，其中池塘养殖面积 1.67 万亩，外荡养殖面积 1.59 万亩，稻渔综合种养面积 1.45 万亩(不计入水产养殖总面积)。全年水产品总产量 3.55 万吨，同比增加 1694 吨，增幅 5.01%，其中养殖产量 29075 吨，同比增加 970 吨，增幅 3.45%；捕捞产量 6430 吨，同比增加 724 吨，增幅 12.69%。渔业总产值 10.08 亿元，同比增加 6796 万元，增幅 7.23%，其中捕捞产值 11368 万元，同比增加 958 万元，增幅 9.20%；养殖产值 82234 万元，同比增加 2199 万元，增幅 2.75%；水产苗种产值 7157 万元，同比增加 3639 万元，增幅 103.44%。

【渔业科技推广】 积极贯彻落实水产养殖业绿色发展新理念，助推全县渔业向绿色高效生态养殖方向发展。2023 年，嘉善县被列入省级水产健康养殖和生态养殖示范区培育创建名单，落实设施渔业、稻渔综合种养、休闲农旅融合等 4 个项目并规范开展实施。全县 4 家基地被列入浙江省 2023 年水产绿色健康养殖“五大行动”示范基地。推广稻渔综合种养技术，2023 年累计推广 2 万亩，形成稻＋克氏原螯虾、稻＋罗氏沼虾、稻＋鳖、稻＋鱼等 4 大主要模式，较纯种水稻平均增收超千元。实施种业振兴行动，全县 19 家种苗企业实现水产苗种生产 22 亿尾，其中鱼苗繁育 16 亿尾、虾苗淡化 6 亿尾，新增 1 家嘉兴市市级良种场。贯彻落实大食物观理念，发展大水面生态渔业，累计推广 1.59 万亩。开展福寿螺防治专项行动，落实属地管理，探索防治办法。组织生态渔业技术培训班，全年组织培训 3 期 256 人次。

【渔业渔政管理】 推动惠渔服务工作，全年办理内陆渔业船舶证书年审签证 65 本，受理完成水产种苗许可新申报 3 家、到期换证或变更 3 家。开展渔船防汛防台风险隐患大排查行动，对发现的隐患形成清单，要求船主立即整改或限期整改。利用“全国安全月”、渔船检验和监督检查等期间，向渔业从业人员宣传相关法律法规，明确船东主体责任和属地监管责任。开展水域环境监测，委托第三方机构开展嘉善县外荡渔业水域环境监测，监测点为蒋家漾、夏墓荡、沉香荡和汾湖，检测结果显示水质良好。开展渔业增殖放流，全年增殖各类鱼苗 2298.8 万尾，甲鱼 1.2 万只，合计 2300 万尾(只)。做好渔业互助保险工作，2023 年 65 条渔船受理渔业互助保险，开展水产养殖保险试点工作，受理 1 家单位的投保申请。组织开展渔业领域监督检查 67 次，其中水上巡查 48 次，出动检查人员 268 人次，检查渔船 38 艘次，消除安全隐患 5 处。开展 2023 年“3＋1”青嘉吴昆渔业联合专项执法行动，全年开展联合行动 4 次，出动执法人员 487 人次，清理取缔违规网具 302 条，并查获非法捕捞行为 1 起。深入开展渔业领域“打非治违”行动，2023 年全县开展属地水域非法捕捞打击行动 214 次，出动执法人员 2129 人次，清缴搬罾、地笼网等非法捕捞渔具 2985 顶，立案办理电捕鱼等非法捕捞案件 61 起，处置率 100%。

【畜牧业】 推动兽用抗菌药减量化和饲料环保化“两化”创建，出台《深化兽用抗菌药减量化和饲料环保化行动实施方案》，指导嘉善华腾农业有限公司成功创建兽用抗菌药减量化部级授标场和饲料环保化达标场。按照《嘉善县重大动物疫病强制免疫政策改革实施方案(试行)》，深化“先打后补”工作。引进第三方免疫服务主体 1 家，培育当地第三方免疫服务主体 2 家。

农业科技

【概况】 2023 年，嘉善县以农业科技人才培训和农技推广服务为中心，以全县农技推广体系建设为平台，加强科技创新和科技成果推广力度，指导和帮助农技推广单位和农业经济组织申报农业科技计划，着力完善农业科技管理和农业人才培训机制，助推农业农村高质量发展和乡村全面振兴。全年申报省级农业丰收计划项目2个、市级3个、县级7个，培训高素质农民120人、农村实用人才479人、农创客285人。

【农业科技下乡】　围绕送政策、送科技、送农资、送信息、送服务，全年组织和开展“农技服务村村行”活动2次，现场接受农民咨询，解答农民提出的各类生产中的问题，发放相关宣传资料2200余份。

【打造农技队伍】　调整农业产业技术创新与推广服务团队，设立粮油、经作、水产、畜牧、农机、农业生态、质量安全、植保土肥、农业科研等产业组9个，形成团队9个、技术人员126名次的技术团队网络。全年组织县、镇（街道）两级农技人员知识更新培训19期139人，做好基层农技人员定向培养招生工作，完成农广校中专生招生51人、嘉兴职业技术学院农民大学生招生24人、省农业领军人才招生1人、浙江农艺师学院在职研修生招生4人。

【农业人才培训】　2023年，完成高素质农民培训120人、评价率97.5%；农村实用人才培训479人；普及性培训6500人次。大云镇缪家村“农业部农村实用人才培训基地”继续承担部级和省级培训，完成农村实用人才带头人培训602人，省级高研班培训30人。选拔优秀农创人才和创业项目参加省、市、长三角地区创业创新大赛，优秀代表项目获省创新创业大赛银奖、长三角创业创新大赛一等奖等荣誉。

【推动应用贯通】　推进“浙农”系列应用贯通落地，落实“浙农”系列应用贯通工作，承接农村集体“三资”数字管理应用系统、“浙农优品”、农房盘活等3个“先行先试”应用落地推广工作。依托“浙江乡村大脑”体系架构，强化数据采集、更新、归集，积极推进“浙渔安”“浙农种业”“浙农执法”等场景贯通，加快推动“浙农码”赋码用码推广工作，2023年底全县赋码总量49万次，用码总量198万次。

农业机械化

【概况】　2023年，农机工作以奋进“双示范”建设新征程为主题主线，深化机械强农行动，以省级综合性农业“机器换人”高质量发展先行县创建为抓手，不断完善农事综合服务体系，加快推动农业产业“机器换人”步伐，全面提升全县农业设施装备综合能力，全面推行农机安全作业全过程监管，全力推进农业产业迭代升级。全县农业机械总动力20.91万千瓦，全年完成机耕面积33.62万亩，机播面积24.33万亩，机电灌溉面积28.69万亩，机械植保面积27.79万亩，机收面积33.38万亩，水稻耕种收综合机械化水平91.53%，农作物耕种收综合机械化率91.03%。

【安全生产】　2023年，农机安全生产稳定有序，按照“安全第一、预防为主、综合治理”的方针，全面落实平安农机长效机制，强化风险隐患大排查大整治工作。各主要农事生产季节和重大节假日，全面排查粮食烘干中心、农事服务中心（农机合作社）、农机作业等安全隐患，重点开展农业领域有限空间作业专项整治，全面提升农机安全治理能力，确保农机安全生产保持良好态势，农机综合年检率94%。

【购机补贴】　继续实施农机购置补贴政策，全面实行手机App申报，实行三级审核、层层把关，确保申请资料的完整性、准确性、合规性。出台县级农机补贴目录，重点支持拟建设的区域性及以上农事服务中心配置大型农机具，特别是对保障能力较弱的收割机追加县级补助5万元/台，鼓励相关农事服务中心提升服务能力和应急能力，不断提升农机化水平。2023年拨付农机购置补贴资金4批次，落实购机补贴资金276.7万元，其中中央补贴228.50万元，省补贴23.08万元，县补贴25.12万元，涉及补贴机具230台（套）。

【机器换人】　在成功创建粮油产业先行县和水产产业先行县的基础上，2023年创建果蔬（设施农业）先行县，同时申报创建综合性先行县。成功创建浙江省第三批农业“机器换人”高质量发展先行县，嘉善东龙果蔬专业合作社（工厂化育苗）成功创建省级农机服务中心，嘉兴易久农业科技有限责任公司（设施果蔬）、浙江一里谷农业科技有限公司（设施果蔬）、嘉善雲沃家庭农场（设施果蔬）、嘉善县长秀农业开发有限公司（设施果蔬）、浙江善农现代农业科技发展有限公司（水稻）等成功创建省级全程机械化应用基地。

【农事服务中心】 2023年，梳理全县现有从事农事服务的合作社、农业公司等主体，制定“4+9+13”的规划方案(4个省级农事服务中心、9个区域农事服务中心、13个农事服务中心站点)，进一步完善全县农事综合服务体系。魏塘街道省级农事服务中心、惠民街道省级农事服务中心和干窑镇区域农事服务中心等3个项目被列入2024年省级农业“双强”项目建设名单。

农田建设

【概况】 2023年，全县投入农田建设资金27167.8万元，其中中央财政资金1212.35万元，省财政资金4384.1万元，县、镇两级财政资金21571.35万元。全年实施高标准农田项目15个，建设高标准农田3.7万亩，其中高效节水灌溉面积2.24万亩。实施高标准农田建设工程质量保险管护试点，县级补助管护资金90万元。

【高标准农田提升与管护】 2023年，全县实施省级绿色农田项目1个，规划面积3022亩，总投资3320.88万元；实施高标准农田(粮功区)改造提升建设项目5个，规划面积17350亩，总投资12052.05万元；实施县级高标准农田改造提升项目7个，规划面积11612亩，总投资8664.86万元；实施省级新建高标准农田项目2个，建设面积5000亩，总投资3130万元。探索引入政策性保险，实施高标准农田建设工程质量保险管护试点，县级投入补助资金90万元。

【农田退水“零直排”建设】 全年实施农田退水“零直排”总面积2.38万亩，总投资2851万元，涉及全县9个镇(街道)。其中“稻田+生态沟渠+水塘(河浜)”封闭模式9413亩；“稻田+生态沟渠+生态塘”半封闭模式413亩；“稻田+生态沟渠+生态缓冲带”开放式模式13937亩。(胡　超)

综　述

2023年，全县工业形势总体呈现“高开稳走”态势，第一季度全县规上工业增加值增速18.6%，列全省第3、全市第1。全年实现规上工业总产值2030亿元，实现规上工业营业收入2069.9亿元。规上工业增加值415.7亿元、同比增长7.5%，规模继续保持全市第3，增速高于全省平均1.5个百分点。制造业投资保持平稳增长，全年完成150.7亿元、同比增长7.2%，总量列全市第2。制造业高质量发展综合评价列全省第4、全市第1，夺得全省首批“浙江制造天工鼎”，入围全省制造业高质量发展结对促共富示范县创建名单，获得连续3年每年1亿元省级财政激励资金，入围全省中小企业数字化改造试点县创建名单。兰钧新能源、合量科技等16个省重大制造业项目完成投资49.7亿元；101个省级千亿技术改造投资工程完成投资36.5亿元。全县新增备案工业投资500万元以上项目348个，同比增长32.8%，计划总投资316.8亿元，同比增长18.0%。全县规上工业劳动生产率28.8万元/亩，同比增长17.5%。规上亩均税收233.4万元/亩，同比增长7.1%；规上亩均工业增加值38.3万元/亩，同比增长2.4%。实现利润总额82.5亿元，下降12.8%，较半年度回升18.7个百分点。838家规上工业企业中有202家亏损，亏损面24.1%，较半年度降幅收窄9.6个百分点；规上工业营业收入利润率4.0%，较半年度提高0.7个百分点，工业企业效益延续恢复态势。

实施招商大突破年行动，建立产业项目落地共享、集中资源集中财力招大引强等机制。举办“善洽会”，承办全省“十链百场万企”新能源产业专场等活动。全年实际利用外资4.86亿美元，列全市第1，累计签约兰钧二期三期、剑桥科技、合量科技等优质产业项目115个，总投资691亿元，其中签约总投资超百亿项目2个、产值超百亿项目9个，均列全市第1，获评全省十佳招大引强县(市、区)。新设立超2亿美元QFLP试点基金1支，累计落地试点基金5支、总规模18.3亿美元。

科技创新动能强劲，以全省第1的成绩列入国家创新型县建设名单，连续3年夺得省“科技创新鼎”，全省仅4家。创新指数列全省第6，全国首个跨省域高新技术产业开发区揭牌成立，入选2023“科创中国”省级试点县。持续推进科技企业“双倍增”行动，新认定国家高新技术企业130家，连续6年列全市第一。出台“人才新政3.0版”，培育国家万人计划专家3人、创历史最好成绩，引进青年博士129人、增长130%，均列全市第一。新增大学生1.5万人。

深化保稳促调，稳固工业大盘。应对宏观经济下行压力，以企业服务、惠企纾困为宗旨，强化生产调度和服务催生，全力稳增长稳预期提信心。实施营商大提优年行动，实施“千名干部助千企”“企业服务周”行动，选派1005名干部组团服务企业，解决问题1904个。迭代“178”(易企办)投资项目全生命周期服务，推动办理环节从11个压缩至5个，为533个产业项目提供代办服务。累计培育国家级专精特新小巨人企业16家，省级专精特新中小企业176家，省级创新型中小企业240家，数量均列全省前列。针对立讯龙头企业发展需求，通过政企合力成功落地全省首个海关特殊监管区域外保税维修业务，积极争取向全球全品类保税维修业务拓展。

狠抓项目推进，积蓄发展动能。把项目建设作为推动“双示范”建设的主抓手，实施招商大突破年行动，建立产业项目落地共享、集中资源集中财力招大引强等机制，组建网络通信电子、锂电池等4个产业链招商专班，上海、欧洲等10个驻点招商分局，招引上下游核心企业32家。签约锂电池生产、光模块制造等优质产业项目126个，总投资705亿元。实施项目大攻坚年行动，排定104个重点工业项目，建立全过程闭环推进机制，迭代更新重大制造业项目领导联挂机制，成立重大项目快速达产服务专班，对全县重大项目倒排计划、专班推进、组团破难，全力推动项目快建设、快投产。

强化工贸联动，做强产业集群。瞄准“3＋3”主导产业，整合产业链上下游优质资源，全力构建134先进制造业集群体系。坚持以贸促工、助企拓市，开展“千企百团”拓市场行动，助力489家次企业出海抢订单；入选全省首批数字贸易示范区，全市唯一。新增外贸出口实绩企业213家，省级内外贸一体化“领跑者”企业8家，列全市第一。政企合力落地全省首个海关特殊监管区域外保税维修业务。开展全省首场“十链百场万企”新能源产业产业链对接合作活动、全球电子纸协会年会暨嘉善电子纸产业链招商推介会、“智创未来”新一代网络通信产业聚才建圈强链对接会等活动13场，全面推动产销对接、产才对接、产融合作和项目落地。数字经济产业集群规模突破千亿大关，网络通信产业入选“浙江制造”省级特色产业集群核心区，规模列全省第2，占全省8.8%。新能源（锂电池）产业规模实现翻番，产业链覆盖率30%以上。

加快动能转换，重塑产业结构。纵深推进“腾笼换鸟、凤凰涅槃”攻坚行动，累计完成“高耗低效”企业整治1308家，腾出低效用地1.04万亩，并通过专业化、定制化厂房建设，成功导入剑桥科技、恒颢光电、嘉辰半导体等一批高成长性企业。连续两年入围全省“腾笼换鸟、凤凰涅槃”攻坚行动考核激励名单，获300亩新增建设用地计划指标奖励。深入实施数字经济创新提质“一号工程”升级版，实施制造业千企数字化和绿色化改造行动，实现规上企业数字化1.0改造、重点用能企业绿色化改造全覆盖。新增省级工业互联网平台2家，兰钧新能源被列入省级未来工厂试点，梦天家居被列入国家级服务型制造示范企业，立讯智造被列入国家级新一代信息技术与制造业融合发展示范名单。嘉善县入围2024年度省级中小企业数字化改造财政专项激励试点县（市、区）名单。

以智能物联为主导产业，成立产业链招商专班，编制产业链培育与招引对象研究方案，持续发力智能终端、光通信、电子纸产业链高附加值环节，推动嘉善智能物联产业集群从以组装加工和零配件生产为主，转向生产光芯片、光模块、柔性电子显示模组、触控模组等高附加值产品。2023年集群营收903亿元，规模列全省第2，2020年至2023年年均增速44.2%，被列入省级特色产业集群核心区。集群半数以上企业规模超亿元，其中百亿级企业2家。细分领域领先全球，博升光电获美国微软7年光芯片独家供货权，金乙昌导航天线和北斗定位天线出货量、新思考微型自动对焦马达出货量均居全球前列，富涌电子全彩电子纸显示器出货量居全球前三。集群培育经验得到副省长柯吉欣批示肯定。

抢抓“双示范”建设战略机遇，以科创产业联动发展先行区建设为主导，充分发挥长三角地域优势，推动开放协同创新，高标准打造祥符荡科创绿谷，深化科创载体与产业合作，加速创新成果转化。在示范区率先建成唯一的创新成果转化验证中心；嘉善复旦研究院牵头成立县集成电路产业协会，赋能嘉善集成电路产业发展。嘉善创新模式得到科技部领导批示肯定。2023年，全社会R&D经费支出占比4%，全县规模以上高新技术产业增加值约占规模以上工业增加值的87.2%，列全市第1。

打造制造业高质量发展结对促共富县域示范，与庆元县结对，建立共富产业合作平台共建托管运营机制、产业跨区协同合作机制和“四个一”招商机制，规划共建700亩产业合作园，重点承载生物科技和竹木制品产业。启动建设浙江省山海协作科创中心（嘉善），助力入驻项目“孵化在嘉善、落地在庆元”。入围全省制造业高质量发展结对促共富示范县创建名单，并获3亿元省财政专项激励。2023年，嘉善县兑付制造业高质量发展结对促共富省级财政专项资金9000万元，全部用于支持企业技术改造，扶持技改项目37个，撬动生产性设备投资26.9亿元。（崔旦丹）

装备制造

【概况】　2023年，嘉善县规模以上装备制造业企业440家，主要从事数控机床、自动化生产线、五金加工机械、各类木业机械、电镀设备、轴承、紧固件、金属制品、汽摩配件、园林工具、训练器材等的生产、销售，全年实现产值1336.78亿元、利税65.78亿元。

【浙江长盛滑动轴承股份有限公司】　创立于1995年，2011年整体改制成为股份有限公司，2017年11月6日，在深圳证券交易所创业板成功上市，是一家专门从事自润滑轴承的研发、生产和销售的高新技术企业。主要产品包括双金属自润滑轴承、金属塑料自润滑轴承、金属基自润滑轴承、塑料自润滑轴承等，产品50%左右出口欧美日等国家和地区。该公司是全国滑动轴承标准化技术委员会自润滑轴承分技术委员会首届秘书处承担单位，是行业标准的主要制定者之一，主持、参与并批准发布的国家标准43项(其中主持2项、参与41项)、浙江制造团队标准5项。其主导制定的滑动轴承相关国家标准和团体标准被浙江省人民政府评为“2022年浙江省标准创新重大贡献奖”。至年底，该公司拥有有效授权专利96项，包括发明专利31项(含国际发明专利6项)、实用新型专利63项、外观专利2项，其复合材料自润滑关键技术及产业化获浙江省2018年科技进步三等奖，并先后被评为国家高新技术企业、国家级专精特新“小巨人”企业，国家知识产权优势企业，浙江省级绿色低碳工厂、浙江省创新型示范企业、浙江省专利示范企业、“品字标”浙江制造认证企业、嘉善高分子材料省级高新技术特色产业基地骨干企业、县级云上企业，通过浙江省企业技术中心和浙江省研发中心认定，获2022年度市长质量奖等。

【浙江晋椿精密工业股份有限公司】　于2003年4月注册，注册资本1.58亿元，位于嘉善县惠民街道，占地面积约103.47亩，在职员工370余人。该公司拥有实用新型专利65项，并先后获国家高新技术企业、浙江省紧固件产业技术联盟科技创新杰出企业、第十四届县长质量奖、浙江省专精特新中小企业、“品字标浙江制造”认证企业等荣誉，通过浙江省企业技术中心、浙江省高新技术企业研发中心认定。公司主要产品是磨光棒、钉子、精线三大类。其中磨光棒金属切削钢系列产品涵盖低碳、中碳、高碳、合金钢、工具钢、不锈钢等各类材质，广泛应用于汽车配件、医疗机械、打印机械、电脑配件、紧固件、机械连杆、轴类产品以及各种五金行业，产品不仅畅销全国各地，也远销欧洲及日本等国家和地区，包括奔驰汽车部分零部件和日本电产汽车专用压缩机零件以及佳能打印机、复印机品牌产品，都指定使用该产品。

【嘉善华瑞赛晶电气设备科技有限公司】　成立于2004年，拥有117亩的生产基地，公司现有员工126人，研发场地约2500平方米，为赛晶科技集团有限公司投资成立的全资、港资企业，属赛晶集团核心企业。2011年公司总投资增加至9900万美元，注册资本增加至7650万美元。公司致力于提高电力的使用效率和传输效率的新技术、新装备的研发工作，企业先后获浙江省首台(套)产品、省级高新技术企业研究开发中心、高新技术企业、县“独角兽”企业、亩均税收工业企业、省级企业技术中心等荣誉，获第十四届嘉善县县长质量奖。公司致力于阳极饱和电抗器的研发和制造，生产的阳极饱和电抗器应用在国家电网和南方电网的30余个高压直流输电工程中。2023年度企业总产值3.42亿元。

（薛佳豪）

木材加工及制品

【概况】　2023年，嘉善县木材加工及制品行业拥有规上企业35家，实现工业产值41.53亿元，实现利税4.69亿元，拥有鹦鹉、梦天、龙森等3个中国驰名商标。企业主要分布在魏塘街道、开发区(惠民街道)、干窑镇。

【梦天家居集团股份有限公司】　成立于2003年，位于嘉善经济技术开发区，注册资本22136万元，于2020年12月在上海主板上市，是一家以“梦天”品牌建设为核心，专注于定制家具的设计、研发、生产和销售整体家居产品和服务的国家高新技术企业。公司在木门领域居于领导地位，是全国工商联家具装饰业商会门业专业委员会执行会长单位，同时被工信部列为“智能制造试点示范（全屋家具大规模个性化定制）”项目单位。公司拥有浙江省企业技术中心、省级博士后工作站、省级研究开发中心、梦天木质门研发中心和林业工程博士后工作站等研发平台，获第五届嘉善县县长质量奖，是国家高新技术企业、省级云上企业、服务型制造示范企业、“品字标浙江制造”认证企业，拥有中国驰名商标。公司拥有融经销商专卖店、家装公司及大宗工程客户为一体的高效营销网，发展经销商专卖店 1100 多家，遍布中国 31 个省、自治区和直辖市。2023 年，实现销售收入 13.22 亿元，实现利税 1.59 亿元。

【索菲亚家居（浙江）有限公司】 成立于 2012 年，位于嘉善经济技术开发区，注册资本 5.95 亿元，占地约 219 亩，是索菲亚家居股份有限公司在华东地区的生产基地，于 2013 年 8 月正式投产，由柜身自动生产车间、柜门车间、吸塑车间、压贴车间、五金仓及标准件仓等 12 个车间组成。2020 年，索菲亚总公司启动浙江索菲亚二期项目建设，项目计划总投资 13 亿元，新增用地 322.8 亩，新建厂房约 22.2 万平方米，包括 5 栋生产车间和 1 栋立体智能仓库，形成年产定制衣柜及其配套 100 万套和复合门 30 万套生产能力。2023 年，公司获评嘉善县十佳高质量发展领军企业，并先后获县级企业技术中心、“品字标浙江制造”认证。2023 年实现销售收入 20.6 亿元，实现利税 3.67 亿元。

【财纳福诺木业（中国）有限公司】 成立于 2006 年，位于嘉善经济技术开发区，公司注册资金 7300 万美元，占地 300 亩，拥有员工约 2000 人，是中国最大的地板出口商之一，主营强化地板、石晶地板的研发、制造和销售。公司产品其乐迈石晶地板曾获美国 GREEN GUARD GOLD 绿色卫士金级环保认证（是全世界最严格的室内空气质量认证机构），并获得省级出口名牌和浙江制造认证荣誉。该公司属于国家高新技术企业，并通过市级研发中心和省级技术中心认定，累计获得专利 100 余项，软件著作权 14 项，作品著作权 9 项，并参与编定《石木塑地板消费白皮书》《石木塑地板行业标准》《石木高分子板材应用技术标准》等标准。（薛佳豪）

数字经济

【概况】 嘉善县以省级数字经济创新发展试验区建设为载体，充分发挥“双示范”战略优势，以加速壮大数字产业集群、推动数实深度融合为主线，以数字长三角一体化先行先试为新突破，全力构筑数字经济发展新格局。智能物联产业集群入选全省第二批“浙江制造”省级特色产业集群核心区，并先后获评全省大力发展数字经济成效明显督查激励县、首批“浙江省数字贸易示范区”。2023 年，全县数字制造业增加值 163.2 亿元，列全省第 3。

【加强数字产业培育】 围绕省市数字产业细分赛道，加快壮大网络通信、集成电路等优势产业，推动集群做大做强。2023 年，数字经济核心产业制造业产值 1026 亿元，占全部规上工业产值的 50.5%。体量列全市第一。项目招引成效突出，累计新开工数字经济产业项目 109 个，总投资 456 亿元，完成投资 124 亿元。数字企业队伍持续壮大，立讯系的立讯智造、日善电脑产值 5 年提升超 100 倍，2023 年产值 650 亿元。培育“专精特新”“小巨人”企业 16 家，高新技术企业 71 家。数字平台支撑作用明显，签约落地总投资 132 亿元的浙江大学长三角智慧绿洲、祥符实验室等一批高能级科创载体；持续推动嘉善经开区（中新嘉善现代产业园）、嘉善通信电子高新技术产业园区（嘉兴综合保税区 B 区）、姚庄经开区等产业平台建设，相继吸引立讯、格科、云顶新耀等百亿级龙头企业入驻。

【推动数实融合】 制定印发《嘉善县制造业千企数字化改造攻坚行动计划》，强化服务商、专家、资金等要素保障，发挥平台赋能数字化改造的规模效应，按照“学样仿样推广法”全力推进细分行业中小企业数字化改造，全县规上企业数字化 1.0 实现全覆盖，成功列入全省中小企业数字化改造试点县。以木业、纽扣、轴承等 3 个传统产业作为试点，以点带面推动产业数字化转型，累计实施数字化改造项目 312 个，带动投资超 60 亿元；累计认定省级智能工厂(数字化车间)7家,入围培育企业13家,创建省级工业互联网平台11个。依托现代家具产业大脑建设,至2023年底,产业大脑完成31个能力组件上线,覆盖全省6个县(市、区),服务企业366家。新业态新模式不断涌现,累计认定6家制造业与互联网融合发展试点示范企业、10家省级新一代信息技术与制造业融合发展试点示范、8家省服务型制造示范企业。

【深化县域智治】 数字政府建设全力推进,打造"区域协同万事通""预防接种一件事""颐养智享""善膳汇""车位共享一件事"等一批标志性成果。构建"云上嘉善"全域云治理,县公安局的"智安街道"、县消防救援大队的"智慧消防"、县市场监管局的"食品安全一件事"、县人社局的"智慧人社"等60余个业务单位系统上线。借助省数字生活新服务标杆县创建,持续深化数字商贸、数字出行、数字健康、数字文旅等领域创新应用,打造融易电商一体化直播基地,引导TATA木门、歌斐颂等商贸企业通过带货直播等数字化技术实现精细管理,全力打造阿里巴巴"云上嘉善"等高效交通出行新标杆。

【共建数字长三角】 持续提升公共数据平台支撑赋能,县公共数据平台共有1025类数据资源,数据总量5.46亿条。依托公共数据建立科创企业专题库、量化评价模型和"创新积分",为银行和企业建立有效对接机制。搭建全国首个跨域区块链平台,推动上海市青浦区、江苏省苏州市吴江区与嘉善县跨省域协同数字化应用场景落地,为全国跨省域政务数据互认和共享探索实践路径。率先探索长三角数字经济协同创新,与青浦、吴江共建长三角国家技术创新中心,连续7年举办"上海—嘉善科技对接交流"活动,推动300多家嘉善企业与长三角地区高校院所建立科技合作关系,承接科技成果转化项目460多个,联合攻破关键领域技术难题60多项。推进长三角新型基础设施一体化建设,先后推动总投资143亿元的阿里巴巴长三角智能计算基地项目以及总投资超50亿元的中国电信长三角国家枢纽嘉兴算力中心项目落地。全方位开展数字化交通改造提升,嘉善县世纪大道成为全市首条5G数字化改造道路。(曹文韬)

精密机械

【概况】 2023年,嘉善县规模以上精密机械企业236家,主要从事通用设备制造、专用设备制造、汽车制造、铁路、船舶、航空航天和其他运输设备制造等相关产品的生产、销售,全年实现产值237.45亿元,利税27.29亿元。

【格林策巴赫机械(嘉善)有限公司】 成立于2006年,占地约75亩,有员工240余人,是一家专注于设备工程和自动化,集研发、制造于一体的高新技术企业。主要制造和销售浮法玻璃及压延玻璃生产专用机械、木材加工机械、石膏板生产专用机械、工业机器人及零部件、输送设备等高度自动化的工业机械设备,先后获评嘉兴市企业技术中心、浙江省省级企业研究开发中心、国家高新技术企业、浙江省专精特新中小企业等荣誉称号。该公司众多产品技术水平居国内领先,在国内外具有一定的影响力,其浮法玻璃用500kg级重载型高精度高效水平堆垛机被认定为"浙江制造精品"、玻璃堆垛用轻载型高精度高效立式堆垛机被认定为浙江省首台套产品。2023年实现产值11.81亿元。

【晋亿实业股份有限公司】 成立于1995年,位于嘉善经济技术开发区,现注册资本95122.8万元,2007年1月在上海证券交易所股票上市,是国内紧固件行业龙头企业、全球最大的紧固件制造厂商之一。公司生产各类高品质螺栓、螺母、螺钉、精线及非标准特殊紧固件,产品广泛应用于电器、汽车、桥梁、高速铁路、航空、建筑、电力、能源、钢结构、工程机械等领域,远销国内外。公司先后获得国家高新技术企业、嘉兴市企业技术中心、嘉兴市市级研发中心、"品字标浙江制造"认证企业等荣誉,参与指定多项国家标准、行业标准,公司是铁路扣件系统的集成供应商,产品种类齐全,是国内唯一一家能够生产制造全套时速250公里和350公里高铁扣配件及整件产品的企业,在行业内拥有较高的知名度,产品制造能力以及稳定可靠性均处于行业领先水平。

【浙江双飞无油轴承股份有限公司】 成立于1988年,是中国专业生产滑动轴承系列产品的创业板上市公司、国家级高新技术企业,嘉善县自润滑轴承龙头企业，是全国滑动轴承标准化技术委员会自润滑轴承分技术委员会秘书处单位。公司产品远销口德国、意大利、日本、美国、加拿大、韩国、台湾等40多个国家和地区，有良好的国际信誉，与徐工集团、三一集团、SMC、SHOWA等全球著名企业建立战略合作伙伴关系，45%以上为出口产品。公司通过ISO9001：2015、IATF16949：2016质量体系认证、ISO14001：2015环境体系认证、GB/T29490－2013知识产权管理体系认证等7大体系认证。先后获全国模范职工之家、国家级绿色工厂、浙江省专利示范企业、浙江省标准创新型企业、浙江省和谐关系引领示范企业、浙江省高分子材料高新技术特色产业基地骨干企业、浙江省企业技能人才评价标准化体系建设基地、浙江省示范新领域妇女组织、浙江省商标品牌战略示范企业等荣誉。 （薛佳豪）

纺织服装(服饰辅料)

【概况】 2023年，全县有规模以上时尚纺织服装企业96家，实现规上工业总产值67.7亿元，同比基本持平；新产品产值35.37亿元，同比增长2.5%。实现税金总额1.67亿元，同比增长7.4%；从业人数11491人。

【嘉兴市永泉织染有限公司】 成立于2003年3月，占地面积76000多平方米，职工400余人，拥有自营进出口权。公司集印染加工于一体，具有染色—整理—深加工一条龙生产能力。主要生产印染涤棉、锦棉、棉锦、涤锦棉、麂皮类、化纤类及人丝交织物系列，品种有涤棉布、锦棉布、棉锦布、涤锦棉、涤粘布、麂皮绒、桃皮绒、春亚纺、塔丝绒、尼丝纺、涤塔夫、牛津布、五美缎、水洗绒、锦涤纺、花瑶、人丝人棉交织等等。拥有国内先进染色设备100台套，并从国外引进整理设备20台套，年生产加工能力1亿米。对锦纶类、锦棉类织物具有一定的染色特长，客户遍布海内外，在行业内享有较高知名度。

【浙江凌龙智尚科技股份有限公司】 创建于1983年，位于西塘镇，公司先后获“高新技术企业”“浙江省‘专精特新’企业”“浙江省创新型中小企业”称号，拥有省级企业技术中心和省级高新技术企业研究开发中心，公司原色(无染色)粗梳纯山羊绒双面大衣呢面料获“中国绿色产品认证”。公司通过ISO19001质量管理体系、ISO14001环境管理体系、ISO45001职业健康管理体系、ISO26000社会责任管理体系认证。参与修订国家标准《粗梳毛织品》、参与制订国家标准GB/T22861－2009《精粗梳交织毛织品》、国家纺织行业标准FZ/T07011－2021《绿色设计产品评价技术规范羊绒产品》和中国纺织工业联合会团体标准T/CNTAC50－2020《毛纺织产品化学品管控要求》，主导起草T/ZZB2055－2021《纯山羊绒粗梳双面呢》“品”字标浙江制造团体标准。 （钱伟弘）

食品制造加工

【概况】 嘉善县食品制造加工产业(含黄酒酿造等)主要包括农副食品加工业、食品制造业以及酒、饮料和精制茶，规上企业合计21家，2023年实现营业收入59.52亿元，实现利税5.03亿元。

【雪花啤酒(嘉善)有限公司】 公司是央企华润雪花啤酒有限公司的子公司，是目前中国规模最大、产能最高的喜力啤酒酿酒厂，坐落于嘉善经济技术开发区中荷产业园内，注册资本4.81亿元，总投资6.78亿元。公司具备年产30万吨喜力啤酒的生产能力，2023年产值12.15亿元，同比增长14.44%。

【久久丫食品集团有限公司】 久久丫品牌创立于2002年，是集自主研发、自主生产、线上线下销售、物流和服务于一体的现代化食品企业，旗下拥有久久丫、留夫鸭、玩儿串串、佳门口、E铺多等多个知名品牌，是国内专业生产和销售鸭附产品的代表企业。公司全资子公司及控股子公司10余家，拥有上海、浙江、北京、广州、成都、天津、滁州七大生产基地，产品覆盖苏浙沪皖地区、广州深圳大湾区、北京地区、成都地区等，拥有有效门店2000余家。2023年，久久丫食品单体公司实现产值4.6亿元，实现税收2200余万元，带动姚庄就业400余人。

【浙江轩妈食品有限公司】 成立于2019年1月，注册地址位于罗星街道，专注于蛋黄酥等新鲜短保烘焙食品的研发和生产，是国内知名烘焙品牌“轩妈”蛋黄酥所有者广西轩妈食品有限公司100%控股子公司，是浙江省科技型企业，先后获 ISO22000 食品安全管理体系认证、HACCP 认证。2023 年产值 6525 万元。

（钱伟弘）

生物医药

【概况】 2023 年，嘉善县抢抓发展机遇，坚持创新引领、数字赋能、多元协同、开放共享原则，深入对接上海生物医药产业平台，聚焦生物医药、医疗器械、AI＋医疗领域，加强创新型项目的招引、落地转化及培育，实现"研发在上海、生产在嘉善"的生产协作模式，引进云顶新耀、正创医疗、浙大智慧绿洲创新中心、祥符实验室等一批重大产业项目与科创载体，与康桥资本联合成立总规模达 100 亿元的生命健康产业专项基金。2023 年，全县生命健康产业规上工业企业 11 家，总产值 12.7 亿元。

【诚达药业股份有限公司】 成立于 1999 年 3 月，于 2022 年 1 月在深交所上市，是一家以医药中间体、化学原料药、食品及饲料添加剂的研发、生产和销售为主营业务的高新技术企业。公司致力于为跨国制药企业以及医药研发机构在药物临床试验和商业化阶段提供关键医药中间体、原料药的工艺研发及优化、质量研究和定制生产等 CDMO 服务，终端药物涉及抗肿瘤、抗病毒、神经类、糖尿病等多个治疗领域。公司研发生产的医药中间体产品 100 多种，左旋肉碱系列产品出口 30 多个国家，是国际上左旋肉碱主要生产商之一，也是国内最早实现左旋肉碱系列产品产业化的企业。企业先后获得国家级高新技术企业、省"隐形冠军"企业、省级企业研发中心、省级企业技术中心、省级企业研究院、省级博士后工作站、嘉兴市抗癫痫药研发重点实验室、省级专精特新中小企业、国家级专精特新"小巨人"企业、市级绿色工厂等荣誉。2023 年，公司产值 4.24 亿元。

【祥符实验室入选省级新型研发机构】 3 月 6 日，祥符实验室入选 2023 年度省级新型研发机构名单。祥符实验室由嘉善县人民政府与浙江清华长三角研究院共建，总投资 5.3 亿元，有科研办公用房 5259 平方米，有仪器设备 420 台/套，总价 5221 万元。实验室依托国家级平台建成转化医学国家科学中心（上海）嘉善分中心和稀土新材料教育部工程中心嘉善产业中心。建成先进测试技术中心 1 个，以及 DNA 存储、稀土蛋白中试、半导体光电集成和 AI—智慧医学等 4 个实验室。实验室制度完善、架构设置合理，有健全的学术委员会体系，为实验室发展提供完善的硬件和软件支撑。

【云顶新耀医药科技有限公司】 成立于 2020 年 4 月，是一家专注于创新药和疫苗开发、制造及商业化的在香港上市的生物制药公司。公司在肾科疾病、mRNA 平台、感染性和传染性疾病、自身免疫性疾病等领域已建立全球同类首创或者同类最佳的药物和疫苗组合。公司在嘉善经济技术开发区的 mRNA 产业化基地占地面积 85 亩，建筑面积 58000 平方米，投资规模超过 9 亿元，拥有全套先进的生产设施和完善的质量保障体系。该基地于 2022 年 12 月启动试生产，已成功完成 mRNA 疫苗从原液生产、制剂生产到灌装的整批试生产活动，过程检测数据和灌装后成品检测数据符合预期。公司先后获"港股 100 强之生物科技股 15 强""2022 年度潜力上市公司 100 榜""中国医药创新企业 100 强"、2021 年度"十大医药创新企业"等称号。

（顾鹏涛）

新　能　源

【概况】 2023 年，嘉善县加快推动氢能与燃料电池领域研发、制造与应用融合发展，努力打造成为长三角一体化区域氢能与燃料电池产业基地。引进链主型项目兰钧新能源，初步构建形成涵盖氢燃料电池研发生产、氢燃料电池汽车试点示范、加氢站建设的产业发展"嘉善模式"。

【爱德曼氢能源装备有限公司】 成立于 2016 年，是国内先进的氢能源装备高端制造平台公司，自主研发燃料电池及相关产品，包括电解槽制氢系统、兆瓦级氢能发电系统、车船用氢能燃料电池动力系统等。公司同时具备装备母机和核心零部件研发制造能力，是国家级专精特新"小巨人"企业。公司成功开发 1000—4000Nm·/h 新型高性能碱性电解槽制氢设备、兆瓦级氢能发电系统和 30kW—223kW 车载船舶动力系统等系列产品。在全国布局浙江嘉善、广东佛山、上海青浦、山东淄博、北京大兴、内蒙古鄂尔多斯等 6 个先进制造基地及研发中心，形成年产 13000 台产能。获浙江省企业研究院、浙江省技术中心、省科技进步奖一等奖、浙江省首台(套)技术装备等荣誉，团队累计获国家授权专利和知识产权 143 项(其中发明专利 50 件)，参与制定行业标准 18 项，包括国家标准 8 项、团体标准 10 项。2023 年，在内蒙古和新疆等地区分别投建鄂尔多斯和乌兰察布等制氢、储能项目，同时，加大技术攻关力度，年度研发投入占营业收入的 29%，产品入选国家工业和信息化领域节能降碳技术装备推荐目录。

【兰钧新能源科技有限公司】 公司是世界 500 强青山实业旗下的一家新能源创新高科技锂电池公司。主要从事锂离子电池、模组、系统的研发、生产和销售，致力于为全球新能源汽车、智慧能源和“双碳”客户提供一流的解决方案和服务，在上海和嘉善均设有研发中心和生产基地。公司上海基地占地 65000 平方米，嘉善厂区占地 162000 平方米，总投资 55 亿元人民币，设计产能 32GWh，2023 年产值 51 亿元。

（周建雯）

新　材　料

【概况】 2023 年嘉善县规模以上新材料企业 96 家，总产值 205.7 亿元，与去年持平。主要有以众成包装、建研科之杰为代表的先进高分子材料生产研发企业，以福莱新材料、启晟碳材料为代表的高性能复合材料生产研发企业。

【浙江福莱新材料股份有限公司】 成立于 2009 年 6 月，是一家从事多功能微纳涂布复合薄膜材料产品研发、生产、销售的国家高新技术企业，拥有生产基地约 160 亩(其中 46 亩在建)、全自动涂布生产线 50 余条，有员工近 1000 人，于 2021 年在上交所主板上市，2020 年至 2022 年连续 3 年获浙江省科技进步奖，2021 年获嘉兴市市长质量奖，2022 年被评为省级专精特新企业。公司有研发团队 100 余人，由国家万人与千人计划专家带领，在站博士后 10 名，并聘请国家千人计划和国家万人计划创新领军人才以及上海交通大学等高校的多名外部专家。拥有省级企业研究院、工程中心、技术中心、研发中心、博士后工作站等科研平台，并与上海交大、浙江大学、中科院等院校建有合作关系。申请专利近 200 件，其中 PCT 国际发明专利 20 件、授权专利 60 余件，主持完成 2 项国家级重点外国专家项目、3 项省级重点研发项目开发，累计开发省级新产品 70 余项。是全国数码影像材料与数字印刷材料标准化技术委员会、全国胶粘剂标准化技术委员会、全国光学功能薄膜材料标准化技术委员会委员单位，主导、参与制定多项国家、行业、团体标准。2023 年被评为国家级专精特新“小巨人”企业，并获美国艾利颁发的“全球最佳供应商奖”与“亚太地区最佳创新供应商奖”等荣誉。全年公司产值 17.2 亿元，同比增长 13.2%。

【浙江众成包装材料股份有限公司】 成立于 2001 年，是一家集科研、设计、生产、销售及售后服务于一体的全过程制造企业，是全球知名的高品质 POF 热收缩膜制造商和国内优秀的 POF 热收缩膜整体包装解决方案提供商。公司占地近 200 亩，在职员工 700 人。企业拥有世界领先水平的聚烯烃收缩膜生产设备的制造能力和创新能力，累计获得授权专利 50 余项，获国家专精特新“小巨人”企业、“国家绿色工厂”“中国轻工业塑料行业(塑料薄膜及包装)十强企业”“国家高新技术企业”“国家火炬计划重点高新技术企业”“浙江省著名商标”“浙江名牌产品”“浙江省知名商号”“浙江出口名牌”“浙江省绿色工厂”、浙江省“单项冠军”培育企业、浙江省“隐形冠军”培育企业、“浙江省转型升级引领示范企业”“浙江省绿色企业”“浙江省‘三名’培育试点企业”“浙江省专利示范企业”等荣誉。产品远销全球 60 多个国家和地区，成为全球年产能规模和市场占有率均名列前茅的行业领军企业。2023 年实现产值 7.76 亿元。

【科之杰新材料集团浙江有限公司】 成立于 2012 年，坐落于嘉善县天凝镇，占地面积 22.42 亩。公司是垒知集团下属的科技先导型企业，也是科之杰新材料集团有限公司旗下在长三角区域的多功能混凝土添加剂研究与产业化基地，专业从事混凝土添加剂相关科研成果的市场转化和推广应用工作。有嘉善、金华、镇江、淮安等 4 个生产基地，具有 3 大外加剂系列产品、20 条合成生产线和 6 条复配生产线，设置合成车间、复配车间、原材仓库、实验室等生产基础设施，可提供二代高效减水剂、聚羧酸高性能减水剂、预制构件专用外加剂、速凝剂等系列外加剂产品。生产过程采用国内先进的全自动控制系统，同时可根据混凝土工程的实际需要进行技术攻关和定制化生产复配。公司通过ISO9001、ISO14001质量与环境体系双认证，为省市级重点工程提供优质的定制化混凝土添加剂产品。先后获评嘉善县工业经济领军企业、嘉善县十佳专精特新（隐形冠军）企业、国家高新技术企业、浙江省专精特新企业、浙江省专精特新中小企业等荣誉。2023年，公司实现营业收入5.02亿元，税收1125.75万元。

【阿克苏诺贝尔涂料（嘉兴）有限公司】　成立于2003年，位于嘉善县经济开发区，是一家专业的涂料生产企业。主要生产水性消费电子涂料、水性木器漆、水性汽车内饰漆、光固化木器漆、包装涂料、卷材涂料。2023年产值14.2亿元，同比增长3.7%。

（崔旦丹）

船舶制造

【概况】　嘉善县现有规上船舶制造企业1家，即嘉兴市锦佳船舶制造股份有限公司，主要生产公务艇等船舶，2023年度实现规上工业产值0.75亿元，同比增加53.9%。

【嘉兴市锦佳船舶制造股份有限公司】　公司位于嘉善县天凝镇境内杭申线的红旗塘洪溪段北岸，致力于新型公务艇和新能源船舶的研发和制造。有职工52人，其中高、中级职称人员14人，注册验船师2人，初级职称人员5人，具有船检颁发的检验人员资格证书4人。公司具有“钢质船舶制造企业二级Ⅲ类”“铝质船舶制造企业二级”生产资质，是浙江省船舶行业协会会员单位、上海海事大学（物流科学与工程学院）技术合作单位、中国船舶集团有限公司第七〇四研究所战略合作伙伴，上海交大教育集团南洋学院教学学习基地、广西玉柴高速艇发动机实验基地。取得发明专利8项、实用新型专利26项、外观设计专利1项。公司先后被评为嘉善县十佳专精特新（隐形冠军）企业、浙江省科技型中小企业、国家级高新技术企业、嘉善县十佳股份制改造优秀企业、嘉善县十佳专精特新企业、国家级科技型中小企业。2023年获评“浙江省专精特新中小企业”，全年建造各类公务艇36艘，实现营业收入7613.4万元，同比增长59.38%，税收437.05万元，同比增长24.16%。　（崔旦丹）

供　　电

【概况】　2023年，嘉善县全社会用电量70.7亿千瓦时，同比增长4.47%。售电量65.06亿千瓦时，同比增长2.7%。全社会负荷143.14万千瓦，同比增长4.57%。拥有500千伏变电所1座，220千伏公用变电所5座、用户变1座，110千伏公用变电站20座、用户变4座，35千伏公用变电站3座、35千伏开关站1座、用户变10座；110千伏线路52条，35千伏线路10条，10(20)千伏公线378条、专线114条。馈线自动化FA（馈线自动化）线路286条，FA覆盖率75.66%。

【电网规划】　完成2023年配电网滚动规划修编及魏塘、罗星、大云网格化规划编制；与中电联发布省公司管理创新重点课题《支撑城乡融合、共富先行的新型配电网创新与实践》；协同完成中新产业园、祥符荡、水乡客厅等区域电力专项规划。深化“网上电网智能规划”建设，申报管理创新、数字化转型成果等11个奖项成果，获浙江能源数据创新应用大赛一等奖，并开展科技进步奖、首台套申报。

【新型电力系统建设】　推动长三角核心区域水乡客厅电网高质量发展，示范区执委会、三地政府与供电公司共同签订示范区水乡客厅一体化供电合作协议；打造重点示范项目，推动国网公司四项微电网示范之一“竹小汇微电网”建设，完成项目方案编制。总结提炼自动规划、微电网、无人机等4项重点工程，纳入市公司提报省公司新型电力系统的15项重点任务。

【电网发展建设】　推进新汾东、汾云双线建设，取得可研批复，完成项目风评及选址意见书；完成星轮、东云220千伏阿里间隔扩建项目核准；推动长曙变建设前期工作，开展现场查勘和所址比选；服务县域重大项目落地，完成220千伏通苏嘉甬牵引站接入方案初稿，获得220千伏阿里数据中心接入方案批复，110千伏日善、兰钧等大用户接入系统方案均已完成。另外，累计完成用户专线接入14项、小区接入13项。

【安全管理】 确保电网安全稳定运行，2023年完成110千伏2台主变大修改造、4台重载主变配网线路负荷分流，解决5台主变重载难题。累计完成4条高故障线路综合检修、4条超百线路“摘帽”、14条线路大分支改造。推动县政府成立电力安全委员会，确立电力设施建设及执法保障联席会议制度，开出全市首张电力外破行政处罚单，利用联席会议制度修剪砍伐树木3315棵，清理易漂浮物15次，处理大棚3处。有序应对“7·16”超强降雨，未发生因暴雨而产生的公变拉停事件。提升设备安全水平，开展输变配设备“百日体检”，累计发现缺陷、隐患456处，销户、令克和冗余线路188处。持续开展超周期设备治理和消缺工作，全年完成超周期设备治理484台，消除缺陷和问题103个。常态化开展配网“防鸟害、防外破、防凝露”三防巡视和“树线矛盾专项整治”，三类故障引起跳闸次数同比下降34.62%。深化无人机智能巡检体系建设，在大云供电所实现无人机机巢自主巡检业务场景全覆盖，2023年累计开展精细化巡视538条，通道巡视265次。强化安全督查反违章，严管小零散抢作业现场。

【优质服务】 保障客户安全用电，完成中高考、全国村党组织书记和村委会主任视频培训班、全国两会等10余次客户侧保电工作。完善客户侧保电指挥体系，保障保电场所的电力设施安全可靠运行。制定县域重要水利设施双电源改造项目书，主动对接政府，加快改造进程。电力保供平稳有序，构建政府主导、政企协同、合署办公、联合执法的需求侧管理模式，迎峰度夏期间精准实施4天12次移峰填谷工作和3天6次空调响应工作。实现负荷管理中心统一规范管理，统筹各类资源投入使用情况，实现能源资源的优化配置，建成17.6万千瓦分钟级可中断能力，实现2.5万空调负荷可调可控。聚焦新能源充电难点，在中心镇、中心村、核心景区以及国省道沿线等多种应用场景，助力嘉善全区行政村公共充电设施全覆盖，完成71个行政村142个公共充电桩的建设，实现县域公共充电桩“村村全覆盖”，打造公共充电设施“村村通”网络，实现“5分钟充电网络”。

【企业管理】 开展“党建+”系列工程和基层党支部“六个一”工程建设，组织支部书记业务技能“实战”培训，开展“初心学堂·夜学”系列活动。开展“凡人微光”系列表彰和宣传，打造“红细胞”“窑助未来”“嘉的零距离”志愿服务项目。建立纪委书记双月度廉政约谈和每季度下基层机制。获2023—2024年度省公司社会责任示范单位称号。职工书屋获评“全国职工书屋示范点”。持续提升产业单位核心业务竞争力，推动综合能源服务转型，培养组建产业光伏运维团队，深化光伏智能清扫机器人等数智化设备应用，累计签订光伏运维合同24户，容量20.25兆瓦。启用公司新物资仓库，通过中国一级三星绿色仓库、绿色仓储配送企业两项认证。深化配网施工转型，2023年首次完成配网全机械化施工。1项工程获评国网公司2023年度配电网百佳优质工程。聚焦供电所高、低压营配技能融合，开展准军事化“理论+实操”集中培训，全年开展3期，培训学员109名。遵循“实操实练+跟班实战+独立负责”三阶段培养模式，2023年开展青工小课堂10期，培训103人次，提升骨干人员技能水平。独立完成110千伏新光变综合检修、自主完成110千伏陶庄变综自改造工程。

（冯晓真）

综　述

2023年，嘉善县实现社会消费品零售总额289.61亿元，同比增长8.7%；网络零售102.3亿元，在重点监测第三方电子商务平台上共有活跃网络零网店1503家，电商从业人数超1.5万人。全年，县城投集团实现营业收入20.85亿元，下降11.58%，利润总额4.35亿元，增幅23.23%，总资产293.42亿元，增幅11.21%。

推进县域商业体系发展。编制《嘉善县商业网点（农贸市场）发展"十四五"规划》；围绕推进传统商贸业改造提升，重点推进夜间经济、绿色商场等商贸项目建设，打造集"便利化、智慧化、人性化、特色化、规范化"于一体的市场服务体系。2023年，嘉善县入选浙江省夜间经济特色城市名单；嘉善东方大厦和嘉善万联太平洋购物中心有限公司入选省级绿色商场；嘉善南海渔村海鲜大酒店入选特色餐饮名店；嘉善大润发商业有限公司入选特色购物名店。

高站位促消费提升。以"嘉游乐享 善气迎人"促消费系列活动为载体，开展年货展销盛会、首届啤酒龙虾节、百人团购产销对接会、第二届汽车博览会等系列活动。2023年中秋国庆期间开展的汽车博览会，观展人次超2万，成交金额近1亿元，提升消费市场活力。

创建电商消费新场景。培育出TATA木门、可心柔、友享食品、梦天家居、瀚乐文化等一批电子商务龙头企业；拥有省级电子商务专业村8个、电子商务镇5个，建成县级农电商公共服务中心1个。打造形式多样的"共富工坊"。开拓"电商＋品牌""电商＋合作社＋村集体""电商＋文旅"等形式多样的"共富工坊"，2023年培育市级电商直播式"共富工坊"14个，雪菜"共富工坊"入选全省首批百家电商直播式"共富工坊"典型案例，窑望丰赢"共富工坊"入选省级第二批电商直播式"共富工坊"典型案例。

推进再生资源回收体系建设。编制出台《嘉善县废旧商品回收体系建设规划（2022—2025）（修编）》和《嘉善县废旧商品回收行业整治标准》；合理布局再生资源回收网络，提升分拣（集散）中心规范化水平，推进分拣（集散）中心标准化建设。

强化商贸领域安全监管。2023年，开展全县商贸领域安全生产大排查大整治行动，全面排查大型商超、再生资源等商贸领域安全风险隐患。全年商务领域无安全生产事故发生。（骆杨洋）

粮食购销

【概况】 2023年，嘉善县粮食部门围绕加强监测，筑牢保供基础；宣传引导，维护市场稳定；压实库存，发挥储备作用等方面开展工作。先后举办16场次85个标的网上公开竞价销售，晚粳谷最高成交价2858元/吨，最低成交价2600元/吨，平均成交价2689.32元/吨，成交数39681.86吨。全年嘉善县国有粮食收储企业收购粮食5.09万吨，同比增长11.56%；其中订单粮食收购4.55万吨，同比增长10.38%。年末储存县级储备粮及商品粮5.1万吨。全县粮仓全年达到"四无"（无虫害、无霉变、无鼠雀、无事故)标准。

【县内粮食收购】 全县国有粮食收储企业与357户种粮农户(合作社)签订粮食订单合同,订单粮田面积12842.88公顷(19.26万亩),订单粮食4.55万吨。订单农户数比上年增加14.0%,订单粮田面积比上年增加6.6%,订单粮食比上年增加10.38%。2023年嘉善县国有粮食购销企业收购粮食5.1万吨,其中晚粳谷5.09万吨,早籼谷82吨;其中订单粮食收购4.55万吨,比上年增长10.38%。

【外省粮食购入】 2023年,全县粮食经营、转化企业从江苏、上海、辽宁、安徽、黑龙江、吉林等地购入粮食15.66万吨,比上年减少1.88%。其中,小麦(含面粉折小麦)2.91万吨,比上年增加47.0%;稻谷(含米折谷)3.18万吨,比上年减少63.5%;玉米(含实际玉米面和玉米渣)5.16万吨,比上年增加248.6%;大豆及豆粕4.32万吨,比上年增加28.6%;大麦及其他0.09万吨,比上年减少73.5%。

【信用等级评定】 2023年,县粮食和物资储备局开展粮食订单“守合同重信用”信用等级评定活动,对被评为A级信用等级以上的种粮主体,除享受订单粮食扶持政策外,还按照交售订单粮食数量,给予一定奖励。全县347个种粮主体被评为“守合同重信用”信用等级的县级粮食订单种粮主体,签约订单40089吨,实际交售粮食44247.89吨。347个种粮主体中,221个被评为AAAA级、13个被评为AAA级、50个被评为AA级、63个被评为A级。 (骆杨洋)

供销合作

【概况】 2023年,县供销社(农合联执委会)围绕“三农”工作大局,坚持为农服务宗旨,把供销系统打造成与农民联结更紧密、为农服务功能更完备、市场化运行更高效的合作经济组织体系,切实增强广大农民的获得感。年内,被评为2023年省级优秀档案室、2023年全省“示范数字档案室”,获市乡村振兴重点工作“嘉兴大米”品牌建设考核第一名。

【产业农合联】 巩固、提升已建的7个产业农合联,把握好产业农合联的专业性服务和区域农合联的通用性服务,相互补充、协同供给,共同构成农合联平台上经纬衔接的新型农业服务体系和专业化分工与社会化协作相结合的新型农业服务格局。雪菜产业农合联在省农科院食品科学研究所的指导下致力于技术改造提高、技术难题攻关,通过“银加善”集体商标的授权使用,提高雪菜的附加值,增加农民收益。水产产业农合联为全县水产养殖户引进优质南太湖2号沼虾苗11000万尾。草莓产业农合联会同干窑镇农合联组织85人在干窑窑望丰赢共富工坊举办草莓栽培管理技术培训班。8月31日,成立花卉产业农合联,首批会员27名。县农合联执委会组织农产品经纪人赴庆元参加省农合联组织的蔬菜产业农合联服务能力提升培训班,组织会员参加嘉兴市梨王争霸赛暨蜜梨推介会。

【“银加善”品牌】 推进“银加善”区域公共品牌的宣传推介,与西塘镇合作在西塘景区共建“共富小屋”“银加善”产品展示展销馆,对授权使用农产品开展综合评估,考察吸纳新的授权企业,在城区主要道路投放“银加善”公益广告,在全县农业农村工作会议上专题部署“银加善”品牌建设工作,积极对接县财政对授权使用单位的包装予以补助、对各类展示展销馆给予建设补助。年初,“银加善”先后参加浙江农业博览会线下展会、吴江区长三角一体化示范区绿色优质农产品联展、嘉善县“年货礼遇季·新春‘嘉’年华”活动等。8月中旬,携“银加善”授权企业参加上海市浦东新区供销社主办的“安心供销市集”优质果品进公园专场展销活动。9月下旬,“银加善”授权企业东麟湖杨庙雪菜、子陵滩黄酒、申泰食品等企业参加吴江区农民丰收节。

【山海协作】 3月22—24日,县供销社(农合联执委会)组织县内两个有地标产品的产业农合联——雪菜产业农合联和黄桃产业农合联赴庆元县隆宫乡黄坑村现场指导收割高山雪菜和黄桃病虫害防治。农民收割的雪菜以保护价全部收购,为当地农民每亩增收5000元以上。7月30日,组织嘉善银加善优选商务有限公司、嘉兴亿里福市场管理有限公司、嘉善县温商食品配送有限公司等3家相关企业参加庆元县供销社(农合联执委会)举办的“山海协作农产品供销对接推介会”,

并与庆元供销优选农业发展有限公司签订《嘉善—庆元农产品供销合作框架合作协议》。指导、协助魏塘供销社成立魏塘供销超市供应链管理有限公司，9月28日，魏塘社供销超市开业，设立山海协作专柜，成本价销售来自四川九寨沟县的牦牛肉干、高山果蔬、菌菇、蜂蜜等近20种特色农产品和庆元特色农产品。

【农村信用服务体系】 嘉善县农联融资担保有限公司重点做好《嘉善县基层政策性农业信贷担保服务创新试点》项目，发挥好政策性担保公司服务促进共同富裕的作用。到12月底，县农联担保公司在保119笔13195万元（其中政银担业务在保82笔9330万元，占比70.7%；农商行总额10560万元，占比80%）。明联水产资金互助会与嘉善农商银行续签3年会员贷款担保合作协议。到12月底，担保67笔1605万元，累计担保540笔11638万元。

【东方大厦】 加强品牌优胜劣汰管理，与湖州浙北大厦集团有限公司合作，在商场四至五楼开设家电部；积极对接政策补助，及时了解相关政策动态，做好减免政策的学习和申报，在行业主管和属地街道等部门方面取得一定的政策补助。被嘉兴市社、嘉兴市农合联执委会评为社有经济高质量发展示范单位。

【魏塘供销社】 年内，被嘉兴市社、嘉兴市农合联执委会评为改革先锋基层供销社。投资的谊合公司于9月开始实现品牌共配，公司预计全年进出港总量11000万件，业务收入2.5亿元，运营成本下降40%。9月初，成立魏塘供销合作社农产品经营部（嘉闵公司），主营项目是在美团快驴和美菜等线上平台经营蔬菜及其他农产品的销售，主要供应上海、苏州、无锡、杭州等周边城市16个仓库，蔬菜日销量在5万公斤左右。

【共富超市】 协助管理运营大云镇缪家供销有限责任公司，在缪家村开设共富超市，成立共富基金。每年拿出10%的利润注入共富基金（每年不少于3万元），用于发展缪家村民生事业。年销售额近700万元。

【赋能强基】 推进基层组织“赋能强基”建设，持续探索基层组织建设路径，全面提升基层组织可持续发展能力，夯实为农服务的前沿阵地和主要载体，拓展和增强服务功能，提升基层服务能力。魏塘供销社基层组织“赋能强基”示范样板被列入2023年市级示范项目。

【党建联建共富基地】 向省供销社（农合联执委会）申报《嘉善县供销助农共富项目实施方案》。以雪菜产业农合联为载体，利用3个国家地标产品的优势，推进雪菜产业兴旺和雪菜经营主体发展壮大。县供销社（农合联执委会）会同天凝镇在新落成的天凝雪菜产业园区举办“天凝镇农业全产业链党建联建共富基地启用仪式”。充分利用“共富基地”和“共富工坊”的资源优势，建立健全互帮互助机制。通过“两个协会党支部＋合作社＋生产基地＋三家加工企业＋互联网”的新型发展模式，助力乡村振兴，促进共同富裕。 （王佳乐）

烟草专卖

【概况】 2023年，全县累计销售卷烟数量同比下降0.72%，批发销售额同比增长0.09%，毛利润同比增长0.03%，单箱销售额同比增长1.08%。嘉善县烟草专卖局（分公司）获“2022—2023年嘉善县先进基层党组织”“嘉善县无偿献血先进单位”等荣誉称号。

【专卖管理】 2023年，累计查获案件425起，同比上升2.91%；5万元以上假私烟案件或5件以上案件83起，同比上升40.68%；查获违法卷烟6.05万条，同比上升6.08%；案值1145.80万元，同比上升30.93%。“1·20”销售假烟网络案件被评定为二级国标网络案件。全年无行政复议和行政诉讼案件发生。全年完成“双随机”检查727户，完成率100%；查获省级违法、嫌疑重点籍案件63起，查处率203.23%；查获违法违规大户案件数89起，查处率117.11%。加大对违法违规许可证的清退力度，严格把好办证关口，全年净减少零售许可证99张，依法依规提高许可质量。

【智慧终端】 建成验收101家智慧终端样板店，并形成西塘荷池村、干窑月半湾等2个较为成熟的农网示范区；承办全市系统首届“智慧终端 生态运营”现场会，分享“六个一”经验做法。

【服务效能】 调整营销团队架

构，提升人岗匹配度，专业化分工2.0落地试行；开展数采攻坚，一类数采户占比提高10.85个百分点；抓实客户满意度提升，通过电话调查、实地走访、短板提升、终端回访形成工作闭环。

【企业管理】《智慧终端一站式考评宝3.0》获嘉兴市第十三届优秀QC小组活动成果三等奖；挖掘5项新课题，开展QC课题及数据产品头脑风暴，形成初步成果。开展“企业基础管理再提升”专项行动，开发并运用财务往来账款提醒、绩效考核智能填报、人员变动调整协作单等应用程序；建立嘉善烟草“十件实事”清单。开展“精实·先行”队伍建设年活动，累计开展各类考核、竞赛、培训活动20余次。39人考取低代码初级开发师证书，17人取得中级开发师证书。“身边的榜样”典型培树形成氛围。

【党建引领】坚持把学思践悟习近平新时代中国特色社会主义思想作为“第一必修课”，开展学习贯彻习近平新时代中国特色社会主义思想主题教育，组织主题交流研讨116人次，检视整改问题123个。开展“精实战队”破冰攻坚行动，领办3个党业融合支部项目；青吴嘉党建联建取得新突破，开启三地工商企业卷烟品牌共育新篇章；党建引领文明创建，用好一个全国最美工会户外劳动者服务站点，联动一片香溢红色驿站，运行一项“一月一主题”服务机制，建好一条文明吸烟环境“醉美古镇”示范线，提高全国文明单位创建力度和美誉度。

（熊芷妍）

医药行业

【概况】2023年，全县新开办药品零售企业15家，注销13家。至年底，全县有药品生产企业2家、药品批发企业2家、药品零售连锁企业2家、医疗器械生产企业26家、第三类医疗器械经营企业52家、药品零售企业215家（含乙类非处方药品零售企业4家）。

【嘉兴英特医药有限公司】前身是浙江嘉善医药有限公司，于2011年被浙江英特药业有限责任公司并购，成为该公司所属的一家子公司。经营方式为批发，经营范围有中成药、中药材、中药饮片、化学药制剂、抗生素制剂、生化药品、生物制品、第二类精神药品、蛋白同化制剂、肽类激素、医疗用毒性药品等。2022年4月起，药品除中药材、中药饮片、医疗用毒性药品外均委托浙江嘉信元达物流有限公司储存配送。有经营场所面积1995平方米，自营仓库储存面积1024平方米。从业人员总数46人，其中质量管理人员3人，执业药师6人。2023年无税销售额4.2亿元。

【浙江嘉兴百仁医药有限公司】成立于2003年5月，经营方式为批发，经营范围有中药材、中药饮片、中成药、化学药制剂、抗生素制剂、生化药品（以上均不包含冷藏冷冻药品）等。兼营第二类、第三类医疗器械、食品、化妆品、消毒剂、卫生用品。公司经营办公用房301.5平方米，仓库面积4813平方米，其中阴凉库3620平方米、常温库1193平方米。公司配有制冷设备和空调、温湿度自动监控设备、RF（手持式数据终端）、移动式验收平台、送货车等设施设备。现有从业人员44人，药学专业技术人员13人，其中执业药师4人。2023年公司实现销售1.37亿余元。

【嘉兴正大药房有限公司】于2004年5月成立，属药品零售连锁企业。有门店52家，其中直营店38家，加盟店14家。公司不设配送中心，公司冷藏药品委托华东医药股份有限公司嘉兴分公司配送，除此之外的其他所有药品委托浙江嘉兴百仁医药有限公司负责配送。各门店配备互联网，对接互联网医院，方便顾客获取电子处方。公司设置远程审方室，配备执业药师，对门店接收处方实行远程审方，为顾客进行远程药学服务，满足群众购买处方药的需求。2023年，有民生药事服务站4家，其中五星级1家、四星级1家、三星级2家。年末，有从业人员186人，其中药学专业技术人员115人，占职工总数的61.8%。全年实现销售8779.8万余元。

【嘉善百姓缘药品零售有限公司】组建于2006年7月，是一家药品零售连锁企业，配送中心面积974平方米。经营范围为处方药与非处方药，包括中药材、中药饮片、中成药、化学药制剂、抗生素制剂、生化药品、生物制品（自动售药机）等。有门店46家，遍布嘉善全县各镇（街道）及平湖当湖街道，成功创建浙江省民生药事服务站4家，其中五星级1家、四星级1家、三星级2家。至年底，有从业人员216人，其中药学专业技术人员120人，占职工总数的55.55%。全年公司实现销售1.29亿元。

【瑞奇医疗科技(嘉兴)有限公司】 成立于2012年，是一家中瑞合资的国家高新技术企业，主要从事牙科种植体系列产品的研发、生产、销售、咨询和服务。公司多年来与国内著名口腔医院、临床机构和大学建立广泛的合作与交流，并开展多项产品研发、临床试验和动物实验课题；通过中国NMPA药品监督管理机构的GMP符合性检查，取得嘉兴市首家、省内第三家牙科种植体产品注册证，获得多项口腔植入物相关的三类、二类医疗器械注册证。1月，瑞奇的钛特利牙科种植系统产品成功中选口腔种植体系统招标，省际联盟集中带量采购，先后在国内多家专业口腔医院、牙科诊所内使用。

【浙江乾合畅脉医疗科技有限公司】 于2018年11月成立，是国家高新技术企业、浙江省专精特新中小企业、浙江省科技型中小企业、嘉兴市领军人才企业。公司秉承“介入无植入”的科学医疗理念，专业从事心脑血管支架、药物涂层球囊、肺动脉球囊等三类医疗器械的研发、生产和销售。公司拥有医疗器械GMP净化车间、无菌检测实验室等完备的生产质量体系，具备药物涂层球囊、PTCA扩张球囊的研发和批量生产的能力，与国内10余家一级代理商合作，产品销售遍布全国10多个省(自治区)。2023年实现销售收入5500余万元。 (杨　杰)

住宿　餐饮业

【概况】 2023年，嘉善餐饮市场呈现平稳增长的发展态势，餐饮市场呈现餐饮企业食品安全、品牌意识明显增强；传统经营和现代电商相互融合共赢；主题经营与节日节点凸显企业温情理念；关注地方风味、菜品精细化定位、拥有特色菜肴，精细化的创新定位渐成趋势；装修文化、菜品文化、服务文化、员工团队文化等浓厚的商业文化氛围等五大特点。全年限上餐饮业实现营业额3.8亿元，同比增长25.9%。

【梅园大酒店】 位于嘉善县城中心的繁华地段，是一家集餐饮、住宿、会务娱乐等于一体的四星级综合性品牌酒店，是浙江省绿色饭店。酒店总建筑面积16000平方米，高13层。酒店各项服务功能齐全，拥有97间客房，餐饮可同时容纳将近1000人就餐，酒店还设有商务中心、棋牌室、桑拿中心等。2023年实现营业额2400万元。

【嘉善宾馆】 是嘉善地区首家挂牌的四星级宾馆，是一家集客房、餐饮和娱乐于一体的现代化商务酒店，占地面积22亩，总建筑面积19000平方米，有客房202间(套)，拥有中餐厅、西餐厅、会议中心、旋转酒廊、面包房等餐饮设施，同时配有健身房、桑拿、足浴、棋牌室、网球场、美容美发等娱乐设施。2023年，实现营业收入1161万元。

【罗星阁君亭酒店】 开业于2005年，2008年成为浙北地区首家五星级旅游饭店，先后被评为国家级绿色饭店、浙江省特色文化主题饭店等。酒店整体布局江南园林风格，是古典和现代智慧的交融。酒店拥有客房200余间(套)，设有中西餐厅、自助餐厅；配有设施齐全的娱乐休闲场所；室内设有恒温泳池、健身房、酒吧、KTV、足道；拥有完善的宴会和会议服务设施等。2023年，罗星阁君亭酒店实现营业收入2075万元。

【浙江世博大酒店】 是一家五星级的商务会议型酒店，占地面积46000平方米，建筑面积60000多平方米。酒店拥有各式豪华客房315间/套；拥有中、西、日式餐厅；设有12个不同规格的豪华会议室及4个极具规模的宴会厅。其中面积1000平方米的世博无柱宴会厅可根据需要自由间隔，设置独立的VIP接待室，配备先进的灯光音响设备、专业的音控人员及专职会议服务团队。酒店设有健身房、棋牌室、乒乓球室、台球室，KTV世博俱乐部等。2023年，总收入(含税)6818.1万元。

【罗马天豪宴会中心】 位于嘉善新城区，2016年11月开业，由浙江罗豪酒店投资管理有限公司投资兴建。建筑面积10000平方米，拥有30个独立包厢、8个宴会厅，可同时容纳2500人就餐。最大宴会厅1800平方米无柱9.5米建筑层高，可容纳1200人同时就餐；另有1200宴会厅无柱7.5米建筑层高，可容纳800人同时就餐。2023 年，罗马天豪宴会中心实现营业收入 2218 万元。

（骆杨洋）

商场　超市

【概况】 2023 年，全县商贸企业规模化经营龙头效应进一步显现，集聚化程度趋强。大型商场、超市及连锁经营商店货源充足、品种丰富价格优势明显，规模经营效果日渐明显。通过投放“消费券”、开展促消费活动、创新数字消费新格局等举措，在竞争中求发展。2023 年，实现社会消费品零售总额 289.61 亿元，同比增长 8.7%。

【银泰百货】 银泰百货嘉善店集酒店式公寓、商务酒店、办公、商业于一体，占地面积 23200 平方米，总建筑面积 125000 平方米，其中商业面积 80000 平方米。入驻零售品牌 36 个，大餐饮 15 家，小餐饮及水吧 28 家，主力店永辉超市 1 家、中影星美 1 家、完美健身 1 家及 53 个其他租赁品牌。2023 年全物业销售额 5 亿元，其中，零售业态销售额 0.56 亿元。2023 年客流 700 万人次，车流 150 万辆次，全年引进和调整品牌 30 余个。商场专属小程序喵街会员存量超 11 万，周边 3 公里渗透率 20%，官方自媒体关注人数超 5 万，全年营销活动 210 场，客流同比上涨 133%。

【万联城商贸中心】 位于嘉善新城区，总建筑面积 27.6 万方，设有地面与地下 2 层停车位，有 123 米长空中景观水印长廊、音乐喷泉，整体分为万联购物中心（东区）和万联恒太城（西区）。万联购物中心（东区）以休闲娱乐、超市百货、时尚餐饮、儿童游乐等四大体验业态为主线，有品牌数量 143 个，全年实现销售额 3.2 亿。万联恒太城（西区）有零售品牌 18 个、餐饮品牌 50 个，以日用百货、服饰鞋帽、时尚餐饮等三大业态为主线。

【嘉善星悦城】 2023 年，嘉善星悦城客流量 35 万人次，招商调整品牌 12 个，引进星巴克、必胜客、肯德基、霸王茶姬、喜茶、屈臣氏、阿迪达斯、耐克、臻炙轩、胖哥俩、品味、尊龙会等众多知名品牌。通过微信、抖音、视频号、小红书等自媒体矩阵，服务号关注人数 2.8 万。举办 10 场“惠民团车节”“网红国潮美食节”和“星光集市等活动”等活动。实现销售额 2.5 亿元。

【大润发商业有限公司】 嘉善大润发商业有限公司为会员制国际连锁时尚平价购物广场，隶属于阿里巴巴集团。注册资本 250 万美金，超市营业面积 34365 平方米，拥有 30000 余种各类商品。融合线上线下的销售模式，2023 年度嘉善大润发商业有限公司入选嘉兴市特色购物名店。通过微信、抖音、视频号等自媒体矩阵，服务号关注人数 6.3 万。全年实现销售额 2.5 亿元。

【嘉善东方大厦】 2023 年东方大厦实现销售额 1.87（含税）亿元，实现毛利及其他收入 2818 万元，各项费用 2860 万元，社会贡献总额 1975 万元，上缴税收 319 万元，实现综合效益 196 万元。商场经营品种齐全，有 8000 多个知名品牌，涵盖超市、服装、首饰珠宝、运动休闲、床上用品、儿童用品、家电等。大厦酒店拥有餐位 1200 余个，能承办各类大小宴席，客房 111 套，会务配套设施齐全。

【大众广场】 嘉善大众广场拥有 70000 平方米的商业空间及办公空间，环绕 15 栋造型各异的独幢建筑，配备 743 个地下车位，29 部垂直电梯。2023 年，举办嘉善非遗年货节、后备箱集市等活动。全年各商业实现总销售额超 5000 万元。（骆杨洋）

电子商务

【概况】 2023 年，嘉善县实现网络零售 102.3 亿元，在重点监测第三方电子商务平台上共有活跃网络零售网店 1503 家，电商从业人数超 1.5 万人。培育出 TATA 木门、可心柔、友享食品、梦天家居、瀚乐文化等一批电子商务龙头企业；拥有省级电子商务专业村 8 个、电子商务镇 5 个，建成县级农电商公共服务中心 1 个。

【电商活动助力消费升级】 举办“嘉有星主播”电商直播大赛、短视频全民创作大赛，深度直播孵化班培训 160 人次，孵化共富经纪人 10 名；发掘农村直播带头人，加深企业合作“以才促产”，壮大县域电商人才队伍；开展网货展销盛会、百人团购产销对接大会、原产地资源对接会、创新创业网销大赛等特色活动，整合电商人才及产业资源，链接新零售渠道合作平台，间接带动销售额

2000余万元，拓宽产品营销渠道，助力共同富裕。

【电商直播式工坊模式】 嘉善县因地制宜打造形式多样的“共富工坊”，开拓“电商＋品牌”“电商＋合作社＋村集体”“电商＋文旅”等电商＋模式的“共富工坊”。2023年，培育市级电商直播式“共富工坊”14个，其中雪莱“共富工坊”入选全省首批百家电商直播式“共富工坊”典型案例，窑望丰赢“共富工坊”入选省级第二批电商直播式“共富工坊”典型案例。

【可心柔“共富工坊”】 可心柔“共富工坊”位于嘉善县姚庄镇，吸纳本地电商专业学生成为主播，带动本地就业，其中带动罗星街道新增就业12名。2023年，工坊销售额超5亿元，人均增收8000元，带动姚庄镇、罗星街道集体经济增收33万元。

【歌斐颂“共富工坊”】 歌斐颂“共富工坊”位于歌斐颂巧克力小镇。2023年，歌斐颂“共富工坊”直播场次200余场，全年销售量远超100万元，带动巧克力网上销售额超20万元。通过“线上＋线下”销售的方式，开创“体验式”文旅与销售结合的模式，带动工作人员人均增收1万元，为大云镇文化旅游业和集体经济增收50万元以上。

【银加善“共富工坊”】 银加善“共富工坊”是以嘉善县农产品区域公用品牌命名的电商直播式“共富工坊”。工坊围绕“区域公用品牌＋各农业主体品牌”共同发展的“双品牌”战略开展品牌的电商直播营销。2023年，银加善“共富工坊”开展电商培训，培训人数50人，开展抖音直播40场，带动农副产品网上销售额3万元以上。工坊人员人均增收超5000元，带动西塘红菱村集体经济增收超10万元。

【窑望丰赢“共富工坊”】 窑望丰赢“共富工坊”位于嘉善县干窑镇范东村，占地面积4.82亩。通过“村入股、企运作、民收益”的共育模式，打造高效、绿色的C2B“新农业生态模式”，工坊创立“干窑大米”“醉范东”等品牌，实现稻米、草莓等作物统一种植、加工、包装、销售的全产业链模式，有效提高农产品附加值，已吸纳周边5个村、总计1万亩良田成为工坊“供应商”，冠名品牌进行销售。窑望丰赢“共富工坊”先后投资1000余万元启动稻米全产业链提升项目，聚焦农业“微笑曲线”两端，开发上市“醉范东”品牌草莓酒等系列产品。同时，“范东大米”作为拳头产品，生产、烘干、包装、销售的全产业链模式，使得年销量从2015年的1万斤，到2022年突破110万斤，仅此一项每年增收利润近60万元，亩均增收400元，村民人均年收入增加近4000元。

【一楠电商“共富工坊”】 一楠电商“共富工坊”依托于一楠电商企业，创新组建“共富工坊”，通过工坊的效应聚集作用，致力于打造全域流量生态整合运营平台，通过对线上公域配给制流量等全渠道流量整合和私域孵化，为品牌方和主播等各类流量主提供最优的流量资产化整体解决方案。建立4个软硬件条件完善的电商公共直播间，总面积300平方米。2023年，通过线上直播，一楠电商“共富工坊”带动姚庄黄桃线上销售21988元，带动姚庄北鹤村、天凝杨庙镇、罗星街道集体经济增收10万元以上，在抖音、淘宝平台线上成交金额超50万元。

（骆杨洋）

专业市场

【农贸市场】 县城投集团所辖农贸市场9个，其中中心城区6个，惠民街道、西塘镇、大云镇等各1个，另有便民服务点1个。2023年，县城投集团所辖农贸市场租赁收入1725.05万元。年内，西塘农贸市场、城北综合市场、惠民农贸市场、花园路农贸市场等被认定为浙江省“五化”市场，花园路农贸市场被认定为省四星级文明规范市场，大云农贸市场通过浙江省民生实事项目验收并续创省放心市场，施家路农贸市场通过嘉兴市民生实事项目验收，花园路农贸市场被评为2023嘉兴最美农贸市场。嘉善首个以“五星级”标准农贸市场及各类商业配套为主的商业综合体——谈公路邻里中心通过竣工验收。

【浙北果蔬批发市场】 市场从原址嘉善县嘉善大道953号搬迁至嘉善县魏塘街道外环西路2228号，建筑面积13669.41平方米，设有摊位130个，外店面5个，2023年市场租赁收入687.21万元。

【嘉善商城】 嘉善商城位于魏塘街道谈公路北段，紧靠320国道。商城占地面积8.3万平方米，建筑面积6.04万平方米，建于1992年，主要经营副食品(含粮油、水果)、日用百货等。2023年，商城有经营户357户，从业人员1200余人。商城经营的副食品有4000多个系列3万余个品种，以中高档品牌为主，其中国内外驰名商品百余种。商城经营服务有限公司店面、仓库出租率88.2%，租赁收入354万元。2023年嘉善商城基层党建示范点投入使用。

【嘉善梅谷商场】 梅谷商场位于思贤商贸中心和国商大厦中间，西靠健康路，是县内商业中心之一，面积约3000平方米。有商铺98间，主要经营鞋帽服饰。

【社区商业体】 “善城·聆里嘉”项目以小型邻里中心为主要形态，是全县首个集便民服务、商业于一体的社区商业体。2023年西门华庭、善贤苑小区两家门店开业，西门华庭门店位于善西南路，总建筑面积2133.31平方米，2023年房租收入28.76万元；善贤苑门店位于子胥路，总建筑面积3200.88平方米，2023年房租收入59万元。 (徐韵芸)

开放型经济及区域合作

综　　述

2023年，嘉善县实现货物贸易进出口总额650.5亿元，其中出口445.7亿元、进口204.8亿元，服务贸易、对外投资快速增长，实现服务贸易进出口总额18.6亿元，同比增长37.4%，实现对外直接投资备案总额0.6亿美元，同比增长93.1%，实现离岸服务外包执行总额2.0亿美元，规模列全市第一。

深化推进“基金＋股权＋项目”招商模式，参与组建中金上元产业基金等产业基金30支，总规模超470亿元。不断放大全省首个QFLP试点效应，累计落地QFLP项目5个、总规模18.3亿美元。2023年，嘉善县实际利用外资完成4.86亿美元，位列全市第一，跻身全省前十。

全力做好稳外贸优结构工作，创新外贸业态，全省首个海关特殊监管区域外保税维修业务落地嘉善，首批保税维修产品实现出货，加强培育数字服务贸易和跨境电商业态，获批首批“浙江省数字贸易示范区”，成功争取承接“地瓜经济”提能升级“一号开放工程”试点项目——商务领域营商环境试点，设立全市首个“企业涉外服务中心”，打通涉外服务增值化堵点，新招引培育多个年出口10亿元以上制造业项目落户嘉善，推动全县外贸高质量发展。

（骆杨洋）

招商引资

【概况】 2023年，嘉善县强力推进招商引资“一号工程”，着力开展驻点招商、会展招商、中介招商以及以商引商，构建政府、中介、企业“三位一体”协同招商机制。先后获评全省招大引强十佳县（市、区）、全省招商引资成绩突出集体、全省实际利用外资十强（市、区）。全年累计签约项目126个，总投资705.4亿元，其中外资项目23个（总投资13.39亿美元）。超100亿项目2个，超10亿项目17个，超亿美元项目10个。

【招商机构】 设立嘉善县“地瓜经济”提能升级“一号开放工程”专班招大引强提能升级行动组，探索建立招商引资“一盘棋”统筹机制。推动驻点招商，建成富有嘉善特色的招商网络。优化投资促进机构职能，完善投促增值服务机制，实体化运作县招商服务中心，实行产业研究、招商服务、投资促进“三合一”。

【驻点招商】 全年组建10个驻点招商分局，抽调33名中青年业务骨干赴粤港澳大湾区、长三角地区、京津冀地区、德国等7个重点区域，围绕嘉善县“3＋3”主导产业承接产业转移，开展驻点招商工作。2023年，各驻点累计对接客商1343批次，获取有效信息532条，重点在谈项目269个，邀请客商到嘉善考察176批次。广泛组织长三角（嘉善）招商引才服务有限公司、各镇（街道）专职招商员参加乌镇峰会、世界互联网大会驻会招商。

【招商活动】 2月17日，举办2023年中国·嘉善城市推介大会暨嘉善国际投资贸易洽谈会，签约项目67个，总投资900亿元。5月12日，举办长三角·嘉善祥符荡创新中心（张江）推介会，签约项目24个，总投资350亿元。5月23日，由法国、德国、日本、塞尔维亚、越南、马来西亚等10余个国家(地区)驻沪领事、商(协)会驻沪和驻浙机构代表、海外联络处代表、企业家代表组成的国际经贸代表团走进嘉善,共话县域开放发展。

【产业基金引资】 继续以“基金+股权+项目”方式引入一批优质企业和项目。2023 年,全县运作政府产业基金 4 支,成功退出 1 支,在管政府产业基金 3 支,规模 3.5 亿元。组建国投产业基金 21 支(如德同、康桥、达晨、中金和中信建投等),总规模约 350 亿元。成功推动云顶新耀、四方光电、光彩芯辰、禾芯封测、季丰电子等 20 个项目落户,累计项目预计总投资约 200 亿元。 (骆杨洋)

表 7 **2023 年 1—12 月嘉善县利用外资完成情况**

单位:万美元

主 体	项目企业数			合同外资			实到外资			高技术产业实到外资			制造业产业实到外资		
	本年累计	去年同期	同 比	本年累计	去年同期	同 比	本年累计	去年同期	同 比	本年累计	去年同期	同 比	本年累计	去年同期	同 比
魏 塘	7	8	−12.50%	18263.22	9708.22	88.12%	13105.22	4197.90	212.19%	3105.17	3836.86	−19.07%	1771.83	2017.75	−12.19%
罗 星	7	6	16.67%	−8438.70	23208.01	−136.36%	7322.06	543.23	1247.87%	1840.11	263.97	597.09%	163.40	536.55	−69.55%
开发区	15	6	150.00%	−15264.78	87316.66	−117.48%	11726.88	20064.50	−41.55%	6100.59	8065.87	−24.37%	7662.24	5310.94	44.27%
西 塘	6	5	20.00%	11372.44	19273.46	−40.99%	5408.49	11237.32	−51.87%	5288.59	10168.32	−47.99%	5288.59	10168.32	−47.99%
姚 庄	4	2	100.00%	5801.22	6117.76	−5.17%	7537.45	6459.47	16.69%	45.82	1994.77	−97.70%	453.05	2355.66	−80.77%
陶 庄	3	3	0.00%	4032.78	7564.00	−46.68%	650.07	500.00	30.01%	500.00	500.00	0.00%	150.07	200.00	−24.97%
干 窑	3	4	−25.00%	5400.00	4727.97	14.21%	267.18	819.17	−67.38%	200.00	570.00	−64.91%	90.92	67.83	34.04%
天 凝	0	1	—	725.45	5500.00	−86.81%	1219.04	1880.51	−35.18%	1150.00	1880.34	−38.84%	269.04	1880.34	−85.69%
大 云	2	3	−33.33%	1533.54	4102.55	−62.62%	1010.00	565.23	78.69%	310.00	300.00	3.33%	700.00	265.22	163.93%
科技商务区	0	1	—	0.00	3.15	—	325.00	645.00	−49.61%	325.00	645.00	−49.61%	0.00	0.00	—
合 计	47	39	20.51%	23425.17	167521.78	−86.02%	48571.39	46912.33	3.54%	18865.28	28225.13	−33.16%	16549.14	22802.61	−27.42%

外向型经济

【概况】 2023 年,嘉善县实现货物贸易进出口总额 650.5 亿元,同比下降 13.5%,其中,出口 445.7 亿元,同比下降 13.3%;进口 204.8 亿元,同比下降 13.9%。实现服务贸易进出口总额 18.6 亿元,同比增长 37.4%。其中,出口 9.0 亿元,同比增长 11.0%;进口 9.5 亿元,同比增长 77.5%。实现离岸服务外包执行总额 2.0 亿美元,同比增长 16.5%,离岸外包规模列全市第 1。实现对外直接投资备案总额 0.6 亿美元,同比增长 93.1%,投资项目 20 个,其中新批企业(机构) 13 个。

【开拓对外市场】 全年拟定发布 60 个境外重点展会目录,较上年增加 10 个,组织 4 个政府经贸团组 109 家企业在德国、英国、印度尼西亚参展,累计组织 489 家企业出境参展、新增意向订单超 2 亿美元。组织企业参加广交会、进博会、华交会等境内对外展会,其中,进博会参加企业 836 家次,为历届最多。支持企业开拓 RCEP、“一带一路”国家市场,进、出口企业 937 家、869 家,较上年增加 166 家、83 家。

【培育企业主体】 全年举办 22 场次外贸政策业务培训会,宣讲覆盖企业超 800 家次,鼓励企业内外贸双向发展,培育省级内外贸一体化“领跑者”企业 8 家,支持企业加强对外品牌建设,培育浙江出口名牌企业 2 家,嘉兴市出口名牌企业 5 家,支持企业加大对外进口，培育省级重点进口平台1家，支持跨境电商业态发展，培育省级跨境电商出口知名品牌1个，培育立讯智造（浙江）有限公司获评全省十佳外贸企业，培育嘉善国鼎进出口贸易有限公司获批省级外综服成长型企业，支持企业发展数字服务贸易，培育服务贸易进出口企业39家，离岸服务外包企业38家。

【外贸业态发展】 着力发展外贸业态，推动立讯智造（浙江）有限公司获批全省首个区外保税维修业务，推动全市首个跨境电商9610跨关区转关（上海浦东）业务落地，推动“保税贸易＋景区旅游”消费模式，推出跨境电商O2O海购模式，成为进口消费新增长点，推动数字贸易发展，获评“浙江省数字贸易示范区”，为全市唯一。

【对台经贸情况】 至年底，全县对台湾地区实现货物进出口37.0亿元，同比下降6.57%，其中，出口18.7亿元，同比下降13.9%；进口18.3亿元，同比增长2.2%。进出口企业数284家，其中，出口企业214家，进口企业144家。集成电路、智能手表、机械零件是对台主要出口商品，出口金额分别为8.4亿元、4.4亿元、1.0亿元，集成电路、半导体设备、机器零配件是对台主要进口商品，进口金额分别为9.3亿元、1.4亿元、1.1亿元。在善台资进出口企业133家，其中，出口企业116家、进口企业91家，进出口、出口、进口金额分别是195.6亿元、46.0亿元、149.6亿元。 （骆杨洋）

外经外贸管理

【概况】 2023年，嘉兴海关驻嘉善办事处持续优化营商环境，提高办事效率和服务质量，保稳提质推动地方外贸发展。全年（嘉善县域不含嘉兴综合保税区B区）审核报关单3881份，同比增长25.56%；征收两税1.97亿元，同比增长1.09%；备案加工贸易合同154份，同比下降7.23%，备案金额5997万美元，同比下降51.70%；设立立讯区外保税维修账册1本，周期内滚动金额2814.66万美元，核销手册154本，同比下降7.23%。加工贸易内销征税7780.16万元，同比下降21.58%；审价补税16.23万元，同比下降55.25%。监管进出口集装箱1866个标箱，同比下降16.73%，监管进出口货物总值16.29亿美元，同比下降11.47%。签发各类检验检疫证书证单1793份；签发原产地证书15023份，同比增长10.63%，签证金额5.33亿美元，同比下降15.01%；实现原产地自助打印证书12729份，年平均自助打印率提升至95.82%。查验进口报关货物206批次；查获不合格14批次，查验不合格率同比略有增长；查验出口植物产品报关335批次（货物13531批次），金额2.53亿美元，查获不合格1批次，查验出口肥料16批次。查验危险货物和包装945批次，不合格14批次，报送不合格案例4个。办理行政许可服务事项4次。完成企业进出口收发货人注册272家，企业注册信息变更163家，企业注销94家，出具24份海关无违法违规证明，实地核对15家企业信息（其中进出口收发货人11家、食品出口企业4家）。综合保税区B区共审核报关单16681票；征收两税8.65亿元，同比增长73%；监管进出口货物总值2.48亿美元，同比增长67.72%；监管进出口货运量1483吨，同比减少46.71%；监管进出境集装箱302个标箱，同比减少44.59%；出入境货物检验检疫35批次，同比减少41.67%。

【提升查验效能】 严格按照核查规范和安全操作指引等文件开展企业核查工作。全年完成管理类核查作业39批（视频核查5批，与地方市场管理局联合检查2批），查发32批，查发率82.5%，6家企业补税189.32万元；完成风险类核查作业5批，查发3批次。全年办理简易案件1起，移交案件线索1起。

【强化安全监管】 细化安全责任，不定期对危险品检验、执法作业、办公场所安全（机房、食堂、水电）等安全重点开展风险排查。加强联防联控，与综合保税区B区管委会签订《安全生产监管联防联控机制合作备忘录》，突击检查生产环境、生产要素、消防制度等方面。加强对进口危化品查验模式改革的贯彻，对辖区内20余家进出口危化品企业的查验场所环境、安全生产规定进行规范，查发危险化学品“涉危不报”案件1起。

【助企纾困】 进一步优化通关作业和简化单证申报，压缩整体通关时间，降低通关费用，提升原产地签证便利化水平和签证效率。持续推进"两步申报""分送集报""汇总征税"等海关惠企政策，提高企业50%到货速度，缓解2个月的内销税务成本压力；联合地方政务数据办、商务等部门，主动延伸服务，建设自助打印点遍及嘉善的乡镇行政服务网点、银行营业网点，让更多外贸企业特别是中小微企业享受"免费办、随时办、随处办"的海关原产地证书自助打印服务。

【企业培育】 开展高信用企业培育工作，在辖区原一般认证企业清单基础上，建立AEO（经认证的经营者）培育梯队计划表，按照年初目标任务，完成辖区企业的排摸培育计划。对辖区企业特雷通集团有限公司开展帮扶培育，推动该企业成为杭州关区首家竹木草制品行业的AEO企业，工作获得常务副省长徐文光批示肯定。全县有AEO企业3家。

【打通全国首个常态化开展跨境电商出口转关浦东机场的新通道】 3月，嘉兴综合保税区（B区）成功获批跨境电商零售出口（9610）业务。办事处主动对接周边国际机场和空运口岸海关，继开通萧山机场转关通道后，于6月28日打通浦东机场9610出口跨关区转关新通道，并实现属地清关、转关运输、口岸出境全流程数字化操作，解决提升物流效率、降低物流成本等跨境电商新业务的敏感需求。至年底，9610转关浦东机场常态化开展，可提高跨境电商物流运能100%，为企业节约物流成本30%，减少物流时间4～9天/单。该项目获评2023年浙江自贸区试验区第二批省级制度创新及联动创新案例和2023年嘉兴市推进长三角一体化发展最佳创新案例。嘉善县由此成为全国首个常态化开展跨境电商出口转关至浦东机场的城市。

【全省首个"区外保税维修"新项目】 1月，"立讯智造"区外保税维修项目获批落地嘉善。该项目是浙江省首个海关特殊监管区域外保税维修项目，先后得到省委书记易炼红、省长王浩、副省长卢山等领导批示肯定。推动该项目实施数字化管理模式，加快探索"数字"向"数智"到"数治"的更迭升级，通过"主料赋码、货物溯源、全链监控"，致力提升监管服务效能。全年累计监管进口待维修智能手表7.27万块，维修物料156.19万件。该工作通过商务部、海关总署、生态环境部三部委的联合验收，为电子产品区外保税维修打造新标杆。

【全市首个OTO新零售体验店】 成功推动"全球名品新零售体验店"（包括一般贸易进口商品、国产名品、1210跨境商品等）及线上综合服务平台的建设。10月，嘉兴首个OTO（线上到线下）新零售体验店落地西塘，实现依托数字化监管手段实现跨境电商的保税展示和"综保区＋景区"双联动。 （颜佳欢）

区域合作和对口支援

【概况】 2023年，嘉善县把握新形势新任务新要求，因地制宜精准发力，统筹推进东西部协作、山海协作、对口支援和对口合作等工作。出台《2023年度嘉善县对口支援和东西部协作工作要点》和《2023年度嘉善县对口工作考核评价办法》，组织召开全县对口工作领导小组会议暨工作推进会。全年实施援川项目10个、山海协作项目19个，促进受援地区经济社会发展和各民族交往交流交融。

【考察交流】 县四套班子主要领导带队分别赴四川九寨沟、新疆、丽水庆元、吉林洮南、重庆石沱镇等对口地区考察交流。县有关部门、各镇（街道）40余个单位开展多领域、多层次互访交流，签订各类合作协议18个。

【合作帮扶】 围绕产业联动、公共服务、消费帮扶等，打造一批具有示范带动效应的嘉善样本。嘉善—庆元—九寨沟"飞地"产业园签约入驻项目10个，兑现2023年投资收益2140万元。嘉善县与庆元县结对被共同列入全省2023—2025年制造业高质量发展结对促共富示范创建财政专项激励政策名单。开展"嘉在九寨·善助协作"助农直播，两地联合发起九寨沟助农溯源活动。九寨沟与嘉善两地共同开展的"重塑人生脊梁"项目获国务委员谌贻琴表扬肯定，嘉善县在全省残联对口工作会议上代表嘉兴市作汇报交流，两地共同打造的乡村旅游项目"遗丘秘境"正式开业。山海协作消费帮扶、劳动力培训和产业投资等3项竞争性指标均实现增长超100%。 （洪　婳）

综　　述

自2020年开始，嘉善县整合县内各类开发区（园区），形成开发区（中新产业园）、嘉善通信电子高新技术产业园区（嘉兴综合保税区B区）两大国字号平台领衔的工业平台体系，并着力打造高能级制造业平台——临沪高能级智慧产业新区和高能级创新平台——祥符荡科创绿谷两大产业平台。原有的7个市镇工业园依托园区有机更新等工作向主平台整合提升或向小微企业园、特色小镇转型提升。

2023年，嘉善县在打造工业主平台的同时，依托"两退两进"工作，加快小微企业园（"两创"中心）建设。至年底，全县拥有县科创中心、罗星精密机械创业园、中节能（嘉善）环保产业园、中新智慧园、陶庄两创中心、大云中德生态产业园等省认定小微企业园14家，占地面积1654亩，建成建筑面积约131万平方米。另有嘉善经开区智能制造产业园（一期）、西塘镇数慧云巷产业园等一批小微企业园项目正在建设中。

2023年，全县工业园区实现规上营业收入2069.64亿元；实现利税总额124.23亿元，其中利润总额82.54亿元；实现工业增加值479.59亿元，同比增长6.6%。

（钱逸飞）

嘉善经济技术开发区

【概况】　2023年，嘉善经济技术开发区（以下简称嘉善经开区）地区生产总值221.59亿元，比上年增长12.2%。规模以上工业总产值886.5亿元，增长7.8%；固定资产投资98亿元，其中制造业完成56.6亿元，增长11.6%；财政总收入33.9亿元，增长22.3%。一般公共预算收入17.3亿元，增长22.1%。连续3个季度获得流动小红旗，获浙江省开发区产业链"链长制"示范试点单位，经开实业公司母公司平台能级提升为AA+。入选第一批长三角生态绿色一体化发展示范区共同富裕试点，银福苑、雪花啤酒分别入选省级、县级首批共同富裕实践观察点。

【产业发展】　聚焦"3+3"产业体系，基本形成以先进制造业为主体、战略性新兴产业为引领、传统产业转型升级为支撑的现代产业体系，全年数字经济产业产值593.4亿元，比上年增长17.3%。新增星辉新材料、永励精密钢管国家级专精特新"小巨人"企业2家、省级"专精特新"企业22家、省级首台（套）装备企业4家、高新技术企业32家、省级企业技术中心2家。至年底，辖区有国家级专精特新"小巨人"8家，占嘉善县总量的近一半，高新技术企业208家，科技型中小企业318家，高新技术产业增加值占比超过85%。梦天家居集团股份有限公司入选国家级第五批服务型制造示范名单，日善电脑配件（嘉善）有限公司在"2023年浙江省民营企业100强"名单中位列第55位，浙江长盛滑动轴承股份有限公司获嘉兴市市长质量奖，浙江中扬立库技术有限公司完成股改，浙江豪声电子科技股份有限公司上市，成为嘉善县首家北交所上市企业。

【招商引资】　响应嘉善县"双招双引"驻点招商活动，全年外出招商100余次，接洽项目200余个，新签约引进优质项目29个，总计划投资超250亿元，其中产值超百亿项目5个、超亿美元项目3个，实际利用外资完成1.3亿美元。深化“基金＋股权＋项目”等招商模式，与中科院资本、同鑫资本共同设立集成电路、新能源产业基金，总规模超20亿元。兰钧新能源科技有限公司二期、三期项目实现33天、2次签约、135.6亿元增资。

【项目推进】 完善重大项目全周期服务链，推动重大项目建成投产，入选县“365”重点工业项目31个，完成投资44.1亿元。举办兰钧三期开工仪式等现场开工活动6次，新开工兰钧新能源科技有限公司二期三期、浙江翠展微电子有限公司三期等亿元以上项目17个，新竣工浙江豪声电子科技股份有限公司迁扩建、索菲亚家居(浙江)有限公司扩建、正创(嘉善)电子科技有限公司等亿元以上项目18个，加速推进嘉善国开区数字经济产业园六期和嘉善经开区智能制造产业园(二期)项目，推动主导产业集群式发展。

【科技创新】 迭代升级人才政策，深化校地合作，打造高能级创新载体，嘉善复旦研究院开园，新建爱德曼氢能源装备有限公司、浙江豪声电子科技股份有限公司、嘉善复旦研究院等3家省级博士后工作站，新增省级重点企业研究院1家、省级企业研究院3家、省级研发中心9家、市级研发中心13家。加强企业科技攻关，成立兰钧研究院，打造市级示范科研平台。浙江长盛滑动轴承股份有限公司创成国家级绿色工厂，嘉善华瑞赛晶电气设备科技有限公司等4家企业创建市级绿色工厂。浙江长盛滑动轴承股份有限公司、嘉善雪帕尔工具有限公司分别上榜国家知识产权示范企业名单和优势企业名单，系嘉善唯一。

【城市建设】 园区全年腾退高耗低效企业56家、腾退低效用地107.83公顷。完成农户公寓房安置664户。推进40万平方米闲置厂房改造提升工程，启动台升园区第一阶段6万平方米厂房改造工程。推进“三高四铁”重大交通项目建设中沪昆铁路嘉善段高架改造工程的征迁工作，完成签约40户。拆除违建319宗。推进经开企业服务中心规划、设计、建设、运营工作，工业社区综合服务中心启用，新装修人才公寓120套，新建大众广场、中荷工业社区等人才之家2处，全年举办人才中秋联谊会、哈佛高层次人才嘉善行等活动5场，综合布点“10分钟咖啡圈”。启动中医院惠民分院改扩建工程，新增面积超50%，设立日善电脑配件(嘉善)有限公司、兰钧新能源科技有限公司等大型企业巡回医疗点8个，并开设远程专家门诊。嘉湖社区、阳光社区启动省级未来社区建设，嘉业阳光城小区投入2000余万元开展老旧小区改造。建设上海之窗·智慧科学城、嘉善东部新城两大城市功能板块。14个新建项目全部开工建设，全年政府总投资约19亿元。实施市政道路项目4个，总投资约1.4亿元，之江路全线四车道通车，嵩山路白改黑拓宽提升，泰山路雨污水管网重新铺设，基本实现城市区块主干道四向畅通。区(街道)首条直达嘉善高铁南站的231路公交线路于7月1日运行。实施景观绿化建设项目11个，总投资约8046万元，其中永丰桥口袋公园、台升路绿化提升改造、“数智嘉善”特色产业风貌区绿道整治和基础设施提升工程等项目竣工完成。安置房在建项目5个，总投资约25亿元，总建筑面积超36万平方米。

【生态环境】 2023年，嘉善经开区$PM_{2.5}$指数、臭氧平均浓度、全年空气优良率分别排名嘉善县第三、第四和第五，枫南大桥和明星路桥两个国控断面平均水质均达到Ⅲ类考核要求。区(街道)创成市级污水零直排标杆镇，入选省级减污降碳协同试点，获评全省“五水共治”工作考核优秀乡镇(街道)。全年集中开展病媒生物消杀次数189次。加快垃圾中转站改造提升，民生实事项目开发区东区垃圾中转站土建工程基本建成，1号站优化提升得到省分类办领导肯定，成为全县镇(街道)唯一市级分类宣教基地。

【社会事业】 2023年，嘉善经开区基本医疗保险户籍人员参保率99.5%，资助困难人员参保1272人。新增托育机构3家、社区婴幼儿照护驿站6家。建设应急救护培训基地、博爱家园等4个，开展培训88期，取证人数3384人。创成省级五星级食安办，银福苑养老机构阳光厨房通过省民生实事工程项目验收。以国开区建区三十周年为主线，开展“嘉善经开喜力啤酒音乐节”“建区30周年主题大会暨经济高质量发展论坛”等系列活动。全县最先实现文化礼堂社会化运作全覆盖，迭代升级“礼堂农民之夜”2.0 项目。新打造 6 家“15 分钟品质文化生活圈”，举办企业文化节、徒步行、“村 BA”等系列活动 1400 场，受众 23 万余人次，发布志愿服务活动超 17000 场次，活动时长累计 36 万小时，参与人次超 31 万。大众广场后备箱集市被评为浙江省首批重点培育文旅市集。舞蹈《花马灯》作为全县唯一的选送节目获全国群众舞蹈展演最高奖项“魅力之星”称号。

【兰钧新能源二期三期签约】 1 月 28 日，兰钧新能源科技有限公司二期项目签约仪式在嘉善经开区举行。3 月 3 日，兰钧新能源三期项目签约。

【三生融合零碳绿谷项目签约】 5 月 13 日，总投资 2.5 亿元的三生融合零碳绿谷项目在嘉善经开区签约。根据项目规划，园区建成达产后，预计 5 年内引进省级以上高层次人才超 10 名，申请国家专利超 300 项，培育农业相关领域高新技术企业超 20 家，综合税收超亿元，创建省级农业科技园、省级绿色农业示范基地。通过吸纳地区农村剩余劳动力，该项目将带动部分农民的人均年收入增加 6 万～8 万元。此外，园区将建立共富基金，惠及惠通村全体村民。

【中荷数字农业科创示范中心开园】 11 月 29 日，嘉善中荷数字农业科创示范中心在嘉善经开区开园。该中心集成荷兰最先进的科技温室设备和技术、亚洲最领先的工厂化育苗系统，并与荷兰瓦赫宁根大学等合作开展蔬菜种植试验，展示未来农业的发展方向。中心实现数字化叶菜类温室种植单体面积最大、最大全封闭智能立体育苗工厂、第一个实现全程数字工业化生产种植模式的农业主体等 3 个亚洲之最。

（徐良燕）

嘉善高新技术产业园区（嘉兴综合保税区 B 区）

【概况】 2023 年，嘉善高新技术产业园区（嘉兴综合保税区 B 区）实现规上工业产值 161.4 亿元，外贸出口 28.5 亿元，完成固定资产投资 22.5 亿元。

【海关监管】 2023 年，嘉兴综合保税区 B 区联合嘉兴海关驻嘉善办事处综保 B 区管理科加强区内区外联动，推动立讯智造（浙江）有限公司成为全省首家获得海关特殊监管区域外保税维修业务资格的企业，为全省外贸新业态新模式拓展提供先行先试经验，获省长王浩批示肯定。年内，嘉兴综合保税区 B 区一线进出口总值 19.91 亿元，二线进出口总值 42.89 亿美元，海关税收 86525 万元，货物贸易涉外收支总额 9.46 亿美元。

【平台建设】 建成 9610 跨境电商海关专用监管场站和数字化综合服务平台，实现跨境电商 9610 转关浦东机场常态化运营，跨境货物经嘉兴海关前置查验后转关上海浦东、杭州萧山等长三角机场出口，为企业降本增效，获评浙江自贸试验区联动创新案例、市级长三角一体化发展最佳创新案例。引进澳大利亚国民药妆品牌 CW 新零售，1210 跨境电商全球名品体验中心首店——CW 新零售长三角旗舰店正式营业，打造“保税＋跨境电商＋免税购物”一体化商贸新模式。嘉兴综保区在 2023 年度全国综合保税区绩效评估中列 48 位，较上一年提升 16 个位次。

【招商引资】 坚持招商引资“一号工程”不动摇，聚焦通信电子、高端制造两大主导产业，深化东莞驻点、以商引商、中介招商等多元化招商模式，举办嘉善电子纸产业链招商推介会、西塘投资贸易洽谈会等系列大型招商活动，引进百亿产值项目冷井热能、中国 500 强京东方智慧显示、立讯系非 iPhone 产业链东讯高端装备等高质量项目 13 个，总投资 28.5 亿元，其中招大引强项目 9 个，超额完成全年任务，百亿产值项目招引实现“零突破”。

【富士康项目】 富士康科技集团—富鼎电子科技（嘉善）有限公司，主要生产苹果笔记本电脑机构件、微软平板电脑机构件、模具、金属机构件等。2023 年产值 61.47 亿元，利税 8.83 亿元，工业投资 0.46 亿元。富士康科技集团—富准精密模具（嘉善）有限公司，主要生产苹果笔记本电脑机构件、微软平板电脑机构件、模具、金属机构件等。2023 年产值 3 亿元，利税 0.95 亿元。

【东方科脉项目】 浙江东方科脉电子股份有限公司于 2021 年 3

月将东方科脉总部制造基地(拟上市主体)迁至西塘,2023年3月竣工投产,主要设计、研发、生产和销售各类电子纸显示器件及模组产品。公司分别在区内区外设立生产基地,区内工厂富申科技2023年产值6亿元,利税0.63亿元;区外工厂富涌科技2023年产值1.22亿元,工业投资0.56亿元。 (徐程智)

嘉善归谷智造小镇(中国归谷嘉善科技园)

【概况】 嘉善归谷智造小镇(中国归谷嘉善科技园)位于长三角生态绿色一体化发展示范区嘉善片区的核心位置,是“浙江嘉善县域科学发展示范点”建设的重要组成部分。小镇规划用地面积3.04平方公里。特色产业投资占比70%以上,是浙江省特色小镇。重点聚焦数字经济核心领域的人工智能和生命健康产业,拥有数字经济企业近400家,累计引育省级以上高端人才50余人;参与跟投新一代人工智能、健康医疗等产业引导基金等。先后被命名为浙江嘉善人才创业园、欧美同学会(中国留学人员联谊会)留学报国基地、中国科协“海智计划”工作基地、浙江省第五批特色小镇,入选国家级双创示范基地,入列沪嘉杭G60科创走廊名单、浙江省首批高新技术特色小镇培育名单等,先后获浙江省“重才爱才”先进单位、浙江省数字化示范园区等荣誉称号。2023年,嘉善归谷智造小镇聚焦“双示范”建设,坚持“国际标准、高点定位”的发展原则,努力将归谷建设成具有示范性的省级特色小镇2.0版。全年投资总额6.25亿元,较上年同期减少38.42%,特色产业投资占比93.97%,较上年增加33.33%。累计入驻企业337家。

【双招双引】 以“招商大突破年”为契机,紧扣人工智能和生命健康主导产业,持续招引孵化长三角优质项目,派专人驻沪、驻京招商引资,对接项目50余个。全年接待项目团队约450批次,外出实地考察项目200余批次。落地和得科技、启功心血支架等重点项目13个,总投资超10亿元。浙江大学科技园未来创新园、杭州电子科技大学嘉善研究院、浙江省山海协作科创中心(嘉善)落户归谷小镇。进一步承接各类人才平台合作资源,继续推进与海创归谷(嘉善)数智产业研究院、六和桥创投、嘉善国际创新产业园等平台合作计划,促进资源深度融合。

【高端人才引育】 运行“嘉善·长三角院士之家”“祥符英才”之家等高端智力服务平台,2023年院士之家新进院士1名,累计14名。常态化开展交友联谊、论坛研讨等人才交流活动,帮助人才扩大朋友圈。紧盯小镇主导产业,吸引海亿氢能科技、臻普医疗等5个科技人才项目落地。强化企业引才主体作用,走访重点人才企业,排摸企业实际人才需求,协助企业精准引才。全年申报国家级海外引才计划13人、国家级万人计划2人、省海外引才计划4人、省万人计划1人,申报市“星耀南湖”领军人才计划4人。新引育省级以上高端人才2人,新增省级以上高端人才入库2人。新增青年博士13人,依托归谷博士后工作站新进站4名博士后研究人员,小镇人才企业赋同科技董事长尤立星入选“2023年度全球前2%顶尖科学家”榜单。

【平台建设】 加速项目推进,全年新开工亿元以上项目5个,新竣工亿元以上项目4个。3月,同济未来郇开园,重点引育人工智能、精准医疗以及总部经济类等平台。先后举办、承办第一届低温电子学与光电子学研讨会,浙江省口腔种植研讨会、共晶科技开业、上海市欧美同学会创新创业基地五周年活动、中国归谷嘉善科技园科技人才大会、“九善合作”医疗器械专场服务活动、第八届“梦想中国·智汇嘉善”创新创业大赛等一系列大型活动,吸引创新资源汇聚归谷,扩大小镇影响力。

【创新环境】 浓厚人才创业氛围,以湾北高速罗星出口周边为重点,推进湾北高速沿线环境建设,星创广场(小镇客厅二期)全面竣工,引进洛克篮球公园,建设嘉善县城西片区首家洛克公园运动体验馆。打造人才安居工程升级版,新启用人才公寓192套,提供CCB建融家园系统平台、专属管家、公寓物业、智能设备、社区活动“五位一体”品质服务,营造社群共享文化氛围。打造优良营商环境,围绕“1+1”联企服务机制,优化“全生命周期式”企业服务链,集创业服务、生活服务、文体服务于一体,提供知识产权代理、法律咨询、业务培训等服务,着力解决企业发展中的困难问题。先后组织大规模集体进企走访活动6次和企业集中座谈活动5次，收集各类企业生产发展难题214个，成功对接解决问题201个，问题办结满意率100%。

【文旅融合】 展示特色小镇风采，全年接待各级党政代表团，累计参观考察602批次。打造"归谷之家"品牌，依托归谷智造委员会客厅、归谷小镇侨联、同心联谊会等阵地，开展"归谷之家"品牌活动10余次。嘉善归谷智造小镇"孔子学堂"揭牌。全年发布"智汇归谷"公众号微信79篇；发布归谷相关新闻通稿39篇，发布媒体包括中国新闻网、中国日报、央广网、潮新闻等。 （戴 丽）

长三角嘉善科技商务服务区

【概况】 2023年，长三角嘉善科技商务服务区全力实施招商大突破年、项目大攻坚年、营商大提优年"三个年"行动，高品质打造江南韵、文化味、现代化的高铁新城CBD。

【基础设施建设】 2023年，高铁新城华夏合作区域实际完成投资5.8亿元。实施主干道路网贯通工程，纬二路（环东南路—平黎公路）、纬一路（钟家港—边界）等6个项目实现完工，慈山路、科技大道打通"最后一公里"实现东西向全线贯通，白水塘南岸滨河景观工程（钟家港—章典史港）等2个项目实现当年立项当年主体工程完工。完成妇幼保健院、安置房二期、云帆大厦、幸福天地等4个项目移交和产权变更，协调解决移交项目推进过程中的各类问题。加快征迁扫尾攻坚，充分发挥土地收储作用，累计完成签约2户农户、企业1家，征地20亩。完成善土储A2022－8号、善土储A2022－12号等地块出让工作，完成土地出让113亩，保障项目建设资金来源。

【产业招商】 全力建设"上海国际设计中心嘉善副中心"，完成高铁新城全域产业规划，明确以高铁新城CBD总部经济带为核心的"三组团、三中心"产城布局，明确以总部经济、企业交付服务、金融服务、检测产业规划、文创展贸为核心的"1＋4"产业体系，创意设计作为产业引爆点。对上海中心城区189家设计企业分布进行全面梳理和精准确定，绘制设计产业招商地图。成立设计产业链招商专班，赴北上广深等地驻点招商，重点招引北京市政总院、中铁上海设计院等行业龙头。全年获得设计类有效项目信息22个，签约项目11个（其中9个完成公司注册），项目落地率81.8%。会同县有关部门对接上海铁路局，协调高铁嘉善南站增开1个早班次（G7552），并沟通上海铁路局探索"高铁月票"运营模式。推进域内楼宇经济高质量发展，上海人才创业园新增服务业公司27家，累计入驻各类企业和商户362家，培育一批辐射带动明显、创新能力强、产业联动有力的服务业项目，获评"嘉善县突出贡献商务楼宇"称号；影视综艺产业园与环球影视、东方卫视等开展合作，吸引人气1万人次；嘉善越里举办"上海湾区"长三角汽车定向赛等各类活动4场，吸引人气1.2万人次。全年获得各类产业有效项目信息44个，签约项目17个，完成落地公司营业执照办理14家，项目落地率80%以上，完成合同利用服务业外资1000万美元。

【科技人才】 全年申报国家"万人计划"3人、国家级引才计划1人。成功申报1家博士后工作站，并完成首名博士后进站开题。协助企业完成2022年重点企事业单位首席人力资源官队伍考核评估、市级研发中心申报、科技型中小企业申报等工作。推荐协助企业组织企业积极参加各类创业创新大赛，推动优秀项目孵化、成果转化和产业化发展，园区1家企业项目分别在第七届"创客中国"中小企业创新创业大赛全国总决赛和2022"海聚英才"全球创新创业大赛中获企业组二等奖和示范区分赛场一等奖。

【企业服务】 辅导企业开展各类科技人才惠企政策的兑现，全年完成21名高层次人才资金补助，2人名校应届毕业生一次性入职补贴申报；协助2家企业申报"创新嘉善·精英引领计划"（含参照）创新类人才项目薪酬补助，1家企业申报"嘉善县专家工作站"资金补助。定期开展企业、人才走访，收集意见建议30余条，协调解决人才公寓延期、海关处罚纠纷等企业实际问题10余个。积极排摸企业年度拟申报省级引才计划，掌握园区企业引才需求，主动对接企业进行人才匹配和专业介绍。鼓励企业创新激励机制留人才，调动科技人员的积极性。

【城市运维】 制定《嘉善高铁新城合作区市政管理标准》，提升城市运营服务质量。因地制宜，实施荒地改造，砌筑“江南韵”围墙超6千米，打造景观花田超11万平方米，开发生态绿地718亩。安装智能路灯控制端18个，全域超1000杆路灯实现科学时控、智慧照明。开展重点路段脱空检测、36座桥梁专项检测，修复坑洼路面约2200平方米，清理河道超30公里，处置水葫芦、绿萍等水生植物超10940吨。（许苹苹）

嘉善经济技术开发区（姚庄片区）

【概况】 2023年，嘉善经济技术开发区（姚庄片区）围绕省委三个“一号工程”部署，聚焦县委“三个年”行动，持续优化营商环境，各项工作取得进步，3次获得嘉善“三个年”行动比拼流动红旗奖。列全国综合实力千强镇第279位，较2022年上升16位，全国镇域经济500强排名跃升至第175位，首次进入200强。全年地区生产总值129.5亿元，同比增长7%；完成财政总收入20.2亿元，一般公共预算收入10.3亿元，均增长46%以上。工业增加值89.8亿元，增长7.6%左右；服务业增加值27.3亿元，增长7.6%；固定资产投资31亿元；实际利用外资9065.2万美元，增长33.6%；限上社会消费品零售总额5.9亿元，增长55%。

【招大引强】 聚焦县委“招商大突破年”行动，围绕通信电子和精密机械两大主导产业，成功招引一批科技含量高、产能见效快、市场潜力大的优质项目。签约工业项目16个，其中产值超百亿元项目1个，总投资超10亿元项目1个，超亿美元项目2个，成功招引立讯产业链上游表冠模组项目；签约服务业重点项目10个，落地全镇首个服务业总部经济项目。设立“姚望未来”产业基金，总规模10亿元。

【项目推进】 福莱三期、世源电气等9个亿元以上重点项目开工，福莱一期、田中精机等10个亿元以上重点项目竣工，开工率、竣工率均位于全县前列。23个项目被列入县“365”重大项目推进计划，完成投资23.5亿元，投资完成率142.4%，其中致瞻新能源、数字经济产业园四期等7个项目均早于计划开工建设。推进姚庄青年城、科创加速器二期等重点项目开工，全速推进数字经济产业园、精密智造产业园建设，建成容积率2.0以上的标准厂房34万平方米、职工宿舍8万平方米，改造提升清丰线等园区道路6条。多方位推进绿色低碳园区建设，姚庄经济开发区成功创建浙江首批、嘉善首个省星级工业园区“污水零直排区”，田中精机获评国家级绿色工厂，立讯智造获评省级绿色低碳工厂。

【创新驱动】 突出企业创新主体地位，鼓励企业加大科技研发投入，规上工业企业科技研发投入19.2亿元，培育国家级专精特新“小巨人”企业1家、省级“专精特新”中小企业21家，新认定高新技术企业16家，全年授权专利633件。立讯数字化管理项目入选国家级新一代信息技术与制造业融合发展示范名单，田中精机入选浙江省“未来工厂”，立讯、格蕾特入选浙江省制造业单项冠军培育企业名单，福莱、欧仁获省科技进步二等奖。人才引育步伐加快，申报国家级人才工程6人、省级人才工程4人。引进人才项目3个，其中有芯光学XR先进光学显示模组项目斩获嘉善创新创业大赛智能制造组决赛一等奖。

【服务保障】 营商环境持续优化，编制《姚庄镇工业惠企政策项目申报指南》《规上工业企业产品名录》等，推出一揽子优化营商环境举措。主动靠前服务，指导格蕾特电器建成省级博士后工作站。每月开展企业走访“四百行动”，开展规上企业大走访14次，组织企业家“亲清下午茶”5次，解决企业诉求150余个。政企专班持续推动立讯智造特殊监管区外保税维修业务向上申请，得到海关总署、商务部等国家部委肯定并获得省市主要领导批示，成功落地嘉善姚庄。纵深推进“腾笼换鸟、凤凰涅槃”，梳理存量标准厂房24处，完成“低散乱污”企业整治48家，腾退低效用地近790亩。为解决外来员工子女入学难问题，积极协调中小学校、幼儿园，为企业解决员工子女入学80人以上。（帅琪琪）

中新嘉善现代产业园

【概况】 2023年，中新嘉善现代产业园坚决扛起“跨区域协作，高质量发展，聚力打造长三角一体化示范创新园区”的使命担当，按照“三个年”行动要求和“七个大突破”目标任务，奋力实现“中新嘉善”大跨越发展。

【园区规划】 坚持“产城融合”发展理念，全力打造苏州工业园“升级版”。主动对标全县“中部打造中新新城TOD”的规划，加强与市域轨道、平黎公路及中心城区主要道路衔接，完成市域铁路园区站TOD方案，调整控制性详细规划4次，优化中新产业园“1+16”规划，推动形成自上而下的完善规划体系。

【基础设施建设】 排定年度PPP项目建设计划18个，完成投资4.9亿元，支付PPP项目服务费1.6亿元。中新大道东段、嘉魏路等项目陆续竣工，魏俞线、新嘉大道等主要道路工程开工建设；定制厂房一期、二期，蓝领公寓等3个重点项目主体竣工，完成投资21.98亿元；中新公寓房一期基本完成；星嘉星善220、星智星果110高压线迁改完成；中新商务大楼、邻里中心、九年一贯制学校等配套项目前期工作同步启动；49.8亩住宅用地成功拍出。

【城市运营】 依托中新产业园智慧城市运行管理系统打造多维度共享服务平台，确保园区24小时值守不松懈、巡查不断档、报告不滞后。全年累计处理违规占道经营1041起，乱堆放78起，垃圾偷倒23起，为入驻企业提供良好的创业发展环境。

【招商引资】 聚焦智能传感、通信电子、新能源三大主导产业，全年新签约合盛超容锂电产业链项目、剑桥科技、商米科技等优质项目16个，计划总投资超223亿元。其中，投资超百亿元项目1个，投资超亿美元项目3个，产值超百亿元项目5个，世界500强项目2个。全年实到外资12883.8万美元，完成年度目标任务的151.8%，同比增长353.1%。

【项目建设】 以项目建设蓄积园区高质量发展的强劲动能，10个项目被列入“365”重大工业项目库；四方光电、恒为科技等8个项目竣工投产；加快推进合量科技等10余个在建项目；全年完成固定资产投资41亿元，同比增长52%，其中工业投资25亿元，同比增长78%。

【营商环境】 秉持“无事不扰、有求必应”的原则打造最优营商环境，推行“容缺受理”审批绿色通道，全年完成项目备案10个。量身定制重点项目“个性化”落地方案，为入驻企业提供最完善的配套设施、最优惠的政策支持、最贴心的后勤保障。

【人才引进】 建立以产业链需求为导向的创新协作机制，加快推动产业链、创新链、人才链融合发展，力促“中新嘉善”成为嘉善县人才高地和创新高地。全年新增市级研发中心2家；申报国家级引才计划人才1人，国家“万人计划”青年拔尖人才1人；中科尚弘刘仁杰博士入选国家“万人计划”科技创业领军人才。

【要素保障】 发挥省“万亩千亿”产业平台政策优势，最大限度争取国家、省统筹指标，全力保障重大产业项目用地。县级层面实施中新产业园征地拆迁拔钉除障专项攻坚行动，完成园区2户企业、16户农户签约，支付征迁资金2.53亿元，全年完成供地1002.6亩。（王永刚）

镇（街道）工业功能区选介

【大云中德生态产业园】 园区规划面积约2.5平方公里，以“花园式园区、3A级景区”为标准，重点打造以德国为主的欧美精密机械、装备制造以及现代通信产业集聚。现有各类企业150余家，其中国家高新技术企业50家、优质外资企业45家，以德资为主的欧美装备制造企业26家，累计利用外资超过3亿美元。至2023年底，共有规上工业企业48家，实现产值42.6亿元。园区分为3个板块，其中A区为建成区，占地面积约1500多亩，已引进5G通信和北斗导航技术龙头企业浙江金乙昌科技公司、国内最早从事LED透镜光学研究设计和开发的浙江百康光学股份有限公司、全球专业LED显示屏行业龙头企业三思光电有限公司、全球领先的健康睡眠解决方案提供商高裕家居股份有限公司、全球领先的精密磨床企业德国卡帕机床嘉善公司、全球排名第二的德国海茵茨曼发动机控制系统有限公司等一批优质企业。B区为拓展区，占地面积约700亩，落户企业30余家，建有高标准厂房15万平方米，配套齐全、设施完备，引进全球细分行业龙头企业法国卡优连接技术有限公司、意大利都凌压缩机有限公司、欧洲领先的模具钢供应商德国道博公司、芬兰新能源设备研发商浙江锐漫公司等欧洲优质项目以及人才科技项目沪云光电、吉森科技等。B区的核心板块“两创”中心规划面积约160亩，集约布局，让经济薄弱村、腾退村有机会参与抱团发展，每年获得固定收益。“两创”中心三期的“飞地”项目，由庆元县、九寨沟县和嘉善县三地共建，是全省首个跨省“飞地”产业园。C区为现代通信产业园，是大云中德生态产业园的延伸和拓展板块，与5G通信、汽车电子等相关联产业的高端园区，集研发、生产、商务和住宅配套于一体，占地面积550亩，其中核心产业板块约140亩，总投资约10亿元，总建筑面积约15万平方米，已引进浙江极炎能源科技有限公司等一批优质企业。

【干窑镇工业园区】 园区位于平黎公路东、幸福河南、伍子塘西、凤桐港北，初步形成以水泥建材、五金机械、木业家具、纺织服装、电子信息等传统产业为主的“优势产业集群”，2020年被纳入嘉善经济技术开发区范围，跃升为国家级开发区组成片区，成为临沪高能级产业平台的重要组团。2023年，园区实现生产总值39.97亿元，规上产值70.17亿元，固定资产投资21.4亿元，其中工业投资12.49亿元。园区依托高能级制造业平台，以精密机械、人工智能与机器人等产业为重点，通过“一区多片”的发展模式，找准工业发展特色，推进经济高质量发展。做优做强以轴承为代表的精密机械产业，干窑是全国最大的滑动轴承研发生产基地，无油轴承特色产业链龙头企业——浙江双飞无油轴承股份有限公司在深圳证券交易所创业板挂牌上市。通过建设精密轴承园中园，以轴承兼并重组为契机，打造4家亿元以上轴承企业。成立区域轴承产业链联盟，规划建设长三角机器人交易展示中心和滑动轴承交易展示中心。做实做大机器人特色产业。机器人创业创新产业园作为重点打造的特色园区，联动省级万亩千亿中新产业园平台，培育千亿级智能传感产业，用地275亩、投资30亿元的机器人众创城投入使用，发展仓储物流、教育服务和工业技术等方面机器人产业，以及相关联的智能制造、信息安全及先进传感设备、核心元器件制造等产业，至2023年底，入驻有关行业企业61家。

【陶庄镇“两创”中心】 陶庄镇“两创”中心总投资5.5亿元，建设占地266.5亩、建筑面积11.3万平方米。其中17幢废钢加工分选标准厂房5.7万平方米，17个货运码头及配套室内仓储用房5.6万平方米，170余家经营户和12个事业部入驻经营，厂房内配备单梁、双梁电磁桥式起重机103余台，剪切机、打包机、抓钢机等共60台，SCS—120T地磅7台和10T小型地磅2台，并配套大型通道式和移动式辐射检测仪9台，实现年加工、分选、配送废旧金属120万吨。中心由嘉兴陶庄城市矿产资源有限公司负责运营管理，采用“集中收购、分部加工、统一对外”的管理运营模式，开创村集体“零现金投入、零财务成本、零管理风险”增收新模式。2023年完成废钢销售208.87万吨、销售额（含税）65.44亿元，实缴税收4.42亿元。

【中节能（嘉善）环保产业园】 园区由中国节能环保集团公司下属公司中节能（嘉善）环保科技园发展有限公司投资建设，是中国节能环保集团公司在长三角中心地区打造的循环经济示范园区。园区位于嘉善县经济技术开发区，总占地面积190亩，建有机械和电子类建筑51幢，生活服务配套建筑1幢，生产仓储配套1幢，研发办公楼配套1幢，总建筑面积10万余平方米，总投资10亿元，是“浙江省五星级小微企业园”“浙江省数字化示范小微企业园”。至2023年底，已入驻浙江蔚福科技股份有限公司、孚斯威焊接科技（嘉善）股份有限公司、能蓝科技（嘉善）股份有限公司等生产制造企业50家，其中规上企业10家、国家高新技术企业15家、国家级科技型中小企业15家、省级科技型中小企业5家、创新型中小企业3家，年生产总值10.3亿元。 （钱逸飞）

综　　述

2023年，嘉善县积极抢抓“双示范”建设战略机遇，聚焦创新链产业链“双链融合”，全力构建以科技创新引领高质量发展的生态体系，形成“开放协同创新”的嘉善模式，全力打造科创产业联动发展先行区。成功列入国家创新型县建设名单，成为全省4个、全市唯一实现省“科技创新鼎”3连冠的县（市、区），全县创新指数列全省第6。

聚焦“区域”协同，打造创新策源优势。高水平建设科创湖区。打造以祥符荡科创绿谷为核心的创新策源地，高效运作浙大智慧绿洲创新中心、嘉善复旦研究院、祥符实验室、上海大学（浙江）高端装备基础件材料研究院等重大科创载体，创成省新型研发机构4家，集聚院士专家12名，常驻人才700余人，研发项目90余个。全方位打造科创平台。嘉善高新技术产业园区被认定为省级高新技术产业园区，在全省Ⅲ类开发区（园区）排第6。探索跨区域创新链产业链一体化体制机制创新，联动青浦、吴江揭牌成立全国首个跨省域高新区，为建设长三角绿色创新发展新高地强化科技产业支撑。多节点布局科创网络。坚持“域内＋域外”发力，推动孵化器、众创空间等创新创业平台建设，不断完善“众创空间—孵化器—加速器—特色产业园”全链条孵化体系，全县累计培育市级及以上孵化器7家，其中国家级1家、省级2家。2023年招引孵化项目56个，吸引双创人才近150人。

聚焦“产研”协同，打造产业创新优势。育强科技企业。实施科技企业“双倍增”行动，通过“科技政策”精准培育、“三色评价”精准管理、“浙里加计扣除”精准服务，形成“育、管、服”的全流程管理服务体系，加快培育科技型企业，2023年新增高新技术企业130家，连续6年列全市第1，新增省科技“小巨人”企业1家、省科技型中小企业205家，形成以科技领军企业和科技“小巨人”为引领、高新技术企业为中坚、科技型中小企业为支撑的“雁阵”式企业发展格局。建强研发机构。开展“两清零一提升”专项行动，全面提升产业协同创新水平，加快构建由企业研究院、企业研发中心组成的企业创新体系，新认定省重点企业研究院2家、省企业研究院7家，均列全市第1；新认定省企业研发中心14家，企业研发机构设置率列全省第1。推动兰钧新能源成立由院士领衔的企业研究院，成为全市示范科研平台。加强科技攻关。围绕重点产业领域技术难点，推动企业牵头和参与国家、省重点科技专项，开展核心技术攻关，提升企业的创新活力和核心攻关能力。2023年获得省科技进步奖二等奖、三等奖各1项，入选省“尖兵领雁”重大科技项目5项。3家企业的进口替代产品被评选为全省重大科技成果，数量列全市第1。

聚焦“要素”协同，打造创新生态优势。强化改革创新。充分借助创新载体资源优势，建立科研机构仪器设备共享平台，集聚浙大长三角智慧绿洲、嘉善复旦研究院等科研院所的科研设备140台，总价值超2亿元，覆盖生命健康、半导体、新材料等多个产业领域，为企业节省创新成本，该做法入选全省创新深化改革清单典型案例。推进长三角科技创新券通用通兑改革，全年为61余家企业减免检验检测、合作研发等费用321万元，较上年增加68%。强化金融赋能。完善融银行、保险、基金于一体的科技金融发展体系，设立科技金融专业机构13家，推出天使贷、创业贷、人才贷等覆盖企业全生命周期的科技金融产品，2023年累计对350余家科技企业发放贷款3.5亿元。探索开展科技保险，增强科技企业抗风险能力，为参保企业提供最高90%的保费补贴，最高不超过8万元。推动引入省创新引领基金在嘉善成立科创基金，专项支持科创项目落地，累计对19个项目投资近5亿元。强化人才引育。优化升级祥符英才计划，完善“海内海外并举、创新创业并进、团队个体并重、高端基础并立、引进培育并行”的科技人才引育体系。2023年入选浙江省“鲲鹏计划”1人、国家海外优青1人，均实现“零突破”；入选国家万人计划3人、入选国家“火炬”计划2人，均列全市第1。

科技创新体系建设

【概况】 2023年，嘉善县深入实施创新驱动发展战略，着力构建结构合理、功能互补的科技创新体系，以创新平台建设助推高质量发展，为嘉善科技强县建设提供有力的科技支撑。年内，被列入全国第二批创新型县(市)名单。

【创新载体体系建设】 打造以祥符荡科创绿谷为核心的创新策源地，高效运作浙大智慧绿洲创新中心、嘉善复旦研究院、祥符实验室、上海大学(浙江)高端装备基础件材料研究院等重大科创载体。推动浙大智慧绿洲参与建设组分中药创制国家重点实验室，与日善电脑配件(嘉善)有限公司共建数字孪生联合研究中心，建成嘉兴市首个创新成果转化验证中心，对“等离子体治疗肿瘤项目”等一批科研成果开展产业化服务。祥符实验室发布全国首个DNA存储领域预训练大模型“ChatDNA”。嘉善复旦研究院建成芯片设计与测试平台、器件与集成工艺平台、IC人才实训中心，并联合36家本地企业成立集成电路协会，开展产业链联合技术攻关。上海大学(浙江)高端装备基础件材料研究院举办嘉兴市首场院企银企双向对接会，成立检验检测中心，为本地企业开展检测服务50余次。

【公共服务平台】 网罗一体化创新资源，建设产业联盟、行业协会等公共服务平台，推动本地产业向集群化、智能化转型发展。嘉善复旦研究院联合36家本地企业组建嘉善集成电路行业协会，重点攻克芯片封装领域的关键共性技术难题，在长三角地区打响“嘉善芯”品牌。围绕通信电子、智能家居两大产业，建立产业创新服务综合体，提供研发设计、数字化改造、检验检测、人才培训等链条式服务。综合体服务企业超200家，全年服务次数超3000家次。

【高新区建设】 优化嘉善高新技术产业园区空间布局，探索跨区域创新链产业链一体化体制机制创新，优化嘉善高新技术产业园区空间布局，以祥符荡科创绿谷为创新核心，联动西塘、姚庄片区，联动青浦、吴江揭牌成立全国首个跨省域高新区，为建设长三角绿色创新发展新高地强化科技产业支撑。

【创新创业孵化体系建设】 聚焦高成长性孵化项目，围绕项目成长路径，构建“创业苗圃—孵化器—加速器—产业园”科创孵化链，以科创中心为核心，完成科创中心新加速器启用工作。引导推进科创平台建设，强化与中科系、清华系等高能级平台合作，优化创业导师体系和创业辅导团队，全年新认定省级、市级众创空间各1家。推动孵化毕业企业落户县内产业平台，至2023年底，科创中心累计培育国家高新技术企业47家、省科技型中小企业113家。组织开展各类招商活动，全年举办“科创中心·创享+”群英会及Link－in2023“构画元宇宙新奇点”科创生态链接会等活动8场，吸引项目领域涵盖大数据、人工智能、高端医疗等新兴产业。

【高层次人才引育】 实施高层次创新创业人才引培计划，建立创新创业人才项目库，编制高端紧缺人才需求目录，健全完善科技人才政策体系，配套制定“星耀南湖·祥符英才”系列人才计划，实施“以才引才”“以才育才”，促进各类创新创业人才加速集聚。2023年，全县新增国家级高端科技人才6人，省级高端科技人才5人，市级高端科技人才2人、团队2个。

【科技政策体系】 推动科技政策兑现落地，发展科技金融和技术服务平台，撬动更多资源支持科技企业发展。出台两轮科技新政累计兑付资金超5亿元，惠及企业、平台等1500余家次。2023年，出台科技新政3.0，进一步加大政策支持力度。设立科技金融专业机构13家，累计对350余家科技企业发放贷款3.5亿元。积极探索开展科技保险业务，专门出台支持政策，明确鼓励支持符合条件的保险公司设立科技保险专营机构或部门，并为参保企业提供保费补贴，发挥保险在科技创新中的风险保障功能，促进高新技术创新产品研发、科技成果转化和市场发展。

【产业创新服务综合体建设】 全面优化产业创新服务综合体建设。依托木业家具(智能家居)产业创新服务综合体积极推进木业家具产业数字化转型，形成“三大服务平台+三大功能中心”的服务体系。推动嘉善通信电子产业创新服务综合体以“六维一体智造”为核心，打造“六大”服务平台，助推嘉善通信电子产业创新能力转型升级。通信电子综合体推动斯贝克电子(嘉善)有限公司与杭州电子科技大学在电子电声等领域建立产学研合作关系。

科技项目与成果

【概况】 2023年，嘉善县积极构建企业研发机构体系、创新产学研合作模式，切实强化企业创新主体地位。同时，积极打造科技成果转化高地，推动创新链、产业链、资金链、人才链深度融合，加速科技成果在善落地转化和产业化。

【科技企业培育】 嘉善县实施新一轮科技型企业“双倍增”行动计划，组织实施高新技术企业“培苗”工程，健全“微成长、小升高、高壮大、大变强”梯次培育机制，2023年新增省科技小巨人企业1家，新增高新技术企业130家，连续6年列全市第1，累计有效高新技术企业748家，占规上企业比重55%，新增省科技型中小企业205家，形成以科技领军企业和科技“小巨人”为引领、高新技术企业为中坚、科技型中小企业为支撑的“雁阵”式企业发展格局。

【全流程分类管理】 创新高企“三色”分类评价管理机制，从创新投入、创新产出、研发平台建设、科技成果获得、高层次人才引育等5个维度开展创新能力进行评价，按得分高低将全县高企分为创新示范(蓝色)、稳定成长(绿色)、督促提升(黄色)三类，形成正向激励与反向倒逼相结合的评价体系，推动创新能力实现整体跃升，高企全流程管理服务机制被纳入浙江嘉善县域高质量发展示范点经验清单。2023年对有效高新技术企业进行分类评价，131家企业被评定为创新示范类(蓝色)，396家企业被评定为稳定成长类(绿色)，132家企业被评定为督促提升类(黄色)。

【企业研发机构建设】 开展“两清零一提升”专项行动，全面提升产业协同创新水平，加快构建由企业研究院、企业研发中心组成的企业创新体系，新认定省重点企业研究院2家、省企业研究院7家，均列全市第1；新认定省企业研发中心14家，企业研发机构设置率列全省第1。推动兰钧新能源成立由院士领衔的企业研究院，将集聚千名科研人员，成为嘉兴市示范科研平台。

【关键核心技术攻关】 严格落实倒逼、引领、替代、转化等“四张清单”排摸、“揭榜挂帅”等创新机制，加快突破一批关键核心技术。2023年全县被列入省“尖兵”“领雁”项目5个，被列入省级新产品试制计划284余项，2023年全县新产品销售收入占营收比重68.81%，居全省前列。赛诺研发的高效降解新材料和华显光电研发的柔性OLED关键材料实现进口替代，并于2023年入选全省重大科技成果。

【体制机制改革】 充分借助创新载体资源优势，建立科研机构仪器设备共享平台，集聚浙大长三角智慧绿洲、嘉善复旦研究院等科研院所的科研设备140套，总价值超2亿元，覆盖生命健康、半导体、新材料等多个产业领域，为企业节省创新成本，该做法入选今年全省创新深化改革清单典型案例。同时，深入推进长三角科技创新券通用通兑改革，2023年为40余家企业减免检验检测、合作研发等费用255万元。

【科技计划管理】 2023年，全县被列入省“尖兵”“领雁”重大科技攻关项目5项，居全市前列。组织实施县级科技计划项目102项，下达科技计划项目补助经费923万元。

【科技大市场服务】 围绕装备制造、木业家居、纺织服装三大传统产业和数字经济、生命健康、新能源新材料三大新兴产业，全年累计走访服务高新技术企业、培育成长型企业162家，实地宣传科技扶持政策，挖掘技术需求。同时，通过搭建校企合作桥梁，推动优质科技成果导入，邀请全国科研院所专家，针对重点企业深入诊断，全年开展对接活动19次，挖掘技术需求150项，征集科技成果420条，促成产学研合作15项，合作金额近500万元。

表8　　2023年度嘉善县新增高新技术企业一览表

序　号	公　司　名　称	序　号	公　司　名　称
1	浙江华圣达拉链科技有限公司	28	嘉兴华善文具制造股份有限公司
2	浙江键财机械有限公司	29	嘉善屹凯轴承配件有限公司
3	恒砾精密机械(嘉兴)有限公司	30	嘉善县联诚机械有限公司
4	立茂精密工业(嘉兴)有限公司	31	群轮机械工程股份有限公司
5	嘉兴载德刀具有限公司	32	浙江德鸿碳纤维复合材料有限公司
6	嘉兴易瑞电子有限公司	33	嘉善子陵滩酒业有限公司
7	浙江汉能玻璃技术有限公司	34	嘉善普希精密科技有限公司
8	嘉善平盛热处理有限公司	35	嘉善大宇特种风管有限公司
9	嘉善精创汽车零件有限公司	36	嘉善嵩岛精密机械有限公司
10	浙江银泰水泥构件股份有限公司	37	嘉兴建泉日用品有限公司
11	森立纸业集团有限公司	38	嘉善巨力轴承有限公司
12	嘉兴市智刃机械设备有限公司	39	浙江丰境新材料科技有限公司
13	浙江泓威科技有限公司	40	嘉善精诚机械股份有限公司
14	浙江轩森自动化设备股份有限公司	41	嘉善斯特尔复合材料有限公司
15	嘉兴伍泰精密模具有限公司	42	浙江知象光电科技有限公司
16	嘉善金路精密轴承制造有限公司	43	浙江瑞松机械制造有限公司
17	浙江大舜扣多多智能科技股份有限公司	44	嘉善汇佳乐装饰材料有限公司
18	嘉兴玖祺钮扣股份有限公司	45	嘉兴橱润橱柜股份有限公司
19	浙江旭立新材料科技股份有限公司	46	嘉善聚祥金属制品股份有限公司
20	嘉兴唯通生物技术有限公司	47	嘉善凝新混凝土构件有限公司
21	嘉善新恒服饰辅料有限公司	48	浙江博翔非织造科技有限公司
22	嘉善凯方泵业制造有限公司	49	嘉善欣中自动化技术有限公司
23	嘉善亿豪服饰辅料股份有限公司	50	嘉兴市昌圣农业发展有限公司
24	嘉善县欣诚服饰辅料股份有限公司	51	嘉兴市豪艺家纺股份有限公司
25	浙江雷硕电子科技有限公司	52	嘉善锦盛船舶修造有限公司
26	嘉兴航卓真空软管有限公司	53	嘉兴市商升家俱制造有限公司
27	怡乐塑模科技(嘉善)有限公司	54	嘉善勤钢金属制品有限公司

续表 8

序　号	公　司　名　称	序　号	公　司　名　称
55	浙江中毅测控设备股份有限公司	89	浙江澳翊自动化设备科技有限公司
56	浙江山鑫塑胶有限公司	90	嘉兴海佳环境科技有限公司
57	浙江天阳钢管有限公司	91	嘉兴成达模具有限公司
58	嘉善百润机械配件有限公司	92	浙江翠展微电子有限公司
59	嘉善永杰精密模具有限公司	93	嘉善联睿电子科技有限公司
60	浙江埃癸斯环保科技股份有限公司	94	嘉善县嘉峰装饰材料股份有限公司
61	嘉善益恒机械科技股份有限公司	95	嘉兴卓尔精密机械有限公司
62	嘉善吉能机械密封件有限公司	96	浙江桓能芯电科技有限公司
63	嘉兴巨盈金属制品有限公司	97	浙江宇谦半导体科技有限公司
64	悦和世业(浙江)零碳科技有限公司	98	嘉兴钜锋制衣有限公司
65	浙江思锐智能科技有限公司	99	浙江季丰电子科技有限公司
66	浙江嘉丰动力科技有限公司	100	浙江万汇新材料科技有限公司
67	中科慧居(浙江)科技集团有限公司	101	浙江西猛科技有限公司
68	浙江中科电声研发中心	102	浙江嘉德讯新材料科技股份有限公司
69	芯茂(嘉兴)半导体科技有限公司	103	宝勋精密螺丝(浙江)有限公司
70	思脉得(嘉兴)医疗科技有限公司	104	嘉兴美瑞珂激光科技股份有限公司
71	嘉兴市善正计量技术有限公司	105	嘉兴万迪机械科技股份有限公司
72	浙江中科空间信息技术应用研发中心	106	嘉善凯盛滑动轴承有限公司
73	浙江易学汇教育科技有限公司	107	嘉兴众凯电子有限公司
74	嘉善三永电炉工业有限公司	108	嘉兴双腾轴承股份有限公司
75	嘉善俊辉五金有限公司	109	嘉善星海实业有限公司
76	浙江微针半导体有限公司	110	浙江富格智能科技有限公司
77	浙江南瑞飞翼航空技术有限公司	111	浙江致轩轴承科技股份有限公司
78	嘉善鑫豪家居科技股份有限公司	112	嘉善华承无油轴承有限公司
79	嘉兴松州工业科技有限公司	113	浙江万国轴承科技有限公司
80	嘉兴泰特橡胶有限公司	114	浙江派森智能家具股份有限公司
81	荣耀半导体材料(嘉善)有限公司	115	嘉善迈超滑动轴承材料股份有限公司
82	兰钧新能源科技有限公司	116	浙江跃达轴承科技股份有限公司
83	浙江三鑫特种气体有限公司	117	嘉兴嘉铭机械科技有限公司
84	山翁工业炉(嘉善)有限公司	118	嘉善美琦无纺布有限公司
85	铭奕精密科技有限公司	119	浙江卡迪夫智能科技有限公司
86	嘉善晶体模型科技有限公司	120	嘉善英发包装制品有限公司
87	浙江道衡自动化科技股份有限公司	121	浙江昌飞科技有限公司
88	浙江宏竹塑胶五金有限公司	122	嘉善德海厨房设备有限公司

续表 8

序号	公司名称	序号	公司名称
123	浙江昌盛精密科技股份有限公司	127	嘉善思捷机械有限公司
124	浙江曙丰毛纺织科技股份有限公司	128	嘉兴乐豪绢丝绸科技有限公司
125	嘉兴博朗金属科技有限公司	129	嘉兴莱普晟医疗科技有限公司
126	嘉善立品机电股份有限公司	130	嘉兴易徕博医药科技有限公司

表 9　　2023 年度嘉善县科技进步获奖项目

序号	获奖项目	获奖等次
1	浙江福莱新材料股份有限公司	浙江省科技进步二等奖
2	浙江长盛滑动轴承股份有限公司	浙江省科技进步三等奖

科技合作与交流

【概况】 2023 年，嘉善县以长三角一体化上升为国家战略为契机，围绕“双示范”建设，加快高端创新载体引育，推动产学研合作促进科技成果转移转化，全力打造长三角绿色创新发展新高地。

【产学研合作】 围绕重点产业领域技术难点，采取创新载体与企业联建实验室、技术中心等方式，集中优质资源合力推进关键核心技术攻关，2023 年获得省科技进步奖二等奖、三等奖各 1 项，3 家企业的进口替代产品被评选为全省重大科技成果，数量列全市第 1。开展关键核心技术“揭榜挂帅”，2023 年完成关键技术需求“挂榜”150 项、“揭榜”36 项，撬动企业研发投入超 1 亿元。

【科创项目路演】 营造良好科技成果转化氛围，举办“创赢未来”第二届长三角 G60 科创走廊科技与产业创新大赛决赛等活动 30 余场，推动路演活动与快评机制有机结合，提升路演活动成效，引进高质量的科技与人才项目到嘉善孵化转化。

【科研人员“扩中提低”】 积极争取赋权改革试点，嘉善复旦研究院、上海大学（浙江）高端装备基础件材料研究院完成“安心屋”网上备案，嘉善复旦研究院通过“安心屋”成功申报科研改革赋权试点改革。

【科技强农】 深入推进农业“双强”行动，努力推动现代农业提质增效。2023 年，市重点农业企业研究院取得零的突破，成功创建 2 家市级特派员驿站，以科技特派员牵头成立的“嘉善生猪科技小院”“嘉善小麦科技小院”获评国家级科技小院。同时，在浙江省科技特派员工作 20 周年总结表彰大会上，嘉善县科技局获浙江省科技特派员工作先进集体称号，是嘉兴市唯一获此殊荣的单位。

【教育“双减”】 进一步推动存量机构审核工作，科技类培训机构纳管全覆盖，实现数据稽核、机构纳管率、支付开通率 100%，被列为嘉兴市首批市级校外培训清朗环境试点县。加大日常监管力度，全年累计出动检查人员 53 人次，重点对消防安全、“卷钱跑路”“教材管理”等开展专项检查，探索构建审核、检查、监管一体化管理模式。

嘉善县科技创业服务中心

【概况】 2023 年，嘉善科技创业服务中心联动县域内各主体创新平台，构建“创业苗圃—孵化器—加速器—产业化基地”全链条孵化体系，加速接轨上海，打造立足长三角面向国内国外的标杆式国家级孵化器平台，相继获评嘉兴市小微企业园年度绩效评价A类、嘉兴市科技企业孵化器协会优秀会员单位等称号。

【科技招商】 聚焦“3+3”主导产业，深化与嘉善复旦研究院、上海大学（浙江）高端装备基础件材料研究院、清华长三角研究院嘉善创新中心等载体平台进行合作，聚焦细分领域，开展委托招商、中介招商、以商引商、云招商。全年完成举办精品招商活动10余场，引入项目30个（其中硕博士等高层次人才项目11个），带动引入各类双创人才25人，落地项目达产后预计新增产值超10亿元。

【孵化培育】 坚持孵化新企业、催生新产业、形成新业态的国家级孵化器目标定位，加强和推动各类产学研合作，完善新一轮项目招引政策和落地服务。组织科技企业培育活动2场，新培育国科小43家、省科小16家、国高新6家。辅导推送蒋文凯参加第二届全国博士后双创大赛在总决赛夺得优胜奖和全国创新创业优秀博士后，培育入选国家级高端人才1人。

【配套提升】 实施开展园区主体配套功能升级，完成青创咖吧、会议中心、路演中心、精品超市、休闲走廊等系列品质工程建设；新增园区基础设施，包括新能源充电桩安装配套、太阳能智慧路灯安装改造、园区绿化改造等。围绕示范区一体化和省级通信电子高新区建设，完善罗星加速器空间布局建设，进一步贯通全域孵化器，为中小企业提供更大承载空间和更完善技术产业服务。

【品牌活动】 联合拓展国内外优质合作机构，加强与国际知名科技中介机构及科研组织深度合作，组织项目参加各类创新创业赛事，举办“聚力同行赢未来”科创中心暨企业沙龙活动等系列活动，带动吸引近千人参加。强化提升园区活力，组织举办“巾帼筑梦绽芳华，砥砺奋进新时代”三八妇女节、“永远跟党走——五·四”献礼科创中心青年拔河比赛等，使科创中心创新创业氛围更加浓厚。 （徐梦帆）

综述

2023年，嘉善县有银行业金融机构28家、金融网点143个、小额贷款公司1家、民间融资管理服务中心1家、保险业机构23家、证券营业部6家、拍卖企业1家、担保公司2家、典当企业1家、转贷服务机构2家。全县形成银行、证券、保险、小贷等多种金融机构并存，区域性、地方性机构共同发展的多元化金融体系格局。

支持“双示范”建设，信贷增速领跑全市。坚持金融保障先行、创新先试，重点支持“365”重大项目推进，强化“一项目一方案”融资对接，创新重大基建项目直报机制等，扩大金融有效投资，保障高铁新城CBD、中新新城TOD、祥符荡EOD等项目建设需求。牵引省级金融资源倾斜支持县域高质量发展示范点建设，与省农行、省中行、省建行和浙商银行嘉兴分行签订新三年战略合作协议，授信金额1560亿元，累计投放金额388.29亿元，履约进度24.89%。实施银企“一对一”融资服务，为兰钧新能源、立讯、日善等重大制造业项目和企业“两化”改造项目提供精准、高效、组团式的融资支持，确保制造业项目金融支持实现全覆盖。至年底，全县存贷款规模4353.13亿元，其中，本外币贷款余额2322.97亿元，比年初增加372.43亿元，同比增长19.09%，增速比全市高3.48个百分点，余额、增量、增速分别列全市第3、第2、第1。

服务实体经济，金融供给扩面增效。深入实施“融资畅通”工程，开展银企融资对接专项行动，建立企业项目融资需求信息库，实行提前介入、银项对接、全程服务，提升金融服务精准度。11月，承办2023年全县“政银企”融资对接活动，促成37个产融合作项目签约以及普惠金融集中授信，总金额124.43亿元。实施小微金融服务能力提升工程，持续落实普惠小微贷款支持、支农支小再贷款政策工具，加大首贷和信用贷拓展力度。至年底，全县制造业贷款余额426.72亿元，余额占比18.37%，比年初新增34亿元。小微企业贷款余额919.71亿元，同比增加27.10%。发挥政府性融资担保增信作用，扩大政策性担保服务企业覆盖面，12月末政府性担保余额22.32亿元，比年初新增11.09亿元，同比增长98.75%。其中，科创企业担保余额比重在25%以上，列全市第1。

开展科创金融，改革创新更进一步。9月，嘉兴市出台《关于支持长三角生态绿色一体化发展示范区嘉善片区科创金融改革的意见》，明确市级支持嘉善科创金融改革的“10条”意见。推动嘉善农商银行设立科技支行，迭代完善科技金融专营机构运行模式，为初创期、成长期、成熟期“三个一批”科技企业提供精准金融服务，至12月末，全县13家科技金融专营机构贷款余额9.94亿元。加强科创金融产品创新，开展投贷联动、科创可转债、股权融资，推广人才贷、创新贷以及知识产权质抵押信贷业务。嘉善农商银行发放400万元全省农商银行系统首笔“科技成果转化贷”，嘉兴银行示范区支行开展投贷联动12笔以上。至年底，全县科创企业贷款余额323.05亿元，比年初新增长58.94亿元。制定建立科创金融服务平台工作方案，依托长三角科创企业培育中心，加大对承接上海科技成果转移转化的资本赋能，全县累计有121家次科创企业获得上海等地私募股权投资，获投金额112.99亿元。深入开展QFLP试点，加大与境内外知名私募股权投资机构的对接，推进上证国际、毅峰资本、德弘资本等试点基金外资到位，新设QFLP试点基金1支，实到外资5300万美元。

坚持引育并举，企业上市稳中有进。深入开展“凤凰行动”计划，加强企业走访调研、价值发现、一对一辅导和培育等综合服务，动态更新企业培育库，入库企业50家，重点培育企业28家。加大政策支持力度，拨付支持企业股改上市奖励资金2157.17万元。推进区域性股权市场创新，依托长三角科创企业上市培育中心，加强对拟上市企业培育培训、协调服务和投融资对接，组织沪深北交易所、证券等中介机构举办上市培训、路演活动5次。推进北交所长三角一体化示范区服务基地建设，12月完成建设并投入试运营。全年，新增上市企业1家(豪声电子)，报会企业2家(东方科脉、马泷医疗)，完成股改企业3家(中扬存储、马泷医疗、久久丫)，新三板挂牌企业1家(万正电子)，科创助力板挂牌企业2家(华显光电、景焱智能)。

强化风险防控，金融生态不断优化。加强企业信贷风险预警监测，稳妥落实无还本续贷、预约展期等政策，加强金融助企纾困，全年无大型企业信贷风险发生，无重点企业融资“两链”风险。至12月末，全县不良贷款余额14.36亿元，不良贷款率0.62%，比年初下降0.08个百分点。强化对类金融企业的准入管理，完善重点关注企业及人员名单表，全年会商企业948家，其中不予准入32家。联合公安、市监等部门，深化非法集资、第三方财富等专项排查和整治，出动检查1千余人次、检查企业1千多家。开展非法集资宣传活动200多场次、受教育群众2万人次、发放宣传资料2万余份。加强对投资理财咨询企业的日常动态监管和风险评估，2023年压降5家，完成年度目标任务，10家存量企业风险可控。 (杨敏芳)

表10　　嘉善县上市公司名单

序号	证券代码	证券名称	首发上市时间	上市板块	行　业	所属镇(街道)
1	601002	晋亿实业	2007.1.16	沪市主板	紧固件制造	开发区(惠民街道)
2	002188	中天服务	2007.11.22	深市主板	企业总部管理	开发区(惠民街道)
3	002522	浙江众成	2010.12.10	深市主板	塑料丝、绳及编织品制造	开发区(惠民街道)
4	300461	田中精机	2015.5.19	深市创业板	通用设备制造业	姚庄镇
5	300718	长盛轴承	2017.11.6	深市创业板	滑动轴承制造	开发区(惠民街道)
6	300817	双飞集团	2020.2.18	深市创业板	制造业	干窑镇
7	605488	福莱新材	2021.5.13	沪市主板	新材料技术推广服务	姚庄镇
8	603216	梦天家居	2021.12.15	沪市主板	木质家具制造	开发区(惠民街道)
9	301201	诚达药业	2022.1.20	深市创业板	化学药品原料药制造	开发区(惠民街道)
10	838701	豪声电子	2023.7.19	北交所	电子原件制造	开发区(惠民街道)

金融监管

【概况】 2023年，嘉善县金融监管部门持续提升金融服务实体质效，稳妥应对各类风险挑战，有序推动银行业保险业改革创新。年内，亮点工作获市委陈伟书记、张锡锋县长批示肯定，被《中国银行保险报》《科技金融时报》报导4次，获《人民日报》官网、《学习强国》推送。

【服务实体经济】 把金融支持示范区建设放在首要位置，开展“双助双增‘8620’专项行动”。加快完善科创金融服务体系和专营机构建设，加大资源倾斜，科创贷款增速远高于全市平均。推动《绿色银行建设指引》落地实施，2家银行获首批评估认定。保障重大项目融资需求，鼓励金融机构加强政银合作，做好重大项目金融支持。督促银行履约政府战略合作协议和四大行未来3年新增2100亿元意向融资。加大政策性金融支农惠农政策宣传力度，落地金融支持方案，引进政策性资金逾27亿元。县监管组对金融支持嘉善现代农业发展提出的建议获县长张锡锋批示肯定。加大重点领域金融支持。开展金融“大走访大调研大服务大解题”活动，持续推进首贷户增量扩面，推广“连续贷”“灵活贷”，全力支持小微市场主体。2023年末，全县普惠型小微企业贷款余额475亿元，增速28.20%，普惠贷款增速全市第一。

【加强风险管控】 提升风险防控全局性和主动性，整治经营乱象，守住风险底线。2023年末，全县银行业不良贷款率0.62%，较年初下降0.08个百分点。严控重点领域信用风险。强化监测预警和应对，前瞻性部署防控措施，从严把握风险分类，开展隐性不良风险排查纠正偏离度，持续关注涉房金融等重点领域风险。强化监管举措联动运用，开展不法贷款中介专项治理，参与“保交楼”工作。开展银行风险管理和内控有效性现场检查，联合公安部门开展第八轮安全评估。全年对3家银行实施警告并处罚款90.8万元。协调化解多起民营企业贷款周转短期流动性困难，确保辖内金融平稳有序。落实消费者权益保护工作，深入开展新时代“枫桥经验”深化年活动，推进矛调中心建设，督促机构强化内部协同、上下联动机制，提高基层矛盾化解率，提升员工首诉化解的能力。整治市场秩序，保障金融消费者的合法权益。通过信访举报线索查实1家银行违规行为并进行“双罚”。对信访投诉较多的按揭贷款提前还贷问题提出监管意见，并持续跟踪，确保监管要求落实到位。

【助推长三角一体化】 探索跨区域通贷通抵，指导6家银行全省率先落地长三角地区协同授信7户19亿元，支持5家银行通过直联接入、线上协办实现沪苏皖抵押登记“跨省通办”15笔，涉及贷款2.54亿元。指导嘉善农商银行全省首创外迁企业授信业务，制定试行《长江三角洲地区授信业务管理暂行办法》，重点支持经营主体在善外迁小微企业融资需求，授信外迁企业12户3.3亿元。搭建法人银行协作平台，牵线示范区三地农商银行联络互通，指导共同构建科创产品服务体系，创立嘉善农商银行科创金融“善动能”品牌，开发“科技成果转化贷”。促成智慧芽（苏州）信息科技有限公司在嘉善落地省内第一家“科创金融实验室”，推出“善创E评”模型，以大数据支撑为科创企业提供优质金融服务。嘉善农商银行科技支行在全市年度科技评级中获A类。建立异地抵押登记互认机制，上海农商银行通过终端接入率先实现上海地区抵押物异地登记。推动保险一体化协同，车险跨区域互认通赔，设立代位追偿工作机制，代理沪苏两地查勘定损案件2411件，金额2510万元。推广运用保险反欺诈协作平台，实现长三角地区反欺诈数据互通、信息共享，提高疑点线索串并研判精准度。强化从业人员流动和执业失信行为信息共享，探索联合打击恶意退保行为。

【提升保险保障能力】 指导相关保险机构做好嘉善县“7·16”特大暴雨灾后应急处置和保险理赔工作。会同县交警大队与辖内主要财险公司会商交通安全大整治。促成县邮政公司代理电动非机动车保险，解决群众投保理赔难题。联合农业农村局共同推进农业特色保险启用气象指数和稻虾保险。 （朱诗瑶）

保　　险

【中国人寿保险】 2023年，中国人寿长三角一体化示范区（浙江嘉善）支公司围绕县委、县政府工作精神及金融监管局指导意见，从构筑民生保障网、完善保险经济补偿机制、促进经济提质增效升级、完善支持政策、积极参与“三个年”行动等方面全面战略部署。全年实现股份业务保费收入5.80亿元，同比增长3.19%。首年保费1.70亿元，同比增长8.58%；实现短险保费收入3806万元，同比增长8.81%；处理理赔案件数14071件，赔付金额3423万元。开展政保合作系列保险工作，推出“男、女性安康保险”，2023年赔付96人，赔款合计200余万元，赔付率超90%，进一步减轻重疾后的家庭经济负担。继续承保全县近3万人独生子女平安保险和特殊家庭（失独）保险，为1300多位失独家长提供保险保障，2023 年赔付率超 80%，为 60 周岁以下符合国家计生政策独生子女家庭父母提供意外伤害、重大疾病保障、住院补贴，并提供经济帮扶等全方位的服务。深化社会服务意识，与陶庄镇陶中村开展四方红色联盟结对共建，走访结对村镇困难家庭，为困难群众实现微心愿。（卞佳彬）

【中国人保财险】 2023 年，人保财险长三角一体化示范区（浙江）支公司紧扣金融助推"双示范"建设，创新保险功能机制，实现保费收入 2.66 亿元，累计赔款超 1.7 亿元。创新参与社会治理，推进城乡两级覆盖的"政府救助＋乡村振兴保"服务模式，2023 年承保全县 5 个镇（街道）、38 个村政府救助类保险业务，为大云镇、姚庄镇、干窑镇、罗星街道、魏塘街道提供 1.1 亿元风险保障。发展优质惠民险种，参与社会保障体系建设，全力保障残疾人权益，残疾人意外伤害保险继续护航 1.6 万名残疾人。助力构建平安嘉善，以"保险＋服务"的风险减量管理模式，为嘉善县近百所学校师生提供各类风险保障。续签嘉善县十五家公立医院一揽子保险项目，以"保险保障＋纠纷处理"模式助力打造良好的医患关系和构建平安医院。助力乡村振兴，持续增品扩面地方特色保险，充分发挥保险在支农惠农、减轻农户因灾损失上的作用，将黄桃、蜜梨保险责任优化为气象指数保险，获嘉兴新闻综合频道、嘉善电视台、读嘉 App 等媒体报道。落地浙江省第一单乡村社会化服务组织综合保险，第一名独家承保嘉善县地方特色稻虾共作小龙虾养殖保险。助企纾难解困，深耕出口企业，扩大出口信用保险覆盖面，新增承保小微企业 51 家；持续推进"千人万企"行动，建立常态化客户拜访机制。热心公益事业，探索"保险＋公益"模式，全年累计志愿服务超过百余次、参与人数超过 130 人、志愿时间超过 1000 小时。（支　祎）

【中国太平洋财产保险】 2023 年，中国太平洋财产保险股份有限公司嘉善支公司保费收入 10525 万元，其中车险保费收入 7222 万元，非车险保费收入 3303 万元。全年赔偿各类保险赔款 6801 万元。（张　旅）

【中华联合财产保险】 2023 年，中华联合财产保险股份有限公司嘉善支公司全年保费收入 1628.30 万元，赔款支出 734.58 万元。（徐　萍）

证　　券

【申万宏源证券】 申万宏源证券有限公司嘉善体育南路证券营业部，是嘉善地区最早成立的证券服务机构，也是嘉善地区首家获准开展融资融券创新业务资格的证券经营机构。营业面积 980 平方米，设有自助委托交割办理区、期货 IB 业务办理区、高端客户理财中心、金融产品销售中心、综合业务发展中心。营业范围包括代理沪深 A 股、B 股、港股及创业板、融资融券业务、约定购回、基金投资、期货 IB、沪港通、个股期权、固定期限金融理财产品、网上（含手机）开户、企业融资、中小企业代办股份转让等。嘉善营业部通过手机短信、电子邮件及股市沙龙等多种渠道为客户提供咨询服务，并提供电话、手机、网上营业厅、大厅自助等多种委托方式。2023 年，继续增加投行业务企业储备数量，配合承销保荐公司做好拟上市企业辅导及维护工作，实现年度交易总额 521.46 亿元。（范紫来）

【东吴证券】 东吴证券股份有限公司嘉善大道营业部于 2010 年 5 月成立，2022 年 1 月营业部搬迁至罗星街道阳光东路 181 号，并更名为东吴证券嘉善阳光东路证券营业部，在职员工 12 人，营业部服务的品种有代理沪深 A 股、B 股以及股票增发、配股等股票交易业务，证券投资基金代销、私募基金、权证、创业板、新三板、科创板、北交所、股票期权以及东吴基金、东吴集合资产管理计划、代销经核准的金融产品、沪港通、深港通、融资融券等。2023 年，新开户 1033 户，成交金额 264.53 亿元。（王　涛）

【中信证券】 中信证券股份有限公司嘉善晋阳西路证券营业部成立于 2007 年 11 月 8 日，地址位于罗星街道晋阳西路 31 号汇中大厦二楼。营业面积 550 平方米，至 2023 年末，在职员工 30 人。经营沪深两市 A 股、B 股、全国股转、融资融券、港股通、股票期权、开放式基金等业务，提供电话、网上、手机等多种委托方式。2023 年，营业部 A 股交易额 429.54 亿元，新开账户 3227 户。（杨明明）

财政 税务

综　　述

2023年,嘉善县财政部门全面贯彻落实县委、县政府决策部署,集中财力保重点,持续统筹抓平衡,全力以赴守底线,确保财政政策持续加力提效,为"双示范"建设提供有力保障。全县完成财政总收入146.67亿元,同比增长6.2%,一般公共预算收入完成84.75亿元,同比增长5.3%。

年内,获评全省财政系统变革型财政组织创建优秀试点单位、全省清廉财政建设成绩突出单位(天凝镇财政所)、嘉兴市"双建争先"示范集体,示范区政府采购一体化改革、财政电子医疗票据跨省共享(均列入全省财政系统"一号开放工程"任务清单和示范区一体化制度创新典型案例。其中,财政电子医疗票据跨省共享列入全省推进"地瓜经济"提能升级"一号开放工程"试点,并成为全国首个跨省电子票据共享实践落地案例,在全国培训班上作经验介绍)和嘉善公益仓等被列入全省试点,完善"钱随人走"制度体系助推基本公共服务均等化、完善慈善事业财税政策等2项入选全省财政系统"小切口"改革项目,获得第一批百万家庭奔富行动示范县、全省制造业高质量发展结对促共富创建单位,完善农业转移人口市民化财力保障机制入围全省预算改革重点任务"揭榜挂帅"名单。国企党建归口管理、财政法治、"小微飞创"联农带农模式(列入全省财政系统百万家庭奔富三年行动计划成熟模式推广、倡导清单)、农村综合性改革等工作经验获全省交流,提升新时代国企党建工作获得嘉兴市国资委主要领导批示推广。

2023年,嘉善县税务部门认真落实总局、省局、市局和县委县政府的工作要求,系统性协同优化税收营商环境,开展各项工作并取得明显成效,税收现代化建设迈出新的步伐。全年累计获得各级领导批示肯定19次,县税务局获评2023年度嘉善县域高质量发展示范点建设先进单位。全年组织各项税费收入286.3亿元,同比增长7.6%。其中税收收入140.4亿元,同比增长6.3%(中央级63.03亿元,同比增长9.1%;地方级77.32亿元,同比增长4.1%)。社保基金收入52.9亿元,同比增长0.7%;非税收入90.5亿元,同比增长14.7%;其他收入2.5亿元,同比增长3.0%。全县累计落实各项税收减免56.74亿元,办理出口退免税52.41亿元(其中出口退税27.56亿元),有力提振市场主体信心、激发市场主体活力。

(尤晓啸　朱　强)

表11　　2023年度嘉善县工业企业纳税大户名单

序　号	纳　税　人　名　称	序　号	纳　税　人　名　称
1	嘉兴陶庄城市矿产资源有限公司	2	日善电脑配件(嘉善)有限公司

续表 11

序号	纳税人名称	序号	纳税人名称
3	嘉善宝聚废旧金属回收有限公司	12	浙江众成包装材料股份有限公司
4	立讯智造(浙江)有限公司	13	浙江长盛滑动轴承股份有限公司
5	富鼎电子科技(嘉善)有限公司	14	晋亿实业股份有限公司
6	嘉善新华昌集装箱有限公司	15	梦天家居集团股份有限公司
7	阿克苏诺贝尔涂料(嘉兴)有限公司	16	格林策巴赫机械(嘉善)有限公司
8	雪花啤酒(嘉善)有限公司	17	浙江高裕家居科技股份有限公司
9	索菲亚家居(浙江)有限公司	18	赛诺(浙江)聚氨酯新材料有限公司
10	浙江亿力机电股份有限公司	19	格科微电子(浙江)有限公司
11	财纳福诺木业(中国)有限公司	20	浙江鑫爱达机械有限公司

地方财政

【概况】 2023年,嘉善县实现地区生产总值908.11亿元,按可变价格计算,增长7.0%。第一产业增加值23.69亿元,增长3.4%;第二产业增加值516.48亿元,增长6.7%;第三产业增加值367.95亿元,增长7.7%。三次产业结构比为2.6∶56.9∶40.5。按常住人口计算,人均生产总值136970元,增长6.6%。全县财政总收入146.67亿元,增长6.2%。一般公共预算收入84.75亿元,增长5.3%,其中税收收入77.75亿元,增长3.6%。全县一般公共预算支出100.08亿元,下降9.0%。全年财政收支平衡。

【组织财政收入】 强化收入分析,加强税收、国有土地出让收入等主要收入来源前瞻性研究,开展房地产业财政收入及大型重点企业税收等调研,强化全年经济形势和财政收支形势预判。全年财政总收入占全县生产总值的16.2%,一般公共预算收入占全县生产总值的9.3%,占财政总收入的57.8%,税收收入占一般公共预算收入的91.8%。规范非税收入管理,推进财政电子医疗票据跨省共享全省试点,推动跨省报销无纸化进程,优化非税收入收缴电子化管理。全年实现非税收入114.57亿元,增长18.2%,其中,纳入一般公共预算管理的非税收入6.99亿元,增长29.4%。

【支持经济发展】 落实惠企助企政策,成立推进3个"一号工程"和"十项重大工程"专班。保障金融助企、财税扶持、稳岗稳产、服务业纾困及减负降本等系列涉企财政专项政策落地,全年兑付各项涉企扶持资金5.03亿元。推动经济高质量发展若干政策,细化"8+4"财政保障领域,推进补助政策直达快享,累计支出53.72亿元。支持科技创新,落实"祥符英才"专项资金优先保证财政政策,全年支出9171万元。支持年度十大科技重点项目,全年科技支出8.87亿元,增长18.4%。支持促进消费,安排消费促进专项资金3690万元,用于发放政府消费券及文旅、汽车等各类定向消费券。强化金融支持,完善财政专户资金存放管理实施办法,单设金融支持服务水平等指标,将金融对国资投资重大项目开发建设支持度纳入考核。全年竞争性存款74亿元,刺激金融支持经济发展和重大项目建设。

【支持示范区建设】 统筹财力保障项目建设,县级统筹安排专项资金预算8.08亿元,支持2个跨区域重大项目、6个先行启动区重点项目建设。加快示范区基础设施建设,统筹财政资金19.47亿元支持"三高四铁"等重大项目建设。统筹安排27.13亿元资金,解决"三高四铁"、浙大二院嘉兴医院、蓉溪净水厂等重大项目土地指标。探索示范区制度体制创新,探索建立示范区"投入共担、利益共享"跨区域财税分享机制，由两区一县政府建立“共同账”，专账记录各地区财税收益投入情况，鼓励共享发展成果，完成两年嘉善分账记录。

【探索共同富裕】 拨付财政资金1.40亿元，用于支持推进国家级农村综合性改革试点试验项目11个，启动率100%。探索乡村振兴专项资金＋乡村发展基金“双金模式”，首创共富小屋新型数字共富创新模式，“小微飞创模式”获全省交流并被列入推广、倡导清单。省级乡村振兴集成创新示范建设成功打造现代粮油展示示范点。

【保障民生支出】 全县民生支出76.22亿元，占一般公共预算支出的74.22%。促进教育高质量发展，全年教育支出19.89亿元，同比增长3.8%。执行“以县为主”的管理模式和经费保障机制，向上争取专项债券资金5亿元用于学校建设。完善公共卫生体系，全年卫生健康支出7.46亿元，推进基本公共卫生服务优质共享，落实城乡居民基本医疗保险财政补助，筹资3.39亿元、惠及192200名参保居民。推动社会保障事业发展，全年社会保障和就业支出8.08亿元，同比增长9.7%。落实1.49亿元完善社会救助长效机制，构建“弱有众扶”多元帮扶格局。支出4164万元完善公共就业服务体系促进机制，抓好重点群体就业创业。创新打造养老共富样板，为全县80周岁及以上户籍老人发放高龄津贴1304万元。助力乡村振兴，全年农林水支出9.77亿元，增长4.0%。土地出让收入用于农业农村支出6.27亿元。打造集中财力办大事涉农政策2.0版，推进涉农政策资金一个口子、一本大账，基本构建“大三农”新体系，“大三农”支出17.34亿元。一事一议财政奖补支持打造共富乡村省级试点建设通过复核，项目开工率75.0%。

【深化财政改革】 推进数字财政建设，探索长三角财政电子医疗票据跨省共享改革试点，推出15个“一站联办”事项，打通青吴嘉18家医疗机构，实现财政电子票据跨省共享，推动跨省报销无纸化进程，惠及1.5万人次。示范区政府采购一体化列入全省财政系统“一号开放工程”任务清单，联合出台《示范区政府采购远程异地评审管理暂行办法》，浙江嘉善、上海青浦、江苏吴江协作完成10场异地评审工作。乡镇财政公共服务平台发放财政补助性项目74个，涉及资金2.96亿元，惠及10万人。聚力国有企业市场化改革，通过财政奖励等激励手段加大国企主体评级提升，持续推进国企资产整合注入，提高企业市场化融资能力，3家公司获AA+信用评级，7家镇(街道)国企获AA信用评级，发行债券15期，募集资金108亿元，累计组建产业基金及直投项目22个，总规模350亿元。

【强化财政监管】 强化预算绩效管理，推进预算绩效管理数字化应用，线上完成1050个、资金91.95亿元项目预算支出绩效自评，并将重点上会乡镇纳入绩效评价范围。坚持党政机关过“紧日子”，制定县级部门财政拨款结转结余资金管理办法，盘活存量资金2961万元。8月31日，出台《关于进一步落实“过紧日子”要求严格财政支出管理的通知》，全年压减一般性支出2.68亿元。加强和规范政府购买服务管理，开展专项检查和整改，项目数缩减至42项，减少32.3%。加大财政监督检查力度，落实“财会监督年”活动，逐项完成6大类专项行动、23项检查任务，部署财经纪律专项整治，组织减税降费政策落实等9项整治内容。开展资金支付管理、乡镇财政资金监管等30项专项检查，推动审计和巡察整改，审计整改问题33个，巡察问题34个，整改率100.0%。健全风险管控，守牢“三保”底线，实现“三保”预算编制审核全覆盖，全年预算安排24.74亿元。健全社保基金风险管控，实施基金预算绩效管理，统筹10.33亿元补助基金。强化政府债务管理，实现隐性债务清零目标。

【加强队伍建设】 迭代清廉财政建设3.0版，细化23项任务，出台局工作人员“八小时外”行为监督管理暂行规定、“八个严禁”纪律清单。运行财政系统“三不腐”能力指数评价指标系统应用，指标得分名列全市第一。全市率先开展清廉财政微单元建设试点，天凝镇财政所获全省清廉财政建设成绩突出单位。组织全县200余名行政事业单位财会人员综合能力提升专题培训。深入开展学习贯彻习近平新时代中国特色社会主义思想主题教育，推动机关党建与业务工作深度融合，全面提升政务服务工作水平。

（尤晓啸）

表 12　　2023 年度嘉善县公共财政预算收支执行情况表

单位:万元

项　　目	当月收入	上年同期	为同月%	年初预算	累计收入	上年同期	为年度预算%	为同期可比%
一、财政总收入合计	61766	12509	493.77	1465300	1466748	1381108	100.10	106.20
(一)一般公共预算收入合计	24434	−9059	−269.72	845000	847456	804787	100.29	105.30
1.税收收入小计	42973	22945	187.29	774043	777545	750765	100.45	103.57
2.非税收入小计	−18539	−32004	57.93	70957	69911	54022	98.53	129.41
(二)上划中央"四税"收入合计	37332	21568	173.09	620300	619292	576321	99.84	107.46
1.国内消费税	911	647	140.80	9818	11158	10503	113.65	106.24
2.国内增值税	28456	14444	197.01	401335	405641	311039	101.07	130.41
3.企业所得税(60%)	2839	1902	149.26	162339	141186	202940	86.97	69.57
4.个人所得税(60%)	5126	4575	112.04	46808	61307	51839	130.98	118.26
二、一般公共预算支出合计	158308	161654	97.93	969550	1000817	1099977	103.22	90.99
1.县本级	116817	137734	84.81	854086	838829	921424	98.21	91.04
2.乡镇级	41491	23920	173.46	115464	161988	178553	140.29	90.72
三、政府性基金预算收入	369989	233328	158.57	1050000	1065078	915247	101.44	116.37
四、政府性基金预算支出	245377	77473	316.73	1023000	1528449	1456965	149.41	104.91
五、社会保险基金收入(缴库)	6224	7281	85.48	—	79238	67437	—	117.50
六、社会保险基金支出(缴库)	13291	8077	164.55	—	79238	67437	—	117.50
七、国有资本经营预算收入	—	1	—	4502	8081	4121	179.50	196.09
八、国有资本经营预算支出	—	—	—	3623	6486	3308	179.02	196.07
附列资料:	—	—	—	—	—	—	—	—
出口货物退消费税(100%)	—	—	—	—	—	—	—	—
出口货物退增值税(100%部分)	−28142	−33931	82.94	—	−288205	−342146	—	84.23
出口货物免抵调减增值税(100%部分)	—	—	—	—	−235900	−223600	—	105.50
出口货物退税地方承担额	454	—	—	−1399	37909	41032	−2710.37	92.39

税　务

【概况】 2023 年,国家税务总局嘉善县税务局扎实开展各项工作,全年累计完成各项税收收入 140.4 亿元,比上年增长 6.3%。办理出口退税(含免抵)52.41 亿元,比上年下降 7.37%。组织收入社会保险费(含职业年金)54.59 亿元,比上年下降 0.4%。其中基本养老保险费入库 28 亿元,比上年下降 2.1%,基本医疗保险费入库 16.32 亿元,比上年下降 1.61%。组织非税收入 90.47 亿元,比上年增长 14.66%,其中国有土地使用权出让收入 85.24 亿元、教育费附加收入 2.33 亿元、地方教育费附加收入 1.55 亿元。全年累计获得各级领导批示肯定 19 次,县税务局获评2023年度嘉善县域高质量发展示范点建设先进单位，开发区税务分局获评先进基层单位，2人获评先进个人。

【政治建设】 把握第二批学习贯彻习近平新时代中国特色社会主义思想主题教育“四个抓手”的要求，围绕“四个以学”，检视整改问题26条，建章立制4项，开展走流程活动9次，做法成效获税务总局、浙江省税务局主题教育简报刊载3次，3名党员干部获评全省税务系统学习宣传贯彻党的二十大精神“四百佳”标兵。开展“缪农振兴·合助共富”红色地标党建联建主题活动，形成“2+5+N”党建联建帮扶创新机制，获评嘉兴市“建设清廉机关、创建模范机关”先进基层党组织、嘉兴市先进集体，基层党建工作获国家税务总局副局长刘丽坚的肯定性批示。

【“双示范”建设】 助力嘉善县域高质量发展示范点建设，制定出台嘉善税务《助推县域高质量发展示范点建设行动方案》，相关工作做法在《浙江税务》刊发并得到省税务局党委书记龙岳辉肯定性批示。助力长三角生态绿色一体化发展示范区建设，8月8日，示范区三地9部门共同签署并发布《关于深化长三角生态绿色一体化发展示范区司法执行与税费征缴协作的实施意见》；10月25日，三地税务部门共同签署发布《长三角一体化示范区税费矛盾争议调解联动协作机制》；开展长三角一体化示范区“云链通3.0”项目协作，深化数据共享共用。

【税务法治】 落实行政执法公示制度，累计公示“准予行政许可的结果”586件、行政处罚3276件、执法人员61人。落实执法过程全记录制度，配备行政执法记录仪19台，建设约谈室2间。落实重大行政执法决定法制审核制度，配备公职律师3名，并聘请浙江子城律师事务所的5名律师为法律顾问。

【税费政策落实】 依托税收大数据，开展“点对点”精细化服务、“面对面”滴灌式辅导，精准推动各项优惠政策高效落地，广泛利用新闻宣传和网络媒介开展常态化宣传，提升税费优惠政策覆盖面、知晓度，落实各项税收减免56.74亿元，提振市场主体信心、激发市场主体活力。

【税种管理】 加强成品油消费税管理，落实土地增值税清算管理，优化房地产交易税收管理，采集扬尘环境保护税基础税源，做好耕地占用税数据比对，持续开展个人所得税年度汇算清缴和企业所得税汇算清缴工作。

【办税缴费服务】 开展“便民办税春风行动”，推进税收营商环境持续升级，参加2023年度全国纳税人满意度调查并获第一名。完善“掌上办”体验区，全县综合网上办税率98.50%，重点业务掌办率76.19%，西塘分局、开发区分局等获评浙江税务系统2023年新时代“枫桥式”税务所(分局、办税服务厅)。

【征收管理】 贯彻落实《关于进一步深化税收征管改革的意见》和《浙江省税费服务和征管服务保障办法》，认真做好社保费“统模式”改革试点工作，保障数电票平稳上线推广。

【税收经济分析】 密切跟踪经济税源发展变化情况，税收分析工作专报得到县委、县政府主要领导肯定性批示3次。绿色税收分析材料《税眼看长三角一体化示范区三年绿色转型发展成效》得到浙江省税务局、嘉兴市税务局认可并上报国家税务总局。

【大数据和风险管理】 牢固树立风险管理理念，履实统筹扎口管理职能，完成8442户次风险任务，查补税费款及滞纳金2242.51万元。进一步完善风险指标模型建设，针对自产货物同时提供建筑、安装服务征税风险事项建模。

【国际税收】 深入开展“走出去”企业税收服务和管理，做好非居民纳税人享受税收协定待遇后续管理，配合做好液空中国等57家中国企业的单边预约定价安排谈签事宜，支持QFLP(外商投资股权投资企业试点制度)工作。

【税收科研】 全年开展调研课题25个，入选浙江省税务学会重点课题1个、入选嘉兴市税务学会课题7个。《国际低碳绿色税收体系对长三角绿色经济发展的启示》获省国际税收研究会税收学术研究成果评选三等奖。

【税收宣传】 利用税收宣传月、国家宪法日等重要节点，集中开展税收法治宣传教育，针对纳税人缴费人的税法需求，实施精准普法。组建专业优秀宣传团队，不断提升信息新闻报送质量。新闻信息新媒体录用情况主要包括：市级以上新闻30余篇，信息20余篇，新媒体100余篇。

【纪检监察】 推进一体化综合监督体系落实到“最后一公里”，运用监督执纪第一种形态4次，开展警示教育16次，发送廉政短信11264条。提升基层组织日常监督实效，发挥纪检员的“神经末梢”作用和纪检联络员的“桥梁纽带”作用。

【教育培训】 开展青年干部业务培训和特色活动，举办2022年和2023年新录用公务员师徒结对仪式，《长三角一体化示范区税务青年“三联”工作法》获评全市税务系统优秀学习案例，2名干部分别获评第二届嘉兴市最美税务人和提名奖。　　（朱　强）

表13　　2023年嘉善县税务部门组织收入情况表

单位：万元

项　　目	本年累计	上年同期	同比增长%	项　　目	本年累计	上年同期	同比增长%
一、税务部门组织的收入	2862765	2660040	7.62	6.资源税	4	2	100.00
1.税收收入	1403501	1320635	6.27	7.城市维护建设税	38874	39097	－0.57
其中：中央级	630259	577758	9.09	8.房产税	44128	40355	9.35
省　级	－15558	－85648	－81.83	9.印花税	18597	11426	62.76
县区级	788800	828525	－4.79	10.城镇土地使用税	18917	19448	－2.73
2.社会保险基金收入	529482	526039	0.65	11.土地增值税	41909	95492	－56.11
3.非税收入	904693	789048	14.66	12.车船税	4695	4592	2.24
4.其他收入	25089	24318	3.17	13.车辆购置税	15651	8768	78.50
二、税收收入(分税种)	1403501	1320635	6.27	14.烟叶税	0	0	
1.国内增值税	807558	611665	32.03	15.耕地占用税	2493	4314	－42.21
2.国内消费税	11158	10503	6.24	16.契税	67011	54878	22.11
3.营业税	1	174	－99.43	17.环境保护税	351	231	51.95
4.企业所得税	228763	332336	－31.17	18.其他税收			
5.个人所得税	103391	87354	18.36	附：出口退税	－524105	－565746	7.36

综　　述

2023年，嘉善县继续加快交通强国3个试点项目和1个试点县建设，全力实施交通“20大工程”，先后获得全国“城乡交通运输一体化”示范县全省第一、“四好农村路”以奖代补考核全省第一、“世界一流强港和交通强省建设工程”2023年度综合考核评价在全省90个县(市)区第三等多项成绩。

交通投资实现同比翻番。2023年全县交通基础设施提升攻坚战计划完成投资60亿元，实际完成投资61.05亿元，其中铁路项目完成投资23.97亿元，公路站场建设完成投资35.21亿元，水运项目完成投资1.87亿元。推进“一高两快一航道”等重点交通项目建设，丁凝公路红旗塘大桥至大舜段等一批项目相继建成通车；完成县域内98.67公里省道命名编号调整，新增省道3条，高等级路网密度提升幅度全省第一。创新“九大”征迁工作法，经验做法被省十项重大工程总专班和交通强省办专报推广。沪杭高速嘉善联络线创造50天内完成项目核准、初步设计双批复的嘉善速度。首推县域道路品质品貌管控。

行业监督管理常抓不懈。紧扣平安护航杭州亚运会主题主线，结合除险保安强化年整治任务，系统开展安全隐患大排查大整治，排查各种隐患1500余处，全部完成整改。持续强化对“两客一危”等重点行业监管，从严打击非法营运、超限运输、偷倒渣土等违法行为，规范交通运输领域行业秩序。护航亚运·严惩超限超载货运行为百日攻坚联合行动成效显著，超限率从0.37%下降至0.2%，重点货源单位称重数据上线率从28.57%上升至100%。全年办理政务服务事项232612件，未有行政复议和行政诉讼案件。“无感监测”涉及指标2023年度全省第一。行政处罚案件1540件，案由数89个，在全市五县均排名第一。交通大会战中，“一超四罚”130件，同比增长983.33%。全县在建受监公路水运项目24个，工程总造价约15.6亿元，监督覆盖率100%，县辖区内公路水运工程建设质量稳定可控，安全生产形势平稳。交通在建工程行业监管年度惩戒力综合指数排名全市第一，320国道嘉善段两侧绿化提升工程获评2023年浙江省“钱江杯”(优质工程)。

数智交通引领先行发展。根据数字经济创新提质“一号发展工程”要求，提升交通智慧化水平。迭代开发“水网睿控”系统，全年监测船舶15万余艘，指挥调度查扣涉嫌船舶70艘，协助查处涉渣土偷倒偷运案件46起，刑事、行政打击27人，有效避免水域偷倒渣土45.6万立方米，成功破解长期困扰水上交通运输安全监管难题，相关做法被市委市政府领导批示肯定，交通部、市委相关专报推广。通过中心平台+数字运营+资源调配的网式统筹，打造交通基础设施全生命周期数字管养省级样板，实现公路养护作业规范相关投诉同比下降80%以上，交通畅通率上升10%，路面质量全省评测排名大幅提升的“一降两升”良好态势。

交通服务水平持续争先。持续优化便民惠民利民举措，新开优化公交线路7条，调整优化14

条，临时调整50余条，新增省际毗邻公交线路2条，共计10条。开通嘉善至浦东机场的定制客运班线。完成世纪大道体育路口渠化改造等47个治堵项目，整治道路隐患1117处。继续推行公交早晚高峰免费、县域内高速差异化免费通行政策，累计免收车流量约376万辆次，财政补贴约4120万元。不断提升交通领域城乡融合水平，在助力百姓享更富上做先行。超额完成17个客货邮服务站（点）、3条客货邮线路等省民生实事项目。青浦、苏州、嘉善等地6家交通执法部门共同签订《长三角一体化（沪苏浙毗邻地区）交通运输领域执法协作协议书》，惠民分队、姚庄分队建成“长三角区域交通运输联合执法协作示范点”，推进区域交通执法的高效联动和示范引领。

县邮管局结合县内邮政快递业实际，抓好“源头”赋能、“过程”提质、“末端”发力、“思想”铸魂四条主线，较好完成各项工作任务。1—12月，全县快递业务量累计完成7009.7万件，累计业务收入9.49亿元。县邮管局获浙江省2022年度县（市、区）邮政管理工作成绩突出集体；嘉善县星宇商圈楼宇党群服务中心骑士加油站获2023年全国“最美工会户外劳动者服务驿站”称号；成功创建嘉兴市首个快递行业省级“新就业形态劳动者温暖行动”试点。嘉善县获评全省农村客货邮融合发展四星级样板县，为全市唯一。选树全国“交通运输核心价值观先进践行者”、浙江省“最美快递员”、嘉兴市优秀共产党员、第十四届“嘉兴市十大杰出青年”董华为行业榜样，中通快递员张静获评嘉兴市优秀共青团员，圆通快递员潘尤祥获全省邮政业职业技能竞赛优胜奖。邮政工作宣传报道被中国邮政快递报及其官方微博、快递杂志、国家局、省局录用70余篇，被各大媒体转载报道200余次。　（屠伟平　李　丹）

公路运输

【概况】　2023年，全县公路里程875.81公里，其中农村公路里程699.95公里，占79.92%，公路密度165.69公里/百平方公里。国道56.25公里，占6.42%（国家高速40.71公里，占4.65%）；省道119.61公里，占13.66%；县道126.69公里，占14.47%；乡道357.56公里，占40.83%；专用公路9.19公里，占1.05%；村道206.52公里，占23.58%。全县公路桥梁815座，其中国道32座，省道134座，县道149座，乡道318座，村道182座。至2023年底，全县有营运客车515辆（不包括出租车），其中客运班车19辆、旅游包车78辆、城际公交31辆、县内公交387辆，完成营业性客运量1091.55万人次，比上年同期增长20.67%。公交线路98条，其中跨省公交（含跨省毗邻公交和示范区公交）10条、市域公交5条、县内公交（含特色专线）83条。全县有营运货车5430辆，其中普通货车2497辆、专用货车73辆、牵引车1367辆、挂车1493辆，完成营业性货运周转量383454万吨公里，比上年同期增加18.2%。有巡游出租车264辆，网约车1351辆。有各类机动车维修业户404家，全年检测汽车62429车次。

【公路养护】　全年公路综合管养工作投入资金3617万元。完善交通基础设施全寿命周期智能化综合管理平台，实现小修保养、绿化养护、洒水降尘、应急处置等一体化管护。日常运营维护县内9个数字化交通情况调查站点，采集交调数据，动态监测，并对数据变化进行分析总结。通过数字化改革，利用信息化手段加强道路巡查和维修、桥梁日常性养护、公路洒水降尘、绿化日常性养护等工作，实现道路平整通畅、路况整体提升、桥梁安全等级升级、路域环境干净整洁的高质量养护目标。

【交通安全】　投资824万元实施浙江省普通省道公路命名编码调整工程嘉善段项目，完成规划省道交通标志、里程桩号等安全设施的调整提升。投资350万元完成320国道石灰桥（左幅）应急抢修工程，投资93万元完成320国道石灰桥（右幅）、三店桥（左幅）、三店桥（右幅）等3座桥梁桥面维修，保障320国道沿线桥梁安全有序运行。投资150万元完成魏俞线横枫泾桥危桥应急抢修工程。通过日常巡查，及时发现处理公路安全隐患951处。

【公路两侧整治】　采取定点与流动巡查相结合，强化路产路权维护。重点对公路沿线摆摊设点、乱堆放等问题进行清理整治。全年拆除违法建筑（乱搭乱建）4处，完成违法非公路标志（含广告牌）整改38处，劝退公路两侧自产自销摊点32处，完成丁枫公路华东大桥、南古桥桥下非法堆积物的清理约3100立方米，完成各类涉路许可的勘查及事中事后监管 3 起。依托非现场治超，有力打击货车超限运输，全年查处非现场治超案件 145 件，罚款 72.08 万元。（陆正贤　盛琳燕）

水路运输

【概况】 2023 年，全县有定级航道 56 条，总里程 324.14 公里，占嘉兴市定级航道总里程的 17.1%。有各类营运船舶 475 艘、244493.48 载重吨、功率 63420.7 千瓦、914 客位，其中机动货船 369 艘、游览艇 106 艘。2023 年完成水路货运量 1916.48 万吨，同比增长 17.31%，占全市水路内河货运量的 18.29%。完成水路货运周转量 260878.12 万吨公里，同比增长 16.27%，占全市水路内河货运周转量的 15.64%。有码头（企业）65 家，占全市的 18.26%。其中加油站 16 家、危化码头 2 家；辖区码头（企业）有泊位数 148 个，其中五百吨级以上泊位 35 个；2023 年度完成港口货物吞吐量 2051.86 万吨，同比增长 15.19%，占全市内河港港口货物吞吐量的 14.07%，其中进港 1594.71 万吨，出港货物 457.15 万吨，分别为上年同期的 118.81% 和 104.12%。

【基础设施建设】 2023 年，配合属地做好陶庄公共作业区和天凝公共作业区建设前期工作。陶庄作业区（一期）完成施工图审查，建设规模包含 4 个 500 吨级杂货泊位以及配套仓储设施，使用岸线 260 米。施工预算 3482.89 万元。天凝公共作业区完成初步设计审查，计划新建 5 个 500 吨级货船泊位，包括 2 个待泊泊位、2 个散货泊位、1 个多用途泊位，码头使用岸线长度 354 米。设计年通过能力 191 万吨（其中散货 163 万吨、件杂货 28 万吨），项目概算 14571.89 万元。

【航道养护】 2023 年，重点做好野池线航道生态养护工程前期工作，项目完成初步设计，投资 2000 万元，计划完成生态护岸养护 3176 米。做好惠民水上低碳服务区提升工程前期工作。2023 年，累计航道巡航里程 2127 公里，出动人员 91 人次。同时做好芦墟塘航道绿化养护工作。

【安全管理】 监管措施落实到位，针对春运、“五一”、国庆等重点时段和汛期等特殊敏感时期，加强对港口码头、水上在建工程、客运企业等的安全监管，强化港口作业安全治理。引入第三方安全技术服务对辖区内危货码头进行全面体检，发现问题 258 起并全部核查销号。开展港航系统安全生产重大隐患排查整治和重大风险防范化解行动等专项整治行动，推进危险货物港口作业安全专项治理、安全生产“打非治违”百日攻坚行动等安全生产月系列活动，累计出动检查 89 人次，发现隐患 28 起，全部整改完成。结合 2023 年水路运输年度核查工作，对辖区内所有水路运输企业开展全方位排查，发现问题隐患 11 起，均落实整改。护航亚运圆满完成，对辖区码头、水路运输企业持续开展安全生产检查，督促企业落实各项安全管理措施。对码头的 LED 屏进行重点时段网络安保，落实专人“一键黑”措施，做好上屏信息管控。同时加强重点企业装卸货现场管理，落实人员进驻危化码头，对码头装卸货作业现场督导。

【港口污染防治】 岸电使用量大幅增长，通过加强企业岸电建设奖补政策支持，优化岸电使用价格收费政策，引导船户靠港停泊期间使用清洁岸电，2023 年，岸电设施用电量约为 36047 千瓦时，同比增长 19.04%。以“无废码头”创建助力“无废城市”建设，优选协联热电有限公司码头作为创建“无废码头”试点，以码头入料口降噪除尘技术为特色亮点，通过一对一联络机制入企指导，使码头实现废弃物减量化、资源化、无害化，最终形成资源节约、环境友好、绿色低碳的“无废码头”生产新模式。该码头于 11 月中旬完成“无废码头”验收工作。加大老旧船舶提前报废更新力度，按“三个一号工程”中推进老旧运输设备更新或淘汰要求，2023 年淘汰符合要求老旧船舶 7 艘，于年底前全部完成拆解工作，发放补贴 104.83 万元。

【船舶污染防治】 督促辖区码头履行船舶污染物接收义务，充分利用智能接收设施落实船舶污染物“先交付后作业”规定，不断提高港口码头污染物接收智治化水平。全年接收、转运和处置三类污染物 29534 艘次，2645.9 吨，每万艘次进出港船舶的船舶水污染物同比增长 110.4%，上岸转运处置率 100%，按全市“海河联运作业区建设提升晾晒指标”考核，同比增速位列全市第一。

【智慧船检】 探索“云上船检”检验新模式，使常年异地营运的本港船舶可通过视频远程连线的方式实现远程检验。11月，上线“云上船检”2.0版本，实现年度检验、临时检验、整改复检功能三合一。全年通过“云上船检”检验发证船舶204艘次，其中年检200艘次，占全年年检船舶数的64.9%，累计为船户节省因返港产生的燃油费约98万元。

（陈建峰　张圄滋）

公路建设

【概况】 根据政府投资计划，2023年嘉善县交投集团承建公路项目35个，其中新建项目3个、续建项目8个、前期项目25个，年度计划完成投资8.59亿元，实际完成投资9.67亿元。长三角（嘉善）生态绿色风情旅游线提升工程完工，并获评第七届“浙江最美绿道”；平黎公路改扩建工程（木业大道至镇北路段）干窑立交路面道路于2023年8月先行通车，并获2023年一季度红旗项目称号；320国道嘉善段两侧绿化提升工程获2023年度浙江省建设工程钱江杯（优质工程）；“一高两快”等前期项目全速推进。

【嘉善县丁栅至天凝改建拓宽工程】 该项目为续建项目，总投资24.6亿元。项目起点位于姚庄镇与上海市青浦区交界处，终点位于天凝镇与秀洲区油车港镇交界处，按一级公路标准设计建设，项目全长30.9公里，双向四车道。2023年项目完成投资1.58亿元，TJ5标段路基、桥梁基本建设完成，路面完成35%。

【嘉善县兴善公路（世纪大道—晋阳西路）】 该项目为新建项目，总投资6.82亿元，为老路原位改扩建项目，全线以两侧拼宽、上层为高架道路，路线全长1.73公里，高架起点设置于世纪大道以北，终点设置于晋阳西路以南，全长1.375公里。2023年项目完成投资1.71亿元，其中路基完成84%、路面完成72%、桥梁完成92.5%。

【嘉善大道（平黎公路联络线）】 该项目为新建项目，总投资约1.7亿元，项目主线起点位于平黎公路高架跨过南星路后的接地点处，终点位于罗桔港东侧起桥处，主线全长约0.25公里。地面辅道工程起点位于南星路与平黎公路地面交叉口，终点位于木业大道与平黎公路交叉口，改造实施长度约1.03公里。2023年项目完成投资0.37亿元，其中路基完成74%、桥梁完成87%。

【平黎公路嘉善段改（扩）建工程（木业大道至镇北路段）】 该项目为新建项目，总投资约7.9亿元，项目主线起点位于木业大道西侧，终点位于镇北路平交口，将原有四车道拓宽为八车道，路线总长度3.6公里。2023年8月，干窑立交桥（三仙路至镇北路）地面道路先行通车。2023年项目完成投资2.41亿元，其中路基基本完成，桥梁完成95%，路面完成58%。

【杭申线（嘉善段）三级航道改造工程】 该项目总投资约15.28亿元，项目总里程23.97公里，改造加固护岸42.64公里，新建水上服务区1处，TJ8标于2023年12月16日开工建设，TJ9标于2023年12月27日开工建设。

【省级绿道嘉善段项目】 该项目为续建项目，总投资约2.25亿元，项目起于姚庄镇展丰村（接上海市青浦区），终于天凝镇戴西村（接秀洲区王江泾镇），总长度约31.2公里，绿道标准段宽6米，2023年5月23日竣工，获评第七届“浙江最美绿道”。（唐晚霞）

铁路运输

【沪昆铁路嘉善站】 中国铁路上海局南翔站嘉善站位于嘉善县魏塘街道亭桥北路268号，沪昆线92千米155米，在嘉善县境内长度15.037千米，为双线电气化铁路，其中上行通往上海方向，下行通往杭州方向。车站为三等中间站，承担沪昆线（南翔直属站管内）客运、货运、装卸、相关列车的编解和列车到发、越行等工作。车站每日接发列车178列（2023.10.11运行图）。其中开行旅客列车124列，包括动力集中型动车组列车24列、直达旅客列车14列、特快旅客列车18列、快速旅客列车64列、回空旅客列车4列；开行货物列车54列，包括特快货物班列6列、快速货物班列6列、直通货物列车40列、小运转货物列车2列。停靠嘉善站办理客运业务的旅客列车32列，其中上海方向19列、杭州方向13列，车站日均客流量约3500人次，其中日均发送旅客1900人次，单日最高发送旅客6000人次；停靠进行调车作业的小运转货物列车2列。车站站场设正线2股，到发线3股，货场货物线4股，在站接轨的专用线2条；建有客运业务房屋2300平方米（其中既有旅客候车室800平方米，新旅客候车厅1500平方米），可容纳旅客1500人，旅客站台2座，站台雨棚3300平方米，铁路货场占地3.89万平方米，其中货物仓库1座2296平方米，货物雨棚2座3092平方米；装卸机械7台，其中26吨门吊1台，起重能力为3吨的叉车6台。车站下设运转、客运、枫泾站、石湖荡站等4个班组。2023年，车站安全保持总体稳定，至12月31日18时实现安全生产15433天。全年旅客发送量完成70.65万人次，超调整预算14万人次；客运收入完成5945.14万元，超调整预算845万元。（卜景喆）

【沪昆高铁嘉善南站】 嘉善南站位于嘉善县大云镇江家村，隶属于中国铁路上海局集团有限公司嘉兴车务段。车站线路上行通往上海方向，下行通往杭州方向。车站每日办理的办客高铁动车组列车52趟（2024年“6·15”运行图），其中上海方向开行25趟，杭州方向开行27趟，全年发送旅客约222.69万人，日均发送旅客约6100人。2023年全力推进疫情转段后的客运复苏。推动车站环境提档升级，持续提升客运队伍整体素质。加强客运工作，强化应急处置能力，全力确保高铁客运安全万无一失。进一步提高旅客服务质量，深化一体化管理，加强服务台建设，提升客运业务水平，为县域“双示范”建设和长三角一体化进程发挥重要作用。

（殷宇哲）

铁路建设

【概况】 2023年，嘉善县加速推进建设“轨道上的嘉善”工作，做好新建南通至宁波高速铁路（嘉善段）、沪昆铁路嘉善段高架改造工程、嘉兴至枫南市域铁路、嘉善至西塘市域铁路等4个铁路项目建设工作。全年完成固定资产投资18.04亿元，完成形象投资34.55亿元，其中“四铁”项目完成形象投资26.35亿元。落实项目建设资金（资本金）39.22亿元，累计落实项目资金70.98亿元。

【项目审批】 联合多部门组建前期报批攻坚小组，并成立驻京对接专班，赴北京与国家发改委、国铁集团、自然资源部对接协调。针对项目审批层级高、环节复杂等难题，编制项目报批“四张清单”，梳理报审事项15项，赴北京、上海等地沟通协调160余次，沪昆铁路嘉善段高架改造工程可行性研究报告和项目初步设计分别于2023年7月和11月获中国国家铁路集团有限公司和浙江省人民政府联合批复，是全国同类型项目首个成功案例。同步推进施工图审查及批复工作，并与上海东站项管部对接关于项目资金支付、施工招标、火车站停运、征地折迁、社情民情稳定、工期等工作。

【项目征迁】 联合多个部门，成立征收工作专班，全年召开征迁推进会及项目重难点协调会22次，现场解决问题49个，会商解决问题13个，专案破难4个。2023年度，累计完成协议1324户（土地1183户、宅基地141户），总体完成率95.11%，4条铁路均完成项目组卷上报工作，3条铁路获批。（孟昕晖）

物流仓储

【概况】 至2023年底，县内有道路货物运输业户数1800家，其中拥有货运车辆的业户数1561家，营运货车5430辆，货车总吨位117780吨，车辆数比上年同期减少3.36%，核载吨位减少0.44%，平均核载吨位21.69吨，比上年同期增加0.64吨。货运车辆总体呈现大型化、专业化、标准化趋势。

【客货邮融合发展和农村物流服务】 发布《2023年嘉善县客货邮融合发展工作实施方案》，累计完成新建和提升改造共配中心2个、乡镇综合服务站19个和村级物流点50个，开通客货邮合作线路9条，覆盖全县各镇（街道），超额完成综合服务站（点）17个和客货邮合作线路3条的建设任务，其中华联村振兴驿站、荷池村振兴驿站等被确定为省民生实事精品点位。嘉善县被评为全市唯一的浙江省农村客货邮融合四星级样板县。

【普货行业安全生产指导】 针对拥有车辆数5辆及以上的171家普货企业，引入普货企业服务质量第三方上门进行综合测评，实现安全培训全覆盖。结合“安全生产月”“护航亚运”和各项大排查大整治行动要求，开展嘉善道路运输行业“园中园”“厂中厂”安全指导工作，督促企业落实安全主体责任，指导嘉善货运站场远方物流中心与承租单位100%签订安全管理协议，统一安全设施、安全管理和安全标准，排除园区内存在的安全隐患。

【绿色低碳】　持续推进老旧营运柴油货车淘汰，累计淘汰国四排放标准及以下老旧营运货车215辆，超额完成149.2%。12月，完成56辆货车淘汰任务数的补贴认定。

【“五心聚善”党建品牌】　与青浦、吴江共同开展“党建品牌一体共育，五心服务一体共享，行业生态一体共建”的党建联建工作，共同签订司机之家区域协作协议。推出“共享司机之家”9个，提供“暖心十条”服务；探索打造“320国道服务长廊”。新启用“司机之家”凯鸿物流等点位，累计打造“司机之家”31家，其中14家被命名为“县户外劳动者服务驿站”，2家被评为嘉善县首批星级驿站。凯鸿物流成功创建省交通运输行业首批党建示范点和县清廉单元建设培育点，党建工作案例入选省交通运输行业党建工作典型案例汇编，多式联运项目入选全省第一批“四港”联动示范项目。　（蒋佳欢）

邮　　政

【概况】　2023年，嘉善县邮政管理部门以争创“中国快递示范城市”标杆县为总抓手，较好完成各项工作任务。1—12月，全县快递业务量累计完成7009.7万件，累计业务收入9.49亿元。连续3年获评全市邮管系统目标责任制考核优秀；连续两年获浙江省邮政管理工作成绩突出集体；嘉善县星宇商圈楼宇党群服务中心骑士加油站获2023年全国“最美工会户外劳动者·服务驿站”称号；成功创建嘉兴市首个快递行业省级“新就业形态劳动者温暖行动”试点。嘉善县获评全省农村客货邮融合发展四星级样板县，为全市唯一。

【党建阵地建设】　实施“善‘邮’先锋”113工程，打造1个行业党群服务中心、1家党代表工作室、3家红色旗舰型小哥驿站。新建成的行业党群服务中心占地1360平方米，投入500多万元，是集党建工作展示、教育培训、生活休闲于一体的综合服务中心，可同时满足200多人的休息需求，为快递员群体提供餐食、休息、充电、淋浴、休闲等就近就便服务。

【资源整合】　引入县供销社整合民营快递企业，由供销社出资近亿元，完成对嘉善“三通一达”、极兔等8家民营法人企业股份的收购，整合操作场地面积22204平方米，操作设备投入1150万元，场地装修650万，新采购智能安检机4台。打造南北共配联动模式，在西塘镇建立新场地，场地面积5300平方米。在浙江省邮电职业技术学院专题开设客服培训班、安检员培训班，全面加强行业队伍建设，打造快递品牌统一进驻、统一分拣、集中派送的县级共配中心。

【区域联动】　构建协同联动机制，瞄准“党建＋业务＋人才”的定位，加强与青浦、吴江邮政管理系统沟通协作，与青浦邮政管理局签订长三角毗邻区域快递行业“党建联建”协议书，加快行业党建与业务工作深度融合发展。联动青浦邮政管理局打击快递“黄牛”，开展覆盖长三角地区的超地域范围经营专项整治行动。成功处置3起来自上海的跨区域取件“黄牛”事件，是邮政管理部门跨省市联合行动的成功案例。

【驿站建设】　推进网点规范化提升，快递企业平均每家驿站投入资金5万元，依法备案规范经营，备案快递企业及网点209个，比上年同期净增加备案网点104个，实现自建化驿站在全县全面铺开。引进连锁品牌超市“山洋生鲜”“左邻右舍”等，整合医药商店，建立综合性服务驿站，强化驿站可持续经营能力。以星级网点专项提升为指导，联合公安、消防、市监等部门制定《嘉善县快递末端网点规范化建设标准》，实现驿站建设体系化、标准化、人性化。

【行业监管】　确保维稳工作主线，实现全县寄递渠道持续稳定。检查企业及网点558家次，发现安全生产隐患649处，均落实整改到位。办结案件17起，涉及品牌10家。综合提升服务质量，开展邮政快递企业信用等级评定，督促企业提高服务能力及水平，重点查处8起不按址投递的违法行为。联合交警部门开展护航亚(残)运会快递专用电动三轮车专项行动，全县实现444辆快递专用电动三轮车登记上牌。促进数字化改革，配合市局完成嘉兴市邮政快递行业智慧管理（监控）平台项目终验，开展线上巡查，探索“线上＋线下”相结合的监管模式，提升行业监管水平。推进行业生态绿色治理，通过快递包裹向居民张贴宣传“美丽嘉善建设”“无废城市创建”等20.5万件，营造良好的宣传氛围。

【普遍服务】 对照邮政普遍服务标准，对普服网点的标识、营业时间、业务开办、收寄验视、信筒（箱）开取频次、“扫黄打非”等进行检查。全年组织开展邮政普遍服务“双随机”检查15次，开展纪特邮票发行检查17次，重要时段开展机要通信专项检查，确保机要通信万无一失。组织开展对7个新建住宅小区信报箱进行验收，与住建、国投等部门单位联系沟通，推动智能信报箱建设，大云镇缪家村安置小区智能信报箱项目完成签约。获2022年度全省邮政快递业“扫黄打非”工作成绩突出集体，为全市邮管系统唯一。2个邮政快递网点获评2023年嘉兴市邮政快递业“扫黄打非”示范标兵称号。

【终端建设】 联合县交通运输局制定《2023年嘉善县客货邮融合发展工作实施方案》与《嘉善县客货邮建设奖励考核办法》，持续推进客货邮基础设施建设，改善农村快递末端“小、散、乱”情况，推动快递进村提质增效。获评全省农村客货邮融合发展四星级样板县。进一步完善三级寄递物流体系建设，建成嘉善县谊合快递共配中心、客货邮姚庄共配中心以及一批农村快递网点、客货邮综合服务站，畅通快递服务群众“最后一公里”。

【社会服务】 颁布《善“邮”先锋红色爱心银行志愿服务积分兑换激励办法（试行）》，促进快递员融入基层社会治理。鼓励快递员担任社区微网格长、微网格员，建立每周六快递员报到日活动，参与居住地、工作地村（社区）志愿服务，参与助力乡村振兴、生态环保、社会公益等基层社会治理工作，争做带富帮富先锋，助力推进“共富工坊”建设。开展“春送岗位、夏送清凉、金秋助学、冬送温暖”等关爱慰问活动14场，服务快递员群体超4万人次。

（李　丹）

综　　述

2023 年，嘉善县谋划以数字、都市、湖区为核心的“345”现代服务业体系，加快推动生产性服务业整体跃升。发布加快服务业高质量发展 30 条，兑付奖补资金 3200 余万元。电子信息、软件信息服务、科技服务等领域企业数量不断增加，产业规模持续扩大。全县软件业务全年收入 13.86 亿元，占全市的 7.41%，居全市第三。

提供政策保障。积极响应国家及省市关于促进信息业发展的政策号召，结合本地实际，制定一系列具有针对性的政策措施，涵盖资金支持、人才引进、税收优惠、营商环境优化等方面，为信息业的发展提供坚实的政策保障。

优化产业布局。制订科学规划，明确信息业的发展重点和方向，重点发展电子信息、软件信息服务、科技服务等领域，构建以数字、都市、湖区为核心的“345”现代服务业体系。同时，积极引进和培育具有核心技术和知识产权的龙头企业，推动产业集聚和转型升级，促进相关产业链的形成和完善。嘉善力通信息科技股份有限公司等企业通过技术创新和优质服务，为智慧城市建设提供有力支持。

技术创新成果丰硕。企业加大研发投入，加强核心技术攻关，推动一批创新成果的涌现。提升企业的竞争力，为嘉善县信息业的持续发展提供有力支撑。

（曹文韬）

电　　信

【概况】 2023 年，中国电信股份有限公司嘉善分公司坚持以数字化转型为主线，以改革开放创新为动力，推进云改数转，持续优化全县信息网络体系，推动新一代信息技术在经济社会各领域的深度应用。全年，主营业务收入 2.369 亿元。年末移动用户 17.71 万户，5G 智能机用户 7.26 万户，宽带用户 11.57 万户。

【深化改革】 推进改革再深化，夯实地面责任体系，由年初 11 个支局调整为 17 个支局、25 个片区。成立工业企业拓展中心，规上企业集约服务覆盖率超 90%，赋能企业云网、数字化转型，规上企业有效覆盖率提升至 95%。推进云网改革，成立维护支局，打破维护专业间壁垒。

【网络建设】 推进 5G 网络建设，至年底开通 5G 室外基站 46 个，升级 5G800M 基站 55 个、新建基站 27 个，实现主城区、乡镇和行政村的室外连续覆盖、重点场所室内 100% 覆盖。完成 4G 补盲安装开通 29 个基站。室分开通 5G RRU 86 套，安装 4G RRU 37 台，完成开通 9 个站点的三网共建项目。完成 4G 中频一张网共享，通过共建共享累计开通 4G 电梯及地下室 354 个；推进万兆网络 XGPON 建设及老旧设备退网，全年完成 XGPON 端口割接 2605 个，实现 XGPON 设备全区域覆盖，XGPON 端口总数达到 6784 个，XGPON 端口用户占有率 94%。

【线路整治】 配合政府部门开展电信线路迁改整治，2023 年跟踪重点线路迁改项目 14 个，完成施工建设 6 个，乡镇小型迁改建设项目10余个。

【40局搬迁】 至年底完成科技大道新楼交付和验收以及新大楼机房及生产改造。完成配套设施建设和重点业务割接及设备搬迁，完成国家干线沪闵光缆、公安视频监控电路及存储，政企专线业务割接等，预计2024年一季度完成40局整体搬迁工作。

【信息化应用】 2023年，完成嘉善县供电公司立体库项目、特种设备电梯宽带安装4000条。开展危废监控二期项目，完成12家企业签约，累计签约企业数量57家。推进卫生条线5G“生物安全在线”数智监管平台项目，完成5家医院签约，4家完成施工并成功上线。教育条线签约93所公立学校外网使用改造项目，开展全县69所学校IPV3升级IPV4设备改造，其中24所学校正在实施中；完成12个学校无线覆盖维保和亭桥小学智慧校园项目。工业条线以“凌云行动”为牵引，签约日善电脑5G定制网项目、中科冠腾5G定制网及工业PON信息化项目。

【治安监控】 2023年，中标和签约2023年嘉善县社会治安动态视频监控系统租赁到期点位续签延保服务项目。完成550个新建监控点位项目验收、317个点位上线以及741个改造点位项目建设和验收。完成1683个治安监控改造点位项目验收、祥符荡创新中心101个治安监控和19个公共点位验收。

【云上嘉善】 完成“云上嘉善”IDC机房二期扩容工程建设，新部署物理机80台。至年底，“云上嘉善”部署物理服务器260台，上线业务单位44个，开通虚拟服务器917台。中标嘉善县“云上嘉善”第三批信息化建设项目（一期）（二标段）和嘉善县“云上嘉善”第三批信息化建设项目（一期）（三标段）。

【数字乡村】 全年累计签约数字乡村4个，开通数字乡村平台43个，承建标品监控2500余个。中标镇东村未来乡村应用系统项目及2023年嘉善县天凝镇凝北村等3个村的高标准农田（粮功区）改造提升建设项目。

【网信安全】 强化窗口单位宣传职责，把好入网关，配合上级公司及公安、网信办开展数据核查关停、PCDN整治，全年防诈防骚扰电话核查超1000个，关停190余个，12321（网络不良与垃圾信息举报受理中心）关联核查关停26个。2023年嘉善公安涉案号码8户，同比下降20%，未出现同址多宽、多固引起的相关涉诈问题。完成杨庙OLT脱网、城西大道118条光缆中断等重点抢修任务。完成亚运会、互联网大会、进博会等期间重保工作和大云巧克力小镇、西塘汉服文化节及政府各类重大活动的网络保障。

【服务提升】 建立以客户为中心的服务运营机制，强化首问责任制，定期召开前后端联席会议，设立“最美营业厅”“最美营业员”评比等多举措提升服务工作。全年综合满意度84.3%、宽带业务满意度84.1%、移动业务满意度83.8%。实体渠道满意度年均99.91%、装维服务满意度年均99.94%、政企客户经理服务满意度年均99.93%、VIP客户经理满意度年均100%，县长电话办结率100%。全县所有门店加载适老化服务，12家“爱心翼站”为快递小哥、外卖骑手、环卫工人以及老年人、残疾人、孕妇等群体提供休憩补给、餐食加热保鲜、应急医药箱等公益服务。组织幸福课堂、免费贴膜、线上授课等活动42场，服务超200余人次。接应地方政府文明城市创建相关工作任务，参加交通路口文明劝导、社区志愿服务等活动。 （沈秋萍）

移　动

【概况】 2023年，中国移动嘉善分公司在助力区域经济发展、赋能数智化转型、保障和改善民生等方面取得积极成效。嘉善分公司通信信息化服务收入超6.5亿元，服务手机用户数近60万。获评浙江公司“六好”党支部、浙江公司十佳支部品牌、浙江公司优秀团队、嘉兴分公司先进基层党组织等荣誉。

【网络建设】 全造5G精品网络，建成5G基站超过1200个，实现全县域内行政村5G网络全覆盖，境内全部高速、高铁的连续覆盖；在长三角一体化示范区实现镇区、工业园区、景区等重点区域的全覆盖。全面升级高速全光网络，助力全千兆智慧城市建设。精准部署10G PON网络资源，在千兆光网全域覆盖的基础上，着力推进小区楼栋、小微楼宇、沿街商铺覆盖到户，加快城镇小区千兆升级。

【长三角一体化建设】 助力10余个数字化改革场景，构建“泛在可及，触手可达”的协同服务模式，归集长三角示范区三地政务服务，并普惠老年人颐养智享，增强群众办事获得感。通过信息技术有效推动源头整治到执法监督全过程协同联动，落实跨界水体联合治理，并充分利用区块链不可篡改特性，实现跨域证据“一方取证多方使用”。

【数智民生】 搭建嘉善县出行及停车保障“共享车位”数字化平台系统，做好高频停车区周边及市民夜间停车的共享资源匹配，盘活学校、农贸市场高频区域周边的机关单位、酒店、商超等的现有车位，有效解决市民在日常生活中的停车难、停车累的问题。承建嘉善县数字燃气平台系统项目，全面实现优化管理、强化安全、服务百姓。启动“基于5G双域网络的全域巡回医疗服务体系项目”建设，在嘉善全域范围内，利用移动5G双域网络技术为乡村地区巡诊服务提供特定区域内统一连接的安全通信方式，实现以一张网、一终端成功协助巡诊医生，让村（社区）居民不出小区就能获得现场诊疗、配药、健康咨询、慢性病管理、医保结算等移动巡诊服务。

【乡村振兴】 承接未来社区及智慧农业建设，成功落地参与农科所现代数字农场、干窑长生村、陶庄社区未来社区、姚庄学苑未来社区、大云果蔬产业示范基地等多个项目建设，赋能全县多个未来社区打造。助力数字交通服务，基于超级SIM技术，在全县域公交出行基础上延伸各类通路，助推长三角城乡交通出行一体化。

【基层智治】 助推治理水平现代化，参与嘉善县基层智治综合应用项目，创新运用低代码、可视化配置工具集成贯通省市县30余项应用。助力“区域协同万事通”应用场景建设，承载示范区民生“一卡通”“区块链＋医保智能理赔”、执法跨域协作等13个子场景应用。落地参与构建大云镇高效设施果蔬产业示范基地智慧农业云平台等项目，助力实现“无人”“少人”和“智能”的现代化农业生产模式。围绕乡村安防管理、家社联动等方向，推动AI监控、智能通知、分组电视等智能产品进村社，累计建设数智精品村社90个。

【服务社会】 全年累计处置高危疑似诈骗号码1.6万余个，联动各乡镇、街道开展大型反诈宣传200余场，发放宣传单页3万余份、海报5000余张，发送反诈短信280余万条。助力文明城市建设，全年完成飞线整治超4000户，累计出动各类志愿服务100余人次。助力政务信息宣传，配合政府推送平安建设调研、防汛抗台提醒等信息近1100万条。建设“善爱e家”服务站点，阳光路营业厅获2023年浙江省“最美工会户外劳动者服务站点”，亭桥南路等13家营业厅“善爱e家”被命名为嘉善县第三批户外劳动者驿站。 （史彦桦）

旅游业

综　　述

2023年，嘉善县抢抓市场复苏时机，通过“产业消费双升级”提质换档，文旅消费呈现出强劲的恢复态势。年内，全县接待全域游客1312.8万人次，过夜游客751.2万人次，比上年分别增长80.9%和93.1%，两项数据同比增速位居全省首位。

文旅深度融合，抢抓创建项目品牌。青吴嘉三地联合申报创建国家文化产业和旅游产业融合发展示范区，在姚庄镇沉香村建立长三角生态绿色一体化发展示范区旅游(嘉善)服务中心。青吴嘉三地文旅部门签订示范区文化旅游战略合作框架协议。嘉善县被纳入省级文化产业赋能乡村振兴试点，为嘉兴市唯一。指导歌斐颂巧克力小镇成功创建成为国家级工业旅游示范基地。

突出数字赋能，促进应用迭代升级。运用数字赋能，抢抓文旅消费“新赛道”，打造全新消费场景“游浙里”嘉善品牌馆，全年新增注册用户22811人。推动“禾塘智治”项目建设，依托西塘古镇，形成景区数字化管理应用闭环。

推进研学旅行，强化部门合作联动。与教育等9部门联合出台《关于进一步推进中小学研学旅行的实施意见(试行)》，鼓励扶持旅游企业策划研学产品。举办“带着课本游善城”暨嘉善文旅第三届童声讲述善城往事大赛。

抢占先机，抓消费复苏。出台《“留嘉过大年 旅游开门红”嘉善县加快旅游市场复苏若干意见》，做法获市委书记陈伟批示。举办“我在嘉善过大年”(上海)主题推广活动。县镇两级发放消费券近2500万元。牵头举办2023年嘉善县首届啤酒龙虾节。

走出去请进来，抓紧落地推广。组织举办“心游嘉兴·豫见嘉善”2023嘉善文旅(郑州)推介会。组织旅游企业参加2023海峡两岸台北夏季旅展。推动马来西亚品牌咨询公司RNG与西塘国旅成为战略合作伙伴。组织县内文旅企业参加国内文旅推介会10余场。作为浙江省唯一代表参加“2023长三角自驾游产业发展大会”自驾游示范目的地授牌仪式。

强化发展合力，推动项目招商。从文创设计产业链入手，多渠道开展招商工作。赴京对接中国广电体育赛事频道总部和世界电竞总部基地项目。赴华东理工大学艺术设计与传媒学院、德必集团招商。邀请广东省广集团两次赴嘉善考察洽谈合作。助推嘉善影视综艺小镇与东方卫视合作，录制SMG年度大型综艺《爱乐之都青春季》。

注重政策推进，促进企业复苏。制定新一轮旅游企业奖补政策，启动推进全域旅游发展奖励资金的申报工作；完成2023年度嘉善县推进全域旅游发展奖励资金兑付工作。

深化对口合作，服务大局有效。组团参加丽水文旅产品采购大会暨丽水市首届文旅产品交易会。邀请九寨沟县和庆元县文旅局参加“心游嘉兴·豫见嘉善”2023嘉善文旅(郑州)推介会，与河南旅游企业开展合作交流座谈。组织“善行天下”了凡巡展赴九寨沟举办相关工作。

加大政策扶持，发挥杠杆作用。积极扶持企业拓展客源市场，增加过夜消费，推动住宿业发展；加大星级饭店提档升级、提升改造奖励力度。聚焦“吃住行游购娱”六大主题，充分发挥嘉善县旅行社协会的协调作用，带动住宿业企业与景区、旅行社等合作与互助，进一步丰富旅游业消费产品，增强住宿业和旅游企业吸引力。借助嘉善县举办或承办的各类文旅活动和体育赛事，有针对性地引导客户住宿，激发住宿业的消费潜力。

县镇联动协同，激发后续活力。进一步加强与发改、统计、市场监管、税务和公安等部门的沟通对接，发挥镇街联络员队伍作用，加强走访调研，掌握各镇(街道)“达规”住宿业企业名录，精准提升住宿业企业的业绩。着眼于国际品牌、高星级、高品质酒店，加大文旅大项目、好项目的招引力度，紧盯西塘、大云、姚庄等在洽谈的文旅项目资源，加快项目落地产出，激发嘉善住宿业后续活力。

推进数字化改革，建设“禾塘智治”。做好云游嘉善的迭代升级，推进“禾塘智治”数改项目建设。结合2024年旅游市场宣传营销活动计划和乡村振兴考核指标，联动县镇企业，提高云游嘉善和“游浙里”嘉善品牌馆的关注度、使用率和赛马考核中“旅游通活跃度”的得分率。

开展文旅宣传，推广山海协作。扎实推进消费品牌创建行动，持续做好百县千碗·佳膳十碗“六进”活动的推广，做好“西塘古镇汉服市集”和“大众广场后备箱市集”的培育和指导，挖掘嘉善本地创新市集场景和内容，注重培育文旅市集品牌后备力量。精准投放文旅形象宣传广告，提升嘉善文旅的知名度和影响力。与庆元、九寨沟就文旅宣传等方面开展合作，促进共同富裕。

旅游行业管理

【文化和旅游资源普查】 完成全县四五级单体和资源优集区的省级专家评审，县文化和旅游资源普查报告、单体名录和资源优集区汇总表完成制作并上报。完成资源普查报告县级部门乡镇专家评审会。

【文旅深度融合】 印发《嘉善县文旅深度融合高质量发展实施方案》。启动省全域旅游示范县复核工作，完成台账制作收集汇总工作。

【“百千万”创建】 2023年，西塘申报创建AAAAA级景区镇，陶庄镇申报创建AAA级景区镇，天凝镇蒋村村启动AAA景区村庄创建工作。西塘、陶庄完成创建方案，天凝镇蒋村村完成规划编制和施工图设计方案评审。2023年，全县创建无废景区2家、等级旅游厕所5座，完成省等级旅游驿站创建3座，大云十里水乡旅游驿站获评省一级旅游驿站，江家村彩虹驿站和武长村旅游驿站获评省三级旅游驿站。

【微改造·精提升】 至12月底，浙江省“微改造·精提升”项目库中，嘉善有项目342个，其中2022年结转项目19个，2023年入库323个。计划总投资15.32亿元，年度计划投资14.29亿元，当年实际完成14.31亿元，完成率为100.1%。

【安全生产】 召开全县旅游安全委员会风险研判会议暨2023年旅游行业安全生产会议，与旅游企业代表签订安全生产目标责任书。对A级旅游景区开展抽查和自查，对保安系统上的问题隐患录入和落实闭环整改措施；多次完成省“除险保安”督查组下发的问题隐患交办单，督促相关问题企业落实闭环整改措施。1月和3月，分别召开旅行社专题安全会议、“嘉善县旅行社包车租用车辆安全告知”会议和旅行社组织接待游客出行安全会议等。在节假日期间组织开展安全生产检查工作。

【大排查大整治专项行动】 制定《嘉善县旅游领域安全生产隐患大排查大整治专项行动方案》，4月底初步完成旅游领域检查大覆盖。出动检查人员217人次，检查文旅体场所368家次，开展联合检查次数7次，发现各类问题隐患85个均完成整改，整改率为100%。其中旅游领域68个(重大问题隐患0个)，均完成整改并录入除险保安系统。发现旅游包车涉案线索1条，移交县交通行政执法队处理。行动期间未发生旅游领域安全生产事故。

【推进大云度假区创建】 2023年，大云度假区创建国家级度假区工作稳步推进，组织人员多次到度假区开展调研，从完善度假区基础设施、提升现有项目、植入新业态等方面出谋划策。大云国家级旅游度假区创建提升规划完成县、市、省三级部门专家评审。

旅游资源

【概况】 至2023年底，全县有A级旅游景点8家、星级旅行社12家。

表 14　　2023 年嘉善县星级旅行社汇总

序　号	单　　位	星　级	序　号	单　　位	星　级
1	浙江行游天下国际旅行社有限公司	五星级	7	嘉善悠游假期旅行社有限公司	三星级
2	嘉善西塘国际旅行社股份有限公司	五星级	8	嘉善甜蜜大云旅行社有限公司	三星级
3	嘉善旅行社有限公司	三星级	9	嘉兴云溪旅行社有限公司	三星级
4	嘉善中青旅游有限公司	三星级	10	嘉兴海棠旅游有限公司	三星级
5	嘉善县嘉虹旅行社有限公司	三星级	11	嘉善旅游集散中心有限公司	三星级
6	嘉善金桥旅行社有限公司	三星级	12	嘉善远足旅行社有限公司	三星级

旅游活动

【西塘汉服节】　11 月 4 日，举办第十一届西塘汉服文化周，超 15 万人次游客参加，谋划构建汉服全产业链生态圈，协调推进“一园、一链、一场景”汉服产业五年发展规划。新招引开业汉服旗舰店 110 余家，总投资 3 亿元的汉服梦工厂一期完成开工前期准备工作。西塘汉服文化周内容，包括朝代嘉年华、汉服好声音、水上 T 台秀、汉服之夜、水上传统婚礼、汉服相亲大会、汉服发展高峰论坛、国学好好玩、“西塘杯”传统射箭邀请赛、草船借箭、中国风集市、文创作品展、霹雳之夜、拜师礼、铠甲展、中华武备展演、“西塘杯”古诗词大赛、全民汉服 K 歌生日会、美少女雅集、每日主题穿搭、礼·乐、一席一会、杨树云中国古典妆造大师课、汉礼婚博会、汉服橱窗、汉服娃衣展、国学讲堂等。

西塘古镇景区

【概况】　2023 年，西塘古镇景区以千年古镇品质复兴为总体目标，加速凝聚烟火气，全面推进抢游客争订单、拓业务增营收、修内功提品质、排隐患保安全，较好完成年初制定的预期目标。景区全年接待游客 1110 万人次，同比增长 298.71%；实现营收 1.86 亿元，同比增长 330.07%；带动旅游行业收入 21.89 亿元，同比增长 718.77%。

【旅游复苏】　春节期间，给予正常营业商户稳岗促产补助 200 万元，减轻经营户压力，景区商户开业率及游客接待量均超过疫情前同期水平。景区自主发放散客消费券、团队消费券 10 万张共 800 万元。推出旅游专项和过夜专项消费券 250 万元。合计发放各类文旅消费券 1250 万元。

【拓展市场】　谋划“汉服中国年”“西塘赏花季”等汉服 IP 活动。在夏季营造“全民亚运”氛围，开放免费夜游，创新推出常态化夜游体验套餐及汉服集市，西塘古镇汉服集市获全省文旅“十大烟火集市”。围绕“抢游客争订单”，线下线上同步发力，开拓长三角外客源市场，增大景区曝光率。在西安、青岛、郑州等地开展旅游推介，并作为嘉兴唯一景区代表参加中国文化旅游博览。西塘国旅获评五星品质旅行社，与境外多家旅行社签订合作协议。多次登上人民日报、央视频、钱江晚报等主流媒体，国庆期间在 CCTV4 中文国际频道《早安中国》向全世界推介西塘古镇。

【多元经营】　逐步减少“门票经济”占比，加快向门店经营、文创售卖、美食餐饮等多元化经营转变，提升经营收入。首家镇属国资酒店——牧月酒店开业，汉服品牌茶室——留云记完成品质提升，“西塘有礼”品牌旗舰店完成搬迁，内地首家方文山工作室完成建设并投入使用。2023 年，景区业态收入占总营收的 42%。

【商业文创】　梳理原索具厂、中一模具厂等 12 宗地块，推动核心景区从 1.01 平方公里向 3.03 平方公里延伸。强化资产再利用，19 处资产对外招租价较评估价实现翻番。加快招引文旅新业态，“CW 新零售”、麦当劳、哈根达斯、罗森、莎布蕾等知名品牌先后落户景区。深挖历史文化资源，打造七老爷 IP、西塘四季、清廉西塘、非遗系列、西塘汉服文化IP等系列文创产品50余件，实现文创相关收入约43万元。

【加强规划】 梳理形成《嘉兴市西塘古镇保护条例》，通过省、市人大常委会批准并正式施行；同步启动《条例》配套规定制定工作。启动新一轮《嘉善县西塘历史文化名镇保护规划》修编。景区25万平方米建筑全部实行安全动态监测并完成3D航拍建模。

【景区改造提升】 推进景区13个品质提升项目，总投资4270万元，包含酒文化博物馆、配电房扩容、景区旅游标识系统提升、旅游道路交通标识系统提升等，完成日常公共设施设备修缮、绿化养护以及各类小型提升项目2800余项。围绕智控管理、综合预订、票务管理等，推进数字化景区3.0建设。票务新系统上线运行。

【景区安全】 树立“旅游安全是景区的生命线”理念，落实景区房屋装修装饰审批制度，严控违建行为，全面提升景区品质。全年受理房屋装修申请679起(其中通过622家)；累计拆除违建约230平方米，恢复古建筑格局200余平方米。开展景区旅拍行业专项整治，整改不合规店招58户、违规标价12户。规范电瓶车充电，重新布控弄堂线路，在周边公共区域新增充电位456个；燃气报警器、专用金属管及切断电磁阀等安装，实现餐饮商家全覆盖。景区内民宿客栈、餐饮酒家的消防喷淋安装率为100%。

【行业自治】 6月12日，完成西塘旅游协会换届。定期组织召开协会座谈，引导协会完善行业管理办法并常态化实施，提升景区文明经营状况。 (曹　琦)

建筑和房地产业

综　述

2023年，嘉善县建筑业总体运行稳中有进。全年建筑业产值68.72亿元（含外省产值5.49亿元），同比增长11.92%。实现利润0.2043亿元，上缴税金0.83亿元。嘉善本地建筑业施工企业共159家，施工总承包94家（其中一级企业5家、二级企业29家、三级企业60家），施工专业承包60家，施工劳务5家，监理企业10家。设计企业2家，质量检测机构2家。年内，1个工程项目获评省钱江杯（优质工程），3个工程项目获评南湖杯（优质工程），33个工程项目获评泗州杯（优质工程）。

围绕安居、宜居工作主线，出台房地产保稳政策，开展物业服务品质“双提升”行动，以满足人民群众安全舒适的居住环境和日益增长的居住需求。推进住房保障、房地产开发和危旧房整治等工作。房地产销售面积增速居全市前列。持续推进“房地产开发一件事”建设智慧房产管理系统试点建设；三季度七优享住有宜居项目考核位列全省第一。

建　筑　业

【市场监管】　全年累计办理施工许可证147个，项目面积525万平方米，工程造价135.2亿元。办理竣工验收备案项目146个，面积545.3万平方米。累计完成招标文件备案229件，造价166.8亿元，面积353.1万平方米。实名制考勤率为98.95%，排名全市领先，在建项目银行农民工工资开户率全覆盖。出具建筑市场专项整治检查的整改通知单110余份。

【质量安全监管】　全年累计出具建设工程质量监督报告550份，竣工面积713万平方米。累计出具质量整改通知单835份，共计质量问题3900余条；建筑原材料抽检360组。开展混凝土质量和质量检测专项整治，移送涉及安全生产行政处罚案件19起。

【安全生产标准化管理】　持续加强建筑施工安全生产标准化管理，7个项目获评“省级标准化优良工地”，18个项目获评“市级标准化优良工地”。

【消防验收】　全年完成消防验收、备案抽查项目244个，其中必审必验项目58个，消防备案抽查项目186个。验收合格或已办结并出具消防验收备案登记表项目244个。加大执法力度，现场执法（含消防复查）246人次，发现消防隐患2291条，出具不合格意见书5份。完善联合执法协同机制，会同县消防救援大队和县综合执法局针对45家企业开展消防安全联合检查，累计移送安全违法线索31起，立案处罚16起，处罚金额22.06万元。

【绿色节能】　全年新核准城镇新建民用建筑项目节能审查意见书27个，新开工建设民用建筑项目17个。三星级绿色建筑（设计）项目1个，二星级以上绿色建筑面积占比97.7%；嘉善县城建档案馆项目申报二星绿色建筑标识；全年累计可再生能源建筑应用面积53.07万平方米，高比例可再生能源建筑嘉善新城中心学校，建筑面积5.84万平方米；新开工装配式建筑项目12个，面积累计162.5万平方米；近零能耗建筑项目1个；既有公共建筑节能改造项目4个，面积累计3.46万平方米，既有居住建筑节能改造项目5个，面积累计3.01万平方米。

【招投标管理】 强化建设工程领域招投标事后监督，严把跟踪核实关。全年累计完成招标文件备案154件，造价90.74亿元，面积176.30万平方米。对政府投资额2000万以上的县级项目，由招标单位组织县发改局、县建设局、县政务数据办对招标文件进行联合会审，全年现场会审9个项目。

【行业管理】 开展建筑业企业“双随机”检查，累计抽查25家，其中总承包企业24家、专业承包企业1家。

【优化建筑许可】 全年完成“联合验收”现场踏勘87个，联合验收87个。4个项目实现“拿地即开工”。推行施工图分类改革，针对特殊建设项目、一般风险项目、低小风险项目，推行对不同工程分类实施差异化的施工图审查和管理方式，共有150个一般工程项目施工许可前不再审查，26个特殊项目施工许可前开展审查。

房地产业

【网签情况】 全年商品房网签备案面积43.8万平方米，同比增长－8.75%，其中住宅39.95万平方米，同比增长－1.65%；商品房网签备案金额72.77亿元，同比增长0.15%，其中住宅网签备案金额68.22亿元，同比增长4.78%。全年二手房累计交易面积51.22万平方米，同比增长31.58%，其中住宅交易面积47.32万平方米，同比增长32.12%。累计销售5634套，同比增长34.08%，其中住宅销售5022套，同比增长30.14%。二手房网签备案均价为10803元/平方米，其中住宅网签备案均价10842元/平方米。

【行业监管】 开展开发经营领域专项行动，印发《关于开展行业严管十大行动打造最佳营商环境的通知》，对全县20余家在建在售项目开展专项行动检查工作，累计发现问题线索7条，下发整改函5份。开展“双随机”联合检查，联合县市场监管局和县税务局开展“双随机”检查工作，抽取10家房地产企业作为检查对象，对广告宣传不规范和案场信息公示不完善等问题要求限期责令整改。开展商品房预售资金监管检查，会同县银保监组和人行嘉善县支行联合开展商品房预售资金专项检查行动，累计发现问题20余条，下发整改通知书4份。出台房地产保稳政策八条意见，意见实施购房契税补助，新婚、新生育及二孩、三孩等购房补贴等利民措施。全年审核通过二孩、三孩购房补贴175户，发放资金730余万元。做好保交楼工作，全年推动16个楼盘顺利交付，化解房地产领域市重点风险项目1个、县风险项目3个。先后推动润泽华庭、东辰名邸、孔雀城9.4期以及涉碧桂园等3个项目（大云星辰苑、金悦学府和枫境澜庭）交付风险突出项目风险化解工作，问题楼盘处置化解阶段性成效获市委常委、县委书记江海洋批示肯定。

【房地产开发资质】 全年新增（延续）备案房地产经纪机构25家，累计备案57家，经纪人员186人。全年指导21家房地产企业取得房地产二级开发资质。

【住宅区、楼宇地名命名】 进一步规范城区具有重要地理方位意义的住宅区、楼宇地名预命名、命名、更名工作，全年办理38件住宅区预命名更名业务，其中住宅小区30件、建筑物8件。

【城镇危旧房排查】 针对2022年第三次城镇房屋调查登记工作中排查新增的1幢C级危房（嘉善一中教工宿舍），于2023年12月15日完成住户解危签约和人员腾退工作，2024年元旦拆除。针对2022年度自建房排查中西塘镇新增的2幢城镇其他自建房C级危房，于2023年11月完成维修加固工作，并出具B级复核鉴定报告。针对大云镇新增的1幢城镇其他自建房C级危房，于2024年1月完成维修加固工作。

【白蚁防治】 进一步提升白蚁防治技术水平和服务质量，完成2023年白蚁监测装置招标工作以及新建房屋白蚁防治合同的续签工作。全年完成新建白蚁防治工程24项，面积244.90万平方米，完成监测装置安装5601个，发放预防证明书10份。累计接听群众蚁害来电76次，完成旧房灭治76户次，灭治面积0.79万平方米，完成率100%。

【住房保障】 提升公租房管理水平，根据公租房套数按照比例配置专职人员，成立公租房管理专班。加大住房保障力度，筹集保障性租赁住房3952套，发放保障性租赁住房项目认定书6份。全年新增公共租赁货币补贴家庭245户(其中新居民家庭122户，新就业职工16户)，完成公共租赁住房租赁补贴续保家庭保障条件年度复核，认定731户(其中新就业职工10户)家庭可继续享受保障。全年发放公租房租赁补贴669.6164万元；发放一次性经济适用住房购房货币补贴家庭户2户，发放金额50.4万元。完成17户经济适用房家庭上市交易(包括2户经适房补贴)，政府收回补缴金额6575153.72元(包括经适房补贴金额为171270元、不包括土地使用权出让金)。完成房改房上市交易审批142户，出具房改证明241次，房改购房审批19户，住房补贴审批4户。

【物业管理】 做优做强物业服务品牌，专业物业覆盖率为90.18%。全面开展党建引领三方协同共治，全县307个小区组建业委会220个，组建率为71.66%，业委会党员占比55.06%。推进既有住宅加装电梯，全年联合审查通过小区单元加装电梯12台，建成交付加装电梯15台。推进物管行业严管严督，开展高层建筑消防安全、小区防汛防台专项检查督查92次，出动人员281人次，检查项目258个，整改隐患373处。 (蒋伟红)

计划管理

【概况】 2023年,嘉善县计划管理工作在落实宏观调控政策、加强年度计划、规范规划编制、推进项目建设等方面履行参谋、调控、协调、服务职能,推动全县经济社会平稳向好发展。

【年度计划】 起草《关于嘉善县2023年国民经济和社会发展计划执行情况及2024年国民经济和社会发展计划草案的报告》,经嘉善县第十七届人民代表大会第20次会议审议通过。起草《关于嘉善县2023年上半年国民经济和社会发展计划执行情况的报告》,经县十七届人大常委会第15次会议审议通过。完成《关于嘉善县2023年上半年国民经济和社会发展计划执行情况报告的审议意见落实情况的报告》。

【指标完成情况】 在2023年初确定的14项主要指标中,有10项指标预计能够达成预期目标,有1项指标预计基本完成预期目标,有3项指标与预期目标还存在一定差距。地区生产总值实现908.11亿元,同比增长7%,高于年度预期目标1个百分点。其中,一产增加值实现23.69亿元,同比增长3.4%,高于年度预期目标1.4个百分点;二产增加值实现516.48亿元,同比增长6.7%,低于年度预期目标1.3个百分点;三产增加值实现367.95亿元,同比增长7.7%,高于年度预期目标2.7个百分点。一般公共预算收入实现84.75亿元,同比增长5.3%,高于年度预期目标0.3个百分点。固定资产投资总额实现397.29亿元,同比下降5.2%,低于年度预期目标15.2个百分点。社会消费品零售总额实现289.61亿元,同比增长8.7%,高于年度预期目标3.7个百分点。实际利用外资4.86亿美元,低于年度预期目标0.14亿美元。进出口同比下降13.47%,低于年度预期目标23.47个百分点,其中,出口同比下降13.25%,低于年度预期目标21.25个百分点。城镇居民人均可支配收入实现76921元,同比增长5.7%,农村居民人均可支配收入实现50183元,同比增长6.3%,均符合城乡居民收入稳步增长的年度预期目标。新增城镇就业人员34836人,超额完成年度预期目标。研究与试验发展经费支出占地区生产总值的比重4%,完成年度预期目标。万元地区生产总值综合能耗下降、万元地区生产总值二氧化碳排放量下降、主要污染物排放下降均完成上级下达目标。

【规划编制计划】 《关于印发嘉善县2023年规划编制计划的通知》经十七届县政府第23次常务会议审议通过。列入2023年度规划编制计划71项,涉及16个单位。经费预算4987.1万元,其中要求县财政列支经费823.6万元。《关于印发嘉善县2023年规划编制调整计划的通知》经十七届县政府第29次常务会议审议通过。增补列入2023年度规划编制计划16项,涉及6个单位。经费预算总计540万元,其中要求县财政列支经费规划3项,总计130万元;其余规划均为自筹。

【项目年度计划完成情况】 2023

年初确定县本级政府投资续建、新建项目39项，总投资199.03亿元，年度计划投资26.66亿元。12月，调整计划经县第十七届人民代表大会常务委员会第17次会议审议通过。调整后，县本级政府投资续建、新建项目51项，总投资205.68亿元，年度计划投资23.52亿元，全年完成投资24.55亿元，完成年度计划的104.42%。续建项目31项，总投资113.97亿元，年度计划投资22.15亿元，全年完成投资23.01亿元，完成年度计划的103.90%。新建项目20项，总投资91.71亿元，年度计划投资1.37亿元，全年完成投资1.54亿元，完成年度计划的112.92%。新建项目开工率90%，仅兴善公路（晋阳西路—浙苏省界段）、嘉善至象山公路嘉善段改建工程（嘉青昆快速路）分别因受用地报批和上级政策影响无法如期开工建设。年初确定县本级国资投资续建、新建项目64项，总投资466.15亿元，年度计划投资45.18亿元。12月，调整计划经县第十七届人民代表大会常务委员会第17次会议审议通过。调整后，县本级国资投资续建、新建项目65项，总投资292.22亿元，年度计划投资29.31亿元，全年完成投资38.99亿元，完成年度计划的139.30%。续建项目42项，总投资150.20亿元，年度计划投资23.48亿元，全年完成投资32.71亿元，完成年度投资计划的139.30%。新建项目23项，总投资142.02亿元，年度计划投资5.83亿元，全部开工建设，全年完成投资6.28亿元，完成年度计划的107.71%。年初确定镇级投资续建、新建项目163项，总投资472.90亿元，年度计划投资87.54亿元。12月，调整计划经县第十七届人民代表大会常务委员会第17次会议审议通过。调整后，镇级投资续建、新建项目161项，总投资437.96亿元，年度计划投资72.55亿元，全年完成投资78.72亿元，完成年度计划的108.52%。续建项目88项，总投资373.61亿元，年度计划投资63.89亿元，全年完成投资69.87亿元，完成年度计划的109.37%。新建项目73项，总投资64.35亿元，年度计划投资8.66亿元，全部开工建设，全年完成投资8.85亿元，完成年度计划的102.19%。2023年县“365”重大项目212项，总投资2009亿元，年度计划投资228.31亿元，全年完成投资250.05亿元，完成年度计划的109.52%。

（任一冰）

三产服务业管理

【概况】 2023年，嘉善县实现服务业增加值367.95亿元，按可比价格计算，同比增长7.7%，占地区生产总值的比重为40.5%。实现服务业投资239.33亿元，同比下降11.4%，其中，不含房地产投资152.93亿元，同比增长19.7%。实现服务业税收50.85亿元，同比下降19.7%。罗星街道、魏塘街道、惠民街道等列2023年度全市镇（街道）服务业高质量发展竞赛评价前20位，其中罗星街道列第5位。嘉善县被列入第一批浙江省新型消费城市建设试点。

【行业发展】 2023年，全县社会消费品零售总额289.61亿元，同比增长8.7%，其中，城镇消费品零售额208.73亿元，同比增长5.0%；农村消费品零售额80.88亿元，同比增长20.1%。全年接待游客925.3万人次，实现旅游总收入111亿元，同比分别增长50.3%和21.7%。全县各种运输方式（不包括铁路）货物周转量644369万吨公里，同比增长17.4%，其中公路383454万吨公里，同比增长18.2%。年末，全县金融机构本外币各项存款余额2030.16亿元，比上年末增长12.5%，其中人民币存款余额1882.54亿元，增长12%；全县金融机构本外币各项贷款余额2322.97亿元，比上年末增长19.1%，其中人民币贷款余额2223.44亿元，增长19.5%。

【平台建设】 加快构建空间布局合理、产业定位清晰、规模能级领先、资源集约高效、特色错位发展的服务业平台发展格局。大云数字文旅现代服务业创新发展区被列入全省第三批现代服务业创新发展区，累计创成省级现代服务业创新发展区3个、市级现代服务业创新发展区1个。

【招商引资】 成立服务业招商推进组和设计产业链招商专班，指导镇（街道）加强工作力量配备，推动形成“发改统筹、部门联动、主体落实”的服务业招商新机制。举办2023长三角·嘉善现代服务业（上海）推介会，与上海现代服务业促进中心、上海市文化创意产业促进会等开展战略合作。2023年，全县新签约服务业项目

55 个，其中总投资超亿元项目 15 个，5 个项目实现当年签约、当年落地、当年纳统。

【项目推进】 推进省、市、县服务业重点项目建设，年初排定 2023 年度县重点服务业产业类项目投资计划，76 个项目被列入计划，其中 27 个项目被列入年度嘉兴市服务业“百项千亿”重点项目计划，雨露空间生鲜水果智慧冷链物流、阿里巴巴长三角智能计算基地、金融创新中心、嘉善县历史街区改造（梅花坊）、善城中心等 5 个项目被列入省服务业重大项目计划。金融创新中心完成结顶，并引进希尔顿酒店等项目。2023 年，省、市、县重点项目分别完成年度计划投资的 189.8%、158.4%和 145.1%。

【企业培育】 实施分类分层企业培育机制，统筹推进龙头企业梯度培育计划与中小微企业成长计划，通过“个转企”“下转上”等方式分类引导企业做大做强。2023 年，全县新增规（限）上服务业企业 70 家，中固企服入选年度全市服务业领军企业名单，东方大厦、力通科技、易尤特检测、新狮人力等入选年度全市服务业重点行业规上用地企业“亩产效益”领跑者名单，爱迪曼、雨露空间等 58 家企业入选年度全市服务业重点企业名单。

【楼宇经济】 加强重点楼宇培育，推进楼宇资源与项目资源精准对接、高效配置，促进产业链式集聚，着力将楼宇经济变成税源经济，打造“空中园区”。2023 年，全县 18 幢纳统楼宇总商务面积 60.43 万平方米，入驻率为 82%，全年税收总额 10.11 亿元，同比增长 7.9%；累计培育星级商务楼宇 9 幢。 （计冰燕）

能源工作

【概况】 2023 年，嘉善县全面落实习近平生态文明思想，坚决贯彻国家、省、市关于加强能耗“双控”工作的决策部署，把节能工作始终贯穿于经济社会发展全过程和各领域，以“双示范”建设为主线，打好能耗“双控”持久战和攻坚战，全年全社会单位增加值能耗下降 5.1%，列全市第一。

【能源绿色转型】 光伏应用成效显著。印发《嘉善县“光伏储能虚拟电厂”“三位一体”综合示范项目建设实施方案》以及《2023 年光伏建设项目计划》，奠定全年光伏发展总体基调。全面推进光伏项目建设，全年新增光伏装机并网容量 168 兆瓦，创年度并网容量历史新高。建成长三角生态绿色一体化发展示范区单体屋顶容量最大的分布式光伏电站项目（30 兆瓦），形成示范效应。储能建设规范有序。印发全市首个县级储能规范管理文件《嘉善县“十四五”第一批新型储能建设项目计划》，按照规范管理、稳妥有序的原则推进一批储能项目建成投用。推进“长三角一体化示范区低碳绿色新型电力系统园区示范项目”建设，并按省发改委要求形成中期评估报告。2023 年全县完成储能项目建设 22.1 兆瓦。充电桩建设有条不紊。印发《嘉善县电动汽车充电基础设施布局规划（2023—2025 年）》，明确形成以城市地区为中心，向农村地区延伸的充电基础设施总体格局。依托嘉兴市民生实事工程建设，全年新增公共充电桩 300 余根，进一步完善充电基础设施网络。

【能源供应保障】 加强民营项目用能保障。坚持“用能权就是发展权”理念，通过争政策、扩增量、挖存量，多侧协同全力保障民营企业用能需求。2023 年腾出用能 4.4 万吨标准煤，连续 3 年开展能效诊断服务工作，推动实施节能降碳项目 98 项，年节约能耗超 4.3 万吨标准煤。全年支撑兰钧新能源二期、三期，合量科技，福莱新材料等万吨标准煤以上民营项目 4 个，总保障能耗 72 万吨标准煤，全市第一。加快推进能源工程。能源工程年度投资完成率 139%。推进重点项目建设，联合应急管理、生态环境、行政执法等部门多次协调西气、川气嘉兴联通工程建设相关事宜，助力项目按时建成投产，形成全国全省天然气大动脉互联互通、互济互保格局。强化油气管道安全生产。建立常态化隐患排查和“回头看”工作机制，联合各管道企业开展多轮次管道安全隐患“回头看”检查工作。承办全市长输油气管道应急演练，进一步规范管道突发事件处理流程，提高政企对突发事件的快速反应、应急救援和协同作战能力。

【能源价格稳定】 维护电价稳定。贯彻落实省级部门电力市场化交易有关工作部署，通过开展“组建一支服务队、做好一批上门服务、建立一个服务窗、召开一场动员会、开展一轮现场指导、用好一个数据舱”等“六个一”行动，全面加强电力市场化交易政策宣贯。保障热价平稳。开展县域热力供需调查研究，启动新一轮集中供热规划修编，重点推动东片扩产增供、中片梯度转移、西片改造提升，持续提升国开区、综保B区等省级以上园区的供热能级；严格执行煤热价格联动机制，在全省率先开展热价成本监审，2023年全年平均热价261元/吨，在省市持续保持中低位次。

（张云飞）

低碳经济

【概况】 作为全省第二批工业绿色低碳转型类低碳试点县，2023年，嘉善县深耕生态绿色一体化发展道路，持续探索县域低碳发展模式，聚焦“制度、行业、示范”三侧协同全力推动全社会绿色低碳转型，推进绿色低碳工作，助力碳达峰碳中和，获2023年度低碳试点县建设评估优秀等次，获减污降碳领域县域、园区、项目三级省级试点“大满贯”，持续擦亮低碳发展金名片。

【绿色低碳发展体系】 编制出台《关于完整准确全面贯彻新发展理念做好碳达峰碳中和工作的实施意见》《嘉善县碳达峰实施方案》等，提出能源、工业、交通、农业农村等重点领域碳达峰目标及任务，成为全市第一个建立健全双碳政策体系的地区。编发《碳中和目标下嘉善县零碳转型路径研究》《嘉善县能耗双控向碳排放双控转变的研究与建议》等调研材料，为明晰双碳实现路径、抢抓绿色发展先机，率先落实重点举措，有序为推进“双碳”工作奠定坚实基础。

【全域绿色低碳转型】 牢抓能源绿色发展，2023年，承办全省能源绿保稳工程调度会，能源工程获五星考评；节能降耗成效显著，2023年单位GDP能耗降幅5.1%，时序进度列全市第一；新能源发展屡创历史新高，2023年分布式光伏、用户侧新型储能并网突破168MW和22MW。强推工业低碳转型，聚焦新能源产业风口，不断加强新兴产业的低碳集聚，氢能产业、新能源汽车产业分别在全省低碳试点县推进会议和全省完善高质量充电基础设施建设会议上作典型经验交流；坚持传统产业绿色化转型路径，探索减量化兼并重组模式，印染、植绒两大行业实现综合能耗减量20%，单位能耗产出提升20%以上。力促全域协同发展，加强多行业的优势互补，促进全域联动绿色发展。推进绿色交通建设，入选省级交通强国试点，成为全省氢能源车辆运营数量最多、示范应用场景最广的县域；探索低碳农业，与国家生态环境部土壤中心共建长三角双碳创新中心，率先开展基于节水抗旱稻甲烷减排的低碳农业模式实践。

【大花园耀眼明珠】 统筹推进大花园建设决策部署和美丽嘉兴建设要求，加快推进绿色转型发展，打造“诗画浙江”嘉兴样板，加速建设全域美丽全民富裕大花园。西塘古镇作为第二批省级大花园耀眼明珠，全力打造“耀眼明珠”样板镇，围绕展现形态美、生态美、文化美、产业美、生活美，持续擦亮耀眼明珠。2023年，布局口袋公园14个，新增绿道5.7公里、绿化36万平方米，完成祥符荡周边等重要节点园林式改造，祥符荡环湖绿道获评“嘉兴市最美生态绿道”。

（喻依妤）

市场监督管理

【概况】 2023年度，嘉善县市场监管局认真落实省委省政府3个“一号工程”，县委县政府“三个年”行动，全年承接浙江省首批“浙里食安”试点示范县、浙江省个体工商户发展状况监测试点等7项省级试点工作。获副省长王文序等省市县三级领导批示肯定22次。承办浙江省食品安全半年度会议等省级现场会5次，获省级以上荣誉表彰13项。

【商事登记改革】 推进商事登记“最多跑一次”改革，嘉善、青浦、吴江三地实现同一登记管辖区域内“一照多址”登记模式，发出长三角首张跨省“证照联办通取”营业执照及许可证。全省首创商事登记红色代办点，实现“马上申报马上审核”的“15分钟注册登记政务圈”，获嘉兴市2022年度小微企业三年成长计划工作考核结果优秀单位、嘉兴市“三员”服务成绩突出集体。完成个体工商户发展状况监测分析省级试点工作，获省局通报表扬。企业开办、企业注销无感监测指标数据均列全省第一。新增市场经营主体12431家，同比增长8.74%，列全市各区县第一。

【质量标准建设】 深化示范区协

同，发布全国首个跨省市首席质量官区域团体标准，4项团体标准被示范区执委会发文采信。助力浙江长盛滑动轴承股份有限公司获嘉兴市市长质量奖。完善“品字标”品牌建设，新增企业参与制定国际标准1项、国家标准17项，主导制定行业标准3项。新增“浙江制造”标准立项14个，新增品字标企业14家，指导3家企业获嘉兴市标准创新贡献奖，获奖企业数列全市第一。全面推进标准化统计监测，指导全县942家规上企业完成标准化统计填报，指导4家企业完成3个浙江制造标准的对标达标，系全省首批、全市唯一。

【集成监管治理】 全力提升监管效能，发布全国首个跨行政区域跨部门“双随机、一公开”联合监管团体标准，持续提升示范区跨区域联合监管规范化。深化实施“双随机、一公开”监管，全县实施双随机抽查8267户次，双随机检查占比70.77%，较上年提升31个百分点；制定实施跨部门联合抽查任务170个，跨部门联合双随机监管率为47.75%，较上年提升24个百分点。全面推动企业年报“多报合一”，2022年度企业年报综合绩效86.23%，零申报率为0.07%，均列全市第一。

【知识产权保护】 获批全市唯一县级商标业务受理窗口——国家知识产权局商标业务嘉善受理窗口，累计业务量176件，其中新增注册商标84件。推进示范区知识产权信用体系建设，联合青浦、吴江出台《关于建立长三角生态绿色一体化发展示范区知识产权领域严重违法失信名单的意见》。优化知识产权政策，加强对知识产权转化运用、行政保护和公共服务的支持，新增各类专利授权4451件，注册商标1670件。新认定国家知识产权示范企业3家，国家知识产权优势企业1家。2023年度每万人高价值发明专利拥有量预计超24件，列全市第一。

【食品安全监管】 完成民生实事工程，持续加大人员、技术等保障力量投入，全面完成12家省级民生实事阳光小作坊和7家养老机构“阳光厨房”建设目标，获时任副市长倪沪平批示肯定。实现学校智能阳光厨房全覆盖，全县120个学校食堂物联设备全部安装到位。学校八大台账录入率100%，全部实现数字化管理。全县网络餐饮安装率接近95%，镇(街道)在线率均超过85%，发布12期餐饮单位红黑榜。首创“警市联调联动”工作机制，聚焦“警市联动、矛盾联调、网格联情、防范联宣、文明联创、平安联治”六大重点。高标准完成9家“幸福里”农贸市场改造提升工作，涵盖就地改造、迁建重建、转型转产等3个类型，资金总投入2.09亿元。谈公路农贸市场成为全县星级最高、面积最大、经营户最多、品种最齐全的农贸市场。三星级文明规范农贸市场、放心农贸市场覆盖率均为94.5%，保持全省领先位次。压紧压实党政同责，全面落实3个100%(100%建立包保关系、100%签订承诺书、100%落实包保督查)，新创成五星级食安办3家，食药工作连续十年获全市考核优秀。强化食品数智管理，探索构建基层食品安全“四治协同”治理模式，并在省市半年度会议上作经验交流，制定全国首个《食品和食用农产品配送企业现场管理规范》团体标准。深化阳光餐饮街区建设，惠民大众广场高标准建成省级阳光餐饮街区，特色餐饮阳光街区覆盖7个镇(街道)。积极推进GM2D试点工作，率先实现“浙食链”“浙农码”贯通，2023年度GM2D考核列全省第三。

【药品药械监管】 推进民生药事服务站建设，成功创建民生药事服务站3家，嘉善县百姓缘药品零售有限公司获评浙江省五星级民生药事服务站，累计成功创建浙江省民生药事服务站10个。加强基层药事服务，引导7家民生药事服务站与5个社区共建结对，打造“金牌”讲师团队1个，为群众提供药事服务3万余次。开展网络药品、医疗用品稳价保质、含兴奋剂药品、医疗器械备案许可清理等专项行动，办结药械化类案件14件，罚没款263万余元。完成药品省级抽样95批次，医疗器械省级抽检11批次，化妆品省级抽检1批次，合格率100%。召开首届化妆品协助监管联席会议，青吴嘉三地监管部门签订《长三角生态绿色一体化发展示范区化妆品协同监管合作协议》。推进执业药师多点执业试点工作，发放零售药店多点执业药师备案凭证7张，推动药品零售行业和执业药师队伍规范管理和有序发展。

【消费秩序维护】 营造放心消费氛围，开展3·15国际消费者权益日系列活动，现场发布2022年度嘉善县消费维权十大典型案例和市场维序十大典型案例，发布第二批跨区域异地无理由退货商家名录，举行嘉善县侵权假冒伪劣商品集中销毁行动。动态培育放心消费单位9387家，其中无理由退货承诺单位2218家，放心工厂272家。做好投诉举报处置，2023年收到各类投诉举报7686件，接待来访、接受咨询170余人次。全年办结投诉4975件，涉及争议金额3766.72万元，为消费者挽回经济损失73.76万元。

【产品质量管理】 加强重要点位监管，持续开展燃气具、安全头盔、电线电缆、儿童玩具用品等产品质量安全检查及抽检，全年抽检各类产品226批次，合格率为92.9%。推进分类分级监管，结合产品质量安全风险属性、行业发展状况、企业信用风险分类等情况，推进实施差异化分类监管措施，全县有706家非风险生产企业，2家风险生产企业。深化绿色发展，组织召开浙江省绿色认证先行示范区建设启动会暨长三角绿色认证先行区建设推进会，2023年度新增绿色认证企业12家、产品20个，全县累计拥有绿色产品认证企业20家、产品28个。

【特种设备监管】 加大隐患排查整治力度，出动执法人员6026人次，现场执法检查特种设备使用单位3385家次，检查各类特种设备8623台(套)，排查整改各类安全隐患1067项。发出特种设备安全监察指令书56份，立案查处特种设备违法案件22起。全力打击“违规作业”，成立打击“违规作业”专班，对照8类违法行为，开展大排查、大整治行动，全县相关部门立案查处违法行为340起，公安部门刑事拘留21人、行政拘留95人，压实生产经营单位安全管理的主体责任。

【执法效能提升】 突出“保障民生安全、维护市场秩序、助力经济发展”三大重点，立足执法办案主责主业，强化执法工作统筹协调，加大执法人才梯队培育，联合青浦、吴江签订全国首个跨省市商业秘密保护协作备忘录，组建三地商业秘密执法保护人才库。全年办结一般程序案件635件，罚没款956.01万元，大要案108件，移送公安机关立案8件，6起案例获评省级典型案例。

【加强依法行政】 发布全国首个跨区域一体化市场监管部门行政执法案卷评查标准，开展执法案卷互评互查活动。强化法治学习，组织全局干部参加全省市场监管系统学法考法工作，全局学法完成率100%。妥善处置行政复议72件，行政诉讼7件。法治微视频《武二郎西游记》获第五届“求实·求质·求效”全国市场监管微电影微视频微动漫铜质作品奖及优秀编剧作品奖。

【思想组织建设】 实现主题教育学习人员全覆盖，联合青浦、吴江市场监管局共同开展主题教育中心组联学活动。开展“学用新思想、建功新时代”主题党日活动，组织党员参观大道之行——“八八战略”实施20周年主题展览，开展“循迹溯源学思想促践行”活动。推进清廉市监建设，签订《嘉善县党员干部构建亲清政商关系承诺书》123份。深入开展廉政防控风险点排查，采集清廉数据300余条，实现监督、预防、整改、处置、问责全链条闭环管控。做好年轻干部“市监菁蓝”工程，实施导师帮带制度，采取“上挂下练”挂职锻炼或轮岗交流，创新开展“组团式”攻坚历练，建立85后、90后年轻干部奋进“双示范”新征程项目攻坚团。（杨　杰）

知识产权保护

【概况】 2023年，嘉善县充分发挥县知识产权强县建设工作联席会议领导小组办公室作用，全面提升知识产权创造质量、运用效益、保护效果和服务水平，加快推进知识产权强县建设，开创知识产权事业发展新局面。至年底，全县新增注册商标1748件；新增发明专利授权676件，累计有效发明专利4249件，每万人高价值发明专利拥有量24.24件；完成专利质押融资金额38.61亿余元；完成PCT国际专利申请42件。新认定国家知识产权示范企业3家、国家知识产权优势企业1家，新认定浙江省知识产权示范企业4家。

【提高创造质量】 优化政策制度，将知识产权工作纳入目标责任制考核指标，并把高价值专利培育、知识产权质押融资等多项工作列入重点内容。制定出台《嘉善县人民政府办公室关于促进市场监管领域发展的若干意见》，优化知识产权政策，加强对知识产权转化运用、行政保护和公共服务的支持。召开全县知识产权保护和发展大会，国家知识产权局商标业务嘉善受理窗口揭牌，一批知识产权示范企业受到表彰。

【增强运用效益】 推动知识产权金融创新，开展“入园惠企”行动，引导银行、保险等金融服务机构创新金融和保险产品，扩大金融服务供给，2023年全县知识产权质押融资金额43.03亿元。构建知识产权保险体系，为全县24家企业的140件知识产权成果提供承保服务。推进专利转化运用，与青浦区市场监管局、吴江区市场监管局共同探讨“专利开放许可”，争取与上海技术交易所合作，通过开展专利技术转移转化服务，促进高价值专利转化运用。主动对接高校院所、科研机构和中小企业等专利权主体，有序组织专利许可备案工作落地实施。

【提升保护效果】 建立重点保护名录管理办法，三地市场监管部门形成《长三角生态绿色一体化发展示范区重点商标保护名录管理办法》，对三地优势企业、声誉较高、信用较好、易受侵权的商标予以重点保护，建立三地企业维权直通车，切实加强商标行政保护，提高执法监管效能，完善长三角生态绿色一体化示范区知识产权保护合作体系。实行跨区域联动保护，出台《长三角生态绿色一体化发展示范区市场监管领域部门知识产权保护“双随机、一公开”联合抽查工作实施方案》，建立健全示范区三地知识产权联合抽查体制机制，开展知识产权保护“双随机、一公开”联合抽查工作。加强执法力度，集中力量对全县各大商超、专业市场、重点企业等开展亚运知识产权专项执法检查行动，着重打击假冒注册商标、假冒专利等侵权行为。会同文化部门开展知识产权保护“双随机、一公开”联合抽查工作。

【提升服务水平】 4月18日，增设商标窗口，获批嘉兴市唯一县级商标业务受理窗口——国家知识产权局商标业务嘉善受理窗口，开展商标注册申请、商标变更、转让、续展等24项业务，有效降低商标注册成本，提升商标申请注册便利化水平。全年商标窗口累计业务量176件，其中新增注册商标84件；累计开展商标业务咨询200余次。延伸服务平台，在位于祥符荡科创绿谷研发总部的嘉善县知识产权保护联勤警务站设立知识产权保护联络点，提供快速审查、快速确权、快速维权等“一站式”服务，服务范围涵盖全县祥符实验室等57家重点企业、科研院。提供多元解纷，成立知识产权纠纷人民调解委员会，为企业、群众解决知识产权纠纷提供更加快速、灵活的渠道。 （杨　杰）

表15　　2023年度嘉善县专利申请与授权情况表

项　　目	授　　权	项　　目	授　　权
发　　明	676	外观设计专利	288
实用新型专利	3900	总　　计	4864

安全生产监督管理

【概况】 2023年，嘉善县安全生产形势总体平稳。县应急管理局执法队全年检查工业企业18431家（次），发现隐患71799条（其中重大隐患861条），整改完成69585条。其中执法检查806家（次），发出各类执法文书1180份，查出各类安全隐患933条，责令暂时停产停业（停止使用相关设备）79家，立案查处违法案件383件，实施经济处罚712.9万元。

【安全生产事故】 至年底，全县累计发生各类安全生产事故12起，死亡7人，事故发生起数下降25%，死亡人数下降22.22%。

【严管严控】 责任“包围式”压实，对内制定《嘉善县工贸企业安全生产常态化严管七条刚性措施》，对外发布《嘉善县工业企业安全生产和消防安全十项严管措施》和5期严管措施的解读，从源头管控、网格管理、监管执法、追责问责等方面明确责任，压实属地、部门、企业主体责任。开展“交叉式”行动，以“每周集中统一行动”“县镇两级交叉检查”等行动为载体，每周下发指令单，对重点工贸企业、群租点位开展专项监管执法，较好地杜绝属地人熟立案查处难的问题。至12月底，县镇两级安全生产交叉联动互查检查企业479家，交办企业121家。实行“专项式”执法。开展“雷霆”等系列专项执法，每月确定20家重点企业开展预先公告执法检查，对企业主体不落实、发生受伤以上事故或火警的企业一律处罚。开展群租点位专项执法，对204家群租企业(个人)立案处罚(对房东实施“一案双罚”79家)，实施行政处罚362.5万元。6月28日，青浦、吴江、嘉善三地应急管理部门组成交叉执法检查组，对嘉善县2家企业开展交叉执法检查。

【体系化防御】 完善“1+13+9”防汛防台应急指挥体系，对182名镇村防汛防台责任人进行核实更新，指导9个镇级防汛防台工作职责的修编，平时开展隐患动态排查和防汛物资更新储备，战时部门、属地及时响应联动，成功应对50年一遇的“7·16”特大暴雨袭击，第一时间处置城市内涝险情，无人员伤亡。开展实战式演练，4月在嘉善县汾湖水上运动中心开展长三角一体化水上突发事件应急演练，推进三地应急救援协同能力提升；6月以城市内涝为背景开展应急拉练活动；坚持以练促战，全年组织城市应急拉练及镇(街道)综合应急演练等各类防汛应急演练、应急救援演练20次。加强示范点建设，推进省级综合减灾示范社区提升工程建设，研究制定工作实施方案，并重点实施6+1提升工程，协助并推动江南社区、嘉辰社区等2个试点完成避灾安置场所、物资仓库、科普宣传角、小区防灾文化楼道、应急广播、防灾小卫士等基础设施的新建和管理提升，以及“未来社区”与“家善”云平台的联通升级和相关评价体系与制度建设，于11月底完成试点推进阶段省级验收。

【安全培训宣传】 持续开展全县安全生产“大宣传、大培训、大演练”三大行动，“让我们当好自身安全第一责任人”的公开信进行宣传动员(网民点击65万)。发挥互动体验馆、消防安全体验场所、“in嘉善”安全专栏等宣传作用，持续推动每个村(社区)和企业应急广播全覆盖，树立“人人都是自身安全的第一责任人”的安全意识。以实战为导向，分领域分层级组织开展消防安全、安全生产、防汛防台等应急演练。

【数字应急】 依托“企业智管平台”建立一企一档，全面摸清企业风险标签和基本信息，全过程留痕、时时共享隐患排查治理，打造具有嘉善特色的企业安全风险库，全面落实分级分类管控。至12月底，县智管平台纳入监管企业3841家，其中正常生产的3307家，群租点位408个，租赁企业1536家，竹木加工151家，喷涂235家，高温熔融29家，重点监管企业941家。按照“集中管理、智能监督、突出实效”的原则，重新统筹规划原办公场所，实现“办公与询问、办案与审核”双融合，设置门禁和监控系统，建立执法办案提醒系统，对即将超期的隐患和案件实行短信、平台双预警，实现局领导、法制员双监督。“全链条”指挥一体化，以全市应急指挥中心规范化试点建设为契机，汇集气象、水利、应急等部门预报预警信息系统，将应急处置预案数字化。共享公安无人机场视频15路，应急管理无人机场视频1路，接入社会面监控16501路。做到“一键预警、一键叫应、一键指令、一键巡查、一键对话”，实现应急指挥“一张图”。

【队伍建设】 9个镇街应急办(消防工作站)单独设立，配有42名执法人员和259名辅助人员，8个镇街单设镇级专职消防队伍，实现应急办和消防工作站一体化建设。开展安委办专班实体化运作，首次以县政府批复的形式明确新兴行业及职能交叉领域的安全生产监管牵头部门；打造全县应急演练中心，全县有限空间重点企业全部开展一轮用三维仿真形式的演练；全县企业“员工安全大培训”超额完成年度培训任务；开展工贸领域“一厂多租”安全专项整治工作，召开5场群租企业主现场会。 (项宇华)

国有资产管理

【概况】 2023年，嘉善县健全国有资产监督管理制度体系，深化国资国企改革，实现国有资产保值、增值。至2023年底，全县纳入统计范围的204家行政事业单位国有资产总额283.64亿元，负债总额为113.48亿元，净资产总额170.16亿元；纳入国资统计范围的267户国有企业资产总额2762.17亿元，负债总额1951.17

亿元，所有者权益总额811.00亿元。至年底，全县累计盘活资产(原值)超1.70亿元，累计盘活收入4100万元，上缴金库近2600万元。

【资产配置预算】 规范县级行政事业单位资产配置预算编审流程，完善资产配置标准体系，严格实行资产配置定编管理，依据完成职能的最低限度和最优标准，结合存量资产情况，确保资产配置预算编制的准确性和合理性。2023年实现资产配置数据同步到预算一体化管理系统，全面提升资产预算编制的效率和科学性。

【资产调剂共享】 贯彻落实“厉行节约”“过紧日子”有关要求，持续推进线上公物仓应用，提高资产使用效率。自线上公物仓搭建以来，至2023年全县累计入库资产约1700件，账面原值超1000万元，完成其中1600余件资产的调剂共享。印发《嘉善县公益仓建设试点方案的通知》，发挥国有力量在公益慈善事业中的引导作用，重点对低保边缘户、低保户、临时救助户、重点扶持村进行捐赠。

【规范资产处置】 严格按规定把牢报废、报损、出售、无偿调出等资产处置的审批关，促进资产的合理有效和节约使用。报废固定资产集中回收处置成效进一步显现，2023年累计集中回收行政事业单位的报废资产超8000件，并对部分报废资产进行公开拍卖，成交价59万元，溢价率为31.8%。联合阿里资产搭建嘉善县国有资产线上交易平台，出台《关于试行县级行政事业性国有资产线上交易的通知》，规范处置流程，切实降低廉政风险，实现国有资产保值增值。

【资产内控管理】 开展资产内控管理应用及移动端全面推广工作。12月，在全县行政事业单位开展资产内控管理应用全面推广实施工作，提升资产使用绩效，盘活资产。

【资产管理培训】 全年针对国有资产管理开展3次培训，累计培训资产管理人员近500人次。培训聚焦数据健全、制度规范和管理创新，规范资产配置、使用、处置等流程，进一步推进数字化改革，提升国有资产管理工作的效率和质量。

【国企市场化改革】 推动重点项目投资，指导县属国企通过创新型投资模式，累计组建产业基金22支，总规模350亿元，进一步强化企业融资能力。强化债务防控，建立预警机制，制定出台《嘉善县属国有企业融资监测预警管理办法(试行)》，动态监控国企债务，实现分类管控，防范债务风险。提升信用评级，通过财政激励等手段，推动国企主体评级提升，5家镇(街道)国企获AA信用评级，3家县级国企获AA+信用评级。推进乡镇国企整合重组，全年清理合并镇级国企13户。出台《嘉善县财政局关于进一步规范镇(街道)、开发区(园区)国有企业用工管理的通知》，严格规范用工管理，节约运行成本，并审核各镇(街道)国企整合方案，优化资源配置，提升运营效率。

【国企人才招引培养】 深入实施人才强县战略，通过“祥符英才”计划招聘高层次储备人才，吸引高学历毕业生加入；严格执行国企中层干部预审制度，按照《嘉善县县级国有集团公司中层管理人员选拔任用工作规定》，确保选拔任用工作规范透明，2023年核准调整中层干部44名；开展“国宏嘉圆·专精特”系列培训，提升干部职工的业务水平和履职能力。

【国资国企监管】 印发《嘉善县国有企业投融资管理补充规定(试行)》，对全县国有企业投融资项目实行联审制，主要对企业年度投资计划、年中新增项目、项目融资及项目合法、合规性等进行审查，规范国有企业投融资行为，防范和化解企业债务风险。强化县属国企作风和腐败问题专项治理，组织开展县属国有企业作风建设专项行动及廉政警示教育系列活动，督促县属国企对照重点治理内容开展自查自纠，梳理问题清单并提出切实可行的整改方案，全力打造清廉国企。

【国企业绩考核】 围绕经济效益、重点任务、企业党建和党风廉政建设、综合测评等5个方面指标，开展2022年度经营业绩考核。制定出台《嘉善县县属企业综合考核实施办法(试行)》及《县属企业综合考核细化指标及计分细则》，制定2023年度国企负责人经营业绩考核责任书，与县属国企完成责任书的签订。

(许震飞)

公共资源交易管理

【概况】 2023年，嘉善县围绕优化营商环境，放大数字化改革赋能效应，推进公共资源交易管理能力现代化。嘉善县公共资源交易中心全年完成各类交易项目960个，交易场次388场，成交总额150.29亿元，实现增收节支12.47亿元。

【制度建设】 推进“评定分离”试点工作。先后发布《关于印发长三角生态绿色一体化发展示范区（嘉善片区）工程建设项目招标评定分离实施办法（试行）》《长三角生态绿色一体化发展示范区（嘉善片区）工程建设项目招标评定分离操作细则》等，组织召开工程建设招投标“评定分离”政策宣讲会和评定分离贯彻落实推进会，规范工程建设项目招标评定分离工作流程。开展2023年全县建设工程评定分离项目监督检查工作，组建参检小组。2023年，县公共资源交易平台采用“评定分离”的政府投资项目45个，中标金额约52.39亿元。

【强化整治】 开展招投标领域整治专项工作。召开招投标领域突出问题专项整治工作会议，发布《县政务数据办等13部门关于印发〈2023年嘉善县工程建设项目招标投标领域突出问题专项整治工作方案〉〈嘉善县工程建设项目招标投标领域突出问题专项整治工作专班组建方案〉的通知》。规范建设工程专家抽取工作，细化评标专家抽取和签字流程，全年完成212个项目的专家抽取，抽取专家人数共计862名，进行信用评价扣分5人次。

【交易创新】 探索实施新型采购方式，2023年，县公共资源交易中心完成封闭式框架协议5个，包括车辆维修和保养、公车租赁、审计服务、预算绩效评价咨询、工程造价、审核咨询等，保障全县相关工作有序开展。组织开展政府采购远程异地评标项目13个，其中长三角生态绿色一体化发展示范区内远程异地评标项目10个。组织实施并完成政府采购项目51场次，成交金额5470.07万元。推进建设工程远程异地多点评标试点，完成省内远程异地多点评标30场次，示范区内远程异地评标4场次。建设工程数字化招标系统全面启用，全年完成94个全流程电子标项目，涉及金额65.30亿元，所有交易数据同步上报省平台。

【优化服务】 提升营商环境无感监测指标，交易效率的平均天数从2月的261天缩减到30天以内，5月以来招标投标9个，相关靶点指标全部满分，同时上线交易效率和合同预警功能，数字赋能助力指标考核，全年对10个项目相关预警，暂停7家代理机构场地预约功能。严格规范交易保证金收退工作，全面推行数字保函，开通网上缴纳及退还保证金等功能，确保保证金缴退管理便捷、规范、精准提升。2023年，中心收退投标保证金3592笔，总金额10.54亿元。6738家投标人采用数字保函形式交纳投标保证金，涉及金额18.55亿元，在投标保证金缴纳总金额占比78.17%。 （许晓汉）

物价管理

【概况】 2023年，嘉善县坚持市场配置资源价格，不断完善重点领域价格形成机制，在稳价格、惠民生、强服务、促发展方面发挥积极作用，各项目标任务得到有序推进。

【教育收费管理】 调整新世纪学校学费及住宿费收费标准。核定嘉善新世纪学校小学、初中学费15000元/生·学期；住宿费1000元/生·学期；上下浮动20%。学费及住宿费实行“新生新办法，老生老办法”的原则；自2023年秋季学期开始执行。调整公办幼儿园保教费收费标准。核定省一级幼儿园670元/生·月；省二级幼儿园600元/生·月；省三级幼儿园450元/生·月；准办幼儿园320元/生·月；在此基础上，托班（小小班）可在30%以内上浮，自主制定相应标准。保教费实行“新生新办法、老生老办法”的原则；自2023年秋季学期开始执行。

【养老收费管理】 调整县老年公寓基本养老服务床位费及护理费收费标准。核定床位费标准间850元/月·床，套房950元/月·床；核定护理费三级护理850元/月·人，二级护理1050元/月·人，一级护理1250元/月·人；上下浮动10%；自2024年1月1日起执行。

【燃气价格管理】 核定非居民用天然气销售价格。核定非居民天然气最高销售价格2022年11月1日至2023年3月31日为4.619

元/立方米，下浮不限。出台《关于完善非居民天然气上下游价格联动机制的通知（试行）》，自2023年4月1日起，不再核定天然气省级门站价格，终端销售价格根据各燃气企业综合气源价格及输配气价格确定。2023年4月1日至9月30日，非居民天然气终端销售价格为4.13元/立方米，下浮不限。明确10月1日至12月30日为非居民天然气价格联动机制下一个联动周期，按基准价格4.13元/立方米执行。居民用气终端销售价格不作调整。

【价格认证监测】 做好涉案涉税财物价格认证工作，全年受理价格认证案件367起。采集、整理、上报各类监测品种价格信息，全年上报各类价格信息234次。重点做好节假日价格监测和市场巡查，密切跟踪米、面、油、肉、菜、蛋等居民生活必需品的价格，做好动态监测，及时预警反应，确保价格稳定、市场有序。全年重要民生商品价格总体平稳。（盖一清）

统　　计

【概况】 2023年，嘉善县统计工作聚焦“精准统计”“数智统计”“高效统计”总目标，深入实施“数据质量提升”“统计服务提升”“统计队伍提升”三个专项活动，依托“大赶超、大服务、大走访”“大摸底、大监管、大普法”“大提升、大规范、大学习”九大单项行动，全面“数”说嘉善社会经济发展新成就。

【提高统计质量】 加强统计数据质量监管，建立统计普法教育体系，构建数据质量监管体系，制定并落实数据质量管控方法。开展企业联审辅导，推出企业（项目）入库联审制度，组织各镇专业人员交叉互审，全年开展联审辅导49期。评估联审企业数据质量，开展三级联审机制。开展防治统计造假专项治理行动，出台专项治理行动工作方案，以专项治理行动为契机，结合一体化统计监督平台网上预警、日常数据质量管控情况，全面查摆分析数据质量存在隐患的重点地区、重点调查对象及重点指标，精准锁定检查对象，全年开展核查970余家，涉及专业13个。

【五经普工作】 开展大摸底行动，做好第五次全国经济普查。选优配强普查队伍，组建县镇两级普查机构，普查员70余人。创新普查宣传工作，自制动漫科普视频被“学习强国”“浙江统计”录用。打造“五经普作战室”，率先绘制经普作战图。承接嘉兴市五经普综合试点工作，130余名试点业务人员组成34个普查小组，对试点区域魏塘街道进行“地毯式”清查及普查登记，全力为全市的五经普工作探索可行路径。

【部门联席】 加大对部门统计调查项目的管理力度，加强部门调查业务指导，完善部门统计工作联席会议制度。建立“政府主导、统计牵头、部门配合”的统计工作机制，开展部门统计巡查规范部门统计报表工作，对部门统计数据的上报进行规范，明确工作职责。

【统计解读服务】 做好数字经济、共同富裕、制造业、服务业等重点领域统计监测分析，全面反映全县经济社会发展中的难点、堵点、痛点。“嘉善统计”窗口全面“数”说嘉善，及时发布主要经济指标走势，做好数据解读工作，全年发布信息100余篇，浏览量3万余次，满足各方数据需求。探索开展长三角一体化统计监测，与吴江开展长三角一体化高质量发展统计论坛，每月开展三地数据分析比对，涉及34项重点经济指标，全面反映长三角一体化示范区高质量发展水平。

【统计预警监测评价】 围绕数据质量提升，赴多个主体就农业、规上工业产值、工业投资、特色小镇、低收入农户全面小康统计等开展精准指导。围绕“双示范”建设、数字经济、人才发展、乡村振兴等方面开展调查研究和专题分析，落实“月度研判”机制，常态化召开月度经济形势分析会，完成各类专项调查13项，涉及问卷2600余份，撰写简报、专报30余篇。落实“青吴嘉”三地月度数据共享；为流动红旗奖提供精准统计服务，对涉及的10项重要经济指标开展监测分析。

【党建＋统计】 坚持党建业务同推进，全面巩固深化党史学习教育成果，彰显“善统党建”特色。坚持作风建设常推进，开展廉政风险点排查，开展善统学堂、善统青年干部双周学习会等活动。依托基层统计网格，推进落实统计工作基层联系制度，开展千名干部助千企走访活动。依托重点企业联系制度，主动开展重点企业走访联系活动，常态化对重点区域、重点行业和重点企业运行情况开展走访调研。以镇(街道)及企业需求为切入点,在“统计云课堂”板块更新上传学习培训资料,定期开展“统计之家”主题活动。全年,开展走访400余次,解决问题100余个。

【统计队伍锻造】 全面深化能力本领提升行动,举办“双周夜学”活动5期,全面提高专业人员业务素质和能力水平。打造“规范化、专职化、专业化”统计人员队伍,坚持常态化开展统计指导。开展科室专业素养大提优行动,举办业务交流学习会、争先进位擂台赛等活动。 (陆译城)

审　　计

【概况】 2023年,嘉善县审计部门立足审计经济监督职能,“治已病,防未病”,全年完成审计项目16个,查出主要问题金额19512万元,其中违规金额5239万元、管理不规范金额14272万元。审计处理处罚金额8422万元;审计促进整改落实有关问题金额1530万元。出具审计报告和专项审计调查报告26篇;审计提出建议57条,被采纳57条;提交审计信息39篇。召开县委审计委员第四次会议,向市委审计委员会及其办公室报告事项6项,报备事项5项;向本级审计委员会报送审计专报10篇;印发《中共嘉善县委审计委员会办公室重大事项报告工作暂行规定》等3项审计委员会、审计办运行机制。

【预算管理审计】 实施完成2个部门和1个乡镇决算情况审计,重点关注预算编制、预算执行、“三公”经费等情况,推动被审计单位强化预算约束,提高预算管理水平。关注乡镇债务风险,并撰写审计要情,提示风险;发现预算统筹管理及执行、重大政策措施落实等方面问题,并提出审计建议。

【民生领域审计】 完成共同富裕涉农相关政策和资金专项审计调查,关注低收入农户帮扶、村级集体经济发展等情况;实施农村生活污水治理情况专项审计调查,推动嘉善县农村生活污水治理工作提升;完成罗星街道智慧行车及停车提升改造项目预算执行情况审计,推动民生建设项目预算执行高效管理。

【政策跟踪审计】 完成长三角生态绿色一体化示范区三周年嘉善片区重大项目2022年度推进情况跟踪审计,揭示项目推进中存在的问题和困难,从完善制度、健全机制、规范管理等方面提出建议,促进项目顺利推进和高效运行;实施人才公寓运行管理情况专项审计调查,揭示人才公寓运管中存在的体制机制性障碍,推动问题解决,促进嘉善县人才公寓合理高效使用。

【经济责任审计】 召开年度经济责任审计工作联席会议全体会议,传达省经济责任审计工作联席会议精神。总结2022年度经济责任审计成果,分析原因、研判趋势,采集报送干部监督系统审计对象相关信息,梳理3个经济责任创新破难定责案例。按照“五审五评”框架,完成县档案馆馆长、县科技商务区原主任、城投集团董事长任期经济责任审计等7个项目,涵盖部门、镇街道、国有企业,不断扩大经济责任审计覆盖面。监督5名正科级领导干部办理离任交接手续。

【审计质量管控】 做好全过程审计质量管控,发挥审计监督作用。出台《关于进一步规范审计现场管理的通知》,实现全过程标准化管理。出台《关于加强审计查出问题整改标准认定的通知》,提升整改成效。

【数字化改革】 加大审计业务电子数据汇聚力度,落实审计业务电子数据管理办法,不断夯实审计数据综合利用基础。探索研究型大数据审计,深化“数据分析+现场核查”的数字化审计模式,以高质量数据采集、高水平数据应用促进审计全覆盖。提升大数据审计手段工具,入选第二批区县审计机关接入省厅大数据分析室试点,依托省厅大数据分析网,共享共用省厅采集数据,清除数据“盲区”。

【融合监督】 深化巡察监督与审计监督融合,累计派出审计业务骨干参加省、市、县委三级巡视巡查7人次。加强对内部审计工作的指导与监督,推动出台《嘉善县内部审计工作实施方案》,并将内审工作情况纳入年度政府绩效考核评价体系,指导推动69家单位建立健全内部审计工作机制。推进人大监督与审计监督融合,探索实施“提督推评用”工作法(审计重点人大提,审计过程人大督,审计整改人大推,审计效果人大评，审计成果人大用），取得“人大＋审计”协同监督新成果。推动组织人事监督与审计监督贯通，2023年开始，在原有协同基础上，组织部门对新任用的干部征询审计机关审计发现问题的整改情况。

【服务一体化示范区】 构建三地审计机关服务长三角一体化发展协同机制，签订《青吴嘉审计机关服务长三角区域一体化发展框架协议》和《青吴嘉审计机关服务长三角区域一体化发展备忘录》，为长三角一体化发展战略实施提供审计保障。

【自身建设】 以“三色强基”培养审计干部。鼓励年轻干部在重大审计任务中担任主审、参加全县中心工作，印发《嘉善县审计局公务员平时考核实施方案》，进一步完善干部考核体系，开设“善审业务大讲堂”，为审计干部搭建学习借鉴平台。深化党风廉政建设，把主题教育学深学实，把习近平总书记对审计工作提出的“三个立”总要求作为开展主题教育的生动案例和鲜活教材。落实全面从严治党主体责任，推进谈心谈话制度，规范权力运行，严格落实民主集中制原则、重大审计事项业务会议等制度。 （姚　强）

文化建设

综　　述

2023年，嘉善县文明办持续推进城乡精神文明建设融合发展一条主线，深耕“浙江有礼·积善之嘉”和“嘉禾有信·至诚至善”两大品牌，全力抓好文明创建、文明实践和文明培育三大重点。“积善之嘉”入选全省首批“浙江有礼”金名片，“志礼嘉”平台模式被《中国志愿》《雷锋》等国家级刊物报道推介，“善文化”建设纳入全县高质量发展十张金名片。勇救轻生男子的外卖小哥周家其、劝慰失意群众的最美接警员朱琳等全网点赞破亿，干窑镇沈照琴成为嘉善首个省级道德模范。地摊规范管理受中央文明办领导肯定，连续三年发布“善文化”指数展现城市精神富有面貌，嘉善志愿者首度参与中国国际进口博览会服务保障工作。

思想道德建设

【概况】 2023年，嘉善持续培育和践行社会主义核心价值观，紧扣“善文化”这一根植于嘉善百姓内心的文化基因和价值认同，深入实施公民道德建设工程，拓展新时代文明实践中心建设，不断提升公民文明素质和社会文明程度。

【文明实践活动】 推进新时代文明实践中心建设全国试点，打造“五善五实践”嘉善样本。依托全县“1+9+173”的文明实践阵地，全年开展理论、文艺等各类实践活动6100余场次，参与群众25.3万人次。深化打造“浙江有礼·积善之嘉”嘉善精神文明建设金名片，融入县教育局的“善育未来”、县残联的“善翼坊”等部门子品牌，深耕“文明姚善”“兴善惠民”“武塘有礼”等9个镇街文明新实践子品牌。2023年，开展“浙江有礼·积善之嘉”有礼讲堂“七进”系列活动460场次，全网刊播《浙江有礼·积善之嘉》省首批区域金名片宣传片，大云镇“九星十美”智慧平台上榜“浙江有礼·红船领航”市域文明新实践“有礼单元”建设十佳实践案例。

【诚信文化品牌】 全市首家发布“嘉禾有信·至诚至善”诚信文化品牌，承办嘉兴市“嘉禾有信”诚信主题文艺大赛，建成西塘花巷、罗星路商圈等6个省市级诚信文化培育点。挖掘诚信特色文化内涵9种、诚信人物16个，推出省市级诚信媒体报道120余篇，汇编2023年诚信媒体专题报道集，发布信用类红黑榜3期。

【思想道德模范】 实施“好人善城”市级揭榜挂帅项目，实现省级道德模范零的突破，全年上榜省市身边好人、道德模范17例19人。依托第七届中国嘉善·善文化节开幕式，举行嘉善县第十届道德模范颁奖典礼，评选表彰宋柳丰、周家其等嘉善县道德模范12名。组织陈俐勤、金亚娟等7名先进典型、行业代表参与亚运会和亚残运会火炬传递，参与拍摄“迎亚运、讲文明、树新风”短视频32部。

未成年人思想道德建设

【概况】 2023年，嘉善县始终以“立德树人”为根本任务，持续推进“善育未来”特色品牌打造，努力培养担当民族复兴大任的时代新人，推动全县未成年人思想道德建设迈上新的台阶。

【社会主义核心价值观教育】 开展社会主义核心价值观宣传教育活动，组织“四史”宣讲、“六进”活动1200余场，引导广大青少年从小听党话、感党恩、跟党走，厚植爱党爱国爱社会主义情怀。围绕“扣好人生第一粒扣子”主题，常态化开展“新时代好少年”选树工作，出台推选、发布、学习、宣传新时代好少年全流程工作方案，全县各中小学参与率均达到100%，2023年上榜新时代好少年县级75人、市级6人。

【特色研学活动】 2023年，联合青浦、吴江、天长三地共同开展长三角青少年文明实践行活动，利用嘉善民防教育体验基地、陈云纪念馆、柳亚子纪念馆等长三角四地的阵地资源，组织四地共100余名青少年及师生进行跨区域联盟合作研学。依托青少年社会教育实践基地建设行动，推出“文化传承”“名人寻访”“文明实践”“耕读慈孝”等4条文明实践线，133个有礼讲堂，受益总人数约1.2万余人。联合县教育局、县文旅体局等部门，打造“走读‘嘉’乡 七彩一心”嘉善县中小学生研学旅行项目，打造“七彩一心”研学基地78个。

【推进“春泥计划”】 创新推出“童心向党 礼迎亚运”六大项目以及“春泥计划”迎亚运文明实践精品打卡路线3条，通过“童心迎亚运·运动少年行”“书法有礼礼迎亚运”、礼迎亚运知识竞赛等特色春泥计划活动迎接杭州第19届亚运会召开，累计开展迎亚运主题春泥计划活动340余场，参与青少年32000余人次。立足新时代文明实践阵地、嘉善好人馆、文化礼堂、爱国主义教育基地等公益性文化设施场馆，开展“让好习惯成就诚信人生”青少年讲座、“童心扬国粹 诚信大家讲”、诚信主题书法体验活动等各类青少年诚信教育实践活动500余场，深化“至诚至善”的嘉善诚信特色品牌。

群众性精神文明创建

【概况】 2023年，嘉善县统筹推进文明创建工程，推动新时代精神文明建设高质量发展，持续深化群众性精神文明创建活动，开展文明城市、文明单位、文明村镇、文明校园、文明家庭等创建评选活动，坚持创建为民、创建惠民，不断扩大群众性精神文明创建活动的覆盖面，提升城乡居民的获得感和幸福感。

【精神文明创建】 持续推进全县各级文明单位、文明村镇等群众性精神文明建设创建活动，保持常态长效动态管理。制定《2023年度“比善为 赛文明”活动考核项目清单》，下发14项2023年度考核项目清单。实施新一轮各级文明村镇、文明单位和文明校园等235家的推荐和复查工作。

【志愿服务活动】 承办第四届浙江省志愿服务项目大赛暨展示交流活动，得到省市领导肯定。“红细胞·守护一分光”及“有爱无碍”心智障碍青少年增能志愿服务项目分别获全省大赛铜奖和优秀奖。志愿服务激励工作被《中国志愿》《雷锋》等国家级刊物报道推介。与上海青浦、江苏吴江联合举办长三角示范区志愿服务创新项目大赛。组织志愿者服务保障第六届中国国际进口博览会。承办全市志愿服务项目选拔赛暨展示交流活动。培育志愿服务项目6个，志愿服务联合会实现县镇村三级贯通，评选出年度志愿服务先进典型49例。2023年，全县注册志愿者12.78万，全年人均志愿服务时长18.3小时，参与率位居全省第5。

【文化礼堂建设】 提高文化阵地使用效率，统筹推动文化礼堂和文明实践阵地“一体联动”。承办嘉兴市文化礼堂（新时代文明实践中心）工作推进会，常态化开展“礼堂日”活动。全年开展移风易俗、我们的节日等各类活动7800多场次，投入500余万元实现55个文明实践站（文化礼堂）的社会化运营，使文化礼堂成为老百姓“放下筷子就想来”的首选之地。

全国文明城市创建

【概况】 嘉善县始终坚持把创建全国文明城市作为精神文明建设龙头工程，作为落实国家战略、推动“双示范”建设的重要抓手。常态化推进全国文明城市创建，努力形成人人知晓创建、人人支持创建、人人参与创建的浓厚氛围。

【充实工作架构】 以“晾晒比拼”

为导向，整合城乡全域秀美、城市精细化管理、农村人居环境整治等专班力量，完善“月度排名战、季度点评会、年度成绩单”工作机制，围绕测评最新要求，制定年度嘉善县全国文明城市创建十大文明提升行动实施方案。

【推动专项行动】 开展县领导现场办公，推进“包干负责 全民参与”专项行动，启用省全域文明数智通平台，常态化开展文明指数测评，出台社区考核奖补细则，通过中央文明办年度测评，地摊规范管理工作受到中央文明办调研组肯定。

【强化重点工作】 以迎亚运城市文明大提升为抓手，在132个小区开展环境清理、公共秩序整治、文明楼道评比等工作。设置固定公益广告100多处、LED屏滚动播放130余处，开展相关主题活动300余场次。至12月底，督察问题总数51965个，整改问题总数51939个，整改率99.9%。

（毛静静）

关心下一代工作

【概况】 2023年，全县关心下一代工作坚持以习近平总书记对关心下一代工作的重要指示精神为引领，按照省委办公厅印发的《关于加强新时代关心下一代工作委员会工作的实施意见》要求和省、市关工委的工作部署，组织开展“党的二十大精神进校园”主题宣教活动，持续推进立德树人工程，强化关爱服务再升级，努力构建关工委工作新格局。

【二十大精神主题宣教】 年初，专门组织报告团骨干力量，以“党的二十大精神进校园”为主题，集中编写《以中国式现代化全面推进中华民族伟大复兴》《伟大的变革》等系列宣讲专题，录制党的二十大精神视频课3节。5月10日，与县教育局联合在上海理工大学附属嘉善实验学校举行“党的二十大精神进校园”主题宣教活动启动仪式，并在全县18所初中学校开展宣教活动。县关工委报告团在嘉善中专、嘉善信息技术工程学校开设《党的二十大精神进校园》专题选修课。报告团全年进校园举办学习宣传贯彻二十大精神专题讲座34场次，受教育4928人。

【“善德”教育系列活动】 开展“善德”教育系列活动。5月，会同县教育局在全县中小学中组织开展第十八届“十佳孝星”评选活动；“六一”期间在《嘉兴日报·嘉善版》宣传“十佳孝星”的尊老敬老事迹。办好电视专题节目《家园》，助推善德教育不断深化。

【“法育未来”品牌建设】 加强对青少年法治关爱，推进“法育未来”品牌建设。县关工委会同县教育局、县司法局部署开展全县第十七届“法育未来”法律知识竞赛，全县八年级学生参加。在第十个国家宪法日期间，联合举办嘉善县第十七届“法育未来”法律知识竞赛颁奖大会。

【开展关爱帮扶工作】 开展困难家庭青少年帮扶工作。向122名家庭生活条件困难的青少年发放每人1000元的补助款，由结对的“五老”上门慰问。各基层关工委和职能部门采用不同形式为困境青少年开展个性化关爱帮扶，帮助解决青少年成长过程中的烦恼。

【组织建设和业务培训】 6月，组织开展全县示范性“五老”工作室建设展示交流活动。7月，与县文化市场行政执法大队组织召开嘉善县文化市场义务监督员座谈会，通过以会代训的形式不断提高“五老”义务监督的工作水平。11月，组织举办全县“五老”骨干培训班，开展理论和业务培训。在魏塘街道召开全县企业关工委建设推进会，推进企业关工委组织建设。（唐小萍）

教育

综　　述

2023年，嘉善县通过国家学前教育普及普惠县创建省级督导评估，获评教育领域数字化改革实验区和校外培训清朗环境县两个首批省级建设试点，职业教育和成人教育工作在全国推进会上作经验交流。全年承办长三角教育对外开放协作会等省市活动10场，在省级及以上媒体发表报道30余篇，5篇专报得到县委县政府主要领导批示肯定。“智慧接送系统”被市教育、公安、交通三部门联合发文推广，浙江省副省长、公安厅厅长杨青玖到现场调研并肯定。

全面加强党的政治建设。成立县委教育工委，切实加强党对教育的全面领导。开展主题教育活动，推动思政教育与主题教育同频共振，125个基层党组织累计开展学习198次，青年党员、两新组织专题活动220次，8篇信息获县委主题教育办、嘉善先锋公众号采用。

推进基层党组织规范化建设，组织专题培训4次，发展、转正预备党员18名。以特色品牌评创推动基层党建品质提升，累计评选教育系统党建特色品牌57个。加强两新党建引领，组建公民办幼儿园党建联合体28个。嘉善县第二高级中学党总支等2个党组织获评省首批中小学校示范性党组织，获评省“双带头人”党组织书记典型。嘉善县第二实验小学教育集团获评全省清廉学校建设示范校，上海师范大学附属嘉善实验学校等3所学校获评市清廉学校建设示范校。

强化头雁队伍引领。调整、提拔局机关中层干部、学校领导，干部队伍结构进一步优化。出台学校领导人员管理实施办法等文件，完善干部管理制度体系。科学制定新一轮学校发展三年规划，合力推动学校“规划蓝图”向“实景画卷”转变。

全面丰富“嘉学善教”品牌内涵。打造“县一校”两级研学实践课程，建设各类研学教育实践基地70余个，各校开展研学活动230余次，参与学生近6万人次，以“行走的课程”厚植学生家国情怀，深化“红船善育”德育体系内涵。举办首届中小学班主任节，成立县德育名班主任工作室3个。获评省优秀少先队集体1个、先进个人3个，嘉善县洪溪小学等7所学校德育案例和成果获市级奖项。中高考成绩稳步提升，全县高考总分690分以上2人，特殊类型招生上线人数占比20.02%，位列全市第三。上海市青少年科学研究院嘉善分院正式启用，“科普育苗”品牌获省教育厅点名表扬，培育全国青少年电子信息科普创新教育基地2个，13支学校代表队在市级及以上信息比赛中获奖，320余名学生在省级及以上科创比赛中获奖。全县学校在“五育融合”、特色发展上成果丰硕，上海理工大学附属嘉善实验学校获评团中央“小平科技实验室”示范学校，嘉善县丁栅中心学校通过全国国防教育示范学校复评，嘉善县惠民小学获评省营养与健康促进学校，嘉善第二高级中学获评省近视防控特色学校，浙江师范大学附属嘉善实验学校等5所学校获评省健康促进学校，浙江师范大学附属嘉善干窑小学等2所学校教育案例全国获奖。浙江师范大学附属嘉善实验学校亭桥小学等3所学校获评首批市儿童友好试点学校，浙江师范大学附属嘉善干窑中学等7所学校获评市劳动教育示范学校，嘉善县大云中心学校等5所学校课程获评市劳动教育精品课程。嘉善县吴镇教育集团泗洲小学获评省足球特色学校，嘉善县陶庄中学等8所学校获市高水平体育后备人才训练基地等称号，17支校队在省市青少年球类、啦啦操、花样跳绳等体育类比赛中获奖。全学段共同发展，普惠性幼儿园在园幼儿占比96.8%，位列全市第二；嘉善新世纪学校、干窑镇实验幼儿园、大云成校等3所学校获评省现代化学校，并通过市新优质学校终结验收；嘉善高级中学获评市普通高中学术型分类办学试点学校，并成为浙江大学“新时代人才培养战略伙伴中学”。

承办市第十八届中职学校技能节，获金牌19枚，位列全市第二，信息学校金牌数为全市职业学校榜首。以“中职＋成校”模式，助力普惠性人力资本提升，开展社会人员培训项目19个，参培人数1.2万余人。承办嘉兴市全民终身学习活动周开幕式，得到市县领导高度肯定，电大嘉善学院获评省老年教育优质学校。

全面强化教师队伍建设，建强书记校长队伍。建立书记、校长交流互学机制，首次举办新时代名校长学术研讨会，启动教育部“两张”名校长工作室嘉善站二期工程和“未来校长”培育二期工程，11人入选省市名校长培养人选。优化教师梯队，加大高层次人才招引，招聘新教师191人，其中研究生41人。深化示范区教师一体化培养，连续11年举办一体化示范区课博会，组建第六届特级教师预备队，强化科研赋能教师专业提升，全年省市课题立项99个，其中获省课题成果奖3项，位列全市第一，获评省教科研先进集体、先进个人3个，泗洲中学等2个教研组获评省先进教研组。新增正高级教师2人（累计10人），示范区“太浦英才”2人，获评国家级、省市级各类先进68人次，其中省级及以上教学评比中获奖31人次，市学科带头人、青年工匠92人次，1名教师获评“全国技术能手”称号。

强化正向激励，以教育家精神引领教师队伍建设，开展“学习身边榜样”活动，选树退休教师陈孝林等身边榜样89名。启动师德师风问题专项整治，教育生态进一步优化。

坚持改革赋能，全面激发教育发展活力。深化城乡教共体建设，县域内融合型、共建型教共体覆盖率92.68%，获评省级教共体典型案例2个。巩固落实“双减”工作，《全国“双减”改革动态》3次刊发嘉善经验，姚庄中心学校获评全市唯一的全国“双减”改革实验项目核心基地，嘉善县杜鹃小学、上海世外教育附属嘉善县西塘小学等6所学校校本课程获省部级奖项。推进教育评价改革。培育试点学校21所，美育评价经验在省级会议交流，嘉善县吴镇教育集团硕士小学入选全国优秀美术工作坊，杨庙小学等6所学校获评市学生综合评价优秀典型案例，实验小学等3所学校获评省基础教育课程改革典型案例。推进教育数字化改革。启动省教育领域数字化改革实验区建设，培育省级“人工智能＋教育”试点校和市教育系统数字化改革创新试点项目，获评省首批中小学智慧校园优秀案例2个。深化“长三角产教融合智慧云平台”试点建设，两所职业学校和8个产教融合型企业成功入驻。教育数字化改革经验在省级论坛作交流。

全面推动“学有优教”提质升级。首创学校建设部门协同推进机制，加快四中实验学校、新城中心学校等11所学校项目建设，上海大学附属嘉善实验学校建成投用，扩容学位2430个。超额完成省市县级民生实事13项，满意度99.5%。全年落实学生资助经费761.75万元，资助学生9455人次。支持幼儿园开展0～3岁托育服务，提供幼儿园托位220个，普惠性托幼一体幼儿园实现各镇（街道）全覆盖。依托在沪乡贤组建“善教智库”，加强沪善教育领域交流合作。依托民盟、民进等力量，引进省内名校长工作室和家庭教育工作室落户嘉善，举办“盟声议政”教育论坛，与嘉兴大学、浙江外国语学院开展战略合作，嘉善中学与中国美院、嘉善县中等专业学校与复旦研究院结对共建。推动教育国际合作交流，2所学校入选省“亚运姐妹校”，4所学校入围省中小学国际交流品牌项目。

全面深化平安校园建设，多措并举筑牢校园安全防线。制订出台教育系统重要事项报告制度，开展学校制度专项检查。首创学校星级食堂评定和“消防副校长”聘任机制，抓实校园食品安全、消防安全培训和专项排查整治。落实校园安全“周例会日调度”和“三查三整改”工作机制，开展安全专项督查。

多方联动抓实心理健康教育。首次召开全县心理健康教师座谈会，引进嘉善心理云平台，全面开展“开学安全第一课”和“千师访万家”活动。8所学校与县第三人民医院试点医校合作，嘉善四中等7所学校获评市儿童青少年积极教育行动种子学校。

从严从细抓实党风廉政建设，持续纠正教育系统“四风”问题。开展教育领域漠视侵害群众利益专项整治，对20所学校食堂驻校督查。全年完成12所学校的巡查任务和11所学校整改落实情况的“回头看”，进一步形成风清气正的良好政治生态。

学前教育

【概况】 2023年，全县有幼儿园48所，在园幼儿17356人，其中，公办幼儿园在园幼儿10490人，占60.44%；民办幼儿园在园幼儿6866人，占39.56%。全县等级幼儿园覆盖率100%，优质幼儿园覆盖率84.93%，普惠性幼儿园覆盖率96.6%，适龄儿童入学率100%。全县有学前教育教职员工2688名，其中，专任教师1557人(含园长)，公办编制教师349人，教师持证率100%。

【幼儿园提质升级】 开展幼儿园等级申报、评定工作。2023年，嘉善县第四幼儿园教育集团弘文幼儿园、浙江师范大学附属嘉善幼儿园(泗洲园)通过省一级幼儿园认定，另有5所幼儿园通过二级幼儿园认定。全县等级幼儿园比例100%，优质幼儿园覆盖率84.93%。

义务教育

【概况】 2023年，全县有义务教育学校40所(公办义务教育学校37所，民办九年一贯制学校2所，民办小学1所)。其中，初中8所、小学22所、九年一贯制学校10所。初中在校学生16835人，毕业生4868人，招生5937人，初中入学率100%，巩固率100%；小学在校学生40512人，毕业生5929人，招生7112人，小学入学率100%，巩固率100%。

【德育教育】 围绕实施“三全育人·唤醒成长”德育模式，推出队伍构建、课程落实、基地建设、活动推进四位一体式“红船善育”德育品牌实施路径。组织学校开展“传统节日”主题实践活动。开展“春日笙歌闹元宵 童心筑梦新时代”小学生元宵灯制作比赛、“2023·崇尚·清明祭英烈”网络祭扫活动、“宪法宣传周”宪法晨读等传统节日文化活动。开展核心价值观教育活动。开展嘉善县《红船》主题观影征文活动、嘉善县中小学幼儿园“书香浸润心灵 阅读伴我成长”寒假读书系列活动、第十六届“全民读书月”暨“阅读伴我成长”系列读书活动、第十八届“十佳孝星”评选、嘉善县第29届故事大王比赛等。开展“千里江山万里海”义务段中小学主题演讲大赛和征文比赛。2023年嘉兴市中小学德育创新案例和成果评选活动中嘉善德育创新案例一等奖2篇，三等奖3篇；德育成果二等奖1项，三等奖1项。开展2022学年度中小学、幼儿园“文明班级”“五好学生”评选活动；举办“美丽嘉善(校园)我的家”小记者图片新闻大赛、“善的微故事我创编”大赛；举办2023年南湖晚报小记者协会嘉善分会年会议暨“我们的亚运故事”嘉善县中小学朗诵大赛。

【法治教育】 开展“亚运·法治同行”主题宣传活动、第八届全国中小学生“学宪法讲宪法”网上答题活动、嘉善县第十七届“法育未来”知识竞赛和颁奖大会。开展“党的二十大精神进校园”主题宣教活动，并在上海理工大学嘉善附校举行“党的二十大精神进校园”主题宣教活动启动仪式。推荐申报省级文明校园创建学校6所。开展“美好生活 民法典相伴”主题宣传活动。调整和充实法治副校长名单，实现法治副校长全覆盖。推荐申报第一届嘉兴市文明校园评选学校4所，申报嘉兴市文明校园复查学校13所。2023年度嘉兴市劳动教育系列评选中嘉善有7所学校被评为嘉兴市劳动教育示范学校，60位老师被评为嘉兴市劳动教育优秀导师，60位学生被评为嘉兴市劳动实践优秀学生。

【心理健康教育】 构建学校、县未成年人心理辅导站、县三院心理咨询治疗中心“三位一体”的青少年心理健康全程服务链。落实2023年县民生实事(学生健康关爱)项目，完成6个县未成年人心理健康辅导站分站提标改造和20所中小学心理咨询室的标准化达标改造工作，全面实现中小学校心理咨询室的硬件提质升级。完成教育系统心理数字云平台建设，用信息化平台化手段完成对全县中小学生心理测评数据的智能预警和监控服务，建立心理高危学生预警库，实现高危学生“一生一策”建档、干预、转介、回访等过程性痕迹管理，实现对全县中小学校心理健康教育的全流程管理。

【教育“双减”】　2023年，深化“双减”下“教共体”结对帮扶工作，公办义务段学校融合型、共建型“教共体”实现全覆盖。开设城乡同步课堂50余门1000余节，师资流动40余人次。利用公益性县域云教学平台——嘉善空中课堂，开发优质序列化的微课资源1400节、网络作业题块1300份，开播20次，开展2期，累计视频点击量10万余人次，学生在线学习7253人次。开展红色研学活动，走读“嘉”乡扩容学校德育，设计符合青少年特点的研学旅行课程。遴选一批学校“双减”优秀实践案例，2篇入选省中小学课后服务优秀实施方案。

【招生工作】　重新修订《关于义务教育阶段学校和幼儿园招生工作的指导意见（试行）》，发布嘉善县2023年秋季入学（入园）预警信息公告，制定《关于公布2023年嘉善县义务教育阶段学校招生办法的通知》。继续采取公民同招政策，符合条件的适龄儿童少年也能够参与优质民办学校的电脑派位。义务教育阶段学校、幼儿园新生招生继续实行网上登记报名，网上登记比例达到99%以上。组织实施2023级初中新生综合素质评价工作。

【特殊教育】　做好全县适龄特殊学生的排摸、入学工作。至9月底，全县有持证适龄残疾少年儿童261人，其中义务教育段持证适龄残疾少儿176人，入学率100%；学前段儿童持证适龄残疾儿童24人，入学率100%；高中段持证适龄残疾少儿61人，入学率91%，学前段和高中段的比例进一步提高。做好全国适龄残疾儿童少年入学情况监测系统网上信息初核及完善工作。开展特殊教育向“两头延伸”工作，推进省二级及以上幼儿园资源教室建设力度，实现县资源教室镇、街道的全覆盖，公办幼儿园资源教室全覆盖。2023年，全县有融合教育资源教室54个，其中嘉兴市示范性资源教室7个，合格资源教室17个。义务段和幼儿园开展随班就读和送教上门工作，实行一人一案管理。开展融合教育示范校创建培育工作，嘉善县天凝中学、嘉善县大云中心学校等被认定为市融合教育示范校培育学校。

【体育成果】　体育教育成果不断涌现。全年组织十多项县级体育赛事，组织县校园体育四大联赛及县第四十三届“三好杯”田径运动会，组队参加省市四大联赛和各类体育竞赛。全县校园形成“一校一品”体育特色文化。2023年，全县有全国青少年校园足球特色学校9所，省级校园足球特色学校14所，全国青少年校园篮球特色学校3所，全国青少年校园冰雪运动特色学校1所。参加嘉兴市第十届运动会，获青少年部篮球（甲、乙组）女子冠军、排球（甲组）男子冠军，跆拳道总分第一，皮划艇、赛艇金牌榜和团体总分双第一。

【艺术教育】　办好第三十九届小杜鹃文化艺术节。选送作品参加浙江省中小学艺术节，其中艺术表演类节目选送7个、美术作品类（含绘画、立体造型、平面设计、摄影、书法）选送25件。参加市级艺术表演类节目5个、艺术作品类10个。开展2023年嘉善县中小学“漫”画善城“善文化”主题活动。

【科技教育】　开展创新融合科技教育，全面提升科普课程质量。全县课程体系中科技教育内容占比超过20%，开设科学、创客、编程、科学实验等社团总计300余个。鼓励优秀科普机构、科普人才走进中小学校提供科普类课后服务，推动科普教育融入课堂。嘉善县青少年科技教育协会开展科技志愿服务进学校活动20余场次，中国科学院老科学家开展科普大篷车、流动科技馆进校园等活动。联合上海市闵行区科普部组织开展“少儿科普微童话大赛”系列活动，邀请中福会少年宫浦江青少年活动中心开展科普微童话创作实践网络培训，实地参加闵行区科普交流活动。开展科创夏令营活动，参与学生200余人次。依托上海青少年科学研究院，在上海理工大学附属嘉善学校建立上海青少年科学研究院嘉善分院，并对科创教师进行集中培训。遴选一批科学院小院士，以“学院＋学校、集中辅导＋常规训练”培养方式，提升青少年的科学素养和科技创新能力。参加第三届长三角青少年人工智能挑战赛，获一等奖3个、二等奖6个、三等奖18个。参加第十四届“赛复创智杯”上海市青少年科技创意设计评选活动，获一等奖2个、二等奖3个。

【新优质校培育】　年内，嘉善县第一中学、嘉善县第五中学、上海世外教育附属嘉善县西塘小学等3所学校通过第四批市新优质培育试点终期评估。至年底，全县有市新优质学校13所，县新优质培育试点学校20所。

【健康护航】 开展“明眸”保护、“皓齿”闪亮、“健体”提升、“舒心”关爱四大行动，打好护航青少年健康成长的组合拳。建立多元的筛查建档、教育培训、诊治干预机制，提升健康育人工作发展水平，促进全县青少年健康成长。将学生的近视率纳入县教育局对学校的目标责任制考核，为全县中小学幼儿园学生落实每学期免费视力检测1次。实施“健康教室照明”计划，完成对中小学、幼儿园教室灯光照明标准化改造。2023年，全县儿童青少年近视率51.03%，较上年降低1个百分点。落实儿童青少年脊柱弯曲异常筛查工作，全年筛查学生42541人，脊柱健康率99.02%。

【城乡教育共同体】 持续推动城乡教育共同体建设，扩大城镇优质学校资源对接乡镇学校，有效开展各类帮扶工作，实现以城带乡、以优扶弱，进一步促进义务教育优质均衡。全县41所义务段中小学校组建成12个城乡教育共同体结对学校，其中公办学校都以融合型、共建型模式组建，占比92.68%。各教共体学校落实常态化帮扶工作，完成师徒结对57对、跟岗锻炼52次、帮扶教学1221次、共享拓展课72门、学生集体交流57次、名师工作室32个、教师交流158次。

高中教育

【概况】 2023年，嘉善县有普通高中3所，有班级120个，在校生6283人，毕业生1945人，招生2214人。

【高中段招生】 全县高中段招生考试报名4860人，录取普通高中2214人，初中毕业生升入高中段比例98.8%。高中招生继续采用省级特色示范高中提前定向招生。高级中学校提前定向招生比例达到计划数60%的目标。嘉善高级中学、嘉善第二高级中学、嘉善中学等名额分配生共818人，三校分别为378人、252人、188人，比例分别为60%、40%、20%。高中阶段招生秩序规范，无跨学区和跨县域违规招生行为。做好高中段学校的外省籍学生招生工作，全年符合在嘉善参加高中段学校录取资格的学生1459人。

高等教育

【概况】 2023年，全县高等教育自学考试(学历考试)规模稳定，全年接纳报名考生1561人次，报考总课次4496门。非学历考试规模保持稳定，全国英语等级考试报考1688人次。学历、非学历自学考试报考规模居嘉兴市前列，均远超全省平均水平。

【广播电视大学】 2023年，电大嘉善学院成人学历教育在校生3137人，其中开放教育2789人(本科1504人、专科1285人)；成人单考单招70人；远程教育在校人数278人(西南大学106人、奥鹏教育172人)。学院注重与部门、企业、成人学校的合作，开放教育招生万人比16.3。2023年招收业余学历教育新生1057人，其中开放教育本科493人、专科528人，成人单考单招36人。全年总计毕业学生1218人，其中开放教育848人(本科412人、专科436人)，远程教育毕业学生370人(西南大学112人、奥鹏258人)。 (盛伟峰)

【光彪学院】 2023年，上海杉达学院嘉善光彪学院在全国26个省、市、自治区招收本科生3660余人，分布40多个专业(或专业方向)，全校在校学生人数4500余人。校区占地面积27公顷(406亩)，建筑面积13.9万平方米。

深入开展主题教育，开展相关活动39次。出版主题教育专题简报2期，学院网站相关报道11次、校官微1次。12月，学校在嘉善校区召开“贯彻落实党的二十大精神 推动民办高校党建高质量发展”论坛暨长三角民办高校协作育人研讨会等，牵头成立“长三角民办高校党建与思政工作协作中心”。

实行教职员工年度绩效考核，打造“一院一品”，构建“文理交融·文化育人·强化应用”多维度的基础教育新模式。通识教育课程从22门增加到38门。《英语电影赏析》课程参加上海市一流课程评选；主持教育部产学合作项目3项；1个项目获得上海市级立项，获拨款5万元；《高等数学B》《英语公众演说》等2门课程获批上海市教委2023年度上海高校市级重点课程立项；主持嘉兴市、嘉善县社科研究课题4项；获批校级科研项目3项；出版著作、教材11部；发表论文16篇；参加各种学术会议30余人次；组织指导30多个学生竞赛项目。

构建“五育并举”体系，促进学生成长成才。组织开展群众性体育赛事，支持特色体育，参与竞技性体育项目。支持艺术团发展，打造特色团队，举行高雅艺术进校园、品读经典等活动，构建美育讲座、社团活动、艺术展览、校园会演等。注重学科专业教育中的劳动教育有机渗透，拓展外部资源开展多层次、多样化的学生劳动教育实践活动，探索实施“思政实践＋专业实践＋社会服务＋勤工俭学”校区多元融合劳动教育模式。完善德智体美劳有机融合的学生综合素养培养和评价体系。与总校一起探索“小课堂、大社区”学生教育模式改革，建立融合专业实践、志愿服务、创新创业与日常生活服务为一体的学生社区，探索学生自主管理、自我教育、多元选择、多向发展的社区教育模式，提升“三圈三全十育人”工作水平。

2023 年，光彪学院党总支下设 5 个教工支部、4 个学生支部。落实教师党支部书记“双带头人”工作，完成支部换届选举工作。做好党员发展，全年确定入党积极分子 175 人，其中确定为发展对象 23 人，发展学生党员 20 人。发挥群团组织作用，推进和谐校区建设。

加强与嘉兴市、嘉善县等地方政府部门的沟通和联系，与嘉善县政协、嘉善县公安局、嘉善县传媒中心、共青团嘉善县委、嘉善县图书馆、罗星街道、罗星派出所等单位开展系列活动，强化校地协同育人成果。响应地方需求，组织落实嘉善县“八八战略”主题宣讲活动启动仪式暨“理想嘉善”青年理论脱口秀大会、嘉善县“学习二十大、奋进新征程、永远跟党走”主题团日活动暨嘉善青年职工歌手大赛决赛、嘉善县暑假“返家乡”社会实践活动启动仪式暨学校专场实习就业双选会等活动的开展。组织学生志愿者参加嘉善县全民健身万人徒步、“2023 环意自行车长三角公开赛”和嘉善县“2023 中国十公里精英赛”等活动，并组织 154 名师生无偿献血，440 余名学生自愿报名加入无偿献血“活血库”。启动上海杉达学院“嘉善—嘉兴—上海”周末行活动。

持续开展文明共建，实现校地互利共赢。2023 年，学院与嘉善县魏塘街道、嘉善县名人与乡贤文化研究会，签订结对共建“社科三方联盟”协议，与嘉善县司法局签署《法治人才培养战略合作协议》，嘉善校区、基础教育部联合党总支下属 8 个党支部与嘉善县各行业、社区 9 家单位开展党建共建活动。联合嘉善县红十字会开展心肺复苏、创伤救护、常见急症、意外伤害等技能培训和考核，嘉善校区 70％教职工持有急救证，300 多名学生获得急救证。12 月 6 日，学校揭牌成立上海杉达学院长三角研究院，与嘉善县人民政府签订战略合作框架协议，在产教融合、人才培育、职业教育、项目合作等领域展开合作。

（彭前进）

职业教育

【概况】 2023 年，嘉善县有中等职业学校 2 所，在校学生 5396 人。全年两所中职学校计划招生 2100 人，其中嘉善中专（技师学院（筹）招生 1400 人（其中中专口 200 人、技师口 1200 人），嘉善信息技术工程学校招生 700 人。实际招生嘉善中专 1336 人（其中技师口 1141 人），嘉善信息 643 人，其中长三角一体化招生 31 人。两所中职学校有 6 大专业群 34 个专业。全县有职业学校专任教师 325 人，其中专业课教师 163 人、“双师型”教师 152 人，“双师型”教师占专业课教师的 93.25％。毕业学生数 1628 人，333 名学生通过五年一贯制或三二分段制的形式升入高一级高职院校，812 名学生参加单独考试升入高一级院校。两所职业学校与浙江工业职业技术学院等 6 所高职院校开展“五年一体化”等合作办学，涉及机电技术应用、工艺美术、计算机技术应用等专业 9 个。嘉善中专纳入中职与应用型本科一体化人才培养试点（30 个名额），与嘉兴大学一体化培养机器人工程专业的高端应用型本科人才。

【产教融合】 依托县域双示范平台，推进产教深度融合，与上海大学（浙江）高端装备基础件材料研究院和复旦研究院，开展师生研究学习；与嘉善复旦研究院签订战略合作协议，共建集成电路培训基地；嘉善县中等专业学校与嘉善立讯、日善两家企业签订校企合作协议。组团走访调研华航唯实、双飞轴承等企业 78 家，138 名专业教师下企业挂职锻炼，6 大专业 12 个班级实施不同形式的现代学徒制。信息学校物联网专业联合嘉兴职业技术学院共同推出“佳利・北斗现场工程师”学徒培养项目，打造现代学徒制升级版。举办嘉善县 2023 年职业教育活动周和师生职业能力大赛,全县中职学校学生参与覆盖率100%、中职学校教师参与298人、企业参与22家。承办嘉兴市第十八届技能节开幕式,获19金24银26铜,15人获2024年省赛参赛资格。

【示范区一体化招生】 6月,示范区执委会会同两省一市教育部门发布《关于做好2023年长三角生态绿色一体化发展示范区中高职衔接教育(五年制高等职业教育)跨省招生工作的通知》。示范区内5所中职学校(青浦1所、吴江2所、嘉善2所)推出长三角一体化示范区跨省招生的20个专业285个指标,全部为“3+2”“3+3”五年一贯制优势特色专业。嘉善两所中职学校接收青浦吴江初中毕业生31人,均为“3+2”中高职贯通培养。

【社会技能培训】 面向社会开展职业技能培训和就业再就业培训。嘉善县中等专业学校和嘉善信息技术工程学校共承担社会培训规模12739人(达到民生实事任务指标的186%),与全日制学历教育比例为2.36∶1。其中为全县企事业单位培训考核各类安全生产等从业资格人员4341人,承办县级技能竞赛4场;为九寨沟学员开展乡村振兴、文旅融合专题培训,为丽水庆元县的学员开展技能培训。嘉善县成功申请成为嘉兴市健康协会公共营养师、健康管理师、育婴师等3个工种的考点。

成人教育

【概况】 2023年,全县有镇(街道)成人文化技术学校9所,乡镇成校覆盖率100%,全部为省标准化成人学校,社区教育实现全覆盖。至年底,镇、街道成校有在编专职教师23人、兼职教师445人,社区教育志愿者2446人。有省级现代化成校4所,省现代化社区学校3所。

【老年教育】 嘉善老年大学与嘉善电大(浙江老年开放大学嘉善学院)合署办公,被评为2023年浙江省老年教育优质校,设专职管理人员5人。魏塘街道老年学堂成为省老年优质学校,设管理人员4人。全年,老年人智能技术日常应用普及行动服务562场次,服务培训16967人次。开展符合老年需求的学习活动,服务101281人次,老年学习成果132076个。

【家庭教育】 组建家庭教育导师队伍及志愿者队伍174支,开展家风家训教育382场,对1081名教师、287位社区工作者,开展家庭教育能力专项培训。家庭教育专题栏目上架“善城善学”平台。

【社区教育】 推进社区教育进文化礼堂工作。2023年,各镇(街道)文化礼堂总数149个,累计举办各类学习活动进文化礼堂2316场,社区教育进农村文化礼堂覆盖率100%。农村文化礼堂学习品牌52个。培育“金嘉吴宣”“家育五灵”等两个共同体全国品牌。开展青少年校外学习活动,参与活动16775人次,设立留守儿童家长学校72个,助力青少年课后托管和学习辅导4532人次。开展社会培训工作,全县9所成校全年累计培训18.5334万人次。

教师队伍建设

【概况】 2023年,全县在职教职工4412人(其中公务员12人),离退休教职工1942人(其中离休3人)。新招聘教师190名,其中提前录取优秀毕业生89名,招聘幼儿教师7名。全年办理退休教职工89人,外县调入教师11人,调出教师9人,解除合同12人。全年受理教师资格认定报名439人,419人通过。探索中小学教师高级及以下职称联合自主评审机制,推动教师职称整体改革。2023年,全县通过高级职称86人(正高2人)、中级职称195人、初级职称51人。鼓励教师在职学历进修,255人获硕士学位(研究生硕士190人、本科硕士65人)。小学专任教师的学历合格率100%、初中100%、普通高中100%、职业高中99.7%。

【师德师能建设】 启动师德师风问题专项整治,累计调查处理信访件78次。指导全县各学校开展师德师风专项整治专题会议,形成专项整治“一校一案”。各校开展“教育领域违纪违法典型案例”警示教育208余场,师德师风问卷调查覆盖学生、家长6万余人次。至年底,全县新增全国技术能手1人,浙派名师名校长培养对象5人,正高级教师3人,省教坛新秀1人,省师德楷模1人,省农村教师突出贡献奖1人,市教育领军人才1人,市名校长6人,市教坛新秀12人,市学科带头人50人。全年开办分层分类教师自主选课培训项目256个，其中委托高校及培训机构项目28个，全年开展校本研修项目228个。全域推进信息技术提升2.0工程第三批培训工作，全县50所学校完成全员信息化培训，参与教师1738人。加强“一流学科团队”建设，开展长三角及省市县学科活动100余场。开展学科专题研修活动48场，2000余位教师参与。

【示范区第二届“课博会”】　联合青浦、吴江开展示范区第二届“课博会”，引领教师提升课堂教学能力。2023年，全县有74位教师在国家、省市课堂比武中获奖。依托“县域—共同体—学校”三级科研管理网络，提升教师科研能力，全年省市立项课题99项，增长41%；870余篇论文省市获奖，总数居全市前列。聚焦“校长课程领导力、教师课程建设力”双提升工程，5项校本课程案例入围教育部典型案例。

【项目化学习研究和实践】　2023年，全县建有市级STEAM教育项目化学习试点学校4所、县域STEAM教育试点学校11所以及项目化基地学校14所。2023年，嘉善县承办市级项目化学习研讨活动，并作区域及学科工作汇报。

【评价改革】　全面铺开评价改革工作，覆盖率100%。其间，多次召开学校美育评价方案论证会、综合评价改革推进会、下校调研帮扶指导、学科主题研修、典型案例评比等活动。3月23日，在浙江省小学生综合评价改革培训会上，嘉善县第二实验小学教育集团作主题分享。

学校设施建设

【校舍建设】　2023年，上海大学附属嘉善实验学校竣工并投入使用；加快推进嘉善四中实验学校、新城实验学校、枫惠学校、荷池小学、陶庄镇中心幼儿园、姚庄镇桃源新郁幼儿园、民辉路幼儿园、兴贤幼儿园、归谷幼儿园、荷池幼儿园等10个续建项目建设。

（盛伟峰）

表16　　2023年全县各级各类学校基本情况一览表

学校名称	教职工数	学生数	学校名称	教职工数	学生数
嘉善县培智学校	25	73	嘉善县陶庄中学	38	326
嘉善县教师进修学校	32	0	嘉善县姚庄中心学校	78	1667
嘉善县中等专业学校	154	1186	上海理工大学附属嘉善实验学校	33	616
嘉善信息技术工程学校	150	2241	上海大学附属嘉善实验学校	35	664
嘉善高级中学	169	1863	华东师范大学第二附属中学嘉善实验学校	34	635
浙江省嘉善中学	190	2550			
嘉善第二高级中学	145	1860	嘉善新世纪学校	41	646
嘉善县大云中心学校	88	1692	嘉善县上师实验学校	68	691
嘉善县丁栅中心学校	30	503	浙江师范大学附属嘉善实验学校	122	2459
浙江省嘉善县第四中学	159	2341	嘉善县大通小学	26	464
嘉善县泗洲中学	172	2434	嘉善县实验小学	189	3708
嘉善县第五中学	63	765	嘉善县杨庙小学	34	597
嘉善县第三中学	69	835	嘉善县惠民小学	98	1901
浙江省嘉善县第一中学	101	1371	嘉善县吴镇教育集团泗洲小学	100	1992
嘉善县里泽中心学校	65	1271	嘉善县天凝小学	41	594
嘉善县天凝中学	66	820	嘉善县城西小学	62	1091
嘉善县干窑中学	62	920	浙江省嘉善县逸夫小学	22	260

续表 16

学校名称	教职工数	学生数	学校名称	教职工数	学生数
嘉善县下甸庙小学	28	332	嘉善县庆安湖滨花园幼儿园	28	360
嘉善县干窑小学	71	1618	嘉善县新世纪幼儿园	10	126
嘉善县吴镇教育集团吴镇小学	103	1839	嘉善县魏塘街道魏中村小星星幼儿园	12	166
嘉善县洪溪小学	40	599			
嘉善县第二实验小学	168	3296	嘉善县天凝镇杨庙幼儿园	10	129
嘉善县陶庄小学	23	374	嘉善县陶庄镇中心幼儿园	22	178
嘉善县西塘小学	67	1330	嘉善县大云镇中心幼儿园	53	547
嘉善县杜鹃小学	137	2704	嘉善县东方名嘉幼儿园	23	313
嘉善县俞汇小学	24	375	嘉善县魏塘街道里泽幼儿园	27	385
嘉善县范泾小学	24	424	嘉善县惠民街道枫南幼儿园	16	240
嘉善县大舜小学	51	898	嘉善县姚庄镇中心幼儿园	96	1043
浙江师范大学附属嘉善实验学校亭桥小学	49	952	嘉善经济技术开发区幼儿园教育集团大通幼儿园	14	154
嘉善县吴镇教育集团硕士小学	63	1148	嘉善县天凝镇中心幼儿园	38	388
嘉善县慈山学校	183	3049	嘉善县西塘镇下甸庙幼儿园	10	129
嘉善县开源路幼儿园	10	146	嘉善县玉兰幼儿园	77	810
嘉善县爱心幼儿园	12	168	嘉善县干窑镇实验幼儿园	42	458
嘉善县喜洋洋幼儿园	16	239	嘉善县干窑幼儿园	23	330
嘉善县少年梦幼儿园	16	214	嘉善县实验幼儿园	94	999
嘉善县彩虹幼儿园	22	274	嘉善县惠民幼儿园	22	329
嘉善县未来星幼儿园	19	260	嘉善县第三幼儿园	55	584
嘉善县育英幼儿园	18	270	嘉善县杜鹃幼儿园	74	702
嘉善县星辰幼儿园	20	300	嘉善县第四幼儿园教育集团硕士幼儿园	26	262
嘉善县畅禾幼儿园	12	164			
嘉善县第四幼儿园教育集团弘文幼儿园	34	332	嘉善县天凝镇洪溪幼儿园	16	229
			嘉善县魏塘街道祥云幼儿园	18	231
嘉善县城东幼儿园	18	216	嘉善县干窑镇范泾幼儿园	8	102
嘉善经济技术开发区幼儿园教育集团阳光幼儿园	91	1016	嘉善县西塘镇中心幼儿园	82	891
			嘉善县江南幼儿园	89	1049
嘉善县虹蕊幼儿园	18	270	嘉善县天凝镇洪溪幼儿园	13	269
浙江师范大学附属嘉善幼儿园	93	1077	嘉善县魏塘街道祥云幼儿园	18	255
嘉善县东方红幼儿园	29	398	嘉善县干窑镇范泾幼儿园	8	132
嘉善同欣幼儿园有限公司	45	333	嘉善县西塘镇中心幼儿园	52	612
嘉善县姚庄镇出彩幼儿园	20	290	嘉善县姚庄镇俞汇幼儿园	19	178
嘉善祥云星幼儿园有限公司	27	255	嘉善县江南幼儿园	81	1008

综　　述

2023年，嘉善县实施文旅深度融合工程，主动求变，守正创新，推动全县文体事业和文旅产业快速发展。2023年，全县全域接待游客1312.8万人次，其中住宿游客751.2万人次，分别增长80.9%和93.1%，增速位居全省首位。嘉善加快文旅复苏工作的做法，获得市委书记陈伟和市委常委、县委书记江海洋的批示和肯定。

聚焦中心服务大局。嘉善与青浦、吴江三地联合入选国家文化产业和旅游产业融合发展示范区建设单位，入选省级文化产业赋能乡村振兴试点，获"长三角自驾游示范目的地"称号，获2023浙江城市文旅品牌策划传播大赛最佳网络人气奖和最佳策划传播奖三等奖，在浙江省乡镇文化市场执法现场调度会上作交流发言。举办"心游嘉兴·豫见嘉善"2023嘉善文旅（郑州）推介会、首届啤酒龙虾节、2023第五届江南民歌节、第九届"孙道临杯"微电影大赛、"相约初夏·遇见非遗"购物节、端午民俗文化活动、"善行天下——袁了凡"全国巡展等，擦亮文化金名片。统筹文物保护与经济发展协调并进，考古前置取得显著成效，申请考古前置地块132块，实现一天7支队伍78名勘探队员在嘉善同时开展考古工作。考古发掘首次发现新石器时代良渚文化墓葬，实现嘉善文物考古"零"的突破。

聚焦文旅深度融合。歌斐颂巧克力小镇以全省第一的成绩创建为国家级工业旅游示范基地，获市委常委、副市长齐力批示肯定。完成《嘉善大云国家级旅游度假区创建提升规划》编制，大云温泉省级旅游度假区被纳入国家级旅游度假区培育名单。西塘镇成功获评为AAAAA级景区镇，天凝镇、姚庄镇姚庄村入选省级文化强镇、文化示范村（社区）公示名单。大云十里水乡旅游驿站获评省一级旅游驿站，江家村彩虹驿站和武长村旅游驿站获评省三级旅游驿站，县图博中心通过AAAA级景区复核。西塘古镇汉服市集、大众广场后备箱市集、共富"魏"来文旅市集和"云上揽秀 月下灯市"文旅市集入选全省前两批共200个的重点培育文旅市集名单。全面推进乡村博物馆创建，天凝嘉善血防纪念馆、陶庄汾湖抗战纪念馆、陶庄姚窑文化记忆馆等3家展馆被省文物局公布为浙江省乡村博物馆。

聚焦体育赋能共同富裕。推进实施省、县两级政府民生实事，新建完成15个省民生基层专项体育场地，完成县民生实事全民健身普惠项目，具体涵盖县体育馆底楼提升、4所学校场地开放隔离提升、27个老旧小区体育设施提升、13条健身步道提升等内容；承办2023环意自行车公开赛、中国10公里精英赛、全国女排冠军赛、U系列田径联赛浙江赛区资格赛等众多高水平赛事。开展"五湖四海一嘉人"全民健身万人徒步活动、"村BA"男子篮球联赛、长三角甜蜜农耕运动会暨秋田风物集等众多特色活动。在嘉兴市第十届运动会上，嘉善代表团获青少年部金牌150.5枚，位列全市第三。

群众文化活动

【袁了凡诞辰490周年活动】 3月30日，嘉善县举办"百善同归 善行天下”纪念袁了凡诞辰 490 周年系列活动暨“善行天下——袁了凡”全国巡展启动仪式，国内外袁了凡研究学者及中国社科院古代史研究所、天津市了凡研究院等近 100 名专家学者参加活动。“善行天下——袁了凡”全国巡展由天津博物馆、嘉善博物馆主办，历时两年，首站设在嘉善，至 4 月 16 日结束，第二站设在天津博物馆，并以图片形式参加“中华文明高校行”博物馆展览进高校活动。启动仪式上，天津宝坻区文旅局、江苏苏州吴江区文体广旅局、浙江嘉善县文旅体局共同签订《袁了凡文化交流合作框架协议》，建立三地袁了凡文化走亲机制，推动袁了凡文化的传承与发展。当天，明万历《嘉善县志》点注本首发，并举行现场赠书仪式，同时为捐赠珍贵作品的艺术家、收藏家颁发捐赠证书。

【嘉善县第四届百姓歌会】 1 月 13 日晚，第四届欢乐迎新春癸卯兔年嘉善县百姓歌会云端演唱会在嘉善县文化馆抖音直播间开播，作为品牌项目“百姓歌会”的线上延伸。5 月 26 日晚，2023 年嘉善县百姓歌会巡演开场。全年举办百姓歌会 9 场，参与者 5000 余人。

【文艺赋美工程志愿服务】 3 月 5 日，2023 年嘉善县文艺赋美工程志愿服务全面启动。“文艺赋美”工程依托“浙里文化圈”小程序，建立文艺志愿者专项数据库，吸引全县 115 支艺术团队和 770 名文艺志愿者参与。全年累计开展演出 1332 多场，演出时长 1332 小时，发布演出作品 1225 个。

【了凡大讲堂】 嘉善图书馆“了凡大讲堂”充分发挥其功能，邀请全国各地专家大咖开坛设讲，讲座内容涵盖历史、文学、地方文化等多学科，包括《金庸与宋韵文化》《灿若星河——良渚文明的聚落考察》《一蓑烟雨任平生——苏轼及其诗意人生》《张大千避迹嘉善替母作寿前因后果——清董邦达慈山图背后的故事》等。全年开设大型系列讲座 12 场次，线上线下累计 20 余万人次参与。

【“了不起的家长”主题活动】 嘉善图书馆举办“了不起的家长”系列主题活动，由专职心理讲师、专业儿童阅读推广人负责，通过讲座、阅读沙龙等形式，配合可读性强的主题材料、新颖有趣的亲子活动，融合社会多方力量，助力少年儿童家庭阅读推广和基础教育发展。2023 年，举办“了不起的家长”系列主题活动 18 场，448 人次参与。

【承办市文博系统讲解员大赛】 承办 2023 年嘉兴市文博系统讲解员大赛，10 余家文博单位的 29 位选手参加。县博物馆获优秀组织奖，由县博物馆选送的陆远获职业组三等奖、刘俊霞获职业组优胜奖、钱黎菊获业余组二等奖、戚俞丹获业余组三等奖，由姚庄渔文化展示馆选送的董诗敏获乡博组三等奖。

【纪念顾功叙诞辰 115 周年展览】 6 月 25 日，“心有大我 丹心报国”暨纪念顾功叙诞辰 115 周年展览启动仪式在嘉善博物馆举办。活动由嘉善县委、县政府主办，县委宣传部、县委统战部、县科协、天凝镇党委、镇政府承办。嘉善县委副书记、县长张锡锋等领导和嘉宾出席。

【张大千文献展】 8 月 8 日上午，“从江南走向世界——张大千文献展”在嘉善博物馆开展，纪念张大千逝世四十周年。市县有关领导，四川大学教授林木，中国摄影家协会会员、张大千侄孙张之先，四川张大千研究中心主任杨坤以及全国张大千研究学者，张大千后人、再传弟子，博物馆界代表等参加开展仪式。下午，在吴镇书画院举办“从江南走向世界”张大千研讨会，上海名家艺术研究协会会长曹公度等 5 位专家先后作主旨发言。

文化遗产

【不可移动文物保护】 至年底，全县有文保志愿者 137 名。全年文保志愿者开展日常巡查各级不可移动文物 1003 次；县文保所开展重点文物巡查 65 处次，文物安全巡查覆盖率 100%。完成第三次全国文物普查登录点文物复核工作，核查并上报消失文物登录点 30 处。推进“三普”文物挂牌工作，实现挂牌率 100%。变更文物保护安全责任牌 24 块。

【不可移动文物修缮】 开展省级文保单位西塘建筑群——卧龙桥、钟介福药店，县级文保单位嘉善城址，县级文保点北新街黄家宅、北大街黄家宅、“三普”登录点塘港桥等项目修缮，完成卧龙桥、北庙桥、薛家店铺、北新街黄家宅、北大街黄家宅等修缮工程竣工验收。

【藏品征集和管理】 全年通过接受捐赠、协商转让等方式征集砖瓦、古籍、铜镜、民俗物品等藏品169件(组)。全年完成修复书画文物26件(套),其中三级文物20件(套)、具备较高艺术价值的一般文物6件(套),作者多属在嘉兴或临近地区留下过历史文化足迹的名家,如任颐、文鼎、王禔、郭宗仪等。

【石质文物保护和文物仿制】 对原保存在嘉善吴镇纪念馆外墙上的石碑刻进行清理和数据采集。推进文物仿制工作,对明沈士充《秋峦飞瀑图》轴、明崇祯十四年张裕山水图轴等19件(套)书画文物进行校色。8—9月,完成二维数据采集文物1026件、三维数据采集文物27件。

【革命遗址和纪念场馆设施普查】 配合嘉善县档案馆对县内各革命遗址和纪念场馆设施开展普查工作,上报嘉善烈士陵园、魏塘叶宅(原中国人民解放军第三野战军第二医院旧址)、嘉善博物馆、孙道临电影艺术馆等为县革命遗址和纪念场馆设施。

【魏塘街道碉堡群环境整治】 4月,根据县检察院检察建议书,县文物监察大队、县文保所与魏塘街道文化站及时组织人员到魏塘街道碉堡群现场环境进行实地勘察,提出整改内容。5月25日,魏塘街道完成对国庆村碉堡群牌楼浜3个小型碉堡周边杂草的清除。

【文保消防安全专项整治】 2023年,对宗教活动场所类文物保护单位燃香和消防安全开展排查整治工作。全年联合浙江省文物局、嘉兴市文保所与嘉善县文保所、嘉善县民宗局等累计开展重点文物巡查65处次,其中与消防救援大队开展联合检查2次,对存在火灾隐患的单位进行重点整治。

【文物保护宣传】 2023年,文保工作人员走进社区开展文物保护宣传活动,开设"文化遗产和文物保护"讲座,结合省级文保单位——魏塘叶宅的保护情况,让社区群众了解本地历史,引导广大居民关注文物,树立"文物保护人人有责"的思想观念。

【非遗活动】 年内,先后开展嘉善县2023年"千灯万福 喜乐元宵"活动、"赛龙舟 迎端午"端午民俗文化活动——2023年嘉善县龙舟比赛、长三角田山歌展演——江南民歌节、国遗田歌——2023金梅作品个人演唱会及江南水乡田山歌交流会等,成立长三角田山歌研究联盟、长三角音乐艺术院校田山歌创作基地,保护传承县内非遗。联合青浦、吴江举办2003长三角非遗嘉年华(江南年味)、艺韵江南——长三角非遗联展等活动,展示三地非遗保护成果。

【非遗进校园】 围绕非遗进校园、非遗进课堂、非遗在传承等3个方面,在全县中小学深入推进非遗筑基工程。聘请钱锦铭、钟杏珠等14位嘉善县非遗代表传承人为嘉善县"非遗筑基工程"校外辅导员。开发青少年美育——遇见·非遗亲子体验活动,打造非遗研学品牌。2023年,开展"遇见·非遗"亲子课堂20余次,开发暑期乡村研学线路8条。

【非遗传承申报】 举办"相约初夏·遇见非遗"2023年嘉善县非遗购物节,创新推出跨界联名创意饮品,将传统非遗酿制技艺与现代饮品融合。全年申报省级传统工艺工作站(创建)1家——"纽扣新韵"传统工艺工作站,培育"杨庙雪菜"非遗工坊、"西塘臭豆腐"非遗工坊、"玫瑰米醋"非遗工坊等申报省级非遗工坊3个。

文化场馆(站)

【嘉善县博物馆】 2023年,嘉善县博物馆接待参观124933人次,接待团队316个,开展临时展览项目23个,开展公共教育活动92场次。推进AAAA景区提升,抓好图博中心景区建设管理工作,完善旅游接待基础设施,升级游客服务中心、医务室、投诉室,完善导视标识系统,提升导游和讲解人员业务素质,改善中庭广场和四周绿化环境。落实智慧票务改造,推进长三角一卡通。发挥博物馆陈列展览和图书馆智慧书房的优势,开展公益讲堂和主题社教活动。5月23日,承办2023年嘉兴市文博系统讲解员大赛,县博物馆获优秀组织奖。

【嘉善图书馆】 2023年,嘉善县图书馆总馆总流通839218人次,全县外借图书946089册次,全年举办讲座、展览、培训等各类线上线下活动2538场,累计参与979916人次。首创全市"剧好玩"沉浸式阅读活动项目,剧本选择涵盖红色题材、军旅题材及传统名著,丰富读者阅读体验。发布"长三角一体化微剪报",半月一期,为政府有关部门、科技企业及普通读者提供及时性信息服务。

【嘉善文化馆】 2023年，嘉善县文化馆以提供高质量公共文化服务为主线，做好全民艺术普及工作。全年举办百姓歌会9场，惠及群众5000余人。开展“善艺汇”活动，分春季班和秋季班。春季班由16个机构提供27个公益课程222课时，3296人次参加。秋季班由23个机构提供30个公益课程234课时，其中成人班8个、未成年人班22个，3516人次参加。全年培训群众6800余人。

【吴镇纪念馆(吴镇书画院)】 2023年，吴镇纪念馆充分发挥社会科学教育普及基地作用，全年接待游客24409人，接待团队41个，承办各类会议32场。完成《吴镇诗文集》和《吴镇传世绘画赏析》两书的书稿编撰，论文《吴镇的名、字、号》和《嘉禾八景图景点变迁考》分别在《书画世界》和《中国篆刻》杂志发表。《嘉禾八景图景点古今变迁研究》分别入围2023年嘉兴市社科地方历史文化研究类课题和嘉善县社科地方历史文化研究类课题。开展公益类书画培训活动，举办春季、秋季和暑期学生书画培训专场。学员分成人和学生两个批次，开设班级7个，受训学员学生80人，成人110人。开设课程主要有书法、国画、西画基础，上课45场次。10月，与机关工委联合举办机关事业单位工作人员书法培训班，学员66人。全年举办“嘉善县癸卯春联书法展”“奋进双示范、建设新征程——嘉善县书画摄影作品展”“‘南湖锋彩’嘉兴市第十六届刻字艺术展”“同心向党、笔墨寄情——平湖、嘉善、海盐开明画院书画摄影联展”“第二届长三角示范区视觉艺术作品展”“同心同行·共筑亚运——吴江嘉善书法联展”“闵行、嘉善首届银发书画作品展”等展览7个。

【嘉善电影公司】 2023年，嘉善电影公司完成2023年度农村电影公共服务工作，放映1460场，覆盖全县村和社区，并利用放映平台，配合开展反诈、防疫等各类宣传工作。公司下属两家影城全年接待观众10.6万人次，票房372万元。2023年，公司下属6支农村电影放映队开展各类主题放映活动，分别于3月1日开展“雷锋精神永流传”专题放映周活动、7月1日开展庆祝建党102周年和10月1日开展建国74周年等主题放映活动。

【县文化活动服务中心】 2023年，县文化服务活动中心组织开展公益演出34场次，书场演出360场次(常规)，创收50万。组织开展“流动剧场”进文化礼堂活动，由浙江曲艺杂技总团中标投演。5月8日，首场演出在大云镇大云村举行。活动演出23场，10月底结束。组织开展浙江省“雏鹰计划万里行”优秀儿童剧免费送戏走进嘉善活动。浙江儿童艺术剧团为大云中心学校、嘉善实验小学上演优秀儿童剧《国学小戏班》，演出10场次。

文化市场管理

【概况】 2023年，全县文化市场管理出动检查2946人次，检查文旅市场各类经营场所1323家次，掌上执法检查率100%，双随机抽查占比33.56%，跨部门联合检查率38.18%；办理行政处罚案件立案66件，结案66件，处罚款11.35万元。没收违法所得763.6元，没收卫星地面接收设施接收天线和机顶盒2件/套，没收非法出版物292册/本。办案领域涉及文化、新闻出版、版权、广电、文物、旅游等。移交公安侦办侵犯知识产权要案1件，查缴非法出版物40余万册。

【筑牢安全防线】 开展电气线路隐患排查、网吧消防安全、旅行社、印刷经营等专项整治行动。以重大节假日、重要活动、重点场所为重点，开展安全生产隐患大排查、大整治。开展“护航亚运”文化市场安全检查专项行动，引导剧本娱乐场所、电竞酒店规范经营，组织行业培训、召开管理工作会议。加强部门联动，落实消防安全检查，重点整改场所通道堆物、消防门不畅、场内吸烟等问题。

【推进“扫黄打非”】 组织开展净化校园周边文化环境整治、春秋季教辅教材整治、网络清朗、秋季开学校园周边环境整治等行动。4月，处理一起由网络电商销售盗版书籍引发的侵权案件并移送公安机关，查缴非法出版物40余万册。

【行政执法改革】 推进行政执法改革，以“派驻式”方式下沉西塘，下沉人员对所在主体违反综合行政执法划转领域的行政处罚，在划转范围内的，以下沉乡镇人民政府的名义实施，在划转范围外的，以嘉善县文化和广电旅游体育局的名义实施。 (曹　琦)

图书发行

【概况】 2023年，嘉善县新华书店以“读者至上”为中心，深入开展树行业新风，提升门店的阅读环境，提高门店服务质量，从而推动企业新发展，打造“图书精品”“场馆精致”“服务精细”的品牌书店形象。年内，嘉善书城被浙江省新闻出版局评为“2023年度浙江省最美书店”。

【党政读物发行】 做好党政重要文件文献和重点主题出版物的宣传发行工作。年内，《习近平谈治国理政(第4卷)》发行20984册、《中国共产党章程》发行18265册、《高举中国特色社会主义伟大旗帜为全面建设社会主义现代化国家而团结奋斗》发行11521册、《中国式现代化面对面》发行10388册、《习近平关于全面从严治党论述摘编(2021年版)》发行9937册、《论党的青年工作》发行9847册、《习近平关于注重家庭家教家风建设论述摘编》发行8788册、《习近平著作选读(第1卷)》发行5602册、《习近平著作选读(第2卷)》发行5587册。

【教材教辅发行】 做好教材发行工作。兑现“课前到书，人手一册”的目标要求，教材配送做到零差错。全年完成教材发行约420万册。

【线上图书销售】 多渠道、多平台推进网上业务发展，做大做强网络发行阵地。成立电商发展部，线上线下融合发展。至年底，有网络平台店5家，线上销售量30多万册。嘉善书店电商部被评为嘉兴地区新华书店“嘉兴优秀团队”，电商部负责人也被评为省集团“新华之星”。

【开展惠民服务】 参与文化下乡活动，与县图书馆协作的流动图书车行程涉及各乡各镇各村，全年不间断为村镇读者提供阅读服务。在全县中小学幼儿园中开展“阅读伴我成长”系列读书活动。2023年，嘉善书城举办“故事家长悦读会”“作家分享会”“宣讲之家”等公益活动90余场。

（余振新）

体　育

【概况】 2023年，嘉善县推进实施省、县两级政府民生实事，新建完成15个省民生基层专项体育场地，有序推进全民健身普惠项目建设，推动全县体育事业发展。年内，承办2023环意自行车公开赛、中国10公里精英赛、全国女排冠军赛、U系列田径联赛浙江赛区资格赛等众多高水平赛事，开展“五湖四海一嘉人”全民健身万人徒步活动、“村BA”男子篮球联赛、长三角甜蜜农耕运动会暨秋田风物集等众多特色活动。

【“村BA”篮球赛】 创新开展“村BA”篮球赛，以篮球为媒，打造“乡村全民健身嘉年华”。具体设置镇(街道)预选赛和县级总决赛。以村(社区)为组队单位，吸引全县130多支队伍、2000多人参加，全年举办赛事200多场次，线上线下约60万人次观赛。

【体育惠民工程】 全年完成新建省民生专项体育场地15个。市基层专项体育场地(运动家社区)被纳入县民生工程(全民健身普惠项目)，涵盖县体育馆提升、学校场地开放隔离提升、镇街道老旧小区设施提升、运动家社区提升等。

【全民健身行动】 开展全民健身主题活动，指导推进全民健身行动“一镇一品”项目建设，开展2023年嘉善县“万人万步”健走激励大赛、第八届“万步有约”健走激励大赛精英赛(嘉善赛区)、“全民健康生活方式月”启动仪式等活动，对参赛选手开展体质健康评定。组织开展全县科学健身大讲堂全民健身公益培训、体卫融合业务交叉培训等活动，推广普及健身气功《八段锦》、广场舞(排舞)等健身项目。2023年，嘉善县文化旅游体育局获2022年度健康浙江考核优秀单位。

【参赛市十运会】 组队参加嘉兴市第十届运动会，800余名运动员参赛。嘉善代表团青少年部获金牌151枚，成年部获奖牌榜第五。

【举办各项赛事活动】 年内，举办“五湖四海一嘉人”全民健身万人徒步活动、“村BA”篮球赛、嘉善县端午龙舟赛等赛事活动；开展全县农村文化礼堂运动会、社区运动会、全民健身月主题活动等系列赛事；联合举办2023环意自行车赛、中国10公里精英赛、2023年全国女排冠军赛(嘉善大云赛区)、2023浙江省足球超级联赛、长三角女排对抗赛、长三角新能源汽车定向赛、U系列田径联赛浙江赛区资格赛等区域性赛事13项；承办市十运会青少年皮划艇赛艇比赛、省青少年赛艇锦标赛、省青少年帆船帆板锦标赛、全国五人制青少年足球锦标赛等上级青少年赛事5项,常规开展中小学生乒乓、轮滑、跆拳道、田径、幼儿趣味等赛事12项。

【培育体育特色产业】 鼓励体育企业申报省市产业项目库,支持运动休闲旅游产业新业态、新模式发展,推动美丽乡村、景区村庄打造休闲旅游优秀项目和精品线路。指导东庚金属申报嘉兴市体育产业发展资金项目库,指导"甜蜜大云""五彩姚庄"申报浙江省运动休闲旅游精品线路及优秀项目,其中东庚金属入选市体育产业发展资金项目库重点支持企业。

【体育中心】 全年共接待健身锻炼人数约16万人次。体育馆开展各类文体活动26场次,千人以上大型活动7次(其中2023全国女排冠军赛4天8场比赛接待观众近1.6万人次)。举办2023浙江省足球超级联赛开幕式。严格贯彻执行"安全第一,预防为主"的方针,全年开展安全生产大检查13次、消防演练2次。新增全民健身公益开放项目4个。

【嘉善县少体校】 在嘉兴市第十届运动会上,少体校参与的项目获奖牌总数164枚(金牌80枚、银牌47枚、铜牌37枚)。金牌榜列全市第三。陈羽航、陈羽皓、胡昌城、陈冠宇在市运动会男子田径4×400项目比赛中破运动会最高纪录。体校跆拳道教练员苏鑫被选派前往杭州亚运会担任执裁工作。少体校田径运动员陈羽航、陈羽皓被北京市重点中学清华附中(高中)录取。

【水上运动中心】 组队参赛嘉兴端午民俗文化节龙舟竞渡和踏白船表演赛,双双夺冠,其中踏白船表演赛蝉联十四连冠。4月,基地与嘉善县逸夫小学联合开展以"汾湖少年小脚丫走家乡"为主题的研学活动。5月,陶庄幼儿园、陶庄小学组织师生300余人到基地中心开展研学活动。

【体育彩票】 2023年,全县体育彩票发行总额3.28亿元,比2022年增长50.1%。 (曹　琦)

文化礼堂

【概况】 2023年,嘉善县实施"礼堂走心——农村种文化"行动,实现礼堂宣教入心、服务连心、礼堂走心。年内,嘉善县获浙江省农村文化礼堂社会化运行试点县,入选浙江省农村文化礼堂赋能共同富裕引领计划体制机制改革首批项目清单。

【创新服务功能】 根据实际需求,通过政府购买服务形式引入为群众提供个性化的礼堂服务项目。魏中村文化礼堂引入"众悦文化"运行管理,探索"以堂养堂"运行机制,推出文化积分银行,实现三方互利共赢。推行结对共建。由机关、企业等单位与文化礼堂结对,开展送资源、送服务、送宣讲、送文化活动,实现礼堂共建、资源共享、功能互补。大通村文化礼堂与大通小学结对,开设"银杏学堂",累计听课学生3200余名。实行错时开放。开辟"礼堂之夜""农民夜校"等夜间活动,扩大活动覆盖面。枫南村文化礼堂开设"农民夜校",邀请农技人员、致富能手、文艺人才等,开展特色课程教学,传授专业技能,让礼堂成为百姓学习的大课堂。

【做优服务品牌】 把农村文化礼堂作为理论宣讲的主阵地,打响"理响嘉善"新时代理论宣讲品牌。举办"理响嘉善"青年理论宣讲大赛、百姓名嘴讲师赛、小小宣讲员大赛等活动2000余场次,举办"我们的村晚""我们的村BA""我们的村歌""我们的村舞"等系列主题活动,激发群众自创自办、自编自演的参与热情。全年举办"村BA"篮球赛282场,吸引7万人次参与。组建礼堂志愿服务队,通过设立"礼堂茶馆"、搭建"礼堂直播间"、实施"礼堂医养",常态化提供义诊义剪、课后托管、心理咨询等服务962场次。

【实施精心管理】 围绕管理制度、礼堂设施、礼堂活动、典型培树等方面,制定农村文化礼堂运作评估细则,构建文化礼堂"需求收集、精准供给、多元服务、评价激励"全流程闭环管理体系。举办全县农村文化礼堂运行擂台赛,推动文化礼堂互学互比互赛;常态开展文化礼堂交叉检查,及时发现礼堂日常运行中存在的问题,严格落实期限整改,提升礼堂服务质量。通过群众满意度调查、第三方机构评估、实地测评等方式,从活动数量、经费保障、队伍活跃度和群众参与度等方面综合评估农村文化礼堂运行绩效。运行绩效与补助发放、星级评定等直接挂钩,并纳入镇(街道)党委意识形态责任制考核。 (张建平)

综　述

2023年，嘉善县继续坚持以习近平新时代中国特色社会主义思想为指导，围绕县委县政府中心工作，全方位、深层次、多渠道宣传党的主张、反映群众呼声，推出一批紧跟时代、紧扣大局的宣传精品，创作一批鼓劲加油、提神振气的新闻力作。全年累计采写各类报道6000多条，发布短视频8000多部，其中原创短视频1000多部。至年底，全县有新闻宣传从业人员133人。实现全年安全刊播发零事故。

以学习宣传贯彻党的二十大精神为主线，紧扣奋进“双示范”新征程等重点，推出“四敢争先”实践活动、“三个年”行动、“八八战略”嘉善实践等系列主题报道和融媒体新闻行动250篇(次)。学习强国总平台录用58篇，增长276%，位居全市前列。推出《新闻聚焦》38期，获得县领导批示5期。“嘉善记忆”短视频发布85期，阅读量全部破万。

“in嘉善”客户端用户数超24.5万，嘉善发布微信公众号关注人数超28万，地嘉人善抖音号关注人数超30万，三大平台用户数较年初增长28万；成功运营4000个电梯屏广告内容，完成867个视频监控点位建设并通过验收。

融合立体传播有声有色。完成首场跨省大型活动——“祥符荡张江推介会”的直播；少儿栏目《小杜鹃》《小杜鹃之声》全新改版，设有《校园星播报》《妙语童言》《我型我秀》《科学小实验》等版块。《萤火虫回“嘉”》《思想的伟力——“八八战略”实施20年》等融媒主题报道叫好又叫座，“嘉善新居民陈灼”“110接警员”等作品全网传播超亿。

做好公益宣传，全媒体平台全年刊播发公益广告6.2万条次，每天播出公益广告时长占广告播出总时长的80%以上。《跑农村》爱心助农帮帮团开展活动15期，助力农产品销售，为农户排忧解难。

产研合作优势互补。与浙江传媒学院建立战略合作关系，邀请浙江传媒学院开设学堂传授经验，组织专班，到省内媒体融合先进单位学习调研，全年通过请进来和走出去的方式，累计学习培训22次、调研4次，参与人数500余人次。

打造精品佳作。全年推出《善观》专栏。跨部门组建7支融媒战队，创作阅读量超100万作品29条，单条原创作品最高阅读量超1600万。完成全县首篇浙江宣传原创稿件《老书场的焕新之路》，推出全县第二篇原创稿件《谭其骧和他的中国地图》，点击量均超过30万；《外卖小哥周家其》等作品得到人民日报、新华社等中央主流媒体关注，全网传播量超亿。

融媒改革成效显著。承接完成2023年“善治会”、我们的村晚、青年职工歌手大赛、祥符荡张江推介会、首届龙虾节、喜力啤酒音乐节、第七届善文化节开幕式等活动60余场次。新推出“嘉善腔调”短视频，在“地嘉人善”抖音号、“in嘉善”客户端等发布作品38期；推出便民地图、嘉善零工、学习天地、部分国企学校食堂订餐等应用以及快递、旅游、人社等频道，“善豆子”平台吸引41家商户、73家店铺入驻。

(冯建萍)

报纸　广电

【概况】　2023年，嘉善县传媒中心(集团)扎实推进各项工作，年度获评电视新闻协作二等奖、广播新闻协作二等奖、新媒体新闻协作三等奖、全省广播对农节目服务工程建设考核优秀奖等。新闻作品获得省市各类奖项37件，其中一等奖5件。新型主流媒体高质量发展取得实效，融媒指数攀升至全省第三位，嘉兴市第一位。

【主题宣传】　全年在全媒体各平台推出专题专栏100个，推出系列报道250篇，累计采写各类报道6000多条，发布短视频8000多部，其中原创短视频1000多部。“学习强国”学习平台录用58篇，同比增长276%，位居全市第一。优化新闻监督节目《新闻聚焦》选题，全年推出40期，获得县领导批示9次。推出《善观》专栏26期，得到县委主要领导肯定。首推“嘉善记忆”短视频，全年发布85期，篇均阅读量全部破万。连续第3年推出“萤火虫回‘嘉’”主题活动，采写报道135条，累计被央视《新闻联播》《新华社客户端》《浙江卫视》等中央级、省级媒体录用11条。在《浙江宣传》微信公众号推出当年度全县首篇原创推文，全年录用2篇。

【新媒体传播】　“in嘉善”客户端日活跃数超1万，全年平均日活跃数超过5000，用户数增长13万，至年底总用户数24万。“嘉善发布”微信公众号发布各类稿件2400多条，篇均阅读量首次超过1万，微信指数排名提升至全省第6。“地嘉人善”抖音号助力打造“善文化”地域人文品牌，推出“外卖小哥周家其”“110接警员”等全网传播1.1亿的作品，关注人数提升至30万，阅读量千万级作品3条，百万级作品29条。

【安全刊播】　强化制度、内容、技术、设施、队伍等要素保障，确保新闻安全刊播，尤其在全国“两会”及亚运会、亚残运会等安全播出重要保障期间，严把各平台安全刊播发工作，实现全年安全刊播发零事故，新建智能媒资系统并投入使用，全年存入视频历史资料、节目等约45100条。

【经营创收】　全年完成考核合同业绩3594万元，同比增长10.71%。新增4000个电梯屏广告，完成“雪亮工程”项目建设和验收并投入使用，参与市场竞争成功中标首个信创计算机采购项目。承接完成“善洽会”、祥符荡张江推介会等60余场次活动。

【服务基层】　做好“新闻+”，持续为群众服务。做实新闻+政务，及时发布县委县政府权威信息，在“in嘉善”客户端开设“安全生产”“平安嘉善”等专属频道，强化舆论引导和信息服务；联动新媒体平台“手机问政”版块，优化提升电台《12345直播间》节目质量，全年开设24期；优化选题，做精新闻监督栏目《新闻聚焦》，全年推出40期，获县领导批示9次。做实新闻+服务，“in嘉善”客户端推出便民地图等多项便民服务和“吃住行游”等频道，全年用户点击量过百万。围绕品牌栏目提升服务能力，如《跑农村》节目开展直播带货、农技下乡等活动，全年开展15次，助力农产品销售，为农户排忧解难。《嘉善老娘舅》节目有效化解社会矛盾纠纷，普及法律知识，传播法治理念。做实新闻+商务，为客户提供品宣，在“in嘉善”客户端上线消费券发放系统、在抖音平台全新推出“嘉善腔调”短视频合集专栏等。

【队伍建设】　加强专业技能培养和提升，与浙江传媒学院建立战略合作关系，累计组织学习培训22次，参与500余人次。优化组建融媒队伍7支，完善产品月度擂台赛制度，创作阅读量超100万作品29条，单条原创作品最高阅读量超1600万。启动两轮国企招聘工作，吸纳成员25名。

【党建引领】　深入组织开展学习贯彻习近平新时代中国特色社会主义思想主题教育，开展“勇当‘展示窗、试验田、桥头堡’奋进‘双示范’新征程大学习大讨论大担当”活动，累计学习39次，撰写调研文章和学习体会80余篇。加强意识形态工作，排查防范意识形态领域风险，增强舆论引导能力。做好新一轮巡察整改，针对巡察组反馈的四大方面17类共60个具体问题，全部整改到位。围绕“服务中心、服务基层、服务群众”重点，成功创建“嘉媒善传”市级机关服务品牌。推进清廉机关建设，开展常态化宣传教育。发挥媒体优势，深入挖掘嘉善廉洁文化元素，推动形成浓厚的廉洁文化氛围。　（钱　兰）

新闻网站

【概况】 2023年，嘉善新闻网应对机遇和挑战，坚持内容运营和活动运营“两手抓、两手硬”，全力打造嘉善新闻网、地嘉人善抖音号两大阵地。同时，嘉善新闻网做好学习强国、潮新闻客户端、中国蓝新闻客户端等外宣工作。年内，围绕嘉善两会、“展示窗、试验田、桥头堡”奋进“双示范”新征程大学习大讨论大担当活动、消防安全、“八八战略”嘉善实践、主题教育等重大主题，以及新春佳节、劳动节、中秋节、国庆节、母亲节等重要节日节点做好宣传报道。至年底，嘉善新闻网发布各类稿件26000多条，原创稿件近20000条。

【重大主题报道】 在首屏首页开设好“对话一把手”“四敢争先”、学习贯彻习近平新时代中国特色社会主义思想主题教育、“八八战略”嘉善实践等专题专栏。其中，“四敢争先”主题专栏，集纳包括短视频、深度报道、动态报道等，发布相关报道67篇。推出“四敢争先·青年者说”“四敢争先·奋斗者说”“四敢争先·企业来说”等3个短视频子栏目。“‘八八战略’嘉善实践”专题专栏发表报道20多篇，反映嘉善在“八八战略”实施20年内迈出的新步伐，多角度展现嘉善在“八八战略”指引下建设“双示范”新局面。嘉善“两会”期间，嘉善新闻网全方位报道“两会”情况，推出两会·高清瞬间、两会关键词、一图读懂、两会VLOG等新媒体产品。

【安全生产系列报道】 3月开始，持续做好安全生产系列报道，对居住出租房消防安全、企业安全生产等内容开展连续报道。其中，发布“以案说法”173条，发布“以案说安全”194条，同时开设《行动起来 筑牢安全防线》专题。全年发布各类报道近500余篇。与嘉善FM99.3协作开展消防安全直播活动5场。

【传播暖新闻】 2023年，嘉善新闻网积极报道各类暖新闻，并对接中国蓝、美丽浙江等上级平台，让嘉善暖心事在全社会传播弘扬。其中，嘉善新闻网发布外卖小哥周家其相关报道7条，相关原创短视频得到新华社、人民日报、央视新闻、浙江日报等主流媒体广泛转载刊播，冲上抖音热搜榜、微博热门话题，全网阅读量超9000万；接警员劝解疏导报警男子的音频及后续引发全网关注，亿万网友纷纷留言、点赞，人民日报发布的相关视频阅读量3308万，点赞超过210万，评论超过10万条。

【萤火虫回“嘉”第三季宣传报道】 2023年嘉善新闻网在首页首屏开设专题专栏，及时做好萤火虫回“嘉”相关内容的发布与集纳。同时，策划推出子活动——“我家门前有条河”照片有奖征集活动，该活动吸引近150人次参与。

【体育赛事宣传报道】 对杭州亚运、嘉善村BA篮球赛等赛事开展宣传报道。杭州亚运期间，嘉善新闻网、地嘉人善抖音号、最嘉善视频号共发布亚运相关稿件500余条。配合县文明办，做好“积善之嘉·礼迎亚运”系列短视频的发布，发布短视频30余部。同时，嘉善新闻网持续关注发布关于杭州亚运赛程、购票等民生消息。嘉善“村BA”开展期间，嘉善新闻网做好“村BA”比赛全程的直播预告及比赛赛况、相关人物的报道，烘托全民健身的火热氛围。

【嘉善声音亮相上级平台】 嘉善新闻网加强与潮新闻客户端、中国蓝新闻客户端、学习强国等外宣平台的联系，完善供稿渠道，让嘉善的好声音更多地亮相在各上级平台。至11月底，嘉善新闻网在学习强国平台发布稿件3000多篇，其中浙江平台录用355篇、嘉兴平台录用1290篇、总平台59篇，首页推荐6篇。在中国蓝新闻客户端“嘉善频道”上发表各类稿件1000多篇，其中录用蓝媒头条117篇，比上年增加32篇；潮新闻客户端“嘉善频道”发布各类稿件近2000篇，录用600多篇，比上年增加100多篇。

【舆情和网络安全】 配合国家、省市县网信办，全员做好新闻版块添加和舆情指令宣传引导工作。全国“两会”、杭州亚运期间，做好舆情管控，做好有害信息查删、网友跟评等管控工作。

（冯建萍）

社会建设

治安司法

综　述

2023年，嘉善县继续坚持以习近平新时代中国特色社会主义思想为指导，聚焦护航杭州亚（残）运会等重要任务，统筹抓好风险防控、平安建设、基层治理、队伍建设等重点工作，持续推进更高质量更高水平的平安嘉善、法治嘉善建设。

维护社会安全稳定。实施维稳安保护航工程，制定出台护航亚运工作总体方案，成立平安护航亚运维稳安保工作协调小组，统筹推进各阶段重点工作。定期召开“守底线”会议，每周召开平安稳定形势分析例会，及时会商重点难点问题，确保全县面上安全稳定。针对重点区域，建立“135”快速反应动态巡控新机制，开展12轮集中清查统一行动，累计出动各类警力1.5万余人次、社会力量4230人次。加强剧毒、易制爆企业的人防、物防、技防、制度防建设，累计检查危险物品从业单位、寄递网点等近2500家，整改隐患423处。强化网络安全防范措施，密集开展LED电子屏专项整治，累计排查LED电子屏6831个点位，发放安全管理告知书1300余份。建立健全机制实现长效管理，完善“9＋2”驻在式集中督导机制，组建维稳安保“9＋2”督导组，对9个镇（街道）及全县重点领域开展常态化督查。建立“4＋X”扁平化指挥调度机制，确保各项指令的快速有力有效执行到位。强化“14＋N”常态化会商研判机制，以县社会治理中心为主阵地，14家常驻单位、9个镇街及其他涉及单位每周召开涉稳风险形势会商研判，一级响应期间，协调闭环处置劳资纠纷等各类矛盾纠纷6批69人次。

提升平安建设水平。实施平安建设系统工程，深化“大平安”工作机制，常态化开展“除险保安”行动。推进专项工作，密集开展平安创建专项行动，推进安全隐患大排查、矛盾纠纷大化解、网格连心大走访、社会治安大巡防、平安知识大宣传等“五大行动”，全县平安形势持续向好。常态化开展镇街道自查互查、县级部门联合检查、除险保安办常态化暗访检查等，全年检查单位场所68746个，发现问题隐患128438个，全部落实整改。加强问题晾晒通报，对存在严重问题的单位出具平安督办单，以问题整改倒逼责任落实。完善考核机制，修订本年度部门、镇街道、村社区平安考核条款，深化平安考核责任体系分解，明确各镇街道各部门职责任务。完善村居平安指数系统，对各镇街道和部门的平安创建工作开展模拟测评，并将平安建设实绩列入镇街道和部门年度工作绩效考核。

夯实基层治理。实施县域善治基础工程，进一步做深做实做细“一中心四平台一网格”体系，不断提升神经末梢灵敏度、中枢神经反应处置能力、智慧大脑指挥功能。加强“141”体系贯通，持续推进“152”体系与“141”体系全面贯通，加强“县—镇—村”社会治理中心（站）建设。推进县社会治理中心二期建设，整合资源力量，增强县级中心牵头抓总的能力。各镇街道完善基础建设，做实综合信息指挥室。村（社区）全面推进社会治理工作站建设，全年打造警网融合阵地140个，深化“1420”社会治理工作模式。夯实基层网格治理，推进基层网格建设。建立健全网格督导考核机制，定期组织开展专职网格员专题培训、业务能力测试。9月，开始常态化开展网格督查检查，至年底，覆盖66个村(社区)183个网格，走访村(居)民648人次，发现问题隐患367处。积极探索“警格+网格”联动共治，10月召开全县“警网融合”推进基层治理工作现场会，迭代升级警网融合2.0版，助力县域善治提质增效。坚持和发展好新时代“枫桥经验”，加快推进“五基建设”，打造“县域善治”工作品牌，打牢平安建设基础桩。魏塘街道城桥社区、罗星街道李家社区等15个村(社区)被评为首批市级四治融合示范村(社区)；县人社局企业欠薪“一件事”闭环解纷工作法入选全省新时代“枫桥式工作法”；县民政局“五和议事”协商模式、姚庄镇“四头工作法”等13个个案事例入选《新时代“枫桥经验”暨“三治融合”嘉兴实践案例》；大云镇“五事五办”工作法、魏塘街道“六联六共”小院式工作法等被列入嘉兴市“枫桥式”工作法培育项目；县社会治理中心—大云镇综合信息指挥室—大云缪家村社会治理工作站和缪家村纪念馆等被评为全市“五基”建设示范群。

深化数字法治建设。以罗星街道、姚庄镇、干窑镇等3个镇(街道)为试点，开展“民声一键办”试点工作，并在全县铺开，打造12345政务服务便民热线、110报警服务台和基层智治综合应用平台联动运行管理体系。至年底，受理各类非警务类事项14053起，到场率100%，事件处结率100%。相关工作经验得到《浙江法治报》报道。统筹推进数字法治系统建设，加快攻坚县法院“长三角示范区跨域调解”应用、县检察院数字检察专项监督、县公安局“风险警情闭环管理集成”应用、县司法局“督执行”应用和县综合执法局“大综合一体化”等重点应用建设。创新打造“涉稳风险”“命案防控”“火灾预防”“安全生产”“园企管理”“人房管理”六大领域“守底线”网格智治综合集成应用，全面赋能除险保安。建立“1420”社会治理工作模式，迭代升级“网格四色预警和考评管理”功能模块。年内，累计收集网格事件21万余条，第一时间予以交办，办结率99.7%；排查发现重大风险隐患985件，化解584件，化解率60%。根据事件性质区分“红、橙、黄、蓝”四色，及时发出预警，形成风险防范的“最强指挥链”。年内，发出红色预警97起，橙色预警1618起，黄色预警1439起，蓝色预警158起。

增强执法监督能力。开展专项执法检查，聚焦政法领域对影响法治化营商环境尤其是人民群众反映较多的执法司法突出问题，开展优化法治营商环境专项执法检查，发现共性问题6个、个性问题27个，均落实整改。进一步规范涉企刑事案件办理，检查发现问题和瑕疵26个，均予以整改，并建立长效机制1个。巩固完善“八个多跨”制度工作成果，牵头县公安局、县人民法院、县检察院等部门积极推进涉案财物第三方管理新模式，推动政法各单位联动协作、合力破难攻坚。指导督促各镇(街道)、各部门开展重大决策事项社会稳定风险评估，筑牢不稳定因素源头防范的篱笆。按照“应评尽评、真评实评”的要求，最大限度地排摸可能存在的社会风险，年内全县审核备案184件，其中予以实施183件，中止实施1件。

提升政法队伍建设。加强队伍建设，常态化开展教育整顿工作。加强政治建设，坚持把党的政治建设摆在首位。健全常态化政治督查机制，组织开展县级政法单位专项政治督察暨纪律作风督查巡查，重点对涉法涉诉信访机制建设、案件办理、积案化解情况等开展检查。加强政治理论学习，结合主题教育活动、县“三大活动”和“四敢争先”实践活动，组织开展系列活动。常态化抓好岗位练兵、实战实训、技能比武、关心关爱，先后举办“法助共富、法护平安”主题摄影比赛、“奋进长三角 护航新时代”短视频大赛、嘉善县政法系统辩论赛、政法干警心理健康关爱月等活动，提升政法队伍凝聚力。强化廉洁自律，全面落实“一岗双责”。结合清廉机关模范机关建设，开展“警示教育月”活动，引导全体机关干部树立廉洁从政观念。年内，集中学习违规违纪典型案例4次，开展廉政警示教育2次，切实营造浓厚的“学廉讲廉”氛围。

(顾晓薇)

公　安

【概况】 2023年，嘉善县推进道路交通秩序整治、出租房屋安全整治、命案防控等各项工作措施落实，确保全县社会大局持续稳定。全年受理群众报警24.43万起，立刑事案件2730起，同比上升15%，侦破1125起，同比上升

23.5%,查处治安案件4770起,同比下降5%,破获命案2起,命案连续20年全破,群众安全感创近三年新高。年内,嘉善县被确定为全省首批深入践行“八八战略”打造“共富警务”实施试点县,出入境管理大队获评“全国巾帼文明岗”荣誉称号,姚庄派出所获评嘉兴市先进集体,分别有1人获评“全国五一劳动奖章”“浙江省劳动模范”“嘉兴市道德模范”等荣誉,4个集体、36名个人立三等功,58人受到嘉奖,46名辅警获荣誉奖章。

【维护社会稳定】 完成杭州亚运会、乌镇峰会、上海进博会等重大活动安保任务,全力筑牢入嘉、环沪“护城河”,完成警卫任务16批次和本地大型活动安保任务46场。构建大合成作战生态,提升风险预测预警预防能力。坚持依法治访、以打促稳,零容忍打击非访、闹访、缠访等各类非访人员11名。

【亚运会安保】 启动最高级别安保响应,累计抽调59名民警和8名辅警增援杭州,完成杭州亚运会安保维稳任务。亚运会期间,累计开展“护航亚运·嘉警亮剑”集中统一清查行动12次,检查出租房屋21577间、危险物品从业单位1548家次、寄递网点426家次、学校(幼儿园)312家次、网络从业单位209家次,发现整改安全隐患1253处。

【刑事侦查】 升级三级专业打击架构,完善“1348”打击体系,建强片区刑侦队,实现以专打专,警种刑事案件办案率78%。坚持“快破大案、多破小案”,推进“冬猎”“扫黑除恶”等系列专项行动,侵财“小案”破案率51%,发案数较前三年平均数下降46.8%,成功破获部督“401”特大交友诈骗案、部督“0203”网络贩枪案等一批大要案。

【打击黄赌毒犯罪】 健全考核办法,完善风险防控机制,坚持打击与管控协同发力,分析研判黄赌毒举报警情,提升重点场所管控力度,全面整治黄赌毒重点、热点、难点问题,有效净化社会风气。年内,刑事打击黄赌毒犯罪嫌疑人242人。

【打击经济犯罪】 深化项目警官制、驻企联络制,强化涉众风险源头管控,严厉打击各类经济犯罪,维护人民群众合法利益。年内,立各类经济案件128起、破57起,其中食药环案件立41起、破19起。破获“4·07”侵犯著作权案等一批大要案,得到浙江省副省长、公安厅厅长杨青玖批示肯定。

【“冬猎”打击系列违法犯罪百日攻坚行动】 2023年10月20日—2024年1月31日,开展“冬猎”打击系列违法犯罪百日攻坚行动,严厉打击人民群众关心关注的突出违法犯罪。其间,刑事打处309人,其中诈骗类141人、盗窃类103人。

【“扫黑除恶”专项攻坚行动】 3月1日—8月31日,开展“扫黑除恶”专项攻坚行动。通过强化线索排摸、强化信息研判、强化打击质效、科学战果分配等措施,坚决打防治并举,从源头上铲除黑恶犯罪土壤,维护社会治安稳定。其间,打处涉黑恶集团2个、团伙7个,抓获涉黑恶犯罪嫌疑人18人。

【安全生产隐患大排查大整治专项行动】 5月5日—7月5日,开展全县公安机关安全生产隐患大排查大整治专项行动,重点聚焦消防安全、道路交通、爆炸危险物品、重点行业场所等领域,开展起底式、地毯式排查整治,严厉打击涉安全生产违法犯罪。累计取缔烟花爆竹临时存放点或窝点8处,开展学校、医院等重点单位(设施)和人员密集场所检查21轮次,发现整改安全隐患247处。

【反诈工作】 持续深化反诈人民战争,开展打击电信网络诈骗专项行动,建成30个具有特色反诈品牌的村(社)、企事业单位阵地。年内,发起全国集群案件2起、省集群案件6起,推送涉诈嫌疑人500余人,电诈发案数同比下降5.7%,实现五连降,系全市唯一。

【警网融合治理】 围绕派出所主防体系建设,高效推进基层管控三级架构体系建设,改造升级“警立方”“警务站”等融合式警网阵地140个,全域打造一网治理、一站治理、一体治理的网格共治新格局。创新工业社区网格化治理新模式,形成“知识产权保护”“移民事务管理服务”等一批特色治理样板,万洋工作站等经验做法在全省警源治理暨非警务事项协同处置工作现场会交流推广,得到浙江省委常委、政法委书记王成国肯定。

【场景式警源治理】 创新“场景

式警源治理”机制，将无人机全域一体化全面融入，创新“数据＋模型＋警务场景应用”，通过类案归集建成20余类警源治理场景，推动“数智主防”成为嘉善公安主防警务的新生态。年内，全县治安警情数同比下降10.75%，获省厅最佳机制变革奖。

【命案防控工作】 持续压实“风险警情”闭环管理，制定《命案防控十条刚性措施》《风险警情闭环处置工作规范》等文件，累计化解各类纠纷5682起，纠纷警情下降13.3%，先后获市委常委、县委书记江海洋批示肯定8次。年内，命案同比下降67%，有效扭转命案多发高发态势。

【基层基础工作】 加强110与12345、基层智治综合应用平台的协同联动，推动“民声一键办”机制建设。探索建立防控治理“数智中心”，归类梳理4大类、59小类主防指数，创新智能终端模型预警，精细管理基础工作，“四实”登记率等基础管控指标全市领先。完成9个派出所综合指挥室数字化改造，探索实践出“1＋4＋N”派出所融合勤务标准，相关经验做法在全市推广应用。

【智慧安防工作】 持续深化“公安大脑”建设，拓展“智安校园”等智安单元建设，出台企业智慧安防“一行业一标准”，在全县139家剧毒化学品企业、934家旅馆民宿、205家寄递业网点全面推广落地。成立善警“数智创新”联合实验室，升级完善“雪亮工程”“天关系统”等智慧警务系统，全面整合全县4.7万余路视频、9600余路结构化视频、678路AR高点，实现县域全覆盖。“校园安全一件事”等治理模式得到浙江省副省长、公安厅厅长杨青玖肯定。3月7日，《浙江嘉善深入推进“智安街道”建设，构建县域整体智治新体系》被《浙里改》（第12期）刊载。

【优化为企服务】 主动服务保障三个“一号工程”，在全市率先出台护企优商12条措施，创新“枫桥经验”企业版，高效精准回应企业需求。建立全省首个“知识产权保护”联勤警务站，“全链条知识产权保护”获评省厅最佳案例。

【执法规范化建设】 完善精细化管理机制，开展执法主体培训，规范案件审核、复议诉讼工作。推进法治数字化项目建设，完成执法办案管理中心、派出所接警区（室）改造升级。开展全县公安初信初访集中治理专项行动，优化全县公安信访秩序平稳和涉警信访生态。年内，刑拘979人，取保候审和监视居住1416人，提请逮捕396人，移送起诉1573人。

【出入境管理工作】 自主研发“云管家”移动采集平台、“外国人才e件事”等平台，搭建“一网两端三大应用”，汇集基层常采常新、社会化动态全量数据资源。构建“线上一网融合、线下一窗受理、证照一次发放、监管一并实施”的涉外管理服务新模式。年内，受理、审批中国公民因私出国申请10475人次，因私出境申请10259人次；台胞业务154人次；港澳居民业务22人次；办理外国人各类签证333人次；合计打印赴港澳台签注、出入境通行证、一次性台胞证882人次。

【流动人口管理】 推行工作清单化机制，规范流动人口、出租房屋信息登记工作。实行日租房“旅馆式”管理，登记日租房入住1.5万人次，处罚日租房案件9起。开展出租房屋安全整治行动13次，发现整改各类隐患5883处，推动集聚小区电动车充电设施综合整治，拆除不合规充电设施6929户。强化新居民服务举措，拓展积分应用领域，受理新居民积分入学申请5775人次。

【交通安全管理】 深入推进“珍爱生命、铁拳护航”交通安全大会战，开展平安春运、文明城市创建复评、城乡交通拥堵治理等工作，健全综合治理机制，规范交警执勤执法，优化交通运行环境。年内，受理交通事故警情近5.6万起，查处各类交通违法37.18万起，开展各类集中整治行动40次，亡人交通事故30起，死亡30人。

【监所管理】 构建科学安全管控体系，完善出所就医处置规定等6项制度机制。开展风险隐患排查，提升监所风险管控水平。依法严格审查收监，加快在押人员流转，保障刑事诉讼工作。落实权益保障，建立在押人员心理咨询室，开展健康教育、心理辅导等活动。年内，看守所收押犯罪嫌疑人、被告人、罪犯1218人，办理出所1149人，月均关押量307人；拘留所收拘2298人。

【公安队伍建设】 推进政治建设、教育培训、纪律作风、典型宣传等方面工作，组织开展“红船卫士先锋”事迹宣讲等活动，培树出一批先进典型，打造“警察爸爸”守护团特色品牌。出台队伍管理刚性制度，开通内外网局长信箱，完善饮酒报备“五要素”“二次报备”等机制，创新“红蓝榜”“黄信封”“队伍大监督会议”等严管措施，提前预警排除队伍管理风险点220个，单位、社会、家庭“三位一体”监督格局日趋成熟。坚持从优待警，聚焦战时保障、线上惠警、健康咨询等需求，推出“惠警优选”、赴沪医疗直通服务等暖警实事。持续用好“智慧教室”“直播课堂”等数字教学手段，全警实战练兵效果显著。

【破获部督“0203”网络贩枪案】 年初，县公安局研判发现一涉全国范围的网络贩枪案件线索，社会安全隐患巨大。后立即开展合成研判、深挖彻查工作，层报公安部将该案确定为部督案件，在29个省份发起集群战役。6月，市县两级公安机关抽调50余名警力赴全国开展缉枪工作，抓捕嫌疑人86人，缴获火动力枪支89支，成功破获该起部督网络贩枪案。

【破获“401”部督特大交友诈骗案】 4月1日，县公安局研判发现一特大诈骗团伙，立即成立专案组开展侦查工作，逐级向上专案汇报。4月20日，在公安部统一指挥下，县局组织警力60人赴辽宁沈阳、营口两地，会同辽宁省公安厅开展集中收网行动，抓获嫌疑人149人，扣押涉案电脑、平板、手机等电子设备255台，涉案金额2000多万元。经审查：该传媒公司自2022年以来，通过女性主播网络平台引流发送虚假定位、修改IP，以虚构交友、见面等为诱饵进行诈骗。

【破获“4·07”侵犯著作权案】 4月，县公安局发现一条知名作家系列图书被大量侵权的线索，后立即启动出版物版权保护机制，开展专案经营，组织50余名警力，在江苏沭阳、河北肃宁、河南新县等地对某网络平台店铺侵犯著作权案开展收网，捣毁仓储窝点4处、非法印刷厂1处、销售窝点2处，采取刑事强制措施7人，扣押盗版图书52万余册，涉案金额2300余万元。

【破获一起销售假冒注册商标案】 11月21日，县公安局出动警力100余人，赴嘉兴桐乡抓获涉嫌销售假冒注册商标案犯罪嫌疑人31人，打掉犯罪团伙14个，查处仓储窝点10处，破获一起销售假冒注册商标案。经查，该案嫌疑人利用桐乡市濮院镇成熟的服装生产链，从市场购买“白板”服装，送至当地加工窝点使用假冒注册的商标进行加工，并通过经营的网上店铺对外销售，涉案金额1912万余元。

【破获一起特大诈骗案】 10月，县公安局通过线索研判发现一特大诈骗团伙，立即成立专案组开展侦查工作。11月8日，组织警力50余人，赴杭州、福州等地，开展集中收网行动，抓获嫌疑人32人，扣押涉案电脑、平板、手机等电子设备140余台。经查：2022年开始，犯罪嫌疑人李某某、高某某等人通过成立某互联网公司及相关工作室，在网络交友软件上寻找不特定男性，假借单身女性身份，虚构与对方恋爱的事实，诱骗被害人在某网络游戏内进行充值后获得游戏平台返利，涉案金额900余万元。

【破获一特大诈骗团伙】 6月，县公安局研判发现一特大诈骗团伙，立即成立专案组开展侦查工作。8月1日，组织警力50余人赴云南、江西、重庆等地，开展集中收网行动，抓获嫌疑人26人，扣押涉案电脑、平板、手机等电子设备98台。经查：2022年开始，段某某、龙某等人出资成立某网络游戏公司，通过假借单身女性身份，虚构与对方恋爱的事实，诱骗被害人在某网络游戏内进行充值后获得游戏平台返利，涉案金额70多万元。

【破获一起销售假冒注册商标案】 1月12日，县公安局根据侦查在江西省九江市、上海市嘉定区、四川省通江县等地抓获涉嫌销售假冒注册商标案犯罪嫌疑人陈某（男，32岁）、陈某某（男，59岁）、刘某（女，60岁）、陈某（女，36岁）、吴某某（男，47岁，均为江西省九江市人）。经查：2021年10月开始，陈某等人在没有获得某品牌授权的情况下，私自印刷带有该品牌商标的包装，并将过期产品拆分、重新包装，多渠道销售至全国各地，涉案价值1000余万元。 （毛佳伟）

检　　察

【概况】 2023年，嘉善县检察院聚焦奋进嘉善“双示范”建设新征程主题主线，依法履行检察职责，全力提升履职质效，为嘉善实现跨越发展和长治久安贡献检察力量。做优刑事检察，全年批准逮捕各类刑事犯罪337人，依法起诉1132人；对无社会危险性、犯罪情节轻微的决定不批捕25人、不起诉427人，认罪认罚从宽适用率90.09%。常态化推进扫黑除恶，依法起诉涉恶犯罪案件2件8人。强化刑事诉讼监督，提前介入重大疑难复杂案件22件，立案监督、追诉漏犯到案41人，发出纠正违法通知书7份。做强民事检察，持续抓好涉劳动报酬等多发易发领域虚假诉讼、网络司法拍卖等专项监督工作，发出再审检察建议3件，发出审判监督检察建议5件、执行监督检察建议27件。做实行政检察，办理生效裁判监督、审判活动监督、行政非诉执行监督案件18件，开展行政违法行为监督9件。做好公益诉讼检察，办理公益诉讼案件51件，制发诉前检察建议18件，发送磋商函19件，提请市检察院提起民事公益诉讼5件。依托人大代表联络站"益之家"和"益心为公"检察云平台，推进代表委员建议提案和公益诉讼检察建议衔接转化，接收志愿者提供公益诉讼线索7条，转化成案4件。全年，6个集体和17名个人获得县级以上荣誉表彰，3件案件获评最高人民检察院典型案例，3件案件获评全省检察机关典型案例。

【办理48人生产、销售"假机油"案】 4月19日，检察机关以假冒注册商标罪、销售假冒注册商标的商品罪对董某某等37人提起公诉；5月29日，对其余11名犯罪嫌疑人作出相对不起诉决定。经查，2020年6月开始，被告人朱某某为谋取非法利益，未经注册商标权利人许可，自行进购设备、原油后在其租用的浙江省诸暨市一租房内进行润滑油调和，并招募多人灌装到假冒的美孚、嘉实多、壳牌等品牌润滑油的瓶身内出售给被告人董某某等人，销售金额1000余万元。被告人董某某明知购买的润滑油是假冒注册商标的商品，仍将购入的假冒润滑油存放于其设立在浙江省杭州市、湖南省长沙市、四川省成都市的仓库内，并联系成某某、俞某、王某等人的销售团队合作对外开展销售，销售金额1600余万元。

【依法追诉一起洗钱案】 县检察院在办理翁某某受贿、巨额财产来源不明案中，落实涉洗钱上游犯罪"一案双查"机制，发现陈某某涉洗钱罪线索后移送公安机关立案侦查。6月26日，以陈某某涉嫌洗钱罪、行贿罪向县法院提起公诉。经查，2016年下半年，被告人翁某某利用职务便利，为被告人陈某某经营的杭州某某环保科技有限公司在介绍固废处置业务等方面谋取不正当利益，并与被告人陈某某约定收受对方所送其公司经营净利润50%的钱款。其后至2021年间，被告人翁某某与被告人陈某某每年就利润总和进行结算，以此方式收受被告人陈某某所送钱款共计591万余元，并暂存于被告人陈某某账户。2018年至2022年期间，被告人陈某某明知被告人翁某某授意他人转入的钱款可能系受贿所得，仍然提供个人账户用于接收上述款项共计123万余元，并将上述款项与个人其他款项混同，用于购买理财产品、借款给他人及日常支出。经查，上述款项系丁某某向翁某某所送贿款。

【办理5·20特大敲诈勒索案】 7月21日以来，分批批准逮捕5·20特大敲诈勒索案犯罪嫌疑人8名。经查，犯罪嫌疑人孙某某等人在缅甸组建针对中国境内公民实施裸聊敲诈的犯罪团伙。该团伙利用购买的QQ号添加被害人，以"裸聊"为幌子诱骗被害人下载木马程序以获取其手机内的通讯录、短信、照片等关键信息。在QQ上利用事先录制好的女性裸聊视频诱导被害人做出特定动作后予以截图保存，以截取到的隐私照片发送通讯录好友相威胁，多次要求被害人进行大额转账，从而非法获取钱款。

【涉案金额5000余万元网络开设赌场案公诉】 12月29日，以开设赌场罪对方某某、龚某某、李某某等人提起公诉。经查，2018年至2023年，被告人方某某作为浙江某某文化传播有限公司的实际控制人，为谋取非法利益，将该公司旗下"金手指捕鱼"App（以下简称金手指捕鱼）发展成为网络赌博平台。用户可在"金手指捕鱼"上以人民币兑换成游戏金币作为筹码进行投注，并通过"捕鱼""转盘"等游戏方式来随机获取不同数量游戏金币。被告人方某某在明知"金手指捕鱼"实现游戏金币与人民币之间双向兑换即构成网络赌博平台的情况下，为逃避法律监管，通过何某某召集吴某、骆某某、赵某某等人，利用"金手指捕鱼"银商账号（专门买卖游戏金币的特殊账号)设立银商工作室,为赌博人员提供“上下分”服务(上分即为帮忙赌博人员充值游戏金币,下分即为帮助赌博人员将游戏金币兑换为人民币)。2022 年 4 月至 2023 年 2 月,涉案赌资 5317 万余元。

【办理长三角首起异地行刑反向衔接案件】 10 月,浙江嘉善、上海金山两地检察机关成立联合办案组,办理长三角一体化示范区首起异地行刑反向衔接案件,推动建立跨区域行刑反向衔接协作机制。该案是由金山区院作出不起诉决定的非法经营案件,由于违法行为人所在地及非法经营地均在嘉善县姚庄镇,需要由姚庄镇政府给予行政处罚,嘉善县检察院代为向姚庄镇政府送达检察意见书。

【办理一起超龄务工人员工伤确认行政诉讼监督案】 2019 年 2 月至 12 月期间,在嘉兴平湖某工地从事杂工的 62 岁贾某某因在工作时间发生交通事故,导致左胸多发性肋骨骨折。为此,其先后 2 次向平湖市人社局提出工伤认定申请。2020 年 3 月 3 日,贾某某因不服平湖市人社局不予受理的决定及未在合理期限内对其重新申请工伤认定作出处理,向嘉善县人民法院提起行政诉讼。2020 年 6 月 28 日,嘉善县人民法院作出判决,认为平湖市人社局对贾某某的工伤认定不予受理合法有据,驳回其诉讼请求。2023 年 11 月,贾某某向嘉善县检察院提出监督申请。经调查核实,嘉善县检察院于 11 月 27 日向县法院发出再审检察建议。12 月 22 日,嘉善县法院采纳再审检察建议,裁定对本案启动再审程序。经调解,贾某某最终与用人单位达成和解协议,用人单位同意一次性支付赔偿金 3 万元,并在 4 天内履行完毕,贾某某撤回再审申请,法院依法裁定终结诉讼。

【办理一起劳动争议纠纷支持仲裁案】 2022 年 3 月,侯某某通过他人介绍,应聘进入嘉善某旅行用品有限公司(以下简称嘉善某公司),双方签订劳动合同,由嘉善某公司派遣其至印度尼西亚某箱包公司,从事装配组长生产岗位工作,工资标准为每月 12000 元。2022 年 9 月,侯某某与印尼某公司协商一致解除劳动合同,其于 9 月 17 日回到国内,9 月 17 日至 9 月 27 日处于疫情集中隔离期间。嘉善某公司未向其支付 9 月工资及解除劳动合同产生的经济补偿金,未为其缴纳社会保险。侯某某多次讨薪,嘉善某公司均以各种理由拒不支付劳动报酬。经过全面审查,县检察院认为本案符合支持仲裁条件,于 2023 年 5 月 11 日作出支持仲裁决定。后经多方努力,申请人侯某某与嘉善某公司达成调解,仲裁机构采纳检察机关支持仲裁意见,支持侯某某的工资、经济补偿金等申请事项。

【办理一起跨区域联合司法救助案】 2023 年,县检察院对一起故意杀人案件的被害人和另一名被害人的未成年子女及母亲共 4 人,启动司法救助程序。首先对就医治疗的被害人杨某某先行救助 2 万元缓解其经济困难。随后,又会同被害人户籍地彝良检察院开展联合救助,共同向被害人杨某某及陈某某家属发放司法救助金 8.6 万元。同时,加强司法救助与社会救助有机衔接,协调彝良当地政府部门和基层组织,对陈某某的未成年子女及家属开展免除学费、心理疏导、提供困难补助、安排工作等综合帮扶举措。

【服务经济】 严惩民营企业反映强烈的内部贪腐、商业贿赂及扰乱市场秩序犯罪 18 件 40 人,为企业挽回损失 200 余万元。深化知识产权检察综合履职,办理“假机油”“假茅台”等侵犯知识产权案件 28 件 92 人,案件数同比增长 4.6 倍。联合县公安局开展“护航 2023”助企惠企专项行动,出台涉企“挂案”清零、“一站式”检察服务等 10 项具体举措,丰富健全涉企司法保护。

【长三角跨域协作】 4 月 25 日,青吴嘉检察机关及三地法院、市场监督管理局等联合签署《长三角示范区知识产权领域严重失信黑名单实施意见》,明确严重失信黑名单对象和行为的认定,规范黑名单的列入、移出,并提出三地九部门对黑名单对象的联合惩戒措施和信息共享举措。6 月 25 日,三地检察机关出台《关于共同推进长三角生态绿色一体化发展示范区行政违法行为监督跨区划协作的工作意见》,在线索移送、异地协助、案件协办等方面建立协作配合机制。6 月 26 日,县检察院联合示范区执委会政策法规部、上海青浦、江苏吴江两地检察机关及华东政法大学共同成立长三角示范区检察一体化研究中心，深化多领域协作。12月28日，三地检察机关联合举办贯彻落实深入推进长三角一体化发展座谈会精神暨示范区2023年检察工作年会，会签《关于深化检察协作助力加快长三角生态绿色一体化发展示范区建设的行动方案（试行）》。

【生态环境保护】 依法办理破坏环境资源犯罪案件2件，办理生态环境领域公益诉讼案件31件，督促修复被破坏的林地、耕地、水域等12.5亩。在大云镇缪家村设立“检察生态林”，以“刑事处罚＋损害赔偿”模式积极推进恢复性司法实践，引导行为人缴纳环境损害赔偿金、治理恢复费用等630余万元。

【劳动者权益保护】 联合县法院、县公安局、县司法局、县民政局等8家职能部门建立民事支持起诉常态化运行机制，对农民工讨要欠薪等案件依法支持起诉、支持劳动仲裁3件。联合县工商联、县慈善总会等部门共同推动司法救助融入共富大局，依法向61名生活困难的案件当事人发放司法救助金近50万元，会同县妇联、县工会等社会力量开展综合帮扶的1起司法救助案获评最高检典型案例。

【未成年人综合保护】 依法惩治侵害未成年人犯罪，批捕14人、起诉21人，判处三年有期徒刑以上刑罚率25%；最大限度教育挽救涉罪未成年人，依法附条件不起诉12人，相对不起诉2人，其中7人通过教育帮扶重返正途。对涉及未成年人权益的抚养费、探望权等民事案件支持起诉6件，因案施策制发“督促监护令”4份。“满天星”法治宣讲团走进各大学校开展法治宣传30场，覆盖中小学师生3200余名。深化开展长三角跨区域协作，联合三地教育局、法院、公安局、团委共18个部门出台《长三角生态绿色一体化发展示范区中小学校法治副校长、法治辅导员参与学生欺凌防治工作实施意见（试行）》，进一步规范示范区中小学法治副校长、法治辅导员参与学生欺凌防治的聘任与管理；出台《长三角生态绿色一体化发展示范区检察机关未成年人刑事案件附条件不起诉工作指引》，细化示范区未成年人刑事案件附条件不起诉适用标准和工作流程。

【出台危险作业案件证据搜集和审查标准指引】 联合公安、应急管理部门出台《办理生产、经营、储存危险物品类危险作业案件证据收集和审查指引》，围绕危险物品认定及检验鉴定，危险物品查封、扣押、称重、取样程序，以及对非法生产、经营、储存危险物品行为和行为人主观故意的取证、现实危险的评估、行为性质的认定等7方面关键要素作出明确规定，规范危险作业案件移送、接收、证据转化等行刑衔接程序。

【建立检警共享证据报告制度】 创设《预审证据报告》，要求侦查人员在案件报捕和起诉前制作完成《预审证据报告》，重点围绕“案件事实和证据”“法律依据和处理意见”两部分内容，根据指控案件事实摘录证据内容、列明证实内容，提出案件定性、量刑情节等法律适用依据和办理意见。侦协办常驻检察官开展跟踪指导，制定《办理生产、经营、储存危险物品类危险作业案件证据收集和审查指引》《拒不执行判决、裁定案件办案指引》《关于统一适用羁押性强制措施的意见》等类案指引。

（黄小斌）

法　　院

【概况】 2023年，县人民法院围绕“公正与效率”工作主题，积极应对“后疫情时期”矛盾纠纷快速反弹攀升的态势，坚持诉前指导化解与审执提质增效并举，护航嘉善“双示范”建设，各项工作取得新进展。至年底，新收各类案件8913件，办结9053件，诉前调解3437件，主要办案质量、效率、效果指标完成度、均衡度位居全市前列；被省高院等各级领导批示肯定21次，被国家级、省级媒体报道79次，获评省市级以上典型案例9个；成功创建浙江省文明单位，西塘法庭获集体二等功，执行局获集体三等功，17个集体、77名个人受到县级以上表彰。

【维护社会稳定】 全年审结刑事案件782件，判处1183人，全力护航杭州亚运会，维护社会安宁。常态化推进扫黑除恶，审结涉嘉兴殡葬业恶势力案件2件20人。严惩危害公共安全和社会治安刑事犯罪，审结故意杀人、故意伤害、强奸、抢劫等案件357件387人。助力安全生产、消防安全常态化排查整治，审结重大责任事故、危险作业等案件6件6人。严惩危害群众切身利益的犯罪，审结开设赌场、危害食品药品安全、帮助信息网络犯罪、侵犯公民个人信息等案件335件635人。开展防范电信网络诈骗专项行动，审结各类诈骗案件76件129人。保持惩治腐败高压态势，审结受贿案件6件6人。落实“春鹰计划”，审结涉未成年人刑事案件23件25人。

【强化民生福祉司法保障】 审结民商事案件5253件，解决争议标的额6.98亿元，助力共富先行、创业创新。弘扬“慈幼恤孤、孝亲敬老”传统美德，审结婚姻、继承、抚养、赡养等家事案件440件，让“满城荡漾善文化”深入人心。持续开展根治欠薪行动，审结劳动争议案件351件，为劳动者追回欠薪3144万余元。弘扬言出必行、诚实守信的契约精神，审结各类合同纠纷3433件。稳妥审结涉建设工程、商品房买卖等案件449件，服务保障“保交楼、保民生、保稳定”。通过“小案件”诠释“大道理”，引领社会良好风尚，凌某、杨某两案入选全市弘扬社会主义核心价值观典型案例。发挥司法救助“托底”功能，为当事人缓、减、免交诉讼费21.7万元，向“执行不能”、生活困难的18名当事人发放司法救助金60万元。

【攻坚执行难问题】 受理执行案件2541件，执结2556件，到位金额5.16亿元，努力把胜诉权益兑现为“真金白银”。县委召开深化执行“一件事”改革推进会，开展党委领导、法院主办、镇街道参与的“终本出清”专项行动，首批105件执行积案、难案化解34件。持续开展春雷闪电、夏日风暴、秋风扫叶、冬日破冰“凌晨猎狐”集中执行行动，司法拘留、罚款、限制高消费、限制出境等5421人次，同比上升9.95%；以拒不执行判决、裁定罪判处19人，上升35.71%，一起案件入选全市打击拒执犯罪典型案例。依托执行和解监管平台，优化“放水养鱼”式执行，累计为233家企业生成增值信用报告，促成和解金额1.1亿元，获中国法学会和上级法院领导肯定。

【法护营商环境】 聚焦国家赋予新发展阶段嘉善高质量发展“五个先行区”建设任务，实施“五大助推行动”，获市、县领导批示肯定。开启“善法护商直通车”，开展法治讲堂、送法入企、司法建议、法治宣传等“六个十”系列活动，获全国人大常委会办公厅肯定，并在中国人大网、《浙江人大》等报道。发挥破产审判市场净化功能，受理“执转破”案件24件，14家“僵尸企业”有序退出，处置债权11.11亿元，盘活资产4.19亿元。引导和规范金融行为，审结金融借款、民间借贷、股权转让等案件981件，解决争议标的额3.28亿元，一起股权纠纷案入选全省金融审判十大典型案例。

【帮助企业纾困解难】 审结各类涉企案件2902件，解决争议标的额5.63亿元；围绕诚信交易、劳动用工、知识产权等重点，开展助企服务，制发指引手册，获《法治日报》点赞。一体优化为企服务、审执协同、质效监管等举措，减少买卖合同纠纷审判执行用时26.85%。与商业银行共建“护企善保通”机制，对信用良好企业，由银行提供最高1000万元的免于被财产保全担保额度。综合运用活查活扣、解封转贷、调解和解、信用修复等方式，帮助129家企业和145名个人“重回市场”。审结涉台纠纷62件，涉台民商事审判司法工作经验全省推广。

【助推法治政府建设】 监督和支持行政机关依法行政，审结行政诉讼案件60件，审查非诉行政执行案件38件，裁定准予执行36件。通过联席会议、“百官听案”、同堂培训、风险提示、法律指导、司法建议等途径和方式，推动行政争议收案量、败诉率“双下降”，调解撤诉率、服判息诉率“双提升”。推动行政争议调解中心实体化运转，为梦东方·梦幻嘉善、华东建材、浙北果蔬、嘉宾花苑等群体性、矛盾易激化事件提供法律咨询、示范诉讼、示范调解200余件次。加强环境资源刑事、民事、行政案件“三合一”审判，审结50件，一起案件入选全省生态环境损害赔偿十大典型案例。开展涉土地房屋征迁拆违案件、环境资源司法保护等专项调研，向党委政府报送专题报告，助力重大项目顺利推进。

【助力基层治理】 坚持和发展新时代“枫桥经验”，推动完善基层、行业矛调模式，全县万人成讼率63.51%，下降1.35%；诉前调解成功分流率36.04%，上升10.64%，获《中国审判》报道。全年发送涉行政管理、行业监管、企业自治等方面司法建议33份。深化共享法庭、巡回站点融合共建，指导调解7699次、推动解纷

2238 件，普法宣传 753 场、授课培训 9511 人次。争创“枫桥式人民法庭”，巡回法庭入驻开发区（惠民街道），各人民法庭与派出所、司法所等单位广泛建立协作机制，为乡村振兴、基层治理提供服务保障。

【集成改革当事人“一件事”】 强化“如我在诉”的为民情怀，落实全生命周期的案件质量管控。完善立案、交费、保全、调解、开庭、执行等“一站服务、一网通办”机制，提供午间法庭、周末法庭和异步审理等便民举措，平均办案天数同比减少 5.82 天，案款发放效率提高 17.2%。设立“释法明理驿站”，探索将了凡善学文化元素融入诉前诉中诉后、执前执中执后各环节，推动服判息诉率、自动履行率稳步上升。持续净化诉讼环境，开展打击虚假诉讼、扰乱诉讼秩序行为等专项行动。

【跨省域司法协同】 会同青浦、吴江法院召开跨省域专业法官会议 5 次，开展专题沙龙 3 次，评选典型案例 4 次，举办书记员技能大赛，获省高院领导批示肯定。联合推出太浦河清水绿廊环境资源保护 10 项措施，获示范区执委会、各级专家学者调研肯定。加强多跨协同共治，与青浦、吴江法院与司法行政、市场监管、税务、教育等部门建立非诉纠纷化解、知识产权失信惩戒、电商涉法服务、涉执税收征缴、学生欺凌防治等协作机制，联合发布营商环境优化提升，妇女权益、消费者权益保护、生态环境联保共治等案例 56 则，多起入选服务保障长三角一体化发展典型案例。

【自身建设】 开展学习贯彻习近平新时代中国特色社会主义思想主题教育，用好“思想大讲堂”“法官论坛”“争先论坛”“善法学堂”等载体，开展“循迹溯源学思想促践行”、大学习大讨论大担当等活动。深化“善接未来”成才工程，开展“明德守法、完善自我”专项行动，推行政治和业务“双导师”培养机制。完成新一轮干部选拔任用，“85 后”中层占比 36.67%。“云上案件质量检测站”获评“浙江全域数字法院”改革“好应用”成果，获最高法院推广。围绕跨省域专业法官会议、侵财型犯罪量刑、新业态劳动争议等问题，在省级以上刊物上获奖、发表学术论文、调研报告 20 余篇次。健全完善“大监督”和内审机制，举办警示教育会、开设廉政讲堂、通报典型案例、举行职前教育、开展现场教学等。贯彻落实防止干预司法“三个规定”。常态化开展正风肃纪，深化运用监督执纪“四种形态”，严格规范干警日常行为。

【领导调研】 3 月 2 日，上海市法学会党组书记、会长崔亚东到嘉善调研，先后到了凡陈列馆、示范区嘉善片区临时展馆、大云镇缪家村等地，实地调研“善文化”培育、祥符荡科创绿谷建设，了解长三角一体化发展、村域治理等情况。5 月 23 日，浙江省人大常委会委员、监察司法委副主任委员李波、省综合执法办副主任童剑峰等一行到嘉善调研共享法庭建设。10 月 16 日，嘉兴中院党组书记、院长涂冬山到嘉善调研，先后走访水乡客厅·方厅水院、祥符荡科创绿谷、西塘人民法庭，实地了解司法服务保障长三角一体化发展情况，并召开长三角跨域审执资源协同应用座谈会。12 月 20 日，浙江省委常委、政法委书记王成国到西塘人民法庭调研，详细了解沪苏浙三地 12 家法庭建立“全域协同”法庭工作联盟、机制情况，加快完善跨区域平安建设法治建设协作机制，加强审判频次，有效提升司法质效和人民群众司法获得感。

【嘉善县人民法院巡回法庭入驻经济技术开发区（惠民街道）】 10 月 30 日，嘉善县人民法院举行巡回法庭入驻经济技术开发区（惠民街道）揭牌仪式。巡回法庭常驻经济技术开发区（惠民街道）有干警约 15 人，具备立案、开庭、调解等功能。

【长三角示范区法院 2023 年司法一体化工作会议】 11 月 27 日，长三角示范区法院 2023 年司法一体化工作会议在嘉善召开。嘉善、青浦、吴江三地法院院长、班子成员、各部门负责人、媒体代表等参加会议。嘉兴各县（市、区）法院院长应邀观摩长三角一体化示范区法院司法协同成果。

【《嘉善县法院志》评审】 12 月 26 日，《嘉善县法院志》专家评审会在县法院召开。评审会上，与会专家对《嘉善县法院志》评审稿提出进一步修改意见，一致通过评审。（王宝龙）

司法行政

【概况】 2023 年，嘉善县司法局认真彻落实省委三个“一号工程”和县委“三个年”行动，全方位放大工作格局，高效能提升工作业绩，为高水平谱写共同富裕和现代化先行篇章贡献法治力量。年内，县司法局获评“全省司法行政系统公共法律服务工作成绩突出集体”“打造‘浙里最嘉’营商环境最优市成绩突出集体”等。在首批“全国守法普法示范市（县、区）”创建中以全省第二跻身全国候选名单，在嘉兴创建全国法治政府建设示范市中立集体三等功。

【县委全面依法治县委员会办公室】 制定出台《2023 年法治嘉善建设工作要点》等文件，组织召开县委全面依法治县委员会第五次会议，谋划部署法治嘉善建设工作任务。开展法治嘉善建设规划中期评估，法治建设五年规划指标完成率 81.3%。对 79 家单位开展道路交通安全和运输执法领域突出问题专项整治、习近平法治思想宣传贯彻等专项督察 5 轮次，推动解决交通、道路运输等领域法治问题 48 个。连续 5 年在法治嘉兴（法治政府）建设考核中获评优秀，西塘镇获评法治浙江建设优秀单位。

【法治营商环境】 牵头全县法治营商环境优化提升专项工作，承接 21 项省市县法治营商环境专项行动、抓手项目，法治化营商环境关键指标 100%完成。“科技创新投资领域制度建设情况”入选全省 2023 年度法治建设主动融入三个“一号工程”揭榜挂帅项目培育库；“‘三链一体’行政执法跨域协同”“构建工业社区网格化治理体系创新打造‘枫桥式’护企优商新模式”获评全市营商环境优化提升创新案例；行政执法跨域协同跻身全省首批营商环境优化提升“最佳实践案例”路演名单；“迭代升级‘综合查一次’营造尊商、惠商、安商法治化营商环境”入围市级营商环境“微改革”项目库。

【新时代司法所综合改革】 全省首创融合司法所综合改革、司法协理员制度试点、乡镇（街道）合法性审查改革攻坚等 3 项省级试点，打造新时代司法所综合改革嘉善样板，获市委副书记、政法委书记帅夔琅批示肯定。全面完成司法协理员身份转换和层级套改司法协理员，全省率先实现司法协理员身份、序列、补助、证件、管理“五统一”；全年各镇（街道）累计完成合法性审查 6020 件，提出法律意见 2000 余条，审查后 9 个镇（街道）实现零败诉，经验做法在全省县乡合法性审查质效提升改革推进会上作推广。

【依法行政】 年内，对拟由县政府及县府办出台的 21 件行政规范性文件进行合法性审查，提出审查意见 79 条，对部门及镇（街道）制发的 11 件行政规范性文件进行备案审查，提出审查意见 25 条。开展行政规范性文件集中清理，废止或宣布失效行政规范性文件 42 件。实现重大行政决策目录化管理全覆盖，编制《2023 年度县政府重大行政决策事项目录》。探索构建多元化参与重大行政决策后评估机制，梳理重大行政决策事项 47 件，指导完成后评估事项 3 项，入选“2023 年度重大行政决策源头治理专项行动揭榜挂帅项目清单”。

【行政执法监督】 制定出台《关于加强镇（街道）行政执法监督工作实施意见》，开展镇（街道）行政执法质效评议 2 次。加大日常执法监督力度，制发行政执法监督通知书 7 份并跟踪整改。梳理公示嘉善县《不予行政处罚目录清单》《减轻行政处罚目录清单》两张清单，办理减免涉民营企业处罚案件 554 件，免罚金额 1112.18 万元。发布全市首份《高新技术企业领域行政合规指导清单》，联合 11 家县级部门，在全县 660 家高新技术企业开展预防性行政合规指导工作，2023 年，累计入企合规指导 1851 次，帮助 65 家准高新技术企业通过专家评审，全县商事诉讼案件、涉企处罚案件分别下降 6.2%、20%。《高新技术产业合规指引》入选省级重点产业合规指引目录管理项目库，合规指导工作获评嘉兴市民营经济增值服务优秀实践案例。

【行政复议与应诉协调】 2023 年，全县有行政复议案件 164 件，办结 144 件，纠错 7 件，纠错率 5.15%。办结的 136 件中，调解成功 83 件，调解成功率 61.03%，位列全市第 2。全年行政诉讼案件 130 件，审结 110 件，一审败诉 1 件，一审败诉率 1.41%。全县开庭审理案件行政机关负责人出庭应诉率 100%，行政复议案件总数与一审行政诉讼案件总数比为 200：100，其中新收行政复议申请数与一审新收诉讼总数比 252：100。行政复议化解行政争议主渠道作用有效彰显，市场主体和人民群众对行政复议的知晓率和信任度显著提升。

【普法与依法治理】 召开县委全面依法治县委员会守法普法协调小组全体(扩大)会议,印发《嘉善县"守法普法示范县"创建工作实施方案》,明确6大方面21项重点工作任务、7个领域40条重点指标,争创全国"守法普法示范县"。全年开展县委常委会学法17场次、县政府常务会议学法30场次,组织2967名机关干部参加年度领导干部和公务员法律知识考试。开展全县"八五"普法规划中期督查,完成嘉兴市"八五"普法中期评估工作。推进公民法治素养观测点建设,命名县级公民法治素养观测点29家,上线"嘉善普法"小程序,实现"需求收集—普法反馈—效果评估"全闭环。推进县级法治文化公园、"桃源渔歌最美香湖"法助共富示范路等地标性法治文化阵地打造,搭建嘉善法治"云"地图。推进示范性民主法治创建,至年底,全县有国家级民主法治示范村4家,省级民主法治村(社区)69家。成立4386人的"法律明白人"队伍,在村、社区、工业园区、新业态组织四大关键领域和民宿、酒吧两大特色行业推进"法律明白人"全覆盖,在全国"法律明白人"作用发挥工作试点地区交流会上作经验交流。

【公共法律服务】 围绕"政务服务增值化改革"目标和"15分钟公共法律服务圈"建设,改造提升县级公共法律服务中心,全省首创营商律政联合体并设置祥符荡分中心,获省司法厅党委书记、厅长王中毅肯定。梳理11项增值法律服务事项清单,构建涉台"4S"公共法律服务、公证服务、合规建设、商业解纷法律服务、涉外法律服务5个"一类事"服务场景,形成19项知识产权保护法律服务产品和6项点单式涉外法律服务产品。组建"拓海"法律服务团,帮助262家企业应对贸易摩擦,助力186家企业出海抢订单。开展法治体检4198次,协同处置知识产权案件14件;为9家科创企业和科研机构开通免费在线存证端口,受理保全证据公证40余件。落实省政府民生实事,县法律援助中心入选第一批省法律援助中心联系点,全年受理法律援助案件1479件,法律帮助1316件,市域通办率100%;"1+N"法律援助流动工作站处置群体性纠纷20起,涉及标的2582万余元。县公证处服务棚改、征迁、农房集聚23次,涉及1881户;公证"最多跑一次"率74.35%,全省通办公证事项88%。

【社区矫正】 在全市率先成立县级社区矫正管理局,实现镇(街道)社区矫正委员会全覆盖。挂牌成立"嘉善社区学院教学点",建立司法所与镇(街道)成校合作机制,开展社区矫正对象学历和就业技能"双提升"。加强与公安、民政等部门的衔接配合,确保刑罚执行顺畅规范。与市强戒所合作开展重点社区矫正对象沉浸式警示教育和工作人员业务培训。引入心理社会组织参与社区矫正工作。2023年,新增社区矫正对象453名,减少369名,社会调查评估61人次,训诫84人次,警告24人次,变更居住地21人次,开展亚运安保和"四不两直"专项检查26次,完成违法违规社区矫正对象撤销缓刑8人次,查找、处置违规人员119人次,对涉企社区矫正对象给予从宽外出审批97人次,减少报告报到、教育学习、公益活动230人次,惠及企业30余家。重新犯罪率、脱管率、漏管率实现三"零"。

【人民调解】 深化调解品牌建设,举办多元调解践行新时代"枫桥经验"专场活动暨县域调解品牌发布会,重点打造"和合善治"特色调解品牌并发布全国首个区域调解品牌省级团体标准。2023年,新增省级优秀人民调解委员会1家、省级金牌人民调解工作室3家、"枫桥式"司法所1家。构建"基层共治融合链",打造"乡贤+网格员+警格辅警+人民调解员+法律明白人+村社法律顾问"的多元解纷团队,开展排查4686次,化解矛盾纠纷7810件,其中重大矛盾纠纷85件,提前介入预防纠纷1873件,排查易引发民转刑案件7件,切实把矛盾纠纷化解在基层。

【长三角一体化示范区司法行政工作】 牵头举办"携手长三角 法治助营商 推动新发展"法律服务专场活动,签署《律所战略合作框架协议》《法治人才培养战略合作协议》等,推动示范区营商环境和法治人才高质量发展。深化示范区普法联动机制,推进示范区三地中小学法治副校长、法治辅导员参与学生欺凌防治。探索长三角一体化涉企行政规范性文件联动协同审查管理机制,将300余件三地行政规范性文件纳入政策库,并通过"云协作"方式推动修改或废止行政规范性文件36件,联审涉企行政规范性文件5次,获省司法厅副厅长劳泓批示肯定。联合三地检察院及青浦、吴江两地司法局共同出台《长三角生态绿色一体化发展示范区社区矫正协同实施办法》,创新示范区社区矫正和检察监督工作协作机制,实现社区矫正对象在示范区内有序流动。完成示范区三地社区矫正巡回检察。推广示范区执法跨域协作,培育跨域执法优秀指导案例30个。示范区执法跨域协作应用获浙江省"大综合一体化"行政执法改革"最佳实践"。"构建长三角跨域执法司法一体化协同新模式"获评浙江省改革突破奖,被示范区协同立法吸纳。

【队伍建设】 制定相关制度,规范队伍管理。构建"党建红、清廉绿、示范蓝"干部理论实践"三色课堂"体系,开展"敢为敢闯、互比互拼"干部擂台赛。年内,县司法局在全市司法行政系统"八八战略在身边"微宣讲大赛中获一等奖,1名干部被评为嘉善县青春建功"三个年行动"营商大提优担当好青年,1名干部获全市创建全国法治政府建设示范市工作个人嘉奖,《司法所的晴雨表》等多个业务宣传视频在学习强国全国平台展播。 (顾梦婷)

社会治理

【概况】 2023年,嘉善县依托"141"基层治理体系,持续推进党建引领整体智治、数字政府、数字经济、数字社会、数字文化、数字法治6大系统综合集成、协同赋能,构建县域善治新模式,各类社会矛盾纠纷和风险隐患得到综合治理、系统治理和源头治理,发展丰富新时代"枫桥经验",有效维护全县社会面平安稳定大局。县社会治理综合指挥服务中心被省平安办授予"2022—2023年度全省平安建设先进集体"。

【一窗受理、分类办理】 县矛调中心继续深化最多跑一地改革,巩固只进一扇门、一条链服务,牵头协调进驻部门发挥在基层矛盾纠纷调处中的定纷止争"终点站"作用,实现县镇村三级中心联动、线上线下结合服务,取得较好成效。2023年,县中心累计办理各类诉求事项24506件,工作日平均接办98.42件,其中矛盾纠纷调解9793件、诉讼案件5136件、各类咨询4984件、信访1485件、劳动仲裁3107件。法律援助1件,与上年持平。按时办结率99.97%,群众满意率99.85%。

【推进网格智治】 优化网格设置,全县网格调整为820个,配备网格长757名,网格员836名,兼职网格员871名,网格指导员785名。完善网格督导考核机制,每月对网格工作进行赋分排名通报,进一步压实镇(街道)责任,全年网格事项台账累计上报213554条。定期组织开展专职网格员专题培训、全体网格员业务能力测试,举办"迎亚运 守底线 保平安"网格大比武活动。全年开展各类网格业务培训200余次,1万余人次;开展各类演练1300余次,6.5万余人次。

【会商研判、交办处置】 全年发布维权预警信息85条,发布从12345政务投诉举报电话、网格智治系统自动抓取的风险隐患预警信息29条。召开涉稳风险形势会商研判联席会议19次,累计交办处置跟踪事件217件,其中市级推送交办34件。县委政法委(社会治理中心)会同公安、司法、属地镇(街道)社会治理办、派出所等单位加强全县命案防控源头治理工作,加强会商研判预警和交办督促落实,最大限度地预防、控制和减少全县命案发生,助力"平安嘉善"建设。

【民声一键办】 联通"110""12345"两条热线,与基层智治综合应用平台对接,推动"民声一键办"机制建设,实现信息一键流转、部门高效协同、队伍即时响应、事项现场办好,构建起警情、社情、民情一体协同处置工作机制,提升群众诉求回应时效和矛盾化解质效。5月,率先在罗星街道、姚庄镇、干窑镇等试点。6月,在全县所有镇(街道)全面铺开。依托镇综合信息指挥室,建立"12310"快速响应处置机制(即1分钟内签收、2分钟内联系、3分钟内指挥、10分钟内到达),确保"事事有人管、件件有着落"。至年底,全县12345、110与基层智治综合应用平台流转事项19023件,12345受理诉求类事项同比下降11.73%,各类"民声"事项办结率100%,其中营商环境事项一次性化解率100%,群众满意度99.78%。 (沈海中)

城乡建设管理

综　　述

2023年，嘉善县推动住房城乡建设事业高质量发展，各项工作成效显著。

年内，县建设局获评浙江省城乡风貌整治提升、未来社区、未来乡村和美丽城镇建设成绩突出集体、全省美丽城镇建设工作考核优秀。全县“安薪指数”“七优享”“平安浙江”考核指标——实名制考勤人员与农民工工资专户发薪人员匹配率97.22%，全市排名第一，工作成效获县领导批示肯定。

推动城市品质提升。全域推进共富现代化基本单元。新增省级未来社区和风貌样板区各3个，获评美丽城镇建设省级优秀县。推进重大项目建设，7个项目开工，22个项目竣工并投入使用。赋能城市更新。稳步推进“三高四铁”沿线征迁。火车站广场、原兽药厂及周边地块签约率90%以上。完成6个城市地块更新和2005年前建成的老旧小区改造。持续推进历史文化守护传承。加快推进梅花坊项目建设。全市第一个针对单个古镇的立法《嘉兴市西塘古镇保护条例》正式出台，被列入省建设厅2023年度城乡历史文化保护与传承示范案例。驱动绿色生态。构建现代化基础设施体系。完成道路新建改造6.7公里，新建公共停车场3个，新增公共停车位869个。完成农村生活污水治理27个省级建设改造任务。雕琢城市绿化工程品质。年度新增绿地40.19公顷、新(改)建公园6处、新增立体绿化点位6个、新建绿道5.6公里。提升城市精细化管理水平。推动专业物业服务覆盖，实施专业物业管理的小区294个，覆盖率90.18%。推动市容机制改革，打造中央公园示范样板街区和人民大道市民广场“席地可坐”城市客厅。实施渣土联合整治暨“春雷”行动。累计立案61起、办结53件，工作成效获市委常委、县委书记江海洋肯定。

城市建设

【城市品质提升】　全县品质提升攻坚战收官，5类22个重点标志性工程64个子项目3年累计完成投资约180亿元。其中伍子塘生态文化绿廊(南城河至白水塘段)、嘉善县千岛湖供配水工程、善智苑和兴贤路安置房等24个子项目竣工并投入使用；蓉溪生态体育公园项目、长三角(嘉善)金融创新中心、嘉兴中心河拓浚及河湖连通工程和嘉善枫南社区等19个子项目正在建设中。

【打造江南水乡公园金名片】　围绕“以水为魂、以文为心、以桥为韵、以绿为底、以路为脉、以田为景”的公园式现代江南水乡建设目标，构建“一纵四横、双环多点”的空间结构，实施清碧水乡公园、乐居水乡公园、魅力水乡公园、畅达水乡公园、文化水乡公园、智慧水乡公园六大行动，重点落实28项具体指标、22个重点项目，探索“江南水乡生态文明的嘉善模式”。年内，完成搭建工作专班、组建智库团队、编制《嘉善县“建设全域江南水乡公园、打造江南水乡生态文明金名片”三年行动方案(2023—2025年)》等工作。

【城市有机更新】　全县累计完成嘉兴市城镇更新专项行动项目

39个，占地1804.33亩，面积66.31万平方米。加快推进二高东侧、二高北侧、浒弄东侧、浒弄西侧等4个有机更新地块，总占地59.7亩，被征收户数812户，签约794户，腾空788户。火车站广场有机更新地块总占地52.89亩，被征收户数约148户，签约131户，腾空126户；原兽药厂及周边有机更新地块总占地95.95亩，被征收户数22户，签约20户，腾空20户。浙北果蔬市场有机更新地块总占地74.17亩，涉及20个被征收主体，完成"当年启动，当年完成"目标。推进城市更新升级试点工作，开展城市体检评估，探索城市更新工作机制，落实城市更新行动，实施城市更新试点项目建设。竹小汇双碳聚落项目和梅花坊项目入选2023年城市更新省级试点项目。

【征收补偿信息系统建设】 完成"善安居"数智征收管理系统开发建设，集成智慧征管、房票管理、房源管理和征管数字孪生等4个子系统，建立征拆数字档案982户，开具房票38套，涉及金额近6000万，实现实景式"挂图作战"。

【棚改安置房建设】 全年完成棚改安置房总投资15.5亿元，总建筑面积20.06万平方米（地下建筑面积6.32万平方米），占地108.02亩，竣工善贤苑安置房项目全部1184套，交房658套。和善家园小区项目（二期）开工。

【优化县级安置房源管理】 排摸梳理全县安置房房源，共有16239套，其中已用9365套，调拨、预留等锁定房源2271套，可用房源4603套。

村镇建设

【农民建房管理】 规范农民建房流程，全面落地应用"农房浙建事"系统中的"建房审批"场景，累计录入建房数据125条、危房整改数据85条。打造农房标准化工地建设试点1个，启动农房建设管理体制改革试点工作。承办2023年全省村镇建设工作培训班。完成嘉善县农村建筑工匠继续教育培训，组织工匠参加市级乡村建设工匠（砌筑工）技能竞赛，获组织团体三等奖。西塘镇华联中心社区公寓房三期城中村改造项目获评嘉兴市农村住房工程领域钱江杯（优质工程）项目。农房建设安全管理年终考核位列全市第二。

【农村自建房管理】 开展自建房部门联合督查、安全隐患再排查再整治、专项整治"回头看"、农房抽检等工作，全年累计发现农村危房36幢。对系统前期排查判定为"不需要排查"的49583个图斑进行排查，完成554幢动态新增经营性自建房安全鉴定。对农房开展常态化网格巡查，累计巡查24917户，完成率124.6%。加强腾空危房风险管控，印发《关于进一步加强农村危房管控的通知》，明确新增危房腾空防控要落实"物防＋人防＋机防"的要求。开展困难家庭危房改造和救助金发放，完成2022年5户困难家庭危房改造救助金发放，累计发放省级和县级救助金额各7.5万元、6.09万元，完成2023年9户困难家庭危房改造。

【农村生活污水治理】 完成32个省级民生实事项目建设，27个省级新建改造建设任务开工，完成120个续建项目竣工验收工作。完成2023—2026年嘉善县农村生活污水治理设施运行维护服务项目新一轮招标工作。完成2023年嘉善县农村生活污水设施标准化运维任务482个，全年拨付县级运维资金751.86万。全年开展农村生活污水有限空间安全作业应急演练2次。

【历史"三名"保护和美丽宜居建设】 完成已公布历史建筑挂牌和测绘建档、保护图则编制工作。全市首个针对单个古镇的立法条例《嘉兴市西塘古镇保护条例》批准实施。西塘古镇案例入选建设部《历史文化保护与传承示范案例（第二辑）》，西塘古镇景区案例入选浙江省2023年度城乡历史文化保护与传承示范案例。姚庄镇横港村等10个村被列入嘉兴市第二批市级历史文化传统村落名录；罗星街道鑫锋村通过省级美丽宜居示范村验收，姚庄镇展幸村、陶庄镇汾南村等完成项目建设。

美丽城镇建设

【未来社区建设】 2023年，嘉辰社区、天凝社区和陶庄社区等成功创建省级未来社区，嘉辰社区、天凝社区等获评省级引领型未来社区，嘉辰未来社区数字化建设获评省级优秀案例。天凝社区等29个服务场景入选全省共同富裕现代化基本单元“一老一小”服务场景名单。推进列入全省前六批未来社区创建名单的8个未来社区建设工作。全县未来社区创建覆盖率30%，全年累计完成投资19.51亿元，投资完成率100%。

【城乡风貌样板区建设工作】 全年累计实施风貌样板区项目35个，竣工率100%，累计完成投资20.8亿元，投资完成率100%。嘉善“圆梦归谷”城市特色产业风貌区、嘉善“公园·水岸·善城”城市新区风貌区、大云—惠民“田蜜花海”获评省级风貌样板区，嘉善“公园·水岸·善城”城市新区风貌区被择优命名为全省“富春山居图样板区”。在城乡风貌区内先后建成大云镇幸福缪家、天凝镇水塔书屋等12处共富风貌驿，其中天凝镇水塔书屋共富风貌驿被命名为省级共富风貌驿并入选典型案例名单；建成共富风貌游线3条，其中“未来幸福水乡”共富风貌游线入选全省2023年度第一批共富风貌游线。

【现代化美丽城镇建设】 初步排定现代化美丽城镇建设计划，全年完成投资80.87亿，大云镇、西塘镇等完成城市体检、方案编制，大云镇入选2023年现代化美丽城镇示范镇建设名单。

垃圾管理

【生活垃圾处置】 持续开展生活垃圾焚烧飞灰外运处置项目，确保县域范围生活垃圾和飞灰零填埋。建成飞灰暂存库（2万吨），生活垃圾无害化处置率平稳保持100%。完成生活垃圾处理终端烟气排放提标改造工程。持续开展生活垃圾填埋场综合治理，全年处理陈年垃圾1.35万吨，完成简易填埋场整治4座。改造提升4座中转站。

【环卫保洁】 出台《嘉善县城区市容养护管理绩效考核办法（试行）》，实施“2＋3＋4”“极小元”服务模式，提升城区保洁质量。人民大道市民广场获评省城市“席地而坐”“客厅级”高品质保洁区，柳洲公园北公厕获评省城市“美丽公厕”。年内，完成善城驿站·温暖家驿站建设4座。

【城镇生活垃圾分类】 2023年，嘉善县城乡生活垃圾分类覆盖率、资源化利用率、无害化处理率均达100%，生活垃圾分类处理率87.23%，易腐垃圾清运量占比30.47%，城镇生活垃圾回收利用率67.18%。完成65个省高标小区、4个省级示范片区、42个省高标示范村和17个民生实事创建。生活垃圾分类示范机关单位、国有企业覆盖面均为100%。非居民其他垃圾、餐厨垃圾收费合同签约率分别为100%、60%。开展分类质量提升活动，全年实施“机器换人”小区32个。开展共建共治共享行动，开展各类志愿者、党员带头公益活动1900余起。加大执法力度，生活垃圾分类领域全年累计立案724起，罚款金额75440元。

市政公用事业

【老旧小区改造】 2023年，完成魏塘街道解放三村老旧小区改造。印发《嘉善县老旧小区改造监管不到位问题专项治理工作方案》，下发问题交办单5份，交办问题12个，并全部完成整改。

【“五水共治”】 全年建设改造污水管网7.8公里、完成率156%。新建供水管网16.8公里、完成率336%，改造高层住宅二次供水设施35个、完成率233%，嘉善县千岛湖供配水工程投入试运行，并按照清水掺混的原则接入原供水管网。成功创建节水型小区4个和节水型单位3个，完成省级节水型城市创建申报文本初稿。完成斜家桥小区等内涝积水点整治5处。

【市政设施】 新建改造道路7.56公里，打通城市断头路2条。完成世纪大道—体育路路口改造。牵头完成市政公用领域专项体检报告评审6个，建立五年项目储备库。发现整治各类隐患370余处。编制《嘉善县城市地下市政基础设施综合规划项目》初稿，完成伍子塘桥、子胥苑桥等桥下空间改造利用。编制发布《嘉善县海绵城市专项规划及县城区近期建设计划》，推动建成海绵城市2.5平方公里，伍子塘文化绿廊项目（南城河至白水塘段）海绵工程入选2023年省级海绵城市示范性工程。

【燃气行业监管】 部署开展嘉善县城镇燃气领域安全生产大排查大整治、再排查再整治、专项整治工作等行动，检查燃气企业、餐饮店铺等重点用气场所5000余处，发现问题隐患3000余处，整改率100%。新建燃气管道23.4公里，改造老旧燃气管道 9.2 公里。完成更换金属波纹管和带丝口连接减压阀 1.9 万户、餐饮等场所“瓶改管”40 家。累计发放《燃气安全宣传手册》等宣传资料 5.8 万份，发送安全短信 50 余万条。开展各类培训、演练 66 次。

【园林市政设施保障】 建立县建设局、县城投集团下属博源建设管理有限公司、嘉善温暖嘉城市综合服务有限公司信息互通机制，提高养护行业监管、管理和实施三方沟通效率。抽调养护人员组建绿化、市政应急抢险常备队伍各 10 人，充实应急抢险人员储备。智能化提升改造城区 8 个防洪排涝泵站。全年养护资金投入约 5000 万元。 （县建设局等）

城乡交通

【公交班线】 至 2023 年底，嘉善县县域公交线路 86 条，线路总里程 1309 公里，其中城市公交 20 条，二级城乡公交 22 条，三级城乡公交 32 条，辅助公交定制专线 10 条，祥符荡专线 1 条，微公交 1 条，年运营里程 1736.39 万公里。年内，新增 123 路、231 路、335 路、336 路、W1 路、嘉善 113 路（嘉善客运中心—朱泾汽车站）、嘉善 115 路（嘉善客运中心—青浦盈港东路嘉松中路）等公交线路 7 条，其中 W1 路（嘉善二院—祥符荡科创绿谷—嘉善二院）是嘉善首条镇域“微公交”，主要是缓解西塘镇拆迁安置小区群众公共出行难题。清明期间，开行清明扫墓公交免费接驳专线 2 条；1 月、6 月、7 月，累计抽调公交车 51 辆次，接送中高考和学考选考考生 14837 人次。优化调整 101 路、217 路、305 路、333 路、216 路、103 路、327 路、218 路、306 路、322 路、209 路、W1 路、151 路、152 路、153 路、示范区 3 路、嘉善 111 路等公交线路 17 条。城乡三级公交 317 路、320 路、329 路、335 路、336 路优化调整为“准时公交示范线路”；107 路升级改造为一条以女性驾驶员为主的“巾帼示范线”；撤销 Z51 路公交线路。102 路、205 路获评省市政级“敬老文明号”荣誉称号。

【客运班线】 至 2023 年 12 月，全县有客运班线 15 条。其中营运班线 8 条（萧山机场、浦东机场、上海医疗直通车、杭州医疗直通车、宁波、苏州、无锡、松江），暂停运营班线 7 条（慈溪、乌镇、湖州、江阴、常州、上海总站、昆山）；示范区公交 2 条；省际毗邻公交 4 条；城际公交 5 条；旅游专线 2 条；“畅游乡村”旅游专线 5 条。年内，新开西塘至上海浦东国际机场定制客运班线 1 条，上海、杭州医疗直通车 2 条；部分定制班线恢复运营，并新增上客点 80 余个；西塘—萧山机场班线、西塘—浦东机场班线、西塘—宁波班线实行减车减班，嘉善—苏州班线实行减车减班的同时新增停靠点吴江站，高铁站—西塘古镇旅游专线适时调整班次。

【公交车辆更新】 全年更新新能源公交车 35 辆，至年底，有营运车辆 535 辆，其中柴油车 102 辆、天然气车 47 辆、气电混合车辆 55 辆、纯电动车辆 174 辆、氢能源车 135 辆、CNG 天然气出租车 22 辆。

【公交服务】 继续实行县内公交早晚高峰时段免费乘车和限时免费换乘。2 月 25 日起，全市医务人员持“公交畅行卡”，可在两年内免费乘坐嘉善公交；4 月 1 日起，嘉兴籍退役军人可向驾驶员出示“老兵码”或车载刷卡机扫“老兵码”后免费乘坐公交车，“三属”等原免费对象，可向驾驶员出示三属优待证或原证件后免费乘坐公交车；11 月，与中国银联股份有限公司浙江分公司开展嘉兴公共交通“一码通”银联乘车码业务合作；协同县残联共同推进 M1 版爱心卡升级成 CPU 版爱心卡工作，全年提交更换 9421 张，完成率 100%。对 102 路和 205 路两条“尊老敬老示范线”进行外观和内部设施的升级改造。制定执行《公交车辆路口安全行车“四必”操作管理办法》《公交车进出站、停靠及开关门操作规范》等相关安全规定，保障乘客安全。

【公共自行车服务】 全年新增公共自行车租赁网点 34 个（其中惠民 32 个、丝绸路菜场 1 个、洋桥村 1 个），新增公共自行车 460 辆（其中惠民 400 辆、祥符荡 60 辆），新增用户数 74587 人。至 12 月，全县设公共自行车租赁网点 245 个，投入公共自行车 5310 辆；年租车量约 288 万次，同比上升 36.33%。

【停车场服务】 2023 年，“嘉善停车”小程序新增线上包月板块，并不定期开展充值送券及包月优惠活动，小程序注册用户 10.5 万余户。6 月起，为各类人才提供免费停车券 24 万张，减免停车费约120万元，免费开放场馆类停车场8次，减免停车费约3.8万元。提高路面泊位车牌录入率，县体育馆（施家路）、县体育场（城西）、县两馆（图书馆、博物馆）等3个停车场面向市民提供错时共享车位450个。13个停车场2585个停车位免费停放时长由30分钟延长至60分钟。春节、台风天气期间，推出停车场、路面泊位免费停车的惠民举措，惠及8万余车辆，减免停车费约50万元。祥云幼儿园东侧停车场、妇保院停车场、善东路停车场等新建新能源汽车充电桩86个，13个停车场累计新能源汽车充电桩150个及蔚来新能源汽车充换电站1个，其中，祥云幼儿园东侧停车场实现新能源充电桩全覆盖。至年底，交投集团在管停车场26个、路面泊位422个。

【基础设施建设】 完成城西公交停保场（嘉善交运商贸中心）主体建筑所有的结构与砌筑施工建设，项目位于罗星街道世纪大道与归谷六路交叉口西北角，总建筑面积50950.5平方米，总投资4.37亿元。2021年10月开工，至2023年12月完成投资1.08亿元。320国道（嘉善段）公交站点信息化改造项目竣工验收。320国道沿线24个公交站点的信息化改造于2022年6月开工建设，2023年3月2日完成竣工验收。开发区（惠民街道）公共自行车（二期）工程项目建成并投运。该项目在嘉善县惠民街道13个村（社区）新建公共自行车租赁网点32个（其中有桩14个、无桩18个），新增公共自行车400辆，总投资560万元，于2022年10月12日开工建设，2023年1月10日建成并投运。新建丝绸路菜场公共自行车网点，设置2个L型棚20个车位。项目于2023年2月21日建设完成并验收开通营运。新建洋桥村公共自行车网点，设置1个T型棚20个车位。项目于2023年2月21日建设完成并验收开通营运。

（唐晚霞）

城乡供水

【概况】 2023年，全县实现安全供水8616.92万吨，售水6898.08万吨，全年完成污水收集处理量5055.07万吨，完成年度处理任务目标（4800万吨）的105.3%。2023年年度计划实施投资项目34个，其中续建8个，新建9个、前期16个、政府投资（采购）项目1个，总投资43.94亿元。全年计划完成投资2.82亿元，实际完成投资3.84亿元，完成年度计划投资136.2%。

【水源地保护】 健全水源地协同防护，开展水源水质监测、保护方案制定等保护工作。实施长白荡水闸切换30余次，在长白荡投放鱼苗18.50万余元（1.5万公斤）；完成水源地在线水质监测实验室比对采样分析36站次，开展相关检测项目252项，水源水及供水水质合格率均为100%。依托长三角一体化示范区供水服务保障联盟，定期开展市县镇级“河长制”巡河行动，累计开展水源地巡查300余次，修复隔离网12次。年内，召开青吴嘉法院长三角示范区法院水资源司法保护一体化工作座谈会、环境资源案件跨域管辖机制研讨会等系列会议。

【智慧水务建设】 推进智慧水务数据仓库建设，完成数据仓库与营收系统、调度系统、工单系统各重点业务系统的数据对接工作。以“热线调度工单实时监管、企业客户画像数据赋能、未来社区供排漏损管控”为重点，推进智慧水务系统平台应用场景建设。做好数据支撑，GIS系统新入库污水市政管网7.78公里、管点420个，新入库供水管网51.58公里、管点5771个，污水市政管网共计入库663.0公里、供水管网共计入库3780.4公里。实现RTK管线、井测绘工作数据0突破，测得271个三级管网污水井点的数据以及267组管线数据。

【千岛湖供配水工程】 “十百千”一体化示范区优质供水示范项目包含嘉善县千岛湖供配水工程、嘉善县千岛湖原水泵站提升工程等2个子项目，总投资5.05亿元，年度计划完成投资1亿元，实际完成投资1亿元。2023年11月通水试运行，实现供水水质跨越提升。

【嘉善县污水互联互通有机更新提升工程】 县“365”重点项目——嘉善县污水互联互通有机更新提升工程，总投资1.5亿元，年度计划完成投资1500万元。项目一期于7月开工建设，全年实际完成投资2441万元，测绘完成约153公里，清淤检测完成约134公里。至12月底，项目一期完工，二期管道完成敷设3.5公里。

【嘉善蓉溪净水厂及配套道路】 县"365"重点项目嘉善蓉溪净水厂及配套道路，总投资24.7亿元，占地约392亩。进出水管道工程于11月开工建设，全年完成进出水管道工程总量的25%，实际完成投资1.02亿元。

【提升服务质量】 聚焦民生做好群众服务。"96390"水务热线全年受理用户来电30554件，同比上升5.4%，其中咨询类来电20945件，问题类9609件。在"浙里办App"上线"红小二"志愿水质检测服务，提供免费上门水质检测。加强营商环境建设，严格落实企业用水报装"1100"标准，并完工供水报装17家。2023年度营商环境用水报装工作指标保持全省第一。稳定运行"嘉善城乡供水"微应用、"一证通办"系统等移动端办理服务，优化"水电气"联办，打通企业和群众便民服务的"最后一公里"。

【管网检测】 提升水质检测专业能力，具备水和废水两大类60项指标(62项能力参数)的实验室CMA资质。年内，对县域范围内30个管网及管网末梢点常规10项分析24次，采集水样720个，开展检测项目7200项。2023年，县水务集团完成全县9个镇(街道)"污水零直排"蓄水试验复核工作(企业类)项目，涉及企业871家，对9个乡镇街道的188个生活区块进行排查并蓄水试验。

【节能减排】 2023年，南排输送处理污水1537万吨，日均4.21万吨。大成污水厂收集处理污水1186万吨，日均3.2万吨，其中COD削减量3335.84吨，氨氮削减量335.6吨，污泥处置10086.34吨，排放达标率100%；东部污水厂收集处理污水1701万吨，日均4.7万吨，其中COD削减量2348.8吨，氨氮削减量480.1吨，污泥处置7960.46吨，排放达标率100%；西塘厂收集处理污水631万吨，日均1.7万吨，其中COD削减量1093.5吨，氨氮削减量175.4吨，污泥处置4447.07吨，排放达标率100%。

【管网运维与更新】 全年签订125个区块运维备忘录，运维管网长度285余千米，新增运维区块35个、运维管网长度54余千米。巡查区块10700余个次，巡查人员4200余人次，累计清掏300次，疏通300余次。拓展粪便抽运服务业务，全年完成化粪池抽运服务428车次。县水务集团全年新建污水管道10公里，新建供水主管道5公里。

【供排水设施运行】 2023年，县水务集团所属污水公司完成污水管网巡查14000余公里，升井、更换井盖140余个，清淤疏通100余处、20余公里，水质采样2735瓶次、泵站设备维修289次、应急自发电9次，保障市政排水系统安全平稳运行。供水设施运行总体平稳，日均供水量约23.61万吨。夏季持续高温期间日最高供水量29.3万吨/日，同比下降8.27%。2023年累计巡查472次、累计长度5744公里，管网维修11018次，更换阀门、水表、水表箱7618处，管网冲洗排污450次。全年测漏452次，出动测漏人员1737人次，检测出823个漏点，修复806个漏点。

【业务板块拓展】 全面布局"双碳"行动任务目标，深化探索协议实现生态效益、经济效益、社会效益的合作共赢。利用污水厂屋顶资源，与浙电中新新能源科技公司合作，推进嘉善县分布式光伏产业发展，完成东部净水厂光伏项目合同签订；探索降碳减污协同增效新模式，与雪花啤酒(嘉善)有限公司签订全省首例啤酒废水浓度协商排放协议，该项目入选浙江省第二批减污降碳标杆项目，2023年8月进入试运行阶段。发挥水质检测专业优势，承接县园林市政管理服务中心县域300家入网企业水质检测等业务，开展相关检测项目6224项，出具有效CMA检测报告660份，业务同比增长21.95%。 (王佳皓)

城市管理与监督

【概况】 2023年，嘉善县行政执法工作成效突出，亮点纷呈。全年两项名义累计办理案件3901件，同比增长16.41%，事项覆盖169项，较上年增加36项。办理全市首起危害发电设施、变电设施和电力线路设施案，擅自占用公厕或改变公厕使用性质案，未经批准或未按批准要求在河道管理范围内建设水利工程案等。年内，"大综合一体化"改革年度综合评价位列全省第12，改革做法获省司法厅厅长王中毅、省综合执法办主任储厚冰等批示肯定，获新华社、人民网等中央及省级媒体宣传报道38次。承办全市改革现场推进会并作交流发言。"一支队伍管执法"经验做法入选县域高质量发展示范点经验。迭代升级"综合查一次"入选嘉兴市营商环境“微改革”第一批项目库。罗星街道江南邻里中心成功创建省级户外广告和招牌设施设置样板区、世纪大道(车站路—伍子塘)成功创建省级“街容示范街”、万联广场街区成功创建省级“高品质示范街区”。县综合行政执法局获全省综合行政执法工作先进集体称号;西塘中队获2022年度全国行政执法先进集体、2023年度全省综合行政执法系统队伍规范化建设工作成绩突出集体等称号;大云、干窑、罗星等中队获全省“枫桥式”中队称号,“枫桥式”中队占比达到三分之一,位列全市第二。

【“大综合一体化”行政执法改革】 在全市率先建立“大综合一体化”行政执法改革党委政府“双牵头”领导工作运行机制,累计召开工作会议28次。将赋权镇(街道)执法事项由862项调整到1064项,新增文化领域执法事项,实行“差异化、特色化”乡镇赋权模式。有序推进各乡镇项目培育试点,在西塘镇试点乡镇(街道)综合行政执法队标准化工作体系建设,在开发区(惠民街道)试点建立园区企业分级分类“四色管理”机制,在干窑镇试点行政检查中简单事项集中委托机制。率先探索构建“大综合一体化”行政执法改革“10、40、50”观察体系,实现全县改革推进“一网可感、一网可察、一网可治”,累计收集各类意见建议30余条。率先组建行政执法教官团,累计开展送教活动4期,培训执法人员256名,获全市复制推广。

【重点领域专项治理】 开展沿街店铺“畅通生命通道”排查整治专项行动,累计排查沿街店铺15909家,发现隐患834家,整改率100%。开展沿街商铺消防安全隐患排查16472家次,发现隐患问题数8510个,办理占用、堵塞、封闭城市道路上的消防车通道,在城市道路上私拉电线和插座给电动车充电等消防领域行政处罚案件501起,同比提高169.7%。立案查处城镇燃气违规经营、存放、使用等违法行为371起,同比增长627.45%。牵头全县工程渣土联合整治暨“春雷”行动管控执法组工作,成立执法打击工作专班,累计查处案件98起,拟处罚金额200余万元,行政拘留20人、刑事拘留7人。全县渣土偷倒现象从原先的平均每周2起以上下降到平均每月2起以下。出台《工程渣土领域常态长效整治工作机制》《工程渣土县域统筹管理工作机制》等长效机制。加强“两违”前置管理,全年参与审查规划建筑设计方案13件。全面贯彻“五不予”措施,冻结涉违房产134户,自行整改76户,主动整改率56.7%。全年处置违法用地(建设)259处,拆除违法建筑17.22万平方米,整治违法用地12.85万平方米,同比提高50%。办理工程转包、违法分包、出借资质等工程建设领域重难点案件19起,累计罚款314万余元。

【营造最优法治环境】 率先在全域推广“预告式”检查,确定工贸企业、建筑工地、餐饮店等66个检查场景与任务,发动38个行政执法部门在检查前向备查群体预告检查内容,全年发布预告20批次、辐射2400多个市场主体。创新预约式“综合查一次”,企业自主预约、政府上门指导,提升执法监管数字化水平。全年提供组团式上门指导服务35次,减少扰企2276次、综合监管率51%。梳理12个行政执法部门346项涉企“减罚免罚”清单,统一青吴嘉三地62项“减罚免罚”事项,全年开展不予处罚437次,减罚免罚金额超25.5余万元。公布《嘉善县综合行政执法局信用修复工作实施方案》,累计完成企业信用修复151家,实现信用修复“零次跑”100%。建立“双随机一公开”与“综合查一次”统筹推进工作机制,制定《嘉善县综合行政执法“三书一函”工作机制》。加强镇街法制审核机构建设,组建合法性审查专家库,成立合法性审查协同中心,开展司法所综合改革,司法所与镇(街道)法制室合署办公,壮大法制审核力量。

【构建品质人居环境】 开展以市容秩序为重点的综合整治行动、迎亚运城市环境整治行动,全面治理城市市容“十乱”问题,月均出动2320余人次参与市容常态化管理,开展集中整治50余次,累计治理各类市容问题6800余处。依托“善城智慧店铺”系统完成市容纠违3500处,电动车纠违3170处。全面排摸各类广告设施,累计拆除各类违法违规户外广告和招牌144处、1640平方米。推行并完成民生实事——出行及停车保障项目(“共享车位”数字化管理),参与限时免费共享停车场40个,推出共享车位3268个,覆盖城区学校、农贸市场、小区等区域119个。推进文明养犬工作，2023 年新发放犬证 347 张，办理年审 1203 个，办证率、年审率 100%。"养犬监管一件事"入选省执法办典型案例，养犬管理投诉举报工作满意度超 92%。升级打造示范区执法跨域协作应用，优化建筑垃圾业务场景，完善共享信息 4000 余条，通过系统移交案件 2 起，应用获评全省"大综合一体化"行政执法改革"最佳实践"。完善区域执法联动机制，签订《"青浦、汾湖、嘉善"三地综合执法"渣土管理"领域党建引领跨省合作协议》等，在"干洪公路非法倾倒渣土案"中联动上海城管、交警等部门，对涉案车辆进行异地查扣，获评长三角城市管理综合执法协作典型案例。

【自身建设】 开展学习贯彻习近平新时代中国特色社会主义思想主题教育，加强队伍思想政治建设和党风廉政建设。规范化推进党支部建设，"亲民城管"获评嘉兴市三星级示范性机关服务品牌。严格落实常态化长效化正风肃纪工作机制，开展岗位廉政风险、兼职事项、违规吃喝等各类专项排查整治。强化日常监督管理，累计开展督察 65 次，检查科室队 108 家次。优化干部梯队建设，新提拔中层正职 5 名、中层副职 1 名。研究出台《年轻干部成长成才"青蓝工程"实施方案》，创新干部培养与使用。 （陈 成）

交通管理

【概况】 2023 年，嘉善县围绕"双示范"建设中心工作，推动"珍爱生命、铁拳护航"交通安全大会战，开展平安春运、文明城市创建复评、"亮剑"系列集中整治行动，道路交通安全指数、文明指数、畅通指数、民生指数和平安指数等均有所提高。至年底，全县机动车保有量 241951 辆，其中汽车保有量 215905 辆，摩托车保有量 26046 辆。国标电动自行车保有量 280230 辆。机动车驾驶人 253068 人。全年新增机动车 13823 辆，同比增长 6.1%。新增国标电动自行车 69303 辆，同比增长 33.94%。新增驾驶人 7884 人，同比增长 3.21%。年内，受理交通事故报警 55965 起，同比上升 9.65%。7 日内亡人交通事故 30 起，死亡 30 人，同比均下降 3.2%，无一次死亡两人以上交通事故。

【交通安全综合治理】 县道安办与县交安办合署办公，按照"四有"标准（有专门办公场所、有人员集中办公、有实体化工作机制、有工作研究部署）实体化运作。推进道路交通安全"除险强基"综合治理三年行动计划，有效挂牌治理一批道路交通隐患和风险企业。固化交通安全大会战警示督办表态和约谈制度。编制全市首个《工业园区道路交通安全及交通设施一体化智治工作指南》。成立专家队伍，开展道路交通事故预防"除险强基 减量控大"行动，压降道路交叉口、农村公路和隐患道路事故。全年完成 1 处市级挂牌隐患点、1 条市级挂牌隐患道路及 9 处县隐患点段整治验收。实施市政府民生实事项目"星光工程"建设，在全县 220 个农村地区道路安装主动发光地埋式 LED 设施。开展"两路两桥"行动，对全县 21 条农村地区道路、22 座农村地区桥梁落实"三化一提升"。

【交通秩序管理】 围绕"护航亚运"工作主线，针对重点道路、重点车辆、重点违法、重点时段等各类交通隐患进行治理，提升农村公路交通运行环境。实行公交车"右转必停"，推行《公交车辆路口安全行车"四必"操作管理制度》，降低行车风险。开展"冬季百日行动""春季守护行动""途安行动"等专项行动，提升道路交通秩序。严查管桩车超载违法行为，发布《嘉善县管桩运输车辆自律规范》，查处管桩车超载违法 293 起，"一超四罚"案件 118 起，处罚 5 起，罚款 14 万元。加强工程车违法联合查处，开展联合执法，立案查处工程车违法案件 51 起。年内，查处各类交通违法 37.18 万起。开展"亮剑"等集中整治行动 40 次。查处酒醉驾 1024 起(其中醉酒驾驶 457 起)，失驾违法 517 起。

【交通拥堵治理】 开展城乡交通拥堵治理工作，落实施工道路标准化管理，形成"一路一方案"，推动学校定制公交，制定"一校一策"，推动嘉善县第一人民医院打通内外交通组织，形成"一院一特色"。完成平黎公路世纪大道拥堵提案办理化解，持续开展"绿波行动""消红行动"，交通拥堵指数有效降低。开展城市道路"绿波行动"，整体谋划推进全县绿波道路建设，营造良好交通环境。至年底，全县绿波道路 14 条，绿波里程 45.22 公里，路口通过率 90%以上。深化"一见拍""一封信""体验官"等隐患排查措施，通过升级设备、增设标志、短信提醒、现场管理等手段,降低违法率。推动新增公共停车位800余个,城区13个停车场免费停放时长由30分钟延长至60分钟。创新公交专用车道“前排合乘”通行模式。

【交通安全宣传】 构建新型和谐警民关系,从“管理者”向“服务者”逐渐转变,提高人民群众及社会各界的安全感、体验感、满意度和参与度。打造人民满意的“善警”铁骑队,开展“铁骑护学”“铁骑护医”“铁骑护考”行动,获平安时报、美丽浙江等省级媒体点赞,点击阅读量超过10万。深化云教育平台应用,升级云教育平台“重点车辆”“重点驾驶人”模块,累计宣传超100万人次。发布《嘉善县酒驾源头预防16项机制》,并针对失驾、飙车、炸街、超速、闯红灯等重点违法危害性进行宣传,累计曝光违法50次、各类违法行为648起。全面深化“七进”工作,全年进村社区460余次、学校420余次、企业420余次、机关单位100余次。提升老年人交通文明素质,开展美丽乡村行、“三上门”、移动喇叭、“机耕路”宣传等专项行动,发动镇(村)干部、交警、派出所、劝导员等力量,对全县141099名老年人开展精准宣教。 (顾雨浩)

综　　述

2023年，嘉善县有各类医疗卫生机构233家，其中医疗机构228家、公共卫生机构5家。医疗机构中有县级医院5家、镇(街道)卫生院(社区卫生服务中心)9家、社区卫生服务站21家、村卫生室72家，肿瘤所和急救站各1家，民营医院7家(东方医院、枫南骨伤医院、五洲中西医结合医院、广慈医院、姚庄医院、富扬中西医结合医院、博厚口腔医院)，其他医疗机构112家(包括门诊部、诊所、医务室)。

全县医疗机构总人数6373人，其中卫生专业技术人员5671人，包括执业(助理)医师2443人、注册护士2091人、药师(士)260人、技师(士)260人、其他卫技人员617人。全县有病床3482张。平均每千人拥有执业(助理)医师3.69人、注册护士3.16人、病床5.26张(按66.2万)。全年新聘用全日制高校应届医学类毕业生81名，引进高层次(紧缺型)人才31名，公开招生(招聘)本科层次定向培养农村社区医生35名，10名本科层次农村定向培养医生毕业到岗。

2023年，全县医疗机构门急诊462.17万人次，完成住院床日73.71万个，实现业务收入17.91亿元，其中县级医院14.75亿元。公立医疗机构净资产21.89亿元。

推进健康嘉善建设，连续5年获得健康浙江考核优秀等次，获2022年全省县(市、区)考核第一名。全面推进26项健康嘉善行动，特色打造健康嘉善行动优秀展示点20个和融合型村(社区)15个，评选出10个2023年健康嘉善行动优秀案例，连续三年入选健康浙江行动省级样板，《推出全国首张电子预防接种证，打造省内首家智慧预防接种门诊》入选2023年度健康浙江行动省级样板。构建长效健康影响评价模式，2023年完成8个健康影响评价案例，其中2个为重要公共政策类、6个为重大工程项目类。嘉善县第一人民医院三期、魏塘街道社区卫生服务中心、罗星街道社区卫生服务中心等正式启用。县区域急诊医学中心、县120急救中心、县妇保院等建设工程稳步推进。

推进长三角一体化发展，与浙大二院合作共建浙大二院嘉兴医院项目，并获批第五批国家区域医疗中心。通过紧密型医联体、专科联盟、远程医疗协作网等多种形式深化与长三角地区31家三级医院的跨区域合作。

深化县域医共体建设，在干窑镇卫生院启动省级超声诊断专家基层工作室，推动3家基层单位分别与上海复旦大学附属华东医院、浙江省新华医院签约共建。以天凝镇卫生院为试点，推进医共体联合病房建设。

推进中医药文化传承创新发展，2023年嘉善县中医医院通过三级乙等中医医院等级评审，并成为浙江中医药大学教学医院。全县9家基层医疗机构均能提供6类10项以上中医非药物疗法，100%设置中医馆。

打造县域急救体系样板，嘉善县院前急救一件事入选浙江省首批群众天天有感一件事"微改革"项目；县镇村一体化急救网入选浙江省综合医改2022年度"十佳典型案例"。胸痛中心通过国家标准版认证。2023年，院前急救县域平均反应时间8.03分钟

(主城区 6.67 分钟,非主城区 8.62 分钟);全县院外心跳骤停经 120 心肺复苏的患者 261 人,院前复苏成功率 11.87%,院前院后总复苏成功率 24.52%,脑复苏成功率 4.59%。11 月,开通"96120"非急救转运专线,建设"善诚护送"品牌,打造以县急救站牵头、公立医疗机构协同的非急救转运服务模式。

保障全生命周期健康,2023 年成功创建为首批全国医养结合示范县,全县每千名老年人医疗机构康复护理床位数 6.23 张。建立县级安宁疗护中心,全县提供安宁疗护住院服务的基层卫生医疗机构共 4 家,安宁疗护床位 48 张。大云镇缪家村成功创建全国示范性老年友好型社区。

保障临床用血工作,嘉善县中心血库组织大小团体无偿献血 104 次,完成血液采集 5829 人次,献血总量 1612804 毫升。完成临床用血系统改造提升工作,实现血站与献血管理机构、医疗机构间信息互联互通。

强化互联网+医疗服务效能,县内 14 家公立医疗机构参与"浙医互认"医学检查检验结果互认共享工作,互认项目数 124754 个,累计调阅数 166199 项次,互认率 68.4%,累计节省费用 322.70 万元。参与"浙里护理"服务,嘉善县 10 家医疗机构入住"浙里护理"平台,注册护士 309 人,开展居家护理 1631 人次。2023 年,嘉善县第一人民医院互联网医院获批上线运营。

深入实施"红色根脉强基"工程,"善医先锋"获评市"四星级"示范性机关服务品牌,机关党总支获嘉兴市"双建争先"先进基层党组织。开展"六问六破"主题大讨论、"四敢争先"实践活动,党员干部累计作出争先承诺 200 余项,履诺率 100%。相关经验入选市县"四敢争先"活动简报 3 篇,入围市县社科联研究课题 5 项,年内,各项工作获《健康报》《人民日报》客户端等省级以上媒体报道 20 余次。

医疗机构

【概况】 2023 年,嘉善有公立医院 5 家,总核定床位 1989 张。嘉善县第一人民医院为三级乙等综合医院,核定床位 840 张;嘉善县第二人民医院为二级乙等综合医院,核定床位 350 张;嘉善县中医医院为三级乙等中医综合医院,核定床位 450 张;嘉善县第三人民医院为二级甲等专科医院,核定床位 300 张;嘉善县妇幼保健院未定级,核定床位 49 张。民营医院 7 家,其中综合医院 3 家、专科医院 4 家,总核定床位 885 张,均未等级评审。嘉善东方医院按照二级综合医院建设,核定床位 250 张;嘉善广慈医院按照二级综合医院建设,核定床位 180 张;嘉善姚庄医院,按照二级综合性医院建设,核定床位 249 张;嘉善枫南骨伤医院,核定床位 40 张;嘉善富扬中西医结合医院,核定床位 100 张;嘉善五洲中西医结合医院,核定床位 50 张;嘉善博厚口腔医院,核定床位 16 张。至年底,全县有街道社区卫生服务中心 3 家、镇卫生院 6 家、社区卫生服务站 21 家、村卫生室 72 家。县内 9 家基层医疗卫生单位全部达到国家"优质服务基层行"基本标准,其中惠民街道社区卫生服务中心、天凝镇卫生院、陶庄镇卫生院、干窑镇卫生院等达到推荐标准。

【依法执业】 2023 年受理行政许可 3023 件,行政备案 109 件。其中医师执业注册、变更、多执业机构备案、注销 1197 件,护士首次注册、变更、延续、注销 1190 件,医疗机构设置、变更、校验 310 件,医疗广告审批 190 件,可感染人类的高致病性病毒运输审批 136 件;诊所备案 92 件,中医诊所备案 17 件。

【学科建设】 嘉善县第一人民医院的神经内科入选 2023 年度省级和市级临床重点专科建设项目库;嘉善县中医医院中医儿科成功申报浙江省县级中医药优势学科。嘉善县第一人民医院皮肤病与性病学入选第七批嘉兴市医学重点学科扶持学科、疼痛医学入选第七批嘉兴市医学重点学科创新学科,嘉善县中医医院中西医结合临床医学入选第二批嘉兴市中医药基层优势类重点学科。嘉善县第一人民医院康复医学、妇产科学、泌尿外科学等成功申报市县共建医学重点学科。嘉善县第一人民医院骨外科学、儿科学、呼吸病学、急诊医学、心血管病学、肿瘤学、普通外科学、神经病学、县中医院中医儿科学、嘉善县第三人民医院精神病学等成功申报县级医学重点学科。10 位医生评选为县级知名医生名中医。2023 年,举办国家级继教 2 项、省级 3 项、市级 15 项;完成省、市、县科研项目立项 67 项,科研结题 37 项,获得专利 14 项,有 1

项专利成果转化。发表论文134篇，其中SCI有20篇。全年新招录住培学员12人，结业学员15人，至年底有在培学员20人。全县外送41位住培生到上级医院参加住院医师规范化培训。

【公立医院能力提升】 嘉善县中医医院正式认证为三级乙等中医医院，并成为浙江中医药大学教学医院。嘉善县第二人民医院、第三人民医院通过第四周期医院评审。2023年嘉善县第一人民医院检验科实验室通过ISO15189实验室认可。嘉善县医院药事质控中心、临床麻醉质控中心等获评省级优秀质控中心。嘉善县连续两年全省公立医院综合改革评价结果获评优秀等次（2021、2022年）。嘉善县第一人民医院引进全省县级医院首台256排Apex CT。

【基层医疗卫生服务】 魏塘街道、罗星街道分别启用新的社区卫生服务中心，门诊综合楼面积累计4万多平方米。干窑镇黎明村卫生室、姚庄镇展幸村卫生室等完成改扩建。全县建成慢病一体化门诊9个，乡村卫生院实现全覆盖，建成全—专科联合门诊46个、特色服务14大项，年均服务患者超20万人次。9个乡镇（街道）辖区内均有配备住院部的医疗机构。 （朱晟苗）

地方病防治

【概况】 2023年，嘉善县实施以查找并消除钉螺和防控外源性传染源为主的综合性防治策略，认真执行《浙江省地方病防治工作方案》，进一步巩固血防成果，确保全县血防工作可持续发展。持续做好丝虫病、疟疾等疾病的防治、宣教工作。

【血吸虫病防治】 春季查螺114个村，1682条块，1133349平方米。全县查螺投工2601工，在惠民街道大通村发现一处螺点。螺点位于惠民街道大通村牛力泾港口河道东段的交界河向东延伸110米，向西延伸40米，经度121°1′53″，纬度30°49′13″。经现场勘查，有螺面积200平方米。现场抓取并解剖钉螺1023只，未发现阳性钉螺。开展病情监测，各医疗单位门诊发现血吸虫病体征患者150人，未发现阳性人员；本地人口监测600人、外来流动人口监测1450人，阳性8人；其中国家监测点惠民街道、天凝镇流动人口血吸虫病监测共400人，未发现血清学阳性人员。对惠民街道大通村609人进行血吸虫病监测，检测到阳性22人。新申请晚血病人10人，通过10人，死亡11人，遗留晚血病人79人。对嘉善县和平湖市血吸虫病血清学阳性者及新申请晚血内科救助人员开展大便孵化工作，未查到血吸虫虫卵和毛蚴。

【疟疾防治】 对疟疾、疑似疟疾、不明原因发热病人开展血检疟原虫门诊监测，监测362人，未发现疟原虫阳性病例。开展“全国疟疾日”宣传活动。

【丝虫病防治】 按要求对年初县内108例慢性丝虫病病人开展慢性丝虫病关怀照料工作，至年底有慢丝病人90人。

【碘缺乏病防治】 在全县设置大云镇、陶庄镇、魏塘街道、天凝镇、姚庄镇等5个监测点，收集209名8～10周岁儿童的盐碘、尿碘检测，学生尿碘中位数为160.7g/L。检测儿童家庭食用盐样209份，其中碘盐203份，合格碘盐193份，非碘盐6份，碘盐覆盖率97.13%，合格碘盐食用率92.34%。收集118名孕妇的尿样检测碘含量，尿碘中位数为210.3μg/L。检测孕妇家庭食用盐样118份，其中碘盐118份，合格碘盐114份，非碘盐0份，碘盐覆盖率为100%，合格碘盐食用率96.61%。开展“碘缺乏病宣传日”宣传活动。

【布鲁氏菌病防治】 2023年嘉善县无布病病例报告。对所有重点人群进行健康教育、宣传布病防治知识、发放宣传资料，提高重点人群自我保护意识。

（杨文超　陈丽艳）

肿瘤防治

【概况】 2023年，嘉善县肿瘤防治所被国家癌症中心评为2023年度肿瘤登记工作杰出贡献奖。1人被评为全国肿瘤登记工作先进个人。

【肿瘤监测】 全年新发恶性肿瘤2575例，粗发病率607.63/10万，其中男性新发肿瘤1307例（640.36/10万），女性1268例（577.22/10万），男女性别比为1.03∶1；发病前十位依次为肺癌、甲状腺癌、结直肠癌、乳腺癌、胃癌、肝癌、前列腺癌、胰腺癌、非霍奇金淋巴瘤、白血病。男女性发病前五位分别为：肺、结直肠、甲状腺、前列腺、胃；甲状腺、肺、乳腺、结直肠、肝。全县肿瘤死亡1061例，死亡率250.37/10万，其中男性肿瘤死亡704例（344.92/10万），女性357例（162.51/10万），男女性别比为1.97∶1；死亡前十位依次为肺癌、结直肠癌、肝癌、胰腺癌、胃癌、食管癌、前列腺癌、白血病、乳腺癌、胆囊癌，恶性肿瘤死亡发病比为0.40∶1。

【死因监测】 全县居民死亡3845人，死亡率907.31/10万，死因前十位依次为恶性肿瘤、呼吸系统疾病、脑血管病、心脏病、损伤与中毒、消化系统疾病、传染病与寄生虫病、糖尿病、神经系统疾病、肌肉组织和结缔组织疾病。其中男性死亡2121人，死亡率1039.18/10万，男性死因排名前三位依次为恶性肿瘤、呼吸系统疾病、脑血管病；女性死亡1724人，死亡率784.80/10万，死因排名前三位依次为恶性肿瘤、呼吸系统疾病、脑血管病。

【大肠癌早诊早治项目】 大肠癌早诊早治项目累计完成电子肠镜检查3162人，检出各种大肠疾病1674例，检出率52.94%，其中检出大肠癌12例（早期癌6例），各类大肠息肉1662例（腺瘤1396例，非腺瘤性息肉416例）。全部大肠癌、大部分息肉病例得到及时治疗。 （杨金华）

精神疾病防治

【概况】 至2023年底，全县登记在册确诊严重精神障碍患者3380人，年内开展一次随访管理数3380人，严重精神障碍患者管理率100%。服药患者数3358人，服药率99.35%。规范管理的严重精神障碍患者3378人，规范管理率99.94%，规律服药人数3321人，规律服药率98.25%。

【严重精神障碍患者管理】 加强县三院及县级综合医院精神科严重精神障碍发病报告制度；落实每季度一次的全县镇（街道）精防医生例会制度。强化重点人群管控，完善多部门协同处置应急处置流程，全年应急处置57例。定期开展督导和指导工作，对各镇（街道）辖区社区管理患者的管理情况进行电话核查。落实贫困精神残疾人服用基本抗精神病药物费用全额保障工作，推行“以奖代补”监护责任奖，2023年度为768人发放监护责任奖。

【精神卫生知识教育】 对镇（街道）精防医生、精神专科医院医务人员、社区责任医生、乡镇民政残联干部、社区干部、社区民警等项目服务主体，开展多种形式培训，全年开展大型集中式基层精神卫生知识培训8次。开展精神卫生普及，全年为1733余名家属开展相关知识培训。围绕世界睡眠日、阿尔茨海默病宣传月、世界精神卫生日等宣传日开展相关宣传活动，全年开展相关讲座宣教45场；联合嘉善广播电台993节目出品“善美心灵”节目5期。

【精神残疾鉴定】 全年开展精神残疾鉴定18次，接待386人次，办理332人次，其中办理精神残疾证人员228人次，智力残疾证人员104人次。 （冯卫玉）

妇幼保健

【概况】 2023年，全县户籍活产1687人，孕产妇死亡率0/10万，保持23年零死亡，围产儿死亡率1.78‰，新生儿死亡率0.59‰，婴儿死亡率1.19‰，5岁以下儿童死亡率1.19‰，本地出生缺陷发生率（去除先心闭合）21.89‰，严重致死致残出生缺陷发生率0.00‰。孕产妇系统管理率97.21%，早孕建册率98.62%，住院分娩率100%，剖宫产率43.81%。7岁以下儿童保健管理率99.49%，3岁以下儿童健康管理率99.94%，3岁以下儿童系统管理率99.49%。省外户籍活产1530人，孕产妇死亡率0/10万，早孕建册率88.21%，系统管理率85.55%，0～6岁新居民儿童保健管理率98.80%。

【妇幼重大公共卫生服务项目】 增补叶酸预防神经管缺陷项目，新增服用1069人。农村妇女“两癌”检查项目，完成省级项目宫颈癌检查15011例、乳腺癌检查15164例，宫颈高级别病变39例，检出宫颈癌1例，早诊率97.50%，乳腺癌11例，早诊率81.82%。地区项目宫颈癌检查1893人、乳腺癌检查1919人，宫颈高级别病变7例，宫颈癌0例，早诊率100%，乳腺癌0例。预防艾滋病、梅毒和乙肝母婴传播项目，婚检、孕产妇HIV抗体检测10836人次，检测率99.93%，艾滋病病毒感染孕妇4人，艾滋病病毒感染产妇1人。初次产前保健中检出梅毒感染孕妇30人，乙肝表面抗原阳性孕妇161人。住院分娩梅毒感染产妇15人，乙肝表面抗原阳性产妇72人。开展艾滋病、梅毒和乙肝免费筛查，筛查4946人，补助18.41万元。

【婚检孕检】 全年为3697人提供免费婚前医学检查，检查率83.30%，检出疾病527人，患病率14.25%，对影响婚育疾病的医学指导意见8人。免费孕前优生检查人数2768人，孕前优生健康检查覆盖率125.82%，评估出的具有风险因素2262人。

【四项筛查】 本地户籍产妇产前筛查1665人，筛查率100.12%，产前诊断人数110人，产前诊断确诊异常4人。免费产前筛查1643人，产前诊断减免62人。新生儿听力筛查2105人，筛查率99.86%，听力障碍率2.85‰。新生儿29项遗传代谢疾病筛查2105人，筛查率99.86%，确诊6人[先天性甲状腺功能低下症2人、葡萄糖-6-磷酸脱氢酶(G6PD)缺乏症2人、NICCD1人、异丁酰辅酶A脱氢酶缺乏症1人]。先天性心脏病筛查2026人，筛查率97.78%，异常人数9人，异常率0.44%。实施新生儿疾病筛查免费项目，免费新生儿遗传代谢病筛查1508人(其中四病筛查232人、29项筛查1276人)，听力筛查1508人、先天性心脏病筛查1404人。

【母婴保健专项技术服务】 对获得母婴保健技术服务执业许可证的单位进行检查。进行母婴保健技术服务人员考核合格证书、母婴保健专项技术服务执业许可证发证、换证工作。进行产科质量检查，剖宫产率39.51%，本地孕妇剖宫产率42.06%。按要求免费签发2434份出生医学证明，其中首次签发2108份，首次签发率86.82%，换发83份，补发237份，废证6份。全年出生"一件事"掌办数2047份，掌办率97.11%。加强对爱婴医院的督促和管理，全县6个月内婴儿母乳喂养率89.12%，纯母乳喂养率78.77%。

【围产保健居住地管理】 为新居民孕产妇建立围产保健册1790份，早孕建册率88.21%。

【计划生育】 进行计划生育技术服务质控检查，全年各项节育手术10853例(不包括中期引产)。开展免费基本避孕手术5073例；免费提供基本避孕药具34.17万元，其中发放避孕药2962盒、避孕套272460只、宫内节育器1627套，其他66盒。

【婴幼儿照护服务】 全县完成备案托位2822个，千人托位数4.26个。备案托育机构16家，幼儿园托育部37家，婴幼儿照护服务驿站44家。建设完成"医防护"儿童健康管理中心3家，向日葵亲子乐园9家，向日葵亲子小屋66个。发挥县托育综合服务中心、县、镇婴幼儿照护服务指导中心和实训基地作用，举办养育照护小组活动24次，照护课堂27次。完成托育机构儿童入托体检208人次、工作人员体检134人次。加强对0～3岁婴幼儿照护服务机构人员培训，培训保健员126名，保育员410名。

疾病预防与控制

【概况】 按发病日期统计，全年报告法定传染病16种17756例，报告发病率2730.87/10万(计算发病率的人口数为中国疾病预防控制中心信息系统中的常住人口数)，比上年(494.94/10万)上升451.76%；报告死亡病例3例，为艾滋病病例2例，病毒性肝炎(丙肝)1例，无甲类传染病报告；乙类传染病报告10种计6728例，报告发病率1034.77/10万，除新冠外其余乙类传染病报告958例，报告发病率147.34/10万；丙类传染病报告6种11028例，报告发病率1696.11/10万。

【肠道传染病防控】 开展肠道门诊、外环境、食品与从业人员霍乱弧菌监测。全年检测各类样品4507份，未检出霍乱弧菌。全年报告手足口病1362例，占丙类传染病的12.35%，报告发病率为209.48/10万，比去年上升196.82%，无重症病例和死亡病例报告。

【新型冠状病毒感染】 全年报告新型冠状病毒感染病例5770例，报告发病数居甲乙类传染病首位，占85.76%；报告发病率887.43/10万。按临床严重程度分，轻型4954例、中型790例、重型18例、危重型8例。

【蚊媒传染病防控】 4—11月，各镇(街道)每月开展登革热蚊媒监测，月平均布雷图指数8.44。

报告2例登革热输入病例，均规范处置，未引起本地疫情。

【人感染H7N9禽流感防控】 全年未发现H7N9阳性场所和H7N9阳性标本，无H7N9禽流感疫情发生。

【免疫规划】 全县接种门诊累计接种免疫规划疫苗86696剂次、非免疫规划疫苗88153剂次（不含犬苗）。做好老年人群疫苗免费接种项目工作，累计为70周岁及以上户籍老年人免费接种流感疫苗2.23万剂次，为60周岁及以上户籍老年人免费接种23价肺炎疫苗1.0万剂次，为适龄儿童免费接种水痘疫苗4608剂次，水痘疫苗免费应急接种4887剂次。开展春秋季麻疹成分疫苗、脊灰疫苗集中式查漏补种，补种麻疹成分疫苗772剂次、脊灰疫苗1171剂次。完成初三学生麻腮风疫苗加强免疫4815剂次。报告麻疹风疹疑似病例21例，麻疹实验室确诊1例，风疹实验室确诊1例；通过国家AEFI监测系统报告AEFI病例164例，其中一般反应147例、异常反应14例、偶合症3例，均已痊愈。

【狂犬病防控】 2023年全县犬伤门诊报告犬伤暴露后病人10498人，较上年上升8.55%；其中被犬伤6374人，占60.72%；单独接种狂犬疫苗7627人，联合接种免疫球蛋白2870人。规范处置3起一犬伤多人事件。

【结核病防治工作】 全县按照现住址统计网络直报635人，重报125例，到位496人，总体到位率97.97%（>95%达标）。全县结核病报告发病率27.53/10万。全县首管理登记确诊肺结核病人170例，其中病原学阳性123例、单纯结核性胸膜炎15例。全县首诊断登记确诊肺结核病人病原学阳性率74.74%。项目满一年首管理患者141人，治愈和完成疗程119人，诊断变更5人和转入耐多药治疗4人，总成功治疗率90.15%。落实相关免费政策及政府补助，对全部肺结核病人减免检查费用17789元，继续实施抗结核散药免费政策，2023年发放免费结合药品28536元，对县内结核病病案系统登记的辖区内活动性肺结核病人发放交通补助19650元。继续推进结核病耐药筛查项目。

【艾滋病防控】 至年底，全县艾滋病抗体检测133186人次，较2022年上升10.28%，发现阳性感染者59例（重复10例），其中外地报告至嘉善6例，并对新病人100%开展流行病学调查和采血留样，按照现住址管理的新发现病例43例。至年底，全县管理病人308例，其中301例病例进行规范抗病毒治疗，治疗率97.7%；新增的43例中42例进行规范抗病毒治疗，治疗率97.7%。治疗病例病载检测率99.2%（257/259）。管理病例CD4检测率97.1%（299/308）。HIV感染者配偶或性伴定期进行HIV抗体检测，检测配偶74人，检测率98.7%，发现阳性4例（均是新病例配偶）。10家艾滋病快速检测点检测HIV抗体6312人次，发现阳性感染者1例。多形式开展艾滋病防治宣传教育。继续开展嘉善县性病门诊规范化诊疗服务省级试点项目。

【食品安全风险监测】 全县采集食品安全风险监测样本719份，监测样本量1.09份/千人。食源性疾病监测报告病例762例，采集样本436份，检出食源性致病病原体31例。5月，开展“全民营养周”“学生营养日”及“食品安全宣传周”等系列宣传活动。

【学校卫生】 作为国家近视调查监测点，调查7所学校，学生1936名，筛查出近视学生988名，近视率51.03%。全县29家小学开展窝沟封闭工作，学校覆盖率100%；至2023年7月30日，普查适龄学生5637人，其中符合封闭适应症儿童3952人，实际开展适应症儿童窝沟封闭3947人，封闭牙齿15012颗，复查复封2320颗。全县学校覆盖率100%、学生检查覆盖率100%、窝沟封闭覆盖率100%。

【饮用水水质监测】 全年采集水样90份，所有水样结果均为合格。

【慢性病管理】 全年新发糖尿病2814例，年报告发病率661.39/10万；新发脑卒中1590例，年报告发病率376.72/10万；新发冠心病急性事件279例，年报告发病率65.58/10万。全县管理高血压高危人群17178例，规范管理10334例，规范管理率60.16%；管理糖尿病高危人群14434例，规范管理8827例，规范管理率61.15%；管理高血压患者46819例，规范管理35151例，规范管理率75.08%;管理糖尿病患者13168例,规范管理9737例,规范管理率73.94%。开展第八届"万步有约"健走激励大赛,124名队员参赛,获全省第3名,万步率99.57%。自主开发设计"嘉善万人万步"微信小程序,举办"健康嘉善 你我同行"2023年嘉善县"万人万步"健走激励大赛,超1万人参加。为扩大监测病种,首次开展省级住院伤害病例监测试点。完成三免三惠慢阻肺免费筛查项目,开展肺功能检查9583例,发现慢阻肺疑似患者377人,肺功能检查结果A级合格率84.52%,C级及以上合格率100%,疑似患者复核率67.37%。开展健康支持性环境建设与长效管理,创新开展营养健康食堂建设,全年通过验收11家;培养健康生活方式指导员1000余名,举办健康管理技能比武。(曹纳新)

卫生监督

【概况】 2023年,全县受理发放公共场所卫生行政许可861件。完成省级双随机任数268家,完成率100%,立案20起;监督抽检国家双随机单位262家,完成率100%,立案71起。监督事项覆盖率57.7%;联合检查率13.47%;立案145起,结案161起,处罚金额336.99万元,没收违法所得(含没收物品估值)21.38余万元,其中大案要案19起,轻微违法不予处罚11起。全年受理群众来电来访等投诉举报33起,调处率、及时率均为100%。

【长三角一体化工作】 参加青浦主办的第六届进博会青浦区卫生监督保障临战誓师动员会暨长三角卫生监督一体化工作推进会。青吴嘉三地卫生健康行政部门共同完成部分卫生健康行政处罚领域的统一的自由裁量研究评估工作,力求形成三地区域"一把尺"执法。联合青浦、吴江、昆山三地卫生监督机构开展第六届进博会长三角示范区卫生监督联合执法保障活动。对医疗机构、酒店等单位场所进行监督检查,保质保量完成进博保障卫生监督工作。参加2023年度长三角一体化卫生监督交流展示会。

【重点专项整治行动】 开展新型冠状病毒感染疫情信息报告专项监督检查工作,对2家医疗机构作出警告行政处罚,并责令整改。委托检测机构对县内4家二级以上公立医院、6家民营医院开展院感采样检测工作,立案查处7起,罚款4.65万元。开展对消毒产品监督检查,检查消毒产品生产企业15家,立案查处3家。开展学校卫生执法监督专项工作,检查并检测13所学校,对3所不合格学校给予警告行政处罚。开展"迎亚运、保平安"专项整治行动,对全县66家表面处理企业进行全覆盖排查,并将检查结果通报生态环境局嘉善分局,全年通报6批次。开展职业病危害用人单位及第三方技术服务机构监督检查工作,全年检查67家,对职业病危害用人单位共立案处罚27起,罚款金额149万元;对第三方技术服务机构立案2起,罚款金额0.9万元,另对2家外省原料供应商进行立案处罚,罚款10.2万元。

【数字化改革】 推进全流程网办,实现网上走办件全流程。启动嘉善县"婴浴无忧"智能监管与风险预警试点项目,构建监管、企业、群众共同参与的婴幼儿沐浴场所监管闭环。开展透明保洁智能监管项目,完成省卫健委提出的已接入省"住宿卫生在线"的住宿场所(含民宿)需至少覆盖2个智能监管场景的要求。通过"职业健康在线"系统开展职业健康风险化解专项治理,全年指导1115家用人单位完成职业健康风险化解工作,化解各类职业健康风险5342条,用人单位关键因素画像完整率91.54%,风险化解率90.21%,避免行政处罚金额852.98万元。实施职业卫生分类监督执法工作,1241家用人单位提交管理自查表,自查表提交率100%,完成分类自查用人单位1155家,完成率93.07%。开展医疗机构线上监督工作,全年立案11起。督查辖区内的两家餐饮具集中消毒企业安装在线监控系统并开展企业自查,在线监控安装接入率和自查报告提交率100%。

【生活饮用水卫生监督】 全年无生活饮用水卫生安全事件。对两家集中式供水单位的出厂水、管网末梢水常规项目一年监测2次,采样监测出厂水及管网水水样46份,合格46份,合格率100%。同时,对县内10家二次供水单位开展监督监测,采集样品20份,合格率100%。(沈 媛)

人口监测与家庭发展

【概况】 2023年,全县全员户籍人口总数425214人,育龄妇女

80788人，已婚育龄妇女人数56506人。全县出生上报1585人，其中：一孩出生1083人，占68.33%；二孩出生477人，占30.09%；三孩出生24人，占1.51%；四孩及以上出生1人，占0.06%。出生率3.74‰，死亡率9.79‰，人口自然增长率-6.05‰，总和生育率0.647。女性初婚1235人。

【法治建设】 贯彻落实《关于优化生育政策促进人口长期均衡发展的决定》、新修改的《中华人民共和国人口与计划生育法》和《浙江省人口与计划生育条例》，依法实施三孩生育政策。县人口与计划生育领导小组更名为人口均衡发展领导小组，联合27个成员单位的组织体系，制定《嘉善县人口均衡发展领导小组组成人员及成员单位工作职责》。申报"全国生育友好工作先进单位"，出台《嘉善县优化生育政策促进人口长期均衡发展实施方案》。推行生育登记服务网上办事、一站式服务和承诺制，办理生育登记服务3035例。互联互通出生信息核查累计3242例。

【促进家庭发展】 全面落实各项计划生育优惠政策。2023年，全县确认计划生育奖励扶助、特别扶助对象24722人，其中计生奖扶对象23351人（包括农村双女户），特扶对象1370人，并发症对象1人，发放资金3790.60万元。计划生育特殊家庭参加城乡基本养老保险、职工养老保险补助对象发放补贴27.91万元；持有《独生子女父母光荣证》对象发放奖励费14.33万元（县级补助）。加大社会性别平等宣传倡导力度，深入开展打击"两非"专项行动。持续加大计划生育特殊家庭扶助关怀力度。推进计划生育特殊家庭联系人制度、家庭医生签约服务、就医绿色通道"三个全覆盖"，计划生育特殊家庭签约率100%。

【全员人口信息系统应用】 完善人口信息采集制度，健全县、镇（街道）、村三级出生监测网络。整合全县人口家庭与妇幼健康信息的数据资源，实现人社、公安、民政、残联、卫健及法院等部门信息共享与交互。加快发展建设省市数据管理应用，推进嘉善县人口均衡发展服务管理系统构建。全员人口数据库覆盖率95%以上，主要信息字段完整率、准确率、及时率达到98%以上。

【公共场所母婴设施建设】 贯彻落实《母婴室建设与管理规范》省级地方标准。加强母婴室规范化、标准化建设，至年底，全县建成母婴室40家，配置率100%，三星级及以上母婴室达标率100%。全年新增四星级母婴室4家、五星级3家。持续做好火车站、医院、大型商场等已建母婴室的改造提升。

爱国卫生运动

【卫生创建】 2023年，嘉善县通过第七轮国家卫生县省级复查。全县省级卫生村实现全覆盖，年内完成确认复审省级卫生村51个。大云镇通过国家卫生镇省级复查。在浙江省卫生乡镇高质量发展暨绿色环境打造专项行动现场推进会上，嘉善以《三级联动全域推进全力打造新时代爱国卫生县域高地》为题介绍创建经验。

【健康城市建设】 成功创建国家级健康促进县，《强基固本 迭代升级 精心擘画县域高质量发展示范点建设健康蓝图》获2022年度健康县区建设优秀案例。推进健康镇村建设，省级健康乡镇和健康村实现全覆盖，姚庄镇获2023年浙江省健康乡镇样板。全年创建营养健康食堂11家，健康企业61家，健康社区36个，健康促进学校（金牌）1所、（银牌）4所。县一院和县中医院通过浙江省健康促进医院复审。

【病媒生物防制】 建立爱国卫生（病媒生物）信息化管理系统，实现病媒防制全生命周期的监测与服务。开展登革热防控除四害工作督查，完成2023年各镇（街道）蚊密度布雷图指数抽查。举办嘉善县首届病媒生物防制职业技能竞赛。推进病媒生物防制"村（社区）自治"与"以灭蚊灭蝇为重点的除四害村"建设，全年创建灭蚊示范小区9个、除四害村44个（其中5个申报省级样板村）。巩固提升镇（街道）病媒生物防制水平，惠民街道、西塘镇、姚庄镇、陶庄镇、干窑镇、天凝镇、大云镇通过病媒生物密度控制水平B级镇（街道）复审工作，魏塘街道成功创建病媒生物密度控制水平A级街道。

【健康促进与健康教育】 全年开展线下宣传咨询活动15次，受众6430人，发放各类健康教育宣传资料27850份；开展线上有奖竞省党政代表团到嘉善县调研。

同日 "'益'起低碳'绿'动嘉兴"低碳体验行活动暨2023年嘉兴市节能宣传月和低碳日启动仪式在嘉善县举行。

13日 大云数字文旅创新发展区入选第三批省现代服务业创新发展区名单。

14日 嘉善县举行新居民和谐促进会第三届会员大会暨换届大会，选举产生县新居民和谐促进会第三届理事会组成成员。

同日 嘉善县嘉兴永励精密钢管有限公司等4家企业入选浙江省第五批专精特新"小巨人"企业名单。

15日 第一届长三角未来食品前沿技术论坛在嘉善县举行。

16日 全县6个镇（街道）降下特大暴雨，最大小时雨强为罗星街道的141.1毫米，是嘉善县有气象记录以来短时降雨强度最大的一次特大暴雨，嘉善国家气象站1小时、3小时、12小时累计雨量均远超历史极值。

16日至19日 2023年浙江省青少年赛艇锦标赛在汾湖水上运动中心举行。

18日 长三角（嘉善）金融创新中心项目举行封顶仪式，该项目4个单体建筑全部完成封顶。

同日 中国人事科学研究院副院长李志更到嘉善县调研博士后工作站建设工作。

19日 浙江豪声电子科技股份有限公司（简称：豪声电子。股票代码：838701）在北交所上市，成为嘉善县首家北交所上市企业，全县A股上市企业累计10家。

20日 嘉善县3个项目被纳入国家发改委重大区域发展战略建设专项（长三角一体化发展方向）2023年中央预算内投资计划，获中央预算内投资1.3亿元。

21日 江苏省溧阳市委书记叶明华率党政代表团到嘉善县考察。

同日 安徽省人民政府副秘书长、省政府督查室主任、一级巡视员汪春明率调研组到嘉善县考察"五鼎"（平安鼎、大禹鼎、科技创新鼎、天工鼎、神农鼎）创建工作。

同日 嘉兴市清廉工程建设现场推进会在长三角（嘉善）金融创新中心项目现场举行。

25日 省发改委发布《关于2023年二季度投资"赛马"激励地区的通报》，嘉善县作为嘉兴市唯一上榜的县（市、区）获通报激励。

同日 嘉善县"聚力一体化，打造'祥符荡创新中心'科创IP——探索张江合作新模式，为地瓜经济提质赋能"案例入选全省首批"地瓜经济"提能升级"一号开放工程"最佳实践案例。

26日 嘉善县召开"礼堂走心——农村种文化"行动暨农村文化礼堂社会化运行试点现场推进会。

30日 长三角生态绿色一体化发展示范区开发者联盟全体成员会议在上海青浦召开。嘉善县"中新嘉善现代产业园"和"浙大智慧绿洲"两个项目入选服务示范区十大优秀案例。

31日 2023年长三角生态绿色一体化发展示范区开发者大会暨全链接大会在国家会展中心（上海）召开。全国首个跨省域高新技术产业开发区——长三角生态绿色一体化发展示范区跨省域高新技术产业开发区揭牌成立。嘉善县发布高质量发展"四张清单"（政府需求清单、企业能力清单、企业协同需求清单、中高端紧缺人才需求清单）。

同日 嘉善县获全市"互学互比互赛"红旗奖杯。

下旬 嘉善县"一体化'城镇圈'党建联建"案例入选第一批党建联建省级典型案例。

下旬 嘉善县列全国百强县名单第20位。

下旬 上半年，全县地区生产总值（GDP）434.92亿元，同比增长11.0%，增速列全市第二。其中，第一产业增加值10.08亿元，同比增长1.4%；第二产业增加值251.38亿元，同比增长12.2%；第三产业增加值173.46亿元，同比增长10.0%。

八　月

1日 嘉善县召开2023年党政军双拥工作座谈会。

同日 嘉善县入选2023年度全省第一批百万家庭奔富行动示范县创建名单，系全市唯一。

2日 全县服务业"提质增效"工程暨服务业招商工作推进会召开。

3日 县委十五届五次全体（扩大）会议暨半年度主体工作例会召开。

4日 "之江同心·海归浙里"——"才链全球"2023海外知名高校学联主席、校友会负责人浙江行活动走进嘉善县。

7日 桐乡市委书记于会游，桐乡市委副书记、市长王坚率党政代表团到嘉善县考察。

8日 嘉善县被授予2022

年度“五水共治”工作优秀市县“大禹鼎”银鼎。

同日　嘉善县在浙江省2022年度全域“无废城市”建设评估中达到三星级标准，被授予“清源杯”。

同日　“护航亚运　平安有我”启动深化夏夜巡查宣防行动。

上旬　嘉善县的大云未来社区、嘉辰未来社区、天凝社区、月半湾社区等入选浙江省第三批城镇社区“一老一小”服务场景名单。

上旬　全国首个县镇村一体化急诊急救体系三级师资库在嘉善县启动。

11日　嘉善县第五届全民文化艺术节开幕式暨嘉善县广场舞（排舞）大赛举行。

同日　姚庄镇获评2023年浙江省健康乡镇样板。

14日　省总工会党组书记、副主席吕志良率队到嘉善县调研。

15日　嘉善县集成电路协会成立大会举行，选举产生嘉善县集成电路协会第一届理事会成员和监事长。协会首届会员单位共36家，涵盖芯片设计、制造、封测等集成电路全产业链领域。

同日　2023年嘉善县全国生态日系列宣传活动启动仪式暨盛家湾生物多样性体验地揭牌仪式在姚庄镇盛家湾举行。嘉善县生态系统生产总值（GEP）核算成果、嘉善县低碳地图数字化平台、水生态质量指示生物评价体系等生态文明成果在现场发布。

同日　2023全国五人制足球青少年锦标赛女子U17组在嘉善县开赛，来自广东、山东、浙江等地的8支女子足球队的150名运动员参赛。

同日　西塘镇华联中心社区公寓房三期城中村改造项目获全市首个农村住房工程领域钱江杯（优质工程）项目。

16日　市委书记陈伟在嘉善县调研基层党组织建设及重点工程征迁工作。

同日　丽水市委副书记、市长吴舜泽率党政代表团到嘉善县调研考察。

同日　嘉善复旦研究院举行开园仪式。国家集成电路创新中心浙江分中心、国家集成电路产教融合创新平台嘉善基地、工信部集成电路产业人才基地、嘉善县集成电路协会四大平台在仪式上揭牌成立。

同日　长三角研究型大学联盟理事会会议暨校地合作平台建设交流会在长三角生态绿色一体化发展示范区（嘉善）企业交流服务基地举行。

同日　中国电信长三角国家枢纽嘉兴算力中心项目正式开工。该项目位于中新嘉善现代产业园，总投资超50亿元。

同日　新一轮“长风计划”签约仪式暨嘉兴市院企银企双向对接会嘉善复旦研究院专场在嘉善举行。

17日　市委常委、县委书记江海洋率嘉善县党政代表团赴绍兴市上虞区、越城区学习考察。

同日　江苏省常州市委常委、武进区委书记乔俊杰率武进区党政代表团到嘉善县考察。

同日　省侨联党组书记、主席庄莉萍带领省属高校统战部负责人、省侨联特聘专家委员会专家代表到嘉善县参观考察，并召开省侨联助推嘉善“双示范”建设专题座谈会。

18日　市政协主席陈利众到嘉善县开展学习贯彻省委十五届三次全会和市委九届三次全会精神主题活动暨集中走访委员活动。

同日　2023年县委书记大讲堂暨浙江大学“黄土地计划”嘉善实践团结业仪式举行。2023年是浙江大学“黄土地计划”连续第5年走进嘉善，累计有117名浙大学子到嘉善县开展暑期社会实践活动。

同日　全省国家区域医疗中心工作专题会在一体化示范区（嘉善）企业交流服务基地召开。

同日　嘉善县慈善总会第五次会员大会召开，选举产生县慈善总会新一届理事会领导班子。

20日　祥符创新论坛第二期——BT－IT：学科交叉推动产业创新会议在长三角生态绿色一体化发展示范区（嘉善）企业交流服务基地举行。

中旬　省委省政府正式印发《关于支持嘉善县域高质量发展示范点建设的若干意见》。

21日　浙江大学长三角智慧绿洲创新中心·陶庄镇人民政府战略合作签约仪式在陶庄镇举行。

同日　嘉善血防纪念馆、姚窑文化记忆馆等入选2023年浙江省第二批乡村博物馆名单。

21日至22日　省发展规划研究院宏观经济研究所所长、高级工程师汤欢带队到嘉善县开展“嘉善县创新乡村产业强村富民运营新机制”省级共富试点中期评估工作。

23日　缙云县委书记王正飞率党政代表团到嘉善县考察。

24日　市人大常委会主任

高玲慧带队到嘉善县开展《浙江省民营企业发展促进条例》《浙江省促进中小微企业发展条例》执法检查。

同日 嘉善县浙江大学长三角智慧绿洲创新中心共获批国家自然科学基金 15 项，其中优秀青年科学基金项目 1 项、面上项目 5 项、青年科学基金项目 9 项，其中全职人员获批 4 项。

同日 嘉善县科学技术局获评浙江省科技特派员工作先进集体。

25 日 长三角生态绿色一体化发展示范区佛教书画篆刻展在嘉善县龙庄讲寺开幕。

同日 生态环境部土壤中心长三角双碳创新中心试验田在姚庄镇揭牌。试验田被命名为生态环境部土壤中心健康土壤研究试验田、生态环境部土壤中心节水抗旱稻甲烷减排试验田和生态环境部土壤中心农田温室气体检测技术装备测试基地。

29 日 市委常委、县委书记江海洋率嘉善县代表团赴四川阿坝州九寨沟县考察交流，对接东西部协作和对口支援工作。

同日 嘉善县被纳入 2023 年国家乡村振兴示范县创建公示名单。

30 日 《嘉善率先迭代零工市场服务模式 推动降本增效惠民生》《嘉善率先构建医保助企惠民服务新机制 助力营商环境持续优化》等入选 2023 年浙江省第二批营商环境“微改革”项目名单。

同日 浙江长盛滑动轴承股份有限公司“改性聚酰亚胺耐磨层的三层复合自润滑滑动轴承及其制作方法”项目获第一届浙江省知识产权奖专利奖发明专利二等奖；浙江田中精机股份有限公司“空心线圈绕线设备”项目获专利奖发明专利三等奖；梦天家居集团股份有限公司“梦天”商标获商标奖三等奖。

31 日 市委常委、统战部长李小平在西塘镇人大代表联络站开展主题活动。

同日 西塘镇人民调解委员会“胥塘睦理”区域调解品牌被市司法局、市人民调解协会授予嘉兴市“十佳调解品牌”荣誉称号。

同日 嘉善未来幸福水乡共富风貌游线入选浙江省 2023 年度第一批共富风貌游线名单。

下旬 嘉善县 3 个项目(实施类)入选 2023 年浙江省重大产业项目名单，涉及省奖励用地指标 199.3 亩，项目数居全市第一。

下旬 嘉善县名列全省 2022 年健康浙江建设考核结果县域第一，成为省内唯一连续两年夺魁的县(市、区)。

九　月

1 日 嘉善县召开服务业专题会议。

4 日 嘉善县举行第二届“同善共富”慈善之夜晚会。活动现场通报 2022 年度嘉善县慈善奖、爱心奖，表彰善企业、善团队、善老兵、善长者、善天使，并发布 2022 年慈善账单。

同日 姚庄镇入选第三批全国乡村治理示范村镇公示名单。

5 日 九寨沟县委书记李为仁率党政代表团到嘉善县党政互访、考察学习。

同日 “浙里石榴红·同心迎亚运”嘉善县铸牢中华民族共同体意识宣传月在大云镇启动。缪家村史馆、嘉善县血防纪念馆被授予“嘉兴市铸牢中华民族共同体意识教育基地”称号。

6 日 嘉善县召开突出生态环境问题大排查大整治大提升“六大行动”部署推进会。

7 日 长三角三省一市政协联合调研组就“推动长三角地区自贸试验区合作发展”到嘉善县调研。

同日 嘉善县召开庆祝第 39 个教师节表彰大会。

同日 县委副书记、县长张锡锋率嘉善县党政代表团赴丽水市庆元县开展山海协作交流。签署《嘉善县—庆元县 2023 年度山海协作工程合作协议》。

同日 嘉善三思光电技术有限公司和日善电脑配件(嘉善)有限公司入选 2023 年度省级工业互联网平台创建名单。

8 日 市人大常委会主任高玲慧率调研组到嘉善县开展进基层单元联系代表选民活动。

同日 嘉善圆梦归谷特色产业风貌样板区入选浙江省 2023 年度第二批城乡风貌样板区名单。

9 日 2023 浙江省新型建筑工业化发展交流会暨省住建厅科技委新型建筑工业化专业委员会四届二次会议在嘉善县举行。

10 日 杭州第十九届亚运会火炬在嘉兴传递，天凝镇洪溪村第一书记陈俐勤、国网嘉善县供电公司恒创集团嘉善分部副主任李飞伟、嘉善高级中学教师孙元菁、浙江省域蓝天救援协调中心主任黄学清、县文旅体局党委委员王忠伟、县公安局案审大队大队长宋柳丰等 6 位火炬手代表嘉善参加。

同日　“喜迎亚运盛会 弘扬红船精神 倡导健康生活”2023年嘉善县“全民健康生活方式宣传月”启动暨“万步有约”健走激励大赛总结表彰仪式在大云镇十里水乡景区举行。

12日　全县学习贯彻习近平新时代中国特色社会主义思想主题教育动员部署会召开。

同日　由嘉善示范区管委会和浙江大学长三角智慧绿洲创新中心共同发起的联合推进产业发展行动正式启动，浙大智慧绿洲·日善数字孪生联合研究中心同步揭牌。

13日　全国人大常委会办公厅研究室二局副局长陈星言一行到嘉善县调研。

同日　安徽省滁州市凤阳县委书记朱林率党政代表团到嘉善县考察。

15日　河南省开封市委常委、兰考县委书记陈维忠率党政代表团到嘉善县考察。

同日　2023浙江嘉善干窑镇推介大会暨干窑投资贸易洽谈会在上海举行，吸引海内外近200名客商参加。

20日　嘉善县入选第一批浙江省新型消费城市建设试点名单。

同日　西塘古镇汉服市集和大众广场后备箱市集入选100个全省首批重点培育文旅市集。

中旬　嘉善县位列中国县域高质量发展百强县第30位。

21日　“星耀南湖·长三角精英峰会”子活动“智创未来”新一代网络通信产业聚才建圈强链对接会在嘉善县举办。

同日　民建浙江省委会联合长三角民建企业家联盟、上海市金融工委走进嘉善县，举行之江同心·经济圆桌论坛暨长三角民建青年企业家助力嘉善“双示范”活动。

同日　浙江省、江苏省、安徽省以及上海市政协组成的三省一市政协联合调研组到嘉善县考察。

25日　嘉善县歌斐颂巧克力小镇入选国家工业旅游示范基地公示名单。

26日　全县学习贯彻习近平新时代中国特色社会主义思想主题教育专题党课暨县委党校2023年秋季开学典礼举行。

同日　嘉善县伍子塘、汾湖等入选首批浙江省重要水利工程遗产资源名录。

27日　县委召开全县领导干部会议，传达学习习近平总书记在浙江考察时的重要讲话精神和全省、全市领导干部会议精神，部署嘉善县学习宣传贯彻落实工作。

28日　市委书记陈伟到嘉善县下访接访并督导平安护航亚运会、节日安全生产和市场保供工作。

同日　2022年嘉善县西塘镇东娄片区高标准农田建设项目入选浙江省高标准农田建设最佳实践案例名单，该项目建设面积1680亩，总投资2760万元，亩均投入1.6万元，县级配套资金投入占比70%以上。

同日　嘉善县的浙江嘉诚动能科技股份有限公司、爱德曼氢能源装备有限公司等获评2023年度省级工业设计中心。至此，全县累计有省级工业设计中心4家。

29日　2023嘉善县第二届汽车博览会在西塘越里文化创意街区开幕。县内外汽车企业50多家参加此次汽车博览会，汇聚车型600余款。

十　月

9日　盛威安全设备(浙江)有限公司、浙江奇忠控制设备有限公司、嘉善华瑞赛晶电气设备有限公司等7家企业入选“2023年度第二批市级绿色工厂”公示名单。

上旬　示范区嘉善片区祥符荡创新中心的“科创绿谷·梦里水乡”城市设计获评第八届新加坡规划师学会奖“最佳规划奖(500～5000公顷级别)”铜奖。

上旬　嘉善县汾湖泵站、姚庄圩区、虹桥圩区等3个水利工程入选第一批市级水利工程标准化管理精品工程。

12日　全国学习运用“千万工程”经验现场推进会与会代表考察大云镇缪家村。

13日　全省警源治理暨非警务事项协同处置工作现场会与会人员到嘉善实地参观干窑派出所、万洋基层治理联动工作站等观摩点。

同日　嘉善县少工委九届四次全委(扩大)会议在嘉善县实验小学南校区举行。

16日　全省台商大讲堂在嘉善县举行。

同日　市人大常委会党组书记、主任高玲慧率队到嘉善县开展“追寻足迹学思想、感恩奋进建新功”现场学习暨专题党课。

17日　嘉兴市种业振兴行动成果展暨嘉兴市“看禾选稻”活动在长三角陶庄智种产业示范园

举行。嘉善县启动“种业强市区域示范点”行动，发布《陶庄创建“种业强市示范点”行动计划》，举行共推共建“种业强市区域示范点”合作签约仪式。

同日 嘉善县的立讯智造(浙江)有限公司入选2023年省绿色低碳工厂名单。

18日 省自然资源厅党组书记陈龙带队到嘉善县调研土地综合整治和耕地保护情况。

19日 长三角“三省一市”财政厅(局)长联席会议在嘉善县召开，并举办长三角区域财政电子票据共享启动仪式和长三角区域政府采购一体化发展五年行动计划签署仪式。

同日 嘉兴市各民主党派市委会联合社会服务暨嘉善县统一战线“善行四季”社会服务活动在西塘镇举行。

同日 全县“铁拳治欠”根治欠薪专项行动动员部署会召开。活动至2024年2月5日结束。

20日 2023可持续城市排水国际会议在嘉善县举行。200多名相关领域的国内外知名专家学者参加。

同日 嘉善县6个镇入选2023年全国综合实力千强镇榜单，其中，姚庄镇排名279位、西塘镇474位、天凝镇670位、大云镇671位、陶庄镇830位、干窑镇858位。

21日 嘉善县在2023长三角自驾游产业发展大会上获“长三角自驾游示范目的地”称号。

23日 嘉善县完成减污降碳协同县级、园区、项目三级试点和低(零)碳县级、乡镇(街道)、村(社区)三级试点全覆盖。

25日 “创赢未来”第二届长三角G60科创走廊科技与产业创新大赛决赛在嘉善县举行。

同日 嘉善县7家企业入选2023年浙江省制造业单项冠军培育企业名单。

25日 嘉善县社会科学界联合会获评“2023年度全国社科组织先进单位”。

26日 兰钧新能源63GWh锂离子电池和研究院项目开工，项目总投资超135亿元，包括兰钧新能源二期、三期项目。仪式上，嘉善县与青山集团签署战略合作协议。

同日 市委书记陈伟到嘉善县调研基层党组织建设及“和美乡村”建设工作。

27日 全国电子预防接种证建设和应用试点工作启动会暨电子预防接种证试点培训班在嘉善县召开。

同日 上海市集成电路行业协会2023年度会长会议在嘉善县举行，40多家成员单位代表参会。

同日 商业物联网独角兽企业商米科技第二总部项目签约落户嘉善县，这是全县首个“产、投、研”三方联动落地的项目，计划总投资20亿元。

28日 嘉善大云国旅创建重点项目开工仪式暨文旅产业项目签约仪式在大云镇曹家村举行。8个文旅产业项目签约落地，6个项目开工。

同日 总投资1.2亿美元的华辉煌光电项目签约落户嘉善经济技术开发区。

30日 嘉善县人民法院举行巡回人民法庭入驻国开区(惠民街道)揭牌仪式。

31日 第一届未来中医药创新发展论坛在嘉善县举办。

同日 第四届“浙江商会周”启动仪式暨第四届长三角商协会资源对接会在嘉善县举行。

同日 嘉兴市第十八届中等职业学校技能节开幕式在嘉善县举行，设农机检修、工程测量、服装设计等64个竞赛项目，持续到12月上旬。

下旬 沪苏浙两省一市人民政府联合发布《长三角生态绿色一体化发展示范区先行启动区国土空间总体规划(2021—2035年)》。《规划》包括上海市青浦区朱家角镇和金泽镇，江苏省苏州市吴江区黎里镇，浙江省嘉兴市嘉善县西塘镇和姚庄镇全域，约660平方公里。

下旬 第十届中国原子层沉积会议(CALD2023)在嘉善县举办。

下旬 嘉善县天凝社区服务综合体入选2023年浙江省五星级社区服务综合体名单。

十一月

2日 农业农村部、中央宣传部、司法部公布第三批全国乡村治理示范乡镇名单，姚庄镇成为全市唯一入选乡镇。

3日 嘉善县的浙江长盛滑动轴承股份有限公司入选2023年度浙江省科技小巨人企业，全县累计培育省科技领军企业2家、省科技小巨人企业3家。

4日 嘉善县举办“千名书记、万名党员”进党校大轮训工作启动仪式暨党员示范培训班。

同日 第十一届中华民族服饰展演暨西塘汉服文化周开幕。

6日 “嘉善县以‘一站式’

平台打造长三角多维度知识产权生态圈”入选浙江省第一批知识产权强省建设典型案例。

同日　青浦区、吴江区、嘉善县联合制定的全国首个跨行政区域跨部门“双随机、一公开”联合监管团体标准在上海发布。

6日至8日　2023年长三角三省一市工业机器人虚拟仿真职工职业技能竞赛在嘉善县举行。

7日　长三角区域排污权有偿使用和交易试点工作专班会议在嘉善县举行。

7日至9日　由浙江清华长三角研究院、嘉善县人民政府主办的“祥符YOU你·与善同行”瑞士高层次人才嘉善行活动举行。

8日　县委统战工作会议召开。

同日　嘉善县举行儿童友好城市建设工作推进会。

9日　县委主题教育领导小组第二次(扩大)会议暨领导班子政治建设推进会召开。

10日　第七届中国嘉善·善文化节开幕式暨嘉善县第十届道德模范颁奖典礼在大云镇举行。

同日　嘉善县获2022年度浙江省“科技创新鼎”。

上旬　嘉善县“湖荡农旅·至善水乡”县域风貌区入选浙江省2024年度城乡风貌样板区试点建设名单。

上旬　嘉善技师学院筹建工程入选浙江省2023年第二批“红旗”项目名单。

11日　嘉善县2023年中国农民丰收节主场活动暨天凝镇第二届农旅文化节在天凝镇蒋村村举行。

13日　长三角生态绿色一体化发展示范区立法专题会在嘉善县召开。

同日　嘉善县的浙江长盛滑动轴承有限公司、浙江双飞无油轴承有限公司、浙江裕华木业有限公司等3家企业入选2023年国家知识产权示范企业名单，嘉善雪帕尔工具有限公司入选国家知识产权优势企业名单。

14日　嘉善县2家企业入选2023年度浙江省民营企业百强榜单，其中日善电脑配件(嘉善)有限公司列第55位，立讯智造(浙江)有限公司列第85位。

16日　嘉善县民营企业家座谈会召开。

同日　嘉善台湾同胞投资企业协会举行成立20周年庆典。

17日　青浦区、吴江区、嘉善县等三地人大常委会到西塘镇协同调研粮食全产业链建设。

18日　嘉善县位列2023年度全国综合实力百强县市第48名、全国绿色发展百强县市第23名、全国投资潜力百强县市第22名、全国科技创新百强县市第40名。

21日　嘉善县召开重点项目征迁工作推进会。

同日　河南省副省长李酌率考察团到嘉善县考察。

22日　第八届清华校友三创大赛文体科技与创意产业全球总决赛暨首届长三角科技传播与创新转化论坛在干窑镇举办。

同日　嘉兴市新的社会阶层人士统战工作交流会在罗星街道鑫锋村召开。

23日　嘉善县的浙江福莱新材料股份有限公司和浙江长盛滑动轴承股份有限公司等2家企业研究院入选2023年新认定省级重点企业研究院名单。

同日　国家发展改革委社会司副司长孙志诚到嘉善县调研国家区域医疗中心建设工作并召开座谈会。

25日　嘉善县被授予首批“浙江省数字贸易示范区”。

27日　省政协副主席、民盟省委会主委成岳冲率省市县三级民盟组织到嘉善经济技术开发区(惠民街道)专题调研民盟助力嘉善“双示范”建设工作，揭牌建立民盟助推嘉善“双示范”建设实践基地。

同日　浙江省旅外乡贤回归投资考察活动到嘉善县考察地方投资环境、参观特色产业、开展地方经贸推介活动等。

同日　嘉善县《开展重点人群结直肠癌筛查项目，建立三级肿瘤防治网络》案例被推荐为“2023健康中国创新实践案例”。

同日　长三角示范区法院2023年司法一体化工作会议在嘉善县召开。三地法院联合发布第四届长三角示范区法院“十大民事典型案例”“十大优化法治化营商环境典型案例”“十大执行典型案例”并进行解读。

28日　省委统战部副部长王利月率领由省知联会、省新联会共同组建的省党外知识分子助企上市专家服务团到嘉善县开展服务。

同日　由中国钢铁工业协会主办的核电用耐蚀螺纹钢研发应用工作推进会在嘉善县举行。

29日　嘉善县举行“政银企”融资对接活动，37个产融合作项目签约以及普惠金融集中授信，总金额124.43亿元。

同日　嘉善经济技术开发区建区30周年主题大会暨经济高

质量发展论坛举行。15个项目现场签约;国开区“三十佳”企业——“勇立潮头”突出贡献十佳企业、“守正创新”突出贡献十佳企业、“卓越发展”突出贡献十佳企业受到表彰。

同日 嘉善中荷数字农业科创示范中心在嘉善经济技术开发区开园,亚洲最大的全封闭智能立体育苗工厂正式投产。

30日 省应急管理厅党委书记、厅长许小月到嘉善县调研基层应急消防治理体系建设工作。

下旬 嘉善县入选全省创意农业试点县名单。

十二月

1日 县委副书记、县长张锡锋主持召开全县安全生产工作会议。

同日 2023中国创新设计大会暨好设计颁奖大会在嘉善县举行。

同日 嘉善县的浙江善农现代农业科技发展有限公司、魏塘秀美乡村农业发展有限公司等入选2023年浙江省数字农业工厂(基地)名单。

2日 魏塘街道社区卫生服务中心新院启用,总面积6.9万平方米,共设置医疗床位150张,是目前浙江省最大的社区卫生服务中心。

3日 复旦大学校友总会集成电路行业分会年度峰会在嘉善县召开。

5日 嘉善县召开祥符荡创新中心新三年建设动员大会,并发布《长三角生态绿色一体化发展示范区嘉善祥符荡创新中心建设三年行动计划(2023—2025年)》。

同日 省咨询委副主任王新海率调研组到嘉善县考察“善文化”,就“弘扬中华优秀传统文化以‘五个示范’为抓手推进基层平安建设研究”课题开展调研。

同日 第四届浙江省志愿服务项目大赛暨展示交流活动在嘉善县启幕。

同日 嘉善经济技术开发区凭借通信电子产业链入选2023年全省开发区产业链“链长制”示范试点单位。

6日 县政府与上海杉达学院在上海签订战略合作框架协议。

7日 市委书记陈伟到嘉善县调研明年工作谋划情况。

同日 嘉善大云—惠民“田蜜花海”县域风貌样板区入选浙江省2023年度第三批城乡风貌样板区名单。

同日 嘉善县有62家企业入选第二批浙江省“专精特新”中小企业名单。2023年,全县新增省级“专精特新”中小企业97家,累计176家,总量全市第1。

同日 嘉善县丰产粮油专业合作社生产的“湖墩大米”(上师大19号)和嘉善县农星植保专业合作社生产的“蛙蛙响”牌软香粒大米(浙禾香2号)获评“2023浙江好稻米”金奖。

7日至8日 江苏省常州市钟楼区委书记沈东率钟楼区党政代表团到嘉善县考察。

8日 2023年中国·陶庄第十三届了凡善文化节启动。

9日 嘉善县第一人民医院入围2023年度第一批次通过县域慢病管理中心评审的医院名单。

10日 嘉善县《“五善之治”社区治理新样本构建“县域善治”新格局》获评2023全国城乡社区高质量发展典型案例。

上旬 罗星街道章典史港、国开区(惠民街道)界泾港、大云镇罗家桥港等入选2023年嘉兴市“美丽河湖”,全县累计创建市级“美丽河湖”36条。

12日 上海市青浦区—江苏省苏州市吴江区—浙江省嘉兴市嘉善县入选国家文化产业和旅游融合发展示范区建设名单。

同日 天凝镇入选浙江省文化强镇,姚庄镇姚庄村入选浙江省文化示范村,全县累计建成省文化强镇7个、文化示范村(社区)14个。

同日 嘉善县在“2023中国县域共同富裕指数前100名”中位列第6。

13日 县委主题教育调研成果交流会召开。

同日 嘉善县“红杜鹃”共富工坊入选第一批省级示范“共富工坊”名单。

同日 浙江长盛滑动轴承股份有限公司获2022年度嘉兴市市长质量奖,全县累计5家企业获得嘉兴市市长质量奖,1家企业获得嘉兴市市长质量奖“提名奖”,1家企业获得嘉兴市市长质量奖“创新奖”。

14日 长三角住房公积金一体化战略合作实施三周年研讨会暨长三角住房公积金一体化成果展在嘉善县举办,发布《长三角住房公积金一体化新发展阶段倡议书》。

同日 嘉善县7家企业入选浙江省第三批制造业“云上企业”名单,全县累计13家。

同日 全市农村文化礼堂(新时代文明实践中心)建设现场

推进会暨文化特派员出征仪式在嘉善县举行。全市首批153名文化特派员受聘书上岗。

15日　县委召开务虚会，学习贯彻中央经济工作会议精神，落实习近平总书记在深入推进长三角一体化发展座谈会上的重要讲话和考察浙江重要讲话精神。

16日　嘉善县召开文物工作会议。

同日　青吴嘉统战联盟共享基地启用仪式暨三地“同舟论坛”在姚庄镇举行。

19日　嘉善县《三治合一打造长三角首个生态绿色治理新模式》入选全国城乡环境卫生清理整治优秀案例。

同日　西塘镇人民调解委员会获“全省优秀人民调解委员会”称号。

20日　“初心如虹·爱创未来”——嘉兴市女企业家协会2023年全体会员大会在嘉善县举行。

同日　长三角生态绿色一体化发展示范区单体屋顶容量最大的分布式光伏项目在西塘镇投入使用。该项目采用合同能源管理模式，由中国华能集团旗下全资子公司华能（嘉善）新能源开发有限公司投资建设，总装机容量29.95兆瓦，投资超1.04亿元。每年可发绿色零碳电力3206.1万千瓦时，可节约标准煤9666.4吨。

20日至21日　省委常委、政法委书记王成国到嘉善县宣讲中央和省委经济工作会议精神，围绕推进政法工作现代化、谋深谋实明年政法工作思路开展调研。

中旬　吴镇纪念馆入选第五批“浙江省华侨国际文化交流基地”。

中旬　嘉善县入选2024年度省级中小企业数字化改造财政专项激励试点县（市、区）。

中旬　嘉善县入选2023“科创中国”浙江省级试点县（市、区）。

22日　嘉善县召开“大综合一体化”行政执法改革现场推进会。

28日　省人大常委会副主任暨军民一行到嘉善县调研。

同日　干窑镇沈照琴获评第八届浙江省道德模范，成为全县首位省级道德模范。

29日　第八届“梦想中国·智汇嘉善”创新创业大赛总决赛颁奖典礼暨第四届“海聚英才”全球创新创业大赛示范区专场启动仪式举行。

同日　嘉善天凝篮球队夺得2023农行杯浙江省第二届乡村青年篮球争霸赛总决赛冠军。

30日　罗星街道社区卫生服务中心正式启用。该中心按二级乙等医院规模建设，建筑面积27848.6平方米，总投资4.4亿元，设置医疗用房12层，提供床位300张。

下旬　《长三角生态绿色一体化发展示范区先行启动区祥符荡创新中心控制性详细规划》通过示范区规划委员会专题审议，并由示范区执委会、嘉善县人民政府正式批复。

建置沿革

【概况】 嘉善县历史悠久，从境内大往圩、独圩、张安村等文化遗址出土的文物证实，早在6000多年前的马家浜文化时期，已有先民在沼泽开田、种植水稻和饲养牲畜。春秋时为吴、越接壤的槜李、长水之地，初属吴，后属越。战国时越被楚灭归于楚。秦初属长水县，秦始皇三十七年(前210)，始皇东巡过长水，改长水为由拳县，属会稽郡。东汉永建以后属吴郡。三国吴改由拳县为禾兴县，不久又改为嘉兴县，今嘉善地域为嘉兴县的一部分。隋代并省州县，废嘉兴县入吴县，属苏州。唐代复置嘉兴县，仍属苏州。五代吴越时，嘉兴县改属杭州，后又于其地置秀州。宋时于嘉兴县之魏塘镇置巡检司，元为魏塘务，明初改税课局，后又改巡检司。明宣德四年(1429)，巡抚、大理寺正卿胡概巡视江南后奏请划县，经准于翌年三月析嘉兴县思贤(半)、胥山(半)、迁善、麟瑞(半)、永安、奉贤6乡地域置嘉善县，定县治于魏塘。“因旧有迁善六乡，俗尚敦庞，少犯宪辟，故曰嘉善”。时辖6乡8都20区207里，属嘉兴府。清循明制。民国元年(1912)废府，嘉善属钱塘道。民国16年(1927)，废道，嘉善直属省辖。民国24年(1935)，全省设9个行政督察区，嘉善属第二行政督察区。民国26年(1937)11月被日军侵占。民国28年(1939)，嘉善属省第十行政督察区管辖。民国37年(1948)4月，属省第一行政督察区管辖。1949年5月11日，嘉善解放，隶属浙江省第一专员公署；11月，改属嘉兴专署。1958年11月21日，嘉善县建制撤销，并入嘉兴县。1961年4月9日，恢复县置。1983年8月，实行市辖县制，嘉善县隶属嘉兴市。

行政区划

【概况】 2023年，嘉善县辖3个街道、6个镇：魏塘街道、罗星街道、开发区(惠民街道)、西塘镇、姚庄镇、陶庄镇、干窑镇、天凝镇和大云镇。全县有104个村、70个社区。

【村、社区名单】

村104个

魏塘街道(11个)：国庆、南北暑、梁桥、长秀、三里桥、魏中、里泽、智果、中寒圩、网埭港、虹桥；

罗星街道(4个)：马家桥、亭桥、鑫锋、厍浜；

惠民街道(7个)：曙光、惠通、大泖、大通、新润、枫南、优家；

西塘镇(18个)：荷池、沈道、邗上、翠南、华联、地甸、东汇、金明、茜墩、荻沼、钟葫、大舜、鸦鹊、红菱、下甸庙、新胜、礼庙、星建；

干窑镇(9个)：长丰、长生、南宙、新星、黎明、干窑、范泾、胡家埭、范东；

大云镇(6个)：曹家、缪家、东云、洋桥、江家、大云；

姚庄镇(18个)：展丰、南鹿、姚庄、展幸、横港、北鹤、武长、清凉、中联、界泾港、俞汇、俞北、金星、银水庙、沉香、北港、丁栅、渔民；

陶庄镇(9个)：陶中、陶庄、金湖、湖滨、汾玉、翔胜、汾湖、汾南、利生；

天凝镇(22个)：南星、戴西港、凝北、蒋村、天凝、东顺、东方红、凝南、洪南、洪溪、三发、马塔塘、联谊、洪福、镇东、麟溪、光明、新联、三店、翁村、欣杨、宏杨。

社区 70 个

魏塘街道(16 个):日晖、谈公、解放、小东门、中山、浒弄、西门、嘉辰、城桥、城东、车站、庄港、西项、香山、镇北、南桥;

罗星街道(22 个):玉兰、晋阳、南门、柳洲、子胥、李家、钱桥、魏南、和合、城西、城南、新联、江南、泗洲、瓶山、绿洲、新洲、星辰、星河、临江、归谷、新嘉;

惠民街道(10 个):张泾汇、横泾桥、张汇、毛家、嘉湖、阳光、金嘉、惠丰、惠园、枫南;

西塘镇(6 个):西园、西街、塘东、朝南埭、平川、下甸庙;

干窑镇(3 个):干窑、月半湾、幸福;

大云镇(1 个):大云;

姚庄镇(7 个):姚庄、丁栅、俞汇、桃源新邨、学苑、锦绣、新景;

陶庄镇(2 个):陶庄、汾湖;

天凝镇(3 个):天凝、洪溪、杨庙。

土地与人口

【土地】 嘉善县,隶属浙江省嘉兴市。地处太湖流域杭嘉湖平原,东邻青浦区、金山区,南连平湖市、南湖区,西接秀洲区,北靠吴江区、青浦区,总面积 506.88 平方公里。

【人口】 至 2023 年 11 月末,全县户籍人口 425214 人,比上年同期增加 3050 人。其中:男性 204340 人,女性 220874 人,人口性别比为 93(以女性为 100)。全县户籍人口出生率 4.87‰,人口死亡率 9.79‰,人口自然增长率 −4.93‰。全年迁入人口 6963 人,迁出人口 1819 人,人口机械增长率 12.14‰。

国民经济和社会发展

【概况】 2023 年,嘉善县全面贯彻中央、省市经济工作会议精神,认真落实省委省政府三个“一号工程”、“十项重大工程”等决策部署,主要经济指标取得“开门红、半年红、季季红”的良好成绩,GDP 增速连续 4 个季度高于国家、省、市水平。下半年开始,全县经济“长板优势弱化、短板收窄乏力”等问题逐渐显现,经济形势呈现出“总体平稳、承压前行”的发展态势。全年全县实现地区生产总值 908.11 亿元,同比增长 7.0%,增速列五县二区第 3 位,增速分别高于全省、全市平均 1 个、0.7 个百分点。其中,第一产业实现增加值 23.69 亿元,同比增长 3.4%,低于全市平均 0.4 个百分点;第二产业实现增加值 516.48 亿元,同比增长 6.7%,增速列全市第 5 位,高于全市平均 0.5 个百分点;第三产业实现增加值 367.95 亿元,同比增长 7.7%,增速列全市第 2 位,高于全市平均 1.3 个百分点。农业生产保持平稳。全年全县实现农林牧渔业总产值 44.73 亿元,同比增长 3.5%,较前三季度提升 0.5 个百分点。工业动能稳中有增。全年全县实现工业增加值 479.59 亿元,同比增长 6.6%,增速列全市第 5 位,高于全市 0.5 个百分点。全县实现规上工业增加值 415.74 亿元,同比增长 7.5%,增速列全市第 5 位,低于全市 0.1 个百分点。工业用电量保持合理区间,全年工业用电 50.96 亿千瓦时,同比增长 4.5%。服务业增势强劲。全年全县服务业增加值 367.95 亿元,同比增长 7.7%,增速列全市第 2 位,高于全市平均 1.3 个百分点。服务业各基础行业稳步上升,财政工资福利支出 29.94 亿元,同比增长 9.8%,增速列全市第 2 位。金融机构本外币贷款余额 2323 亿元,同比增长 19.1%,增速列全市第 1 位。商品房销售面积 57.05 万平方米,同比增长 8%,增速列全市第 2 位。投资后劲支撑不足。全年固定资产投资 397.29 亿元,同比下降 5.2%,增速列全市第 9 位。其中,项目投资、工业投资、建安投资分别增长 12.3%、5.9%、3.1%,增速分列全市第 6、第 5、第 8 位,第三产业投资下降 11.4%,增速列全市第 9 位。消费市场复苏明显。全年实现限上批发业销售额、限上零售业销售额、限上住宿业营业额、限上餐饮业营业额分别增长 10.0%、17.8%、6.9%、20.9%,增速分列全市第 6、第 1、第 8、第 4 位。全年实现社会消费品零售总额 289.61 亿元,同比增长 8.7%,增速列全市第 4 位。外资外贸一升一降。全年签约总投资超 10 亿元项目、超亿美元项目 29 个,列全市第一;实际利用外资 4.86 亿美元,同比增长 3.5%,总额列全市第 1 位,增速列全市第 3 位。全年全县实现进出口、出口、进口额 650.53 亿元、445.73 亿元、204.8 亿元,同比下降 13.47%、13.25%、13.94%,增速分列全市第 9、第 9、第 7 位。企业创新活力释放。全年全县规上工业研发费用实现 69.62 亿元，同比增长6.1%。规上工业研发费用占营业收入比重3.63%，居全市第3位，同比增长0.23个百分点。高新技术产业增加值占规上工业增加值比重87.16%。各项收入稳中有进。全年财政收入上升平稳，全县财政总收入146.67亿元，同比增长6.2%，增速列五县市第4位；一般公共预算收入84.75亿元，同比增长5.3%，增速列五县市第2位。其中，税收收入77.75亿元，同比增长3.6%，占一般公共预算收入的91.7%。居民收入持续提升，实现全体居民人均可支配收入65866元，同比增长5.8%，增速列五县二区第5位，其中城镇、农村居民人均可支配收入76921元、50183元，分别同比增长5.7%、6.3%，分列五县二区第2、第7位，城乡收入比1.53∶1。

【“双示范”建设】 示范区及先行启动区国土空间总体规划获批，祥符荡创新中心“1+1+1”规划体系总体形成，城市设计完成专家评审，获“第八届新加坡规划师学会颁奖大会”铜奖，编制实施祥符荡创新中心建设三年行动计划，方厅水院（一期）开工建设。浙大长三角智慧绿洲新落地未来城市、未来环境等2个实验室，参与组建现代中药创制全国重点实验室，获批省新型研发机构；嘉善复旦研究院获批省博士后工作站。举办长三角·嘉善祥符荡创新中心（张江）推介会。通苏嘉甬铁路、嘉兴至枫南市域铁路、嘉善至西塘市域铁路控制性节点开工。沪昆铁路嘉善段高架改造工程正式获批，是全国同类型项目首个成功案例。嘉善与青浦、吴江跨省入选“国家文化产业和旅游产业融合发展示范区”建设单位。

【实体经济发展】 贯彻落实民营经济中央“31条”、省“32条”及省“8+4”政策，获地方政府专项债券资金63.3亿元、中央预算内投资资金1.7亿元，均列全市第一；9个项目被列入2023年需中央加大建设用地保障力度的国家重大项目清单，争取省重点建设项目21个、省重大产业项目3个、省“千项万亿”项目18个，落地省市县长工程4个，数量均为全市最多。签约优质项目99个，其中产值超百亿元项目9个、超亿美元项目9个、超50亿元项目2个；新设立超2亿美元QFLP试点基金1支，累计落地试点基金5个、总规模18.3亿美元。开展“千企百团”拓市场行动，累计助力489家次企业出海抢订单。落地全省首个海关特殊监管区域外保税维修业务，入选全省首批数字贸易示范区、全市唯一。新增外贸出口实绩企业195家、跨境电商企业30家。开展“第二届汽车博览会”等系列活动，发放消费券4000万元，拉动消费12亿元。

【产业发展】 以全省第1的成绩列入国家创新型县建设名单，实现省“科技创新鼎”三连冠。年内，新认定高新技术企业130家，列全市第1。新认定省重点企业研究院2家、省企业研究院7家，均列全市第1；新认定省企业研发中心14家。新认定省科技“小巨人”企业1家，累计培育省科技领军企业2家、省科技“小巨人”企业3家。获全省首批“浙江制造天工鼎”，获省政府督查激励，网络通信产业入选第二批“浙江制造”省级特色产业集群核心区，新增国家级专精特新“小巨人”企业4家，省级专精特新中小企业97家。推进老旧园区腾退整治，腾退高耗低效企业403家，腾退土地4828亩。召开服务业高质量发展大会、招商推介会，全面实施服务业产业招商、稳定经营、动能培育、项目建设、提振消费五大攻坚行动。创建大云数字文旅省级现代服务业创新发展区，歌斐颂巧克力小镇以全省第1的成绩被命名为国家级工业旅游示范基地，大云温泉省级旅游度假区列入国家级旅游度假区培育名单。被列入全省首批新型消费城市建设试点，出台《推进文旅深度融合高质量发展奖补办法》。27个项目被列入嘉兴市2023年度服务业“百项千亿”重点项目，雨露空间生鲜水果智慧冷链物流、阿里巴巴长三角智能计算基地、金融创新中心、嘉善县历史街区改造（梅花坊）、善城中心等5个项目被列入省服务业重大项目计划。

【城镇化建设】 实施城市有机更新工程，启动火车站广场、二高东侧等有机更新项目53个，占地2296.04亩，房屋建筑面积83.59万平方米，竣工善贤苑等安置房1184套。实施城市功能提升工程，开工建设善城中心、梅花坊二期，长三角（嘉善）金融中心工程结顶。获评省级风貌样板区3个，其中，嘉善“公园·水岸·善城”城市新区风貌区被择优命名为“新时代富春山居图样板区”，嘉辰社区等3个社区成功创建省级未来社区，12个未来社区入选全省第七批未来社区创建名单。完成台升大道等道路新建改造约6.7公里，打通纬一路（嘉善大道—章典史港）等城市断头路3条。新建公共停车场3个，新增公共停车位869个。获国家乡村振兴示范县创建单位、实施乡村振兴战略“神农鼎”，创成缪家村、红菱村、长生村等3个省级未来乡村。实施农业“双强”行动，粮食总产量14.5万吨，新建改造高标准农田3.6万亩，恢复耕地功能5550亩。推动农业经济开发区、现代农业小微产业园建设，完成涉农投资7.26亿元，建成农业小微产业园4个。嘉善中荷农业数字科创示范中心开园，实现数字化叶菜类温室种植单体面积亚洲之最、拥有亚洲第一大全封闭智能立体育苗工厂、亚洲第一个采用农业垂直大数据算法等3个“亚洲之最”。

【生态环境建设】　首次获“大禹鼎”银鼎，获评全省三星级“无废城市”，被授予“清源杯”。县控以上地表水水质监测断面全部达到或优于Ⅲ类水质，交接断面考核结果为优秀，空气质量优良率88.2%。入选全省第三批减污降碳协同创新试点，完成第一批省级低碳镇、低碳村评估验收报告编制，天凝镇和大通村等9个村入选第三批省级低碳镇、低碳村。制定低碳试点县“五张清单”，全面推进分布式光伏开发建设，已建光伏装机规模168兆瓦，完成年度任务280%。实施“污水零直排”标杆园区暨“碧水绕园”建设三年行动计划，姚庄镇工业园区通过“污水零直排”标杆园区省级评估，天凝工业园区和大云工业园区启动“污水零直排区”标杆园区建设，陶庄、西塘、开发区（惠民）通过创建方案评审。生活垃圾无害化处置率持续保持100%，生活垃圾分类示范机关单位、国有企业覆盖面均为100%，完成城乡生活垃圾无害化处置29.59万吨。

【共同富裕建设】　全力促进高质量充分就业，新增城镇就业34836人，帮扶再就业1.1万人，新增高技能人才6523人、列全市第一。长三角零工市场被列为省级试点，通过线上平台实现就业5.1万余人次。完善养老服务体系，银福苑颐养中心入选全省首批共同富裕实践观察点，改造提升10家居家养老服务照料中心，建成3家健康颐养中心和3家智慧养老院。完善儿童友好体系，成立嘉善县托育综合服务中心，新增23家托育机构和39家照护驿站，实现镇（街道）公建托育机构全覆盖，每千人口托位数4.26个，普惠托位占比77.29%，5个项目入选嘉兴市儿童友好城市建设项目。入选全省首批教育领域数字化改革实验区，嘉善技师学院筹建工程、嘉善新城中学主体结顶，上海大学附属嘉善实验学校投入使用。浙大二院嘉兴医院获批国家区域医疗中心，县妇幼保健院工程、区域急诊医学中心、120急救中心等工程加快推进，建成启用县三院三期、魏塘街道社区卫生服务中心新院区、罗星街道社区卫生服务中心新院区。获“长三角自驾游示范目的地”称号，入选省级文化产业赋能乡村振兴试点，西塘镇入选2022年第三批浙江省戏曲之乡，新增52个“15分钟品质文化生活圈”，举办“村BA”篮球赛等活动。获批“浙里食安”首批试点示范县。

（任一冰）

乡村振兴

【概况】　2023年，嘉善县认真贯彻落实中央和省市一号文件精神，全力打造长三角乡村振兴高质量发展先行地。以全省首名的成绩被列入全国乡村振兴示范县创建名单，连续两年获省乡村振兴“神农鼎”，连续5年获得省市乡村振兴战略实绩考核“双优秀”。大云镇的缪家村“六金”模式获中央领导批示肯定，乡村现代化建设、城乡融合发展获副省长李岩益批示肯定。以县城为重要载体的城镇化建设被列入省级试点名单，“城乡提升工程”项目投资完成率位列全省第一并作全省典型发言。缪家村作为全国学习浙江“千万工程”经验现场会浙北线首站精彩亮相。全县农村居民人均可支配收入50183元，同比增长6.3%。低收入农户人均可支配收入28914元，增幅11.4%，城乡居民收入倍差缩小至1.53，村均经常性收入突破480万元。

【守牢稳粮保供底线】　浙北粮仓核心区建设被列为全县高质量发展金名片之一，出台实施方案，谋划项目76个，其中2023年项目28个，总投资6.2亿元。全县粮食播种面积32.55万亩，总产量14.53万吨，实现7年双连增。能繁母猪正常保有量2300头、年出栏生猪4.22万头。编制全域高标准农田建设专项行动方案，开展"百日攻坚",全年实施高标准农田改造提升(新建)面积3.7万亩,其中高效节水灌溉面积2.24万亩。西塘镇东娄片区项目入选省高标农田建设最佳实践案例之一。推动种业致富工程,做强县级农科院所,设立长三角农业科创综合体秘书处,在陶庄镇和惠民街道大泖村打造长三角智种产业示范园和特色种业村,提升传统国有农场为种业特色农场,带动全县万亩种业试验方建设,制种总产量突破2800吨,达成年种业订单5290亩,亩均纯收入实现翻番。

【提升农业产业能级】 布局含4个省级服务中心和9个县级区域农事服务中心以及13个村级农事服务中心站点的"4+9+13"农事服务网格,形成"省级服务中心+县级区域中心+村级服务站点"三级网络。破解"谁来种田"难题,在干窑镇范东村试点,探索"窑望丰赢"模式,引导各村抱团共建,与县农发公司合作,开展农事综合服务,服务面积1.2万亩。在罗星街道试点,探索"三合"模式,开展镇域统一全程服务,辐射面积6000亩。推动农业经济开发区、现代农业小微产业园建设,农开区新增涉农投资7.9亿元,新建农业小微产业园4个。推动"一镇一事"工程重点项目9个,发布"土特产"传承与发展行动方案,姚庄黄桃、马家桥甜瓜、杨庙雪菜等入选省名优"土特产"百品榜名单。推进嘉善铪科中荷农业建设有限公司、魏塘双创园等投产生效,中荷铪科创造3个"亚洲之最"。启动惠民三生零碳绿谷、姚庄双碳创新中心等项目,全县2023年招引千万元以上农业项目17个,其中亿元以上项目6个。

【"千万工程"建设】 推进"城乡提升工程",全县41个"城乡提升"项目实现100%开工,完成年度投资109.35亿元、投资完成率192%,位列全省县(市、区)第一。完成11个村庄规划编制,保障农业农村产业用地项目5个,面积91.6亩,占当年度新增建设用地指标7.36%。制定全域秀美三年行动方案,建设省级特色精品村5个、未来乡村4个、美丽宜居示范村4个,建成和美乡村示范片区1个、美丽庭院4193户。完成省级美丽河湖、水美乡镇创建和22.4公里中小河流治理。嘉善"千万工程"经验做法在《浙江日报》专刊刊登,连续4年获全省深化"千万工程"工作优胜县。持续优化县域数字农业大脑"善农云"平台,承接农村"三资"等3个应用落地,"浙农码"用码达到158万次,西塘镇3个"只要点一次"乡村共富小屋被认定为首批省级乡村数智生活馆,数量全市第一。率先在县一级建成城乡居民"同源同质同网同价"供水体系,城乡供水同质化率100%,建成10个省级气象防灾减灾标准化村,建设改造农村生活污水处理设施27个,新时代电气化村14个,新改建农村公路9.7公里。村级医疗卫生机构规范化建设率100%,基本医疗保险户籍人口参保率99.47%。成立15对义务教育共同体办学,农村一、二级幼儿园覆盖率80%。

【拓宽共富共享路径】 统筹乡村集成改革,深化以西塘镇为主要载体的国家级农村综合改革试点和以姚庄镇为主要载体的省级共同富裕试点。出台标准地实施方案和细则,认定农业标准地16500余亩。新增盘活闲置农房1030宗,开展宅基地有偿使用试点工作。农业"标准厂房"建设等4条经验被列入双示范经验推广最终后备名单。在全省首创"专项资金+发展基金"双金模式,累计提超9亿元,该模式被列入全省乡村振兴最佳创新实践案例,并在全省发布推介。出台第五轮强村富民计划,做强做优"飞地抱团",全县累计实施项目23个,村集体投资总额28.2亿元,累计分红6.2亿元。加强共富联合体建设,新增实施共富体项目3个,年收入200万元以上且经营性收入100万元以上的行政村占比100%。发布低收入农户"飞地抱团"实施方案,每年每户获取不低于450元的稳定收益,低收入农户可支配收入增幅居全市第一。

【提高文明善治水平】 实施"县乡一体、条抓块统"县域整体智治改革试点,推广"浙江解纷码","云镜"系统获评全省村社智治十大模式,姚庄镇获评全国乡村治理示范镇。发布全国首个"只要点一次"乡村共富小屋建设标准,新培育省级民主法治村(社区)9家、市级11家。建立健全红白理事会、村民议事会等村民自治组织,开展"厉行节俭"等各类主题活动300余场次。建成乡村博物馆3家,新增农村百姓健身房、健身广场10个。强化农村"三资"监管,开展村经济合作社领域突出问题专项治理,发现问题33件并全部完成整改。推进清廉村居建设，充分运用“云镜”系统开展清廉村居评价。

【加大支持保障力度】 坚持党建引领，实施“百县争创、千乡晋位、万村过硬”工程，创成“红色根脉”强基示范乡镇（街道）1个、村（社区）11个，联动推进市县镇三级基层党建示范点51个，培育优质党群创业共富项目54个，深化党建联建实践案例16个。出台“大三农”财政支持意见、农业农村高质量发展新一轮政策意见，2023年土地出让收入统筹用于农业农村资金占比9%；县财政安排一般公共预算农林水支出9.7673亿元，执行率100%；全县涉农贷款余额1816.18亿元，增速25.5%，列全市第一。培训农村实用人才479人、高素质农民120人、培育农创客285名。“嘉善稻米科技小院”“嘉善生猪科技小院”“嘉善小麦科技小院”获评国家级科技小院，为全国县级最多。（凌　微）

人民生活

【概况】 2023年，全县常住居民人均可支配收入65866元，较上年增长5.8%。其中城镇常住居民人均可支配收入76921元，较上年增长5.7%；农村常住居民人均可支配收入50183元，较上年增长6.3%。城乡居民收入比为1.53∶1，统筹城乡水平在全省前列。

【全体居民收入】 全体常住居民人均可支配收入65866元，较上年增长5.8%。从收入来源看，四大类收入稳定增长。其中，工资性收入39985元，较上年增长5.9%，占60.7%；经营净收入12555元，较上年增长4.3%，占19.1%；财产净收入5287元，较上年增长6.0%，占8.0%；转移净收入7999元，较上年增长6.9%，占12.2%。

【城镇居民收入】 城镇常住居民人均可支配收入76921元，较上年增长5.7%。其中，工资性收入45198元，较上年增长5.8%，占58.8%；经营净收入12781元，较上年增长4.3%，占16.6%；财产净收入8017元，较上年增长5.7%，占10.4%；转移净收入10925元，较上年增长6.9%，占14.2%。

【农村居民收入】 农村常住居民人均可支配收入50183元，较上年增长6.3%。其中，工资性收入30614元，较上年增长6.5%，占比最大，超过六成；经营净收入12175元，较上年增长5.7%，占比24.3%；财产净收入3402元，较上年增长6.2%，占比6.8%；转移净收入3992元，较上年增长7.0%，占比8.0%。

【全体居民消费支出】 全体常住居民人均生活消费支出40244元，较上年增长9.1%。其中，食品烟酒占比27.4%；衣着占比5.6%；居住占比24.1%；生活用品及服务占比6.7%；交通通信占比17.7%；教育文化娱乐占比9.8%；医疗保健占比5.7%；其他用品和服务占比3.0%。

【城镇居民消费支出】 城镇常住居民人均生活消费支出47520元，较上年增长8.6%。其中，食品烟酒占比26.7%；衣着占比5.9%；居住占比25.2%；生活用品及服务占比6.8%；交通通信占比16.0%；教育文化娱乐占比11.8%；医疗保健占比5.0%；其他用品和服务占比2.6%。

【农村居民消费支出】 农村常住居民人均生活消费支出29924元，较上年增长10.9%。其中，食品烟酒占比29.4%，衣着占比5.8%；居住占比18.7%；生活用品及服务占比6.5%，交通通信占比19.0%；教育文化娱乐占比10.7%；医疗保健占比6.9%；其他用品和服务占比3.0%。

（沈瑾瑜）

政治建设

园林绿化

【城区绿化建设】 2023年，嘉善县完成滨水绿地一期、永丰桥港（丁诸线航道嘉善塘—白水塘航段）绿化提升整治项目、永丰桥口袋公园项目等工程，年内新增各类城区绿地40.19万平方米，建成区绿化覆盖率、绿地率分别为43.89%和38.74%，人均公园绿地面积16.71平方米，公园绿地服务半径覆盖率88%。

【城市绿道建设】 全年建成城区绿道3.8千米，其中永丰桥港绿道（嘉善塘至白水塘）2.8千米，油车港绿道（光彪学院段）1千米。提升改造伍子塘绿道（南城河至白水塘）约6千米。

【绿化行业管理】 编制完成《嘉善县公共绿地绿化景观设计方案审查办法》《嘉善县居住区树木修剪指引》及《嘉善县园林绿化建设工程质量监督实施细则》初稿，加强园林绿化规划建设和行业管理。组织参加城区各类绿化项目评审，组织绿化专项评审会6次，完成12个项目评审。全年推动13个项目管养移交、面积约14.6万平方米；绿化审批83件，累计1.87万平方米。国家园林城市复查通过复查复审。开展各类评创工作，长三角（嘉善）生态绿色风情旅游线提升工程（省级绿道2号线嘉善段），创成全县第一条省级最美绿道；国道嘉善段两侧绿化提升工程总承包获浙江省建设工程钱江杯（优质工程）奖；罗星街道城中村改造安置房红庙小区项目绿化景观工程获浙江省优秀园林工程金奖；嘉善县湾北二期重要节点绿化项目等3个项目获浙江省优秀园林工程银奖；中兴路获2023年度省级绿化美化示范路。江南大境里获嘉兴市南湖杯（优质工程）奖；西塘江南大境（西塘60亩）等2个项目获嘉兴市优秀园林工程奖；嘉善西塘镇祥符荡环湖绿道等2条绿道获评第四届嘉兴市最美生态绿道；嘉善县花海大道绿道（十里水乡—碧云路段）获评首批嘉兴市林荫生态绿道。嘉善玖悦华府、御景湾等2个小区成功创建2023年度省级园林式居住区（单位），江南大境里、归谷佳苑等2个小区成功创建2023年度嘉兴市园林式居住区（单位）。

（陆嘉娴）

水　　文

【概况】 嘉善县属长江水系太湖流域，也称“运河水系”。全县水域总面积68.51平方公里，水面率13.51%。有河道1929条，总长度1632.02千米。嘉善县有大小湖荡31个、湖漾13个，主要分布在320国道以北各乡镇，湖荡及其他水域总水域面积19.57平方公里（仅统计县内面积）。境内主要骨干河道有芦墟塘、伍子塘、和尚塘、红旗塘、三店塘、嘉善塘、白水塘及中心河等。受黄浦江潮汐影响，全县境内河道均为感潮河道，东北部河流较西南部河流潮差大，多年平均潮位2.77米（镇江吴淞基面），最高潮位4.39米（2021年），最低潮位1.88米（1970年）。2023年，嘉善站水位超警戒（3.30米）以上天数44天，超保证（3.60米）以上天数5天，高水位天数相对较少；全年发布洪水预报（水情报告）4期、洪水预警7期。至年底，全县设外港水文测站12个，其中国家基本站4个、专用站8个，另有地下水站5个，水文巡测断面16个、水质监测断面10个，主要监测项目有降水量、潮水位、流量和地下水位、水质等。

【降雨和水位、水情】 2023年汛期嘉善站降雨75天，总计雨量1063毫米，比年均值偏多近四成，且主要集中在6、7月，两月的降水量都超多年平均水平一倍左右，最高水位3.92米出现在6月24日梅雨期间，该特征值达梅雨型最高水位的历史第4位(水位特征值综合排名历史第12位)。全年降水天数123天，总降雨量1336.5毫米，比常年偏多约一成，最大日降雨量164.5毫米(7月16日)。7月16日，嘉善县南部遭受破历史极值的特大暴雨，全县面雨量110.4毫米，最大的罗星街道305.6毫米。县城南部河网水位暴涨，其中大云站3小时20分涨水1.23米，最高水位4.31米(16日22时45分)，罗星站最高水位3.92米(16日23时25分)，嘉善站最高水位3.72米(16日23时10分)。

【梅雨和台风】 2023年梅雨期为6月17日至7月11日，嘉善站降雨13天，总计雨量309毫米，比历年平均偏多约四成。梅雨前期雨量大且集中，后期相对较小而分散，6月18—19日、23—24日，出现两波集中降雨累计248毫米，降雨量占整个梅雨期降雨总量的八成，6月24日21时00分，出现年度最高水位3.92米。台风活动相对平静，没有出现对嘉善产生直接较大影响的台风，全年启动水害灾害防御(防台)Ⅳ级响应2次，分别是第5号台风“杜苏芮”和第6号台风“卡努”。 (吴骏彦)

气候与气象

【概况】 嘉善县位于北亚热带南缘的东亚季风区，四季分明、温和湿润、光照充足、雨量充沛、无霜期长，宜于作物生长，但地处沿海中纬度地带，气候变化明显，具有春湿、夏热、秋燥、冬冷的特点，主要的灾害性天气有连阴雨、暴雨、台风、高温、干旱、寒潮、大雪和大雾。常年平均降雨量1253.7毫米，最多年份雨量1690.8毫米，出现在2016年；最少年份雨量695.1毫米，出现在1978年。年平均雨日137.8天，一日最大降水量266.4毫米，出现在2023年7月17日。全年有2个相对雨季和干季。常年平均降雪日数6.5天，最大积雪深度20厘米，出现在2008年2月2日。常年平均气温16.9℃，极端最低气温−10.8℃，出现在1977年1月31日；极端最高气温41.3℃，出现在2017年7月24日。日最高气温≥35℃天数常年平均为17.8天，2022年最多，达47天。常年平均初霜日11月23日，终霜日3月22日，平均无霜期244.8天。平均结冰初日12月4日，终日3月7日，年平均结冰天数33.1天。常年平均日照时数1899.2小时，平均风速2.5米/秒，最强极大风速35.5米/秒(12级)，出现在1987年3月6日。

【气候特征】 2023年，平均气温17.9℃，为有气象记录以来第二高，其中11月和12月月最高气温突破当月最高气温历史极值；年总降水量1436.3毫米，连续10年偏多，梅汛期有6次明显降水过程。台风影响与常年(1.5个)基本持平，先后受“泰利”“杜苏芮”影响。春夏季出现7次强对流过程，其中7月16日夜里的特大暴雨过程中1小时、3小时、6小时、12小时和24小时降水量均远超历史极值。另外，1月和12月出现低温冰冻过程，12月中旬经历有气象记录以来最强寒潮；12月下旬的持续雾霾天气为近5年最强。强对流、暴雨和台风天气造成一定程度的城市内涝、农田积涝，对农作物、房屋、城市绿化等造成一定的经济损失。6月17日入梅，7月11日出梅，梅雨期24天，梅雨量322.0毫米，与常年基本持平。年平均气温17.9℃，年极端最高气温38.9℃(7月12日)，极端最低气温−7.2℃(1月25日)。年降水量1436.3毫米，年雨日131天，年最大日降水量266.4毫米(7月17日)。年日照时数1733.7小时。

【主要气候事件】 受台风倒槽和副热带高压共同影响，2023年7月16日夜间，出现极端强降水过程，16日08时—17日08时，全县面雨量110.4毫米，罗星街道和大云镇出现特大暴雨。嘉善国家气象站284.5毫米，最大小时雨强135.3毫米。该次特大暴雨过程强度强，强降水持续时间长，主要强降水时段出现在16日20—23时。嘉善国家气象站1小时、3小时、6小时、12小时和24小时累计雨量均远超历史极值。春夏季强对流天气强度强、过程多，共出现7次明显强对流天气过程。其中，5月29日下午出现剧烈强对流天气，最大小时雨强惠民街道42.0毫米，4个镇(街道)有8～10级大风，最大罗星街道10级(27.4米/秒)，大云镇出现局地小冰雹。6月17日入梅，7月11日出梅，梅期24天，较常年略偏少，梅雨量322.0毫米与常年(307.3毫米)基本持平。梅汛期共有6次明显降雨过程。台风正面影响偏少，先后受4号"泰利"、5号"杜苏芮"和6号"卡努"外围环流影响。1月出现3次寒潮过程，平均气温过程降温15.5℃；面雨(雪)量32.9毫米，最大累积雨(雪)量39.0毫米(干窑镇)，无明显积雪。12月14—17日，出现剧烈降温、7～8级西北风和小雨夹雪天气。14日最高气温24.7℃，12月最高气温突破建站以来极值，强寒潮过程日平均气温降温16.3℃，最低气温－2.4℃(17日)，为有气象记录以来最强。12月21—26日，出现持续低温冰冻天气，日最低气温均在0℃以下，2023年12月低温冰冻持续日数为近10年来12月最长。（谢韶青）

表17　2023年嘉善县气象资料表

月份		一	二	三	四	五	六	七	八	九	十	十一	十二	全年
气温(℃)	2023	5.8	7.4	12.3	17.1	21.6	25.7	29.6	28.8	25.9	19.9	13.9	6.2	17.9
	常年	4.5	6.3	10.2	15.7	20.9	24.4	28.8	28.4	24.3	18.9	13.1	6.9	16.9
雨量(mm)	2023	40.4	77.3	63.5	29.2	179.6	302.5	434.7	127.6	110.5	11.5	32.1	27.4	1436.3
	常年	76.6	73.0	107.6	90.0	106.0	212.8	138.0	176.1	98.6	59.2	61.5	54.3	1253.7
雨日(天)	2023	7	14	10	8	13	14	19	16	12	5	6	7	131
	常年	11.7	11.2	13.6	12.4	12.2	15.1	11.6	12.8	10.2	7.8	10.1	9.1	137.8
日照(小时)	2023	173.2	93.5	149.1	149.2	145.8	105.9	131.1	178.9	127.6	156.1	182.5	140.8	1733.7
	常年	115.5	116.9	143.1	167.0	177.5	140.7	219.1	216.8	173.7	166.1	132.0	130.8	1899.2

注：按中国气象局规定，以上常年平均值为近30年(1991—2020年)平均值。

综　　述

2023 年，嘉善县自然资源规划管理工作聚焦“保发展、保资源、保项目、保民生”四大主要职责，示范区四大主要规划正式获批。“三高四铁”项目全部完成县级用地审查，市域铁路西塘线、枫南线获国务院用地批复。年内，成功创建浙江省“无违建县”，获评全市耕地保护考核优秀、全市林长制考核优秀、全市“三改一拆”“无违建”考核优秀，实现市级考核“大满贯”。完成地理测绘二大国家级试点，获得自然资源法治建设最佳实践等省级荣誉 9 项，参与省级以上经验交流 3 次，承办省级会议 2 场。

国土空间规划

【示范区规划建设】 示范区国土空间总体规划和先行启动区国土空间总体规划分别于 2 月、10 月获批，其中示范区国土空间总体规划为全国首个跨省域国土空间规划。承办《长三角生态绿色一体化发展示范区国土空间总体规划（2021－2035 年）》实施专题研讨会（浙江场），发布包含 6 个“共”的嘉善倡议：规划共绘，项目共谋，设施共建，生态共保，利益共享，机制共创。

【国土空间总体规划】 推进《嘉善县国土空间总体规划（2021－2035 年）》的修改完善和报批。年内，完成各方征求意见、专家及部门审查、公示、听证、规委会全体会议审查、人大常委会审议、嘉兴市级审查、省级部门征求意见等法定程序，并上报省自然资源厅完成第二轮审查。同时，推进中心城区、干窑、天凝和陶庄等 4 个乡镇级总体规划编制。

【专项规划】 编制完成《嘉善县“低散乱污”整治提升规划》《嘉善县共同富裕生活圈公共服务专项规划》等一系列专项规划，明确工业低效用地整治布局及引导举措，公共服务指标体系及配套设施建设标准。《嘉善县“低散乱污”整治提升规划》获 2023 年浙江省土地利用优秀成果一等奖。

【详细规划】 《水乡客厅国土空间详细规划》《祥符荡创新中心控制性详细规划》分别于 5 月、12 月正式获批，为水乡客厅、祥符荡创新中心开发建设提供法定依据，其中《水乡客厅国土空间详细规划》为全国首个跨省域的国土空间详细规划。坚持应编尽编，79 个有需求的村庄规划全面启动编制并完成评审，形成规划草案。

【规划管理】 完成全省首个县级国土空间规划建设管理技术规定，编制完成县域规划治理金名片行动方案，明确构建“规建管”全链条一体化治理体系等 4 项重点内容。全年，召开空规委审查会议 4 次，审议议题 23 个；召开建评委审查会议 7 次，评审项目 19 个。

土地开发利用

【概况】 坚持“项目为王”理念，做好“争”“垦”“盘”“供”四篇土地文章，为全县扩大有效投资提供坚实资源要素支撑。

【指标争取】 9 个项目被列入 2023 年须中央加大建设用地保

障力度的国家重大项目清单，获国家保障计划指标370公顷(5550亩)，创历史新高。争取跨省增减挂钩指标16.67公顷(250亩)，多渠道落实补充耕地指标372.07公顷(5581亩)。

【用地报批】 组建重大项目服务专班，全面推进重大项目申报工作。全年完成计划批次报批16个，总面积168.07公顷(2521亩)[其中新增建设用地面积111.4公顷(1671亩)]，计划指标执行率100%，全省第一。完成增减挂钩批次报批3个，面积11.87公顷(178亩)；完成跨省增减挂钩批次报批1个，面积7.8公顷(117亩)，保障兰钧二期、算力中心等重大项目落地；完成杭申线、西塘线、枫南线、通苏嘉甬等单独选址项目报批4个，涉及新增建设用地面积122.07公顷(1831亩)。

【土地供应】 完成国有建设用地供应383.73公顷(5756亩)，完成率102%，其中出让土地面积208.87公顷(3133亩)，占比54%，完成土地出让金69.26亿元，完成率112%。供应结构上，商服用地供应11.53公顷(173亩)，占比3.00%；商品住宅用地供应48.33公顷(725亩)，占比12.60%；拆迁安置房用地供应17.87公顷(268亩)，占比4.66%；公共管理与服务用地供应30.07公顷(451亩)，占比7.83%；交通运输用地供应131.73公顷(1976亩)，占比34.34%；水域及水利设施用地供应8.67公顷(130亩)，占比2.25%；工矿仓储用地供应135.53公顷(2033亩)，占比35.31%。

【盘活存量建设用地】 加大“五未土地”处置力度，全年完成2009—2022年批而未供土地处置84.6公顷(1269亩)，完成率114%；强化集约节约用地，加强存量用地盘活，完成盘活存量建设用地204.6公顷(3069亩)，完成率120%，占供地总量53%。工业用地平均容积率提高至2.03，土地利用效率大幅提升。完成低效用地再开发83.4公顷(1251亩)，完成率147%。

【建设用地批后监管】 全年发送各类提醒、履约通知书102份，合计收取各类违约金1015.86万元。全县前三年度(2020年至2022年)新供应建设项目474宗，面积1223.4公顷(18351亩)，其中合同约定开工数434宗，面积1131.67公顷(16975亩)，开工项目367宗，面积959.6公顷(14394亩)，其中正常开工396宗，面积1063.4公顷(15951亩)，按期开工率94%。加大闲置土地处置力度，批后监管系统闲置土地处置率96%，闲置土地1宗，为梦东方文化投资2016—39号地块，已纳入司法查封。

【工业用地市场化配置改革】 采取各种方式推进工业用地市场化配置改革工作。全年完成弹性出让年限项目20宗，面积26.53公顷(398亩)，占工业用地项目占比57%。工业用地“标准地”出让35宗，面积133.13公顷(1997亩)，工业用地“标准地”供应占比100%。

【土地规划融合审批改革】 严格落实“多审合一、多证合一”改革，全年完成规划选址与用地预审164个，推进用地规划许可和土地供应审批联办，实现建设用地规划许可零材料审批，当场办结。完成建设用地规划许可和划拨用地审批一件事联办78个。全面推进规划核实、建设用地复核验收、不动产实测绘审查多验合一，简化和缩短验收流程，完成多验合一项目188个。实施建设工程规划许可分类办理，将项目分成“告知承诺类”“白名单类”“审查许可类”三类。对一般工业项目等实行告知承诺制，对划拨类项目，可以凭建设项目用地预审与选址意见书或建设项目用地预审意见书核发建设工程规划许可证。完成建设工程规划许可179个，推进一般工业项目“拿地即开工”审批服务。开展“拿地即开工”审批服务专项培训，全年完成拿地即开工项目4个。

土地资源保护

【概况】 坚持以最严格的耕地保护制度，严守耕地保护红线，系统构建耕地保护全链条管控机制，守牢资源安全底线。

【田长制】 创新耕地保护补偿激励与巡查考核相挂钩机制，明确统筹耕地保护补偿资金总额的20%作为巡查绩效进行二次分配，调动巡查员的积极性。拓展巡查内容，主动将新增耕地后期管护等纳入巡查重点区域，实现耕地保护全链条管护。2023年，全县聘任村级“田长”“巡查员”376人，完成定期巡查任务18260

次，发放2022年度绩效考核分配资金1030.24万元。

【永久基本农田集中连片整治】 推进永久基本农田集中连片整治，2023年开展永久基本农田集中连片整治项目12个，整治后连片耕地超1333.33公顷（2万亩）。整治已形成连片耕地累计超2666.67公顷（4万亩），完成“百亩方”3个、“千亩方”14个、“万亩方”1个，2个项目获评省级优秀。

【耕地功能恢复】 连续2年出台耕地功能恢复相关实施意见，明确恢复标准和任务，实现耕地净增加，找回耕地1370公顷（20550亩）。全县耕地超2万公顷（30万亩）。

【土地综合整治】 实现项目整合、资金整合、队伍整合的“三整合模式”，实现土地整合整治“多田合一”。以高标准农田建成标准为要求，高质量实施垦造耕地、建设用地复垦、耕地功能恢复，优化粮食生产功能区。全年完成建设用地复垦127.93公顷（1919亩），完成率134%；完成垦造耕地20.13公顷（302亩），完成率178%。以“空间优化、土地盘活、生态修复、提升效益”为核心任务，谋划大云镇、惠民街道跨乡镇土地综合整治项目，工程范围总面积5866.67公顷（8.80万亩），总投资40.02亿元。

土地管理与执法

【概况】 2023年，嘉善县着力深化土地调查、地理测绘、不动产登记、土地执法等领域综合改革，提升自然资源管理效能。

【土地调查】 统筹开展自然资源调查监测和自然资源确权登记，推进国土调查日常变更调查实践研究试点任务，创新“一核智管，双向互融，多频共振”的日常调查工作模式，2023年先后在全省各类会议上作经验交流3次。挖掘耕地后备资源154.07公顷（2311.05亩），挖掘土地综合整治资源19.2公顷（288亩），挖掘林地补充资源15公顷（225亩）。做好2023年度变更工作，3606个图斑涉及面积1833.63公顷（27504.45亩）全部完成图斑更新及上报工作。深化“最多跑一次”改革，提高人民群众获得感和满意度。做好不动产统一登记与土地承包合同管理工作有序衔接，加速农村不动产登记工作。2023年，实现153210块宗地地块数据，53399条登记信息入库。

【地理测绘】 4月25日，国家新型基础测绘体系建设试点通过自然资源部验收，并完成全国唯一实景三维中国地理实体验证县级试点。12月，完成省地信智服测量标志管护子场景省级试点建设任务。先后获评2023地理信息产业优秀工程奖国家级奖项、浙江省城市地下市政基础设施普查工作突出集体等荣誉。组织开展测绘地理信息成果保密检查工作，涉及单位73家，领用批次121个，最终收回不再使用的涉密测绘地理信息成果41份。联合县委宣传部、县文体局等单位，全年开展双随机检查4次，随机抽查图书销售实体店28家，测绘资质单位3家，测绘项目14个。

【不动产登记】 全年办理不动产登记业务89429件，发放证书、证明89105份。在全市率先开展二手房“带押过户”线上线下“一件事一次办”新模式，获评全省自然资源法治建设最佳实践及第一批嘉善县营商环境优化提升“最佳实践案例”。加快处置不动产登记历史遗留问题，年内完成省库相关问题处置。不动产登记电子档案单套制管理入选嘉兴市不动产登记“微改革”第一批试点项目，并已基本完成试点项目建设工作。常态化开展住宅小区公共服务配套设施的不动产登记，完成房地产开发项目不动产首次登记39个，完成产权人产证“上门注销”服务79户，加快姚庄镇丁栅河西街有机更新项目进程。再次获评“浙江省不动产登记窗口便民利民服务成绩突出集体”，是全市唯一一家2次获得该项荣誉的窗口。

【土地执法】 从严从实做好土地卫片核查整改，全年完成5批次共576个卫片图斑核查。完成例行督察问题整改核销，持续关注已完成整改地块，实现历史例行督察反馈问题全部清零，2023年度督察反馈问题整改处置率全市排名第二。持续推进“大棚房”问题回头看，实地清查整治104宗405个问题点位。推进违法占用耕地“零新增”攻坚行动。2023年全县纳入“零新增”清单问题11宗全部整改完成，实现“零发生”。

【三改一拆】 全年完成“三改”68

万平方米、“拆违”83万平方米，成功创建“无违建县（市、区）”。西塘镇成功创建“治违控违示范乡镇（街道）”。全年销号浙江省违法建筑应用场景内违建点位162个，销号嘉兴市“三改一拆”督查监管系统内疑似违建图斑670个。开展“精准拆违”专项工作，完成整改点位66个；开展涉安违建再排查再整治工作，累计检查房屋（场所）423处，整改问题隐患69个；开展“打非治违”专项整治行动，累计排摸点位789个，整改违法建筑点位72个；开展全县涉安违建“百日攻坚”行动，整改涉安点位49个。

【征迁安置】 推进农房集聚，完成新增集聚农户1626户；公寓房开工面积64.57万平方米；竣工面积128万平方米。开展农村回迁安置问题专项治理，安置3～5年拆迁户141户，安置3～5年搬迁户291户。完成集体土地成片开发方案2个，涉及面积1242.38公顷（18635.7亩）。践行“阳光征迁”，启动土地征收项目148个，涉及面积825公顷（12375亩）；完成四项补偿结算项目69个，涉及资金9.67亿元；完成人员安置538人，拨付资金1.06亿元。先后出台《嘉善县人民政府办公室关于印发小高层、高层公寓房层次差价率补充标准及带电梯多层公寓房层次差价率标准的通知》《嘉善县人民政府关于公布嘉善县征地区片综合地价的通知》等政策。

【信访维稳】 全年受理群众信访件241件，办结率100%。部、省、市转办信访件86件，办结率100%。部级、省级下发信访积案10件，已全部报结。加强行政应诉应复工作，实施性化解行政诉讼案件3宗、行政复议案件2宗。严格规范性文件管理，全年开展规范性文件清理63份、合法性审查5份。依法依规办理政府信息依申请公开97件，无一引起行政复议或行政诉讼案件发生。

林业生产与管理

【概况】 2023年，嘉善县聚焦国土美化绿化、森林质量提升和“一村万树”示范村创建，切实加强森林资源管理、林业有害生物防控和野生动物保护。

【林长制】 7月25日，嘉兴市委常委、嘉善县委书记、县总林长江海洋主持召开嘉善县级总林长会议，听取全县林长制、野生动物保护工作开展情况。会议审议通过《禁猎公告》等文件，具体部署加强陆生野生动物保护工作。全年开展县级林长巡林督查5次。

【林地征占用审批】 全年上报审批项目54个，使用林地面积36.8公顷（552亩），其中省级重点项目7个。

【千万亩森林质量提升工程】 抓好千万亩森林质量提升工程，完成304.33公顷（4565亩），完成率120%，主要涉及红旗塘和太浦河部分的湿地保护工程以及涉及姚庄、天凝、干窑、西塘等4个乡镇控制区范围内和长白荡部分的河流生态廊道养护。

【种质资源普查和古树名木普查】 组织开展林草种质资源普查与收集工作，进一步摸清全县范围内重要林草种质资源的种类、数量、分布、状态、性状等家底。启动新一轮全县古树名木及后备古树（农村部分）普查工作，全面摸清全县古树及后备古树（农村部分）资源情况，补充更新和完善古树名木及后备古树资源库。至年底，县内古树名木及后备古树（农村部分）普查完成外业测量、访谈和古树所搜集资料的整理工作，补充古树7棵、后备古树6棵。

【野生动物保护监管】 实施全域禁猎。发布禁猎通告，全域全年禁止猎捕陆生野生动物。构建数字巡查，精心织密“人防＋技防”两张网，设置巡查地图。全市首家命名长白荡、蒋家漾（原桃花漾部分）两个一般湿地，为鸟类等野生动物提供有效栖息地。开展多元普法。利用“湿地日”“爱鸟周”等时机，组织普法教育进学校、进社区、进商场。构建长三角一体化协作，实现三地网络共建、数据共通、资源共享。做好美国白蛾防控工作，构建美国白蛾监测防控网。全年出动巡护人员23148人次，诱捕量较上年同期大幅下降。

（庄小娟）

水　利

综　述

2023年,嘉善县水利工作重点推动创新深化、改革攻坚、开放提升和“三个一号工程”,落实扩大有效投资“千项万亿”工程重大决策部署。年内,获评全省农业水价综合改革工作绩效评价优秀县、全省幸福河湖建设试点优秀单位、全省河湖长制工作成绩突出集体等荣誉。嘉善县姚庄镇横港村农民用水合作社成为全国农民用水合作示范组织,嘉善县水利陈列馆加入全国水利博物馆联盟,嘉善县太浦河长白荡饮用水水源地连续4年获浙江省县级以上集中式饮用水水源地安全保障达标评估优秀。嘉善被列入省水利厅用水权和激励性水价改革试点县,泗洲小学节水案例入选省级“节水行动十佳实践案例”,祥符荡入选太湖流域片幸福河湖建设典型案例集,嘉善伍子塘、汾湖等入选浙江省首批重要水利工程遗产资源名录,全县10项工程(主体)获评全省农业水价综合改革“五个一百”优秀典型案例。嘉善县城镇防洪排涝工程(绿谷片防洪排涝口门控制工程)一期等3个项目入选2023年度浙江省水利文明标化工地,嘉兴中心河拓浚及河湖连通工程勇夺全省“红旗奖”,伍子塘流域综合整治工程入选全省第三批水工程与文化有机融合典型案例。其中,《嘉兴中心河拓浚及河湖连通工程勇夺全省“红旗”》《嘉善县统筹推进水系优化　打造全域秀美江南水乡》《嘉兴市水利工程建设获国家重大区域发展战略建设专项资金1.8亿元》等3篇专题信息获市领导批示,10篇报道获新华社、《浙江日报》、浙江之声等一线媒体采访报道。

(陆嫦虹)

水利工程

【概况】 2023年,嘉善县水利重点工程集中在嘉兴市北部湖荡整治及河湖连通工程(嘉善片)、嘉兴中心河拓浚及河湖连通工程(一期)、城镇防洪排涝工程(绿谷片防洪排涝口门控制工程)一期、长三角生态绿色一体化发展示范区生态水网工程等4个省“千项万亿”项目,全年完成投资6.73亿元,全部按时序进度完成建设任务。

【嘉兴中心河拓浚及河湖连通工程(一期)】 嘉兴中心河拓浚及河湖连通工程(一期)批复投资35347万元,是浙江省重点建设项目,位于嘉善县罗星街道、大云镇。嘉兴市中心河位于嘉善县南部,属杭嘉湖东部平原区,是主要东排行洪通道,全程长度28.15千米,其中嘉善县境内18.822千米。该工程于2022年9月28日开工,工期24个月。

【绿谷片防洪排涝口门控制工程一期】 城镇防洪排涝工程(绿谷片防洪排涝口门控制工程)一期批复投资37221万元,建设地点为嘉善县西塘镇、姚庄镇。该工程于2022年11月5日开工,工期36个月。

【嘉兴市北部湖荡整治及河湖连通工程(嘉善片)】 嘉兴市北部湖荡整治及河湖连通工程(嘉善片)批复投资10.38亿元,涉及西塘、姚庄、陶庄、天凝等4个镇和魏塘、惠民等2个街道。该工程于2018年12月16日开工，工期54个月。

【嘉善县伍子塘流域综合整治工程】 嘉善县伍子塘流域综合整治工程批复投资18108.58万元，涉及罗星街道、魏塘街道、惠民街道、干窑镇、西塘镇等。该工程于2022年11月5日开工，工期为36个月。 （胡梦悦）

【王凝圩区汾湖、湖滨泵站】 2023年完成汾湖、湖滨泵站双电源改造工程，总投资134.6万元，切实提升两座泵站排涝的基础保障。2023年，汾湖泵站获评全市首批通过市级水利标准化管理评价的精品工程。

【圩区工程】 2023年，城北圩区一期（魏塘圩区）、虹枫圩区一期（枫南圩区）圩区整治工程等完成投资5175万元，完成整治面积1.2万亩。其中：城北圩区一期（魏塘圩区）完成整治面积1.03万亩、完成投资3975万元，虹枫圩区一期（枫南圩区）完成整治面积0.17万亩、完成投资1200万元。

【水利科技项目】 开展“高强度塑钢组合板桩及生态护岸技术应用”和“圩（灌）区自动化运行系统技术应用”等2项水利新技术推广应用。 （朱雪涛）

水旱灾害防御

【概况】 2023年，嘉善县围绕水情监测预警、重要水工程调度和防汛抢险技术支撑三大职能，抓好水旱灾害防御各项工作。全年汛期嘉善站超警戒以上天数44天，超保证以上天数5天，嘉善站最高水位3.72米。没有出现对嘉善产生直接较大影响的台风，启动水旱灾害防御（防台）Ⅳ级响应2次，整个汛期水旱灾害防御形势较为平稳，区域内各水利工程未出现险情，实现安全度汛。至年底，全县有水利防汛专家31名。全县防汛物资储备中心库库存物资价值约112万元，主要包括各种袋类1.5万余条、各类水泵电机134台套、汽（柴）油发电机组6套等。

【落实防汛安全责任】 开展汛前自查工作，下发《嘉善县水利局关于开展2023年度水旱灾害防御汛前大检查的通知》。全年出动1931人次，检查各类水利工程1518处，发现防汛安全隐患17处，二级圩区90处隐患和无人机巡查发现212处隐患，并于主汛期前全部完成整改或落实安全措施。修订完善县级《水旱灾害防御应急工作预案》，镇村两级全部建立具有实操性的工作预案，实现全覆盖。全县圩区堤防、闸站等水利工程全面编制安全应急预案，落实防汛安全责任。全年下发工程调度指令单4份，确保水利工程安全科学运行。5月6日，在北祥符荡城镇防洪排涝工程现场组织开展2023年度嘉善县水旱灾害应急抢险演练活动。

【加强汛期值班值守】 4月15日入汛后，防御中心严格执行汛期24小时值班制度。全年发布水情动态4次、预报次数3次、预警次数7次。（谢利华　项宇华）

水环境治理

【概况】 2023年，嘉善县围绕“节水优先、空间均衡、系统治理、两手发力”的新时代治水方针，推进全域幸福河湖建设，为新时代美丽嘉善建设提供坚实的河湖基础支撑和生态环境保障。

【“幸福河湖”建设】 按照“一谷两链，六廊五片”定位要求，推进全域幸福河湖建设。幸福河湖获全省重点水利工作推进专项典型；完成1条省级美丽河湖（汾湖）、3条市级美丽河湖（章典史港、界泾港、新桥港）、1个水美乡镇建设任务。

【河道长效保洁】 推进河湖长效保洁。全年组织四至六级航道保洁专项检查60余次，投入保洁人力3000余人次，投入船舶800多艘次，打捞各类垃圾和水生植物7万余吨。做好水葫芦防控工作，太湖流域管理局、上海市河长制办公室、吴江区河长制办公室等发感谢信，对嘉善县人民政府、嘉善县水利局为保障第六届中国国际进口博览会期间上海市河道水环境质量所做的努力表示感谢。

【河湖“清四乱”】 2023年，水利部、省水利厅共下发四乱问题255个，均已完成销号；自查自纠发现“清四乱”问题600余处，全部整改到位。开展河湖监管数字化工作，开展嘉善县水域动态遥感监测，对全县河湖进行动态体检，对非法占用水域现象即查即改。

【水域保护】 开展嘉善县2023年度水域遥感变化监测和河湖四乱第三方调查。2023年省水利厅下发嘉善县水域遥感变化图斑60处，全部完成复核工作，涉及的违法图斑全部整改，全年指导镇（街道）恢复被占用河道10处，恢复水域面积0.9万平方米；指导镇（街道）开展水域占补平衡5处。全年新增水域面积2867平方米。 （陶楷文）

【水土保持服务与管理】 2023年水土保持工作全面实施营商大提优，强化水土保持行政审批服务，全年办理水土保持方案审批63件，涉及应缴水土保持补偿费71.98万元，优惠减免水保项目18个，补偿费7.83万元。强化水土保持遥感图斑整改，完成上级水土保持图斑现场复核及限期整改工作。全年完成4批次水土保持遥感监管图斑复核、整改和销号，涉及图斑89个（其中水利部图斑50个、省级图斑39个）。 （许　超）

水利管理

【概况】 2023年，嘉善县实行最严格水资源管理制度，贯彻落实国家节水行动实施方案，聚焦生态绿色，强化水资源刚性约束，实施水资源消耗总量和强度双控行动，推进水资源管理工作。

【水资源管理】 实现自备水企业在线监测全覆盖，水资源费在线征缴路径全线贯通，全年完成取水许可审批26件，其中新办4件，取水企业延续换证申请20件，变更申请2件。全年注销取水许可证15本，累计核减水量34.87万立方米。至12月底，全县自备水源取水户92个，取水许可证92本，许可取水量2143.5万立方米，公共供水企业取水许可证3本，许可量23574万立方米，农田灌溉用水取水许可证104本，许可量14378万立方米。全年依法按时征收水资源费2257.23万元，全部做到就地缴库。 （姚文婷）

【水利工程运行管理】 落实水利工程安全运行管理责任，深化水利工程标准化管理，全年完成30项水利工程复核评价和4项水利工程创建。开展水利工程安全体检，完成114项小型水利工程安全技术认定工作、1项水利工程报废审批，完成水利工程白蚁应急整治和普查等工作。推进水利工程“管养分离”物业化养护新模式，保障水利工程安全运行并长久发挥效益。汾湖泵站、姚庄圩区、虹桥圩区等3处水利工程入选嘉兴市第一批市级水利工程标准化管理精品工程，姚庄圩区入选农村水利省级标准化管理工程，嘉善县太浦河堤防（陶庄）汾湖穿堤入选全省水利工程开放共享试点工程。 （杨佳军）

【农业水价综合改革】 持续推进农业水价综合改革，连续五年被省水利厅、发展和改革委员会、财政厅、农业农村厅四部门评定为全省农业水价综合改革绩效评价优秀县。嘉善县在全省农业水价综合改革培训会上，作典型经验交流发言。

【灌溉设施更新改造】 更新改造灌溉设施连续第二年成为嘉善唯一被列入省政府民生实事的水利项目，2023年提前完成省政府民生实事更新改造灌溉泵站机埠29座、完成率126%，完成农田水利灌溉工程更新升级泵站机埠76座、完成率110%。 （朱雪涛）

【太浦河（浙江段）工程】 2023年，陶庄、大舜、丁栅等枢纽候潮控运累计运行42天，其中陶庄枢纽运行14天、大舜枢纽运行14天、丁栅枢纽运行14天；沿线节制闸控制运行79天。4月，水利部组织开展2023年太湖流域防洪调度演练，模拟险情点放在太浦河包堤段常嘉高速桥下出险约50米，县太浦河红旗塘管理所编制参与太浦河险情应急处置演练方案并模拟抢险工作。6月15日，县太浦河红旗塘管理所联合陶庄镇水利站、镇综合行政执法队对湖滨泵站周边河道开展地笼清理专项执法整治行动，出动人员33人，船只1艘，打捞非法设置的大小地笼123条。年内，太浦河（浙江段）工程的5项水利工程均通过市级水利工程标准化复核。

【红旗塘（嘉善段）工程】 配合做好嘉善大道跨红旗塘特大桥河道管理范围内建设方案、嘉善县兴善公路（晋阳西路—浙苏省界段）跨红旗塘特大桥河道管理范围内建设方案、沪杭高速公路嘉善联络线（亭枫高速公路北延）跨红旗塘特大桥河道管理范围内建设方案、西塘污水厂至洪溪污水厂污水连接管工程下穿红旗塘河道管理范围内建设方案的审查工作。2023年，嘉善县长三角（嘉善）生

态绿色风情旅游线(省级绿道2号线嘉善段)获评第四届嘉兴市最美生态绿道。　　(陈恋峰)

【质量监督】 2023年共有报监的水利在建项目8个,在建标段涉及总投资10.4183亿元,招投标方面共受理县平台项目4个,累计中标合同价约为0.865亿元。全年累计进行施工现场质量监督巡查工作21次,发现各类问题105个,制发检查意见书24份,开展监督检测65组次。参与各类工程验收并出具工程质量核定(备)报告21份。健全落实水利安全生产风险管控“六项机制”,推进水利安全生产风险专项整治,实现全年水利工程质量零事故、工程安全零伤亡。加强水利工程危险源管控及隐患排查整改,新增辨识危险源49个,管控率100%。推进安全生产隐患大排查大整治、“护航亚运”等安全生产检查,累计出动检查150余人次,检查单位数49家次,发现隐患数152个,均已完成整改。工程招标实现零投诉,完成县平台6个标段约0.865亿元项目招标文件备案及现场监督工作,实现项目招投标零投诉。水利工程实现零欠薪。　　(刘申宇)

【水行政综合执法】 会同县综合执法局开展以非法占用水域、非法取水和损坏水利设施为重点的专项执法活动,查获涉嫌违法行为2件,移交县综合行政执法局2件。组织开展河湖安全保护专项执法行动,依法打击侵占河湖、妨碍行洪安全等领域的违法行为,累计出动执法人员715人次,巡查河湖长约1090公里,查获违法行为10件。浙江省权力事项库(监管库)行政检查监管事项总数48项,认领率100%,均编制检查实施清单并完成检查覆盖。会同青浦、吴江区水行政执法队伍,开展省际边界河湖专项督查活动。全年办理河道管理范围内工程建设方案审批15件,合计占用水域面积31510平方米,补偿水域面积50032平方米。

(俞燕飞)

【水源地保护】 做好水源地日常管护。编制印发《嘉善县太浦河长白荡饮用水水源保护区2023年度工作计划》,全年召开月度例会与工作会议8次,开展水源地联合巡查4次,开展水源保护相关应急演练4次。制订《2023年度嘉善县太浦河长白荡饮用水水源保护区非法捕捞整治专项行动实施方案》《2023年度饮用水水源地生态保护工作目标责任制考核办法》等,推动水源地生态环境保护。深化保护区数字化监管力量,依托“示范区跨界水体联合治理”的场景建设,强化青吴嘉三地数据共享,完善水源共护机制。积极协调平湖市太浦河取水口调整,开展跨区应急调水演练,定期调试黄浦江上游反向供水,加强应急供水跨界联动,完善饮用水互备互用机制。　　(朱敏佳)

【水利数字化】 加快水利数字化平台建设。县水利局全面加快嘉善县河湖管护平台、示范区跨界水体联合治理场景等建设,示范区跨界水体联合治理场景数字化平台纳入太湖淀山湖湖长协作机制2023年工作方案,全年完成5000米管线铺设及感知设施设备布设,并联通设备与后台算法模型。加快水利感知体系建设,共计建设县内主干河道关键节点9个水位站点。《嘉善县创新“三链一体”行政执法跨域协同 优化示范区法治化营商环境》刊登在市级专报《弄潮儿》上并被评为嘉兴市营商环境优化提升“一号改革工程”一季度创新案例。

【水利招商】 成立县水利局招商引资工作领导小组,选派办公室主任驻点松江,全年对接客商116批次,获取有效信息91条,邀请客商到嘉善考察28批次,签订框架协议2个,落地项目3个。

(陆嫦虹)

环境保护

综　　述

2023年，嘉善县打好污染防治攻坚战，推动全县生态文明建设事业和环境保护工作高质量发展。首夺“大禹鼎”银鼎，获评全省三星级“无废城市”，被授予“清源杯”，入选省级减污降碳协同创新城市试点建设名单，嘉善经济技术开发区成功入选第四批省级减污降碳协同创新园区。嘉善生态环境分局获全省“五水共治”先进集体，平原河网水生态保护修复机制、跨界水体联防联治机制入选浙江省嘉善县域高质量发展示范点建设经验清单。

2023年嘉善县17个县控及以上地表水监测断面水质全部达到或优于Ⅲ类，其中Ⅱ类水质断面6个，占比35.29%；交接断面考核结果优秀。饮用水水源地水质保持Ⅱ类，达标率100%。空气质量优良率88.2%，同比改善2.4%；$PM_{2.5}$平均浓度28$\mu g/m^3$；空气质量综合指数3.47，为新标准执行以来最高水平。

持续开展环保设施安全排查整治，发现的环境安全隐患点全部落实闭环整改；环境信访数保持持续下降势头，未发生重大环境安全事件和涉环群体性事件。全县辐射安全零事故。2023年嘉善县生态环境公众满意度得分87.73分。

生态保护

【概况】 嘉善县锚定“人与自然和谐共生”的目标要求，保持生态文明建设的战略定力，推进各项工作。

【生态文明实践体验地】 6月5日，在“六·五”世界环境日宣传主题活动中，正式对外发布水生态修复和生物多样性保护示范带、减污降碳协同创新示范带、绿色共富示范带三条体验线路。推进生态环境损害赔偿提质扩面，多元化实践生态环境损害赔偿制度改革，累计启动生态环境损害赔偿案件15件，办结15件，赔偿总金额137.94万元。成功办理全县首例大气领域生态环境损害赔偿磋商案，入选浙江省第三批生态环境损害赔偿十大典型案例。

【“两山”基地创建】 全面启动国家级“绿水青山就是金山银山”实践创新基地创建，推进各项创建工作。在嘉兴市发布的“两山”转化综合评估指数中，嘉善县总指数90.19分，排名全市第一，《“党建红、生态绿、产业蓝、文旅金”四色赋能解锁缪家村两山转化密码》入选市首届“绿水青山就是金山银山”实践创新基地建设擂台赛最佳“两山”转化案例名单。

【主体功能区和生态红线区域保护】 严格落实负面清单管控，规划形成“三区四廊多节点”生物多样性保护格局，打造以祥符荡为中心，以太浦河、红旗塘、中心河生态廊道为横轴，以伍子塘—陆斜塘—三里塘、芦墟塘—石井塘等为纵轴的“一心、三廊、五纵”的生态空间格局。推进全省水生态修复试点县建设，在全市率先建立水生生物多样性保护工作机制，坚持物种保护与栖息地优化两手并抓。

【碳达峰碳中和】 会同青浦、吴江编制出台《长三角生态绿色一体化发展示范区碳达峰实施方案》，成为全国首个跨省一体协同落实“双碳”战略的制度文件。编制形成《关于完整准确全面贯彻新发展理念做好碳达峰碳中和工作的实施意见》，完善“双碳”政策体系。建成“竹小汇”零碳聚落，集成风能、地热、太阳能等低(零)碳技术，受到《人民日报》头版点赞。与生态环境部土壤中心签约共建长三角“双碳”创新中心实验基地，开展农业农村减排固碳技术研究，推动农业生产绿色转型。促成雪花啤酒(嘉善)有限公司与嘉善大地污水处理工程有限公司废水协商排放，该项目是全省首个落地的酒类行业生产废水资源化利用项目。

环境监察与监测

【概况】 坚持主动出击，强化与公检法部门联动，开展各类执法行动。2023年，全县累计出动执法人员10572人次，现场检查4228厂次，开展非现场检查5045厂次，立案查处环境违法案件184起，处罚金额1347.5万元；查封扣押案件1起、移送公安案件11件。同时，继续落实助企纾困，全年下达不予处罚决定28起，免罚金额232.07万元。至年底，监测站获取手工分析监测数据19070个、出具监测报告485份。完成执法监测70厂次、重点源执法监测62厂次、调查监测176厂次、应急监测3厂次、联合监测5次，累计外业采样413次(含环境质量监测采样)，出动采样1550人次，出具现场数据10112项。审核上报各类报表125份。同时，做好地下水、农村环境质量监测、农村生活污水处理设施监督性监测及上报工作。

【执法监管】 部署开展“绿剑2023”专项执法行动，全年出动执法人员9378人次，作出处罚决定152件，移送公安机关涉嫌刑事犯罪案件6件。加强非现场执法手段运用，加强污染源自动监控设施管理，借助无人机等现代科技设备，开展非现场检查巡查5687家次，发现问题立即落实整改。

【整治环保设施安全】 印发实施《嘉善县环保设施安全“大宣传、大演练、大整治”实施方案》《关于加强环保设备设施领域安全监管的通知》等，对工贸企业环保设施运行情况、污染物达标排放情况、固体废物处置特别是废弃危化品的规范化管理情况开展大排查。累计开展环保设施安全隐患专项排查整治行动7轮，检查企业1603家次，排查发现隐患问题280个，全部落实闭环整改。加强辐射监管，全年检查核技术利用重点监管单位40家，发现安全隐患15个，全部落实立整立改。组织开展辐射事故应急预案“互学助评”活动，实现辐射工作单位应急预案可操作性100%。

【环境风险防控】 推进嘉善县化工集聚区多级防控工程建设，督促各镇(街道)根据辖区产业特色、风险物资种类等实际情况按需配置镇级环境应急物资，全面强化环境污染应急库建设，实现环境污染应急库全覆盖。4月20日，嘉兴、青浦、苏州三地在嘉善县汾湖水上运动中心联合组织开展“2023年度长三角一体化水上突发事件应急演练”，采取视频演练和实战演练相结合的方式提升协同应急水平。亚运会期间，开展“护航亚运”水源地蓝藻处置暨跨区域应急管网供水联合演练，确保饮用水水源安全。

【生态环境突出问题整治】 2021年省督反馈“雪菜加工企业整治工作不到位”问题于2023年5月底完成整改销号。在2023年省委生态环境保护例行督察和下沉督察期间交办的7.5件信访件(其中1件是和秀洲共同办理件)全部按时办结反馈。9月6日，召开全县突出生态环境问题大排查大整治大提升“六大行动”部署推进会，就废旧金属回收、植绒印染、纽扣、码头、废旧商品回收、建筑垃圾和垃圾填埋场等6个方面的整治重点形成生态环境风险管控和排查治理长效常态机制。

【创建水生态监测网络】 创新建立空天地人立体式暨县镇村三级水生态监测网络，全县建成各类水质自动监测站(含小微水站)75座，每月1次固定人工监测点位800余个，同时对农村小微水体实现每季度1次监测全覆盖。利用卫星遥感技术，对全县所有湖泊及15米宽以上河道开展水质反演和河湖岸线问题排查，嘉善全域Ⅲ类水占比94.05%。

【加强饮用水源地生态保护】 在全省率先建成异味化合物在线自动监测站(太浦河钟葫站)，加强水源地周边有毒有害物质全过程监管。落实生态补偿机制，开展长白荡水质提升项目可行性研究论证，完成太浦河(长白荡)饮用水水源保护区电子围栏建设和勘界定标工作。加强长白荡、太浦河上游蓝藻监测、预警、分析，开展隐患排查和处置，保障饮用水源安全。

【噪声监测评价】 2023 年，全县布设 103 个点位开展区域噪声监测，全县昼间区域声环境质量平均值为 53.4 分贝，总体水平达到二级，声环境质量为“较好”；夜间区域声环境质量平均值为 47.7 分贝，总体水平达到三级，声环境质量为“一般”。道路交通噪声环境布设 42 个测点，覆盖 20 条道路，监测路段长度 87.4 公里；道路交通昼间平均等效声级为 66.1 分贝，总体水平达到一级，声环境质量为“好”。道路交通夜间平均等效声级为 60.9 分贝，总体水平达到三级，声环境质量为“一般”。

环境管理

【概况】 2023 年，嘉善生态环境分局做好环保服务，强化环境管理，严把建设项目审批关，加大突发环境事件应急管理，发挥自动监管作用，切实保障环境安全。全年污染源自动监控系统发送报警信息 2324 条，均及时向上级部门上报在线运行情况联系单，对发现问题及时提出整改意见和上报情况，上报反馈联系单 361 份。

【减污降碳】 成立工作专班，开展省级减污降碳协同创新试点城市创建，探索构建“减污降碳账簿”，以新旧产业协同发展、环境治理协同优化、能源交通农业等多领域协同共进的方式推动全社会减污降碳，入选省级减污降碳协同创新城市试点建设名单。开展减污降碳探索创新，促成雪花啤酒（嘉善）有限公司与嘉善大地污水处理工程有限公司废水浓度协商排放，是全省首个落地的酒类行业生产废水资源化利用项目，诚达药业股份有限公司减污降碳等 5 个项目入选全省标杆项目名单。与生态环境部土壤中心签约共建长三角“双碳”创新中心实验基地。8 月 25 日，长三角双碳创新中心在姚庄镇举办课题启动暨试验田揭牌仪式，节水抗旱稻甲烷减排试验田、农田温室气体监测技术装备测试基地和健康土壤研究试验田等揭牌。

【低零碳试点】 完成第一批省级低碳镇西塘镇和省级低碳村荷池村、银水庙村赛马亮绩试点评估验收报告编制，天凝镇和大通村等 9 个镇（村）入选第三批省级低碳镇、低碳村。祥符荡“竹小汇”双碳聚落通过风能、地热能、太阳能、生物质能、氢能等多能互补，做法在《人民日报》刊登。

【全省水生态修复试点县建设和“碧水绕善”工作】 新建“碧水绕镇”1 个、“碧水绕村”20 个，长度 57.6 公里，总投资约 1.3 亿元。建设生态缓冲带 5.62 公里，远超上级下达的 2.9 公里的任务数。6 月，东部区域水生态修复三期项目建成，配建人工湿地 6.34 公顷，用以巩固提升国控断面枫南大桥水质，形成协调的流域生态格局，全面改善嘉善县东部惠民片区的生态环境。长秀村水生态修复工程基本完成。开展水生态修复体验地建设，会同南京农业大学开展水环境指示物种指标研究，发布长三角生态绿色一体化示范区首个河流指示生物评价体系。开展重要河湖水生态健康评价，在红旗塘流域首次探索跨界、跨部门协同开展调查。

【污水零直排】 制订《嘉善县工业园区“污水零直排”“三提一创”行动暨“污水零直排”领跑企业创建实施方案》，实施“污水零直排”标杆园区暨“碧水绕园”建设三年行动计划，姚庄镇工业园区成功建设全省首批星级工业园区“污水零直排区”，天凝工业园区和大云工业园区等被列入全省第二批星级培育名单，陶庄、西塘、开发区（惠民）等通过建设方案评审。继续开展工业企业污水零直排“回头看”专项督查，启动嘉善县“污水零直排”领跑企业创建工作。推进流域干流及重要支流水（水体）排污口排查溯源整治工作，累计排查重点河流 90.31 公里、入河排污口 1283 个。

【涉水基础设施建设】 围绕新建设施、有机更新、强化监管、长效运维、数字赋能等 5 大类和 23 项工作，定期调度、定期督查、定期会商、定期推进，夯实水质巩固提升基础。

【区域合作治水】 全面实施重要跨界水体“联合巡河、联合监测、联合执法、联合保洁、联合治理”的“五联机制”，策划并联合举办长三角水生态环境保护区域合作主题活动。6 月 29 日，示范区执委会、沪苏浙省市县生态环境部门等在嘉善共同签署《党建红引领生态绿 碧水清润泽示范区——

打造长三角水生态环境保护区域合作新样板力行书》,发布“啄木鸟”行动方案,开启区域联保共治“升级版”。

【蓝天保卫战实施计划】 制订《嘉善县2023年深入打好蓝天保卫战实施计划》,细化分解工作任务、压实部门责任。用好县生态文明办、生态工作主体例会等平台,落实跟踪督办。

【年度重点治气任务】 建立亚运保障治气“一本账”,对源头替代、低效改造、挥发性有机物治理突出问题整改等工作进行“清单式”管理。年内,实施源头替代任务15家,落实低效设施改造任务40家,开展企业AB提级任务19家,完成率均为100%。淘汰柴油叉车330辆,替换新能源叉车17辆,完成上级任务要求。全覆盖推进活性炭提升,完成新增活性炭约96.4吨/年,每年可减少挥发性有机物排放量约17.4吨。

【大气污染整治】 全年累计开展建筑工地及道路扬尘专项督查198次,督查点位784个,发现问题253处,交办问题回复率100%。针对2023年臭氧污染明显高于上年的形势,发布应急管控举措,新增禁止露天刷漆、铺沥青、划标识线、绿化喷洒农药、装卸油、非道作业等6项管控措施,臭氧超标天数同比减少10天。在重点时段加大政企协商排放、大气热点网格、高值点位核查等工作力度,全年空气质量较上年同期有较大幅度改善。

【提升土壤固废管理水平】 制定下发危废规范化评估工作方案,持续提升危废产生重点企业规范化管理水平,1家企业被命名为“平安危险废物经营单位”示范载体,2家企业被命名为“平安危险废物经营单位”。开展危废利用处置安全专项整治行动,及时有效消除危废环境隐患,危废环境安全零事故。完成33个地块土壤污染状况调查评审工作,优先监管地块闭环管控年度任务完成率114%,重点建设用地安全利用率保持100%。地下水国考点位(杨庙监测井)水质类别稳定在Ⅲ类;嘉善经济技术开发区化工集聚区地下水污染详查完成报告评审。

【“无废城市”建设】 开展“无废工厂”“无废工业园”“无废机关”等专题建设工作培训,累计建成19类22个市级“无废细胞”、9个市级“精品细胞”、3个省级“百优细胞”。组织“8·15全国生态日无废城市知识有奖竞答”“嘉善县第一节无废城市手抄报作品大赛”等活动,《创新“数字智慧+大综合一体化”执法新模式 推进长三角跨区域渣土管理迈上新台阶》实践案例入选2023年度全省全域“无废城市”建设最佳实践案例,在国家级和省级媒体上累计宣传“无废城市”48次。全省首创“无废商业街区”,鼓励广大商家和市民群众积极参与节能减碳、垃圾分类、减塑限塑、资源回收等。8月,浙江省公布通过2022年度全域“无废城市”建设评估名单,嘉善县达到三星级标准,被授予清源杯。

【噪声治理】 将噪声领域作为漠视侵害群众利益问题专项治理重点,保障群众投诉举报件及时处置到位。公安、综合行政执法、生态环境、文体、市场监管等部门联合开展噪声污染专项整治行动,对噪声扰民严重的大型超市、商场等以约谈方式开展劝导教育并督促整改。对全县娱乐场所开展噪声检查,并加强节假日、夜间等特殊时段检查。对制造社会生活噪声的麻将馆、棋牌室、夜排档、酒吧、广场舞、户外主播聚集地等重点区域加强巡查、劝导,及时依法处理群众投诉,整治噪声污染,保障公众健康。 (熊 姝)

街道、镇

魏塘街道

【概况】 2023年，魏塘街道区域面积57平方千米，其中耕地面积2303.07公顷（34546亩），下辖11个城市社区、16个村。至年底，有域内常住人口195461人，其中户籍人口85052人。

【经济发展】 全年街道地区生产总值154.5亿元，增速3.5%以上。其中，农业总产值4.07亿元，农业增加值2.67亿元；完成规上工业产值90.5亿元，规上工业增加值18.34亿元；完成固定资产投资87.37亿元，增长30.5%，其中工业投资增长61.0%，建安投资增长20.1%，服务业投资增长20.4%；全年实到外资1.32亿美元，同比增长212.4%，位列全县第一；财政总收入9.04亿元。

【招商引资】 以"延链、补链、强链"目标开展产业链精准招商，全年签约引进合盛超容锂电、商米科技等优质产业项目16个，计划总投资超223.2亿元，其中投资超亿美元项目3个，超百亿项目1个，产值超百亿项目5个，世界500强项目2个。合量科技、恒颢光电等19个项目全面启动建设，四方光电、恒为科技等10余个项目竣工交付。光电子领域龙头项目剑桥科技实现年内签约、年内开工。

【平台建设】 中新产业园定制厂房一期、二期，蓝领公寓如期完工，中新公寓房一期基本完工，园区强弱电设施实现配套保障。完成园区工业地块、基础设施等用地供地近133.33公顷（2000亩）。六大老旧工业园区基本实现腾退清零，累计腾退工业用地204宗，面积超200公顷（3000亩），盘活土地资源，完成供地113.93公顷（1709亩），占全县土地供应量的30.8%。

【科技人才】 街道全年新增高新技术企业19家、国家级科技型中小企业72家，全年企业研发累计投入近4亿元。依托第八届"梦想中国·智汇嘉善"创新创业大赛，遴选优质项目6个，承办数字经济领域决赛。年内，新增高技能人才600人、青年硕士18人、博士2人，建成博士后工作站2家，完成3名博士后进站开题，实现国家级重点人才（海外引才计划）到岗2人，入选国家、省"万人"计划3人，博升光电常瑞华入选中国工程院外籍院士。加强产学研合作，依托企业平台与江苏大学、华东理工大学开展技术攻关和产业落地。

【城乡融合发展】 加快安置房建设，完善周边配套道路和管网，全年安置房项目结顶7个，交付房源472套。完善全域"七横四纵"道路框架，加快推进魏俞线、新嘉大道等主干道路建设，施工建成中新大道东段、嘉魏路、长秀路等10余条道路，启动实施嘉西大道、新湖路等6条中新园区道路建设。

【乡村振兴】 农业创业创新孵化园二期、三期建成使用，雨露空间项目实现结顶，善鹃盆景园创始人沈勇获评县内首个国家级林草乡土专家，环魏塘街道农业经济开发区14千米彩虹道路基本贯通。深入实施第五轮"强村计划”，两创中心二期达成企业入驻13家，三期、四期项目全面竣工，街道村级集体经济发展水平稳居全市前三、全县第一。雨露空间项目入选全县唯一省级“共富工坊”，“拓宽绿水青山转化金山银山路径”等强村富民做法获央视《新闻联播》播报点赞。

【生态环境】 “碧水绕城”“碧水绕村”项目建设持续推进，5个县控以上断面水质全部达到Ⅲ类水标准，长秀水生态修复、日晖桥港河道等项目获国家环保部立项并完成建设，北陶浜水生态修复入选省级调研参观点并获省、市领导肯定。空气质量持续改善，全年$PM_{2.5}$浓度为23.5μg/m³，位列全市第一，PM_{10}浓度为54.8μg/m³，位列全县第一。“萤火虫回嘉”行动获央视新闻联播、新华社等主流媒体报道。全面开展“垃圾无死角”专项行动，累计完成20242件环境问题整改。深化农村人居环境长效机制，实现垃圾分类75个社区“定时定点”全覆盖。

【社会保障】 社会保险工作稳步推进，养老保险和医疗保险参保率分别达到98.2%和99.9%。“扩中”“提低”改革持续推进，城乡居民人均可支配收入稳步提升。开展各类招聘培训活动，开发公益性岗位23个，帮扶失业及就困人员4425人，发放各类困难救助资金1300余万元。实施劳动保障专项监察，开展用工专项检查617次，排查化解各类用工隐患840个，处理各类劳资纠纷案件3994件，处理劳动人事争议调解案件80件，合力构建和谐劳动关系。

【基层安全应急管理】 重点推进“除险保安”、安全生产隐患大排查大整治等六大专项行动，抓实抓细“九小场所”“一厂多租”等领域安全整治，全年累计排查整改问题8712个，整改率95.5%。常态落实出租房夜巡夜宣制度，屋后雨棚防火三件套全量安装，确保出租房消防隐患动态清零。全年未发生安全生产和消防安全亡人事故，各类火灾事故同比减少26.92%，消防安全目标责任制考核全县第一。

【平安建设】 全面优化网格设置，配齐配强网格力量，实现网格共管、人员共联、信息共享、工作共抓、隐患共治、考核共用。快速流转、闭环处置隐患信息2.2万余条，调处各类矛盾纠纷8000余起，发挥“民声一键办”集成优势，防范打击电信网络诈骗，协同受理“双非”警情765件，化解率100%，获市公安局肯定。创新党建引领“平安小院”模式，入选第一批市级“枫桥式”工作法培育项目。

【公共服务】 纵深推进现代社区建设，新建托育中心3家，婴幼儿服务驿站6个，亲子小屋11家，“一老一小”示范点获中国计生协会领导现场肯定。街道社区卫生服务中心建成使用，被列为全国电子预防接种证建设和应用试点工作现场调研观摩点。创新成立物业公司，接管街道无物业老旧小区26个，实现物业管理全覆盖。全年民生实事项目累计投入2.88亿元，7个项目全部完成。高效推进“温暖嘉”未来社区民生实事工程，嘉辰社区创成浙江省引领型未来社区，入围浙江省未来社区数字化建设优秀案例名单。

【宣传文化建设】 街道文化中心项目结顶，省级民生实事项目稳步推进，新改建文化体育阵地29个，举办“村BA”等文化特色活动50余场，实现“15分钟品质文化生活圈”全覆盖。创新推出集“市集+非遗+潮玩+助农”为一体的共富“魏”来文旅市集，入选浙江省重点培育文旅市集名单。

【党风廉政建设】 全面贯彻落实市委巡察整改工作，落实巡察整改责任。推进街道从严治党，党风廉政建设向基层延伸、向纵深发展，开展全街道岗位廉政风险排查工作，排查岗位廉政风险点1376个，制定防范措施1567条。助推清廉单元建设，把示范清廉单元建设的标准范式向其他领域辐射，建成长秀村、中寒圩村2处清廉村居展示点。 （陈　晓）

罗星街道

【概况】 罗星街道位于嘉善县城南部，是嘉善新城开发区和县政府所在地。2023年，街道区域面积39.5平方公里，下辖4个行政村、6个农村社区、16个城市社区。至年底，街道户籍人口74115人。

【经济发展】 全年实现地区生产总值115.44亿元，增长6.75%；财政总收入11.37亿元，同比增长18.05%，其中一般公共预算收入5.74亿元，同比增长17.5%；实现规上工业产值91.32亿元；规上服务业营收 42.88 亿元，同比增长 6.81%；完成固定资产投资 66.31 亿元。完成限上社会消费品零售额 15.1 亿元，同比增长 47.7%；完成实际利用外资 7325 万美元；完成外贸出口 34.0 亿元，同比增长 32.8%。

【招商引资】 开展基金招商、中介招商和以商引商。全年外出招商 200 余次，接待项目团队 450 余批次；举办承办中国归谷嘉善科技园科技人才大会、长三角嘉善现代服务业(上海)推介会、第八届“梦想中国·智汇嘉善”创业创新大赛等大型招商活动 12 场，签约落地和得科技、启功医疗等工业项目 13 个，其中超亿美元项目 1 个。签约落地东江汽车、山洋市场管理等服务业项目 20 个。

【平台建设】 举办中国归谷嘉善科技园科技人才大会，浙大科技园未来创新园、杭州电子科技大学嘉善研究院等高端创新平台落户归谷，签约落地东方长光等科创项目 12 个。优化“全生命周期”企业培育服务链，对接解决企业发展难题 200 余个，完成企业新进规纳统 34 家，省级专精特新中小企业实现翻倍跃升。归谷入选首批“浙江省海外科技工作者之家”试点名单。

【服务业发展】 承办长三角嘉善现代服务业(上海)推介会、第二届汽车销售博览会等大型活动。优化产业结构，巩固以人力资源为代表的税源型服务业，拓展以东江汽车为代表的汽车贸易服务业、以满朋供应链为代表的综合性贸易服务业、以山洋生鲜为代表的现代生活配套型服务业，全年完成服务业投资 35.2 亿元。完成新进规服务业企业 15 家、小升规 14 家，完成规上服务业营收 42.9 亿元，累计培育税收超亿元楼宇 5 幢，其中善商大厦、归谷创业大楼年税收超 2 亿元，中固企服获评嘉兴市服务业领军型企业。激活消费“新夜态”，承办嘉善县首届啤酒龙虾节、第二届汽车销售博览会等大型活动，累计发放消费券 700 万元。

【人才引育】 构建创新人才“智高点”，加速集聚创新人才。新申报国家级人才计划 15 人、省级人才计划 5 人、“星耀南湖”领军人才计划 4 人。新引育省级及以上高端人才 3 人，新增省级及以上高端人才入库 2 人。新增青年博士 13 人，归谷博士后工作站新进站 4 名博士后研究人员。赋同科技董事长尤立星入选“2023 年度全球前 2% 顶尖科学家”榜单。“嘉善·长三角院士之家”等人才服务平台累计进家院士 14 名，新启用人才公寓 192 套。

【科技创新】 新培育国家高新技术企业 11 家、省科技型中小企业 28 家、市级研发中心 3 家，规上企业研发活动、研发机构设置覆盖率 100%。完成技术合同成交额登记 9.09 亿元，企业专利质押登记 5.1 亿元，商标权质押融资登记额 5000 万元，新增 PCT 国际专利申请 9 件，新授权发明专利 85 件。赋同量子主导制定的国家标准等 3 个组织和项目获嘉兴市标准创新奖。鑫稳生物获第二届长三角 G60 科创走廊创新大赛初创组二等奖。

【优化营商环境】 组织大规模进企走访、集中座谈活动 11 次，对接解决企业生产发展难题 201 个，办结满意率 100%，发放助企扶持资金 773 万元，豪能科技获评省级“节水型企业”，亿力机电成功创建市级“无废工厂”。新培育省劳模工匠创新工作室 1 家、嘉兴良匠 7 名、县工匠和技能带头人 4 名，亿力感应电机车间获评省级“工人先锋号”。

【提升城市品质】 浙北果蔬市场完成整体搬迁，通苏嘉甬高铁沿线和县妇保医院地块实现清零。同济未来郇配套道路基本竣工，纬一路、嘉兴第三通道全线贯通，交通网络进一步畅通。完成五号大街、归谷六路改造工程，完成星创广场绿化亮化工程。长生小区改造提升工程、罗星公寓等 17 个老旧小区改造项目竣工。完成农房集聚 53 户，安置房二期归谷雅苑进入预验收阶段。“公园·水岸·善城”城市新区风貌样板区被命名为省级“新时代《富春山居图》样板区”。归谷小镇获评省级特色产业城乡风貌样板区，小镇建设工作获省人大常委会副主任暨军民批示肯定。

【乡村振兴】 新建高标准农田 40 公顷(600 亩)，累计种植水稻、大小麦 1106.67 公顷(1.66 万亩)，全域土地综合整治项目获评市级优质工程。“三金”农业品牌效应大幅提升，马家桥甜瓜获评省级名优土特产、市特色农产品十大伴手礼。全年完成绿化造林 2.13 公顷(32 亩)、农村绿化养护 36.4 公顷(546 亩)。鑫锋村成功创建省级未来乡村，库浜村获评

“一村万树”省级示范村。拓宽集体经济发展渠道，启动美丽乡村运营项目，引进7.07公顷（106亩）稻渔共生未来农场共富体项目，小微农业采摘园投产。举办“千万工程”20周年专场音乐会等大型活动，全年村均集体经济总收入1196万元。

【生态环境】 生态环境稳步向好。开展嘉善塘—枫泾塘超净化水体治理项目，完成碧水绕村河道治理2.6千米、碧水绕城工程5.4千米，交接断面水质保持Ⅲ类水以上，章典史港入选“市级美丽河湖”名单。深入推进大气污染防治，PM2.5排名全市前列，落实秸秆禁烧专项整治，空气质量持续向好。马家桥村填埋场清废治理1.4万吨，完成废旧农膜回收192吨。全年购买8台智能易腐垃圾收运车，实现农村易腐垃圾收运GPS精准定位，完善垃圾分类工作智慧化监管，创成垃圾分类省级高标准示范村1个、示范小区20个。创成省级卫生村6个。

【社会保障】 社会保障更加完善，深化参保精准扩面，社保、医保参保率分别达到99.5%和99%。做实村（农村社区）居民医疗费报销补助工作，全年拨付补助金额550余万元，受益居民超500人。持续做好就业帮扶，建成嘉善长三角零工市场罗星分市场，全年帮扶失业人员1333名、就业困难人员201名，发放灵活就业补贴200余万元。落实社会救助工作，发挥街道社区发展基金会、慈善分会等的作用，举办街道首届公益创投大赛；发放低保金、特困供养金等180余万元，发放残疾人补贴300余万元。公共服务提质扩面，创新“1+4+多+N”四级基层医疗服务体系，街道社区卫生服务中心和罗东分中心正式启用，社区卫生服务中心被列入全国电子预防接种证建设和应用试点工作启动会现场参观点位。建成家门口的巡回医疗点18个，配备巡回医疗车5辆。启动街道便民服务中心和成校改造提升工作。深化“一老一小”服务，养老服务中心完成竣工验收，建成村社居家养老服务照料中心2家、社区托育园1家、“向日葵”亲子小屋9个、婴幼儿照护服务驿站5个，社区卫生服务中心、银泰商圈被评为“嘉兴市第二批儿童友好试点单元”。

【文化惠民】 全年提升村级文化礼堂2家，高标准建设临江社区文化家园、金陵企业文化中心等文体阵地7个，改造提升魏南社区、城南社区文化礼堂2个，鑫锋村获评市级文化驿站，新建“15分钟品质文化生活圈”12个。举办承办县第四届少儿绘画大赛、街道首届“睦邻文化节”、第五届市民文化艺术节等大型活动，获省文旅厅颁发的第六届“少年非遗说”浙江传说故事讲述大赛优秀组织奖。举办“双百”文艺送戏下乡等活动近百场，开展文明实践活动500余场，打造星光集市、共富集市等文旅市集品牌。推出“睦邻友好·星阅同话”阅读品牌。编辑出版《张天方家风故事》一书，在读书节期间联合县有关部门主办新书发布和推荐活动。全年开展读书活动220余次，图书流通77548本，惠及10万人次以上，培树市县好人典型4名。

【社会治理】 攻坚社会治理难点，筑牢平安稳定防线。精细社区治理，分设成立新嘉社区，业委会组建率60%，物管委实现全覆盖。细化网格管理，优化网格设置，新招聘网格员61人，组织培训比武等活动强能力、促提升；创新成立CBD社会治理工作站，新布局警网融合点位17个。完善“民声一键办”机制，累计办理5122件，居全县第一，获评2023年度嘉兴市“最美”民生服务队。推进出租房消防安全整治工作，建立长效机制。开展安全隐患排查整治，组织网格大巡防220余次。推进安全生产“大宣传、大培训、大演练”行动，举办宣传活动470余场，开展培训演练1300余次，全年火警数同比下降9%，交通安全事故数同比下降12.3%，未发生安全生产亡人事故。成功应对“7.16”史上最强特大暴雨，实现人员零伤亡。提升食品药品数字化监管水平，成功创建五星级食安办。加强矛盾纠纷化解，调处各类矛盾纠纷1595件，经济标的7840.56万元，除诉调外案件调解成功率100%，“星”火为民调解工作室被命名为省级金牌人民调解工作室。初信初访受理、办结率均达100%。

【党风廉政建设】 认真学习贯彻习近平总书记考察浙江重要讲话精神，全年召开学习会22次。开展学习贯彻习近平新时代中国特色社会主义思想主题教育，带动街道193个基层党组织开展集中学习830余次。传播罗星好声音，获中央主流媒体报道104篇，省级媒体报道301篇,市级媒体报道177篇。深入实施“红色根脉强基工程”,新建社区党群服务中心6个,提升改造社区居家养老服务阵地5个,鑫锋村、江南社区获评省级“红色根脉”强基示范村(社区)。星宇商圈楼宇党群服务中心获评省级示范区域性两新党群服务中心。田家英和合调查展室(新)启用,接待各级考察团队339余批次,和合社区获评省级村(社区)干部基层实践教学点。抽调优秀青年干部加入信访、征迁等攻坚专班,开展“五进四访三问”行动。开展“村社领雁擂台赛”等活动,村社新进两委班子28名、提拔两委班子13名,3名村社书记获评省市担当作为好支书、最美社区工作者。开展第四期星育成才培训班,举办专题活动5场。强化党风廉政教育,常态长效推动全面从严治党向纵深发展。创新“监督一件事”工作载体,深化村(社区)纪检监察工作联络站建设工作,聚焦“三资”管理、村级小微工程项目等重点领域开展专项监督。田家英和合调查展室获评浙江省清廉建设突出单位。(戴　丽)

开发区(惠民街道)

【概况】 嘉善经济技术开发区(惠民街道)区域面积65.5平方千米,下辖10个行政村(农村社区)和7个城市社区居委会,户籍人口42766人,流动人口101899人。2023年,全区(街道)GDP增长12.2%,规上工业总产值累计完成886.5亿元,增速7.8%;全社会固定资产投资完成98亿元,其中制造业完成56.6亿元,增长11.6%;财政总收入33.9亿元,增长22.3%,其中一般公共预算收入17.3亿元,增长22.1%。

【农业经济】 挖潜现代农业资源,把牢粮食安全关。嘉善中荷循环农业科创示范中心项目开园。持续推广稻+生态甲鱼、稻+蓝龙虾、稻+螺等生态模式,拓展水产养殖潜力,渔业产值增加12%。稻渔果小微产业园开始运营,湖墩大米获省农博会“2023好稻米金奖”,“惠绿”牌蜜梨产业先后获省级以上奖项14次。全年农业产值、增加值均位居全县前列。

【工业经济】 全面响应全县“双招双引”与驻点招商活动要求,开启赴德、赴荷等境外参展之路。全年总计外出招商100余次,接洽项目200余个,打造“地瓜经济”。围绕通讯电子、新能源等主导产业全面发力,加强与康桥资本、同鑫资本、中科院资本等基金公司的合作对接,成立总规模超20亿元的主导产业专项基金,全面提升项目引育的话语权。全年累计签约项目29个、总投资超250亿元,其中百亿产值项目5个,超额完成县定任务,实际利用外资超1.3亿美元。

【城乡建设】 加快城乡一体化发展,完善构建产城融合、全域美丽大格局,政府投资新建计划项目14个,总投资19亿元,全部开工建设。在建安置房项目5个,总投资25亿元,总建筑面积超36万平方米。公共建筑配套设施总投资8.6亿元。对部分社区党群服务中心、邻里中心、托育园进行装修改造,提升服务功能,满足辖区百姓多样化需求。

【环境整治】 全年$PM_{2.5}$平均浓度、臭氧平均浓度、空气优良率排名分别位列全县第3、第4和第5。通过国家卫生县城、病媒生物B级、健康村社区的复审工作。完成5个农村社区垃圾分类定时定点投放的建设,1号中转站得到省分类办领导肯定,成为全县唯一市级分类宣教基地。全年实施景观绿化工程11个,全区(街道)建成“一纵三横”绿道骨架,总长度约为8.8千米。

【社会保障】 全年,净增社保参保1344人,基本医疗保险户籍人员参保率达99.5%。医疗服务稳步提质,首创引入沪杭优质医疗团队,全年开展义诊21次,服务百姓2460人次。精准帮扶特殊群体,全年为184户低保对象和25户特困对象发放救助金349.66万元,发放残疾人两项补贴227.5万元,慰问困难群众59人次,涉及金额4.72万元。

【社会事业】 开展双拥创建、国防教育和军民共建活动,为部队输送合格青年11名。持续关注“一老一小”建设工作,全年建立公建托育3家,新增托育机构、社区婴幼儿照护驿站备案9家,运营居养中心和照料中心9家,举办活动450场次,1.3万人次参与。全年启动5轮农房抽签工作,涉及农户895户。

【平安建设】 精细网格管理,运用数字赋能、提升运行实效。将警网融合工作充分融入142个网格中，年内，线上上报各类基层事件25000条，办结率100%，登记办理信访件545件次，同比下降25.4%；受理各类政务热线2895件次，7个信访积案全部上报清零。全面铺开“民声一键办”工作，实现民生诉求一键受理、反馈与解决，全年受理并处置案件3106起，办结率100%。开展常态化夜巡夜宣、平安大巡防等行动，全年治安警情数同比下降11.9%，出租房火警数同比下降17.2%。保持安全生产高压态势，全年累计开展安全生产巡查122次、覆盖企业686家。开展安全生产及消防安全大排查大整治与电气线路、“厂中厂”“园中园”专项整治，发现并整改隐患12000余项，处罚金额73.8万元、完成126家租赁企业的专项整治工作，完成率86.6%，安全生产事故率下降20%。借助“易演练”推演平台，累计推动企业开展各项应急演练800余次，桌面推演84场。

【党建工作】 抓好主题教育成果转化，健全“以学铸魂、以学增智、以学正风、以学促干”长效机制，积极争创“红色根脉强基”示范区（街道）、示范村（社区）。全年新建复旦研究院等党组织6个，新增共富工坊4家，启用凯鸿物流、诚达药业等两新党建阵地5家与大众广场商圈党群服务中心，推动基层党建全领域建强、全区域提升。实施“青春国开·菁英成长”青年干部培养计划，全年新引进公务员、事业、实业公司等17人，35周岁以下、30周岁以下中层干部占比分别提升11.1%和7.5%，优化调整中层干部晋升通道，推动干部队伍系统性重塑。

（徐良燕）

西　塘　镇

【概况】 2023年，西塘镇区域面积82.89平方千米，下辖18个村和6个城市社区，户籍人口56936人。全年实现地区生产总值105亿元，完成财政总收入8.44亿元；接待游客1100万人次，带动旅游行业相关收入超21.9亿元，旅游业回暖。年内，西塘入选浙江自贸试验区联动创新案例，获评浙江省AAAAA级景区镇，在省级小城市培育试点单位考核中获优秀等级。

【农业经济】 全年实现农业总产值5.26亿元、增长2.5%，农业增加值3亿元、同比增长2%。实施"藏粮于地、藏粮于技"战略，建成高标准农田144.67公顷(2170亩)、现代智慧农业示范方800公顷(12000亩)，全年粮食播种面积6066.67公顷(9.1万亩)，居全县第一。加快建设国家级农综改革试点，全县规模最大的稻渔综合种养基地、红菱粮食全产业链生产加工基地和农业温室共富体等一批项目建成投用，浙农耘粮油未来农场入选全国智慧农业建设优秀案例。

【工业经济】 工业经济坚持瞄准高端、面向未来，大力发展通讯电子、高端制造两大主导产业，完成规上工业产值161.4亿元。创新驱动成效突出，规上企业研发投入8.26亿元，研发覆盖率98.6%，高新技术增加值占比93.2%。新认定国家高新技术企业9家、省科技型中小企业23家、省级专精特新中小企业4家，新增省级小微企业园1家。打通与上海浦东、杭州萧山机场出口转关，获评2023年浙江自贸试验区联动创新案例。集中力量推进纽扣行业"腾笼换鸟、凤凰涅槃"，兼并重组企业62家，亩均效益提升10%。

【服务业】 举办第十一届汉服文化周，内地首家方文山文创工作室揭幕，古镇汉服集市获评全省文旅"十大烟火市集"，创成省级AAAAA级景区镇。麦当劳、哈根达斯等知名品牌入驻，长三角首家跨境电商CW新零售旗舰店开门营业，景区东区2485平方米商铺装修运营，瓦当陈列馆、酒文化博物馆品质提升，西塘游礼、牧月酒店、景区游船等资产实现营收4500万元。

【招商引资】 坚持招商引资"一号工程"不动摇，深化东莞驻点、以商引商、中介招商等多元化招商模式，举办嘉善电子纸产业链招商推介会、西塘投资贸易洽谈会等系列大型招商活动，引进冷井热能、中国500强京东方智慧显示、立讯系非iPhone产业链东讯高端装备等高质量项目13个，总投资28.5亿元，其中招大引强项目9个，百亿产值项目招引实现"零突破"。

【项目推进】 年内，东方科脉电子纸、嘉芯半导体等5个高质量项目建成投产，东讯智能、富盈电子等3个项目进入装修调试阶段，数慧云巷、智能机械产业园等标准厂房项目验收交付，完成固定资产投资22.5亿元，省重点项目、市"551"项目、县"365"重大项目开工率和投资完成率均达到100%。

【村镇建设】 城镇主入口花园式改造、红舜线整体景观提升、路灯亮化覆盖全面建成，完成“三改一拆”面积3.04万平方米，新建市政污水管道1.5千米，通过市级“污水零直排”标杆镇验收，入选市级风貌特色镇创建名单，获省级治违控违示范乡镇称号。翠南四期、东南区块等安置小区竣工验收、成功交付公寓房2136套，华联公寓房三期城中村改造项目获全省建设工程最高荣誉——钱江杯。

【生态环境】 全年，铁腕推进“低散乱污”企业整治、工程渣土整治“春雷”行动，创建清洁生产企业2家，获评市级“无废工业园区”。纵深推进“污水零直排”建设，县控以上断面Ⅲ类水及以上占比保持100%，祥符荡环湖绿道获评“嘉兴市最美生态绿道”。常态化打好“蓝天、碧水、净土、清废”专项攻坚行动，祥符荡入选太湖流域片幸福河湖建设典型案例，成功创建全省首批低(零)碳试点。

【文化建设】 全年新增企业文化中心1家，启动红菱村、鸦鹊村文化礼堂、礼堂书屋提升工作。围绕“迎亚运”、“我们的节日”、全民阅读、护苗行动等主题举办活动700余场(次)，参与群众超30000人(次)。承办“五湖四海一嘉人”全民健身万人徒步活动、2023环意长三角自行车公开赛、第五届江南民歌节等县级以上活动。

【社会保障】 将一般公共预算的85%用于民生支出，新增城镇就业4350人，帮扶再就业率100%，居民最低生活保障标准提高到13620元/人。聚焦服务“一老一小”，全镇户籍人口养老保险、医疗保险参保率分别为97.9%、99.5%，70周岁以上孤老免费用餐服务实现全覆盖，新增建设育儿托位304个、养老床位150个，1.8万人(次)免费享受居民健康检查，西塘镇社会组织服务中心获评2023年浙江省品牌社会组织。

【社会事业】 全年，统筹推进城镇“微改造”工程20个，限期整改问题5908个。办好群众关切的民生实事，完成市民广场、赵宪初图书馆等场所提升改造，唤新启用新时代文明实践所，全县首条镇域“微公交”开通运营，新增公共自行车网点17个。举办“我们的村晚”“村运”“节日节气”等文体活动近4000场，承办第七届“恋恋西塘”全球诗歌大赛、第五届江南民歌节、2023环意长三角自行车公开赛等大型文旅活动，辐射群众近百万。

【平安建设】 坚持和发展新时代“枫桥经验”，初信初访化解率保持100%，3件国家级积案全部销号清零，成功创建省级金牌人民调解工作室。迭代打造警网融合2.0版，建成警网融合点9个，社区、厂区、群租房风险隐患精准防控更加科学，安全生产事故发生起数下降15.5%，工贸领域火灾发生起数下降14.3%。统筹做好常态化夜巡夜宣、铁拳治欠、食品药品监管等工作。 (张子超)

姚 庄 镇

【概况】 姚庄镇位于嘉善县东北部，与上海市金山区、青浦区相毗邻，镇域面积75平方千米，2023年，下辖18个行政村和7个社区居委会，常住人口8万人。全年实现地区生产总值129.5亿元，同比增长7.0%；财政总收入20.2亿元，一般公共预算收入10.3亿元，均增长46%以上。完成固定资产投资31亿元，实到外资9065.2万美元，外贸进出口总额173.2亿元。2023年度，姚庄镇在全国综合实力千强镇排名279名，全国镇域经济500强排名第175名。年内，姚庄镇获评第三批全国乡村治理示范乡镇、浙江省健康乡镇样板等8项市级以上综合性荣誉。

【农业经济】 全年实现农业总产值6.6亿元，同比增长5.0%，产值稳居全县第一。守住耕地红线，恢复耕地功能67.47公顷(1012亩)，建设高标准农田106公顷(1590亩)，新增稻渔共生面积133.33公顷(2000亩)。打造现代农业小微产业园全产业链，引进亿里福集团总部项目，收购本地农产品367万元。打响特色农产品招牌，成立“五芳甄选 & 姚庄黄桃”品牌产品联盟，“姚庄黄桃”入选嘉兴市农产品十大伴手礼和浙江首批名优“土特产”百品榜，姚庄大闸蟹连续3年蝉联“王宝和杯”全国河蟹大赛“金蟹奖”，姚庄“六塔鳖”“渔嘟嘟”等品牌甲鱼获市级优胜。

【工业经济】 工业经济运行稳中有进，全年完成规上工业总产值475.9亿元，同比下降8%，完成规上工业增加值101.2亿元，同比增长5%。全年签约工业项目

16个，其中产值超百亿项目1个，总投资超10亿元项目1个，超亿美元项目2个。设立“姚望未来”产业基金，总规模10亿元。23个项目被列入县“365”重大项目推进计划，完成投资23.5亿元，投资完成率142.4%。成功申请4个专项债券项目，6.9亿元。

【现代服务业】 全年签约服务业重点项目10个，规上服务业企业实现营业收入64.4亿元，同比增长37.7%；服务业增加值27.3亿元，同比增长7.6%。消费市场持续稳定向好，完成限上社会消费品零售总额5.9亿元，同比增长55.3%；限上批发零售业销售额58.9亿元，同比增长32.8%。

【科创人才】 全年规上工业企业科技研发投入19.2亿元，培育国家级专精特新“小巨人”企业1家、省级“专精特新”中小企业21家，新认定高新技术企业16家，全年授权专利633件。立讯数字化管理项目入选国家级新一代信息技术与制造业融合发展示范名单，田中精机入选浙江省“未来工厂”，立讯、格蕾特等入选浙江省制造业单项冠军培育企业名单，福莱、欧仁等获省科技进步二等奖。申报国家级人才工程6人、省级人才工程4人。引进人才项目3个，其中有芯光学XR先进光学显示模组项目获嘉善创新创业大赛智能制造组决赛一等奖。

【营商环境】 纵深推进“腾笼换鸟、凤凰涅槃”，梳理存量标准厂房24处，完成“低散乱污”企业整治48家，腾退低效用地52.67公顷（790亩）。推进数字经济产业园、精密智造产业园建设，建成容积率2.0以上的标准厂房34万平方米、职工宿舍8万平方米，改造提升清丰线等6条园区道路。推进绿色低碳园区建设，姚庄经济开发区成功创建浙江首批、嘉善首个省星级工业园区“污水零直排区”，田中精机获评国家级绿色工厂，立讯智造获评省级绿色低碳工厂。主动靠前服务，编制《姚庄镇工业惠企政策项目申报指南》《规上工业企业产品名录》等，组织企业家“亲清下午茶”5次，解决企业诉求150余个。

【城镇建设】 科学系统规划城乡建设，完成姚庄城市设计方案编制，同步推进姚庄、丁栅、俞汇等3个集镇控制性详细规划方案和18个行政村实用性村庄规划方案编制。提升基础设施建设，改造提升镇区道路10条、标准化路口改造8个、小区天然气管道4条和自来水管道2条。嘉善大道快速路等重点交通项目完成征地280.1公顷（4201.5亩），房屋征收422户，综合签约率95.5%。启动丁栅集镇河西街有机更新，完成签约腾退101户。打造“未来社区”，学苑社区创建工作稳步推进，锦绣社区入选省“未来社区”创建名单。做好农房集聚工作，推进丁栅片人居环境改善、桃源新邨等4个地块安置房建设项目，开展安置房办证工作。姚庄第十次获得省级小城市培育试点单位考核优秀。

【乡村发展】 加强农村基础设施建设，改造提升农村道路7.6千米、重点机埠10座，其中2座入选省级农业水价改革优秀典型案例。加大水利设施建设，横港村农民用水合作社获评全国农民用水合作示范组织，姚庄圩区入选省级农村水利标准化管理工程。加强农村人居环境整治，持续推进农文旅融合发展，嘉善未来幸福水乡共富风貌游线入选全省第一批共富风貌游线名单，“桃源渔歌”风景线获评嘉兴市首批农文旅融合示范点，全年新增浙江省三级旅游驿站1个、AA级景区村庄1个、A级景区村庄2个、市级历史文化传统村落4个，接待游客56.7万人次，带动旅游收入8000余万元。横港村成为浙江省乡村振兴示范村，横港村、沉香村等获评第三批省级“未来乡村”，展幸村获评第六批省级引领型农村社区。

【生态文明建设】 推进“双碳”工作，与生态环境部土壤中心共建长三角双碳创新中心，与万泰特钢签约达成嘉兴市首笔碳普惠核证减排量现场交易。抓好生态保护，市控断面地表水环境质量保持全市前三，太浦河水源地水质达标率保持100%。全域开展村庄自治保洁，常态化组织“村社大扫除”，“三治合一打造长三角首个生态绿色治理新模式”案例入选全国城乡环境卫生清理整治优秀案例。推进病媒生物防制工作信息化建设，并作为唯一乡镇代表在全省会议上作经验交流。沉香村入选浙江省生态文化基地。姚庄镇获评全省“五水共治”工作考核优秀乡镇。

【文化建设】 深耕“文化十品·共

富佳姚"品牌，建设提升文体阵地14个，嘉善姚庄"香湖"社科之家入选嘉兴市第一批市级社科之家名单，姚庄村获评浙江省文化示范村。打造"1＋6＋N"宣讲体系，姚庄镇"理响嘉善·姚望未来"宣讲团获评浙江省基层理论宣讲先进团体。创作一批文艺精品，姚庄宣卷作品《父子俩》获浙江省第十二届群众曲艺大赛金奖，《老羊与小羊》获浙江省第三届曲艺奖文学奖。传承非遗文化，新增市级非遗传承人1人，姚庄农民画获得市级以上奖项14个，渔民村踏白船团队连续14年蝉联市踏白船比赛冠军。常态化开展"身边好人"培育选树，推荐获评"浙江好人"1例、"嘉兴好人"2例。姚庄"生态绿色加油站"入选"浙江有礼·四个一百"——"有礼实践"典型展示名单。承办2023－2024中国排球联赛等省级以上文体赛事10场，举办各类文艺活动、送戏下乡等惠民演出900余场。

【社会保障】 2023年，全镇基本养老保险户籍人员参保率98.1%，医疗保险参保率99.8%。全年完成就业帮扶1600余人，沉香村、姚庄社区入选市级共同富裕高质量就业村社。有序受理被征地农民参加社会保障1528人，合计金额5.2亿元。打造"善翼助残共富坊"，探索善翼咖啡、助残直播等救助帮扶新模式，发放低保、助残、特困等帮扶资金约986万元。

【社会民生】 新建全县首家五星级标准的乡镇农贸市场——幸福里农贸市场，改造提升丁栅、俞汇等两家农贸市场，俞汇农贸市场获评三星级农贸市场和省级"放心农贸市场"。完成幸福里家宴中心建设。打造健康乡镇，加强公众健康教育，开展健康企业、健康村社等健康细胞建设，获评浙江省健康乡镇样板。织密"一老一小"两张民生大网，新投入使用居家养老服务中心1家，居家养老服务照料中心4家，改造老年食堂1家，锦绣社区托育园投入运行，桃源新邨社区入选省级养老服务场景名单，锦绣社区入选嘉兴市第二批儿童友好试点单元。姚庄镇健康体验馆案例《创新建设公众教育健康体验馆　多元融合打造健康促进专属阵地》入选第十六届中国健康教育与健康促进大会暨专业技术培训健康促进优秀实践案例入围奖。

【社会治理】 加快推进"大综合一体化"行政执法改革，实体化运行综合信息指挥室，推动综合执法、应急、消防、网格等力量有机融合，累计办理处罚案件497起，调处劳资纠纷770余起，涉及金额2300余万元。创新"社会发展基金"，充分调动社会力量参与基层治理，奖励突出贡献个人78人次。开展"民声一键办"试点工作，打造"YAO民声"服务品牌，接警2400余次，办结率99.6%。学苑社区等3个片区成功创建无诈村(社区)，姚庄镇禁毒办获评省级"一级禁毒办"。健全"村社—网格—微网格"三级网格体系，科学划分68个网格、442个微网格，界泾港村入选嘉兴市农村网格试点。加强基层民主法治建设，沉香村、界泾港村获评浙江省民主法治村，金星村、北港村、俞北村等6个村获评浙江省"善治示范村"，横港村获评嘉兴市首批"四治融合"示范村，锦绣社区、新景社区和学苑社区获评嘉兴市民主法治社区。

【平安建设】 筑牢平安防线，加大安全生产、消防安全、交通安全等隐患排查整治力度，常态化组织夜巡夜宣、交通安全集中统一行动等，排查整改各类安全隐患2万余个，查处安全生产案件38起、消防案件26起，县通报火警数下降4.8%，开展安全生产培训演练420余场次，全年无亡人火灾事故和较大火灾事故发生。姚庄镇获评嘉兴市安全生产标准化和双重预防机制融合运行示范镇，连续18年获评嘉兴市平安镇称号。

【共同富裕】 拓宽集体经济增收渠道，2个"飞地抱团"强村项目年内村均分红收入249.7万元，实体化运行镇村两级乡村振兴公司，村均经营性收入313万元，同比增长33%。丰富沉香共富聚落组团，引入高能级科创企业、青吴嘉统战联盟共享基地等一批示范项目，丁栅水乡SOHO智慧粮仓作为中国城乡协同发展优秀案例入选参展第28届世界建筑师大会。迭代升级"共富积分"模式，发布"锦绣共富宝"积分应用平台，促成金融机构与购嘉兴等5个品牌达成合作。全镇累计积分约45万分，积分消费约8万元。姚庄镇获评全省推动农民农村共同富裕成绩突出集体。

【党的建设】 深入开展学习贯彻习近平新时代中国特色社会主义

思想主题教育。开展“四百行动”网格夜访390余次，解决群众“急难愁盼”问题1600余个。依托“一站式”服务和政务服务2.0平台，受理政务服务办件量1.6万件。姚庄村获评全省首批“红色根脉”强基示范村，桃源新邨社区党群服务中心获评省级示范村(社区)党群服务中心，姚庄镇党群服务中心获评嘉兴市五星级党群服务中心。

【先进村选介】 展幸村，地处姚庄镇南部，村域面积3.09平方千米，下辖3个自然村、12个村民小组，农户427户，户籍人口1616人，下设3个党支部，党员60名。村庄历史文化积淀深厚、乡风文明淳朴，有省级文保单位大往圩遗址、县级文保单位莲花禅寺等。发展大棚蔬菜和果园经济，拥有高效生态农业示范园区，2023年村级集体经济总收入936.5万元，同比增长73.1%。先后获得浙江省绿化示范村、浙江省卫生村、浙江省全面小康建设示范村、浙江省文明村、浙江省民主法治村、浙江省森林村庄、第六批省级引领型农村社区等荣誉称号。 (唐桢薇)

陶 庄 镇

【概况】 陶庄镇区域面积约46平方千米，辖9个行政村、2个社区、1个水产养殖场。2023年，全镇实现地区生产总值38.52亿元，全年财政总收入8.8亿元，一般公共预算收入4.7亿元。获评美丽浙江十大样板地(乡镇)、浙江省园林城镇、浙江省AAA级景区镇等荣誉称号，挂牌“浙江省淡水研究所水产育苗矩阵型合作乡镇”。

【经济建设】 全年完成农业总产值3.11亿元，可比增长5.5%。完成规上工业产值100.58亿元，规上工业增加值18.92亿元，实现高新技术产业增加值16.93亿元，完成固定资产投资7.2亿元，外贸出口6.17亿元，实际利用外资650万美元，限上批发业销售额69.03亿元，限上社会零售额2072万元，限上餐饮业完成248.5万元，其他规上营利性服务业营收2468万元。全年签约落户内外资项目19个，总投资12.46亿元，其中超亿美元项目1个，限上餐饮业、规上其他营利性服务业实现“零突破”。

【平台服务】 全年走访企业500余次，为企业解决70个实际生产经营中的突出问题，协助18家企业申报22个惠企纾困资金补助项目，涉及资金1125万元。统筹推进“五经普”工作，单位清查上报完成74.5%，个体户清查上报完成93.9%，普查小区划分和绘图工作完成100%。

【科技人才】 全年完成研发经费支出3.57亿元，同比增长10.85%，规上企业研发活动覆盖率98%，实现高新技术产业增加值16.4亿元，累计增速超15%。新认定国家级高新技术企业4家、省级企业研究院1家、省级“专精特新”中小企业3家、省级科技型中小企业9家。与上海大学科技园、宝地创新中心在两创中心挂牌成立上海大学科技园——陶庄产业基地、宝地创新中心——陶庄加速器。引进博士5人，签约引进科技人才项目2个，其中1个获县创新创业大赛二等奖。申报国家级引才计划项目3个、国家万人计划项目1个、省级引才计划项目1个、“省万”青拔创新项目2个。

【城乡融合】 完成城市设计及镇区控制性规划编制，绘制“一客厅、两门户、两片区”的城野交融、联动发展新蓝图。在全县率先完成全域村庄规划编制。安置房一期515套公寓房交付，安置房二期结顶，完成丁凝公路、通苏嘉甬铁路征迁户选房工作。完成综合交通规划，惠民路一期、丁凝公路连接线、夏汾路至钱家浜等道路建设有序推进。结合低效用地利用，新建城镇公交站、大型货车停车场。216路公交车线路延长至翔胜村，217路公交车延伸至陶庄，实现镇域行政村公交线路全覆盖。鸿安市场59家业主单位腾退签约37家、土地8.73公顷(130.95亩)。关停腾退“低散乱污”企业27家、土地29.52公顷(442.8亩)。南方水泥整体腾退签约，推进嘉善陶庄公共作业区建设，取得岸线许可、项目环评公示、施工图设计行政许可等批复。通苏嘉甬铁路陶庄段综合签约率96.78%，居全县前列。

【农村建设】 全年建设高标准农田133.33公顷(2000亩)，耕地功能恢复整治52.22公顷(783.3亩)，完成土地开发1.4公顷(21亩)、“旱改水”1.33公顷(20亩)，完成3个建设用地复垦项目验收入库，总面积10.83公顷(162.45亩)。精细镇村管理，全省首创农民建房标准化工地管理模式，陶庄成为全省村镇建设工作培训班现场学习点和全县唯一一个农民建房综合改革试点乡镇。与浙大长三角智慧绿洲合作开发全省首个智慧民房运维监测平台，获县委主要领导批示，在全县推广。农村人居环境长效管护秀美村达标实现全覆盖。市级除四害村全覆盖，3个村成功创建市级样板。通过病媒生物控制水平B级复审。创建省级高标准生活垃圾分类示范小区1个、示范村4个。新建农村生活垃圾资源化回收网点3个，生活垃圾分类示范单位覆盖率100%。

【乡村振兴】 全年各类粮食作物种植面积2860公顷（4.29万亩），完成年度种植计划的131%。实现种业直接产值6570万元，同比增长24%。承接各类水稻（大小麦）制（繁）种订单5370亩，同比增长23.1%，生产水产苗种17.15亿尾，同比增长29.56%。承接各级科研院所新品种试验74批次和9个常规晚稻原种110个株系单本繁育试验。新辉水产饲料鳜驯化量产，为全省首家。遴选农业科技示范户14户，培育青年农创客31名。新增市级示范性家庭农场2家、县级4家。净水渔业、昊琦食品等被认定为县级农业龙头企业。新改建稻渔共养基地42公顷（630亩），首创“稻＋罗氏沼虾”一稻两虾综合种养模式，入选浙江省稻渔综合种养十大典型模式和全国重点推广水产养殖技术。建成嘉善县汾湖蟹生态农业科创园（池塘养殖区），启动编制汾湖蟹技术标准，首家直营店开业。希园家庭农场获评浙江省AA级旅游采摘基地。举办第十三届了凡善文化节、“善行天下——袁了凡”全国巡展、第十二届姚漤母亲节、汾湖慈孝节、长三角首届汾湖诗会等重大品牌活动18场，其他镇级活动40余场。汾南村村歌获全县村歌大赛金奖、排舞节目获全县银奖，陶庄镇龙舟队连续3年获得嘉兴市端午龙舟赛冠军。建成体育设施进公园项目1个、百姓健身房项目4个，健身路径建设2个，老旧小区提升1个，新增体育场地面积18623平方米。开展“微改造·精提升”项目25项，其中，汾玉村礼堂书屋等4个项目获评省级“微改造·精提升”示范点。修缮提升了凡祖居，汾南村入选嘉兴市艺术乡建村落。

【社会事业】 搭建多层次就业平台，建成嘉善长三角零工市场陶庄分市场，成交订单813人次。新认定就业困难46人，新增灵活就业登记119人，新开发公益性岗位13个，发放就业、再就业、灵活就业等各类补贴75.26万元，重点群体人员帮扶率100%。受理社保类业务5900余件，全镇医疗保险参保率99.56%，低保低边、重点优抚对象、残疾人等困难人员群体资助参保率100%。启动第二家残疾人之家建设，完成9户残疾人家庭无障碍设施改造。镇社会福利养老服务中心通过验收并完成智慧化改造。完成11家居家养老服务照料中心改造提升，建设老年人家庭养老床位试点26户。村（社区）配送餐服务实现全覆盖，“红色为老·温馨送餐”志愿服务项目获全县金奖。新建陶庄中学“善美心灵驿站”，建成嘉善县陶庄托育服务中心柳溪园，备案托位98个，新增婴幼儿照护驿站3个。常态化开展省市名医下乡坐诊，“农工党名医工作站”医疗服务入选嘉兴市“同心共富”年度最佳实践。建成汾湖村、陶庄村一体化急救哨点，为嘉善首批。建成2个应急救护培训阵地。全县首家开展大肠癌无创基因筛查，服务易感人员3285名。为辖区6917位陶庄户籍计生家庭父母购买计生家庭保险。发布全国首个镇级食品安全宣传品牌logo，举办长三角一体化发展毗邻镇食品安全联盟成立仪式。创建放心消费单位373家，学校食堂、网络餐饮店“阳光厨房”实现全覆盖，陶庄大道—雄鹰大道创成县级餐饮“阳光街区”。

【社会治理】 全面落实领导班子、部门、村（社区、养殖场）各级安全监管责任，办理安全生产消防安全案件43起，全覆盖排查企业1015家次，排查整改隐患4233条。开展大宣传、大培训、大演练，发放宣传资料6500余份，完成应急演练165场，培训三类岗位人员1596人次。开展交通安全大会战“亮剑”集中统一行动42次，查处各类车辆违法2516起。率先完成农村自建房电气线路隐患排查，更换辖区居民不合格燃气套件2661套，沿街餐饮店泄露报警器和金属波纹管实现安装全覆盖。运用“大数据＋网格化＋铁脚板”治理机制，处理网格事件9634件，办结率100%，矛盾调解中心调处矛盾纠纷132起，涉及标的868.5万元。

金湖村入选第一批市级“四治融合”示范村。受理各类信访案件事项581件，双非警务办结率、国家重复信访事项和初信初访化解率均为100%。“民声一键办”接收处理纠纷332件，办结率100%。生态环境保持优良。大气环境质量、水环境质量综合排名保持全县前三，完成“六小”行业“城镇污水排入排水管网许可证”办理。国控民主水文站断面水质保持Ⅱ类水标准，镇级以上断面水质均达Ⅲ类水标准，汾湖入选首批浙江省重要水利工程遗产资源名录，内汾湖创成省级美丽河湖。开展首个“全国生态日”暨水质全域达标镇创建启动仪式、“萤火虫回‘嘉’”陶庄站等主题活动。

【民生实事】 汾湖北路改造提升工程通过竣工验收，夏汾路至钱家浜路联网公路工程，路基、水稳、管道改造等项目基本完成。完成翔胜村和汾南村百姓健身房新建项目、健身步道改造提升项目、汾南村体育设施进公园项目等工程，陶庄镇中心幼儿园完成主体结构建设。完成辖区65岁以上老年人免费健康体检、育龄妇女免费两癌筛查、慢阻肺患者免费随诊、老年人免费家庭医生签约等项目计划。智慧养老中心新增床位240个，建成幸福颐养标杆养老服务中心。

【自身建设】 印发《陶庄镇行政合法性审查事项目录清单》，完成政府合同合法性审查32份，行政处罚案件审核61份。完善“三重一大”决策程序，备案率100%。主动公开政府信息21条，依申请公开5起。办理人大代表议案、建议15条，办结率100%。新增税务办事窗口2个，增设两创中心便民服务点，开通两创中心企业服务直通车，优化提升村社便民服务站11个。镇便民服务中心共接待咨询、办事群众20000余人次，受理各类事项22316件，办结率、满意率均为100%。

【先进村选介】 金湖村位于陶庄镇北，北与江苏芦墟镇相邻，2008年4月经行政村规模调整后，由原来的金库、丁家两村合并而成。区域面积4.44平方千米，下辖划分3个网格、26个微网格，有20个自然村，39个村民小组，总户数1111户，总人口3189人。下设龙华、丁家、金库、陆王等4个党支部，党员127名。探索发展乡村特色产业，拓宽农民增收致富渠道，依托“长三角陶庄智种产业园”项目，培育陶箩稻米（稻种）标准化生产示范基地金穗粮食专业合作社，累计承接各级水稻研究院所新品种试验74批次和9个常规晚稻原种110个株系单本繁育试验，合计主营收入超366.89万元。完善代耕、代种、代管、代收一条龙“田保姆式”的农业社会化服务机制，降低农户生产成本，推动农业提质增效。2023年，完成耕地功能恢复整治签约5公顷（75亩），落实“鱼稻共生”项目2个，实施高标准农田建设项目133.33公顷（2000亩）。开展一事一议项目工程，完成后漾港、东漾浜、陆王等自然村的道路硬化、亮化工程。先后获县级文明村、省级卫生村、省级森林村庄、省级民主法治村、省级善治村、市级“四治融合”示范村、市级“三治融合”示范村、基层党建示范点、县级先进基层党组织、五星级党组织、五星级党群服务中心、五星级农村文化礼堂等荣誉称号。（徐佳慧）

干 窑 镇

【概况】 干窑镇位于嘉善县域中部，距县城4.5千米，镇域面积37.08平方千米。下辖9个行政村、3个社区，户籍人口26820人，流动人口20889人。全年地区生产总值39.97亿元，增速3.3%；完成规上工业总产值70.17亿元；完成固定资产投资21.40亿元，其中工业投资12.49亿元，同比增长29.04%，服务业投资8.90亿元；实现限上社会消费品零售额5484.6万元，增速24.39%；规上工业企业研发费用支出连续7年保持正增长；财政总收入4.9亿元，同比增长38.27%，一般公共预算收入2.6亿元，同比增长26.54%。

【农业经济】 全年粮油复种面积突破2413.33公顷（3.62万亩），产量0.285亿斤，同比增长3%。完成高标准农田项目总面积166.67公顷（2500亩）。窑望丰赢农业综合服务中心建成省级区域性农事服务中心，搭建“1+7+N”（“1”是指1个中心，即窑望丰赢农业综合服务中心，“7”是指南宙、新星、黎明、干窑、范泾、范东、胡家埭7个村，“N”是指N个农业主体）农事服务体系，全年服务干窑镇及周边区域1000公顷（1.5万亩），营业额超1000万元。干窑镇草莓现代农业小微产业园建成，“范泾草莓”标准化种植体系以优异成绩获国家级认证，干窑镇获评第二批天然富硒土地及富硒土地研发推广示范基地，干窑嘉稻福·嘉佑美米获省农博会金奖。

【工业经济】 制订《干窑镇关于开展招大引强、产业链强链补链实施方案》，举办"数字智造·工业赋能"水木善创大讲堂、2023·浙江嘉善干窑镇推介大会暨干窑投资贸易洽谈会等6场大型招商活动，接待来访客商300余批次，并赴德国、丹麦等国开展招商工作。全年签约项目11个，计划总投资21.4亿元；落地项目6个，计划总投资4.73亿元。清华长三院干窑分中心全年服务企业150余次，对接成果超300万元，促成三赢、正大、华显等企业通过产学研合作。支持企业创新研发，全年规上工业企业研发费用支出3.09亿元，高新投资额11.35亿元。全年新增省级人才1人、博士4人、硕士13人、本专科387人。成功创建省级企业研究院1家、省高新技术研发中心1家、省级专精特新企业6家。

【环境整治】 深入开展"碧水"行动，完成碧水绕镇项目1个、碧水绕村项目4个，总投资超1300万元，县控以上断面水质均达到Ⅲ类水标准。加强工业固体废物长效管理和土壤污染防治，污染地块安全利用率保持100%。落实河道排查全覆盖，做好长江经济带生态环境、一轮二轮央督及历年省督涉河问题自查自纠工作。全年处理行政处罚案件35件，涉及罚款金额约67.124万元。加大渔业养殖尾水处理，完成建设长生村生态拦截渠2.6公里，完成整治河道10千米，新改建护岸14.1千米，推进"零直排"提档升级，完成蓄水小区12个、蓄水工业企业13个。开展全镇水排口全域排查，25个涉县流域干流及重要支流（水体）入河排污口问题全部整改。紧扣大气环境，加大执法监管力度，完成涉气案件3件，严格落实建筑工地"七个100%"，持续打好蓝天保卫战。农村人居环境持续向好，整治工作成效显著，人居环境考核继续领跑全县。高质量承办全县全域秀美现场会，范东村作为现场会观摩点进行工作展示。垃圾分类工作提质增效，所有村垃圾分类准确率均在90%以上，垃圾分类准确率居全县第一，成功创建垃圾分类省级高标准小区3个、省级高标准示范村4个。国家卫生镇通过市县级复审。

【村镇建设】 推进农房集聚，全年累计签约300户。加快推进"三高四铁"（"三高"是指沪杭高速公路嘉善联络线、嘉善大道快速路、兴善大道快速路；"四铁"是指通苏嘉甬铁路、沪昆铁路嘉善段高架改造工程、嘉兴至枫南市域铁路、嘉善至西塘市域铁路）重大公路水运项目征迁工作。推进企业腾退百日攻坚行动，全年新增签约腾退企业14家，实际拆除26家，实际腾出面积187.7亩。优化市政路网，完成三仙路（干窑大道至兴善公路）、镇西路（三仙路至干洪公路）品质提升工程和两创路新建工程，启动市河街区有机更新及城中村改造工作。改善镇区风貌，干窑小学东侧地块公寓房项目开工建设，完成水乡学府雨污水管网建设，月半湾老旧小区改造工程竣工，月半湾社区获评省第四批城镇社区"一老一小"服务场景。

【社会保障】 扩大医保覆盖面，医疗保险参保率99.8%，持续推进"嘉兴大病无忧"参保工作，整体参保率81.96%，连续两年位居全县第一。城乡居民养老保险参保率99.1%，企业职工养老保险参保率超90%，完成818名被征地农民的养老安置工作，做好246名困难群众的低保、低边生活保障。建成嘉善长三角零工市场干窑分市场，累计发布岗位2319个，累计发放一次性扩岗和招工等各项惠企补助84.04万元。全年调处各类劳资纠纷404起，保障劳动者权益1947.2万元。"一老一小"服务不断强化，完成干窑镇60周岁以上老年人癌症筛查，惠及6068人，全面建成省标四星级社会福利养老服务中心，配套建成省级认知症障碍专区。在全县率先完成婴幼儿托育服务中心及2家婴幼儿照护服务驿站建设，新增托位数192个。承办全县残疾人家庭医生签约服务工作现场推进会，建成镇域第二家"残疾人之家"，带动残疾人家庭就业40余户，嘉善县慈善总会干窑分会获评省级示范慈善分会。干窑镇实验幼儿园成功创建省现代化幼儿园，"学生营养餐改善计划"惠及学生3889人。干窑镇卫生院二期项目开工建设，建成县域首家5G超声工作站，增设嘉善120干窑急救点，干窑卫生院授牌全省首批基层卫生研究基地，获评国家级"优质服务基层行"优秀单位。

【社会事业】 全年新建“农旅融合式”“产业赋能式”“定向招工式”等“共富工坊”5处，吸纳闲置劳动力225人。窑望丰赢“共富工坊”获评浙江省商务厅全省电商直播式“共富工坊”典型案例。推出“工”益职介品牌服务项目，全年累计开展共富学堂94场319次，组织线上线下招聘信息活动16期，推出就业岗位2270个，协助企业成功招聘岗位550余个。“欢乐羊村”项目全年接待游客11万人次，假日酒店成功评创四星级酒店，合作打造动漫IP主题亲子房36间。举办干窑镇瓦都音乐节。新建长生村礼堂书屋，提档升级文化礼堂2个，新增体育场地面积3500平方米。年内，镇村累计开展文化及文明活动850余场。沈照琴获评“省级道德模范”。

【社会综合治理】 优化网格管理组织架构，搭建“1＋4＋48＋N”(是指在原来1个综合信息指挥室，48个网格，213个微网格的基础上，建设4个片区社会治理工作站)网格体系，建设4个“一品一站”的基层治理联动工作站，提升基层治理能力和效率。万洋工作站作为全省警源治理现场会参观点之一，受到省市县各级领导的高度肯定。《干窑镇推进“警网融合”模式，筑牢基层治理大平安》的经验做法获市委常委、县委书记江海洋批示肯定。综合执法改革持续深化，围绕法治营商环境优化，设立4处改革观察点，“简单事项委托检查机制”被选入嘉兴市改革培育试点清单目录，行政执法中队成功创建省级“枫桥式”综合行政执法中队。“民生一键办”试点工作累计受理各类非警务类事项1078起，全年调处矛盾纠纷314起，涉及金额1749.5万元。开展民主法治示范村创建，全镇省级以上民主法治示范村占比超30%，市级以上占比超90%。

【政府建设】 镇人大联络站全年开展活动22次，参与代表143人次，接待选民189批次，收集问题117条，解决94条，“共享法庭”“善法护商直通车”开展立法咨询会、法律宣传活动等6次。

【安全工作】 开展重点领域安全生产大排查大整治工作，全年累计检查企业1808家次，排查隐患8350条，整改率95%。“一厂多租”群租企业专项整治工作完成点位30个，涉及企业129家，整治完成率100%。自建房、出租房屋等消防安全整治，规范电动自行车充电设施7400余处。开展安全生产“大宣传、大培训、大演练”三大行动，强化群众安全意识。2023年，全镇火情数同比下降32%，工贸企业未发生亡人事故。

【名医基层工作室落户干窑】 6月7日，浙江省超声诊断专家黄斌教授工作室在干窑镇卫生院(嘉善县第一人民医院干窑分院)揭牌成立。同时，县内首个超声5G远程工作站投入临床。

【投资贸易洽谈】 9月15日，由嘉善县干窑镇人民政府主办的2023浙江嘉善干窑镇推介大会暨干窑投资贸易洽谈会在上海中国金融信息大厦举行。会议吸引海内外近200名客商参会，中国移动(嘉善)有限公司、浙江善昌建设有限公司、广东奥飞主题文化科技有限公司、(蕴联)浙江科技公司、上海渥汰投资有限公司、浙江霸器智能装备股份有限公司等企业与干窑镇人民政府签约，涉及精密制造、美丽乡村建议、旅游娱乐、数字经济园区等数多个领域。

【先进村选介】 南宙村位于镇政府驻地西北。东邻黎明村，南连干窑镇干窑村(原治本村)，西濒长生港、长生村，北临幸福河、新星村。南宙村区域面积1.98平方千米，有耕地134.8公顷(2022亩)，各类养殖鱼塘38.67公顷(580亩)。下辖8个村民小组，农户424户，户籍人口1480人，党员77名。南宙村党支部以渔文化为特色，打造“红帆宙航”党建品牌。2023年，全村围绕土地高标准整治项目、美丽乡村节点建设、党建公园设计落地等重点工作，实现集体经济总收入1020.47万元。相继获浙江省民主法治村、省级新时代枫桥式退役军人服务站、嘉兴市“优美庭院”示范点、嘉善县优秀平安村、嘉善县美丽乡村精品村等荣誉称号。 (薛　岚)

天凝镇

【概况】 天凝镇位于嘉善县西部，与嘉兴市秀洲区油车港镇、王江泾镇相毗邻，区域面积75.71平方千米，下辖22个村、3个社区，户籍人口5.63万人。2023年，实现地区生产总值65.89亿元，财政总收入5.26亿元，其中一般公共预算收入2.77亿元，完成规上工业产值111.72亿元，固定资产投资21.8亿元，同比增长42.2%，实际利用外资1219万美元，完成全年目标任务的135.4%。全县唯一入选省第三批低(零)碳乡镇(街道)试点，获评省首批城镇“污水零直排区”建设星级镇、省文化强镇、省农村文化礼堂建设工作示范乡镇等荣誉。

【农业经济】 全年完成农业总产值6.97亿元、同比增长8.2%，完成第一产业增加值3.6亿元、同比增长7.9%，增速均列全县第一。深化粮食生产功能区建设，完成粮功区整治优化情况“回头看”省、市级复核，建成高标准农田939.8公顷(1.41万亩)、稻渔综合种养区324.2公顷(4863亩)、省级稻渔综合种养示范基地22.67公顷(340亩)，全镇粮油播种面积6038公顷(9.05万亩)。深化现代农业产业格局，建成投用善农万亩数字粮田双强服务中心，启动“杨庙雪菜”土特产传承与发展三年行动计划，新落地亿元以上项目2个，火星农业示范项目列入省级农业重大项目库，稻渔综合种养示范农场农旅融合等10个重点项目完成投资3.6亿元。

【工业经济】 集群推动三大主导产业链式发展，持续用好招商项目信息库、项目审批服务库等“十张清单”，招引优质工业项目16个，其中外资注册3000万美元项目1个。推进项目建设，7个植绒印染兼并重组新项目竣工投产1个、结顶4个，县“365”重大项目开工建设的6个项目全部开建，3个投用项目全部竣工。持续提优营商环境，制定出台推进经济稳进提质4条政策措施，累计拨付各类制造业高质量发展专项资金补助1508万元。推进“千名干部助千企”行动，助推26个项目完成县、镇两级联审13次，助力解决阻碍企业发展的难题30余个。加速释放科创活力，新认定国家高新技术企业9家、省级“专精特新”企业2家、省科技型中小企业14家，新增硕士人才11名、高技能人才269名。

【村镇建设】 启动22个村实用型村庄规划、控制性详细规划及重点区域城市设计编制。通苏嘉甬高铁、兴善快速路等32个征迁项目完成房屋拆迁554户、土地征用101.72公顷(1525.8亩)，完成率分别为97.2%和99.9%。凝溪景苑、东新里正式投用，合意花苑、星云湾实现竣工，总投资2亿元的“吾呈·凝溪畔”商贸综合体项目完成方案评审。实施“千万工程”，镇东村创成省级未来乡村，洪溪片区获市级未来乡村创建成效评价优秀等次，马塔塘等3村创成省级和美乡村特色精品村，新联村通过省级美丽乡村特色精品村评定，蒋村村被评为省AAA级景区村庄。实施共富乡村试点，启动镇级第五轮“飞地抱团”强村和共富体项目，村均集体经济经营性收入245万元，同比增长23.4%。

【生态建设】 全面推进大寨河流域综合整治，稳步推进碧水绕村、农村生活污水治理项目，农村生活污水治理建设年度考核列全县第一。县控以上断面Ⅲ类水及以上比例保持100%，跨镇(街道)交接断面考核优秀。深化涉气领域专项整治，空气质量优良率89.2%、列全县第一，臭氧浓度154微克/立方米、连续两年位列全市第一。推行绿色生产生活方式，创成市县级系列无废细胞6个、县级绿色防控示范基地3个，助力联谊等4村联片打造绿色防控示范片区，翁村等3村入选第三批省级低(零)碳试点村(社区)名单。推进11个村的全域秀美补短板项目，农村人居环境秀美村实现全覆盖，承办县级农村人居环境整治现场会。推进国家卫生镇、病媒生物防制工作控制水平B级复审，麟溪等8村完成省市县三级除四害村创建验收，数量居全县之冠。

【文化建设】 举办“纪念顾功叙诞辰115周年”展览，以洪溪村为原型的电影《南湖女儿》全国上映。探索推进文化礼堂“1+4+N”社会化运转模式，打造礼堂之夜、四季有越、农民艺术普及等一批“文化有凝”群文民心项目，镇文体中心获评省最美公共文化空间，洪溪村获评省五星级农村文化礼堂。创新“基层体育委员+体育社会指导员”联动机制，高质量承办市“村BA”篮球超级联赛、全省第二届乡村青年篮球争霸赛(北赛区)等，获省第二届乡村青年篮球争霸赛冠军，获评市群众体育工作成绩突出单位。

【社会事业】 打造“党建+红色代办”的医保全周期经办服务，获评市首批医疗保障服务示范点、市首批“幸福医保”先锋岗。加快发展教育卫生事业，镇域内中小学均被列入县优质学校，天凝卫生院获评省基层科研基地。全年新增家庭养老床位试点50户，新增“向日葵亲子小屋”5家、公建托育机构1家、婴幼儿照护服务驿站4个，托位数累计达204个，幼儿园托育部开班。打造24个居民会客厅，建成启用零工市场，创新推出“零工夜市”，帮扶就业困难重点群体738人次。洪溪农贸市场创成省“五化”市场、省四星级文明规范市场、省放心市场，杨庙农贸市场获评市四星级“幸福里”农贸市场。

【社会管理】 深化“警网融合”，研究出台网格工作、专职网格员考核办法。迭代升级综合信息指挥室，建成“一体化办案指挥中心”，依托“民声一键办”闭环处置902件非警务事项。第三批国家局交办信访积案完成清零，实现市级平安镇“十九连冠”，创成省“枫桥式”司法所、省五星级食(药)安办。洪溪村全国村级议事协商创新实验试点高质量通过中期评估。开展工贸领域“一厂多租”安全专项整治，分级分类管控生产型企业，实现工业领域安全生产亡人事故零发生，火灾事故数同比下降50%。加大房屋安全隐患排查，完成农村自建房屋排查37085幢、城镇房屋排查1039幢。持续推进交通安全大会战，改造完成10个标准化路口设施，交通安全警情数同比下降3.6%。

【政府效能建设】 深耕代表助“凝”发展品牌，创设人大“代表＋”模式，创新实践“民情茶坊”，推动人大代表入网进格办好“关键小事”32件。深化推进议事协商，高标准打造2个示范性协商驿站，镇民生议事堂被评为市“十佳民生议事堂”。全县首家推出“一窗通拍　全域应用”便民服务事项，获评省示范便民服务中心、市“放管服”改革考核优秀单位。全面推动政务服务2.0事项向基层延伸，深化“综窗受理＋后台审批＋专窗咨询”政务服务模式，累计办理各类事项70093件，满意率100%。

【自身建设】 实施“红色根脉”强基工程，获评省首批“红色根脉”强基示范村(社区)2个、省级示范党群服务中心2个、市五星级党群服务中心3个。农业全产业链党建联建共富基地启用，培育雪菜产业化综合体、助“凝”圆梦共富工坊等5家党群创业共富项目。加强青年干部培训，全年提拔中层干部11名，中层干部中35周岁以下占46%，30周岁以下占18%。惩治腐败，全年党纪政务立案9件、处分9人。全县率先启动实施村级小微工程领域突出问题专项整治，发现并纠偏问题9个，“聚焦村级工程开展精准监督”“以案促治　强化‘一把手’监督”做法获中纪委网站刊发。嘉兴市天洪铸造科技有限公司获评省清廉民企示范单位，深入推进全县首家乡镇财政所试点“清廉财政”微单元建设，获评全省清廉财政建设成绩突出单位。

【共同富裕】 打造“天凝时光·十分杏福”和美乡村示范片区，以2个自然村为核心、辐射8个村串联而成，总面积26.3平方千米。围绕“十里水漾、百年市集、千年银杏、万亩良田”自然资源禀赋，布点建设蒋村牛桥头市集、水塔书屋、银杏餐厅等节点，水塔书屋获评省首批共富风貌驿，并入选共富风貌驿典型案例名单。挖掘各村自然风光、产业优势、民俗文化等特色资源，创新推出农耕研学、非遗体验、文体赛事等人气活动，发布“杏福米”IP、“天凝漾里鲜”河鲜美食菜单，举办农旅文化节、蒋村牛桥头市集开街仪式等系列活动。打造“15422”和美乡村运营共富机制，依托1个和美乡村示范片区，扩面推进涵盖5个村的共富乡村试点建设，全量盘活“田、房、钱、技”4类资源，助推一产、三产双产联动发展，实现拿租金、挣薪金“双收益”。

【先进村社选介】 天凝社区以天凝集镇为中心，区域面积4.4平方千米，下辖居住小区10个，户籍人口1315人，常住人口7161人。天凝社区地理位置优越，公共配套服务相对完善，社区以大党建引领大治理，实现多元化场景共建共享共融，全面推进“凝”好幸福党建品牌提升。构建关爱“小”、照顾“老”、体贴“青”一站式“共融”服务模式，以“全龄”为媒，匠心打造幼有童乐、青有慧乐、长者颐乐全龄生活体系。年内，先后获省首批现代社区、省首批红色根脉强基示范社区、省引领型未来社区、省五星级社区服务综合体、市首批市级“温暖嘉”未来社区、市民主法制村(社区)、市五星级党群服务中心等荣誉称号。天凝社区以“流动办公桌”实现“服务零距离”相关做法在中央主题教育官网刊登。　(凌莉靓)

大 云 镇

【概况】 大云镇位于嘉善县南端，是沪杭高速、沪杭高铁接轨上海的浙江第一镇。区域面积28.7平方千米，下辖6个行政村、1个社区，2023年户籍人口1.7万人，外来人口2.2万人。全年实现地区生产总值40亿元，财政总收入5.44亿元，一般公共预算收入3.34亿元，分别增长32.8%、58.4%。完成规上工业总产值42.2亿元；固定资产投资14.74亿元；服务业增加值增速12%，其中批发业和零售业同比增长50.9%和100.3%；实际利用外资1010万美元，同比增长18.7%。全年接待游客286万人次，实现旅游收入5.72亿元，同比增长272%和631%。创成全省首批、全县唯一“红色根脉”强基示范镇。成功列入全国学习推广浙江“千万工程”现场考察点。

【工业经济】 至年底，累计腾出康兴、北部及平黎公路沿线三大区块用地空间90.67公顷(1360亩)；推进现代产业园建设，5G智能智造产业基地二期10万平方米竣工投用，三期完成主体结顶，云飞“8+1”完成主体结构施工。坚持双招双引齐头并进，全年签约工业项目9个，总投资14.7亿元；申报国家级人才8人、省级3人，将国家级人才王江舟由B类人才提为A类人才，实现全县A类人才零突破。制定出台《大云镇政府投资项目全生命周期管理办法》。推进项目大攻坚，重点推进年投资16.83亿元的48个项目，完成率超100%。列入县“365”重大项目库的7个项目，完成投资2.88亿元，完成率147.6%。20个项目实现竣工投产，15个项目开工建设。组团服务企业1037人次，帮助企业破解发展难题183个，累计拨付惠企纾困政策资金73笔、1542万元。新增国家级高新技术企业17家，沪云光电、恒科实业等4家企业入选浙江省首批“专精特新”中小企业，百康光学申报国家级“小巨人”企业，三思光电获嘉善县县长质量奖。

【文旅品牌】 成立由县委书记和县长任双组长的大云国家级旅游度假区创建工作领导小组，制订出台《嘉善大云文旅发展有限公司组建方案》，成立国有文旅公司。完成总投资8亿元的歌斐颂巧克力二期项目、云澜湾温泉泓璟四季酒店、碧云花海农业农村青年培训基地、十里水乡游线等5个项目。签约落地总投资5.86亿元的巧克力主题酒店、吾呈全季酒店等3个项目。开工建设总投资4.2亿元的上下村庄园酒店、雷迪森怿曼主题氧吧酒店等2个项目。联合日光旅文集团，系统激活80公顷(1200亩)十里水乡片区，打造集野奢营地、森林学堂、运动休闲等于一体的沉浸式亲子营地乐园。以“微改造、精提升”打造悦卿湾、Oor彩虹融合餐厅、红绿灯营地等一系列网红品牌打卡集群。投资1.5亿元完成农旅公路环线提升，打通22.4千米慢行步道体系。投资3000万元启动度假区慢行驿站体系、景观节点布设和路面慢行指引等基础设施建设，提升度假区整体景观风貌和接待设施。整合度假区内文化礼堂、乡贤工作室和数字非遗馆等各类设施空间面积近1万平方米，开通旅游线路20条，新增度假产品7个。举办中国田协10公里精英赛、云上乡村音乐节、云宝六周岁生日庆典等8项品牌活动及20余场景区特色活动。

【城镇建设】 启动镇域控规修编及各村村庄规划编制，打造产城融合、居创共享型“未来样板”。完善交通网络体系，星辰苑周边道路竣工通车，幼儿园前道路、云江路白改黑等6个项目竣工交付。推进农房改造集聚，公寓房二期640套安置房竣工交付，完成第三轮公寓房161户233套选房抽签，农房集聚率超90%。提升城乡风貌，国家卫生镇通过复评，“田蜜花海”县域风貌样板区获省级风貌样板区。完成11.5千米的14条碧水河道建设，率先实现碧水河道镇域、工业园区、行政村全覆盖，县控以上断面全部达到或优于Ⅲ类水标准，获评全省首批“污水零直排区”建设星级镇。$PM_{2.5}$平均浓度控制在28.7微克/立方米以下，空气优良天数比例超84%。年内，被列入全省现代化美丽城镇示范镇建设名单。

【乡村振兴】 推动省市两级未来乡村创建全覆盖，成为全国学习运用“千万工程”经验推进会现场考察点，受到新华社、人民网、央视新闻等13家主流媒体相继报道，作为全国唯一乡镇代表在推进中国乡村现代化、建设宜居宜业和美乡村会议上作经验交流。提高农业现代化水平，完成绿色高标准农田200公顷（3000亩）提升改造，总投资8000万元的高效设施果蔬产业示范基地竣工投产。实施“强村富民”计划，推动农村专业合作社、家庭农场、闲置厂房等资源创办“共富工坊”10家，中德生态产业园强村飞地项目分红超4100万元。

【民生建设】 持续健全完善“一老一小”服务保障体系，提升改造AAAAA级居家养老服务照料中心，“全国示范性老年友好型社区”通过省市县三级专家组验收，建成农村社区托育中心1个、婴幼儿照护服务驿站3个、向日葵亲子小屋4个，成为全县首个“一老一小”阵地全覆盖乡镇。“嘉兴大病无忧”参保人数14328人次，户籍人口医保参保率99.8%，基本养老保险参保率超98%。兑现军人抚恤优待政策59.3万元，发放低保、特困、高龄等资金106万元，发放就业困难群体补助114万元。专职消防救援队营房、中小河流水生态修复等10个项目竣工交付，大云农贸市场创成省级放心农贸市场。大云成校、大云镇中心学校等获评浙江省现代化学校，中心幼儿园入选嘉兴市幼儿园第三批课改示范性试点园名单。开展智慧健康行动，完成线上“云诊”678人次，线下“义诊”4560人次。打造公共文化服务矩阵，新建改建文体阵地24个，体育市集项目入选全省群众体育事业发展典型优秀案例。打造“甜蜜文化”活动品牌，举办年货旅游节、七夕文化节、九星十美评创暨文化礼堂原创作品大赛等文旅融合系列活动15场，开展市场化运作的“云上书游·阅享人生”全民阅读活动超160场，惠及群众1万余人次。加强非遗文化保护传承，举办长三角非遗购物节、浙江省第七届杜鹃文化节等大型非遗活动，“杜鹃花造型艺术”入选第六批省级非遗项目名录，新增市级非遗馆分馆2处。

【平安建设】 常态化推进重点领域各类安全隐患排查整治，累计排查隐患问题4257条，整改完成率100%，完成企业安全生产标准化建设81家、双重预防机制建设93家。推进居住出租房屋消防安全整治行动，居住出租房屋整改完成率99.75%。全面推动基层应急消防工作，全县率先完成“站队合一”实体化运作。全年无安全生产亡人事故、无亡人火灾事故，火情同比下降13.5%。连续18年获市平安镇称号。全年调处化解各类矛盾纠纷1124件，基层初信初访化解率超99%，化解国家级信访积案2件，“五事五办”的源头防范矛盾隐患工作模式入围2023年嘉兴市“枫桥式”工作法培育项目。深化“民生一键办”工作，累计处理各类非警务事项536起，处置率100%。深度推进“警网融合”，提升改造村级基层治理工作站3个，新建云澜湾景区工作站，处置各类问题9028件，处理率100%。开展“春雷行动”“珍爱生命 铁拳护航”交通大会战等专项行动，围绕建筑垃圾、渣土违规运输等突出问题开展专项整治93次，查处涉未经批准跨区域处置、利用建筑垃圾等案件17起。开展“铁拳治欠”专项行动，调处各类劳资纠纷案件136起，涉及金额1306万元，案件数同比下降31.5%。

【政府效能建设】 推进服务型政府建设，推动各类民生事项“集成式”“一站式”办理，智慧便民服务大厅全面升级，70%以上的村社同步完成办事大厅改造，累计办理各类服务3.36万件，村社便民服务站办理各类服务4929件。推进政府投融资平台转型升级，规范财政财务、国有资产、村级三资管理，云智公司获AA信用评级。推进法治政府建设，出台《大云镇领导干部会前学法制度》《大云镇各村（社区）负责人述法工作方案》，自觉接受各方监督，全年办理镇人大代表议案4个、意见建议16条，协办县人大代表意见建议9条，办结率与满意率均达100%。推进大综合一体化行政执法改革，镇级层面行政执法立案245起，结案率100%。深入推进清廉政府建设，贯彻落实中央八项规定精神，加强权力运行监督制约。

【基层组织建设】 实施“红色根脉强基工程”，持续深化幸福缪家、美丽曹家、孝亲东云等“七彩党建”品牌，大云镇、缪家村成功创建全省首批“红色根脉”强基示范镇、村。推进主题教育走深走实，打造循迹溯源学习线路6条。深入推进全市党建引领农村网格治理试点工作，打造“三会一评创”特色品牌，建立“2+6+N”服务矩阵。

【宣传思想建设】 围绕习近平总书记重要论述和重要批示精神、全国两会精神等开展专题学习15次，交流研讨4次，撰写学习心得22篇。打造“理响嘉善·红云学习”青年学习驿站，覆盖7个村(社区),全年开展各类学习活动近百场。《从“县级贫困村”到“全国示范村”的经验启示建议——嘉善县缪家村乡村现代化之路》在《浙江社科要报》上刊发,并获副省长李岩益批示肯定。全年,在省级以上媒体发表文章146篇、市级媒体205篇。江家村成功创建省级文明村,大云社区张桂英获评浙江好人荣誉称号,实现大云镇“浙江好人”称号“零”突破。大云村文化礼堂入选浙江省五星级文化礼堂,丁海龙泥塑作品《光影记忆》获评第九届浙江省民间文艺映山红奖“优秀民间工艺美术作品”,体育市集入选浙江省2022年群众体育事业发展典型优秀案例。正式启用“九星十美”数字平台。

【干部队伍建设】 制订出台《关于加强机关干部“八小时外”监督管理的通知》等,推动镇村干部履职尽责。强化干部培训阵地建设,承办全国农村实用人才带头人培训班、县级全国村党组织书记视频培训班、县级干部心理健康“向日葵”关爱月等培训活动15批次。深化年轻干部“云领未来”培养计划,开展“云领擂台”“项目大比拼”等活动,推动年轻干部在国旅创建、党建高地、项目征迁等重难点一线蹲苗成长。调优干部年龄结构,新提拔中层干部4名,35岁以下占46.67%,30岁以下占20%,实现干部育选管用全面结合。

【先进村选介】 大云村位于大云镇西侧,南临嘉兴市南湖区,东接沪杭高速出口,西靠杭州湾跨海大桥北岸连接线,地理位置优越。村域面积5.3平方千米,农户943户,户籍人口3114人,村党委下设党支部6个,有党员125名。2023年,开展全市党建引领农村网格治理试点工作,探索形成党建统领、协同联动、多元共治、精密数智的农村网格治理体系,相关工作得到新华社报道,阅读量超百万。先后获省级民主法治村、省级文明村、省级引领型农村社区、浙江省A级景区村庄、“美丽宜居 浙江样板”双百村、嘉兴市共同富裕高质量就业村等荣誉称号。全年实现村集体经济收入600万元,首次股份分红。

(叶晨飞)

附录

2023 年嘉善县国民经济和社会发展统计公报

2023 年是贯彻党的二十大精神的开局之年，是“八八战略”实施 20 周年，也是新一轮示范点和新三年示范区建设的起步之年。嘉善县上下深入贯彻党的二十大精神，全面落实上级决策部署，全力实施招商大突破年、项目大攻坚年、营商大提优年“三个年”行动，坚定扛起“展示窗”“试验田”“桥头堡”新使命。2023 年全县经济社会发展始终坚持稳中求进的工作总基调，高质量发展稳步推进，经济韧性不断增强，交出了一份厚重提气的“高分答卷”。

一、综合

截至 2023 年 11 月末，全县户籍人口 425214 人，比上年同期增加 3050 人。其中：男性 204340 人，女性 220874 人，人口性别比为 93（以女性为 100）。全县户籍人口出生率为 4.87‰，人口死亡率为 9.79‰，人口自然增长率为－4.93‰。全年迁入人口 6963 人，迁出人口 1819 人，人口机械增长率 12.14‰。

根据地区生产总值统一初步核算，2023 年全县生产总值（GDP）908.11 亿元，按不变价格计算，比上年增长 7.0%。其中：第一产业增加值 23.69 亿元，增长 3.4%；第二产业增加值 516.48 亿元，增长 6.7%；第三产业增加值 367.95 亿元，增长 7.7%。全县三次产业增加值结构为 2.6 ∶ 56.9 ∶ 40.5。

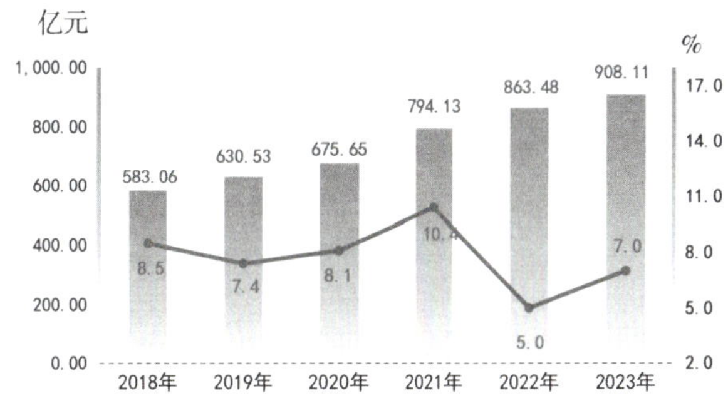

图 1　全县生产总值及增长速度

2023 年，全县财政总收入 146.67 亿元，比上年增长 6.2%，其中一般公共预算收入 84.75 亿元，比上年增长 5.3%。一般公共预算支出 100.08 亿元。

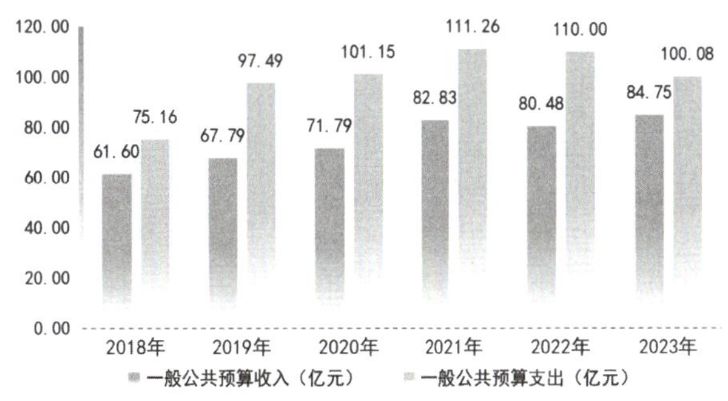

图 2　全县一般公共预算收入与支出

二、农业和农村

2023 年，全县农林牧渔业总产值 44.73 亿元，比上年增长 3.5%。全年粮食播种面积 32.56 万亩，下降 0.9%；粮食产量 14.53 万吨，增长 1.1%。油菜籽播种面积 1.80 万亩，增长 19.5%；蔬菜播种面积 13.76 万亩，下降 30.6%；果用瓜播种面积 1.19 万亩，下降 28.0%。

全年畜禽肉产量 4476 吨，比上年增长 16.5%；水产品总产量 3.60 万吨，增长 6.5%。年末生猪存栏 2.01 万头，生猪出栏 4.19 万头。

表 18　　2023 年主要农产品产量

产品名称	单　位	产　量	比上年增长（%）
粮食	吨	145313	1.1
油菜籽	吨	1739	6.7
蔬菜	吨	341393	－32.1
果用瓜	吨	24129	－29.9
食用菌	吨	260	－95.2
盆栽类园艺	万盆	13881	10.0
水产品	吨	36005	6.5

高标准建设现代农业园区和粮食生产功能区。累计创建省级现代农业园区 3 个、特色农业强镇 2 个。严格保护好 18.25 万亩粮食生产功能区。累计拥有农产品地理标志 2 个；新认定绿色食品 8 个，累计 34 个。

全面创建新时代美丽乡村。累计建成优美庭院示范户 4193 户，建成省级美丽乡村示范镇 1 个、特色精品村 5 个，AAA 级景区村庄 14 个，和美乡村示范片区 1 个。全年农家乐休闲农业接待游客数 767.83 万人次，营业收入 10.22 亿元。

2023 年全县完成农民培训 7842 人，其中农村实用人才培训 479 人，高素质农民 120 人，新培育农创客 285 名。新增培育家庭农场 91 家，累计培育家庭农场 1497 家。现有农民专业合作社 211 家，市级以上农业龙头企业 18 家。

三、工业和建筑业

2023 年，全县实现工业增加值 479.59 亿元，可比增长 6.6%，占全县生产总值的比重为 52.8%。2023 年末，全县规模以上（年营业收入 2000 万元及以上）工业企业 838 家，增加值可比增长 7.5%。其中：国有及国有控股企业增长 45.1%，民营企业增长 3.7%，港澳台及外商投资企业增长 9.8%。新兴产业持续壮大，2023 年全县规模以上高新技术产业、装备制造业和战略性新兴产业增加值分别比上年增长 10.2%、13.9%和 8.2%，高于全市平均水平。

表 19　　2023 年全县规模以上工业重点产业增加值情况

产业名称	增加值（亿元）	比上年增长（%）
高新技术产业	362.38	10.2
战略性新兴产业	252.41	8.2
装备制造业	305.57	13.9
数字经济核心制造业	163.23	2.0
环保制造业	26.14	22.0
高技术制造业	224.02	13.4

2023 年，全县建筑业增加值 36.92 亿元，可比增长 7.4%；占 GDP 的比重为 4.1%。

四、固定资产投资和房地产

2023 年，全县固定资产投资 397.29 亿元，比上年下降 5.2%。分产业看：第一产业投资 1.60 亿元，增长 21.7%；第二产业投资 156.37 亿元，增长 5.9%；第三产业完成投资 239.33 亿元，下降 11.4%。

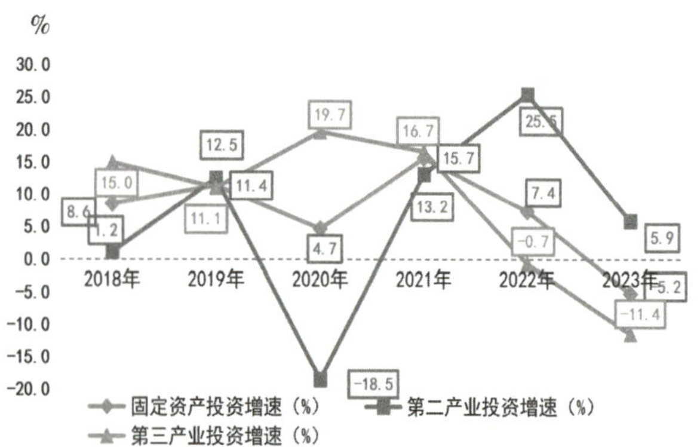

图 3　全县固定资产投资增长速度

全年房地产开发投资 86.41 亿元，比上年下降 39.3%，其中住宅投资下降 43.7%。房屋施工面积615.09万平方米，下降17.4%；商品房销售面积57.05万平方米，增长8.0%。

五、国内贸易

2023年，全县社会消费品零售总额289.61亿元，比上年增长8.7%。按经营地统计：城镇消费品零售额208.73亿元，增长5.0%；农村消费品零售额80.88亿元，增长20.1%。

限上零售额按消费类型统计：商品零售额35.55亿元，比上年增长24.4%；餐饮收入4.48亿元，增长14.5%。其中：日用品类增长43.9%，中西药品类增长8.7%，汽车类增长100.7%。

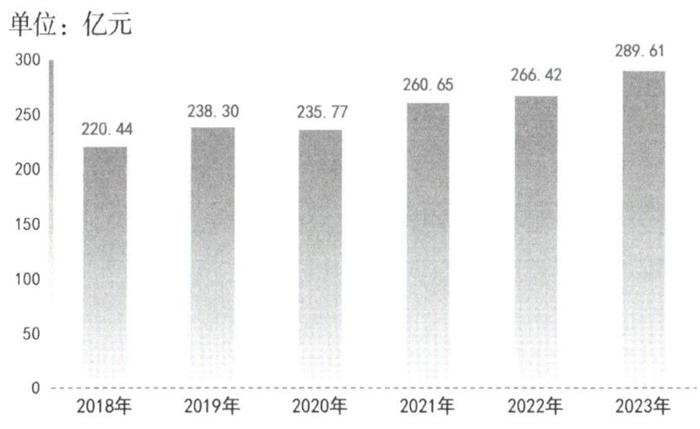

图4　全县社会消费品零售总额

六、对外经济

2023年，全县外贸进出口总值650.53亿元，比上年下降13.5%，其中：出口总值445.73亿元，下降13.3%；进口总值204.80亿元，下降13.9%；分别占全市的9.1%、14.8%和13.4%。

全县新批外资项目89个，其中新设项目47个。合同利用外资2.34亿美元，比上年下降86.0%；实际利用外资4.86亿美元。

七、交通、邮电和旅游

2023年末，全县公路通车里程875.81公里，其中高速公路40.71公里。各种运输方式(不包括铁路，下同)货物周转量644369万吨公里，比上年增长17.4%，其中公路383454万吨公里，增长18.2%；全年旅客周转量(营业性车辆)2236万人公里，增长89.3%。

年末机动车总量24.20万辆，其中汽车21.59万辆，比上年增长4.5%；私人汽车18.17万辆，增长4.7%。

全年邮政业务收入1.46亿元，比上年增长10.8%；电信业务收入10.00亿元，增长7.0%。年末固定电话用户5.96万户，下降22.2%；移动电话用户80.21万户，下降1.5%，其中3G以上移动电话用户58.91万户。固定互联网宽带接入用户35.07万户，增加3.9万户，其中光纤宽带接入用户34.85万户，增加4.17万户。移动互联网用户76.83万户，增长11.07万户。

八、金融、证券和保险

2023年末，全县金融机构本外币各项存款余额2030.16亿元，比上年末增长12.5%。其中：人民币存款余额1882.54亿元，增长12.0%。境内住户本外币存款余额939.22亿元，增长18.6%。金融机构本外币各项贷款余额2322.97亿元，增长19.1%，其中人民币贷款余额2223.44亿元，增长19.5%。

2023年，新增境内外上市企业1家，年末累计境内外上市企业10家，总市值333.01亿元。其中创业板上市公司4家。全年证券交易额1749.33亿元，增长13.9%。

2023年，全县保险业保费收入18.04亿元，比上年下降1.7%。其中：财产险保费收入6.86亿元，下降1.8%；人身险保费收入11.18亿元，下降1.7%。全年赔付支出4.62亿元，增长22.1%。其中：财产险赔付4.39亿元，增长23.4%；人身险赔付0.23亿元，增长2.1%。

九、教育和科学技术

2023年，全县拥有各类学校(含幼儿园，不含普通高等学校)90所，在校学生84306人。其中：普通高中3所，在校学生6273人；初级中学18所，在校学生16861人；职业中学3所，在校学生3427人；小学22所，在校学生40389人。义务教育入学率和巩固率均达到100%。高考报名2081人，高校录取率达到96.2%。全年高等自学考试报考1561人，获得大专及以上文凭63人。

2023年，全县专利授权量4864件，其中发明专利授权676件。年末国家级高新技术企业748家，省级科技型中小企业1327家，分别比上年增加90家和205家。财政一般公共预算支出中，科学技术支出8.87亿元，比上年增长18.4%，占财政支出的比重为8.9%。

十、文化、体育和卫生

2023年末，全县拥有博物馆3个，文化馆1个，文化站9个，农村文化礼堂116家，行政村文化活动室覆盖率均达100%。公共图书馆10个，面积2.45万平方米，图书总藏量81.72万册。拥有文化艺术表演团体4个，影剧院1个，电影院7家，放映单位全年放映电影72144场，观众88.27万人次。

全县广播电视台1个，每周自办文字节目60.5小时，乡镇广播电视站1个，县乡广播电视干线3500千米，播出数字电视192套。全县行政村有线电视联网率100%，广播和电视人口覆盖率均为100%。

全县共有公共体育场地设施5个，注册运动员3265名，等级裁判150人。开办各等级社会体育指导员培训班5期，累计培训人数超218人次。全年组织举办县级体育赛事30场，分别承办全国、全省、全市体育赛事3、4和5场。参加市级以上体育赛事188人次，共获得40枚金牌、25枚银牌、33枚铜牌。全年体育彩票年销售额3.28亿元，同比增长50.2%。

全县共有医疗卫生机构230个，其中：医院12所，卫生院6所，社区卫生服务中心（站）25个，诊所（卫生室、医务室）72个，疾病预防控制中心1个，卫生监督所（中心）1个。各类卫生技术人员6360人，其中医生2440人，注册护士2091人，医疗床位3482张。全年门（急）诊病人489.65万人次，住院10.15万人次。

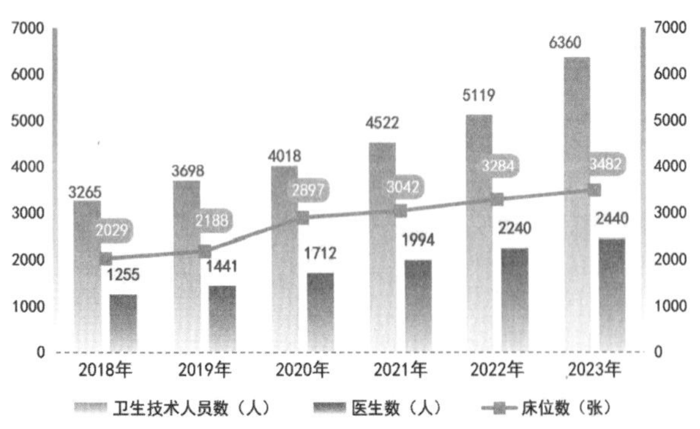

图5　全县卫生技术人员、医生与床位数

十一、人民生活与社会保障

全县参加基本养老保险人数44.98万人，比上年增长2.2%；全年共发放养老金45.33亿元，增长8.0%。参加基本医疗保险人数51.51万人，下降2.4%；参加失业保险、工伤保险分别为21.95、36.97万人，分别增长2.0%、下降10.1%，参加生育保险人数25.04万人，增长2.8%。居民养老保险基础养老金最低标准提高到340元/月，因工死亡职工供养亲属抚恤金月人均提高102元。

年末在册低保对象2689人（不含五保），其中：城镇486人，农村2203人。低保资金（含各类补贴）支出2986.07万元，比上年增长18.5%；低保标准为1135元/人·月，最低月工资标准为2070元；新增各类机构养老床位900张。

十二、资源和环境

2023年，全县建成区绿化覆盖率43.8%，与上年持平。年末，城市道路面积6.75平方公里，增长2.7%。绿地面积18.83平方公里，其中公园绿地面积3.81平方公里。

2023年末，全年平均降水深度为1436.3毫米。17个县控断面中，Ⅲ类及以上水质断面占100%。交接断面水质达标率、饮用水源地水质达标率、地表水水质达标率均达到100%。

空气质量全年优良（AQI＜100）天数为322天，空气质量优良率为88.2%，增长2.4个百分点；$PM_{2.5}$平均浓度为28微克/立方米，下降3.4%；PM_{10}平均浓度为50微克/立方米，增长2.0%。

全年城市（县城）污水年排放量3556万立方米，比上年上升59.7%；污水处理量为3503万立方米，上升60.3%；城市（县城）污水处理率98.53%，比上年提高0.4个百分点。城市生活垃圾无害化处理率100%。

全县规模以上工业企业综合能源消费（初定等

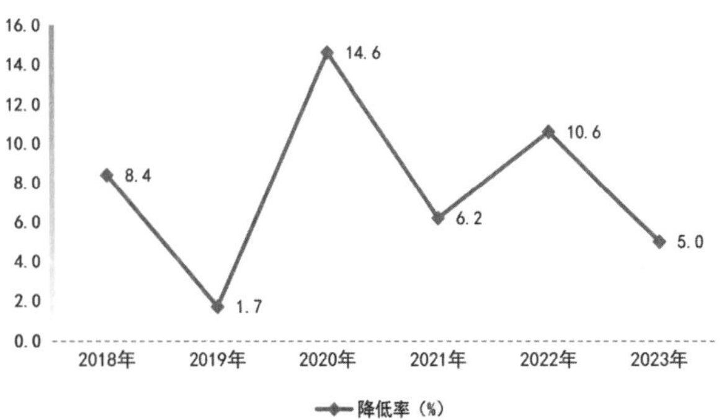

图6　全县规模以上工业单位增加值能耗降低率

价值，下同）163.96万吨标准煤，比上年增长2.1%；单位工业增加值能耗下降率为5.0%。其中，八大高耗能行业能耗总量68.85万吨标准煤，增长3.4%。

注：

1.本公报所列各项数据为年度初步统计数据，数据未做机械调整。

2.全县生产总值和各产业增加值总量按现价计算，增长速度按不变价计算。

3.AQI即空气质量指数（Air Quality Index），是定量描述空气质量状况的无量纲指数。针对单项污染物的还规定了空气质量分指数。参与空气质量评价的主要污染物为细颗粒物、可吸入颗粒物、二氧化硫、二氧化氮、臭氧、一氧化碳等六项。

本公报中户籍人口、车辆数据来自县公安局；财政数据来自县财政局；就业、社会保障等数据来自县人力资源和社会保障局；粮食、畜牧业、居民生活等数据来自县国家统计调查总队；水产品、农业地方标准等数据来自县农业农村局；公共图书馆、文化馆、博物馆等数据来自县文化旅游体育局；进出口、利用外资数据来自县商务局；客、货运周转量等数据来自县交通运输局；邮电数据来自县邮政局、县经信局、县邮政公司；金融机构存贷款数据来自中国人民银行嘉善支行；上市公司数、证券交易额等数据来自县金融服务（工作）办公室；保费数据来自县中国银行保险监督管理委员会办公室；教育数据来自县教育局；专利数据来自县市场监督管理局；高新技术企业、科技型中小企业来自县科学技术局；广播电视数据来自县传媒中心；卫生、诊疗数据来自县卫生健康局；医保数据来自县医疗保障局；低保、社会服务等数据来自县民政局；空气质量、水质等数据来自县生态环境分局；绿化建成区面积、城市道路面积等数据来自县建设局；其他数据均来自县统计局。

2023年嘉善县国民经济主要经济指标

表20　　2023年嘉善县国民经济主要经济指标

指　　标	单　位	实　绩	增幅(%)
生产总值	亿元	908.11	7.0
一产增加值	亿元	23.69	3.4
二产增加值	亿元	516.48	6.7
其中:工业	亿元	479.59	6.6
三产增加值	亿元	367.95	7.7
常住人口人均GDP	元	136970	6.6
三次产业比	2.6∶56.9∶40.5		
农林牧渔业总产值	亿元	44.73	3.5
主要农产品产量:粮食	万吨	14.53	1.1
蔬菜	万吨	34.14	−32.1
果用瓜	万吨	2.41	−29.9
水产品	万吨	3.6	6.5
社会消费品零售总额	万元	289.61	8.7
固定资产投资	万元	397.29	−5.2
财政总收入	万元	146.67	6.2
一般公共预算收入	万元	84.75	5.3
金融机构年末存款余额(本外币)	万元	2030.16	12.47
城乡居民储蓄余额	万元	9361982	18.6
农村居民人均可支配收入	元	50183	6.3
城镇居民人均可支配收入	元	76921	5.7
全社会用电量	亿千瓦时	70.70	4.5

(嘉善县统计局提供)

2023年度长三角城市群主要经济指标

表21　　2023年度长三角城市群主要经济指标(一)

地　　区	地区生产总值（亿元）		第一产业（亿元）		第二产业（亿元）		第三产业（亿元）	
	实绩	±%	实绩	±%	实绩	±%	实绩	±%
上海市	47218.66	5.0	96.09	−1.5	11612.97	1.9	35509.60	6.0
浙江省	82553.21	6.0	2331.97	4.2	33952.67	5.0	46268.57	6.7
杭　州	20058.98	5.6	347.10	3.7	5666.88	1.8	14045.00	7.2
宁　波	16452.83	5.5	383.83	4.7	7540.50	5.7	8528.50	5.3
温　州	8730.63	6.9	179.61	4.9	3606.68	7.2	4944.34	6.8
嘉　兴	7062.45	6.3	141.16	3.8	3776.84	6.2	3144.45	6.4
湖　州	4015.09	5.8	158.88	5.0	1978.68	4.5	1877.53	7.1
绍　兴	7791.14	7.8	239.29	3.9	3729.06	7.6	3822.79	8.2
金　华	6011.27	6.8	156.41	3.6	2367.41	5.1	3487.45	8.0
衢　州	2125.20	6.8	91.20	5.1	908.74	6.8	1125.26	7.0
舟　山	2100.76	8.2	183.75	4.0	1004.34	10.6	912.67	6.5
台　州	6240.68	4.5	334.03	3.8	2628.43	1.3	3278.22	7.2
丽　水	1964.44	7.5	115.05	4.8	740.05	6.7	1109.34	8.4
江苏省	128222.16	5.8	5075.80	3.5	56909.66	6.7	66236.70	5.1
南　京	17421.40	4.6	317.75	1.7	5929.00	2.8	11174.65	5.6
无　锡	15456.19	6.0	136.50	2.4	7376.85	6.9	7942.84	5.3
徐　州	8900.44	7.1	770.97	3.7	3622.34	7.0	4507.13	7.8
常　州	10116.36	6.8	178.92	3.2	4857.43	7.1	5080.01	6.6
苏　州	24653.37	4.6	195.22	3.1	11541.38	3.6	12916.77	5.5
南　通	11813.27	5.8	519.65	2.9	5728.15	7.1	5565.47	4.7
连云港	4363.61	10.2	435.54	4.2	2011.68	16.8	1916.39	5.4
淮　安	5015.06	7.8	462.95	3.3	2023.21	5.8	2528.90	10.3

续表 21

地区	地区生产总值（亿元）		第一产业（亿元）		第二产业（亿元）		第三产业（亿元）	
	实绩	±%	实绩	±%	实绩	±%	实绩	±%
盐　城	7403.87	5.9	818.87	3.7	2981.18	6.9	3603.82	5.5
扬　州	7423.26	6.0	337.09	3.7	3509.60	6.6	3576.57	5.6
镇　江	5264.07	6.3	167.52	3.4	2507.36	6.0	2589.19	6.7
泰　州	6731.66	6.8	344.71	4.1	3258.62	7.4	3128.33	6.4
宿　迁	4398.07	7.8	389.50	4.9	1941.95	8.9	2066.62	7.3
安徽省	47050.55	5.8	3496.58	3.9	18871.82	6.1	24682.15	5.8
合　肥	12673.80	5.8	377.20	3.5	4642.20	7.1	7654.40	5.1
芜　湖	4741.10	5.7	183.00	4.1	2181.20	5.9	2376.90	5.6
蚌　埠	2115.90	5.6	280.40	3.7	682.80	6.0	1152.80	5.8
淮　南	1601.60	5.1	152.40	3.3	657.60	4.0	791.50	6.2
马鞍山	2590.60	5.7	109.10	4.0	1205.20	5.2	1276.30	6.3
淮　北	1365.50	5.3	89.70	3.6	584.90	6.1	690.90	5.0
铜　陵	1229.80	5.6	63.60	4.3	569.20	4.7	597.10	6.5
安　庆	2878.30	5.7	256.50	4.5	1224.20	6.0	1397.60	5.8
黄　山	1046.30	4.5	79.90	4.2	359.80	2.4	606.60	5.7
滁　州	3782.00	6.4	295.10	3.7	1862.50	7.5	1624.40	5.8
阜　阳	3323.70	5.8	433.10	3.9	1169.10	4.9	1721.40	6.9
宿　州	2291.50	5.8	338.40	4.0	739.20	5.2	1213.90	6.9
六　安	2113.40	6.2	272.20	4.5	824.50	6.9	1016.70	6.2
亳　州	2215.80	6.3	286.40	3.8	772.20	7.4	1157.20	6.3
池　州	1112.20	6.5	97.30	4.0	488.90	6.8	525.90	6.8
宣　城	1951.90	5.9	179.90	4.2	906.40	5.8	865.60	6.5
嘉兴省内位次	5	7	9	8	3	6	7	10
27 中心区位次	14	9	22	13	10	13	16	13
41 市位次	15	15	32	21	10	20	17	20

表 22　　2023 年度长三角城市群主要经济指标(二)

地　　区	规模以上工业增加值(亿元)		规模以上工业利润总额(亿元)		全社会用电量(亿千瓦时)		工业用电量(亿千瓦时)	
	实绩	±%	实绩	±%	实绩	±%	实绩	±%
上海市	—	1.5	2519.49	−0.3	1848.81	5.9	841.52	3.9
浙江省	22388.37	6.0	5905.54	−0.3	6192.42	6.8	4097.06	7.9
杭　州	4355.16	2.4	1426.05	−4.3	987.13	3.9	435.69	3.5
宁　波	5288.18	6.6	1375.17	−2.2	1031.80	6.1	723.86	7.4
温　州	1619.84	9.4	402.53	10.7	580.72	8.3	315.16	10.2
嘉　兴	2933.55	7.6	739.43	6.7	722.52	10.6	557.44	12.3
湖　州	1352.28	4.6	389.82	10.7	385.17	6.9	265.03	7.2
绍　兴	2154.89	10.8	508.35	−6.6	559.78	6.3	410.49	7.0
金　华	1246.05	4.4	282.74	4.9	553.61	9.6	349.32	12.1
衢　州	628.78	7.8	128.99	−22.3	239.72	6.6	177.91	6.8
舟　山	988.85	16.6	66.19	−34.0	192.02	5.2	148.44	4.4
台　州	1533.60	−0.3	443.97	9.5	439.45	7.0	273.56	9.1
丽　水	424.06	7.9	107.86	11.8	150.72	8.3	90.35	11.1
江苏省	—	7.6	9344.40	2.5	7832.96	5.9	5377.24	7.2
南　京	—	3.6	786.61	−4.6	747.27	3.2	365.83	4.1
无　锡	—	7.8	1666.22	12.6	864.07	3.7	615.03	3.9
徐　州	—	8.0	348.41	−4.5	452.85	5.1	260.59	6.0
常　州	—	8.8	1108.65	16.9	625.09	2.6	466.36	3.2
苏　州	—	3.6	2285.95	−3.8	1719.31	3.5	1235.38	2.6
南　通	—	8.8	769.67	0.2	658.53	12.5	450.39	17.4
连云港	—	25.2	353.01	16.4	319.45	24.8	216.42	36.6
淮　安	—	6.2	220.60	14.7	276.26	11.1	174.51	17.9
盐　城	—	8.1	382.35	−12.6	482.59	7.5	321.95	10.2
扬　州	—	7.2	287.15	10.1	331.67	5.8	214.66	9.0
镇　江	—	7.0	282.92	15.7	306.80	2.8	216.13	3.8

续表 22

地　区	规模以上工业增加值（亿元）		规模以上工业利润总额（亿元）		全社会用电量（亿千瓦时）		工业用电量（亿千瓦时）	
	实绩	±%	实绩	±%	实绩	±%	实绩	±%
泰　州	—	7.1	442.59	−20.1	377.52	4.2	268.20	6.2
宿　迁	—	11.4	409.19	17.0	312.82	12.6	213.05	18.2
安徽省	—	7.5	2418.41	7.1	3214.07	7.4	2027.55	10.8
合　肥	—	10.6	473.46	10.4	539.54	7.7	270.54	12.8
芜　湖	—	6.5	448.94	24.7	268.34	6.0	188.02	8.1
蚌　埠	—	5.4	61.75	−23.2	125.35	7.1	60.20	8.8
淮　南	—	4.0	118.10	67.6	112.62	3.5	60.01	4.5
马鞍山	—	5.7	88.58	−19.0	255.30	1.9	207.58	3.8
淮　北	—	6.6	130.29	−15.1	92.52	4.8	58.04	6.3
铜　陵	—	4.5	88.93	−17.2	116.70	2.4	92.11	3.3
安　庆	—	6.2	99.66	−5.4	163.63	7.7	98.27	14.6
黄　山	—	4.4	25.38	18.7	53.33	3.4	25.21	5.3
滁　州	—	9.0	358.89	30.1	328.53	16.0	248.07	20.6
阜　阳	—	7.5	89.05	1.9	209.76	1.5	80.27	0.3
宿　州	—	4.4	58.99	−11.8	128.90	2.9	48.81	1.3
六　安	—	7.8	116.08	28.6	170.42	7.6	94.40	13.0
亳　州	—	8.1	116.26	18.1	109.62	4.0	36.75	11.5
池　州	—	9.2	30.85	−57.2	113.09	8.9	89.16	11.4
宣　城	—	6.2	113.21	−13.0	200.14	7.5	143.83	8.8
嘉兴省内位次	3	6	3	5	3	1	2	1
27 中心区位次	—	11	9	11	7	3	5	5
41 市位次	—	18	9	19	7	6	5	9

表 23　　2023 年度长三角城市群主要经济指标(三)

地　　区	一般公共预算收入(亿元)		一般公共预算支出(亿元)		固定资产投资	工业投资	房地产开发投资(亿元)	社会消费品零售总额(亿元)	
	实绩	±%	实绩	±%	±%	±%	±%	实绩	±%
上海市	8312.50	9.3	9638.51	2.6	13.8	5.5	18.2	18515.50	12.6
浙江省	8600.02	7.0	12353.09	2.8	6.1	14.2	2.0	32550.19	6.8
杭　州	—	—	—	—	2.8	29.9	11.6	7670.57	5.2
宁　波	—	—	—	—	7.5	9.9	3.8	5212.56	6.5
温　州	—	—	—	—	7.4	17.5	1.0	4257.08	7.9
嘉　兴	—	—	—	—	7.4	8.4	−5.5	2513.46	7.3
湖　州	—	—	—	—	10.4	13.7	−14.0	1707.92	7.1
绍　兴	—	—	—	—	10.0	20.3	−1.0	2820.35	9.1
金　华	—	—	—	—	18.5	22.9	15.5	3141.76	6.0
衢　州	—	—	—	—	11.4	31.5	7.2	970.77	10.6
舟　山	—	—	—	—	8.1	1.8	−26.0	617.84	7.4
台　州	—	—	—	—	−7.4	12.1	−19.8	2766.23	7.0
丽　水	—	—	—	—	15.6	51.7	−5.7	871.64	8.3
江苏省	9930.18	7.3	15242.66	2.3	5.2	9.1	−4.2	45547.50	6.5
南　京	1619.98	4.0	1838.70	0.5	−1.9	1.5	−0.2	8201.07	4.7
无　锡	1195.42	5.5	1390.45	1.8	8.3	9.6	−8.9	3567.55	6.9
徐　州	545.96	5.5	1056.60	2.4	7.4	9.9	−0.7	4445.12	8.3
常　州	680.30	7.7	854.84	3.5	2.5	2.5	−2.9	3050.13	6.8
苏　州	2456.81	5.5	2621.28	1.3	5.0	10.1	−3.7	9582.92	6.4
南　通	680.16	11.0	1180.93	2.9	2.6	0.9	−4.5	4215.14	6.5
连云港	256.02	20.3	574.92	7.3	0.1	−7.3	−17.5	1277.25	6.6
淮　安	316.61	5.5	717.47	8.8	10.4	24.4	−21.7	1896.32	4.2
盐　城	482.73	6.5	1228.34	12.3	9.2	15.9	0.0	2872.53	6.4
扬　州	347.57	6.8	711.23	1.7	10.5	22.2	−10.9	1660.64	9.3
镇　江	320.71	5.5	533.77	−0.3	3.0	17.8	−7.0	1481.74	8.6

续表 23

地　区	一般公共预算收入（亿元）		一般公共预算支出（亿元）		固定资产投资	工业投资	房地产开发投资（亿元）	社会消费品零售总额（亿元）	
	实绩	±%	实绩	±%	±%	±%	±%	实绩	±%
泰　州	439.70	5.5	697.45	−0.9	9.4	10.9	3.3	1709.71	7.6
宿　迁	302.00	11.1	641.84	3.2	7.7	12.6	2.8	1587.39	8.3
安徽省	3938.96	9.7	8638.15	3.1	4.0	22.7	−16.4	23008.30	6.9
合　肥	929.63	2.2	1411.34	2.3	3.0	16.7	4.6	5270.83	5.0
芜　湖	414.28	6.6	619.25	6.3	−0.7	7.6	−25.2	2091.77	4.8
蚌　埠	179.75	3.3	369.21	2.7	7.2	17.6	−6.9	1347.63	7.3
淮　南	130.50	8.5	316.04	5.5	7.2	41.6	−36.2	922.66	4.5
马鞍山	208.37	1.7	320.19	0.7	7.5	24.6	−14.1	1047.66	9.3
淮　北	104.83	8.0	222.18	3.8	3.0	14.2	−18.7	524.61	6.0
铜　陵	112.10	8.0	213.96	6.6	8.2	24.2	−24.8	433.03	7.4
安　庆	193.54	10.7	548.30	3.2	10.2	19.0	−28.4	1409.14	7.8
黄　山	84.30	−7.1	222.01	0.3	−10.1	1.5	−26.8	528.60	3.7
滁　州	298.16	7.3	533.85	4.1	9.5	40.0	−20.0	1694.35	8.9
阜　阳	194.71	5.4	648.70	0.3	−14.3	33.9	−41.2	2502.13	9.0
宿　州	161.76	4.1	501.79	−0.1	8.0	50.9	−24.7	1312.38	7.2
六　安	173.61	7.7	608.89	15.2	9.0	31.5	−15.2	1283.92	8.5
亳　州	160.04	8.0	412.92	4.0	10.5	18.6	−4.1	1301.57	9.5
池　州	92.13	10.8	224.93	11.5	13.8	28.6	−29.0	486.25	4.4
宣　城	197.92	5.0	368.13	5.7	6.9	16.3	−32.3	851.72	9.7
嘉兴省内位次	—	—	—	—	8	10	7	7	6
27 中心区位次	—	—	—	—	16	21	14	15	13
41 市位次	—	—	—	—	23	33	18	16	20

表 24 2023 年度长三角城市群主要经济指标(四)

地　　区	进出口总额（亿元）		出口总额（亿元）		商品房销售面积（万平方米）		金融机构本外币存款余额（亿元）		金融机构本外币贷款余额（亿元）	
	实绩	±%	实绩	±%	实绩	±%	实绩	±%	实绩	±%
上海市	42121.61	0.7	17377.94	1.6	1808.03	−2.4	204429.29	6.3	111766.73	7.3
浙江省	48997.97	4.6	35665.50	3.9	6106.35	−10.2	220736.85	12.4	217223.05	14.2
杭　州	8029.72	6.1	5338.72	3.7	1447.63	3.9	77588.65	11.5	68641.55	9.5
宁　波	12779.33	0.9	8287.82	0.7	902.35	−20.1	34071.55	8.9	38132.99	15.6
温　州	2821.90	−4.2	2339.40	−6.5	706.24	4.9	21947.82	14.7	20897.81	15.4
嘉　兴	4409.94	0.3	3337.53	3.8	434.99	−19.8	15440.49	12.6	16584.57	15.6
湖　州	1618.79	−0.6	1490.43	−0.6	376.97	−33.7	9225.37	16.8	10545.77	19.9
绍　兴	4224.71	14.5	3810.21	11.8	715.79	−7.2	16407.36	14.4	16496.96	19.0
金　华	7697.52	12.6	6630.66	11.3	508.16	10.4	16346.22	14.9	15959.80	16.5
衢　州	715.81	16.7	454.23	13.0	93.62	−35.9	4743.13	14.0	5045.84	18.0
舟　山	3578.57	5.8	1149.01	−0.7	83.93	−20.0	3600.14	8.7	4225.19	14.1
台　州	2744.48	−1.0	2514.53	−0.5	576.08	−24.7	15641.61	12.2	15959.97	16.0
丽　水	377.20	16.2	312.96	8.2	260.57	5.3	5724.51	21.2	4732.61	19.8
江苏省	52493.76	−3.2	33719.13	−2.5	11019.43	−8.7	245918.55	12.4	236409.15	14.1
南　京	5659.94	−9.3	3333.12	−11.8	906.03	−3.9	54279.92	9.6	54337.89	16.3
无　锡	7065.32	−4.1	4658.10	−3.9	1081.66	−6.7	27237.18	11.5	22581.68	18.2
徐　州	1207.60	1.8	997.42	−1.0	1180.55	−1.4	11697.91	10.2	10869.62	15.7
常　州	3183.63	−1.3	2498.35	−0.3	618.80	−6.0	18062.73	13.5	16332.26	18.3
苏　州	24514.10	−4.6	15081.59	−2.5	1704.06	−16.9	53638.46	13.1	52589.95	16.7
南　通	3500.29	−4.3	2289.69	−2.4	1263.59	−5.2	20952.94	14.5	18353.99	16.4
连云港	1360.86	27.2	359.34	−8.6	341.49	−20.0	5849.81	10.5	7073.32	16.0
淮　安	542.44	27.1	396.55	24.0	677.74	−18.4	6715.73	15.1	7637.46	16.9
盐　城	1452.35	7.5	1015.18	12.3	862.54	−6.0	11448.89	15.4	11531.29	16.8
扬　州	1055.77	−3.9	851.39	−2.0	632.11	−5.9	10378.14	14.9	9767.42	17.3
镇　江	986.41	−5.0	741.51	−4.3	506.72	−4.3	8551.67	14.5	9034.74	16.6

续表 24

地　区	进出口总额（亿元）		出口总额（亿元）		商品房销售面积（万平方米）		金融机构本外币存款余额（亿元）		金融机构本外币贷款余额（亿元）	
	实绩	±%	实绩	±%	实绩	±%	实绩	±%	实绩	±%
泰　州	1344.39	2.8	938.14	4.7	568.95	−18.9	11173.14	14.7	10285.51	17.3
宿　迁	620.66	15.5	558.73	16.3	687.98	2.6	5932.03	14.2	6014.01	16.4
安徽省	8052.19	7.8	5231.24	11.3	4677.64	−28.5	83303.47	10.8	77990.37	15.5
合　肥	3588.13	−0.6	2327.07	1.2	—	−24.0	25452.75	10.2	27748.03	17.4
芜　湖	1274.75	40.6	1034.73	63.7	—	−37.0	6740.07	15.3	6078.53	15.0
蚌　埠	177.90	−9.8	116.21	−2.2	—	−33.6	3433.58	14.1	3487.56	17.1
淮　南	107.02	35.1	102.64	33.6	—	−26.3	3330.40	12.0	2574.05	17.5
马鞍山	435.52	−1.8	222.75	5.7	—	−23.5	3540.37	3.7	3356.28	15.3
淮　北	107.42	15.4	97.04	15.8	—	−7.7	2287.16	11.5	1794.33	12.5
铜　陵	793.36	20.5	84.81	14.2	—	−34.2	2323.44	10.6	1837.20	9.3
安　庆	358.45	36.9	270.12	31.0	—	−41.7	5252.84	12.3	3979.61	14.1
黄　山	86.17	−28.2	75.19	−31.1	—	−40.1	2001.93	9.3	1596.09	10.3
滁　州	409.39	5.1	345.89	8.7	—	−48.3	4583.06	13.1	4754.94	18.1
阜　阳	153.28	12.7	138.02	17.6	—	−24.5	5970.06	11.4	5276.68	12.2
宿　州	66.17	−32.8	60.35	−33.2	—	−18.0	3719.72	9.6	3439.10	13.3
六　安	103.07	2.1	91.28	−2.9	—	−18.6	4258.51	10.2	3836.74	13.0
亳　州	41.21	5.2	35.21	13.9	—	−10.2	3622.21	12.7	3541.63	13.6
池　州	137.69	20.3	35.53	8.3	—	−39.7	1780.19	14.6	1473.34	18.1
宣　城	212.67	−3.8	194.40	−4.2	—	−33.8	3136.99	12.9	2822.88	17.1
嘉兴省内位次	4	8	5	5	7	6	7	7	4	7
27 中心区位次	8	14	8	11	—	15	14	16	10	18
41 市位次	8	25	8	19	—	23	14	22	10	26

表 25　　2023 年度长三角城市群主要经济指标(五)

地　　区	全体居民人均可支配收入(元)		城镇常住居民人均可支配收入(元)		农村常住居民人均可支配收入(元)		居民消费价格指数(上年同期为 100)
	实绩	±%	实绩	±%	实绩	±%	
上海市	84834	6.6	89477	6.5	42988	8.2	100.3
浙江省	63830	5.9	74997	5.2	40311	7.3	100.3
杭　州	73797	5.0	80587	4.6	48180	6.6	100.2
宁　波	71731	4.9	80144	4.5	48350	6.3	100.4
温　州	67380	6.9	77973	6.3	41622	8.2	100.5
嘉　兴	66353	6.0	75909	5.3	49643	7.3	100.2
湖　州	63972	5.6	74400	4.7	47455	7.6	100.5
绍　兴	69707	6.0	80392	5.5	48825	6.8	100.5
金　华	61710	6.3	73639	5.8	38136	7.0	100.4
衢　州	48237	6.5	60592	5.4	33993	8.0	100.6
舟　山	68110	6.7	76435	6.2	49379	7.5	100.4
台　州	61067	5.2	73879	4.4	40153	6.5	99.7
丽　水	47182	6.1	58583	5.0	30811	8.2	100.3
江苏省	52674	5.6	63211	5.0	30488	7.0	100.4
南　京	72112	4.5	79858	4.2	36789	6.1	100.6
无　锡	69016	4.9	76644	4.5	44617	6.4	100.6
徐　州	38089	5.9	44796	5.1	27065	7.4	100.4
常　州	62592	5.2	71744	4.6	40401	6.7	100.4
苏　州	74076	4.6	82989	4.3	46385	5.9	100.2
南　通	51853	5.6	62512	4.9	32977	7.0	100.5
连云港	35983	6.7	43769	6.0	24411	7.7	100.5
淮　安	39058	6.4	48498	5.3	25287	8.0	100.4
盐　城	41252	6.3	48526	5.7	29744	7.0	100.8
扬　州	47717	6.4	56781	5.8	31488	7.4	100.4
镇　江	55565	5.6	64602	5.0	35466	7.1	100.5

续表 25

地　　区	全体居民人均可支配收入（元）		城镇常住居民人均可支配收入（元）		农村常住居民人均可支配收入（元）		居民消费价格指数（上年同期为 100）
	实绩	±%	实绩	±%	实绩	±%	
泰　州	49255	6.2	59604	5.4	31810	8.1	100.6
宿　迁	32693	6.2	38756	5.4	24679	7.0	100.6
安徽省	34893	6.6	47446	5.1	21144	8.0	100.2
合　肥	52594	7.7	59609	6.1	31140	8.4	100.0
芜　湖	46022	6.7	54189	5.3	31517	7.9	100.3
蚌　埠	35436	5.0	46796	4.8	22334	8.0	100.4
淮　南	35093	5.1	45477	4.9	19105	7.8	100.1
马鞍山	52418	6.2	62510	5.2	32670	7.6	100.0
淮　北	34079	4.8	43786	5.0	18807	7.5	100.0
铜　陵	36590	7.2	48767	5.0	21865	7.9	100.6
安　庆	30745	6.7	43609	5.2	19526	7.7	100.2
黄　山	34655	7.1	45859	4.7	23465	8.1	100.0
滁　州	32224	7.7	43423	5.8	20176	8.3	100.1
阜　阳	27357	5.5	41359	5.4	18232	8.1	99.8
宿　州	27250	6.2	40895	5.1	18282	8.2	100.0
六　安	28265	6.6	41279	6.2	18696	8.6	100.2
亳　州	27841	6.8	41726	6.0	19391	8.5	100.0
池　州	33402	7.9	43440	5.9	22415	8.8	100.1
宣　城	38952	8.5	51318	5.6	23979	8.7	100.3
嘉兴省内位次	6	6	6	6	1	6	9
27 中心区位次	10	16	10	13	1	15	19
41 市位次	10	25	10	19	1	28	26

统 计 示 意 图

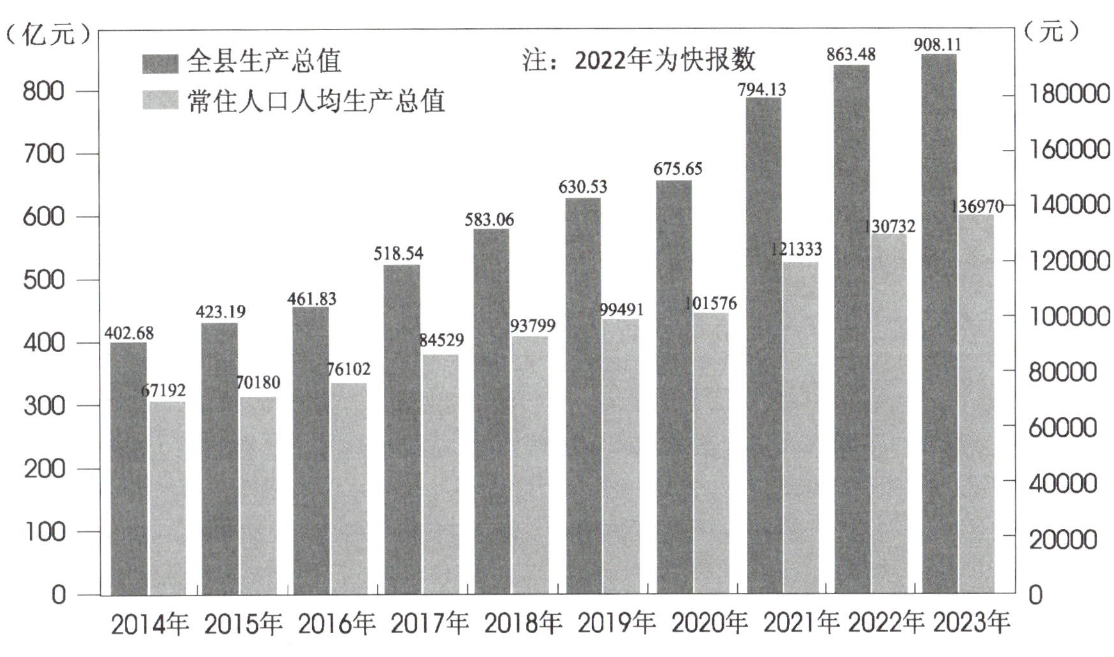

图 7　全县生产总值及人均生产总值

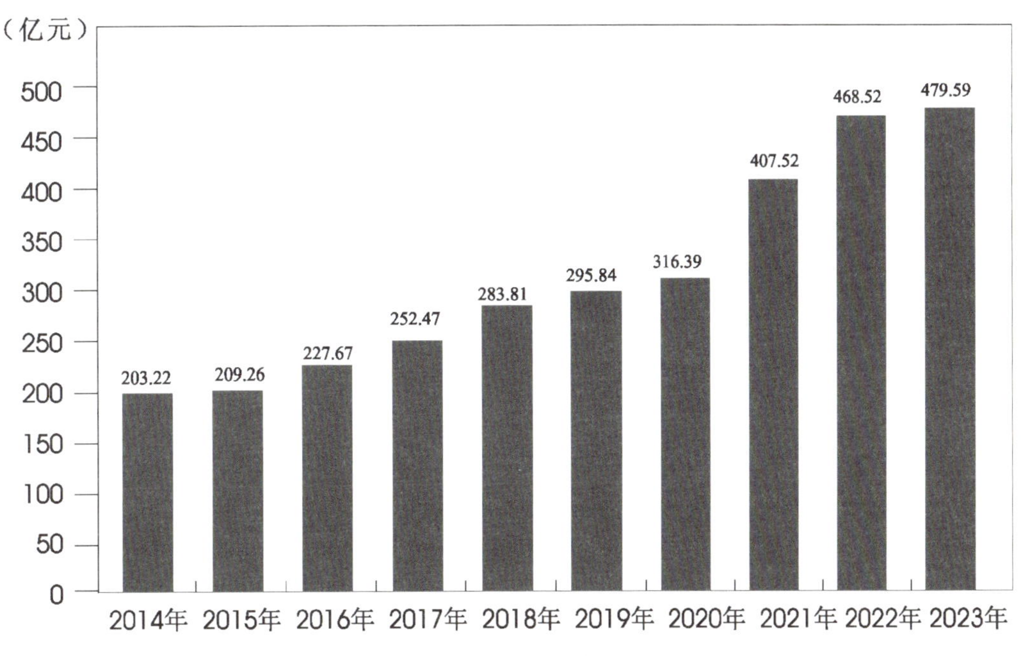

图 8　全县工业增加值

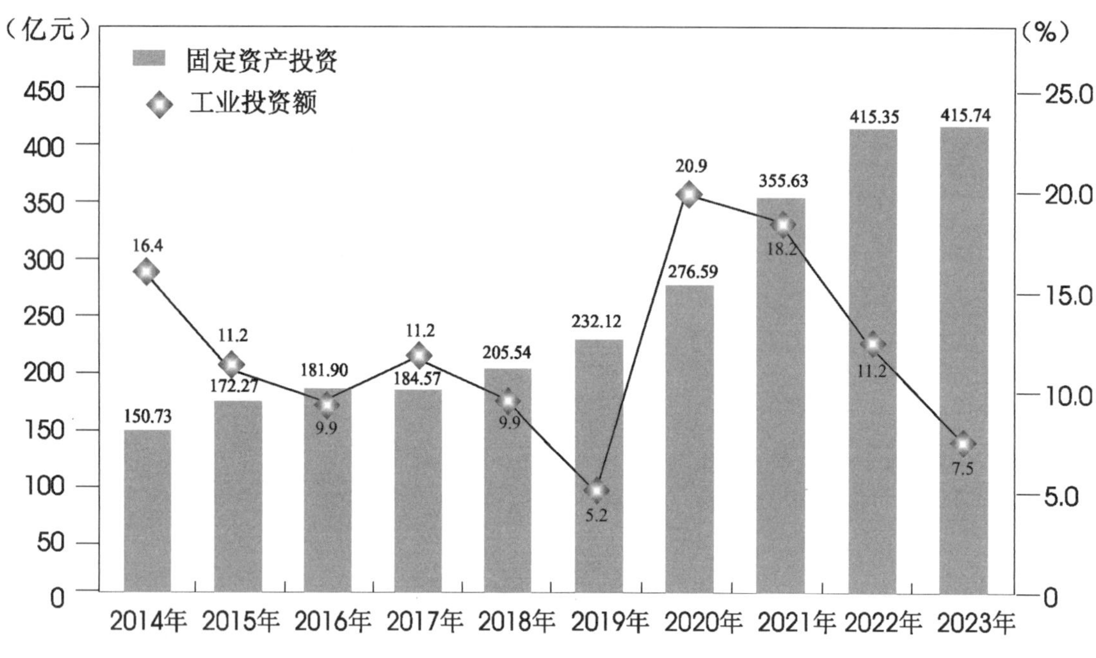

图 9　全县规上工业增加值及增速

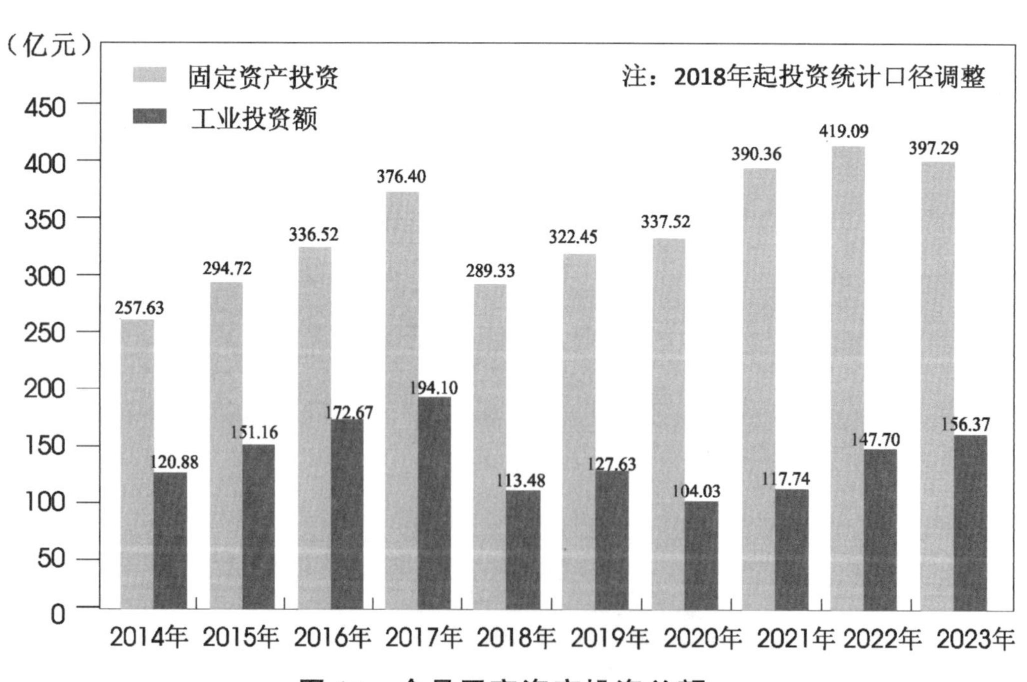

图 10　全县固定资产投资总额

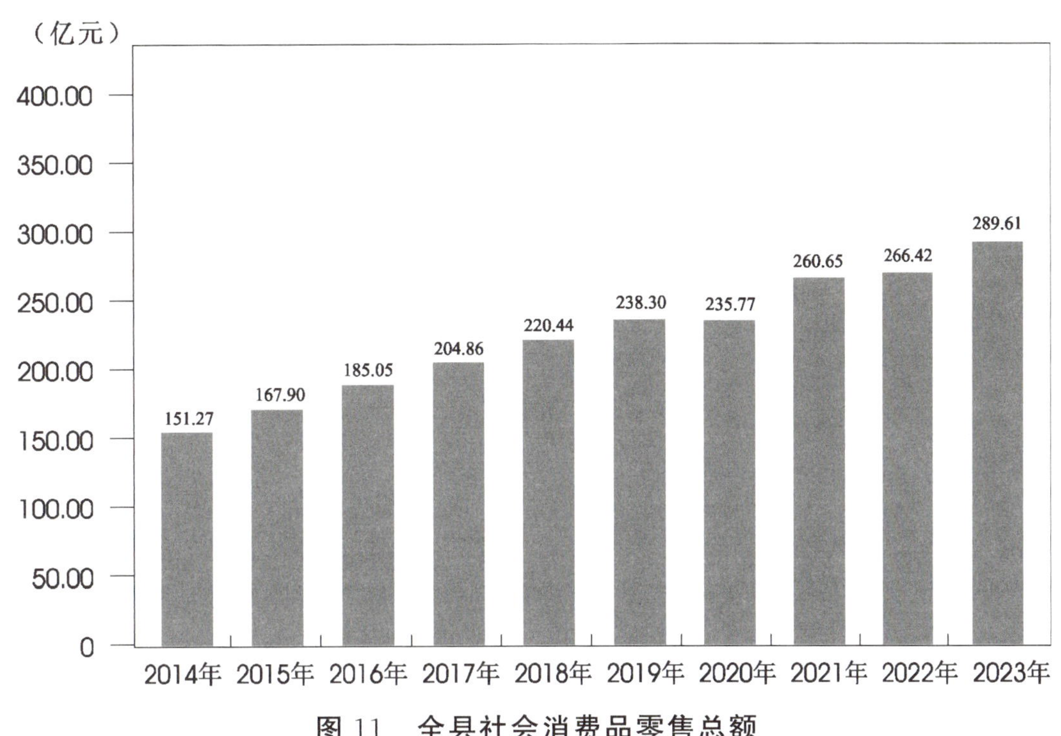

图 11　全县社会消费品零售总额

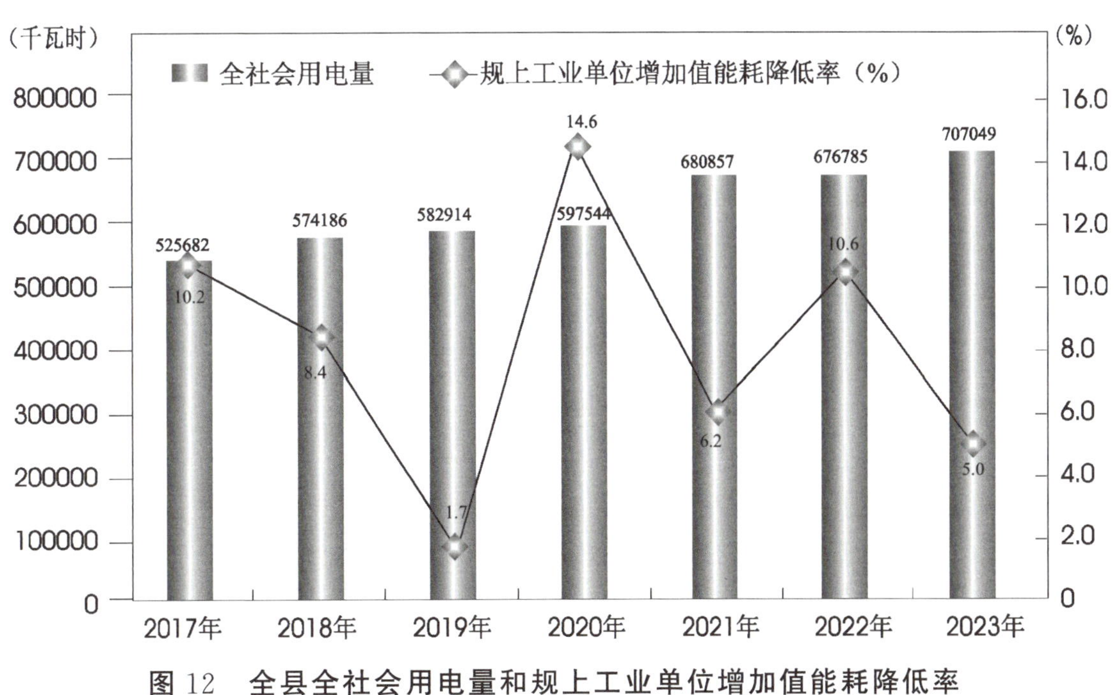

图 12　全县全社会用电量和规上工业单位增加值能耗降低率

文　件　目　录

表 26　　2023 年嘉善县人民政府规范性文件目录

序号	文件名称	文号
1	关于印发嘉善县贯彻浙江省推动经济高质量发展若干政策承接落实方案的通知	善政发〔2023〕1 号
2	关于印发嘉善县内部审计工作实施方案的通知	善政办发〔2023〕7 号
3	关于印发嘉善县特困人员救助供养暂行办法的通知	善政办发〔2023〕8 号
4	关于印发小高层、高层公寓房层次差价率补充标准及带电梯多层公寓房层次差价率标准的通知	善政办发〔2023〕23 号
5	关于公布嘉善县征地区片综合地价的通知	善政发〔2023〕10 号
6	关于印发嘉善县政府投资项目管理办法的通知	善政发〔2023〕11 号
7	关于印发嘉善县既有住宅加装电梯实施方案的通知	善政办发〔2023〕31 号
8	关于禁止猎捕陆生野生动物的通告	善政发〔2023〕14 号
9	关于科技创新推进县域经济高质量发展的若干意见	善政发〔2023〕20 号
10	关于促进集成电路产业发展的若干政策意见	善政办发〔2023〕38 号
11	关于公布县政府及县政府办公室行政规范性文件清理结果的通知	善政办发〔2023〕45 号
12	关于支持农业农村现代化建设若干财政政策意见	善政发〔2023〕21 号
13	关于印发嘉善县推进传统优势产业高质量发展实施方案的通知	善政办发〔2023〕37 号
14	关于印发嘉善县加快推进“专精特新”中小企业高质量发展行动计划（2023—2025 年）的通知	善政办发〔2023〕46 号
15	关于加快建设基本养老服务体系的实施意见	善政办发〔2023〕51 号
16	关于印发嘉善县推进文旅深度融合高质量发展奖补办法的通知	善政发〔2023〕24 号
17	关于加快生命健康产业高质量发展若干意见的通知	善政办发〔2023〕53 号

表 27　　2023 年中共嘉善县委发文目录

序号	标　　题
1	关于全面学习贯彻党的二十大精神 深化"双示范"建设 奋力争当县域高质量发展典范的决定
2	关于聘任王建沂同志为嘉善县域高质量发展顾问的通知
3	关于建立县十七届人大二次会议、十五届政协二次会议临时党委和人代会代表团、政协委员组临时党支部及组成人员的通知
4	关于加快推动工业强县升级版建设的若干意见
5	关于 2022 年度全县工作目标责任制考核结果的通报
6	关于表彰 2022 年度嘉善县一体化示范区建设先进集体和个人的通报
7	关于表扬 2022 年度嘉善县高质量发展、平安建设成绩突出集体和个人、经济高质量发展成绩突出企业的通报
8	关于表彰 2022 年度"嘉善县担当作为好干部"的决定
9	印发《关于深入打好污染防治攻坚战的实施方案》的通知
10	关于调整部分县委常委分工的通知
11	关于印发《嘉善县"四敢争先"实践活动实施方案》的通知
12	关于命名 2020—2022 年度嘉善县级文明单位的决定
13	关于成立县委考核工作委员会的通知
14	关于公布 2022 年度嘉善县平安创建工作考核结果的通知
15	印发《关于 2023 年高水平推进乡村全面振兴的实施意见》的通知
16	关于印发《嘉善大云旅游度假区创建国家级旅游度假区工作实施方案》的通知
17	关于表彰嘉善县 2022—2023 年优秀共产党员、优秀党务工作者和先进基层党组织的决定
18	关于给予陈贤明等同志记三等功的决定
19	关于创建"绿水青山就是金山银山"实践创新基地建设生态优势转化先行区的意见
20	关于 2023 年度"嘉善县担当作为好干部"名单的通报
21	关于印发《嘉善县优化生育政策促进人口长期均衡发展的十条措施》的通知

表 28　　2023 年嘉善县人大常委会发文目录

序号	文　件　题　名	发文时间
1	嘉善县人民代表大会常务委员会关于召开嘉善县第十七届人民代表大会第二次会议的决定	2022.1.9
2	嘉善县人民代表大会常务委员会关于同意嘉善县 2023 年度新增总投资 3000 万元及以上政府性重大投资项目的决定	2022.1.9
3	嘉善县人民代表大会常务委员会关于接受张冬强请求辞去嘉善县第十七届人民代表大会代表职务的决定	2022.1.9
4	嘉善县人大常委会关于补选嘉善县第十七届人大出缺代表的决定	2022.1.9
5	嘉善县人民代表大会常务委员会关于接受盛琴琴辞去嘉善县监察委员会主任职务请求的决定	2022.1.9
6	关于唐林章同志任职的通知	2022.1.9

续表 28

序号	文　件　题　名	发文时间
7	嘉善县人民代表大会常务委员会关于唐林章副主任为嘉善县监察委员会代理主任的决定	2022.1.9
8	关于许雅同志任职的通知	2022.1.9
9	关于表彰嘉善县 2022 年度人大代表工作各项先进的通知	2023.2.1
10	嘉善县人民代表大会常务委员会关于接受郁晓凡辞去嘉善县人民政府副县长职务请求的决定	2023.2.3
11	关于楼向辉同志任职的通知	2023.2.3
12	关于胡玉龙等同志职务任免的通知	2023.2.3
13	关于闵芳呈等同志职务任免的通知	2023.2.3
14	嘉善县人民代表大会常务委员会关于接受陈立展请求辞去嘉善县第十七届人民代表大会代表职务的决定	2023.3.10
15	嘉善县人民代表大会常务委员会关于人大常委会魏塘、罗星、惠民街道工委工作报告的决议	2023.3.30
16	关于印发《嘉善县人大常委会 2023 年工作要点》的通知	2023.3.30
17	关于戚斌同志任职的通知	2023.3.30
18	关于苏丽萍等同志职务任免的通知	2023.3.30
19	嘉善县人大常委会关于许可对县十七届人大代表王志康采取刑事强制措施的决定	2023.3.30
20	嘉善县人民代表大会常务委员会关于促进和保障县域高质量发展示范点建设的决定	2023.4.7
21	关于全县根治欠薪工作情况的审议意见	2023.4.17
22	嘉善县人民代表大会常务委员会关于同意《嘉善县国土空间总体规划(2021—2035 年)》规划方案的决定	2023.5.8
23	嘉善县人民代表大会常务委员会关于同意《长三角生态绿色一体化发展示范区先行启动区国土空间总体规划(2021—2035 年)》规划方案的决定	2023.5.8
24	关于朱锡锋等同志职务任免的通知	2023.5.29
25	关于朱聚红等同志职务任免的通知	2023.5.29
26	关于嘉善县政府反电信网络诈骗工作情况报告的审议意见	2023.6.12
27	关于全县国有资产管理及国投集团情况的审议意见	2023.6.12
28	嘉善县人民代表大会常务委员会关于接受邱建新辞去嘉善县人民政府副县长职务请求的决定	2023.6.30
29	嘉善县人民代表大会常务委员会关于批准嘉善县 2022 年财政决算的决议	2023.7.28
30	嘉善县人民代表大会常务委员会关于接受陈斌请求辞去嘉善县第十七届人民代表大会代表职务的决定	2023.7.28
31	嘉善县人民代表大会常务委员会关于接受陈斌请求辞去嘉善县人民检察院检察长职务的决定	2023.7.28
32	关于暴龙等同志职务任免的通知	2023.7.28
33	关于徐智华免职的通知	2023.7.28
34	关于嘉善县 2023 年上半年国民经济和社会发展计划执行情况报告的审议意见	2023.8.9
35	关于嘉善县 2023 年上半年财政预算执行情况报告的审议意见	2023.8.9
36	关于 2022 年度嘉善县财政预算执行和其他财政收支审计工作报告的审议意见	2023.8.9

续表 28

序号	文　件　题　名	发文时间
37	关于嘉善县创建国家农业现代化示范区情况报告的审议意见	2023.8.9
38	嘉善县人民代表大会常务委员会关于接受黄锡炎请求辞去嘉兴市第九届人民代表大会代表职务的决定	2023.9.25
39	嘉善县人民代表大会常务委员会关于接受王志刚、陈新颜请求辞去嘉善县第十七届人民代表大会代表职务的决定	2023.9.25
40	关于沈斌等同志职务任免的通知	2023.9.25
41	关于俞娟等同志职务任免的通知	2023.9.25
42	关于陈旻等同志职务任免的通知	2023.9.25
43	关于接受黄锡炎辞去嘉兴市第九届人民代表大会代表职务请求的报告	2023.9.25
44	关于全县科技成果转化工作情况的审议意见	2023.10.17
45	关于嘉善县经济和信息化局依法行政和履行职责情况的评议意见	2023.10.17
46	关于嘉善县司法局依法行政和履行职责情况的评议意见	2023.10.17
47	关于县政府贯彻执行《浙江省民营企业发展促进条例》《浙江省促进中小微企业发展条例》情况的审议意见	2023.10.17
48	嘉善县人民代表大会常务委员会关于同意嘉善县2023年政府投资项目计划调整的决定	2023.12.6
49	嘉善县人民代表大会常务委员会关于同意嘉善县2023年财政预算调整的决定	2023.12.6
50	嘉善县人民代表大会常务委员会关于批准嘉善县2023年地方政府债务限额和新增地方政府债务预算调整的决议	2023.12.6
51	嘉善县人民代表大会常务委员会关于废止《嘉善县人民代表大会常务委员会授予“嘉善县荣誉市民”称号的办法》的决定	2023.12.6
52	嘉善县人民代表大会常务委员会关于接受曹惠明、高敏丽请求辞去嘉善县第十七届人民代表大会代表职务的决定	2023.12.6
53	嘉善县人民代表大会常务委员会关于补选嘉善县第十七届人大出缺代表的决定	2023.12.6
54	嘉善县人民代表大会常务委员会关于接受阮建松辞去嘉善县人民政府副县长职务请求的决定	2023.12.6
55	关于王靖宇等同志任职的通知	2023.12.6
56	关于朱利江等同志职务任免的通知	2023.12.6
57	关于曹峰等同志职务任免的通知	2023.12.6
58	关于沈鸣翔同志免职的通知	2023.12.6
59	关于靳丰倩同志任职的通知	2023.12.6
60	关于2023年嘉善县生态环境状况和环境保护目标完成情况报告的审议意见	2023.12.18
61	关于《嘉善县国民经济和社会发展第十四个五年规划纲要中期实施情况报告》的审议意见	2023.12.18
62	关于接受金琴龙辞去嘉兴市第九届人民代表大会代表职务的决定	2023.12.22
63	关于接受金琴龙请求辞去嘉兴市第九届人民代表大会代表职务的报告	2023.12.22
64	关于补选于军为嘉兴市第九届人民代表大会代表的报告	2023.12.22

表 29　　2023 年嘉善县人民政府发文目录

序号	文件题名
1	关于印发嘉善县贯彻浙江省推动经济高质量发展若干政策承接落实方案的通知
2	关于给予在示范区三周年建设工作中表现突出的个人行政奖励的决定
3	关于县政府专家咨询委员会组成人员的通知
4	嘉善县人民政府房屋征收决定(火车站广场有机更新地块)
5	嘉善县人民政府房屋征收决定(原兽药厂地块及周边有机更新地块)
6	关于做好第五次全国经济普查的通知
7	关于调整部分县政府领导分工的通知
8	关于调整和完善县与镇(街道)财政管理体制的通知
9	关于公布嘉善县征地区片综合地价的通知
10	关于印发嘉善县政府投资项目管理办法的通知
11	关于暴龙副县长工作分工的通知
12	关于加快推进气象高质量发展的实施意见
13	关于禁止猎捕陆生野生动物的通告
14	嘉善县人民政府房屋征收决定(中国银行股份有限公司浙江长三角一体化示范区支行有机更新地块)
15	嘉善县人民政府房屋征收决定[中国人寿保险股份有限公司长三角一体化示范区(浙江嘉善)支公司有机更新地块]
16	嘉善县人民政府房屋征收决定(中国工商银行浙江长三角一体化示范区支行有机更新地块)
17	嘉善县人民政府房屋征收决定(中国农业银行股份有限公司浙江长三角一体化示范区支行有机更新地块)
18	嘉善县人民政府房屋征收决定(中国建设银行股份有限公司浙江长三角一体化示范区支行有机更新地块)
19	关于科技创新推进县域经济高质量发展的若干意见
20	关于支持农业农村现代化建设若干财政政策意见
21	关于公布第十七届嘉善县县长质量奖评审结果的通知
22	关于印发嘉善县推进文旅深度融合高质量发展奖补办法的通知
23	关于任命周军等为县政府行政复议员的通知

表 30　　2023 年政协嘉善县委员会发文目录

序号	标题
1	中国人民政治协商会议嘉善县委员会提案工作条例(修订)
2	中国人民政治协商会议嘉善县委员会关于提高提案质量的实施意见
3	政协嘉善县委员会关于表彰 2022 年度先进界别活动组、先进镇(街道)片组、先进镇(街道)政协联络室和优秀政协委员的决定
4	政协嘉善县委员会关于表彰嘉善县 2022 年度政协优秀提案、提案承办先进单位、优秀派驻民主监督组、优秀派驻民主监督员、社情民意信息先进单位及先进个人的决定

续表 30

序号	标　　　　题
5	政协嘉善县委员会关于表彰 2022 年度“民生议事堂”最佳案例和优秀案例的决定
6	政协嘉善县委员会关于 2022 年度基层协商平台评价结果的通报
7	政协嘉善县第十五届委员会常务委员会关于吴犇等同志职务任免的决定
8	政协嘉善县第十五届委员会常务委员会关于辞去常委、委员和增补委员的决定
9	关于调整县政协界别活动组副组长、镇(街道)片组副组长的通知
10	关于调整政协嘉善县十五届委员会提案委员会成员的通知
11	政协嘉善县第十五届委员会常务委员会关于同意许春红同志请辞政协嘉善县第十五届委员会副主席职务的决定
12	关于印发中国人民政治协商会议嘉善县第十五届委员会第二次会议选举副主席、常务委员名单的通知
13	政协嘉善县第十五届委员会关于主席会议成员分工调整的通知
14	政协嘉善县委员会关于印发《2023 年嘉善县政协工作要点》的通知
15	关于印发《政协嘉善县委员会关于推进委员工作室建设的实施办法》的通知
16	关于印发《政协嘉善县委员会关于开展“同心实干、担当有为”主题实践活动的实施方案》的通知
17	关于印发《政协嘉善县委员会关于贯彻中共嘉善县委十五届四次全会精神 助力深化“双示范”建设 奋力争当县域高质量发展典范的决议》的通知
18	政协嘉善县委员会关于印发《关于深入开展 2023 年度“崇学善读·书香政协”委员读书活动的意见》的通知
19	政协嘉善县委员会关于“建设江南水乡公园”的建议案
20	政协嘉善县第十五届委员会常务委员会关于辞去委员和增补委员的决定
21	关于调整县政协界别活动组组长、副组长,镇(街道)片组副组长的通知
22	政协嘉善县委员会关于“全方位打造接轨上海第一站”的建议案
23	关于暂停叶华履行县政协第十五届委员会委员职责的通知
24	政协嘉善县委员会关于进一步推进政协委员联系界别群众工作的实施意见

2023年嘉善县领导人简介

中共嘉善县第十五届委员会领导人

江海洋　嘉兴市委常委、嘉善县委书记。男，1975年4月出生，籍贯江苏海安，1996年6月入党，1998年7月参加工作，大学学历。主要简历：河海大学港口及航道工程专业学习；浙江省河口海岸研究所规划研究室工作；省水利河口研究院助理工程师；省水利河口研究院设计所副所长；省水利河口研究院计划经营处副主任、工程师；省水利河口研究院自动化信息技术研究所所长；省水利河口研究院副院长、党委委员；省河道管理总站副主任；省水利厅规划计划处副处长、省水利厅治水办常务副主任（兼）；省水资源管理中心主任；省水利厅规划计划处处长；省水利厅党组成员，省水文局局长、党委书记；省水利厅党组成员、省水文管理中心党委书记、省水文局局长；省水利厅党组成员，省水文管理中心主任、党委书记；嘉兴市副市长、市政府党组成员；嘉兴市委常委、嘉善县委书记、嘉善长三角生态绿色一体化发展示范区党工委书记。

张锡锋　县委副书记。男，1984年5月出生，籍贯浙江慈溪，2007年12月入党，2013年4月参加工作，研究生学历，管理学博士学位。主要简历：浙江工业大学经贸管理学院市场营销专业学习；同济大学经济与管理学院产业经济学专业硕士研究生班学习；同济大学经济与管理学院金融工程与管理专业博士研究生班学习；嘉兴市南湖区发改局副局长、党组成员（挂职）（正科长级）；南湖区委办公室副主任、区委政研室主任（挂职）；南湖区大桥镇党委副书记、镇长，嘉兴工业园区党工委副书记、管委会常务副主任；南湖区大桥镇党委书记、镇长，嘉兴科技城管委会社会事业发展局局长、统筹城乡办公室主任；南湖区大桥镇党委书记、镇长，嘉兴科技城管委会统筹城乡办公室主任；嘉兴市湘家荡区域开发建设党工委副书记、管委会主任，南湖区七星街道党工委副书记、办事处主任；团嘉兴市委副书记、党组成员（主持工作）；团嘉兴市委书记、党组书记；嘉善县委副书记、政法委书记（正县处长级）；县委副书记、副县长、代县长、县长，县政府党组书记，嘉善长三角生态绿色一体化发展示范区党工委副书记、管委会主任。

胡泓恬　县委副书记。男，1978年7月出生，籍贯浙江平湖，2003年2月入党，2000年11月参加工作，大学学历，公共管理硕士学位。主要简历：浙江大学环境资源学院土地管理专业学习；平湖市行政服务中心土管窗口工作；平湖市国土资源局办公室秘书；平湖市林埭镇国土资源所副所长（主持工作）；平湖市林埭镇国土资源所所长；平湖经济开发区管委会主任助理（副科长级）；平湖经济开发区管委会副主任，平湖经济开发区（钟埭街道）党工委委员，钟埭街道办事处副主任；平湖市政府办公室副主任；平湖市新埭镇党委副书记、市临沪产业园管委会副主任；独山港经济开发区（独山港区）党工委副书记、管委会副主任，独山港镇党委副书记、镇长；平湖市钟埭街道党工委副书记、办事处主任，平湖经济技术开发区党工委副书记，管委会副主任、主任；平湖经济技术开发区党工委书记、管委会主任，钟埭街道党工委书记（副县处长级）；平湖市副市长，平湖经济技术开发区党工委书记、管委会主任，钟埭街道党工委书记；平湖市委常委、副市长（常务），平湖经济技术开发区（钟埭街道）党工委书记；嘉善县委副书记、政法委书记、教育工委书记。

楼向辉　县委常委。男，1981年7月出生，籍贯浙江浦江，2009年7月入党，2002年7月参加工作，大学学历，公共管理硕士学位。主要简历：江西财经大学财政金融学院金融学专业学习；中国工商银行浦江县支行信贷科职员；义乌市财政局农业税收征收中心职员；义乌市综合行政执法局科员；金华市经济委员会企业处科员、副主任科员；浙江省发展改革委省海洋经济工作办公室（海洋经济处）副主任科员、主任科员；省海洋港口发展委员会发展规划处主任科员、副处长；省发展改革委对口帮扶处副处长；省发展改革委地区与海洋经济处副处长、处长；嘉善县委常委（正县处长级）、副县长（常务）、县政府党组副书记。

曹惠明　县委常委。男，1971年6月出生，籍贯浙江嘉善，1996年7月入党，1995年8月参加工作，中央党校大学学历。主要简历：浙江林业学校林业专业学习；嘉善县俞汇乡党委秘书；县委组织部工作，干部科副科长、参照办主任；县委办公室副主任；县委办公室副主任、县委政研室主任（正科级）；县委办公室主任、县委政研室主任；干窑镇党委书记；县委常委，姚庄镇党委书记，姚庄经济开发区党工委书记、管委会主任；海盐县委常委、副县长（常务）；嘉善县委常委，嘉善长三角生态绿色一体化发展示范区开发建设党工委副书记、管委会专职副主任，西塘镇党委书记，嘉善通信电子高新技术产业园区（嘉兴综合保税区B区）党工委书记；县委常委，嘉善长三角生态绿色一体化发展示范区开发建设党工委副书记、管委会专职副主任（正县处长级）。

朱兆友　县委常委。男，1979年10月出生，籍贯江苏泗阳，2001年10月入党，1997年12月参加工作，在职大学学历。主要简历：武警浙江总队丽水支队云和中队战士；武警杭州指挥学校指挥专业学习；武警上海总队八支队一大队一中队排长；武警上海总队八支队二大队四中队排长；武警部队上海市总队八支队政治处群保办副连职干事；武警部队上海市总队八支队政治处干部股副连职干事；武警部队上海市总队八支队政治处组织干部股副连职干事；武警上海总队八支队一大队三中队指导员、支部书记；武警上海总队八支队二大队副大队长兼三中队指导员、支部书记；武警上海总队八支队政治处组织干部股股长；武警上海总队八支队二大队政治教导员、党委书记；武警上海总队八支队副政委、党委常委；武警上海总队执勤第七支队副政委、党委常委；武警上海总队执勤第七支队政治工作处主任、党委常委；嘉善县人武部政治委员、党委书记；嘉善县人武部上校政治委员、党委书记；嘉善县委常委，县人武部上校政治委员、党委书记。

郑洁梅　县委常委。女，1977年8月出生，籍贯浙江平湖，2000年5月入党，2000年8月参加工作，大学学历，公共管理硕士学位。主要简历：浙江大学政治学系行政管理学专业学习；浙江科技工程学校教师；嘉兴市人大常委会办公室秘书处科员；嘉兴市人大法制委员会法制处科员、副主任科员；嘉兴市人大常委会研究室综合处副处长、主任科员、处长；嘉兴市人大常委会办公室人事处（老干部处）处长；嘉兴市人大教育科学文化卫生委员会教科文卫处处长；嘉兴市人大常委会代表与选举任免工作委员会副主任；嘉善县委常委、统战部长、县政协党组副书记。

俞益东　县委常委。男，1973年1月出生，籍贯浙江新昌，2003年4月入党，1996年8月参加工作，大学学历。主要简历：浙江水产学院养殖系淡水渔业专业学习；新昌县大市聚镇政府工作；嘉兴市秀城区人事劳动社会保障局工作，公务员管理科（工资福利科）科长，副主任科员；南湖区（秀城区）人事劳动保障局局长助理、党组成员、公务员管理科（工资福利科）科长；南湖区人事劳动保障局副局长、党组成员；南湖街道党工委副书记、纪工委书记、政协联络室副主任；南湖街道党工委副书记、办事处主任；南湖区委组织部副部长，区委正科级组织员；南湖区解放街道党工委书记；南湖区委办公室主任、政研室主任；南湖区南湖新区（东栅街道）党工委书记；南湖区副区长；嘉善县委常委、副县长、县政府党组成员、县政务数据办党组书记（兼）；县委常委、组织部长、人才办主任、党校（行政学校）校长、县委直属机关工委书记（兼）。

唐林章　县委常委。男，1975 年 11 月出生，籍贯浙江平湖，1997 年 1 月入党，1994 年 12 月参加工作，大学学历。主要简历：海军北海舰队第一训练团学兵；海军驱逐舰第一支队勤务船中队北交 47 艇战士；海军大连舰艇学院水面舰艇技术指挥专业学习；海军哈尔滨舰通信部门副连职副观通长；海军哈尔滨舰通信部门副连职实习观通长；海军哈尔滨舰通信部门正连职实习观通长；海军驱逐舰第一支队政治部干部科正连职干事；海军驱逐舰第一支队政治部干部科副营职干事；嘉兴市社会科学界联合会工作；嘉兴市委宣传部新闻处副处长；嘉兴市委宣传部办公室副主任；嘉兴市委宣传部新闻处副处长（主持工作）；嘉兴市委宣传部新闻处处长；嘉兴市委宣传部文化建设处处长；嘉兴市委宣传部办公室主任；嘉兴市委网信办（市互联网信息办公室）副主任；嘉善县委常委、宣传部长；县委常委，县纪委书记，县监委副主任、代主任、主任，嘉兴市纪委市监委派出嘉善长三角生态绿色一体化发展示范区纪检监察工委书记。

吴昊峥　县委常委。男，1985 年 8 月出生，籍贯福建平潭，2007 年 12 月入党，2011 年 7 月参加工作，研究生学历，法律硕士学位。主要简历：上海交通大学国际公共事务学院行政管理专业学习；福建省平潭综合试验区潭城镇桂山居委会工作；上海交通大学凯原法学院攻读法律硕士学位；浙江省政府驻上海办事处人事处副主任科员；浙江省政府驻上海办事处人事处主任科员、省驻沪单位党委办公室主任（兼）、省驻沪团工委书记（兼）；浙江省政府驻上海办事处人事处副处长、省驻沪团工委书记（兼）；浙江省政府驻上海办事处长三角联络合作处（浙商联络处）副处长；嘉善县副县长、县政府党组成员；县委常委、副县长、县政府党组成员、县政务数据办党组书记（兼）；县委常委、姚庄镇党委书记。

余华君　县委常委。女，1979 年 3 月出生，籍贯湖南衡南，2002 年 5 月入党，2005 年 6 月参加工作，研究生学历，法学硕士学位。主要简历：湖南师范大学法学院哲学专业学习；苏州大学社会学院社会学专业研究生学习；嘉兴市委党校工作，科研处副主任科员；市委组织部调研室副主任科员、副主任、主任科员；市委组织部干部教育处副处长、处长；市委组织部调研室副主任，市党员电化教育中心主任；市委组织部调研室主任、宣传信息处处长，兼市红十字会副会长；市委组织部部务会议成员，市委“两新”工委副书记；嘉善县委常委、宣传部长。

陶红亚　县委常委。女，1976 年 7 月出生，籍贯浙江嘉善，1998 年 6 月入党，1999 年 8 月参加工作，在职大学学历，公共管理硕士学位。主要简历：湖州师范专科学校政史教育专业学习；嘉善县西塘中学教师，政教处副主任；县委党校教师，教务处副主任，函授辅导站副站长；县行政审批服务中心副主任、党组成员；县府办副主任、党组成员；县科技局局长、党组书记；县发改局局长、党组书记、县服务业发展局局长（兼）；嘉善县副县长、县政府党组成员；县委常委、副县长、县政府党组成员。

嘉　善　县
第十七届人民代表大会
常务委员会领导人

钱学勤　人大常委会主任。男，1969 年 8 月出生，籍贯浙江平湖，1993 年 7 月入党，1988 年 8 月参加工作，中央党校大学学历。主要简历：平湖师范普师专业学习；平湖师范附属小学教师，教导处副主任、主任；平湖市科协副主席、党组成员；平湖市政府办公室副主任、法制办副主任；平湖市政府办公室副主任；平湖市新仓镇党委副书记、镇长；平湖市曹桥街道党委书记；平湖市当湖街道党委书记；海盐县副县长；南湖区委常委、组织部长，嘉兴科技城党工委副书记；南湖区委副书记、政法委书记；嘉兴市委副秘书长，市委市政府信访局局长、党组书记；嘉善县人大常委会主任、党组书记。

邹霞芳　人大常委会副主任。女，1966 年 4 月出生，籍贯浙江嘉善，1986 年 12 月入党，1988 年 8 月参加工作，在职大学学历。主要简历：浙江农技师专动物饲养系畜禽及经济动物饲养专业学习；嘉善县农经委工作；姚庄乡乡长助理、副乡长；里泽乡党委委员、副乡长；县城建局工作；县环保局办公室主任；县纪委常委、信访室主任、监察局副局长；县纪委副书记、监察局局长；县环保局局长、党组书记；县人大常委会副主任、党组成员；县人大常委会副主任、党组副书记。

沈宏伟　人大常委会副主任。男，1964年12月出生，籍贯浙江嘉善，1991年6月入党，1985年8月参加工作，中央党校大学学历。主要简历：浙江水产学院养殖系淡水渔业专业学习；嘉善县水产养殖场工作，县水产局水产技术推广站副站长、局团总支书记、养鳗场场长；县渔政委副主任、党组成员；陶庄镇党委副书记、纪委书记；陶庄镇党委副书记、镇长；县委宣传部副部长；县总工会主席、党组书记；大云镇党委书记、人大主席、副县级干部；副县级干部、魏塘街道党委书记；副县级干部、县委办副主任；县人大常委会副主任、党组成员。

朱忠民　人大常委会副主任。男，1969年3月出生，籍贯浙江嘉善，1993年6月入党，1989年8月参加工作，在职大学学历。主要简历：浙江省人民警察学校公安专业学习；嘉善县公安局民警，大舜派出所副所长、所长；县公安局魏塘派出所副所长；县公安局经济文化保卫科科长；县公安局纪委副书记、监察室主任、督察队队长；县交通局副局长、党委委员、党委副书记；陶庄镇党委副书记、镇长；县交通运输局局长、党委书记；县发改局局长、党组书记，县服务业发展局局长，县政府合作交流办主任；县发改局局长、党组书记，县服务业发展局局长；县人大常委会副主任、党组成员。

李　斌　人大常委会副主任。男，1969年7月出生，籍贯浙江嘉善，1995年6月入党，1993年12月参加工作，中央党校大学学历。主要简历：嘉善县大云镇中心小学教师、镇团委副书记；大云镇政府工作，团委书记、文化站站长、科协秘书长、组织干事；范泾乡党委委员；干窑镇党委委员；西塘镇党委委员；陶庄镇党委副书记、纪委书记；陶庄镇党委副书记、镇长；县人口计生局局长、党组书记；县纪委副书记、县监察局局长；县纪委副书记、县监委副主任；县人大常委会副主任、党组成员。

蒋晓平　人大常委会副主任。男，1973年12月出生，籍贯浙江嘉善，1999年6月入党，1995年8月参加工作，中央党校大学学历。主要简历：浙江电子工业学校计算机应用与维护专业学习；嘉善县下甸庙镇工作，文化站站长，团委副书记、书记；西塘镇团委书记；杨庙镇党委委员；杨庙镇党委副书记、纪委书记，政协委员联络室副主任；县委政法委副书记、县综治办主任；姚庄镇党委副书记、镇长，姚庄经济开发区管委会主任、党工委副书记；县交通运输局局长、党委书记；县农业农村局局长、党委书记；县委办主任、县委台办主任(兼)；县人大常委会副主任、党组成员。

滕少波　人大常委会副主任。男，1972年5月出生，籍贯浙江嘉善，1991年8月参加工作，农工党党员，在职大学学历。主要简历：浙江省建筑工业学校城乡建筑专业学习；嘉善县建设局工作，规划处副主任、开发区建设分局局长、规划处主任、村镇服务站站长、建筑业管理处副主任、安监站副站长、园林管理处主任、新城管委会规划绿化部主任、规划科科长、测绘科科长；县建设局局长助理、规划科科长、测绘科科长，县测绘管理办公室主任；县建设局副局长；县住建局副局长、长三角嘉善科技商务服务区管委会副主任(兼)；县府办副主任、县党外知识分子联谊会会长；县交通运输局局长、农工党县基层委员会主委；县人大常委会副主任，农工党县基层委员会主委。

嘉善县第十七届人民政府领导人

张锡锋　县长。(见上)

楼向辉　副县长(常务)。(见上)

陶红亚　副县长。(见上)

董铭勤　副县长。女，1978年7月出生，籍贯浙江嘉善，1999年8月参加工作，民革党员，省委党校研究生学历。主要简历：浙江广播电视大学师范英语专业学习；嘉善县里泽小学教师；里泽中学教师，教科室副主任；嘉善五中副校长；干窑中学校长、民革嘉善县支部副主委；县教育局局长助理、民革县支部副主委；姚庄镇镇长助理(副科级)、民革县支部副主委；姚庄镇副镇长，民革县支部副主委、主委；嘉善县委、县政府正科级信访督查专员、民革县支部主委；县文化和广电旅游体育局局长、民革县基层委员会主委；嘉善县副县长、民革县基层委员会主委。

张国平　副县长。男，1974年2月出生，籍贯浙江海盐，1996年12月入党，1994年8月参加工作，中央党校大学学历。主要简历：嘉兴市中等专业学校文秘档案专业学习；海盐团县委干事、委员、常委；海盐县澉浦镇党委委员、党委副书记、纪委书记；海盐县澉浦镇（南北湖风景区）党委副书记、纪委书记，县政协澉浦镇委员联络室副主任；海盐县开发区（西塘桥街道）党工委副书记，纪工委书记，县政协西塘桥街道委员联络室副主任；海盐县通元镇人大主席；海盐县通元镇党委副书记、镇长；海盐县通元镇党委书记；海盐县澉浦镇（南北湖风景区）党委书记、县南北湖风景区管委会主任；嘉善县副县长、县政府党组成员。

戚　斌　副县长（挂职）。男，1989年7月出生，籍贯浙江诸暨，2010年12月入党，2018年8月参加工作，研究生学历，管理学博士学位。主要简历：中国人民大学公共管理学院城市管理专业学习；中国人民大学公共管理学院城乡发展与规划专业学习；福建省顺昌县党组成员、科技副县长（聘任）；福建省建瓯市政府党组成员、副市长、玉山镇党委书记；嘉善县副县长、县政府党组成员（挂职），福建省建瓯市政府党组成员、副市长、玉山镇党委书记。

暴　龙　副县长（挂职）。男，1981年9月出生，籍贯吉林白城，2005年9月入党，2004年8月参加工作，在职研究生学历，教育硕士学位。主要简历：吉林师范大学中文系汉语言文学专业学习；白城职业技术学院教师；白城市教育局纪检监察法制科科员；白城市教育基建管理中心副主任；白城市教育局办公室副主任；白城市教育局教育督导室主任；白城市政府办公室人事科科长；白城市教育局副局长、党组成员；嘉善县副县长、县政府党组成员（挂职），白城市教育局副局长、党组成员。

王靖宇　副县长。男，1987年1月出生，籍贯江苏太仓，2006年12月入党，2014年8月参加工作，研究生学历，工学博士学位。主要简历：南京河海大学港口航道与海岸工程专业学习；清华大学水利工程专业学习；嘉兴市南湖区水利局副局长、党组成员（挂职）；南湖区凤桥镇副镇长（保留正科长级，城建）；共青团南湖区委书记；南湖区新兴街道党工委副书记、办事处主任；南湖区新兴街道党工委书记；嘉善县副县长、县政府党组成员。

朱利江　副县长。男，1975年4月出生，籍贯浙江海宁，2004年3月入党，1996年9月参加工作，在职大学学历。主要简历：上海港湾学校外轮理货专业学习；海宁市公安局硖石派出所民警、副所长；海宁市公安局海洲刑侦队队长兼巡特警大队副大队长；海宁市公安局海昌派出所教导员、所长，海昌街道党委委员、副主任科员；海宁市公安局党委委员、副局长，连杭经济区工作委员会主任，市新居民事务局副局长（兼）；海宁市新居民事务局局长，市公安局党委委员、副局长；海宁市综合执法局党委书记、局长，综合执法大队大队长；海宁市许村镇党委书记、海宁高新技术产业园区党工委副书记；嘉善县副县长、县政府党组成员，县公安局局长、党委书记、督察长，县委政法委副书记（兼）。

政协嘉善县
第十五届委员会领导人

顾新宇　政协主席。男，1969年11月出生，籍贯浙江嘉善，1998年6月入党，1992年8月参加工作，大学学历。主要简历：杭州大学中文系汉语言文学专业学习；嘉善县委办公室工作，综合科副科长、主任助理；县委办公室副主任、常务副主任、县委政研室主任；县委办公室主任、县委政研室主任；县发展和改革局局长、党组书记、县服务业发展局局长；嘉兴市第八批对口支援阿克苏地区沙雅县指挥部副指挥长、党委委员（副县处长级）；嘉善县委常委、统战部部长、县政协党组副书记；县政协主席、党组书记。

许建嘉　政协副主席。男，1967年6月出生，籍贯浙江嘉善，1987年4月入党，1989年8月参加工作，大学学历。主要简历：浙江师范大学政治教育专业学习；嘉善县里泽中学教师；嘉善二中教师、团委书记、党支部委员；县委组织部工作，参照办副主任、干部科副科长、参照办主任；县机关党工委副书记；嘉兴日报社嘉善分社社长、党组书记；县政府党组成员、县府办主任、党组书记、县法制办主任；县政协秘书长、党组成员、机关党组书记；县政协副主席、党组副书记。

杭新江　政协副主席。男，1965年11月出生，籍贯浙江嘉善，1987年8月参加工作，民盟盟员,大学学历。主要简历:浙江工学院机械工程系机械制造工艺及设备专业学习;嘉善县技工学校教师;县劳动保障(劳动)局劳动保护安全监察科副科长、劳动管理职业培训科和工资科副科长、县政协常委;县司法局副局长、县政协常委;县经贸局副局长、县政协常委、民盟县基层委员会副主委;县发改局副局长、县政协常委、民盟县基层委员会副主委;县统计局局长,县政协常委,民盟县基层委员会副主委、主委;县政协副主席、民盟县基层委员会主委。

仰金贤　政协副主席。女,1968年9月出生,籍贯河北蔚县,1991年8月参加工作,民革党员,大学学历。主要简历:内蒙古师范大学外语系英语专业学习;内蒙古锡林郭勒盟司法处工作;嘉兴市司法局工作,法律援助中心副主任、主任;嘉兴市司法局律师管理处(司法鉴定管理处)处长、市律师协会秘书长;嘉兴市司法局戒毒管理处处长;嘉兴市司法局宣教处处长、市妇联副主席(挂职);嘉善县政协副主席。

俞泓刚　政协副主席。男,1970年9月出生,籍贯浙江嘉善,1992年6月入党,1992年8月参加工作,大学学历。主要简历:浙江农业大学植保系植物保护专业学习;嘉善县纪委工作,检查室副主任;县委组织部办公室副主任、主任,部务会议成员;县委办公室副主任;姚庄镇党委副书记、镇长;县政府办公室副主任(正科级)、党组成员;县质监局局长、党委书记;县农经局局长,党委书记,县园艺所所长,县委、县政府农办主任;县政府党组成员、县府办主任、党组书记、县法制办主任;县政府党组成员、县府办主任、党组书记、县政府外事办公室主任(兼)、县政府金融工作办公室主任(兼);县政协副主席、党组成员。

2023年嘉善县地名命名更名名单

表31　　2023年嘉善县地名命名更名名单

序　号	地名名称	申　请　单　位	时　　间
1	翠兴雅苑	嘉善县西塘新市镇投资开发有限公司	1月9日
2	亭桥通信大楼	嘉善县长城房地产有限公司	1月16日
3	善南苑	嘉善县魏塘新市镇投资建设有限公司	3月15日
4	翠樾府	嘉善县西塘新市镇投资开发有限公司	3月17日
5	星云湾	嘉善县天凝城镇基础设施开发建设有限公司	4月11日
6	合意花苑	嘉善县凝溪实业有限公司	4月11日
7	惠佳苑	嘉善经开资产经营管理有限公司	4月11日
8	玖玺小区	嘉兴九天置业有限公司	5月5日
9	汇富苑	嘉善县惠民新市镇投资开发有限公司	5月5日
10	振升路	嘉善县魏塘工业园区实业有限公司	5月10日
11	新嘉大道	中新嘉善现代产业园管理委员会	5月10日
12	振源路	中新嘉善现代产业园管理委员会	5月10日
13	新慧路	中新嘉善现代产业园管理委员会	5月10日
14	嘉合路	中新嘉善现代产业园管理委员会	5月10日
15	嘉魏路	中新嘉善现代产业园管理委员会	5月10日
16	嘉泽路	中新嘉善现代产业园管理委员会	5月10日
17	新阳路	中新嘉善现代产业园管理委员会	5月10日
18	中新大道	中新嘉善现代产业园管理委员会	5月10日
19	嘉胥大道	中新嘉善现代产业园管理委员会	5月10日
20	新枫路	中新嘉善现代产业园管理委员会	5月10日
21	新平路	中新嘉善现代产业园管理委员会	5月10日
22	振国路(延伸)	中新嘉善现代产业园管理委员会	5月10日
23	嘉景大道	中新嘉善现代产业园管理委员会	5月10日
24	新湖路	中新嘉善现代产业园管理委员会	5月10日
25	嘉业路	中新嘉善现代产业园管理委员会	5月10日
26	嘉鹏路	中新嘉善现代产业园管理委员会	5月10日
27	善虹苑	嘉善县长城房地产有限公司	5月23日
28	夏湖雅苑	嘉善县陶庄镇新市镇建设有限公司	6月12日
29	善新苑	嘉善县北部新城开发建设有限公司	6月12日

续表 31

序　号	地名名称	申　请　单　位	时　间
30	东韵华庭	嘉善善建旧城改造有限公司	6月20日
31	云景佳苑	嘉善大云旅游实业有限公司	7月6日
32	云新路	嘉善大云旅游实业有限公司	7月11日
33	景明佳苑	嘉善县大往圩置业有限公司	8月17日
34	姚兴嘉园	嘉善县大往圩置业有限公司	8月17日
35	春和佳苑	嘉善县大往圩置业有限公司	8月17日
36	清姚嘉园	嘉善县大往圩置业有限公司	8月17日
37	东鼎悦府	浙江东紫房地产开发有限公司	8月22日
38	金晖嘉苑	嘉善善建旧城改造有限公司	9月19日
39	惠诚雅苑	嘉善县惠民新市镇投资开发有限公司	9月20日
40	文晖嘉苑	嘉善县泗洲城市建设有限公司	9月21日
41	谈公路邻里中心	嘉善绿洲市场建设有限公司	10月10日
42	宏泽嘉园	嘉善县中新产业发展投资有限公司	10月11日
43	嘉康护理中心	嘉善县资产经营有限公司	10月26日
44	归谷雅苑	嘉善罗星小城镇建设有限公司	10月30日
45	博亚大厦	浙江北亚酒店管理有限公司	11月6日
46	窑韵雅院	嘉善县瓦都建设开发有限公司	11月17日
47	窑韵合院	嘉善县瓦都建设开发有限公司	11月17日
48	珑港华庭	嘉善县北部新城开发建设有限公司	12月20日
49	凤桐雅苑	嘉善县北部新城开发建设有限公司	12月20日
50	东方云锦府邸	嘉善嘉鹏置业有限公司	12月22日
51	翡翠楠山院	嘉善三达房地产开发有限公司	12月25日
52	陆家浜路	嘉善经济技术开发区(惠民街道)规划建设局	12月28日
53	陆家浜支路	嘉善经济技术开发区(惠民街道)规划建设局	12月28日

嘉善县2023年度县级及以上“身边好人”名单

表32　嘉善县2023年度县级及以上“身边好人”名单

姓　名	性别	荣　　誉	类　　别	所属地区（单位）	政治面貌	籍　　贯
沈照琴	女	省级道德模范、市级道德模范、浙江好人、县级道德模范	孝老爱亲	干窑镇	中共党员	嘉善县
周家其	男	浙江好人、县级道德模范、嘉兴好人、嘉善好人	见义勇为	天凝镇	群众	重庆市荣昌区
朱　琳	女	嘉兴好人、嘉善好人	敬业奉献	陶庄镇	群众	嘉善县
徐剑萍	女	嘉兴好人、嘉善好人	诚实守信	天凝镇	群众	嘉善县
陈　波	女	嘉善好人	助人为乐	姚庄镇	中共党员	嘉善县
简永生	男	嘉善好人	见义勇为	魏塘街道/罗星街道	群众	河南淮滨县
李治海	男	嘉善好人	见义勇为	姚庄镇	群众	江苏徐州
王朱枫	男	嘉善好人	见义勇为		群众	嘉善县
陆荣杰	男	嘉善好人	敬业奉献	大云镇	中共党员	嘉善县
沈建娥	女	嘉善好人	孝老爱亲	开发区（惠民街道）	中共党员	嘉善县
汝庸庸	男	浙江好人、嘉兴好人、嘉善好人	诚实守信	西塘镇	群众	江苏苏州
吴彩红	女	浙江好人、县级道德模范、嘉兴好人、嘉善好人	孝老爱亲	开发区（惠民街道）	群众	嘉善县
顾巨明	男	嘉善好人	助人为乐	罗星街道	群众	嘉善县
张卓舰	男	浙江好人、嘉兴好人、嘉善好人	见义勇为	姚庄镇	群众	山西临汾
杨　凡	女	浙江好人、嘉兴好人、嘉善好人	见义勇为		群众	山西临汾
卜闰秋	男	嘉兴好人、嘉善好人	诚实守信/孝老爱亲	陶庄镇	群众	嘉善县
陆　伟	男	嘉善好人	敬业奉献	魏塘街道	中共党员	江苏扬州
朱爱华	男	嘉善好人	孝老爱亲	天凝镇	群众	嘉善县
钱国林	男	嘉善好人	助人为乐	魏塘街道	群众	嘉善县
屠董丰	男	嘉善好人	见义勇为	嘉善温暖嘉城市综合服务有限公司	群众	嘉善县
夏厚宇	男	嘉善好人			中共党员	河南商城县
潘根龙	男	县级道德模范、嘉善好人	诚实守信	姚庄镇	中共党员	嘉善县
金亚娟	女	县级道德模范、嘉善好人	敬业奉献	干窑镇	中共党员	嘉善县
张桂英	女	浙江好人、嘉兴好人、嘉善好人	孝老爱亲	大云镇	群众	嘉善县
王爱荣	男	县级道德模范、嘉善好人	敬业奉献	魏塘街道	中共党员	嘉善县
章叙荣	男	县级道德模范	敬业奉献	教育局	中共党员	嘉善县
唐建军	男	县级道德模范	敬业奉献	嘉善县消防救援大队	中共党员	云南楚雄

2023年度市级以上先进名单

先进集体

农业农村部、中央宣传部、司法部表彰

第三批全国乡村治理示范乡镇

姚庄镇人民政府

农业农村部表彰

2023年国家乡村振兴示范县

嘉善县

公安部、共青团中央表彰

全国公安机关成绩突出青年集体

嘉善县公安局出入境“境善境美”团队

教育部、中央军委政治工作部表彰

全国国防教育示范性学校

嘉善县丁栅中心学校

教育部办公厅表彰

全国中小学科学教育实验校

嘉善县第二实验小学

国家机关事务管理局、中共中央直属机关事务管理局、国家发展改革委、财政部表彰

节约型机关

嘉善县水利局

嘉善县综合行政执法局

最高人民检察院表彰

2022年百件优秀行政检察类案

嘉善县人民检察院

最高人民法院办公厅表彰

第十届“金法槌奖”微电影微视频优秀奖

嘉善县人民法院

中华全国总工会办公厅表彰

全国“最美工会户外劳动者服务站点”

嘉善县星宇商圈楼宇党群服务中心“骑士加油站”

中华全国总工会宣传教育部表彰

2023年全国工会职工书屋示范点

国家税务总局嘉善县税务局西塘税务分局

国网浙江省电力有限公司嘉善县供电公司

共青团中央、全国青联、全国学联、全国少工委表彰

示范类“小平科技创新实验室”

上海理工大学附属嘉善实验学校

共青团中央、最高人民法院、国家发展改革委等23家单位表彰

一星级全国青年文明号

中国保利集团(保利发展物业公司)西塘古镇景区物业服务中心

中华全国妇女联合会表彰

全国巾帼文明岗

嘉善县公安局出入境大队

国家电网有限公司表彰

国家电网有限公司科技进步奖一等奖

国网浙江省电力有限公司嘉善县供电公司

“村网共建”电力便民服务示范点

大云供电所

西塘供电所

国家电网管理创新成果一等奖

国网浙江省电力有限公司嘉善县供电公司

中共浙江省委、浙江省人民政府表彰

2022年度“五水共治”工作优秀市县“大禹鼎”银鼎

嘉善县

全省“五水共治”工作先进集体

嘉兴市生态环境局嘉善分局

2023年浙江省文明单位

魏塘街道小东门社区

中共浙江省委表彰

浙江省红色根脉强基示范村(社区)

魏塘街道三里桥村

罗星街道鑫锋村

开发区(惠民街道)优家村

西塘镇红菱村

姚庄镇姚庄村

陶庄镇汾南村

干窑镇范东村

天凝镇洪溪村

大云镇缪家村

中共浙江省委宣传部、浙江省农村文化礼堂建设工作领导小组办公室表彰

五星级农村文化礼堂

　陶庄镇金湖村文化礼堂

中共浙江省委老干部局、浙江省教育厅表彰

2023年浙江省老年教育优质学校

　浙江广播电视大学嘉善学院

中共浙江省委农村工作领导小组办公室、浙江省农业农村厅表彰

全省推动农民农村共同富裕成绩突出集体

　姚庄镇人民政府

中共浙江省委农村工作领导小组办公室、浙江省乡村振兴局表彰

2023年度山区26县结对帮扶绩效评价优秀单位—团组A类成员单位

　嘉善县

中共浙江省委教育工作委员会表彰

浙江省首批中小学校示范性党组织

　嘉善县第二实验小学

中共浙江省委全面依法治省委员会表彰

2023年度法治浙江建设优秀乡镇

　西塘镇

浙江省人大常委会办公厅表彰

全省各级人大代表助力三个“一号工程”主题活动典型案例

　嘉善县人大常委会

浙江省人大常委会法制委员会表彰

2023年度突出基层立法联系点

　嘉善县人大常委会

浙江省人民政府、浙江省军区表彰

2023年度浙江省征兵工作先进单位

　罗星街道

浙江省人民政府办公厅表彰

浙江省文化强镇

　天凝镇

浙江省政协办公厅表彰

2023年度联宜报宣传工作先进单位

　嘉善县政协

中国农工民主党浙江省委员会表彰

2023年度社会服务工作先进基层组织

　农工党嘉善县基层委员会

浙江省发展和改革委员会表彰

省级小城市培育试点2022年度优秀单位

　西塘镇

2022年四季度全省优化营商环境十佳创新案例

　嘉善县政务数据办

2022年度浙江省优化营商环境最佳实践案例

　嘉善县政务数据办

浙江省住房和城乡建设厅表彰

浙江省园林城镇

　陶庄镇

浙江省建筑施工安全生产标准化管理优良工地

　嘉善善建旧城改造有限公司

浙江省农业农村厅表彰

综合性农业“机器换人”高质量发展先行县

　嘉善县

浙江省水产养殖互助保险试点

　嘉善县

2023年省级水产健康养殖和生态养殖示范区培育创建名单

　嘉善县

畜牧业重点县和种植业重点县名单

　嘉善县

浙江省农业“双强”行动成绩突出集体名单

　嘉善县农业农村局

浙江省粮食生产功能区“非粮化”整治优化先进集体

　嘉善县农业农村局

浙江省涉海涉渔安全生产暨渔业高质量发展成绩突出集体

　嘉善县农业行政执法队

浙江省农业农村厅、浙江省粮食和物资储备局表彰

2023浙江好稻米“金奖产品”

　嘉善县丰产粮油专业合作社

浙江省农业农村厅、浙江省农业科学院表彰

创意农业试点县

　嘉善县

浙江省文化和旅游厅表彰

浙江省旅游业“微改造 精提升”示范点

　陶庄镇汾玉村礼堂书屋

浙江省文化和旅游厅、浙江省教育厅、浙江省自然资源厅、浙江省农业农村厅、浙江省乡村振兴局表彰

省级文化产业赋能乡村振兴试点

　嘉善县

浙江省交通运输厅、浙江省邮政管理局表彰

2022年度农村客货邮融合发展星级样板县

嘉善县

浙江省商务厅表彰

2023年浙江省开发区产业链“链长制”示范试点单位

嘉善经济技术开发区

2023年浙江省电商专业村

魏塘街道国庆村

浙江省商务厅、中共浙江省委宣传部、浙江省文化和旅游厅、浙江省广播电视局表彰

浙江省文化出口重点企业

斯贝克电子(嘉善)有限公司

嘉华乐器(嘉善)有限公司

浙江省市场监督管理局表彰

2022年度市场监管所“双百”行动示范所

嘉善县市场监督管理局西塘分局

全省清廉市场监管单元建设成绩突出单位

嘉善县市场监督管理局西塘分局

浙江省第三批“五化”农贸市场

嘉善绿洲市场建设有限公司

浙江省生态环境厅、浙江省公安厅表彰

全省生态环境执法大练兵打击环境违法犯罪工作成绩突出集体

嘉兴市生态环境局嘉善分局

浙江省生态环境厅、浙江省经济和信息化厅表彰

第一批浙江省星级工业园区“污水零直排区”

姚庄经济开发区

浙江省水利厅表彰

2023年全省农业水价综合改革“五个一百”创建活动优秀典型

大泖村中王沙泾灌区

浙江省水利厅、浙江省生态环境厅表彰

浙江省县级以上集中式饮用水水源地安全保障达标评估优秀

嘉善县太浦河长白荡饮用水水源地

浙江省水利厅、浙江省发展和改革委员会、浙江省财政厅、浙江省农业农村厅表彰

全省农业水价综合改革工作绩效评价优秀县

嘉善县

浙江省自然资源厅、浙江省总工会表彰

浙江省第二届自然资源调查监测劳动和技能竞赛团体二等奖

嘉善县自然资源和规划局

浙江省文化和旅游厅表彰

浙江省首批重点培育文旅市集

大众广场后备箱市集

浙江省5A级景区镇

西塘镇

浙江省教育厅表彰

浙江省现代化学校

嘉善高级中学

嘉善县泗洲中学

嘉善县大云中心学校

嘉善新世纪学校

浙江省中小学校示范性党组织(首批)

嘉善第二高级中学

浙江省近视防控特色学校

嘉善第二高级中学

浙江省先进教研组

嘉善县泗洲中学科学教研组

2023年中小学国防教育示范学校

嘉善县大云中心学校

第二批浙江省清廉学校示范校

嘉善县第二实验小学

浙江省教育厅、浙江省人民政府新闻办公室表彰

亚运姐妹校

嘉善县上师实验学校

浙江省公安厅表彰

省级“平安单位”暨“智安单位”

浙江师范大学附属嘉善实验学校

浙江省民政厅表彰

2023年浙江省品牌社会组织

嘉善县西塘镇社会组织服务中心

浙江省司法厅、浙江省民政厅表彰

2023年度省级“民主法治村”

魏塘街道梁桥村、日晖社区

浙江省退役军人事务厅表彰

2023年“新时代枫桥式退役军人服务站”

嘉善县城市建设投资集团有限公司

浙江省档案局表彰

2023年省级优秀档案室

嘉善县供销合作社联合社

2023年全省"示范数字档案室"

嘉善县供销合作社联合社

浙江省人民检察院表彰

2022年度全省检察机关信息工作成绩突出集体

嘉善县人民检察院

2022年度全省检察机关经济犯罪检察法律监督成绩突出集体

嘉善县人民检察院第二检察部

浙江省高级人民法院表彰

2022年度"浙江全域数字法院"改革"好应用"成果

嘉善县人民法院

集体二等功

嘉善县人民法院西塘人民法庭

浙江省总工会表彰

2023年省级职工书屋

嘉兴谊合供应链管理有限责任公司职工书屋

2023年浙江省劳模工匠志愿服务优秀案例

国网浙江省电力有限公司嘉善县供电公司善电红细胞——城中村居民用电安全志愿服务项目

共青团浙江省委、浙江省教育厅、少先队浙江省工作委员会表彰

浙江省优秀少先队集体

少先队浙江师范大学附属嘉善实验学校大队

共青团浙江省委办公室表彰

浙江省优秀少先队集体

浙江师范大学附属嘉善实验学校

浙江省妇女联合会表彰

全省县域社区(村)家庭教育指导服务标准化建设试点工作优秀单位

嘉善县妇联

2023年度全省"十大妇建联盟"

嘉善县妇联

2023年度浙江省三星妇女儿童驿站

嘉善县魏塘街道魏中村妇女儿童驿站

浙江省三八红旗集体

浙江西塘旅游文化发展有限公司

浙江省妇女联合会、浙江省农业农村厅、浙江省乡村振兴局

首批省级"巾帼共富工坊"

西塘镇"吾巧"女红巧手工坊

浙江省卫生健康委员会表彰

2023年浙江省健康乡镇样板

姚庄镇人民政府

浙江省爱卫办表彰

2023年度浙江省卫生村

魏塘街道三里桥村、城桥社区、车站村、魏中村,罗星街道亭桥村、鑫锋村、马家桥村、厍浜村、钱桥社区、城西社区,惠民街道枫南村、大泖村、惠通村,西塘镇茜墩村、鸦鹊村、星建村、邗上村,姚庄镇北港村、南鹿村、武长村、银水庙村、清凉村、北鹤村,陶庄镇翔胜村、陶中村、汾南村、金湖村、汾湖村、利生村,干窑镇南宙村、胡家埭村、干窑村、范泾村、新星村、长丰村、长生村、黎明村,天凝镇光明村、新联村、蒋村村、三发村、镇东村,洪福村、马塔塘村、东顺村、东方红村,大云镇曹家村、东云村、江家村、大云村、缪家村

浙江省爱卫办、浙江省教育厅、浙江省卫生健康委表彰

2023年浙江省健康促进学校(银牌)

嘉善县第二实验小学

浙江省"千村示范、万村整治"工作协调小组办公室表彰

2023年度全省深化新时代"千万工程"建设宜居宜业和美乡村(农村人居环境提升)工作优胜县

嘉善县

2023年度全省农村生活垃圾分类处理工作优胜县(市、区)

嘉善县

2023年度浙江省和美乡村示范乡镇

魏塘街道

浙江省综合行政执法指导办公室表彰

全省综合行政执法工作先进集体

嘉善县综合行政执法局

全省综合行政执法系统队伍规范化建设工作成绩突出集体

嘉善县综合行政执法队西塘中队

2022年度"枫桥式"综合行政执法中队

嘉善县综合行政执法队罗星中队

嘉善县综合行政执法队干窑中队

浙江省现代社区建设领导小组办公室、中共浙江省委组织部、中共浙江省委经济与新社会组织工作委员会表彰

省级示范乡镇(街道)党群服务中心

嘉善县西塘古镇党群服务中心

浙江省文物局表彰

2023 年浙江省第一批乡村博物馆

汾湖村抗战纪念馆

2023 年浙江省第二批乡村博物馆

姚窑文化记忆馆

浙江省林业局表彰

2023 年度省级“一村万树”示范村

魏塘街道长秀村

浙江省邮政管理局表彰

2022 年度县(市、区)邮政管理工作成绩突出集体

嘉善邮政管理局

2022 年度全省邮政快递业“扫黄打非”工作成绩突出集体

嘉善邮政管理局

浙江省体育局、浙江省总工会、新华网表彰

浙江省第二届花样跳绳运动汇(浙北赛区)优秀组织奖

嘉善县丁栅中心学校

嘉善县第二实验小学

中共浙江省气象局党组表彰

全省气象部门创建模范机关先进单位

嘉善县气象局

浙江省气象局表彰

2023 年度浙江省气象业务服务工作先进集体

嘉善县气象局

浙江省老龄工作委员会表彰

第四届浙江省“敬老文明号”

嘉善县城市公交有限公司

浙江省军区表彰

2023 年度浙江省先进基层武装部

嘉善县大云镇人民武装部

长三角生态绿色一体化发展示范区执行委员会、上海市青浦区人民政府、江苏省苏州市吴江区人民政府、浙江省嘉善县人民政府表彰

长三角生态绿色一体化发展示范区共同富裕试点

嘉善经济技术开发区(惠民街道)

中共嘉兴市委、嘉兴市人民政府表彰

嘉兴市先进集体

嘉善县公安局姚庄派出所

中共嘉兴市委表彰

全市重大活动维稳安保工作成绩突出集体

西塘镇

嘉兴市人民政府表彰

嘉兴市市长质量奖

浙江长盛滑动轴承股份有限公司

2023 年度嘉兴市打造“浙里最嘉”营商环境最优市成绩突出集体

嘉善县司法局

嘉善县统计局

嘉善县政务数据办

天凝镇

嘉兴市人民政府、嘉兴军分区表彰

2023 年度全市“两兵”工作先进单位

干窑镇人民武装部

嘉善县教育局

陶庄镇陶庄社区民兵连

嘉善县无人机支援保障排

西塘镇蓝天救援队

先进个人

人力资源社会保障部、中央军委政治工作部、中央军委国防动员部表彰

2023 年度全国征兵工作先进个人

薛　超

自然资源部表彰

全国自然资源信访工作业绩突出个人

卢　婷

中华全国总工会办公厅表彰

全国五一劳动奖章

宋柳丰

共青团中央表彰

2023 年全国优秀共青团干部

阎　炯

中华全国妇女联合会表彰

全国最美家庭

朱晔家庭

国家林业和草原局办公室表彰

第四批国家林草乡土专家

沈　勇

中共浙江省委、浙江省人民政府表彰

浙江省优秀科技特派员

李罕琼

浙江省劳动模范

宋柳丰

浙江省人民政府表彰

2021—2022年浙江省耕地保护工作先进个人

沈晓春

中共浙江省委宣传部、浙江省妇女联合会表彰

2022年度浙江"最美家庭"

金啸宇家庭

2023年第3季度浙江"最美家庭"

仲晏晏家庭

2023年第4季度浙江"最美家庭"

王燕家庭

浙江省人大常委会办公厅、浙江省人大常委会研究室表彰

2022年全省人大信息工作成绩突出个人

薛俊一

中国农工民主党浙江省委员会表彰

农工党浙江省2023年度社会服务工作先进个人

孙　军

浙江省公安厅表彰

全省公安机关平安护航亚运工作成绩突出个人

戴　力　倪圣彦

浙江省农业农村厅表彰

浙江省农业"双强"行动成绩突出个人

应　霄

浙江省粮食生产功能区"非粮化"整治优化先进个人

陈　伟

浙江省自然资源厅表彰

2022年度自然资源系统"业务能手"

陈　似

2022年度浙江省深化国土空间治理改革成绩突出个人

潘　斌

浙江省人民检察院表彰

2022年度全省检察机关信息工作成绩突出个人

黄小斌

全省检察机关优秀刑事检察法律文书(优秀涉"两卡"犯罪案件法律文书)

山笋怡

浙江省高级人民法院表彰

全省法院平安护航党的二十大成绩突出个人

刘　颖

荣誉天平纪念章

孙汉忠　祖国宏　吕学强

浙江省总工会表彰

浙江省五一劳动奖章

李飞伟

共青团浙江省委表彰

2023年浙江省共青团和青年工作成绩突出共青团员

田佳艺

共青团浙江省委、浙江省志愿者协会表彰

2023年度浙江省志愿服务工作突出贡献个人

陈　波

共青团浙江省委、浙江省教育厅、少先队浙江省工作委员会表彰

浙江省优秀少先队员

秦一涵　朱涵熙

浙江省优秀少先队辅导员

杨　婕

浙江省妇女联合会、浙江省生态环境厅表彰

2023年度浙江省绿色家庭

钱雪芳家庭

浙江省综合行政执法指导办公室表彰

全省综合行政执法工作先进个人

陈钟辉

浙江省信访工作联席会议办公室、浙江省信访局表彰

治理重复信访、化解信访积案专项工作及依法维护信访秩序工作成绩突出个人

陈明伟

浙江省信访局表彰

人民满意窗口工作成绩突出个人

蒋陈辉

浙江省消防救援总队表彰

优秀共产党员

张达兴

浙江省曲艺家协会表彰

浙江省第十二届故事会“年度优秀故事”

徐　栋

浙江省基层卫生协会表彰

2023年浙江省优秀家庭医生

沈泽开

浙江省药学会表彰

浙江省药学会第十四届“千红杯”医院优秀药师

李　梅

中共嘉兴市委、嘉兴市人民政府表彰

嘉兴市劳动模范

吴雪峰　钟　妹　季　熊　陆　伟

全市重大活动维稳安保工作成绩突出个人

陈　旻　苏丽萍

嘉兴市新时代中国特色社会主义事业优秀建设者

孙　军

2023年度推进智造创新强市先进个人

江　曦

中共嘉兴市委表彰

全市重大活动除险保安工作三等功

潘子菁

嘉兴市人民政府表彰

2023年度嘉兴市打造“浙里最嘉”营商环境最优市成绩突出个人

顾梦婷　雷萌婷

嘉兴市实行最严格水资源管理制度成绩突出个人

王夏萍

2023年全市平安建设夺取“二星”平安金鼎与重大活动维稳安保工作个人行政奖励二等功

陆海蚕

嘉兴市人民政府、嘉兴市军分区表彰

2023年度全市“两兵”工作先进个人

周亚华　孙广臣　高海钢　吴春雷　夏国强　陶　健　张斌杰

2023 年度县级先进名单

2023 年度嘉善县域高质量发展示范点建设先进集体和个人

一、先进镇(街道)

姚庄镇、开发区(惠民街道)、魏塘街道、西塘镇、罗星街道

二、先进部门(单位)

县委办、县府办、县委组织部、县人大办、县政协办、县发改局、县委宣传部、县纪委、县监委、县财政局、县经信局、县公安局、县自然资源规划局、县建设局、县委政法委、县委统战部、县科技局、县交通局、县商务局、县卫生健康局、县委推进办、县法院、县农业农村局、县教育局、县应急管理局、县国投集团、嘉善示范区管委会所属工作机构、县民政局、县委编办、县城投集团、县文旅体局、县统计局、县税务局、县铁投集团、海关嘉善办事处

三、先进基层单位

魏塘街道村镇建设管理办公室
魏塘街道长秀村
罗星街道应急管理办公室
罗星街道晋阳社区
开发区(惠民街道)招商招才科
开发区(惠民街道)社会治理办公室
西塘镇旅游发展办公室
西塘镇礼庙村
姚庄镇经济发展办公室
姚庄镇农业农村办公室
陶庄镇农业农村办公室
陶庄镇经济发展办公室
干窑镇胡家埭村
干窑镇南宙村
天凝镇蒋村村
天凝镇镇东村
大云镇市场监管所
嘉善云智实业有限公司
县服务业发展中心
县中小企业服务中心
上海大学附属嘉善实验学校
姚庄中心学校
县科技创业服务中心
县公安局刑事侦查大队
县公安局西塘派出所
县社会化养老指导中心
县财政支付(核算)中心
县就业管理服务中心
县土地储备中心
县国土整治中心
县建设工程质量安全管理服务中心
县园林市政管理服务中心
县公路与运输管理服务中心
县河湖管理服务中心
县农机管理服务站
嘉善农业科学研究所
长三角(嘉善)招商引才服务有限公司
县文化馆
吴镇纪念馆
县急救站
罗星街道社区卫生服务中心
县烈士陵园管理服务中心
县应急管理行政执法队
县市场监管局姚庄分局
县企业经济调查队
县综合行政执法队直属三中队
县生态环境保护行政执法队
县市民服务中心(县企业服务中心)
嘉善县长城房地产有限公司
嘉善县善江公路项目有限责任公司
嘉善县幽澜自来水有限公司
县税务局开发区税务分局

四、先进个人

卜国强　魏塘街道党委书记、中新嘉善现代产业园党工委书记
于飞燕　开发区管委会专职副主任(正科长级)

马　军　开发区综合办公室主任兼惠民街道综合信息指挥室(党政综合办公室)专职副主任
马宇翱　县纪委县监委第三纪检监察室副股级干部
马界英　魏塘街道嘉辰社区党委书记
马　超　大云镇党委书记
王　华　县房屋征收管理服务中心副主任
王　珏　公积金嘉善分中心综合科副科长
王　超　县公安局信访科科长
王　强　县经信局办公室主任
王火清　县交通局党委委员、副局长
王亚辉　魏塘街道党委副书记、办事处主任,中新嘉善现代产业园党工委副书记、管委会主任
王忠伟　县文旅体局党委委员、县文联副主席
王佳晨　县文化市场行政执法队西塘分队队长
王欣鑫　罗星街道党委委员、派出所所长
王育青　县科技商务区管委会副主任
王定林　县城投集团党委委员、副总经理
王康龙　县大数据中心基础设施和安全科科长
王蒲吉　县自然资源规划局调查确权登记科科长
仇桂珍　县委编办主任、县委组织部副部长(兼)
卞秋立　县数字财政管理中心工作人员
田秀琴　团县委副书记
史　抄　县委政法委办公室主任
史留青　嘉善生态环境分局综合科副科长
包佳文　罗星街道经济发展办公室副主任
冯　宇　县水利局办公室主任
冯晶杰　县退役军人事务局办公室主任
朱　臻　县科协党组成员、副主席
朱丽君　天凝镇经济发展办公室主任
朱良良　大云温泉旅游度假区管委会副主任
仲　琴　县检察院第五检察部主任
任　圳　联通嘉善分公司惠民大云分局局长
任　娟　县档案馆业务指导科副科长
全凤根　县交通局党委委员、交通运输行政执法队队长
刘赟俞　西塘镇党委组织员
江万景　县法院行政庭庭长
许一翁　嘉善县水务管道安装工程有限公司经理
许建伟　县农业农村局党委书记、局长
孙立军　县公安局经侦大队二级警长
严　浩　开发区(惠民街道)事业综合服务中心主任
苏　剑　罗星消防救援站政治指导员
李　娟　中国人寿长三角示范区(浙江嘉善)支公司党支部书记、经理
李　珺　嘉善县善铁场站开发建设有限公司经理
李　晨　县疾病预防控制中心副主任
李大鹏　县消防救援大队防火监督干部
李宇凯　县市场监管局质量发展与标准化科科长
李运钱　国网嘉善县供电公司运检部主任
李维兴　县委推进办调研科科长
杨　杰　县市场监管局办公室一级科员
杨永明　县税务局党委书记、局长
杨亦邱　嘉善华数广电网络有限公司副总经理
杨丽萍　嘉兴综合保税区B区管委会主任、党工委副书记
杨爱萍　县医保局党组成员、县医疗保险服务中心副主任
杨浙东　嘉善第二高级中学校长、副书记
杨雪峰　县公安局交警大队一级警长
吴天一　县委办调研科科长
吴春林　天凝镇副镇长
吴盛辉　嘉兴市嘉善生态环境监测站副站长
吴静欢　移动嘉善分公司行业总监
吴静静　县养老保险服务中心财务科一级科员
邱卫国　县公安局魏塘派出所教导员
邱毓祎　浙江师范大学附属嘉善实验学校书记、校长
何冬冬　陶庄镇农业农村办公室副主任
邹　斌　嘉善银保监组组长
邹晓津　县委人才办副主任、县委组织部部务会议成员、人才工作科科长
沈　静　县司法局办公室主任
沈一鸣　人保财险长三角一体化示范区(浙江)支公司商团二部副经理
沈月琴　县卫生健康局党委委员、县计生协会专职副会长

沈忠秋　干窑镇一级主任科员
沈禹希　县府办党组成员、综合一科科长
怀文蔚　嘉善示范区招商服务中心产业发展科副科长
张　卓　县河湖管理服务中心主任
张　炜　县委党校对外培训部主任
张　涛　姚庄镇村镇建设管理办公室主任
张　赟　姚庄镇党委副书记、镇长
张云飞　县发改局环能科科长
张永春　县委县政府正科级信访督查专员
张华俊　惠民街道办事处副主任
张宇溢　开发区(惠民街道)党建工作办公室主任
张国政　县农业农村局农村社会事业促进科(乡村建设科)科长
张国磊　魏塘街道应急管理办公室主任
张钟尧　长三角(嘉善)招商引才公司总经理
张润纯　县侨联主席、县委统战部部务会议成员、县民宗局局长(兼)
张家欢　县烟草局办公室副主任
张燕燕　县妇联办公室副主任
陆　明　县委组织部常务副部长、县委两新工委书记
陆万忠　大云镇大云村党委书记、村委会主任
陆欢欢　县城市景观风貌管理服务中心主任
陆建飞　县自然资源规划局耕地保护和生态修复科科长
陆勇伟　县国投集团党委书记、董事长
陆晓丽　邮政嘉善分公司天凝邮政营业所支行长
陆益强　陶庄镇经济发展办公室副主任
陈　平　海关嘉善办事处二级主办
陈　斌　县商务局党组成员、监督管理科(安全仓储与监管科)科长
陈　靖　县科技局副局长
陈　娟　县纪委县监委党风政风监督室主任
陈小东　县府办党组成员、副主任
陈天华　县市场监管局西塘分局副局长
陈文静　县纪委县监委宣传教育调研室主任
陈志宏　干窑镇党委委员、派出所所长
陈丽英　县城投集团投资发展部副经理
陈贤宾　天凝镇社会治理办公室主任
陈建国　县民政局党组成员、区划地名和社会事务科科长
陈钟辉　县综合行政执法队惠民中队中队长
陈海清　西塘镇经济发展办公室副主任
陈善夏　县工商联工商经济科一级科员
茅胡花　县审计局企业和行政事业农业审计科一级科员
林　燕　电信嘉善分公司党委委员、总经理助理
郁　军　县人大法制(监察和司法)委员会主任委员、县人大常委会委员、监察和司法工委主任、机关党组成员
季李能　县交投集团企管审评部经理
岳彦忠　县委统战部部务会议成员、办公室主任
金志方　魏塘街道一级主任科员
金忠伟　罗星街道魏南社区党委书记、居委会主任
朋　元　天凝镇农业农村办公室主任
周　契　县传媒中心综合管理部副主任
周　勇　县经信局党组成员、副局长
周　耘　县教育局组织人事科科长
周　登　县政协信息中心主任
周小明　县社会治理中心业务管理科科长
周悦超　陶庄镇经济发展办公室主任
郑　斌　县法院审判委员会专职委员(副科长级)、党组成员
郑建忠　县总工会党组成员、副主席(正科长级)
房广明　县供销社党委书记、理事会主任
赵宪富　县残联党组成员、副理事长(正科长级)
胡顺法　县委老干部局副局长
胡晓骏　县文旅体局规划建设科科长
胡燕萍　嘉善县金融投资有限公司经理
俞　刚　县府办调研督查科科长、深圳南山(嘉善)招商分局局长
钟　华　县教育局党组副书记
施正明　县政务数据办副主任
施理画　嘉善县第一人民医院党委副书记、嘉善县第二人民医院院长
闻　菁　干窑镇党建工作办公室主任
费汝梅　县综合执法局综合执法科科长
姚　亮　县财政局党委委员、副局长

姚　斌　开发区(惠民街道)党委副书记、惠民街道办事处主任、开发区管委会主任
夏佳新　干窑镇人武部副部长
顾利杰　魏塘街道社区管理服务办公室主任
钱　岷　县商务局二级主任科员
钱贺成　县教育局基础教育科科长
钱晓春　县法院研究室副主任
钱晓菁　干窑镇人大办公室主任、党政综合办公室副主任
钱敏岗　县交投集团党委书记、董事长
徐　丰　西塘镇党委副书记
徐　邱　县民政局党组成员、工会主席
徐　昭　中国人民银行嘉善县支行党组书记、行长
徐　峰　县农业农村局政策与改革科科长
徐　晶　国网嘉善县供电公司项目管理中心主任
徐文瀚　县统计局副局长
徐立忠　罗星街道自然资源所所长
徐玲娟　县委编办四级调研员
徐美玲　县水务集团党委委员、副总经理
徐慧丽　县应急管理局应急救援与防汛减灾科一级科员
凌　杰　西塘镇鸦鹊村党总支书记、村委会主任
凌春华　陶庄镇汾玉村党总支书记、村委会主任
高峰伟　县人大常委会预算工委副主任
郭　奕　嘉善县邮政业安全中心主任
唐丽春　县发改局国防动员科科长
唐跃春　大云司法所所长
唐颖杰　县祥符荡开发建设有限公司总经理、党委副书记
诸鉴镛　县交通局党委委员、县港航管理服务中心主任
黄　春　县政协研究室副主任
黄佳华　县住房保障与房地产管理服务中心副主任
黄霁隽　县检察院第二检察部副主任
梅其伟　干窑镇范东村党委书记、村委会主任
曹　燕　县职业技能培训与鉴定中心主任
戚卫春　魏塘街道中寒圩村党总支书记、村委会主任
盛　韬　大云温泉旅游度假区管委会副主任
盛林荣　惠民街道社区卫生服务中心书记、主任
盛维忠　县自然资源规划局党委委员、副局长
常月华　县预警信息发布中心主任
鄂冬娜　县委直属机关工委团工委副书记
屠颖胤　县财政局地方政府债务管理办公室副主任
斯其连　县卫生健康局一级主任科员
葛光军　县人力社保局劳动保障监察科科长
董　言　陶庄镇副镇长
董佳俊　县综合行政执法队直属四中队队员
蒋旻雁　县科技商务区管委会主任
蒋益玲　县司法局综合行政执法指导科科长
程　钢　大云镇人武部副部长、应急管理办公室主任
蔡今亮　姚庄镇综合信息指挥室专职副主任
蔡仲维　姚庄镇党建工作办公室主任、党政综合办公室专职副主任
潘叶娜　嘉善国调队党组成员、副队长
潘亮红　县委宣传部办公室副主任
潘莉蕴　示范区招商服务中心(县长三角一体化发展中心)主任
薛晓亮　县委办副主任
薛敏鹿　姚庄镇经济发展办公室副主任
戴　军　开发区实业公司工程管理部部长
戴　莹　罗星街道柳洲社区党委书记、居委会主任
戴天宇　县税务局法制股四级主办
戴加辉　天凝镇党委副书记
戴利贤　姚庄镇社会治理办公室主任
戴根喜　县科技创业服务中心副主任
戴涛涛　县应急管理局行政审批科副科长

嘉善县推进高质量发展成绩突出集体和个人

一、一体化示范区建设工作成绩突出集体和个人

（一）表扬集体

西塘镇、县委组织部、县委推进办、县财政局、县自然资源规划局、县司法局、县科技局、县建设局

（二）表扬个人

俞文杰　姚庄镇农业农村办公室主任

吴振健　县委办室务会议成员、综合科科长
徐玉琴　县委宣传部副部长、县网信办副主任
沈　佳　县对口工作服务中心主任
朱　军　县建设局党委书记、局长
杨卫纲　县审计局党组书记、局长
傅春清　县人力社保局数字化管理科科长
王兵华　县水利局行政审批科科长
范　磊　嘉善示范区管委会办公室综合事务科科长
冯俐杰　县金融发展中心资本市场科科长
杨显恩　县大数据中心副主任
张　兰　县税务局西塘税务分局副局长
邹　萍　县医保局一级主任科员
张栋梁　县农业农村局规划与计划科科长
徐玲娟　县委编办四级调研员

二、重大项目推进工作成绩突出集体和个人

（一）表扬集体

魏塘街道、开发区（惠民街道）、天凝镇、县发改局、县经信局、县交通局、县自然资源和规划局、县建设局

（二）表扬个人

陈悦波　罗星街道经济发展办公室副主任
姜庆丰　西塘镇经济发展办公室主任
薛敏鹿　姚庄镇经济发展办公室副主任
潘晨晓　陶庄镇经济发展办公室工作人员
徐剑飞　干窑镇经济发展办公室工作人员
黄胜威　大云镇经济发展办公室副主任
王　达　县委办保密管理科科长、机要科副科长
陆金杰　县府办综合二科科长
王梦婷　县发改局投资科副科长
蒋闻婷　县经信局投资装备科（审批科）科长
袁栋强　县财政局经济建设科副科长
郑云华　县统计局专业科科长
许晓汉　县公共资源交易中心主任
张春强　县国投集团资产经营有限公司经理
杨绍国　县铁投集团银铁铁路开发建设有限公司副经理

三、制造业高质量发展和数字经济创新提质成绩突出集体和个人

（一）表扬集体

开发区（惠民街道）、姚庄镇、陶庄镇、县发改局、县经信局、县商务局、县科技局、县府办（县金融办）

（二）表扬个人

许佳欢　魏塘街道经济发展办公室主任
张宗正　罗星街道经济发展办公室副主任
盛　磊　嘉兴综合保税区B区党工委委员、管委会副主任
高利斌　干窑镇经济发展办公室工作人员
徐毅杰　天凝镇经济发展办公室副主任
周　杰　大云镇副镇长
李辉煌　县台资企业服务中心主任
何天鸣　县府办党组成员、副主任
章沈波　县委两新工委副书记、县委组织部部务会议成员
刘　伟　县委推进办调研科副科长
陈学栋　县发改局综合规划科科长
崔旦丹　县经信局综合经济科副科长
林　恳　县财政局企业金融科科长
潘小春　县统计局企业经济调查队队长
宋剑波　县国投集团党委委员、副总经理

四、招商引资和招大引强工作成绩突出集体和个人

（一）表扬集体

魏塘街道（中新园区）、开发区（惠民街道）、西塘镇、姚庄镇、县发改局、县商务局、县国投集团、县税务局

（二）表扬个人

方怡端　罗星街道经济发展办公室主任
杨丽萍　嘉兴综合保税区B区党工委副书记、管委会主任
庄建明　姚庄经济开发区党工委委员、管委会副主任
周景平　陶庄镇副镇长
宣吉鑫　干窑镇经济发展办公室主任
沈悦文　天凝镇经济发展办公室工作人员
苏照辉　大云镇经济发展办公室副主任
谢朱健　县人力社保局养老保险科科长、驻点武汉（嘉善）招商分局局长
杨丽英　县委组织部人才工作科副科长
周　勇　县经信局党组成员、副局长
姚晓炜　县司法局公共法律服务与律师工作科科长

黄亚林　县科技局科技合作与成果转化科科长
钱悦晓　县市场监管局登记许可科副科长
袁　立　县财政局国有企业运营监管科副科长
吴金明　海关嘉善办事处综合科二级主办

五、全面深化改革和优化营商环境成绩突出集体和个人

（一）表扬集体

县委统战部、县发改局、县司法局、县卫生健康局、县市场监管局、县综合执法局、县政务数据办、县税务局

（二）表扬个人

蒋成啸　县委办综合科副科长
芮宁宁　县委组织部两新党建科科长
张立程　县委编办监督检查科科长
邵佳威　县委推进办改革协调科副科长
秦垚歆　县发改局经济改革科工作人员
周建雯　县经信局绿色发展科科长
汪　晓　县公安局办公室教导员
徐　邱　县民政局党组成员、工会主席
汪　丹　县就业管理服务中心副主任
吴　强　县农村合作经济指导服务中心副主任
焦　忞　县商务局外商投资科副科长、县贸促会秘书长
李燕飞　县统计局办公室副主任
沈　洁　县医疗保障信息中心工作人员
潘高峰　县政务数据办党组成员、总工程师
熊　方　县金融发展中心金融服务科科长

六、示范点建设成绩突出集体和个人

（一）表扬集体

姚庄镇、县委宣传部、县委政法委、县发改局、县农业农村局、嘉善示范区管委会所属工作机构

（二）表扬个人

严雪怡　大云镇党建工作办公室副主任
章卫忠　县纪委县监委派驻第四纪检监察组组长（正科长级）
浦斌晓　县委组织部调研室主任
顾冯娟　县委统战部副部长
朱纯洁　县示范点推进中心主任、县委推进办综合科副科长
屈辉阳　县府办金融发展科一级科员
钱伟弘　县墙体改革服务中心副主任、县经信局综合经济科副科长
仇　勇　县科技综合服务中心主任
姚晓明　县财政局预算局副局长
单新华　县规划管理服务中心副主任
吴晓岚　县建设局城市建设档案馆馆长
陈　燕　嘉善生态环境分局综合科一级科员

七、民生实事工程成绩突出集体和个人

（一）表扬集体

魏塘街道、县府办、县文旅体局、县卫生健康局、县民政局、县人力社保局

（二）表扬个人

任哲逸　县政府办社会事业科副科长
梅映雪　县发改局投资管理科一级科员
姚玲燕　县城投集团党委委员、副总经理
王雪东　县交通局党委委员、县公路与运输管理服务中心主任
章庆华　县残联党组成员、副理事长
许慧明　县委巡察组组长
张　祚　县园林市政管理服务中心园林绿化科工作人员
周　玥　县医疗保险服务中心四级主任科员
姚文波　县教育局办公室主任
顾其荣　县市场监管局食品生产与流通监督管理科三级主任科员
郭丽萍　县农村水利管理服务中心主任
陆　青　县财政局预算局局长

八、服务业高质量发展成绩突出集体和个人

（一）表扬集体

罗星街道、姚庄镇、大云镇、县商务局、县统计局、县税务局

（二）表扬个人

孙韬文　魏塘街道经济发展办公室副主任
贾玉飞　开发区实业公司副总经理
张凯跃　西塘镇经济发展办公室副主任
任露锋　陶庄镇经济发展办公室副主任
浦岩啸　干窑镇经济发展办公室工作人员
颜鑫丰　天凝镇经济发展办公室副主任
马小华　县委外办秘书科科长
黄　勇　县文旅体局产业发展科科长
朱　彦　县科技创业服务中心副主任
王　丽　县发改局服务业规划建设科科长
章文斌　县科技商务区管委会经济发展（招商）科副科长

金叶峰　中国人民银行嘉善县支行信贷调统科工作人员

九、推进"创新深化"工作成绩突出集体和个人

(一)表扬集体

开发区(惠民街道)、姚庄镇、县经信局、县统计局、县金融办、嘉善示范区管委会所属工作机构

(二)表扬个人

张亚英　魏塘街道经济发展办公室副主任
王　伟　西塘镇经济发展办公室工作人员
鲍培明　干窑镇经济发展办公室副主任
许晓晨　天凝镇经济发展办公室副主任
卓震杰　陶庄镇经济发展办公室副主任
倪莹宙　县委组织部公务员科副科长
姚　杰　县农业农村局党委委员、副局长
周高明　县卫生健康局党委委员、办公室主任
潘　瑜　县发改局行政审批科科长
叶佳华　县税务局税政二股股长
朱　慧　县招商服务中心工作人员
徐秀琼　县公证处副主任

十、人才工作成绩突出集体和个人

(一)表扬集体

开发区(惠民街道)、魏塘街道(中新园区)、姚庄镇、县科技局、县人力社保局、嘉善示范区招商服务中心

(二)表扬个人

王伟飞　罗星街道经济发展办公室副主任
邹文霞　西塘镇经济发展办公室工作人员
鲍培明　干窑镇经济发展办公室副主任
费丽飞　县经信局中小企业科副科长
周志刚　县财政局党委委员、总会计师
彭超洋　县机构编制研究与实名制管理中心副主任
张金瓶　县金融发展中心资本市场科副科长
吴　芳　县公安局出入境管理大队大队长
吴　威　县税务局四级高级主办
陆小峰　县商务局机关党委专职副书记、办公室(人才工作科)副主任
陈如嘉　县教育局组织人事科副科长
吴舒羽　县农业农村局党委委员、副局长(正科长级)

十一、土地综合整治和"三改一拆"工作成绩突出集体和个人

(一)表扬集体

罗星街道、干窑镇、开发区(惠民街道)、姚庄镇、县自然资源和规划局、县农业农村局

(二)表扬个人

顾文君　魏塘街道村镇建设管理办公室副主任
赵　铎　西塘镇自然资源所所长
钱晓宇　西塘镇村镇建设管理办公室副主任
曹光茂　陶庄镇自然资源所工作人员
宗剑清　天凝镇村镇建设管理办公室工作人员
缪晨伟　大云镇农业农村办公室工作人员
项　超　县委组织部组织科副科长
陈旭东　县府办城乡建设科副科长
方　平　县财政局农业科副科长
方　伟　县经信局园区投资科科长
陈晓栋　县交通局规划科副科长
许　超　县水利局水资源水保科副科长

十二、交通强县和"三高四铁"推进工作成绩突出集体和个人

(一)表扬集体

县交通局、县发改局、县财政局、县自然资源和规划局、县交投集团、县铁投集团

(二)表扬个人

徐先锋　魏塘街道三里桥村党委书记、村民委主任
吴　斌　西塘镇礼庙村党委书记、村委会主任
金国平　姚庄镇征迁办主任
谢国伟　天凝镇宏杨村党委书记、村委会主任
孙　建　县重点项目管理服务中心主任
陈　艳　县公安局交警大队一级警长
俞　良　县养老保险服务中心稽核科(综合科)科长
杨安仁　县建设局城乡建设管理科科长
俞春雷　县农业农村局乡村产业科工作人员
董　博　县博物馆副馆长
梅　蕾　县科技商务区管委会副主任
陆升东　县国投集团投资发展部部长

十三、"腾笼换鸟、凤凰涅槃"攻坚行动成绩突出集体和个人

(一)表扬集体

开发区(惠民街道)、西塘镇、天凝镇、魏塘街道、县经信局、县自然资源和规划局

(二)表扬个人

俞建华　罗星街道村镇建设管理办公室工作人员

张　林　姚庄镇副镇长，横港村党总支书记、村委会主任
孙钰凯　陶庄镇党委委员
盛喜东　干窑镇经济发展办公室副主任
沈　强　大云镇经济发展办公室工作人员
阮善林　县纪委县监委四级调研员
顾鹏涛　县中小企业服务中心主任、县经信局产业发展科副科长
于国洪　县应急管理局安全生产基础科三级主任科员
徐建德　县税务局第二税务所工作人员
王怡青　嘉善生态环境分局环评科科长
刘丰豪　县消防救援大队副大队长
张　斌　县市场监管局质量发展与标准化科一级科员

十四、金融工作成绩突出集体和个人

（一）表扬集体

开发区（惠民街道）、姚庄镇、县经信局、县科技局、嘉善农商银行、农行浙江示范区支行

（二）表扬个人

王晓东　西塘实业公司副总经理
姚展春　魏塘街道经济发展办公室副主任
李静雅　县府办外事管理科副科长
顾大局　县委组织部部务会议成员、办公室主任
石森淼　县发改局社会建设综合督导科科长
余晓红　县市场监管局知识产权与商标专利监督管理科科长
叶　凡　县税务局收入核算股股长
单炯炯　县公安局经济犯罪侦查大队教导员
曹建华　县国投集团副总经理
蒋颖君　中信银行嘉善支行副行长
郑　洁　浙商银行嘉善支行副行长
陆勇伟　杭州银行嘉善支行行长

嘉善县推进平安建设和社会基层治理工作成绩突出集体和个人

一、平安建设工作成绩突出集体和个人

（一）表扬集体

大云镇、开发区（惠民街道）、罗星街道、县委组织部、县公安局、县司法局、县建设局、县信访局

（二）表扬个人

张雪萍　魏塘派出所庄港社区第五网格辅警
顾杏妹　魏塘街道魏中村第十七网格专职网格员
陆家杰　惠民街道惠丰社区第二网格专职网格员
周学刚　西塘镇荷池村第三网格专职网格员
孙　涛　姚庄镇锦绣社区网格长
宋喆平　陶庄镇社会治理办公室主任、综合信息指挥室副主任
时军英　干窑镇社会治理办公室副主任
沈　新　天凝镇社会治理办公室副主任
冯叶兴　天凝镇镇东村党委书记、第二网格网格长
杨　珺　县委巡察组副组长
周晓丰　县委宣传部网络管理科科长
沈建国　县教育局党组成员、专职副总督学
吴叶军　县公安局交警大队副大队长
陈　旻　县法院立案庭（诉讼服务中心）庭长
苏丽萍　县检察院第一检察部主任

二、安全生产工作成绩突出集体和个人

（一）表扬集体

大云镇、姚庄镇、西塘镇、魏塘街道、县建设局、县公安局、县教育局、县消防救援大队

（二）表扬个人

陈　聪　罗星街道应急管理办公室主任
严晓伟　开发区（惠民街道）应急管理办公室工作人员
夏圣碧　陶庄镇经济发展办公室副主任
吴海强　干窑镇应急管理办公室工作人员
朱振宇　天凝镇应急管理办公室主任
向秋菊　嘉善生态环境分局行政执法队一级科员
王建强　县综合行政执法队直属二中队队长
王　洁　县委宣传部网络管理科工作人员
李善芳　县司法局人民参与和促进法治科科长
许　强　县委政法委反邪教协调室主任
朱丽云　县文旅体局行业管理科科长
陈　宽　县交通局运输科（安全科）科长
王　恒　县经信局园区投资科工作人员
吴　亮　县纪委县监委案件审理室副股级干部
张　剑　县府办社会事业科科长

三、信访工作成绩突出集体和个人

(一)表扬集体

开发区(惠民街道)、姚庄镇、大云镇、县委组织部、县委政法委、县公安局、县司法局、县建设局

(二)表扬个人

陈建国　魏塘街道社会治理办公室主任、人武部副部长
王　晓　罗星街道社会治理办公室副主任
符　莹　西塘镇社会治理办公室工作人员
李　婷　陶庄镇社会治理办公室副主任
王洪星　干窑镇社会治理办公室工作人员
唐跃杰　天凝镇社会治理办公室工作人员
欧阳伟　县纪委县监委信访室副主任
吴建海　县委政法委督查考核科科长
蒋林江　县信访局接访科科长
俞斌峰　县人力社保局劳动保障监察科副科长
顾文超　县综合执法局一体化办案指挥中心队员
蒋一都　县自然资源规划局执法局工作人员
胡冠中　县医保局基金监管科一级科员
朱文芳　县科技商务区管委会办公室主任
蔡林峰　县交投集团安全监督部工作人员

四、征迁工作成绩突出集体和个人

(一)表扬集体

魏塘街道、西塘镇、姚庄镇、天凝镇、县教育局、县自然资源和规划局、县建设局、县城投集团

(二)表扬个人

陈惠雪　罗星街道鑫锋村党委书记、村委会主任
张振志　开发区实业公司工程管理部副部长
凌春华　陶庄镇汾玉村党总支书记、村委会主任
李　斌　干窑镇黎明村党委书记、村镇建设管理办公室工作人员
孟海强　大云镇村镇建设管理办公室工作人员
李　欣　嘉善示范区管委会政策法规局(规划建设局)副局长
杭勤峰　县纪委县监委第一纪检监察室主任
陶　衍　县委组织部干部监督室副主任
宋依依　县委宣传部宣传科(外宣科)工作人员
沈建强　县统战与民族宗教事务服务中心副主任
王亚峰　县府办党组成员、副主任
金志强　县发改局办公室主任
徐雪峰　县公安局四级高级警长
张　丹　县司法局应诉协调和行政复议科副科长
丁发根　县财政局四级调研员

五、交通安全大会战工作成绩突出集体和个人

(一)表扬集体

魏塘街道、县公安局、县应急管理局、县交通局、县交投集团、县综合执法局

(二)表扬个人

罗　姣　西塘镇社会治理办公室工作人员
邓卫华　干窑镇村镇建设管理办公室工作人员
李　波　大云镇村镇建设管理办公室工作人员
孙军锋　陶庄镇社会治理办公室工作人员
郑　荣　县委政法委基层治理指导室副主任
吴　政　县 12345 政务热线服务中心副主任
朱彦铭　县园林市政管理服务中心市政公用科科长
张晓敏　县急救站副站长
邬伟强　县财政局党委委员、副局长
胡赵青　县教育局校园安全科工作人员
詹方元　县科技商务区管委会规划建设管理科工作人员
陆汝军　县城投集团副总经理

六、消防安全和出租房整治工作成绩突出集体和个人

(一)表扬集体

魏塘街道、大云镇、罗星街道、县委政法委、县公安局、县建设局

(二)表扬个人

金志刚　开发区(惠民街道)社会治理办公室主任
范　峰　西塘派出所副所长
何家汉　姚庄镇应急管理办公室主任
夏德安　陶庄镇社会治理办公室副主任
沈永华　干窑镇应急管理办公室副主任
周　良　天凝镇副镇长
王　晨　县府办经济发展科副科长
金晓杰　县应急管理行政执法队队员
瞿诚杰　县综合行政执法队直属一中队队员
李婷婷　县委宣传部宣传科(外宣科)副科长
张永忠　县财政局经济建设科科长
范雪飞　县教育局校园安全科科长

七、"大综合一体化"行政执法改革成绩突出集体和个人

（一）表扬集体

西塘镇、开发区（惠民街道）、县委推进办（县委改革办）、县司法局、县市场监管局、县公安局

（二）表扬个人

黄　健　干窑镇综合执法队常务副队长
顾　亮　天凝镇综合执法队常务副队长
郁家树　县政策研究中心副主任、县委办秘书科副科长
王　鑫　县府办调研督查科副科长
张晓强　县委组织部公务员科科长
俞黎明　县委编办副主任
蔡勤芳　县12345政务热线服务中心工作人员
杜冬战　县综合执法局改革协调科副科长
王晓青　县农业行政执法队综合业务科科长
庄伟强　县应急管理行政执法队副队长
徐　铭　县交通运输行政执法队西塘分队分队长
徐陌已　县综合行政执法队姚庄中队指导员

八、健康嘉善工作成绩突出集体和个人

（一）表扬集体

姚庄镇、天凝镇、西塘镇、县文旅体局、县建设局、县农业农村局

（二）表扬个人

黄丹萍　魏塘街道办事处副主任
吴学凤　罗星街道二级主任科员
吴艳华　惠民街道办事处副主任
沈群芳　大云镇社会事务服务管理办公室主任
高金星　县人大常委会教科文卫工委副主任
欧阳新欢　县府办外事管理科科长
俞　琳　县纪委县监委派驻第三纪检监察组正股级干部
刘　娜　县发改局社会发展与改革科科长
吴鸣蕾　县教育局基础教育科副科长
陆建新　县科技局党组成员、工会主席
丁春喜　县卫生健康局公共卫生科科长
殳家跃　县市场监管局药品医疗器械与化妆品监督管理科工作人员

九、乡村振兴工作成绩突出集体和个人

（一）表扬集体

天凝镇、姚庄镇、县委组织部、县委推进办（县委改革办）、县发改局、县自然资源和规划局

（二）表扬个人

张雨春　开发区实业有限公司产业管理部副部长
朱利明　西塘镇地甸村党总支书记、村委会主任
王俊倩　陶庄镇农业农村办公室副主任
周海峰　县人大常委会农业与农村工委副主任
沈　文　县委政法委法学会秘书长
叶　钦　县府办综合一科副科长
姚云燕　县科技局科技合作与成果转化科科长
蒋丽萍　县财政局党委委员、副局长
徐锡虎　县种子服务站站长
戴　佳　县农业农村局乡村振兴协调科科长
叶锐敏　县河湖管理服务中心副主任
钱晓英　县社会经济调查队副队长

十、全域秀美（深化"千万工程"20周年）工作成绩突出集体和个人

（一）表扬集体

大云镇、天凝镇、姚庄镇横港村、开发区（惠民街道）横泾桥社区、县农业农村局、县文旅体局

（二）表扬个人

戴玉宇　干窑镇一级主任科员
殷郦超　魏塘街道农业农村办公室副主任
蒋秀梅　罗星街道社会事务服务管理办公室副主任
俞晨伟　县委办考评科副科长
潘全荣　县政协办一级主任科员
管　清　县党员电化教育中心副主任
严嘉灵　县委宣传部部务会议成员、县文明办副主任
姚驰奇　县综合行政执法队直属二中队队员
吴明权　县卫生健康局医政科科长
王景钊　县交通局建设科工作人员
李涌涛　县市场监管局市场合同广告监督管理科（价竞科）副科长
钱　洁　县妇联党组成员、副主席

十一、生态文明（美丽嘉善）建设工作成绩突出集体和个人

（一）表扬集体

姚庄镇、天凝镇、嘉善生态环境分局、县建设局、县水利局、县水务集团

（二）表扬个人

鲁悦昂　魏塘街道农业农村办公室副主任

张建英　罗星街道农业农村办公室副主任
吕　婷　大云镇社会事务服务管理办公室工作人员
于嘉晨　县府办信息科副科长
朱嘉稀　县党员电化教育中心主任
王　轶　县大地污水处理工程有限公司污水厂监督管理科副科长
毛立财　县自然资源规划局党委委员、林业管理科科长
鲍征宇　县农业农村局农产品质量安全监管科(人才与科教科)副科长
金晓辰　县商务局商贸流通科(电子商务科)工作人员
张　康　县应急管理局行政审批科工作人员
蒋丽仙　县市场监管局产品质量安全监督管理科(计量与科技评管科)副科长
周昱远　县综合行政执法队直属四中队副中队长

十二、法治建设成绩突出集体和个人

(一)表扬集体

西塘镇、县委宣传部、县委政法委、县委推进办(县委改革办)、县发改局、县司法局

(二)表扬个人

陈　龚　姚庄镇司法所所长
孟　梁　县府办党组成员、副主任
王学华　县人大法制(监察和司法)委员会副主任委员(正科长级)
钟黎霞　县委组织部办公室副主任
邱洪祥　县委直属机关工委团工委书记、组宣科副科长
吴晓莹　县信访局办公室工作人员
杜　宇　县法院审判管理办公室(研究室)主任
乐　琴　县科技信息中心副主任
孟陈瑜　县商务局办公室副主任
姚晓卿　县应急管理局法制科科长
樊　帅　县医保局基金监管科一级科员
朱晓枫　县综合执法局综合执法科一级科员

十三、城乡品质提升工作成绩突出集体和个人

(一)表扬集体

罗星街道、大云镇、天凝镇、县建设局、县发改局、县城投集团

(二)表扬个人

徐慈新　县委副科长级组织员(驻魏塘街道)
房亦舟　开发区(惠民街道)城镇建设管理办公室副主任
陆金凤　姚庄镇村镇建设管理办公室副主任
董佳亮　西塘镇村镇建设管理办公室副主任
杨维薇　干窑镇村镇建设管理办公室主任
凤叶江　陶庄镇村镇建设管理办公室主任
钱广忠　县委宣传部文明创建科工作人员
李　琪　县农业农村局农社科副科长、县种子服务站副站长
王　洋　嘉善生态环境分局水气管理科工作人员
李友红　县应急管理局党委委员、副局长
李　军　县交通局党委委员(副科长级)
凌志丰　县科技商务区管委会副主任

十四、文旅体工作成绩突出集体和个人

(一)表扬集体

西塘镇、大云镇、姚庄镇、县建设局、县农业农村局、县城投集团

(二)表扬个人

史金燕　县府办经济发展科科长
丁　艺　县委宣传部文化发展科副科长
朱　萍　县发改局对口协作科科长
吴利锋　县财政局行政政法与教科文科(会计科)科长
蒋　燕　县统计局综合科副科长
俞佩芳　县委编办一级主任科员
庄秋敏　县教育局办公室副主任
刘俊明　县公安局经济犯罪侦查大队副大队长
曹建强　县应急管理局党委委员、综合协调科科长
沈玉华　县卫生健康局县管干部、县健康办副主任
戴艳丽　县文旅体局党委委员、副局长
唐善荣　县综合交通信息中心主任

嘉善县经济高质量发展成绩突出企业

一、工业和信息化企业

嘉善宝聚废旧金属回收有限公司
日善电脑配件(嘉善)有限公司
阿克苏诺贝尔涂料(嘉兴)有限公司

雪花啤酒（嘉善）有限公司
索菲亚家居（浙江）有限公司
浙江长盛滑动轴承股份有限公司
梦天家居集团股份有限公司
格科微电子（浙江）有限公司
浙江高裕家居科技股份有限公司
立讯智造（浙江）有限公司
嘉善新华昌集装箱有限公司
浙江弘安纸业股份有限公司
嘉善天和半导体制程排气工业有限公司
晋亿实业股份有限公司
格林策巴赫机械（嘉善）有限公司
乾大新材料有限公司
嘉兴永励精密钢管有限公司
嘉善华瑞赛晶电气设备科技有限公司
赛诺（浙江）聚氨酯新材料有限公司
浙江众成包装材料股份有限公司
新思考电机有限公司
兰钧新能源科技有限公司
浙江福莱新材料股份有限公司
浙江大隆合金钢有限公司
贝思特电气（嘉兴）有限公司
浙江博汇汽车部件有限公司
浙江星辉新材料科技有限公司
浙江百康光学股份有限公司
嘉善鑫海精密铸件有限公司
光彩芯辰（浙江）科技有限公司
浙江嘉丰机电有限公司
浙江三赢新材料有限公司
嘉善边锋机械股份有限公司
嘉兴市锦佳船舶制造股份有限公司
浙江中科冠腾科技股份有限公司
能蓝科技（嘉善）股份有限公司
浙江中科尚弘离子装备工程有限公司
浙江易尤特科技股份有限公司
中科慧居（浙江）科技集团有限公司
嘉善力通信息科技股份有限公司
浙江豪声电子科技股份有限公司
浙江禾芯集成电路有限公司
嘉善三思光电技术有限公司
嘉兴阂阂木门制造有限公司
嘉善大王椰家居科技有限公司
浙江双展精密机械股份有限公司
浙江富涌电子科技有限公司
浙江桓能芯电科技有限公司
浙江金乙昌科技股份有限公司
赛晶亚太半导体科技（浙江）有限公司
嘉兴北化高分子助剂有限公司
浙江博升光电科技有限公司
浙江华显光电科技有限公司
浙江霸器智能装备股份有限公司
诚达药业股份有限公司
嘉兴市豪能科技股份有限公司
浙江盛威安防科技有限公司
嘉善乐瓦家具有限公司
汉特工程塑料（浙江）有限公司
浙江田中精机股份有限公司
浙江奇忠控制设备有限公司
浙江喜盈门啤酒有限公司
浙江嘉善协联热电有限公司

二、服务业企业

嘉善长三角再生资源有限公司
浙江中固企业服务有限公司
浙江中晟再生资源回收利用有限公司
浙江阂阂木门有限公司
浙江新晖物资有限公司
浙江雨露空间果品有限公司
嘉兴可心柔纸业有限公司
嘉兴嘉致丰田汽车销售服务有限公司
嘉善良壤酒店管理有限公司
浙江云澜湾泓璟酒店管理有限公司
嘉兴久昌人力资源有限公司
矽佳半导体（嘉兴）有限公司
嘉善力通信息科技股份有限公司
中科慧居（浙江）科技集团有限公司
浙江凯鸿物流股份有限公司

三、科技创新企业

立讯智造（浙江）有限公司
兰钧新能源科技有限公司
浙江长盛滑动轴承股份有限公司
浙江福莱新材料股份有限公司
浙江金乙昌科技股份有限公司
光彩芯辰（浙江）科技有限公司
浙江星辉新材料科技有限公司

浙江中科尚弘离子装备工程有限公司
唐人制造(嘉善)有限公司
浙江桓能芯电科技有限公司

四、外商投资企业

富鼎电子科技(嘉善)有限公司
云顶新耀医药科技有限公司
可心柔(浙江)个人护理用品有限公司
嘉善华瑞赛晶电气设备科技有限公司
嘉广智能科技(浙江)有限公司
浙江瑞能新能源有限公司
浙江盛威安防科技有限公司
和得科技(浙江)有限公司
浙江桓能芯电科技有限公司
恒颢光电科技(浙江)有限公司

嘉善县2023年度全县“两兵”工作先进单位和个人名单

一、民兵工作先进单位和个人

(一)先进单位(6个)

1.先进基层武装部(3个)

姚庄镇武装部
陶庄镇武装部
大云镇武装部

2.先进民兵连(3个)

长秀村民兵连
城南社区民兵连
天凝社区民兵连

(二)先进个人(9名)

1.先进专武干部(3名)

沈　立　惠民街道武装部部长
吴兵强　西塘镇武装部副部长
夏佳新　干窑镇武装部副部长

2.先进民兵干部(3名)

邱洪祥　县委直属机关工委
王务翔　县交通运输局
孙学健　县发改局

3.先进民兵(3名)

吴　杰　县应急连
陈李蔚　县应急连
胡明君　县应急连

二、征兵工作先进单位和个人

(一)先进单位(16个)

天凝镇派出所、县第一人民医院、魏塘街道魏中村、魏塘街道嘉辰社区、罗星街道晋阳社区、罗星街道子胥社区、开发区(惠民街道)社区卫生服务中心、西塘镇大舜村、西塘镇下甸庙村、姚庄镇姚庄村、姚庄镇展幸村、陶庄镇汾玉村、干窑镇干窑社区、天凝镇洪溪村、天凝镇卫生院、大云镇曹家村

(二)先进个人(21名)

苏　元　县人民政府办公室
吴　萍　县人民武装部政治工作科
沈国泉　嘉善第二高级中学
沈　宏　县财政局
张　朔　县人力社保局
姚国良　大云派出所
吴明权　县卫生健康局
薛　超　魏塘街道人民武装部
梅建华　魏塘街道城东社区
吴春雷　罗星街道人民武装部
鲍　欢　罗星街道卫生院
杨根林　开发区(惠民街道)派出所
周亚华　西塘镇人民武装部
钱海良　西塘镇派出所
宋天豪　姚庄镇姚庄村
孙建新　姚庄镇展幸村
钱加超　陶庄镇人民武装部
李家豪　干窑镇胡家埭村
曹征镔　天凝镇派出所
莫佳乐　天凝镇欣杨村
程　钢　大云镇人民武装部

示范区三周年建设工作行政奖励名单

一、个人三等功(10人)

王伟锋　县建设局总工程师
张　佳　县水利局党委委员、太浦河红旗塘管理所副所长
林如初　嘉善长三角生态绿色一体化发展示范区管委会政策法规局(规划建设局)局长

周丽平　嘉善长三角生态绿色一体化发展示范区招商服务中心（县长三角一体化发展中心）副主任
汪建明　西塘镇副镇长
沈　佳　西塘镇副镇长
张　赟　姚庄镇党委副书记、镇长
顾金海　姚庄镇副镇长
陆勇伟　县国投集团党委书记、董事长，县城投集团党委书记、董事长
唐颖杰　县祥符荡开发建设有限公司党委副书记、总经理

二、个人嘉奖（50人）

吴振健　县委办政策研究中心主任
陈永强　县纪委常委、县委巡察办公室主任
吴　烨　县委组织部常务副部长、县公务员局局长（兼）、县行政学校副校长
王　洁　县委宣传部宣传科工作人员
张国辉　县委政法委委务会议成员（副科长级）
卓晓燕　县传媒中心党委书记、主任
王　洁　县发改局四级调研员
潘　瑜　县发改局行政审批科科长
邓国忠　县经信局党组书记、局长、县数字经济发展局局长（兼）
吕鸣秋　县科技局党组成员、副局长（正科长级）
李　虹　县科技局党组成员、副局长
俞　平　县公安局治安大队副大队长
张永中　县财政局经济建设科科长
何剑源　县人力社保局党组书记、局长，县委组织部副部长（兼）
来　红　县自然资源规划局党委书记、局长
邱　爽　县建筑业管理服务中心副主任
左劲松　县园林市政管理服务中心副主任
余岚菲　县交通局党委委员、总工程师
刘田忠　县综合交通信息中心副主任
彭小安　县水利局总工程师
张　卓　县河湖管理服务中心（质量与安全管理服务中心）主任
吴舒羽　县农业农村局党委委员、副局长（正科长级）
王　群　县农业农村局办公室主任
钱　岷　县商务局副局长
许　谆　县文旅体局财务科科长
沈玉华　县卫生健康局党委委员
许巧君　县审计局财政和社会保障审计科科长
赵　烨　县医保局改革发展科科长、县医疗保险服务中心副主任（兼）
郁新伟　县政务数据办副主任、党组成员
费　捷　县政务数据办改革指导科科长
吴盛辉　嘉善生态环境监测站副站长、高级工程师
陆雅燕　县固体污染防治中心高级工程师、局工会副主席
李婷琼　县机关事务管理中心综合科副科长
余　江　县长三角一体化发展中心副主任
陶丽美　嘉善长三角生态绿色一体化发展示范区管委会政策法规局副局长
怀文蔚　嘉善长三角生态绿色一体化发展示范区管委会招商服务中心产业发展科工作人员
姚　斌　嘉善经济技术开发区（惠民街道）党委副书记、惠民街道办事处主任、嘉善经济技术开发区管委会主任
张海斌　西塘旅游休闲度假区管委会副主任
陈建慧　西塘镇房地产管理所副所长
曹伟华　县自然资源规划局西塘自然资源所副所长
张　涛　姚庄镇村建办副主任
俞佳晨　姚庄镇党建办工作人员
徐陈皓　姚庄镇农业农村办工作人员
马　超　大云镇党委副书记、镇长，大云温泉旅游度假区管委会主任
陆秋强　县国投集团党委委员、副总经理，县长三角开发公司副总经理
王定林　县城投集团党委委员、副总经理
钱敏岗　县交投集团党委书记、董事长
陆　佳　县祥符荡开发建设有限公司党委副书记、副总经理
吴金根　县中新产业发展投资有限公司副总经理
徐勇明　国网嘉善县供电公司总经理

新闻报道选录

携手共进谱新篇(高质量发展调研行)

——长三角地区聚力推进一体化发展(节选)

本报记者　李心萍、欧阳洁、韩鑫

资源共享,长三角“幸福圈”加速形成。

挂号、就诊、结算……在浙江嘉兴嘉善县第一人民医院,市民董丹丽只需出示家人的医保电子凭证,医生就能直接为她结算。

“公公是上海人,以前在嘉善配高血压药只能先垫付现金,再凭发票、病历、清单等回上海手工报销,20多个工作日才能到账。”董丹丽说,现在通过门诊慢特病跨省直接结算,在上海备案后,就能直接在嘉善结算,特别省心。

嘉善地处长三角城市群的核心区域,与上海、苏州等地往来密切,这样的便民举措令不少群众点赞。

“我们对上海青浦区、苏州吴江区等往来较为密切地区人员,还实施了免备案异地直接结算,并享受同城化待遇,持续推进长三角异地就医直接结算。”嘉善县医疗保险服务中心副主任杨爱萍说。

率先启动异地就医门诊费用直接结算试点,长三角41座城市的1.5万余家医疗机构,均可跨省直接结算,累计惠及1300万人次;累计发行超4000万张可在区域内通用的第三代社保卡;长三角区域公共图书馆、国有博物馆、A级旅游景区支持社保卡一卡通用……从共建到共享,坚定不移地增进民生福祉,“长三角人”的“幸福圈”正不断扩容。

(《人民日报》2023年6月21日第1版)

浙江嘉善:争做现代化县域实践“试验田”

记者　唐弢、俞菀

在浙江省嘉兴市嘉善县西塘镇东北面,有一片约3400亩的湖荡,名叫祥符荡。以前这里杂草丛生、水体浑浊,而今水清岸绿,常见野鸭在湖面嬉戏,画家临岸写生。这里也是许多聚焦关键核心技术的“未来实验室”所在地,是长三角生态绿色一体化发展示范区的标志性项目之一。

祥符荡的蝶变，是嘉善县域发展的缩影。

2022年，嘉善全县地区生产总值（GDP）863.48亿元，农村居民人均可支配收入达到47211元。这一年的11月，国家发改委印发方案，嘉善成为县域高质量发展示范点，承担起为全国县域高质量发展探路的重任。

嘉善县委书记江海洋说，多年来，嘉善围绕“主动接轨上海”“推进城乡一体化”“转变经济增长方式”三项行动指南久久为功，坚持用高质量发展理念解决县域发展中的共性难题和个性问题，不断夯实共同富裕的经济底盘，持续改善民生，提升群众幸福感。

一方好水引生灵。近年来，嘉善与上海青浦、苏州吴江三地通过联合河长制度进一步推动区域协同治水。如今，全球仅有的9种水栖萤火虫在嘉善就有3种，国家二级保护鸟类也增加到了11种。

良好的区位优势、宜居的生态环境，成为嘉善筑巢引凤、招商引资的核心竞争力，亦使得科技创新成为嘉善高质量发展的“强大引擎”——

2022年，嘉善新增国家级专精特新“小巨人”企业11家、高新技术企业152家，研发投入占比达4%，蝉联浙江省“科技创新鼎”……

智能诊疗机器人创新研发机构、势通科技公司负责人万军说，选择落户嘉善，一是看重长三角一体化发展带来的“磁力效应”，二是嘉善当地政府对企业和人才的扶持力度非常大，“不仅有求必应，还会主动上门帮企业解决难题”。从“单打独斗”到“团队攻关”，随着一个个项目从立项、研发到产业化，势通的创新之路越走越宽。

面对要素资源有限、地域面积少、发展方式粗放等县域发展中面临的共性问题，嘉善修改规划，调整产业结构、生态布局，使土地、资金等资源向高能级平台集聚——

“通过全域农房集聚，解决农民进城问题；通过全域土地整治，解决工业进区的问题；通过全域农田流转，解决农民增收和农业规模化、标准化生产的问题。”嘉善县委推进办主任王钢说。

从最初的1.69平方公里到30.38平方公里，嘉善经济技术开发区核心板块面积的不断增长，意味着更强的承载力。从初创时期木业家具、五金机械、电子信息、纺织服装产业“老四样”为主导，到数字经济（集成电路）、生命医药、新能源三大产业为主力军，彰显的是嘉善平台产业能级的节节攀升。

台上，吴侬软语；台下，座无虚席。如今，时不时去桃源书场听戏，成了嘉善县姚庄镇桃源新邨社区居民姚夫生的日常。桃源新邨是嘉善推进农房集聚、实施公寓房安置的典型。“我们‘上楼’后，户籍住址不变、户口簿不换，原有农村权益不受影响。居住地变社区后，身边享受的各类优质公共服务更多了。”姚夫生说。

人才集聚、创新迸发，折射了嘉善真实的吸引力。而“小县城要大发展”，离不开物质富有与精神文明相协调，让高质量发展惠及一方百姓，让“地嘉人善”的美名源远流长——

在嘉善县魏塘街道魏中村，当地率先采用“政府承担、定向委托、合同管理、评估兑现”来实现文化礼堂的社会化运行。“我们积极借助社会力量，提供专业的文化产品，同时引入竞争机制，推动公共文化服务社会化发展。”魏塘街道相关负责人说。

嘉善不断强化城乡一体“10分钟品质文化生活圈”建设。目前，嘉善已实现图书馆总分馆、文化馆总分馆全覆盖，建成文化礼堂116家、社区文化家园32家、善城智慧书房22家，努力实现文化惠民“零距离”。

如今走在嘉善的大街小巷，看到的是人才近悦远来、城乡美美与共；感受到的是发展的魄力、动能转换的活力、共建共享的魅力……

（《新华每日电讯》2023年5月27日第4版）

浙江县域观察：“双示范”县城如何立足长三角？

记者　张雨滴

中新网嘉兴2月8日电　县域高质量发展示范点建设方案获国家层面批复实施，长三角生态绿色一体化发展示范区建设进入下一个“三年”，身处长三角腹地的浙江嘉善，高质量发展县域实践频频“出圈”。

“高手林立”的长三角地区，竞争态势日趋激烈，在资源要素有限的前提下，嘉善如何迎难而上、脱颖而出，当好“示范生”？

“2023年，是新一轮示范点和新三年示范区建设的起步之年。”2月8日，嘉善县委副书记、县长张锡锋在嘉善县第十七届人民代表大会第二次会议上表示，站在新阶段新起点，要精准定位嘉善所处的“坐标系”“方向标”。

嘉善位于上海、江苏、浙江两省一市的交界地带，距离上海、苏州、杭州分别为80公里、80公里、100公里，是浙江接轨上海的“第一站”。

毫无疑问，区位优势是其未来发展的底气。以大交通格局加速成型为牵引，“轨道上的嘉善”正在加快打造。

通苏嘉甬铁路浙江段开工建设，嘉兴至枫南、嘉善至西塘两条市域铁路先行段开工建设，沪昆铁路嘉善段高架改造工程前期工作积极推进，嘉善大道快速路、兴善大道快速路先行段开工建设，沪杭高速公路嘉善联络线有序推进……

2022年，嘉善总投资超600亿元的“三高四铁”交通建设扎实推进，建成后当地交通能级将实现全面提升。

区位优势的凸显，亦使得科技创新成为嘉善高质量发展的“强大引擎”。

2022年9月6日，浙江大学长三角智慧绿洲创新中心首期在嘉善县祥符荡科创绿谷开园。未来食品、未来健康、未来设计、未来区域发展四大未来实验室亮相。

“我们依托食品、化学、生物、机械等浙江大学多学科力量，围绕靶向功能食品创制、食品柔性智能制造等方向开展前沿基础研究与重大技术攻关。”浙江大学长三角智慧绿洲创新中心副主任、未来食品实验室主任刘东红介绍。

科创与产业何以在县域实现联动发展？这也是嘉善一直在思索的问题。

在浙江福莱新材料股份有限公司福莱研究院副院长杨晓明看来，企业近年来的快速发展得益于科技创新，关键在于科技人才的培育引进。

“在目前拥有国家级、省级高端人才的基础上，企业还要锁定世界500强企业的尖端人才，打造更高层次的人才团队，使新技术新产品再出新成果。”杨晓明说。

科技创新的主体在企业。2022年，嘉善新增国家级专精特新“小巨人”企业11家、高新技术企业152家，研发投入占比达4%，蝉联浙江省“科技创新鼎”，创新之火已燎原。

机遇面前、风口之上，嘉善主动出击。

围绕两大国家战略，嘉善2023年具体线路图也已清晰：规划建设浙大绿洲、研发总部、未来数字、生态低碳4个单元，开工建设浙大长三角智慧绿洲一期等重点项目；加快打造毗邻大都市协同发展、“浙北粮仓”核心区等10张高质量发展金名片，清单化推进20条左右年度示范任务。

“新的一年，嘉善将聚焦奋进‘双示范’建设新征程主题主线，深化全面接轨上海‘第一站’首位战略，坚定扛起‘展示窗’‘试验田’‘桥头堡’新使命。”张锡锋说。

（中国新闻网 2023年2月8日）

嘉善重塑江南水韵　推进绿色低碳发展

长三角“国家级”试验田蹚出绿色共富路

本报记者　史小静、程梓桐

在浙江省嘉善县著名的千年西塘古镇东北面，有一片约3400亩的湖荡——祥符荡，春日里，天高水阔，风景如画，尽显江南诗意。全新的绿色水生态画卷引来游人纷纷打卡合影。

自长三角生态绿色一体化发展示范区（以下简称示范区）揭牌以来，上海青浦、江苏吴江、浙江嘉善三地一起，开启了新的发展征程。其中，嘉善的西塘、姚庄两镇被划为示范区的先行启动区，肩负着走前列、做示范、当样板的发展使命。

3年来，嘉善的生态绿色一体化发展“试验田”硕果累累，先行启动区在生态环境保护和建设、生态友好型产业创新发展、人与自然和谐宜居、共同富裕等方面成效明显。

示范引领治水先行

长三角生态绿色一体化发展示范区水网密布、河湖众多，是典型的江南水乡，优化水环境、做好水文章是示范区的重要内容之一。

“以前，这边杂草丛生，乱糟糟的，我们管祥符荡叫野荡。现在水清了、岸绿了，附近村民都喜欢来这里散步。”在此开展党建活动的国网嘉善县供电公司党建部沈伶妮告诉记者。

为让祥符荡水质得到改善，嘉善实施了控源截污、生境改善、构建水下生物群落等一系列清水举措，对南北祥符荡191万平方米的水域进行水生态修复。

经过治理，现在的祥符荡有鱼有草，水岸相依。“如今，南北祥符荡水体平均达到地表水Ⅲ类水平，部分指标达到Ⅱ类，沉水植物覆盖度70%以上，透明度两米以上。”嘉兴市生态环境局嘉善分局水气管理科科长杨俊向记者介绍，通过种植沉水植物、投放鱼类、构建生态围隔等，祥符荡实现了“水清岸绿、鱼翔鸟栖、草长‘萤’飞”的美好愿景。

除了重点项目，示范区建设3年来，嘉善共完成12个工业园区、9个镇(街道)的“污水零直排区”建设，累计建成173个“污水零直排区”。嘉善还积极推进姚庄经济开发区建设省级“污水零直排”标杆园区，启动大云镇工业园区、天凝镇工业区、中国归谷嘉善科技园“污水零直排区”标杆园区建设。

2022年，嘉善县4个出境断面功能区水质达标率为100%，17个县控及以上地表水监测断面水质达到Ⅲ类及以上，达标率为100%。

创新技术引领绿色低碳发展

围绕示范区打造“生态优势转化新标杆”“绿色创新发展新高地”战略定位，3年来，嘉善以良好生态优势，围绕“双碳”战略，探索绿色低碳发展之路。

现在，风景秀丽的祥符荡不仅是人们旅游、休闲的好去处，也吸引了众多高端科研资源在此集聚。祥符荡科创绿谷集聚了浙江大学长三角智慧绿洲创新中心、嘉善复旦大学研究院等高端科研资源，一批院士领衔的国内外顶尖研发团队将在这里打造示范区科创高地。

此外，嘉善也在逐步探索水下碳汇。祥符荡191万平方米的水下森林，每年可减少约7700吨CO_2释放(约3000吨标准煤燃烧释放的CO_2量)。按照1棵树平均一年大约可吸收18kg的CO_2来核算，这里相当于种植了约42.7万棵树。

“目前，我们也与相关部门签约，共建长三角双碳创新实验基地，探索水下和农业农村领域碳排放监测核算认证体系，努力在嘉善建成碳排放认证中心。”杨俊说。

围绕低碳发展，嘉善还诞生了一座“近零碳”科创村落——竹小汇。

连片的稻田，密布的水网，数十座白墙黛瓦的小房子镶嵌其中，充满科技感的风能发电机映入眼帘……如果不说，你可能想象不到，这样一个位于祥符荡科创中心核心区域的“零碳聚落”，曾是祥符荡边上的一个废弃村落。

嘉善通过对腾退村落进行改造，引入生态科研机构，积极践行绿色低碳理念，按照绿色建筑三星标准建设，注重建筑节能科技的运用，着力打造首个“真零碳”创新聚落样板。

“竹小汇零碳科创聚落通过综合应用光伏屋顶、污水处理、地源热泵、风力发电等低碳技术，实现村落能源自给自足、物质循环利用，最大限度减少固液废物产生，为示范区‘无废城市’建设提供了先行实践经验。”嘉善分局相关负责人表示。

“3年来，嘉善创新指数在浙江省排名提升25位、列第五，高新技术企业两年翻番、科技型中小企业三年翻番。”嘉兴市委常委、嘉善县委书记江海洋此前在长三角生态绿色一体化发展示范区建设三周年工作现场会上表示。

打造绿色共富示范区

2022年12月，《长三角生态绿色一体化发展示范区共同富裕实施方案》印发，作为示范区先行启动区之一，嘉善县姚庄镇争创长三角区域共同富裕镇域典范的先锋。

走进姚庄镇沉香村，你会发现这是一个随处可见橘元素的村子。随着长三角生态绿色一体化发展示范区·嘉善沉香荡江家港水生态修复工程的开展，姚庄镇沉香村依托生态绿的最美底色，围绕60公顷的橘林，开展村容村貌、全域景观、文创产业、智慧乡村等领域的全面提升，实现一二三产融合发展。

在沉香村的江小橘乐园，这个集休闲观光、产业融合、生态研学、亲子教育于一体的大乐园，吸引了不少游客。

“这里是以橘子为IP做的一个项目，我们主打亲子研学，去年最高峰时一天有将近2000人到3000人。”江小橘乐园运营公司相关负责人阳阳介绍，现在这里已经成了示范区的一个网红打卡点。

姚庄镇沉香村党总支副书记吴佳斌介绍，目前村里正在对乡村闲置资产（民房、宅基地等）提升挖掘，植入部分旅游文创和服务性业态内容，打造成高端民宿产品，让农民居家就业、居家创业、增收致富，实现共同富裕。

无独有偶，借力乡村建设，实现经济效益与生态效益双赢的，还有位于姚庄镇东部的横港村。

“以前我们老两口在河边圈养鸡鸭，给村子带来污染，政策下来后我们主动退养，并通过做好垃圾分类等行为赚取积分，不仅维护了村庄的环境，还能在‘生态绿色加油站’换取日用品。”横港村村民马祥明告诉记者。

马祥明口中的“生态绿色加油站”是姚庄镇在局部区域、关键环节探索创新金融支撑乡村振兴、共同富裕建设的一个生动实践。

姚庄镇紧扣生态绿色目标，创新推行“三治积分＋金融赋能＋生态绿色加油站”模式，村民通过维护环境卫生、做好垃圾分类等获得积分，可直接兑换成现金使用或换取生活必需品，以此激励引导村民齐心为生态绿色“加油出力”。今年，姚庄镇还积极探索将“三治积分”优化升级为“共富积分”。

“在扎实推进生态治理的同时，我们把实实在在的福利递到老百姓手中。如今，‘生态绿色加油站’模式已在姚庄镇实现了18个村全覆盖，累计服务近10500户居民家庭。”横港村副主任杨苗虎说。

“如今的嘉善，乘着长三角生态绿色一体化发展示范区的东风，紧扣‘城乡统筹、高质量发展、绿色低碳、一体化示范、共同富裕’五大目标，不断厚植生态优势，全力打造绿色共富示范区，一幅全域秀美的江南水乡图景正在嘉善徐徐铺展。”嘉善分局相关负责人表示。

（《中国环境报》2023年4月27日第1版）

十年间，嘉善规上工业产值连破两个千亿元大关

在“双示范”中勇当示范生

《浙江日报》记者　顾雨婷、章然　共享联盟·嘉善　宋依依

为进一步贯彻省委十五届四次全会精神，浙报集团、潮新闻启动“潮涌之江·对话县委书记”大型融媒体访谈活动，报端联动。

本期访谈由浙江日报报业集团社长、党委书记姜军对话嘉兴市委常委、嘉善县委书记江海洋，双方就“八八战略”“新发展理念”“长三角一体化发展”等话题，循迹溯源，畅谈“双示范”建设的经验和故事。

问：在践行新发展理念上，嘉善如何赋予转变发展方式、主动接轨上海、统筹城乡发展这“三篇文章”以时代内涵？

答：十多年来，嘉善深入贯彻新发展理念，忠实践行“八八战略”，坚持一张蓝图绘到底、一任接着一任干，接续做好转变发展方式、主动接轨上海、统筹城乡发展“三篇文章”。

作为全国唯一的县域高质量发展示范点、长三角生态绿色一体化发展示范区的重要组成部分，嘉善地区生产总值从2012年的345亿元，增长到2022年的863亿元，规上工业产值从750亿元增长到2050亿元，连破两个千亿元大关，年均增长11.8%。

新征程上，省委赋予嘉善“展示窗”“试验田”“桥头堡”新使命新定位，我们将接续做好“三篇文章”，创造性贯彻落实、创新性转化发展。一是把“转变发展方式”作为县域高质量发展的核心路径，抓新兴产业培育壮大、科技和产业联动，推动增长方式由“拼资源”向“拼创新”转变；二是把“主动接轨上海”作为区域一体化发展的最大优势，将全面接轨上海“第一站”作为嘉善首位战略，坚持“借船出海、借梯登高、借力发展”；三是把“统筹城乡发展”作为促进共同富裕的突出抓手，深入推进以人为核心的新型城镇化和乡村振兴。

问：在长三角生态绿色一体化发展这盘大棋中，嘉善何以当

好“示范生”？

答：2019年，嘉善被全域纳入长三角生态绿色一体化发展示范区，成为服务落实国家战略的前沿阵地，形成了10%的人口通勤上海、30%的科创来自上海、50%的工农业配套上海、70%的游客来自上海、90%的进出口和招商通过上海的“13579”全面接轨融合效应。

今年，我们开启了一体化示范区建设新三年征程，将持续聚焦一体化、高质量、生态绿色三个关键词。一是在一体规划上先行示范，加速启动新一轮项目建设，将规划蓝图一步步变为实景图；二是在产业协同上先行示范，携手青浦、吴江全面建设跨区域国家高新区，加快形成基础研发在上海、中试产业化在嘉善的协同创新机制；三是在跨域治理上先行示范，深耕一体化机制创新，提升跨域治理效能；四是在民生共享上先行示范，大力引进长三角优质教育、医疗资源，让嘉善老百姓在家门口就能享受到大都市的优质公共服务。

问：在跨越赶超的新征程中，嘉善如何不断破解新的“成长的烦恼”？

答：我们确实面临着一些“成长的烦恼”，如工业腰杆子还不够硬、头部大企业还不够多、产业链还不够全等问题。

今年，我们推出了“招商大突破”“项目大攻坚”“营商大提优”三个年行动。树立“干就最好、做就极致”意识，在解放思想中增强干部战斗力；以打造工业强县升级版为抓手，持续做强通信电子、新能源等主导产业集群；积极创建国家级旅游度假区，深化打造“北西塘、南大云”全域旅游品牌；围绕有效扩大高品质公共服务供给，优化民生福祉；深化基层网格治理，持之以恒抓好平安建设守牢安全底线。

到2025年，嘉善将实现千亿元GDP、千亿元产业、千亿元园区、千亿元招商、千亿元企业、千亿元投资、千万游客等七个大突破，再次实现“双示范”的跨越赶超。

（《浙江日报》2023年11月24日第2版）

领导视察报道选录

易炼红在嘉兴调研时强调

立足初心之地潮涌之地枢纽之地和美之地勤廉之地尽显担当和风采

记者　翁浩浩

本报嘉兴1月29日电　秀水泱泱，红船依旧；千年古城，创新澎湃。29日，省委书记易炼红深入嘉兴的重大科创平台、高端制造企业、美丽乡村等进行调研，推动开展“大走访大调研大服务大解题”活动，强调要坚持以习近平新时代中国特色社会主义思想为指导，认真贯彻落实习近平总书记对嘉兴的重要指示精神，全面学习贯彻党的二十大精神，大力弘扬伟大建党精神和“红船精神”，加快打造长三角城市群重要中心城市，在推进创新深化、改革攻坚、开放提升中实现更大突破，在推进共同富裕和省域现代化先行中迈出更大步伐，在服务国家战略和全省大局中作出更大贡献，为谱写中国式现代化浙江篇章尽显嘉兴担当和风采。

长三角生态绿色一体化发展示范区（嘉善）企业交流服务基地是集“双示范”国家战略规划展示、城市推介、会展会务等于一体的商业交流服务基地。易炼红来到这里考察展厅，了解示范区嘉善片区规划建设情况。易炼红对嘉善在示范区建设中取得的各项成果给予充分肯定，强调要牢记习近平总书记殷切期望，以开局就是决战、起步就是冲刺的精气神，进一步发挥区位、生态和配套能力等优势，推动绿色创新发展取得新突破。

位于嘉善县的祥符荡科创绿谷研发总部，是长三角生态绿色一体化发展示范区落实国家战略的重大科创及产业转化平台。易炼红走访浙江大学未来食品实验室和祥符实验室，鼓励科研人员积极探索创新路径，更加注重产品功能细分，加快科研成果向现实生产力转化，为示范区建设提供更多科技支撑。

立讯智造（浙江）有限公司主要从事高端智能穿戴电子产品的研发、制造和销售。易炼红考察公司生产线，了解企业为示范区绿色创新发展提供产业支撑情况，希望企业加大研发投入，全面提升自主创新能力，以创新优势赢得发展优势。

红灯笼、年货节……正月里，嘉善县大云镇缪家村一派喜庆祥和气氛。易炼红走访村文化礼堂、幸福广场等，了解党建引领发展等情况，给村民送上新春祝福。易炼红为缪家村的发展成果点赞，强调要牢记习近平总书记“走在前列、做好示范”殷殷嘱托，让村里产业旺起来，把增收渠道打开，为共同富裕提供可复制可推广的鲜活经验，并勉励村干部牢固树立为人民服务思想，真心实意为群众办实事解难事，收获更多成就感和群众认同感。

位于南湖区的浙江清华长三角研究院是习近平总书记亲自谋划、亲自推动设立的省校共建新型创新平台。易炼红在这里考察展厅，了解新型创新平台建设与科技成果转化情况，希望研究院始终以习近平总书记重要指示精神为指引，积极发挥在新材料等领域优势，充分调动科研人员创造性，深度助力地方产业转型升级，为浙江加快打造高水平创新型省份做出更大贡献。

易炼红在听取嘉兴市委市政府工作汇报后强调，嘉兴要立足初心之地，更加坚定自觉地把政治建设摆在首位，切实担起政治责任，不断放大政治优势，全面展现政治担当，用心用情守护好党的根脉、党的初心，展示好百年大党、百年红船的形象，尽显“绝对忠诚护根脉”的担当和风采；立足潮涌之地，始终保持争创一流的姿态、敢为人先的锐气、踔厉奋发的状态，提升创新策源力、改革影响力、项目推动力、环境承载力，加快打造长三角城市群高质量发展高地，尽显“弄潮儿向涛头立”的担当和风采；立足枢纽之地，以国际化视野和更大格局融入长三角一体化发展国家战略，更高水平接轨大上海，擦亮互联网大会金名片，大力实施数字经济创新提质“一号发展工程”，打开招商引资新局面，构建内外连接大通道，尽显“借梯登高树标杆”的担当和风采；立足和美之地，争当统筹城乡协调发展、县域协同发展、市域治理现代化、增进民生福祉的典范，率先走出一条具有嘉兴特色的共同富裕新路，尽显“共富先行当先锋”的担当和风采；立足勤廉之地，发扬优良传统，汲取勤廉动力，养成勤廉作风，树立勤廉形象，尽显“风清气正人心齐”的担当和风采。

陈奕君陪同调研并参加座谈。

（《浙江日报》2023 年 1 月 30 日第 1 版）

新闻报道目录

表 33　新闻报道目录

序 号	标 题	平 台
1	宏观政策聚力　兜牢民生底线(坚定信心 开局起步)	《人民日报》头版
2	上海在新起点上推动高质量发展	《人民日报》头版
3	风劲潮涌奋楫先(高质量发展调研行) ——长三角地区奋力推动高质量发展	《人民日报》头版
4	推动长三角一体化发展不断取得新成效(高质量发展调研行) ——访国家发展改革委有关负责同志	《人民日报》06 版
5	携手共进谱新篇(高质量发展调研行) ——长三角地区聚力推进一体化发展	《人民日报》头版
6	一张蓝图绘到底 ——习近平总书记擘画浙江“千万工程”带来乡村巨变	《人民日报》头版
7	跨区域一体化制度创新的试验田	《人民日报》整版
8	嘉善打造“善文化”名片	《人民日报》(海外版)
9	“一张图”,牵引区域一体化制度创新(长三角一体化高质量发展观察)	《人民日报》头版
10	携手高质量一体化　奋进中国式现代化(长三角一体化高质量发展观察) ——来自长三角发展一线的调研	《人民日报》头版
11	进一步推动长江经济带高质量发展　更好支撑和服务中国式现代化 ——习近平总书记在进一步推动长江经济带高质量发展座谈会上重要讲话引发热烈反响	《人民日报》头版
12	浙江数字经济发展取得积极成效 ——发展数字经济　推动创新提质	《人民日报》06 版
13	激活传统文化、塑造城市形象、打造文旅品牌 中国动漫“秀”出新意与活力	《人民日报》(海外版)
14	汇聚沪苏浙 242 项数据资源,长三角一体化示范区“智慧大脑”上线	《人民日报》客户端
15	嘉善九寨沟建“共富工坊”　高山葡萄甜了果农富了口袋	《人民日报》客户端
16	浙江嘉善:窑望丰赢农业综合服务中心揭牌成立	《人民日报》客户端
17	宏观政策聚力　兜牢民生底线(坚定信心 开局起步)	《人民日报》客户端
18	24 个项目总投资 350 亿元沪上签约!	《人民日报》客户端
19	聚焦“四个敢”,浙江这样“强信心”	《新华每日电讯》头版
20	跨域信用就医　推进协同执法　携手生态治理 长三角推出多项制度创新成果	《新华每日电讯》06 版
21	高质量发展调研行 | 江海交汇 奋楫扬帆——长三角一体化谱写高质量发展新篇章	《新华每日电讯》头版
22	浙江嘉善:争做现代化县域实践“试验田”	《新华每日电讯》04 版

续表 33

序号	标题	平台
23	长三角培育异地养老新模式	《新华每日电讯》06 版
24	国家大计连着百姓生计 推进共同富裕的浙江基层故事	《新华每日电讯》04 版
25	这里的农民生活为何如此惬意? 浙江嘉兴乡村走访见闻	《新华每日电讯》04 版
26	浙江数字经济:显现集聚效应,带来关键增量	《新华每日电讯》05 版
27	如何让老人在“家门口”幸福养老?	《新华每日电讯》08 版
28	浙江嘉善开展优秀年轻干部“善接未来”成才工程	《光明日报》03 版
29	长三角一体化示范区首次跨区域联合招商	《光明日报》03 版
30	擦亮环境底色,建设和美乡村	《光明日报》07 版
31	“水乡客厅”长什么样?	《光明日报》04 版
32	跨界携手,守护万顷碧波 ——青浦吴江嘉善三地探路区域治水一体化	《光明日报》10 版
33	一体化:“协同红利”不断释放	《光明日报》04 版
34	长三角地区:改革试验田 发展动力源	《光明日报》02 版
35	提升社区造血功能 迈出“强社惠民”坚实一步	《光明日报》03 版
36	浙江嘉善与四川九寨沟跨省共建“共富工坊”	《光明日报》客户端
37	高质量发展调研行 | 浙江嘉兴:小小水弹珠中的大学问	《光明日报》客户端
38	“两山”理念引领绿色发展	《经济日报》头版
39	上海青浦、江苏吴江、浙江嘉善协同治水——奏响长三角“绿色协奏曲”	《经济日报》03 版
40	3D 打印机变身“大厨” 为您“私人定制” | 高质量发展调研行	《经济日报》新闻客户端
41	浙江县域观察:“双示范”县城如何立足长三角?	中新社
42	全国首个跨区域公共资源交易目录正式实施	中新社
43	长三角示范区首次跨区域联合招商 9 个项目签约总投资约 154 亿元	中新社
44	浙江嘉善在上海举办祥符荡创新中心推介会	中新社
45	春风化雨孜孜十载 记浙江统一战线助推嘉善高质量发展	中新社
46	十年实施助推举措 220 项 浙江统一战线助推嘉善“双示范”建设	中新社
47	长三角侨界互动助力一体化发展 成立“青吴嘉侨创联盟”	中新社
48	“跨界无感”,长三角共绘一张“实景图”	中新社
49	藏粮于技 中国农业科技创新成果不断取得突破	中新社
50	浙江省统一战线助力嘉善“双示范”故事汇:农工党送健康到群众“家门口”	中新社
51	(聚焦中国高质量发展)浙江多举措打通科创成果转化“最后一公里”	中新社
52	【高质量发展调研行】浙江:绿水青山间涌动“科创之翼”	中新社
53	瞭望·治国理政纪事|“千万工程”塑造美丽乡村	中新社

续表 33

序　号	标　　题	平　台
54	跨界携手　守护万顷碧波	中新社
55	长三角一体化建设何以加速协同创新?	中新社
56	一张蓝图绘到底——习近平总书记擘画浙江“千万工程”带来乡村巨变	中新社
57	(“八八战略”观澜)创新改革开放　浙江如何“三箭齐发”谋发展?	中新社
58	浙江乡贤力量涵育文明新乡风　谱就乡村共同富裕协奏曲	中新社
59	长三角民建青年企业家齐聚浙江　共话嘉善高质量发展	中新社
60	浙江数字经济发展取得积极成效——发展数字经济 推动创新提质	中新社
61	长三角示范区建设“四年报”有哪些看点	中新社
62	“小切口”公积金,如何服务长三角一体化“大发展”?	中新社
63	浙江嘉善县 挖掘文化特色 打造美丽乡村	《农民日报》05 版
64	擦亮乡村文明底色,为群众幸福加码	《农民日报》05 版
65	初心如磐 ——“千万工程”二十年记(上)	《农民日报》头版
66	道路如砥 ——“千万工程”二十年记(下)	《农民日报》头版
67	和美乡村,垃圾去哪了?	《农民日报》
68	浙江嘉善县:培育能担重任的选调生队伍	《农民日报》
69	美丽乡村盘活美丽经济	《中国青年报》
70	长三角示范区 9 个产业项目签约,总投资约 137 亿元	《中国青年报》
71	长三角生态绿色一体化发展示范区亮点项目稳步推进	《中国环境报》
72	示范区探路一体化发展:基建互联互通,产业成群结链	21 世纪经济报道
73	浙江嘉善:今年将重点启动总投资 239 亿元的三年行动计划	中国证券网
74	中国式现代化的长三角实践丨探寻缪家村的“幸福密码”	中国网
75	嘉善重塑江南水韵　推进绿色低碳发展 长三角“国家级”试验田蹚出绿色共富路	《中国环境报》
76	总结推广浙江“千万工程”经验　推动学习贯彻习近平新时代中国特色社会主义思想走深走实	《求是》
77	浙江日报亲历丨记者在长三角一体化示范区体验数字化带来的便利	《浙江日报》
78	浙江日报亲历丨数字赋能长三角!记者走进各类应用场景感受电子证照的“丝滑”	《浙江日报》
79	长三角生态绿色一体化发展示范区有新招　跨省域智慧大脑上线	《浙江日报》
80	嘉善青浦吴江三地八类资源可跨区域交易	《浙江日报》
81	总投资近 900 亿元!嘉善 67 个项目集中签约	《浙江日报》
82	生活琐事“云”上帮　嘉善大云数智赋能基层治理	《浙江日报》
83	嘉善大云镇:数智赋能　精准“画像”	《浙江日报》
84	一江水两地护　长三角水网安全监测“一张网”	《浙江日报》

续表 33

序　号	标　　　　题	平　　台
85	瞄准源头，数智赋能治理“老大难”	《浙江日报》
86	共富工坊多模式解锁致富密码	《浙江日报》
87	以“八八战略”为引领！嘉善为全国共同富裕探路	《浙江日报》
88	浙报要闻丨示范区 817 家定点零售药店上线跨省医保结算	《浙江日报》
89	嘉善 创新“微改革” 服务更暖心	《浙江日报》
90	浙报要闻丨长三角一体化示范区发布专项规划 生态环境建设“一张图”	《浙江日报》
91	实事求是　步步为营　稳扎稳打 ——浙江牢记总书记嘱托，奋力在推进共同富裕中先行示范	《浙江日报》
92	敢闯敢创，锲而不舍推动高质量发展 ——浙江牢记总书记嘱托，奋力在深化改革、扩大开放上续写新篇	《浙江日报》
93	牢记总书记嘱托，浙江加快绘就“千村引领、万村振兴、全域共富、城乡和美”新画卷 万千美丽乡村再出发	《浙江日报》
94	嘉善缪家村“景区经济”强村富民	《浙江日报》
95	长三角一体化数智城市指标体系在嘉善应用	《浙江日报》
96	打造开放协同创新县域新模式　嘉善举起“科技创新鼎”	《浙江日报》
97	嘉善：不断集聚院校科研资源	《浙江日报》
98	“四贤”工作法　画好乡村振兴同心圆	《浙江日报》
99	嘉善：在“双示范”中勇当示范生	《浙江日报》
100	嘉善：为争创新时代统战工作　高质量发展先行县贡献“新力量”	《浙江日报》
101	按下“加速键”　融入长三角	《浙江日报》
102	嘉善经济技术开发区建区 30 周年——三十而立 向新而行	《浙江日报》
103	勇当先行者　谱写新篇章——习近平总书记在深入推进长三角一体化发展座谈会上的重要讲话引发浙江各界强烈反响	《浙江日报》
104	长三角生态绿色一体化发展示范区四年形成 136 项制度创新成果	《浙江日报》
105	嘉善推进供电高质量服务示范区建设　电力十足　动能澎湃	《浙江日报》
106	嘉善县委副书记、县长张锡锋：以正确政绩观为引领　勇当县域高质量发展排头兵	《浙江日报》

文论选录

地嘉人善江南韵

浙江省嘉善县委书记　江海洋

嘉善地处太湖流域杭嘉湖平原，位于江浙沪两省一市交会处，因旧有迁善六乡，俗尚敦庞，少犯宪辟，故曰嘉善。境内一马平川，水网纵横，民风淳朴，素有“鱼米之乡”“吴根越角”“文化之邦”之称。

嘉善是一座充满历史和文化底蕴的古城。至明朝宣德五年（1430年）独立建制成县，嘉善形成“北西塘、南魏塘”两大中心。“东风吹绿上垂杨，十里朱楼是武塘。”明人吕寔曾盛赞华庭塘（今嘉善塘）畔的县城所在地魏塘。“旭日满晴川，翩翩贾客船。千金呈百货，跬步塞齐肩。”西塘热闹的早市，让船经此地的徐霞客感叹：“亦大镇也。”

在水一方，涵养了嘉善的稻作文化、渔业文化、窑文化等吴越传统文化。从世代相承的嘉善田歌中可以听到嘉善百姓的勤劳淳朴，从就地取材的传统纽扣制作技艺中可以触摸嘉善百姓的巧工匠心，从临水而筑的西塘古民居建筑艺术中可以读懂“仁”与“礼”的建筑语言。

依水孕善，源远流长的文化习俗和固有的传统美德暗合，厚植了嘉善历史文脉中的“善”基因，“善文化”成为嘉善独有的文化符号。吴越争霸时的伍子胥曾在嘉善“兴水利，通咸运，为富国计”；“元四家”之一的吴镇终身不仕，隐居乡野，描画山水；明代“东林六君子”之一的魏大中清廉刚介、为民谋事，后慷慨赴死；明代思想家袁了凡著《了凡四训》，强调从治心入手进行自我修养，劝人积善改过，提倡记功过格，享誉海内外；明末理学家陈龙正成立嘉善同善会，以赈贫助善。

一方水土养育一方人，嘉善先贤传承抱朴守正、忠孝仁爱、追求卓越、勇毅刚正的“大善”文脉，孕育着人心向善、从善如流、行善积德的人文底蕴，“善文化”已经成为嘉善最宝贵的精神财富和文化源泉。

嘉善身处红船旁，红色文化底蕴深厚、历久弥新。1921年7月，中共一大在上海召开，闭会于嘉兴南湖。地处上海、嘉兴之间的嘉善受其影响较早，1923年就有共产党人恽代英、萧楚女等到嘉善开展建党建团活动。1924年，袁世钊加入中国共产党，成为嘉善最早的中共党员，1931年初被捕，在狱中坚持斗争，牺牲时年仅30岁。他在遗书中写道：时代的车轮在前进，革命一定会成功，不过时间关系。等着吧，我的精神永远不会消灭。

革命时期，陈云也曾来到嘉善，带领袁世钊等发动枫泾暴动，以农民革命武装打击敌人的反动气焰，留下了红色的火种。在抗日战争期间，这里发生了浙江抗战史上第一场、也是最大最激烈的“嘉善阻击战”，投入兵力超1.55万人，伤亡人数几近一半。解放战争末期，嘉善又掀起发动民船支援解放舟山群岛的高潮，参加解放舟山的民船达100多艘，为舟山及其沿海岛屿解放作出了不可磨灭的贡献。

新中国成立以来，为防范洪涝灾害，嘉善人民仅仅依靠简陋的工具，从1958年起，通过500多个日夜不懈奋斗，开挖了20多公里的红旗塘，将满目疮痍的水患洼地变为鱼米之乡，铸就了“坚韧不拔、勇于奉献、团结进取、大公无私”的精神。在血吸虫病防治中，嘉善历时35年艰苦卓绝的战斗，与青浦、吴江等周边县市区实行苏沪浙血防联防，成功消灭血吸虫病。其间首创“灭螺带”灭螺法、“血防联防”新模式，宣传推广到省内外，为全国血防工作作出重要贡献。

调查研究是我们党的传家宝，是做好各项工作的基本功。1961年，毛泽东派田家英前往浙江农村调研。调查组来到位于嘉善的和合生产队，马不停蹄走访农户、召开座谈会，深入调查农业生产情况，并实事求是向中央进行汇报，为《农村人民公社工作条例(草案)》(以下简称农业六十条)的制定提供了第一手资料。“农业六十条”在全国推行后,农业快速复苏,国民经济困难局面得以扭转,也给嘉善留下了调查研究、实事求是的好作风。

2008 年,习近平同志将嘉善作为深入学习实践科学发展观活动的基层联系点,要求嘉善努力把联系点办成贯彻落实科学发展观的示范点。党的十八大以来,嘉善坚决贯彻落实习近平总书记关于高质量发展和长三角一体化的重要指示精神,肩负起县域高质量发展示范点和长三角生态绿色一体化发展示范区两个国家战略重大使命。

毗邻上海是嘉善开放发展的最大优势。嘉善抢抓长三角一体化发展战略机遇,把全面接轨上海“第一站”作为首位战略,主动承接大城市资源外溢,靠“海”扬帆走出了“小县城大开放”之路。坚持把“以工促农、以城带乡”作为统筹城乡发展的重要抓手,推动农业农村现代化,全力打造江南韵、文化味、现代化的中等城市。推进乡村振兴,畅通城乡要素流动,以一二三产融合发展带动农民增收、扩中提低。深入实施“千村示范、万村整治”工程,推动田园变公园、村庄变景区,让农业更强、农村更美、农民更幸福。

(《学习时报》2023 年 7 月 7 日第 4 版)

以正确政绩观为引领　勇当县域高质量发展排头兵

嘉善县委副书记、县长　张锡锋

党的十八大以来,习近平总书记围绕政绩观发表了一系列重要论述,为我们树立和践行正确政绩观提供了根本遵循。嘉善是总书记曾经的基层联系点,承担着全国唯一的县域高质量发展示范点和长三角生态绿色一体化发展示范区两大国家战略。作为嘉善的一分子,我一直在思考,如何以正确政绩观引领“双示范”建设,沉下心来,不急躁、不折腾,努力跑好自己这一棒,把美好蓝图变成实景图。

坚持“民之所呼就是政之所向”,一心为民办实事。总书记在 2008 年考察嘉善时指出,要自觉以民生为先、民生为重、民生为本。这些年,嘉善用好“和合调查”的经验法宝,问计于民、问需于民,着力解决好群众急难愁盼问题。沪昆铁路横穿嘉善,整个主城区东西方向 14.9 公里只有 5 条南北通道,严重阻碍了群众出行和全域发展,老百姓希望解决问题的诉求和呼声十分强烈。我们敢想敢干,创造性地抓住市域铁路建设契机,推进沪昆铁路整体高抬,前后数十次对接争取,最终推动可研、初设正式批复,即将开工建设。这也是全国同类型首个成功案例,建成后将打通南北 18 条道路、16 条水系和 4 条航道,嘉善百姓多年的期盼即将成真。我们深刻认识到,只有把群众的期盼放在心里、抓在手上、办在实处,才能变群众的“呼声”为“掌声”。

坚持“一任就要有一任的作为”,一往无前勇担当。总书记曾指出,凡是有利于党和人民的事,我们就要事不避难、义不逃责,大胆地干、坚决地干。嘉善曾创造“零资源”木业大县奇迹,但也遇到“成长的烦恼”,从 2015 年开始连续 5 年工业规模始终无法实现突破。摆在面前的只有一条路:转型升级,但企业有阻力、干部也有压力。对此,我们坚持“两手抓、两手硬”,一手抓“腾笼换鸟”,推动转型;一手抓招商攻坚,培育新动能,落地了一批优质项目,用心用情做好服务,推动企业做大做强。2022 年规上工业产值首破 2000 亿元大关,新兴产业占比从 20%提高到 50%。我们深刻认识到,只有坚持新发展理念、积极主动作为,把发展方向把得又稳又准、把各项举措抓得实而又实,才能真正推动和实现高质量发展。

坚持“功成不必在我,功成必定有我”,一张蓝图绘到底。总书记反复强调,既要狠抓当前,又要着眼长远,多办打基础、利长远的事。嘉善始终做到“一张蓝图”管全域,坚持规划先行、循序渐进,三轮示范点建设,从“三区一园”到“四区一园”再到“五个先行区”,做到了目标一致性和工作连续性。同时,着眼长远、蓄势聚能,一方面培育科创新增长极,列入一体化示范区以来,持续打造祥符荡科创绿谷，实现鲲鹏计划、省级新型研发机构等多个“零”的突破，以全国第3、全省第1的成绩入选国家创新型县建设名单；另一方面打造开放新增长点，三年不放弃，落地全省首个区域外保税维修业务，进一步提升综合竞争优势。我们深刻认识到，一个地方发展需要不断积累、接续奋斗，对于年轻干部来说更要保持定力，认准的事情必须持之以恒、一抓到底，才能积点滴之功，筑磅礴之势。

（《浙江日报》2023年12月19日第2版）

索引

说 明

1. 本索引采用主题分析方法，按主题词首字拼音字母顺序和音序排列，首字相同，则按第二字的音序排列，以此类推。

2. 阿拉伯数字、外文字母开头的词，单独排列。

3. 本年鉴的特载、专题、专记、大事记、表格及插图不做索引。

C

D

G

H

J

K

L

M

N

P

Q

R

S

T

W

X

Y

Z

数字开头